AF557624

Robert Louis Stevenson
Gesammelte Werke

Robert Louis Stevenson

Gesammelte Werke

Übersetzt von Heinrich Conrad,
Max Pannwitz und Marguerite Thesing

Anaconda

Penguin Random House Verlagsgruppe FSC® N001967

Die Deutsche Nationalbibliothek verzeichnet diese Publikation in der Deutschen Nationalbibliografie; detaillierte bibliografische Daten sind im Internet unter http://dnb.d-nb.de abrufbar.

Umschlagmotiv: Unbekannter Künstler, Portrait of
Robert Louis Stevenson (1850-1894), Bridgeman Images / Giancarlo Costa
Umschlaggestaltung: Druckfrei. Dagmar Herrmann, Bad Honnef
Satz und Layout: InterMedia – Lemke e. K., Heiligenhaus
Druck und Bindung: GGP Media GmbH, Pößneck
Printed in Germany
ISBN 978-3-7306-1345-0
www.anacondaverlag.de

Inhalt

Eines Dichters Nachtquartier

Ein Erlebnis François Villons

Es war spät im November 1456. Der Schnee fiel mit strenger, unbarmherziger Ausdauer über Paris. Manchmal machte der Sturm einen Angriff und trieb den Schnee in kreisenden Wirbeln herum; manchmal war es windstill, und Flocke auf Flocke fiel vom schwarzen Nachthimmel herab – lautlos, lückenlos, endlos.

Arme Menschen, die unter nassen Augenbrauen emporblickten, dünkte es ein Wunder, woher all der Schnee käme. Meister François Villon hatte diesen Nachmittag an einem Schänkenfenster eine Streitfrage aufgeworfen: War es nur der Heidengott Jupiter, der auf dem Olympus Gänse rupfte? Oder mauserten die heiligen Engel sich? Er sei ja nur ein armer Magister der freien Künste, fuhr er fort; und da die Frage einigermaßen von theologischer Art sei, so dürfe er sich nicht erkühnen, sie zu entscheiden. Ein lustiger alter Priester von Montargis, der bei der Gesellschaft war, lud zum Dank für den Spaß und für die Fratzen, die ihn begleiteten, den jungen Schuft zu einer Flasche Wein ein und schwor bei seinem eigenen weißen Bart: In Villons Alter sei er gerade so ein ruchloser Bengel gewesen.

Die Luft war rau und scharf, aber es war eigentlich kein Frost, sondern die Schneeflocken waren groß, feucht und ballten sich zusammen. Die ganze Stadt lag wie unter einem Leintuch. Ein Heer hätte von einem Ende zum anderen hindurchmarschieren können, ohne dass man einen Schritt gehört hätte. Wenn noch einige verspätete Vögel hoch oben in der Luft gewesen wären, so hätten sie die ›Insel‹ wie einen großen weißen Fleck und die Brücken wie dünne weiße Sparren auf dem schwarzen Grund des Stroms gesehen. Hoch oben über den Häuptern der Menschen setzte der Schnee sich in das Fenstermaßwerk der Domtürme. Manche Nische war vollgeweht; manches Standbild trug eine hohe weiße Mütze auf seinem wunderlich verzerrten oder heiligen Haupt. Die Wasserspeier der Dachrinnen hatten sich in große falsche Nasen verwandelt, von deren Spitzen es herabtropfte. Die Kragsteine glichen aufrecht stehenden Kissen, die sich an der einen Seite herauswulsteten. In den Pausen zwischen den einzelnen Windstößen tröpfelte es mit dumpfem Klang rings um die Kirche herum.

Der Kirchhof von St. Johannes hatte seinen gebührenden Anteil vom Schnee erhalten. Alle Gräber waren säuberlich zugedeckt; hohe weiße Giebel standen feierlich in der Runde; ehrsame Bürger lagen längst in ihren Betten, ihre Köpfe weiß behaubt wie ihre Häuser. In der ganzen Nachbarschaft war kein Licht außer dem schwachen Schimmer der Lampe im Kirchenchor, die leise sich hin und her schwang und deren Schatten jede Schwingung begleitete. Kurz vor zehn ging die Nachtrunde mit Hellebarden und einer Laterne durch die Straßen; die Männer schlugen in der Kälte ihre Hände zusammen, und sie sahen nichts Verdächtiges am Johanneskirchhof.

Aber ein Häuschen, gegen die Friedhofmauer gelehnt, war noch wach in dem schnarchenden Viertel und war zu bösen Dingen wach. Von außen war ihm nicht viel anzusehen: Nur ein warmer Luftstrom, der aus dem Schornstein kam, hatte einen Fleck von dem Schnee auf dem Dach hinweggeschmolzen, und an der Haustür sah man ein paar halb verwehte Fußstapfen; aber drinnen, hinter den geschlossenen Fensterläden saßen Meister François Villon, der Poet, und einige von dem Diebsgesindel, mit dem er verkehrte, und hielten Nachtwache und ließen die Flasche kreisen.

Ein großer Haufen glühender Kohlen verbreitete einen starken, rötlichen Schein um den gewölbten Kamin. Vor ihm saß mit gespreizten Beinen Dom Nicolas, der picardische Mönch; er hatte seine Kutte hochgenommen und seine fetten Beine entblößt, um sie der behaglichen Wärme teilhaftig werden zu lassen. Der lange Schatten seiner Gestalt teilte den Raum in zwei Hälften, und der Schein des Kaminfeuers drang nur zu beiden Seiten seiner breiten Gestalt vorbei und bildete zwischen seinen gespreizten Füßen einen kleineren Fleck. Sein Gesicht war gerötet, geschwollen und verwittert – das Gesicht eines Gewohnheitstrinkers; es war von einem Netzwerk von Adern durchzogen, die für gewöhnlich purpurrot, jetzt aber blassviolett waren; denn wenn auch das Feuer seinen Rücken wärmte, so zwickte ihn auf der anderen Seite der Frost. Seine Kapuze war zurückgesunken und bildete seltsame Wülste zu beiden Seiten seines Stiernackens. So saß er, vor sich hin knurrend, in seiner ganzen Breite da und teilte mit dem Schatten seiner stattlichen Gestalt das Zimmer in zwei Hälften.

In der rechten Hälfte hockten Villon und Guy Tabary nebeneinander über einem Pergamentstreifen; Villon machte eine Ballade, die er »Die Ballade vom Bratfisch« nennen wollte, und Tabary begleitete, an seine Schulter gelehnt, die Verse mit Ausrufen der Bewunderung. Der Dichter war ein Fetzen von einem Mann – dunkel, klein und dürr, mit hohlen Wangen und dünnen schwarzen Locken. Er trug seine vierundzwanzig Jahre mit fieberiger Lebhaftigkeit. Gier hatte Falten um seine Augen gegraben; böses Lächeln hatte seine Lippen verzerrt. In seinem Gesicht stritten sich Wolf und Schwein. Es war ein beredtes, scharfes, hässliches, irdisches Gesicht. Seine Hände waren klein und griffig, mit Fingern wie geknoteten Stricken, und sie zuckten beständig in lebhaften und ausdrucksvollen Gebärden. Von Tabarys breiter Nase und schlabbrigen Lippen strömte eine breite, behagliche, den genialen Dichter bewundernde Dummheit aus; er war ein Dieb geworden und hätte geradeso gut der ehrsamste Bürger werden können. Der gebieterische Zufall hatte es so gefügt, der die Lebensläufe menschlicher Gänse und menschlicher Esel lenkt.

Zur Linken von dem Mönch würfelten Montigny und Thevenin Pensete miteinander. Um Montigny schwebte noch ein Hauch von guter Geburt und Erziehung, wie um einen gefallenen Engel; etwas Edelmännisches war an seiner hohen, schlanken Gestalt, etwas Finsteres, Adlerhaftes an seinem Gesicht. Thevenin, die gute Seele, hatte einen großen Glückstag; er hatte am Nachmittag im Faubourg Saint-Jacques gute Beute gemacht und hatte den ganzen Abend von Montigny gewonnen. Sein Gesicht strahlte von einem dummen

Lächeln; seine kahle Glatze schien rosig durch einen Kranz von roten Locken; sein vorstehendes Bäuchlein schepperte, als er mit einem stillen Kichern seinen Gewinn einstrich.

»Doppelt oder quitt?«, sagte Thevenin.

Montigny nickte mit einem grimmigen Gesicht.

»'s gibt Protzen, die lieber mit stolzem Rüssel«, schrieb Villon, »Brot und Käse essen von silberner Schüssel. Oder – oder – hilf mir doch, Guido!«

Tabary kicherte.

»Oder Rettich schneiden mit goldenem Messer«, kritzelte der Dichter.

Der Wind draußen frischte auf; er trieb den Schnee vor sich her und erhob zuweilen seine Stimme zu einem Siegesgeheul, und manchmal fuhr er mit Grabestönen durch den Schornstein. Die Kälte wurde schärfer, je weiter die Nacht vorschritt. Villon streckte seine Lippen vor und ahmte das Geheul des Sturms mit einem Geräusch nach, das halb ein Pfeifen, halb ein Stöhnen war. Es war ein ekliges, ungemütliches Kunststück des Dichters, das dem picardischen Mönch sehr verhasst war.

»Hört ihr's nicht am Galgen klappern?«, sagte Villon. »Sie tanzen alle umsonst des Teufels Tanz da oben. Tanzt nur, meine Burschen, davon werdet ihr auch nicht wärmer! Puh! Was für eine Puste! Da hat's jetzt einen hinuntergeweht! Eine Mispel weniger am dreibeinigen Mispelbaum! Was, Dom Nicolas? Heute Nacht wird's kalt sein auf der Straße nach Saint-Denis?«

Dom Nicolas zwinkerte mit seinen beiden großen Augen und schien an einem Kloß in der Kehle zu würgen. Montfaucon, der grausige Pariser Galgenberg mit dem hohen Gerüst stand hart an der Straße nach Saint-Denis, und des Dichters Spaß traf den Mönch an einer wunden Stelle. Tabary lachte unmäßig über die Mispeln; etwas Eleganteres hatte er nie gehört, und er hielt sich die Seiten und krähte. Villon gab ihm einen Nasenstüber, worauf seine Lustigkeit sich in einen Hustenanfall verwandelte.

»Lass doch das Getöse«, sagte Villon, »und denke an Reime auf ›Messer‹.«

»Doppelt oder quitt!«, sagte Montigny verbissen.

»Von Herzen gern!«, sprach Thevenin.

»Ist noch was in der Flasche da?«, fragte der Mönch.

»Macht noch eine auf!«, sagte Villon. »Aber wie kannst du jemals hoffen, das große Stückfass, deinen Bauch, mit kleinen Dingelchen wie Flaschen zu füllen? Und wie kannst du erwarten, jemals in den Himmel zu kommen? Denkst du etwa, es könnten so viele Engel entbehrt werden, um einen einzelnen Mönch von der Picardie heraufzuschleppen? Oder hältst du dich vielleicht für einen zweiten Elias und denkst, sie werden dir eine Kutsche schicken?«

»Hominibus impossibile«, antwortete der Mönch und füllte sein Glas.

Tabary war vor Entzücken außer sich.

Villon gab ihm wieder einen Nasenstüber und sagte:

»Lach über meine Witze, wenn ich bitten darf.«

»Er war sehr gut«, warf Tabary ein.

Villon schnitt ihm ein Gesicht und sagte:

»Denke du an Reime auf ›Messer‹! Was hast du mit Latein zu tun? Am großen Gerichtstag wirst du wünschen, du verständest kein Wort Latein – wenn der Teufel den Guido Tabary, Klerikus, aufruft – der Teufel mit dem Buckel und den rot glühenden Fingernägeln. Übrigens, da wir vom Teufel sprechen«, setzte er flüsternd hinzu: »Seht doch den Montigny!«

Alle drei spähten heimlich nach dem Spieler hinüber. Er schien mit seinem Glück nicht zufrieden zu sein. Sein Mund war etwas nach der Seite verzogen, das eine Nasenloch beinahe geschlossen, das andere weit aufgebläht. Der schwarze Hund saß ihm im Nacken, wie die Kinderstubenredensart lautet, und er keuchte schwer unter der harten Last.

»Er sieht aus, wie wenn er ihn erdolchen könnte«, flüsterte Tabary mit runden Augen.

Der Mönch schauderte zusammen, drehte sich um und spreizte seine geöffneten Hände über den glühenden Kohlen aus. Aber es war nur die Kälte, die auf Dom Nicolas so tief einwirkte, nicht etwa eine übergroße Empfindlichkeit seines sittlichen Gefühls.

»Na, nun mal weiter mit der Ballade!«, sagte Villon. »Wie lautet sie denn bis jetzt?«

Und er gab mit der Hand das Versmaß an und las seinem Freund Tabary laut das Gedicht vor.

Beim vierten Reim wurden sie unterbrochen. Unter den Spielern gab es eine kurze, aber böse Bewegung. Das Spiel war aus, und Thevenin wollte gerade den Mund öffnen, um abermals einen Sieg zu verkünden, da fuhr, schnell wie eine Natter, Montigny empor und stieß ihm den Dolch ins Herz. Der Stoß traf Thevenin, bevor dieser Zeit gehabt hatte, auch nur aufzuschreien oder eine Bewegung zu machen. Ein Zittern fuhr krampfartig durch seinen Körper; seine Hände öffneten und schlossen sich, seine Absätze klapperten auf dem Fußboden; dann fiel sein Haupt mit weit aufgerissenen Augen nach rückwärts auf die eine Schulter. Und Thevenin Pensetes Seele war zu ihm zurückgekehrt, der sie geschaffen hatte.

Alle sprangen auf; aber die Geschichte war in zwei Bewegungen schon vorüber. Die vier Lebenden sahen mit entsetzten Gesichtern einander an; der Tote aber sah mit einem widerlich starren Blick nach der einen Ecke der Zimmerdecke hinauf.

»Mein Gott!«, sagte Tabary; und dann begann er, ein lateinisches Gebet zu sprechen.

Villon brach in ein hysterisches Gelächter aus, er trat einen Schritt vor, machte vor Thevenin eine lächerlich tiefe Verbeugung und lachte noch lauter. Und dann setzte er sich plötzlich, ganz zusammengesunken, auf einen Stuhl und lachte unaufhörlich, bitterlich, wie wenn er sich selber in Stücke schütteln wollte.

Montigny war der Erste, der seine Fassung zurückgewann.

»Lass uns mal sehen, was er bei sich hat«, bemerkte er; und er räumte mit geübter Hand dem Toten die Taschen aus und zählte das Geld in vier gleiche Teile auf den Tisch. Dann sagte er:

»Da habt ihr euren Teil.«

Der Mönch empfing seinen Anteil mit einem tiefen Seufzer und warf einen einzigen verstohlenen Blick auf den toten Thevenin, der in sich selber zusammenzusinken begann und seitlings vom Stuhl herunterzufallen drohte.

»Wir sind alle vier bei der Geschichte beteiligt!«, rief Villon, indem er gewaltsam sein Lachen unterdrückte. »Es geht uns allen, die wir hier sind, an den Hals – gar nicht zu reden von denen, die nicht hier sind.«

Bei diesen Worten machte er mit erhobener rechter Hand eine unanständige Gebärde in der Luft, streckte seine Zunge heraus und ließ den Kopf auf die eine Seite sinken, auf diese Weise einen Gehängten darstellend. Dann steckte er seine Beute ein und machte eine scharrende Bewegung mit den Füßen, wie wenn er den Blutumlauf wiederherstellen wollte.

Tabary war der Letzte, der zugriff; mit einem Sprung riss er das Geld an sich und ging dann damit in die andere Ecke des Zimmers.

Montigny setzte Thevenin aufrecht auf den Stuhl und zog den Dolch aus der Wunde; ein Blutstrahl schoss sofort hervor. Er wischte die Klinge am Rockfutter seines Opfers ab und sagte:

»Ihr Burschen macht euch besser aus dem Staub!«

»Das glaube ich auch«, antwortete Villon mit einem krampfhaften Schlucken. Plötzlich brach er los: »Hol der Teufel sein feistes Gesicht! In meiner Kehle steckt ein Kloß. Welches Recht hat ein Mensch, rotes Haar zu haben, wenn er tot ist?«

Und plötzlich sank er wieder auf dem Stuhl zusammen und bedeckte sein ganzes Gesicht mit den Händen.

Montigny und Dom Nicolas lachten laut; sogar Tabary stimmte mit einem etwas schwächlichen Gelächter ein.

»Eiapopeia, mein Kindchen!«, höhnte der Mönch.

»Ich hab's immer gesagt: Er ist ein altes Weib!«, sagte Montigny mit spöttisch verzogenem Mund. Und dann schüttelte er noch einmal den Leichnam des Ermordeten und sagte:

»Kannst du nicht hübsch gerade sitzen?«

Und dann zum Mönch:

»Tritt das Feuer aus, Nickel!«

Aber Bruder Nickel wusste eine bessere Beschäftigung; er zog in aller Ruhe dem Dichter, der zitternd und bebend auf dem Stuhl saß, auf dem er vor kaum drei Minuten eine Ballade gedichtet hatte, die Börse aus der Tasche. Montigny und Tabary verlangten in Gebärdensprache einen Anteil an der Beute, den der Mönch ihnen ebenso stumm durch ein Zeichen versprach, während er das Beutelchen in den Busen seiner Kutte schob. – Eine Künstlernatur macht den Menschen auf gar mannigfache Weise ungeschickt für das praktische Leben.

Kaum war der Diebstahl vollzogen worden, da schüttelte Villon sich, sprang auf die Füße und half den anderen, die Kohlen im Kamin auszutreten und zu löschen. Mittlerweile öffnete Montigny die Tür und spähte vorsichtig auf die Straße hinaus. Die Luft war rein; keine lästige Nachtrunde war in Sicht. Trotzdem hielten die vier Gesellen es für klüger, sich einzeln davonzumachen; und da Villon es eilig hatte, aus der Nähe des toten Thevenin zu kommen, und da die anderen es noch eiliger hatten, ihn loszuwerden, bevor er den Verlust seines Geldes bemerkte, so war er mit allgemeiner Zustimmung der Erste, der auf die Straße hinaustrat.

Der Wind hatte die Oberhand behalten und alle Wolken vom Himmel gefegt. Nur ein paar Dunstschleier, dünn wie Mondschein, flogen schnell über die Sterne hin. Es war bitterlich kalt, und alle Gegenstände hoben sich beinahe klarer ab als bei hellem Tageslicht – eine gewöhnliche optische Wirkung scharfen Frostes. Die schlafende Stadt war totenstill: eine Versammlung weißer Kappen, ein Feld voll von kleinen Alpen, unter den flimmernden Sternen.

Villon fluchte. Verdammt schlechtes Glück! Wollte, es schneite noch! Jetzt ließ er, wohin er auch ging, eine unverwischbare Spur hinter sich auf den schimmernden Straßen; wohin er auch ging, er hing überall mit dem Haus am Johannesfriedhof zusammen; wohin er auch ging, er musste mit seinen eigenen stapfenden Füßen den Strick zusammendrehen, der ihn an den Galgen brachte. Der starre Blick des Toten fiel ihm wieder ein und brachte ihn auf neue Gedanken. Er schnippte mit den Fingern, wie wenn er sich selber aufmuntern wollte, trat kühn in den Schnee hinaus und ging die erstbeste Straße entlang.

Zwei Dinge beschäftigten ihn, während er so auf gut Glück dahinging: das Bild des Galgens bei Montfaucon in dieser hellen windigen Nacht und zweitens der stiere Blick des Toten mit seiner

Glatze und dem Kranz roter Locken. Bei diesen beiden Gedanken wurde ihm das Herz kalt, und er beschleunigte seine Schritte, wie wenn er flüchtigen Fußes solchen unliebsamen Gedanken entrinnen könnte. Ab und zu blickte er mit einem plötzlichen, ängstlichen Ruck über seine Schulter zurück; aber er war das einzige Ding, das sich auf den weißen Straßen bewegte, außer wenn der Wind plötzlich um eine Ecke fuhr und den Schnee, der jetzt zu gefrieren begann, wie glitzernden Staub aufblies.

Plötzlich sah er, ein gutes Stück Weges vor ihm, einen schwarzen Klumpen und ein paar Laternen. Der Klumpen bewegte sich, und die Laternen schwankten hin und her, wie wenn sie von gehenden Menschen getragen würden. Es war eine Nachtrunde der Scharwache; und obwohl sie seine eigene Bewegungslinie nur kreuzte, hielt er es doch für klüger, ihr so schnell wie möglich aus den Augen zu kommen.

Er hatte keine Lust, sich anrufen zu lassen, und er wusste nur zu gut, dass er eine sehr auffällige Spur im Schnee hinterließ. Unmittelbar zur linken Hand stand ein großer Palast, mit mehreren Türmen und einer großen Vorhalle vor der Tür. Er erinnerte sich, dass der Palast halb verfallen war und seit langer Zeit leer stand; so machte er drei Sprünge und schlüpfte in das Versteck des Torbogens hinein. Drinnen war es im Vergleich mit der Helligkeit der schneebedeckten Straßen ziemlich dunkel; daher tastete er sich mit ausgestreckten Händen vorwärts, bis er plötzlich über irgendetwas stolperte, das seinen Füßen einen sonderbaren Widerstand leistete. Es war eine Berührung, die sich schwer beschreiben lässt: Der Gegenstand war hart und zugleich weich, fest und zugleich lose.

Dem Dichter stand das Herz still; er sprang zwei Schritte zurück und starrte ängstlich auf das Hindernis. Dann fühlte er sich erleichtert und lachte leise.

Es war nur ein Weib, noch dazu ein totes. Er kniete an ihrer Seite nieder, um sich dieses letzteren Umstands genau zu versichern. Sie war eiskalt und stocksteif gefroren. Ein bisschen zerlumptes Putzwerk flatterte im Wind um ihr Haar, und ihre Wangen waren an demselben Nachmittag hochrot geschminkt worden.

Ihre Taschen waren ganz leer; aber in ihren Strümpfen, unterhalb der Strumpfbänder, fand Villon zwei von den kleinen Münzen, die man Weißlinge nannte.

Es war wenig genug; aber es war immerhin etwas, und der Dichter empfand es tief, dass sie hatte sterben müssen, bevor sie ihr Geld ausgegeben hatte. Dies erschien ihm als ein dumpfes, bemitleidenswertes Geheimnis, und er blickte von den Münzen in seiner Hand auf die tote Frau und von dieser wieder auf die Münzen und schüttelte den Kopf über das Rätsel des menschlichen Lebens. König Heinrich der Fünfte von England, der in Vincennes gerade in dem Augenblick starb, als er Frankreich erobert hatte – und diese arme Dirne, die in dem Torweg eines großen Herrn erfroren war, bevor sie Zeit gehabt hatte, ihre beiden Weißlinge auszugeben – es schien ihm traurig zu sein, auf welche Art das Schicksal mit der Welt umspringt!

Zwei Weißlinge – die wären so schnell ausgegeben gewesen; und doch hätten sie einen guten Geschmack im Mund verschafft; die Lippen hätten noch einmal schmatzen können, bevor der Teufel die Seele bekam und der Leib den Vögeln und Würmern zum Fraß wurde. Er hätte doch gerne gewollt, dass all sein Talg verbrannt wäre, bevor sein Licht ausgeblasen und die Laterne zerbrochen würde.

Während diese Gedanken ihm durch den Sinn gingen, fühlte er halb mechanisch nach seinem Geldbeutel. Plötzlich stand ihm das Herz still; eine Gänsehaut lief ihm über die Beine, und er hatte das Gefühl, wie wenn eine eiskalte Faust ihm einen Schlag auf den Kopf gäbe.

Einen Augenblick stand er wie versteinert da; dann fühlte er mit einer fieberhaften Bewegung noch einmal in seiner Tasche nach; und dann wurde ihm plötzlich sein Verlust klar und der Schweiß brach ihm aus allen Poren heraus.

Für einen Verschwender ist Geld etwas so Lebendes und Wirkliches – es ist solch ein dünner Schleier zwischen ihm und seiner Lust! Sein Glück kennt nur eine einzige Grenze – die der Zeit; und ein Verschwender, der bloß ein paar Krontaler besitzt, ist der Kaiser von Rom, bis diese ausgegeben sind. Für solch einen Menschen ist es ein furchtbares Unglück, sein Geld zu verlieren; er stürzt in einem Nu aus dem Himmel in die Hölle; er hatte alles und hat plötzlich nichts. Und erst recht wenn er um dieses Geldes willen seinen Kopf in die Schlinge gesteckt hat; wenn er vielleicht wegen dieser umso teuren Preis erworbenen, so töricht wieder verlorenen Börse morgigen Tages gehängt werden kann!

Villon stand da und fluchte; er warf die beiden Weißlinge auf die Straße; er drohte dem Himmel mit geballten Fäusten; er stampfte mit dem Fuß, und es war ihm gleichgültig, als er merkte, dass er auf der armseligen Leiche herumgetrampelt war.

Dann begann er, mit schnellen Schritten nach dem Haus am Kirchhof zurückzulaufen. Alle Furcht vor der Nachtrunde war vergessen; die war jedenfalls längst vorüber, er aber hatte keinen anderen Gedanken als an seinen Geldbeutel.

Vergeblich suchte er nach rechts und links auf dem Schnee: Nichts war zu sehen. Also hatte er den Beutel nicht in den Straßen verloren. War er ihm im Haus aus der Tasche gefallen? Überaus gern wäre er hineingegangen und hätte nachgesehen; aber der Gedanke an den grausigen Gast drinnen lähmte ihn. Außerdem sah er, als er näher kam, dass ihre Versuche, das Feuer auszutreten, keinen Erfolg gehabt hatten; im Gegenteil, es war zu einer hellen Lohe aufgeflammt, und der flackernde Schein drang durch Tür- und Fensterritzen und erfüllte ihn mit neuer Angst vor den Behörden und dem Pariser Galgen. Er ging wieder nach dem Palast mit dem Torbogen zurück und tastete auf dem Schnee nach dem Geld, das er in seinem kindischen Ärger weggeworfen hatte. Aber er konnte nur einen einzigen Weißling finden; der andere war wahrscheinlich auf die Seite geflogen und tief in den Schnee gesunken.

Einen einzigen Weißling in der Tasche – da verflüchtigten sich alle seine Pläne, ein wildes nächtliches Gelage in irgendeiner wüsten Schänke zu feiern. Und nicht genug daran, dass das Vergnügen lachend vor seiner Umarmung entfloh: Wirkliches Unbehagen, wirklicher Schmerz packten ihn an, während er traurig vor dem Torbogen stand. Der Schweiß war an seinem Leib getrocknet, und obgleich der Wind eingeschlafen war, wurde der Frost von Stunde zu Stunde schärfer; seine Glieder waren wie erstarrt und er fühlte sich unwohl.

Was sollte er tun? So spät die Stunde war, so unwahrscheinlich ein Erfolg war – er wollte es versuchen, im Haus seines Adoptivvaters, des Kaplans von Saint-Benoît Einlass zu finden.

Er ging nicht, sondern rannte den ganzen Weg dorthin; dann klopfte er schüchtern an die Tür. Keine Antwort. Er klopfte immer und immer wieder und fasste bei jedem Schlag sich ein Herz, noch lauter zu klopfen, und schließlich hörte er Schritte, die sich drinnen im Haus näherten. Ein vergittertes Guckloch in der eisenbeschlagenen Tür öffnete sich und sandte einen Strahl gelben Lichts nach draußen.

»Haltet euer Gesicht dicht an das Guckloch!«, sagte der Kaplan drinnen.

»Ich bin's nur«, winselte Villon.

»Oh, du bist es bloß? So?«, antwortete der Kaplan; und dann schimpfte er mit unflätigen, unpriesterlichen Flüchen auf den Dichter, der zu solcher Stunde ihn störe, und sagte ihm, er sollte sich in die Hölle scheren, von wo er käme.

»Meine Hände sind blau gefroren bis an die Gelenke!«, flehte Villon. »Meine Füße sind wie abgestorben und es sticht darin wie mit Nadeln; meine Nase schmerzt mir von der scharfen Luft; die Kälte schnürt mir das Herz zu. Vielleicht sterbe ich noch vor morgen. Nur dies einzige Mal, Vater! Und bei Gott, ich will niemals wieder bitten!«

»Du hättest früher kommen sollen!«, sagte der Geistliche kühl. »Junge Leute müssen ab und zu einen Denkzettel haben.«

Er schloss das Guckloch und ging langsam in das Innere des Hauses.

Villon war außer sich; er schob mit Händen und Füßen gegen die Tür und brüllte mit heiserer Stimme den Namen des Kaplans.

»Wurmiger alter Fuchs!«, schrie er. »Könnte ich dir nur an den Kragen, du solltest kopfüber in die bodenlose Hölle fliegen!«

Eine Tür wurde im Inneren geschlossen; der Dichter hörte das leise Klappern durch die langen Gänge hindurch. Mit einem Fluch wischte er sich den Mund ab. Und dann ging ihm das Komische der Lage auf: Er lachte und sah lustig zum Himmel empor, wo die Sterne sich wegen seines Missgeschicks anzublinzeln schienen.

Was war zu tun? Es sah danach aus, als ob er eine Nacht in den kalten Straßen verbringen müsste. Der Gedanke an die tote Frau schoss ihm wieder durch die Fantasie und jagte ihm Furcht ein: Was ihr früh am Abend zugestoßen war, das konnte sehr wohl auch ihm geschehen, bevor es Morgen wurde. Und er war so jung! Er hatte noch so unermessliche Möglichkeiten liederlicher Belustigungen vor sich! Er wurde ganz gerührt über sein eigenes Schicksal, wie wenn es das eines anderen Menschen gewesen wäre, und entwarf ein lebhaftes kleines Bildchen von der Szene, wenn man am Morgen seine Leiche finden würde.

Er musterte alle seine Aussichten und drehte dabei den Weißling zwischen Daumen und Zeigefinger. Unglücklicherweise stand er sich gerade in diesem Augenblick nicht gut mit einigen alten Freunden, die sich sonst in solcher Klemme seiner erbarmt haben würden. Er hatte sie in Versen verspottet, er hatte sie misshandelt und betrogen. Aber jetzt, da es ihm so erbärmlich schlecht ging, fiel ihm ein, dass wenigstens einer von ihnen vielleicht seinen Groll fahren lassen würde. Es war eine Möglichkeit. Jedenfalls konnte er es einmal versuchen; er wollte zu ihm gehen und das Weitere abwarten.

Unterwegs hatte er zwei kleine Erlebnisse, die seinen Gedanken sehr verschiedene Richtungen gaben. Erstens traf er auf die Fußstapfen der Scharwache und folgte ihr mehrere Hundert Schritte, obgleich sie außerhalb seiner Richtung führte. Er fasste etwas mehr Mut: Wenigstens hatte er jetzt seine Spur verwischt; denn immer noch beherrschte ihn der Gedanke, dass man seinen Spuren im Schnee durch ganz Paris nachgehen und am nächsten Morgen, bevor er erwachte, ihn am Kragen packen würde.

Das andere Erlebnis war ganz anderer Art. Er kam bei einer Straßenecke vorbei, wo vor gar nicht so langer Zeit eine Frau und ihr Kind von Wölfen gefressen worden waren. In dieser Nacht war gerade das richtige Wetter, dachte er bei sich selber, um Wölfe auf den Gedanken zu bringen, mal wieder Paris zu besuchen; und ein einsamer Mensch in diesen öden Straßen würde wohl kaum mit einer bloßen Schramme davonkommen.

Er blieb stehen und sah mit einer unbehaglichen Teilnahme sich den Ort an. Es war ein Kreuzungspunkt, wo mehrere Gassen zusammentrafen; er spähte eine nach der anderen hinunter und lauschte mit angehaltenem Atem, ob er nicht schwarze Gestalten über den Schnee galoppieren sähe oder zwischen diesem Platz und dem Fluss ein Geheul hörte. Er erinnerte sich, wie seine Mutter ihm die Geschichte erzählte und ihm die Stelle zeigte; er war damals noch ein Kind gewesen. Seine Mutter! Wenn er nur wüsste, wo sie wohnte; dann hätte er wenigstens ein Obdach gehabt. Er beschloss, gleich am Morgen sich zu erkundigen; ja, er wollte gleich zu ihr gehen und sie besuchen, die gute Alte!

Unter solchen Gedanken kam er an seinem Ziel an, das seine letzte Hoffnung für die Nacht war.

Das Haus lag still und dunkel, wie die Nachbarhäuser; aber nachdem er ein paarmal geklopft hatte, hörte er eine Bewegung über seinem Haupt; eine Tür ging auf und eine vorsichtige Stimme fragte, wer da sei.

Der Dichter nannte seinen Namen, so laut er es konnte, ohne über ein Flüstern hinauszugehen, und erwartete nicht ohne ein gewisses Zittern und Zagen den Erfolg. Er brauchte nicht lange zu warten. Ein Fenster wurde plötzlich geöffnet und ein Eimer voll Spülicht klatschte auf die Treppe herab. Villon war nicht unvorbereitet auf ein Ereignis solcher Art gewesen und hatte sich so nahe wie möglich an die Wand gedrückt; trotzdem aber wurde er unterhalb seines Gürtels erbärmlich durchnässt. Fast augenblicklich begannen seine Hosen zu gefrieren. Tod infolge von Kälte und Erschöpfung starrte ihm ins Gesicht; er erinnerte sich, dass er Anlage zur Schwindsucht hatte, und begann versuchsweise zu husten. Aber der Ernst der Gefahr stärkte seine Nerven. Ein paar Hundert Schritte von der Tür, wo er so übel empfangen worden war, blieb er stehen, legte den Finger an die Nase und dachte nach. Er konnte nur eine Möglichkeit sehen, ein Nachtquartier zu bekommen: Er musste sich eins nehmen.

Nicht weit entfernt hatte er ein Haus bemerkt, das so aussah, wie wenn man leicht einbrechen könnte. Dorthin begab er sich mit schnellen Schritten; unterwegs träumte er von einem Zimmer, das noch warm war, von einem Tisch, worauf noch die Überreste eines Abendessens standen, von einem Ort, wo er den Rest der schwarzen Nachtstunden zubringen konnte und den er am Morgen mit einem Arm voll wertvollen Silbergeschirrs verlassen würde. Er überlegte sich sogar, welche Speisen und welche Weine er vorziehen würde, und indem er in Gedanken die Liste seiner Leibgerichte durchging, fiel ihm Bratfisch ein und erfüllte seine Gedanken mit einer Mischung von Belustigung und Grauen.

Diese Ballade vom Bratfisch werde ich niemals vollenden, dachte er bei sich selber. Und dann kam ihm plötzlich wieder eine Erinnerung; er sagte:

»Oh, hol der Teufel sein fettes Gesicht!«

Er wiederholte noch einmal diese Worte und spie auf den Schnee.

Das Haus, das er sich ausersehen hatte, sah auf den ersten Blick völlig dunkel aus; aber als Villon es zunächst untersuchte, um den besten Angriffspunkt zu finden, bemerkte sein Auge einen schwachen Lichtschimmer, der zwischen den Vorhängen eines Fensters herausdrang.

Zum Teufel auch!, dachte er. Da sind Leute wach. Irgendein Gelehrter oder ein Frommer – hol der Geier die Bande! Können sie sich nicht besaufen und in ihren Betten schnarchen wie ihre Nachbarn? Welchen Zweck hat denn das Abendläuten, und warum müssen arme Teufel von Glöcknern an einem Seilende in Kirchtürmen in die Höhe hüpfen? Wozu ist denn der Tag, wenn Leute die ganze Nacht aufsitzen? Die Pest über sie!

Er grinste, als er sah, wohin sein Gedankengang ihn geführt hatte, und sprach weiter:

»Nun, jeder Mensch muss sein eigenes Geschäft besorgen; und wenn sie wach sind, Herrgott noch einmal, da kann ich vielleicht für diesmal auf ehrliche Weise zu einem Nachtessen kommen und den Teufel betrügen.«

Er schritt kühn an die Tür und klopfte mit dreister Hand. Die beiden vorigen Male hatte er schüchtern geklopft, mit einer gewissen Furcht, Aufmerksamkeit zu erregen. Jetzt aber, da er den Plan eines Einbruchs aufgegeben hatte, schien es etwas ganz Einfaches und Unschuldiges zu sein, dass er an eine Tür klopfte. Seine Schläge tönten mit gespenstischen Schwingungen durch das Haus, wie wenn es ganz leer wäre; aber kaum waren sie verklungen, so näherte sich ein abgemessener Schritt, ein paar Riegel wurden zurückgeschoben und der eine Flügel der Tür wurde weit geöffnet, wie wenn die Bewohner des Hauses keine Hinterlist kennten und keine Hinterlist fürchteten.

Ein hochgewachsener Mann, kräftig und breitschulterig, aber mit etwas gebeugtem Rücken, stand vor Villon. Der Kopf war massig, aber fein gemeißelt; die Nase am unteren Ende stumpf, aber sie verfeinerte sich nach oben zu, wo ein paar dichte, ehrwürdig aussehende Augenbrauen sich an sie anschlossen; Mund und Augen waren von feinen Fältchen umgeben, und das ganze Gesicht ruhte auf einem dichten viereckigen weißen Bart, der unten breit abgeschnitten war. Im Schein einer flackernden Handlampe sah es vielleicht edler aus, als es in Wirklichkeit war; aber es war ein schönes Gesicht, mehr ehrenhaft als klug – stark, einfach und rechtschaffen.

»Ihr klopft spät, Herr«, sagte der alte Mann höflich mit einer tiefen Stimme.

Villon machte tiefe Verbeugungen und entschuldigte sich mit vielen unterwürfigen Worten. In einer kritischen Lage von solcher Art hatte der Bettler die Oberhand in ihm und verbarg der geniale Dichter verwirrt sein Haupt.

»Ihr seid kalt und hungrig?«, begann der alte Mann wieder. »Nun, tretet ein!«

Und er forderte ihn mit einer sehr edlen Gebärde auf, das Haus zu betreten.

Irgendein großer Herr, dachte Villon, während sein Wirt die Lampe auf die Fliesen der Eintrittshalle setzte und dann die Riegel wieder zuschob.

»Ihr werdet verzeihen, wenn ich vorausgehe«, sagte er, als er damit fertig war. Und er ging dem Besucher voran die Treppe hinauf und in ein großes Gemach, das durch eine Kohlenpfanne erwärmt und durch eine große, von der Decke herabhängende Lampe erleuchtet wurde. Es war sehr spärlich mit Hausgerät ausgestattet: Auf einem Anrichtetisch an der Wand stand einiges goldenes Geschirr; mehrere Foliobände lagen herum und zwischen den Fenstern stand eine Rüstung. An den Wänden hingen schöne gewirkte Tapeten; eine große in einem Stück stellte die Kreuzigung unseres Heilands dar; eine andere eine Gruppe von Schäfern und Schäferinnen am Ufer eines Baches. Über dem Kamin befand sich ein Wappenschild.

»Wollet Platz nehmen«, sagte der Alte, »und vergeben, wenn ich Euch allein lasse. Ich bin heute Nacht allein in meinem Haus, und wenn Ihr etwas essen sollt, muss ich selber es Euch besorgen.«

Kaum war sein Wirt hinausgegangen, so sprang Villon von dem Stuhl auf, auf den er sich soeben gesetzt hatte, und begann, leise und gewandt wie eine Katze das Zimmer zu untersuchen. Er wog die goldenen Becher in seiner Hand, öffnete alle Folianten, besah des Wappen auf dem Schild und untersuchte den Stoff, mit dem die Stühle bezogen waren. Er hob die Fenstervorhänge auf und sah, dass die Scheiben bemalt waren; es waren Kriegsszenen, soviel er sehen konnte. Dann trat er in die Mitte des Zimmers, tat einen tiefen Atemzug, blies die Backen auf und sah sich rundum, wie wenn er jede Einzelheit des Gemachs seinem Gedächtnis einprägen wollte.

Sieben Geschirre, sagte er vor sich hin; wären's zehn gewesen, so hätte ich's gewagt. Ein schönes Haus und ein schöner alter Herr, so wahr mir alle Heiligen helfen mögen!

Da hörte er die Schritte des alten Mannes, der wieder den Gang hinunterkam; er schlich sich zu seinem Stuhl zurück und begann, in demütiger Haltung seine nassen Beine vor der Kohlenpfanne zu wärmen.

Sein Wirt hielt in der einen Hand einen Teller mit kaltem Fleisch, in der anderen einen Krug mit Wein. Er setzte den Teller auf den Tisch, indem er Villon einen Wink gab, seinen Stuhl nahe heranzuziehen; dann ging er an den Anrichtetisch und brachte zwei Becher, die er füllte.

»Ich trinke auf besseres Glück für Euch«, sagte er, indem er ernst Villons Becher mit seinem eigenen berührte.

»Auf bessere Bekanntschaft«, sagte der Dichter. Er wurde kühn. Ein gewöhnlicher Mann aus dem Volk würde durch die Höflichkeit des alten Herrn verlegen geworden sein; aber Villon war abgebrüht; er hatte früher schon für große Herren den Spaßmacher gespielt und hatte gefunden, dass sie ebenso dunkle Schufte waren wie er selbst. Er fiel mit heißhungriger Lust über das Essen her, während der alte Mann sich in seinem Stuhl zurücklehnte und ihn mit neugierigen Blicken fest ansah.

»Ihr habt Blut auf Eurer Achsel, mein Mann«, sagte er.

Montigny musste seine nasse rechte Hand auf seine Schulter gelegt haben, als er das Haus verließ. Er verwünschte Montigny in seinem Herzen und stotterte:

»Es ist nicht von mir vergossen worden.«

»Das hatte ich auch nicht angenommen«, erwiderte der alte Herr ruhig. »Eine Rauferei?«

»Nun ja, so was Ähnliches«, gab Villon mit einem Zittern der Lippen zu.

»Vielleicht wurde einer ermordet?«

»O nein, nicht ermordet!«, sagte der Dichter, der immer verlegener wurde. »Es ging ganz ehrlich dabei zu – er wurde zufällig erstochen. Ich hatte nichts dabei zu tun – Gott erschlage mich auf der Stelle, wenn ich meine Hand darin hatte!«, setzte er aufgeregt hinzu.

»Vielleicht darf ich sagen: ein Spitzbube weniger«, bemerkte der Hausherr.

»Das dürft Ihr ruhig sagen!«, gab Villon zu. Er fühlte sich ungeheuer erleichtert. »Ein so großer Spitzbube, wie es nur einen zwischen hier und Jerusalem gibt. Er streckte seine Zehen in die Luft wie ein Lamm. Aber es war eklig anzusehen. Vermutlich habt Ihr zu Eurer Zeit auch Tote gesehen, mein Herr Ritter?«, sagte er, mit einem Blick auf die Rüstung zwischen den Fenstern.

»Viele«, sagte der Alte. »Ich war im Krieg, wie Ihr Euch denken könnt.«

Villon legte Messer und Gabel, die er gerade wieder aufgenommen hatte, auf den Tisch zurück und fragte:

»Waren auch Kahlköpfe unter ihnen?«

»O ja, und mit Haaren so weiß wie die meinen.«

»Ich glaube, aus weißen Haaren würde ich mir nicht so viel machen«, sagte Villon; »seine waren rot.«

Und wieder schauderte er zusammen, und es kam über ihn eine Lust, laut aufzulachen; aber er ertränkte sie mit einem großen Schluck Wein und fuhr fort:

»Es regt mich noch ein bisschen auf, wenn ich daran denke. Ich kannte ihn – hol ihn der Teufel! Und dann – man bekommt von der Kälte sonderbare Gedanken. Oder die sonderbaren Gedanken machen einem kalt. Ich weiß nicht, ob das eine zutrifft oder das andere.«

»Habt Ihr Geld?«, fragte der Alte.

»Ich habe einen einzigen Weißling«, antwortete der Dichter lachend. »Ich nahm ihn einer toten Vettel aus dem Strumpf. Sie lag in einem Torbogen. Sie war so tot wie Cäsar, das arme Luder. Und so kalt wie eine Kirche, und in ihrem Haar hatte sie ein paar Finzelchen Band. Für Wölfe und Dirnen und arme Spitzbuben wie mich ist es eine harte Welt bei solcher Winterszeit.«

»Ich bin«, sagte der Alte, »Enguerrand de la Feuillée, Herr auf Brisetout, Landvogt von Patatrac. Und wer und was seid Ihr wohl?«

Villon stand auf, machte eine geziemliche Verbeugung und sagte:

»Ich werde François Villon geheißen, ein armer Magister der freien Künste von hiesiger Hochschule. Ich verstehe ein bisschen Latein und viel Laster. Ich kann Lieder machen: Balladen, Ringelgedichte, Rundreime – und ich bin ein großer Freund vom Wein. Ich wurde in einer Dachkammer geboren, und es ist nicht unwahrscheinlich, dass ich am Galgen sterbe. Vielleicht darf ich noch hinzufügen, mein Herr Ritter, dass ich von heute Nacht an Eurer Herrlichkeit allergehorsamster Diener bin.«

»Nicht mein Diener«, sagte der Ritter; »mein Gast für heute Abend und weiter nichts.«

»Ein sehr dankbarer Gast!«, sagte Villon höflich; und er hob seinen Becher und trank seinem Wirt zu.

»Ihr seid gescheit«, begann der alte Herr, indem er mit dem Finger auf seine Stirn tippte, »sehr gescheit; Ihr habt Gelehrsamkeit; Ihr seid ein Kleriker; und trotzdem nehmt Ihr einem toten Weib auf der Straße ein kleines Geldstück ab. Ist das nicht eine Art von Diebstahl?«

»Es ist eine Art von Diebstahl, die in Kriegen viel zur Anwendung kommt. Euer Herrlichkeit.«

»Der Krieg ist das Feld der Ehre«, antwortete der Alte stolz. »Da setzt einer sein Leben ein; er streitet im Namen seines Herrn, des Königs, seines Herrgotts und aller Ihrer Herrlichkeiten, der Heiligen und Engel.«

»Nehmt an, ich wäre wirklich ein Dieb; setze ich da nicht auch mein Leben ein, und wage ich nicht mehr dabei?«

»Um Gewinn, aber nicht um Ehre.«

»Gewinn?«, wiederholte Villon mit einem Achselzucken. »Gewinn! Der arme Kerl braucht ein Abendessen, und er nimmt sich's. Genauso macht es der Soldat im Feld. Was sind denn diese Requisitionen, von denen wir so viel hören? Wenn sie für die, die sie nehmen, kein Gewinn sind, so sind sie jedenfalls für die anderen Verlust genug. Die Krieger zechen bei einem guten Feuer, während der Bürgersmann sich die Nägel abbeißt, um ihnen Wein und Holz zu kaufen. Ich habe eine gute Menge Ackersleute rings im Land an Bäumen baumeln sehen; ei, ich sah dreißig an einer einzigen Erle, und recht kläglich sahen sie aus; und als ich jemanden fragte, warum alle diese Leute gehängt werden, da sagte man mir den Grund: weil sie nicht genug Krontaler hätten zusammenkratzen können, um die Kriegsleute zu befriedigen.«

»Diese Dinge sind eine Kriegsnotwendigkeit, die der Niedriggeborene standhaft ertragen muss. Es ist wahr, einige Feldherren treiben es etwas hart; in jedem Rang und Grad gibt es Herzen, die sich nicht leicht von Mitleid bewegen lassen; und die Waffen führen allerdings viele, die nicht besser als Räuber sind.«

»Seht Ihr?«, sagte der Dichter. »Ihr könnt den Soldaten nicht vom Räuber trennen; und was ist ein Dieb anders als ein vereinzelter Räuber mit vorsichtigem Benehmen? Ich stehle ein paar Hammelkeulen, ohne dabei einem Menschen den Schlaf zu stören; der Bauer schimpft ein bisschen, isst aber trotzdem, was übrig bleibt, und es bekommt ihm. Ihr kommt daher mit glorreichem Trompetenschall, nehmt das ganze Schaf mit und gebt obendrein dem Bauern jämmerliche Prügel. Ich habe keine Trompete; ich bin nur Hans, Heinz oder Kunz; ich bin ein Spitzbube und ein Hund, und der Galgen ist noch zu gut für mich. Meinetwegen – von Herzen gern; aber fragt nur den Bauern, welchen von uns er vorzieht; hört nur mal, auf wen er flucht, wenn er in kalten Nächten wach liegt!«

»Seht uns beide an!«, sagte der Edelmann. »Ich bin alt, stark und geehrt. Würde ich morgen von Haus und Hof vertrieben, so würden Hunderte stolz sein, mir Obdach gewähren zu dürfen. Arme Leute würden ihre Häuser räumen, würden mit ihren Kindern die Nacht auf der Straße verbringen, wenn ich nur einen Wink gäbe, dass ich allein sein möchte. Und Euch sehe ich als einen obdachlosen Wanderer toten Weibern am Straßenrand Pfennige wegnehmen! Ich fürchte niemanden und nichts; Euch aber sah ich bei einem bloßen Wort zittern und die Fassung verlieren. Ich warte zufrieden in meinem Haus, bis Gott mich ruft; oder wenn es dem König gefallen sollte, mich wieder hinauszurufen, so möge der Tod auf dem Schlachtfeld kommen. Ihr guckt nach dem Galgen aus – nach einem gewaltsamen, plötzlichen Tod, ohne Hoffnung noch Ehre. Ist zwischen zwei solchen kein Unterschied?«

»Ein Unterschied so weit wie von der Erde zum Mond«, gab Villon zu. »Aber wenn ich nun als Herr auf Brisetout geboren wäre, und Ihr wäret der fahrende Schüler François – wäre da der Unterschied weniger groß gewesen? Hätte ich nicht meine Knie an dieser Kohlenpfanne gewärmt? Und hättet Ihr nicht nach Pfennigen im Schnee gesucht? Wäre ich nicht der Krieger gewesen und Ihr der Dieb?«

»Ein Dieb«, rief der alte Mann. »Ich ein Dieb! Wenn Ihr Eure Worte verständet, würdet Ihr sie bereuen.«

Villon drehte mit einer unnachahmlich unverschämten Gebärde die Handflächen nach oben und sagte:

»Wenn Eure Herrlichkeit mir die Ehre erwiesen hätten, meinem Gedankengang zu folgen –«

»Ich erweise Euch zu viel Ehre, indem ich mir Eure Gegenwart gefallen lasse«, sagte der Ritter. »Lernt Eure Zunge zügeln, wenn Ihr zu alten und ehrenwerten Männern sprecht – einer, der hitziger wäre als ich, möchte Euch sonst schärfer zurechtweisen!«

Und er stand auf und schritt, mit Zorn und Ekel kämpfend, am anderen Ende des Gemachs auf und ab. Villon füllte verstohlen seinen Becher wieder, setzte sich bequemer auf seinen Stuhl, schlug die Beine übereinander, stützte den Kopf in die eine Hand und den Ellbogen gegen die Stuhllehne. Er war jetzt satt und warm, und er hatte nicht die geringste Angst vor seinem Wirt, den er so richtig beurteilte, wie es einem Mann von so verschiedenem Charakter möglich war. Die Nacht war zum größten Teil – und schließlich doch noch recht behaglich – verbracht, und er war innerlich fest überzeugt, dass er am Morgen in Ruhe und Sicherheit von dannen gehen werde.

»Sagt mir nur eines!«, sagte der alte Mann, indem er plötzlich stehen blieb. »Seid Ihr wirklich ein Dieb?«

»Ich nehme die heiligen Rechte der Gastfreundschaft in Anspruch«, antwortete der Poet. »Und so antworte ich Euch: Ich bin's, Herr Ritter.«

»Ihr seid sehr jung«, fuhr der Ritter fort.

»Ich wäre nie so alt geworden«, antwortete Villon und zeigte seine ausgespreizten Finger, »wenn ich mir nicht mit diesen zehn Talenten geholfen hätte; sie waren die Eltern, die mich nährten.«

»Ihr könnt immer noch bereuen und Euch ändern.«

»Ich bereue täglich«, sagte der Dichter. »Es gibt wenig Menschen, die mehr zum Bereuen neigen als der arme François. Ich kann mich ändern, meint Ihr – möge doch nur einer meine Verhältnisse ändern! Ein Mensch muss täglich essen, wäre es auch nur, damit er täglich bereuen kann.«

»Die Änderung muss im Herzen beginnen«, antwortete der Alte feierlich.

»Mein werter Ritter«, antwortete Villon, »bildet Ihr Euch wirklich ein, ich stehle zum Vergnügen? Ich hasse das Stehlen, wie ich jede andere Arbeit oder Gefahr hasse. Mir klappern die Zähne, wenn ich an den Galgen denke. Aber ich muss essen, ich muss trinken, ich muss irgendwelche Gesellschaft haben. Zum Teufel noch mal! Der Mensch ist nicht zur Einsamkeit geschaffen – cui Deus feminam tradit: Drum gibt ihm Gott das Weib zur Gesellin. Macht mich zu des Königs Haushofmeister – macht mich zum Abt von Saint-Denis – macht mich zum Landvogt von Patatrac: Dann freilich werde ich ein anderer sein! Aber solang Ihr mich den armen fahrenden Schüler François Villon bleiben lasst, ohne einen Heller in der Tasche – nun, solange bleibe ich natürlich derselbe.«

»Gottes Gnade ist allmächtig.«

»Ich wäre ein Ketzer, wenn ich dies bezweifeln wollte«, sagte François. »Euch hat Gottes Gnade zum Herrn von Brisetout und zum Landvogt von Patatrac gemacht; mir hat sie nichts gegeben als den flinken Witz unter meiner Kappe und diese zehn Finger an meinen Händen. Darf ich mir noch einen Becher Wein einschenken? Ich danke Euch untertänigst. Bei Gottes Gnade – Ihr habt einen ausgezeichneten Keller.«

Der Herr von Brisetout ging auf und ab, die Hände hinter seinem Rücken gefaltet. Vielleicht war er sich innerlich noch nicht ganz klar über den Vergleich zwischen Dieben und Soldaten; vielleicht hatte Villon eine im Geheimen verwandte Saite bei ihm angeschlagen; vielleicht war ihm einfach etwas wirr im Kopf von so vielen Worten und Begriffen, die ihm nicht vertraut waren. Was aber immer die Ursache sein mochte – er hatte den geheimen Wunsch, den jungen Mann zu einer besseren Denkungsart zu bekehren, und konnte sich nicht dazu entschließen, ihn wieder auf die Straße hinauszujagen.

»Es ist etwas dabei, was ich nicht verstehen kann«, sagte er schließlich. »Euer Mund ist voll von Spitzfindigkeiten, und der Teufel hat Euch sehr weit in die Irre geführt; aber der Teufel ist nur ein sehr schwacher Geist angesichts von Gottes Wahrheit, und alle seine Spitzfindigkeiten verschwinden vor einem Wort voll echter Ehre, wie Finsternis vor dem Morgenlicht. Hört noch ein Wort von mir! Ich lernte vor langer Zeit, ein Edelmann solle ritterlich und in Liebe seinem Gott, seinem König und seiner Dame dienen; und obgleich ich manches Seltsame geschehen sah, habe ich doch stets mich bestrebt, nach dieser Vorschrift meine Wege zu wandeln. Sie steht nicht nur in allen edlen Geschichten geschrieben, sondern auch in jedes Menschen Herzen, wenn er sich nur die Mühe nehmen will, sie zu lesen. Ihr sprecht von Speise und Wein, und ich weiß recht wohl, dass Hunger eine schwer zu bestehende Prüfung ist; aber Ihr sprecht nicht von anderen Bedürfnissen: Ihr sagt nichts von Ehre, von Treue zu Gott und anderen Menschen, von Ritterlichkeit, von makelloser Liebe. Es mag sein, dass ich nicht sehr weise bin – indessen glaub ich doch, ich bin's –, aber Ihr kommt mir vor wie ein Mensch, der vom Weg abgekommen ist und dessen Leben ein großer Irrtum ist. Ihr kümmert Euch um die kleinen Bedürfnisse und habt gänzlich der großen und einzig wirklichen Bedürfnisse vergessen – wie ein Mensch, der am Tag des Jüngsten Gerichts sich um einen hohlen Zahn kümmern würde. Denn Ehre und Liebe und Treue sind nicht nur edlere Dinge als Speis und Trank, sondern ich glaube auch in allem Ernst: Wir begehren ihrer mehr und leiden schmerzlicher, wenn sie uns fehlen. Ich spreche zu Euch so, weil ich glaube, so werdet Ihr mich am leichtesten verstehen. Vergesst Ihr nicht, während Ihr Euch sorgt, wie Ihr Euren Wanst füllen könnt, eines anderen Hungers in Eurem Herzen, der Euch alle Freude Eures Lebens verdirbt und Euch immerdar unglücklich sein lässt?«

Villon wurde offenbar von dieser langen Predigt unangenehm berührt. Er rief:

»Ihr denkt, ich habe kein Ehrgefühl! Ich bin, weiß Gott, arm genug. Es ist hart für einen Armen, reiche Leute mit warmen Handschuhen zu sehen, während er selber sich in die Finger bläst. Ein leerer Magen ist ein böses Ding, wenn Ihr auch so leichthin darüber redet. Hättet Ihr so oft einen leeren Magen gehabt wie ich, vielleicht würdet Ihr in einer anderen Tonart singen. Jedenfalls bin ich im schlimmsten Fall ein Dieb – aber ich bin kein Teufel aus der Hölle, Gott straf mich! Ich möcht Euch zu wissen geben: Auch ich habe meine Ehre, so gut wie Ihr Eure, wenn ich auch nicht den ganzen

Tag darüber predige, wie wenn es ein Wunder Gottes wäre, überhaupt eine zu haben. Mir scheint es ganz natürlich zu sein, Ehre zu haben: Ich lasse meine im Kasten, bis ich sie brauche. Hört mal zu: Wie lange bin ich mit Euch in diesem Zimmer gewesen? Seht Euch Euer Goldgeschirr an! Ihr seid stark – meinetwegen. Aber Ihr seid alt und unbewaffnet, und ich habe mein Messer. Was wäre weiter nötig gewesen? Ein Stoß aus dem Handgelenk – und hier hättet Ihr gelegen mit dem kalten Stahl in Eurem Leib, und dort wäre ich durch die Straßen gelaufen mit einem Arm voll goldener Becher! Bildet Ihr Euch ein, ich hätte nicht Witz genug, das zu sehen? Und doch wies ich solche Tat von mir. Da sind Eure verdammten Becher, so sicher wie in der Kirche; da seid Ihr, und Euer Herz schlägt, wie wenn's nagelneu wäre; und hier bin ich, bereit, so arm wieder hinauszugehen, wie ich hereingekommen bin, mit meinem einzigen Weißling, über den Ihr mir Reden hieltet! Und Ihr meint, ich hätte kein Ehrgefühl – Gott straf mich!«

Der alte Mann streckte seinen rechten Arm aus und sagte:

»Ich will Euch sagen, was Ihr seid. Ihr seid ein Spitzbube, mein Mann, ein unverschämter und dreckig denkender Spitzbube und Landstreicher. Ich habe eine Stunde mit Euch verbracht. Oh, glaubt mir, ich fühle mich besudelt! Und Ihr habt an meinem Tisch gegessen und getrunken. Aber jetzt hab ich genug von Euch; Euer Anblick macht mir übel. Der Tag ist da, und der Nachtvogel mag zur Rüste gehen. Wollt Ihr vorangehen oder hinter mir?«

»Ganz wie es Euch beliebt«, erwiderte der Dichter und stand auf. »Ich glaube, Ihr seid durch und durch ehrenhaft.«

Nachdenklich leerte er seinen Becher und fuhr fort, indem er mit den Fingerknöcheln an seine Stirn schlug:

»Ich wollte, ich könnte hinzusetzen, dass Ihr auch klug seid. Das Alter, das Alter! Das Hirn wird steif und gichtisch.«

Der Alte ging ihm voran; ein Gefühl von Selbstachtung veranlasste ihn dazu. Villon folgte ihm pfeifend, die Daumen in seinen Gürtel gesteckt.

»Gott erbarme sich Eurer!«, sagte der Herr von Brisetout an der Tür.

»Lebt wohl, Papa!«, antwortete Villon mit einem Gähnen. »Vielen Dank für den kalten Hammelbraten.«

Die Tür schloss sich hinter ihm. Über den weißen Dächern zog die Dämmerung herauf. Ein kühler unbehaglicher Morgen führte den Tag auf die Erde. Villon stand mitten auf der Straße und streckte sich und streckte sich wieder.

Ein sehr stumpfsinniger alter Herr, dachte er bei sich selber. Ich möchte wohl wissen, wie viel seine Becher wert sind.

Der Selbstmordklub

Erstes Kapitel

Die Geschichte von dem jungen Mann mit dem Cremetörtchen

Während seines Londoner Aufenthalts gewann sich der hochgebildete Prinz Florizel von Böhmen durch seine bestechenden Umgangsformen wie durch seine wohlangebrachte Freigebigkeit die Zuneigung aller Klassen. Schon durch das, was man von ihm wusste – und das war nur ein kleiner Teil seiner wirklichen Taten –, war er eine durchaus bemerkenswerte Persönlichkeit. Für gewöhnlich ein Mann von gelassenem Temperament, der die Welt mit der Ruhe eines Philosophen betrachtete, empfand der Fürst doch auch manchmal Verlangen nach einem abenteuerlicheren und ungebundeneren Leben als das, wozu ihn seine Geburt bestimmt hatte. War seine Stimmung einmal nicht auf ihrer gewöhnlichen Höhe, versprach er sich keine Unterhaltung von dem Besuch eines Londoner Theaters, und erlaubte die Jahreszeit keinen Sport, in dem er es allen zuvortat, so ließ er seinen Vertrauten und Oberstallmeister, den Obersten Geraldine, zu sich entbieten und trug ihm auf, die Vorbereitungen für einen abendlichen Ausflug zu treffen. Der Stallmeister war ein junger Offizier, mutig bis zur Verwegenheit. Der Auftrag erfüllte ihn mit Vergnügen, und eiligst machte er alles bereit. Infolge langer Übung und mannigfaltiger Lebenserfahrung hatte sich sein angeborenes schauspielerisches Talent noch mehr entwickelt, sodass er nicht nur in Gebärden und Haltung, sondern auch in der Stimme und fast auch in seinen Gedanken jede Gesellschaftsklasse, jeden Charakter und jede Nation darstellen konnte; dadurch lenkte er die Aufmerksamkeit von seinem fürstlichen Begleiter auf sich, und es gelang dem Paar, manchmal zu ganz absonderlichen Gesellschaften Zutritt zu erhalten. Von diesen geheimnisvollen Abenteuern drang nichts an die Öffentlichkeit. Die Unerschrockenheit des einen und die unermüdliche Erfindungsgabe und ritterliche Ergebenheit des andern hatten sie so manche Gefahr glücklich bestehen lassen, und so wurde auch ihr Selbstvertrauen immer größer.

Eines Märzabends trieb sie ein eisiger Regen in eine Austernschenke am Leicester Square. Oberst Geraldine hatte sich als heruntergekommenen Journalisten verkleidet, während sich der Prinz wie gewöhnlich durch einen falschen Backenbart und lang herabhängende Augenbrauen unkenntlich gemacht hatte. In dieser Vermummung vor jeder Entdeckung sicher, schlürften sie unbesorgt ihren Brandy mit Sodawasser.

Die Kneipe war voll von Gästen beiderlei Geschlechts; aber wenn sich auch mehr als einmal Gelegenheit zur Anknüpfung eines Gesprächs bot, schien doch in keinem Fall die nähere Bekanntschaft der Mühe wert zu sein. Nur der gewöhnliche Typus gemeiner Gesellschaft war vertreten. Der Prinz fing schon an zu gähnen, und es hatte den Anschein, als sollte diesmal der Streifzug ohne jede interessante Ausbeute verlaufen, als die Eingangstür heftig aufgestoßen wurde und ein junger Mann mit zwei Dienstmännern hinter sich hereinstürzte. Jeder Dienstmann trug eine große Schüssel, die sich mit Rahmtörtchen gefüllt zeigte. Der junge Mann wandte sich mit ausgesuchter Höflichkeit an jeden einzelnen Gast und lud ihn dringend ein zuzugreifen. Manche taten es lachend, andere wiesen ihn ohne Weiteres oder mit groben Worten zurück. In diesem Fall verspeiste der Ankömmling jedes Mal mit einer mehr oder minder witzigen Bemerkung das Törtchen selbst.

Zuletzt wandte er sich an den Prinzen Florizel.

»Mein Herr«, sagte er mit einer tiefen Verbeugung und präsentierte dabei das Törtchen zwischen Daumen und Zeigefinger, »wollen Sie mir als einem ganz Unbekannten die Ehre geben? Ich stehe für die Güte des Gebäcks, da ich seit fünf Uhr selbst zwei Dutzend und drei Stück gegessen habe.«

»Ich pflege«, erwiderte der Prinz, »weniger auf die Gabe als auf den Geist, in dem sie gereicht wird, zu sehen.«

»Was diesen Geist anbetrifft«, entgegnete der junge Mann mit einer zweiten Verneigung, »so handelt es sich um einen Spaß.«

»Spaß?«, wiederholte Florizel. »Wem soll der Spaß gelten?«

»Ich kann mich darüber hier nicht weiter auslassen, sondern habe nur diese Rahmtörtchen zu verteilen. Wenn ich erwähne, dass ich das Lächerliche in der Sache zum guten Teil auf meine Person nehme, so hoffe ich, Sie werden es nicht unter Ihrer Würde finden und sich herablassen. Sonst nötigen Sie mich, Nummer achtundzwanzig zu verzehren, und ich muss gestehen, ich habe schon gerade genug.«

»Sie rühren mein Herz«, sagte der Prinz, »und ich will Sie mit größtem Vergnügen aus diesem Dilemma retten, aber unter einer Bedingung. Wenn mein Freund und ich Ihre Kuchen, nach denen wir an und für sich gar kein Verlangen tragen, essen, so erwarten wir, dass Sie dafür an unserm Abendessen teilnehmen.«

Der junge Mann schien nachzudenken.

»Ich habe noch verschiedene Dutzend hier«, sagte er endlich; »und ich werde daher zur Vollendung meines großen Werks noch verschiedene Wirtschaften besuchen müssen. Das wird ziemlich viel Zeit kosten, und wenn Sie hungrig sind …«

Der Prinz unterbrach ihn mit einer höflichen Handbewegung.

»Mein Freund und ich wollen Sie begleiten«, sagte er, »denn Ihre geniale Art, einen Abend zu verbringen, hat bereits in hohem Grad unser Interesse erweckt. Und nun lassen Sie mich, da wir über die Friedenspräliminarien einig sind, den Vertrag für beide unterzeichnen.«

Und dabei verschluckte der Prinz eins von den Törtchen.

»Sie sind ausgezeichnet«, bemerkte er.

»Ich sehe, Sie sind Kenner«, versetzte der junge Mann.

Oberst Geraldine erwies dem Gebäck die gleiche Ehre, und der junge Mann machte sich auf den Weg zu einer andern ähnlichen Wirtschaft. Hinter ihm gingen die beiden Dienstmänner, und der Fürst und Geraldine machten Arm in Arm und einander verstohlen zulächelnd den Beschluss. So besuchten sie noch zwei ähnliche Kneipen, in denen sich beim Rundgang des jungen Mannes die oben beschriebenen Szenen mit geringen Abweichungen wiederholten.

Als sie die dritte Wirtschaft verließen, zählte der junge Mann seinen Vorrat, es waren nur noch neun übrig.

»Meine Herren«, sagte er zu seinen neuen Begleitern gewendet, »ich will Sie nicht länger von Ihrem Abendessen trennen, sicher sind Sie hungrig. Ich bin Ihnen ein besonderes Opfer schuldig. Heute, an diesem für mich so bedeutungsvollen Tag, da ich eine tolle Laufbahn mit der größten Tollheit beschließen will, möchte ich mir niemand gegenüber etwas zuschulden kommen lassen. Meine Herren, Sie sollen nicht länger warten. Mit Gefahr des Lebens ziehe ich die Bilanz.«

Und mit diesen Worten stopfte er die neun Törtchen in den Mund und schluckte heroisch eins nach dem andern hinunter. Dann reichte er jedem Dienstmann ein paar Goldstücke, sagte: »Ich danke Ihnen für Ihre außerordentliche Geduld«, und entließ sie mit einer Verbeugung.

Hierauf warf er noch einen Blick auf die Börse, aus der er die Goldstücke genommen hatte, schleuderte sie lachend mitten auf die Straße und erklärte sich zum Abendessen bereit.

Die drei Genossen traten in ein unweit gelegenes kleines französisches Speisehaus besserer Klasse und nahmen in einem Sonderzimmer des zweiten Stocks ein vorzügliches Mahl ein, das sie mit drei oder vier Flaschen Champagner und einem lebhaften Gespräch über alle möglichen Gegenstände würzten. Der junge Mann zeigte sich gewandt und heiter, aber sein Lachen war für einen wohlerzogenen Menschen überlaut, seine Hände zitterten heftig, und seine Stimme nahm oft unwillkürlich einen ganz sonderbaren Klang an. Der Nachtisch war abgetragen, und alle drei hatten ihre Zigarren angezündet, als sich der Prinz mit folgenden Worten an den jungen Mann wandte:

»Sie werden sicher meine Neugier entschuldigen. Was ich von Ihnen gesehen habe, hat meinen Beifall gefunden, aber noch mehr mein Erstaunen erregt. Und obwohl mir jede Indiskretion verhasst ist, muss ich Ihnen doch bemerken, dass bei meinem Freund und mir jedes Geheimnis wohl bewahrt ist. Und wenn die Geschichte, die Sie zu erzählen haben, wie ich voraussetze, manche Dummheit enthält, so brauchen Sie sich deshalb vor uns, die wir schon das tollste Zeug in England ausgeführt haben, keinen Zwang anzutun. Mein Name ist Godall, Theophilus Godall; mein Freund ist der Major Hammersmith, oder dies ist wenigstens der Name, den er sich beilegt. Wir sind auf der Suche nach Abenteuern, und das Ungewöhnlichste erregt unser Interesse am meisten.«

»Sie gefallen mir, Mr Godall«, erwiderte der junge Mann; »ich fühle von vornherein Vertrauen zu Ihnen; und ich habe nicht das Geringste gegen ihren Freund, den Major, den ich für einen verkleideten Edelmann halte. Wenigstens ist er sicher kein Soldat.«

Der Oberst lächelte zu diesem Kompliment, und der junge Mann fuhr lebhafter fort:

»Ich habe allen Grund, meine Geschichte nicht zu erzählen. Aber vielleicht tue ich es gerade deshalb. Wenigstens scheint es mir, dass Sie so gut vorbereitet sind, alle meine Dummheiten anzuhören, dass ich es nicht übers Herz bringe, Sie zu enttäuschen. Meinen Namen will ich trotz Ihres Beispiels für mich behalten. Mein Alter tut nichts zur Sache. Ich stamme wie alle Menschen von meinen Eltern her und ererbte von ihnen das körperliche Gehäuse, das ich noch bewohne, und ein jährliches Einkommen von dreihundert Pfund. Vermutlich verdanke ich ihnen auch meine tollen Neigungen, denen nachzugeben mein größtes Vergnügen war. Ich erhielt eine gute Erziehung. Beinahe kann ich so perfekt Violine spielen, dass ich als Mitglied einer wandernden Musikantentruppe Geld verdienen könnte. Dasselbe gilt von meiner Kunst auf der Flöte und dem Waldhorn. Whist verstehe ich so gut, dass ich etwa hundert Pfund jährlich verspiele. Französisch habe ich so weit gelernt, dass ich mein Geld in Paris fast ebenso bequem loswurde als in London. Kurz, ich bin eine sehr vielseitig ausgebildete Persönlichkeit. Kein Abenteuer ist mir fremd geblieben, darunter auch ein Duell um nichts. Erst vor zwei Monaten traf ich eine junge Dame, die an Geist und Körper meinem Geschmack völlig entsprach; ich fühlte mein Herz schmelzen; ich sah, dass sich endlich mein Geschick erfüllen sollte, und war drauf und dran, mich zu verlieben. Als ich aber berechnete, was mir noch von meinem Kapital geblieben war, fand ich, dass sich mein ganzer Besitz auf etwas weniger als vierhundert Pfund belief! Ich frage Sie – kann sich ein Mann, der Selbstachtung besitzt, mit vierhundert Pfund verlieben? Nach meiner Meinung ist das unmöglich. Ich ließ alle Liebeshoffnung fallen, beschleunigte mein Tempo im Geldausgeben und war heute Morgen bei den letzten achtzig Pfund angelangt. Diese teilte ich in zwei Teile, vierzig sollen einem besonderen Zweck dienen, die andern vierzig vergeudete ich im Laufe des Tages. Ich habe die Stunden vergnüglich zugebracht und manchen Spaß losgelassen vor dem mit den Rahmtörtchen, der mir Ihre werte Bekanntschaft verschaffte; denn ich wollte, wie gesagt, einen tollen Lebenslauf zu einem tollen Ende bringen, und als Sie mich meine Börse auf die Straße werfen sahen, waren die vierzig Pfund durchgebracht. Nun kennen Sie mich so gut, wie ich mich selbst kenne: ein Narr, aber ausdauernd in seiner Narrheit, und glauben Sie mir, weder ein Renommist noch ein Feigling.«

Aus dem ganzen Ton seiner Worte klang offenbar das Gefühl der Bitterkeit und Selbstverachtung heraus. Seinen Zuhörern kam es vor, als wäre ihm das Liebesverhältnis näher gegangen, als er zugeben wollte, und als hätte er es auf sein eigenes Leben abgesehen. Der Spaß mit den Rahmtörtchen bekam einen sehr tragischen Beigeschmack.

»Ist das nicht seltsam«, brach Geraldine nach einem Seitenblick auf den Prinzen Florizel das Stillschweigen, »dass wir drei uns in der ungeheuren Londoner Wüste aus bloßem Zufall getroffen haben sollten und dabei fast in der gleichen Lage sind?«

»Was?«, schrie der junge Mann. »Sind Sie auch ruiniert? Ist es mit diesem Souper ähnlich wie mit meinen Rahmtörtchen? Hat der Teufel drei ihm Verfallene zum letzten Schmaus zusammengeführt?«

»Der Teufel«, erwiderte Prinz Florizel, »leistet sich manchmal dergleichen, und das Zusammentreffen ist für mich so ergreifend, dass ich hiermit den kleinen Unterschied in unserer Lage ausgleiche. Lassen Sie mich dem heroischen Beispiel, das Sie mit den letzten Rahmtörtchen gegeben, folgen!«

Mit diesen Worten zog der Fürst sein Taschenbuch hervor und entnahm ihm ein kleines Bündel Banknoten.

»Sie sehen«, fuhr er fort, »ich war gegen Sie etwa um eine Woche zurück, aber ich will Sie einholen und Hals über Kopf mit Ihnen am Ziel anlangen. Das« – dabei legte er eine Banknote auf den Tisch – »wird für die Rechnung genügen. Und da ist der Rest.«

Damit warf er die Papiere ins Feuer, und sie gingen mit einem einzigen Aufflackern der Flamme den Schornstein hinauf.

Der junge Mann wollte ihm in den Arm fallen, kam aber, da der Tisch zwischen ihnen war, zu spät.

»Unglücklicher«, rief er, »Sie hätten nicht alle verbrennen sollen. Sie sollten vierzig Pfund behalten!«

»Vierzig Pfund?«, wiederholte der Fürst. »Wozu denn in des Himmels Namen vierzig Pfund?«

»Warum nicht achtzig?«, schrie der Oberst. »Denn ich weiß gewiss, dass das Päckchen hundert Pfund enthielt!«

»Nur vierzig Pfund waren nötig«, sagte der junge Mann düster. »Aber ohne sie ist kein Einlass. Die Vorschrift ist unerlässlich. Jeder vierzig Pfund. Verfluchtes Leben, wenn man nicht einmal ohne Geld sterben kann!«

Der Prinz und der Oberst tauschten Blicke des Einverständnisses.

»Erklären Sie sich deutlicher«, sagte der Letztere. »Mein Portemonnaie ist noch ziemlich gut versehen, und ich brauche nicht zu bemerken, wie gern ich mit Godall teile. Aber ich muss wissen, wozu, und Sie müssen Ihre Worte besser erklären.«

Der junge Mann schien aufzuwachen; seine Blicke wanderten unsicher von einem zum anderen, und eine tiefe Röte übergoss sein Gesicht.

»Haben Sie mich nicht zum Besten?«, fragte er. »Sie sind wirklich verlorene Leute wie ich?«

»Ich bin es in der Tat«, versetzte der Oberst.

»Und ich«, sagte der Prinz, »habe Ihnen den Beweis geliefert. Nur ein verlorener Mann wird sein Geld ins Feuer werfen. Ist diese Tat nicht sprechend genug?«

»Ein verlorener Mann – ja«, entgegnete argwöhnisch der andere, »oder auch ein Millionär!«

»Genug, mein Herr«, sagte der Prinz, »ich habe es gesagt, und ich bin nicht gewohnt, dass man meine Worte in Zweifel zieht.«

»Ruiniert?«, rief der junge Mann. »Sie sind ruiniert wie ich? Bleibt Ihnen nach einem zügellosen Leben« – hier senkte sich seine Stimme – »nur noch eine Zügellosigkeit übrig? Wollen Sie den Folgen Ihrer Torheit auf dem einzigen sichern und bequemen Weg entgehen?«

Plötzlich brach er ab und versuchte zu lachen.

»Auf Euer Wohl!«, rief er und leerte sein Glas, »und nun gute Nacht, Ihr lustigen ruinierten Männer!«

Als er sich erheben wollte, fasste ihn Oberst Geraldine am Arm.

»Sie haben kein Vertrauen zu uns, und das ist nicht recht. Auf alle Ihre Fragen antworte ich: Ja. Aber ich bin nicht so furchtsam und rede eine ungeschminkte Sprache. Auch wir haben vom Leben genug und sind entschlossen zu sterben. Früher oder später wollten wir vereint oder allein ohne Furcht den Tod suchen. Da wir Sie getroffen haben und bei Ihnen der Fall dringender liegt, so lassen Sie uns diese Nacht oder sofort und, wenn es Ihnen recht ist, alle drei zusammen den Schritt tun. Solch ein Bettlertrio«, rief er, »sollte Arm in Arm in Plutos Hallen treten und auch unter den Schatten zusammenhalten!«

Geraldines Bewegungen und Ausdruck waren seiner Rolle so angemessen, dass sich der Prinz selbst im ersten Augenblick beunruhigt fühlte und seinem Vertrauten einen Blick des Zweifels zuwarf. Das Gesicht des jungen Mannes aber überflog wieder eine tiefe Röte, und ein Lichtstrahl drang aus seinen Augen.

»Ihr seid meine Leute!«, rief er mit einer fast schrecklichen Fröhlichkeit. »Geben Sie mir Ihre Hand darauf!« (Seine Hand war kalt und feucht.) »Sie haben keine Ahnung, in was für eine Gesellschaft Sie eintreten sollen! Sie haben keine Ahnung, welcher günstige Zufall Sie an meinen Rahmtörtchen teilnehmen ließ! Ich bin nur ein Einzelner, aber ich gehöre zu einem ganzen Heer. Ich kenne den Privatzutritt zum Tod. Ich gehöre zu seinen Vertrauten und kann Ihnen einen Weg weisen, der ohne Zeremonie und doch ohne Skandal in die Ewigkeit führt.«

Sie drangen lebhaft in ihn, sich deutlicher auszulassen.

»Verfügen Sie über achtzig Pfund zusammen?«, fragte er.

Geraldine öffnete sein Taschenbuch und erwiderte: »Ja.«

»Sie Glückliche!«, rief der junge Mann. »Vierzig Pfund kostet der Eintritt in den Selbstmordklub.«

»Der Selbstmordklub?«, fragte der Prinz. »Was zum Teufel ist das?«

»Hören Sie«, sagte der junge Mann; »wir leben in einem Zeitalter, in dem den Menschen alles bequem gemacht wird, und ich habe Ihnen von dem Modernsten in dieser Richtung Mitteilung zu machen. Wir haben bald hier, bald da zu tun, so wurden die Eisenbahnen erfunden. Aber noch blieben wir von unsern Freunden getrennt, so ersann man zu blitzschnellem Gedankenaustausch die Telegrafen. Aufzüge ersparen uns das Treppensteigen. Nun wissen wir, das Leben ist nur eine Bühne, auf der wir den Narren spielen, solange uns die Rolle gefällt. Es fehlte dem modernen Komfort nur noch an einer Bequemlichkeit, nämlich die Möglichkeit, die Bühne dezent und ohne Schwierigkeit zu verlassen, eine Hintertreppe zur Freiheit oder, wie ich eben sagte, ein Privatzutritt zum Tod. In diese Lücke, meine Todesbrüder, tritt der Selbstmordklub. Glauben Sie ja nicht, dass Sie und ich mit unserem sehr natürlichen Verlangen allein stehen oder eine seltene Ausnahme bilden. Sehr viele Kameraden, die des täglich sich wiederholenden Einerleis herzlich überdrüssig sind, lassen sich nur durch diese oder jene Erwägung zurückhalten. Manche haben Familien, denen sie die Aufregung und, wenn die Sache an die Öffentlichkeit käme, die Schande ersparen möchten; andere sind zu weichmütig und können über die unumgänglichen Handgriffe nicht hinauskommen. Das ist in gewissem Maß auch mein Fall. Ich kann mir die Pistole nicht an den Kopf setzen und den Drücker bewegen; etwas, das stärker ist als mein Wille, hält mich zurück; und obwohl mich das Leben anekelt, habe ich doch nicht die Kraft in mir, mir den Tod zu geben. Für solche Leute und alle, denen der Gedanke an einen postumen

Skandal ein Gräuel ist, hat sich der Selbstmordklub gebildet. Über seine genaue Entstehung und Entwicklung wie über etwaige Zweigvereine in andern Ländern weiß ich selbst nichts, und über seine Organisation Mitteilung zu machen, ist mir nicht gestattet. Doch so weit stehe ich Ihnen zu Diensten, dass ich Sie, wenn Sie wirklich lebensmüde sind, heute zu einer Sitzung einführe; und wenn nicht heute, so werden Sie doch im Lauf der Woche von der Bürde Ihrer Existenz erlöst werden. Es ist jetzt elf Uhr, spätestens um halb zwölf Uhr müssen wir aufbrechen, sodass Sie noch eine halbe Stunde haben, um meinen Vorschlag zu überlegen. Es handelt sich um etwas Ernstlicheres«, fügte er lächelnd hinzu, »als meine Rahmtörtchen und, denke ich, auch etwas Schmackhafteres.«

»Ernstlicher ist es zweifellos«, versetzte Oberst Geraldine, »wollen Sie mir daher fünf Minuten gönnen, um die Sache privatim mit meinem Freund besprechen zu können?«

»Das ist nicht mehr als billig«, antwortete der junge Mann. »Wenn Sie erlauben, ziehe ich mich zurück.«

»Sehr verbunden«, sagte der Oberst.

Kaum waren sie beide allein, so sagte Prinz Florizel: »Wozu diese Besprechung, Geraldine? Ich sehe, Sie sind aufgeregt; ich bin völlig ruhig und entschlossen. Ich will der Sache auf den Grund sehen.«

»Eure Hoheit«, sagte der Oberst erbleichend, »lasse mich die Bitte aussprechen zu erwägen, welche Bedeutung Ihr Leben nicht nur für Ihre Freunde, sondern auch für die Allgemeinheit hat. Wenn nicht heute Nacht – sagte dieser Tollhäusler; aber gesetzt, es träfe die Person Eurer Hoheit heute ein nicht wiedergutzumachendes Unheil, wie sollte ich meiner Verzweiflung steuern, wie groß wäre der Schaden und die Trauer eines großen Volkes?«

»Ich will der Sache auf den Grund sehen«, wiederholte der Prinz in ruhigstem Ton, »und vergessen Sie, Oberst Geraldine, nicht Ihr Ehrenwort als Edelmann. Unter keinen Umständen dürfen Sie, es sei denn mit meiner ausdrücklichen Genehmigung, mein Inkognito enthüllen. Und nun schellen Sie bitte dem Kellner!«

Oberst Geraldine verneigte sich, aber sein Gesicht war sehr bleich, als er nach der Zeche fragte und den jungen Mann wieder hereinholte. Der Prinz zeigte sich unverändert und erzählte dem jungen Selbstmörder mit humoristischen Worten von einer neuen Theaterposse. Er wich den beredten Blicken des Obersten ungezwungen aus und verwandte auf die Auswahl einer neuen Zigarre noch mehr Sorgfalt als gewöhnlich. Er war in der Tat unter den drei Männern der Einzige, der seine Nerven völlig in der Gewalt hatte.

Nachdem der Prinz die Rechnung bezahlt und dem erstaunten Kellner den Rest der Banknote gelassen hatte, bestiegen sie eine Droschke, die nach kurzer Fahrt am Eingang eines ziemlich dunklen Hofes hielt. Kaum waren sie hier ausgestiegen, so wandte sich der junge Mann an den Prinzen mit den Worten:

»Noch ist es Zeit, Mr Godall, und auch für Sie, Major Hammersmith; sagen Ihre Herzen Nein, so hüten Sie sich, einen Schritt weiterzugehen; hier scheiden sich die Wege.«

»Vorwärts«, sagte der Prinz. »Ich bin nicht der Mann, der von dem einmal gefassten Entschluss absteht.«

»Ihre Ruhe gefällt mir«, erwiderte der junge Führer. »Noch keinen habe ich in dieser Lage so unerschüttert gesehen, und Sie sind nicht die Ersten, die ich hierher begleite. Mehr als einer von meinen Freunden ist mir vorausgegangen, während ich wusste, dass ich bald an die Reihe käme. Doch das ist für Sie ohne Interesse. Warten Sie einige Augenblicke; ich bin wieder hier, sobald ich das Nötige betreffs Ihrer Zulassung verabredet habe.«

Damit schritt er in den Hof und verschwand durch eine Tür.

»Von allen Ihren Streichen«, sagte der Oberst Geraldine mit leiser Stimme, »ist das der wildeste und gefährlichste.«

»Das ist durchaus meine Meinung«, versetzte der Prinz.

»Es ist uns«, fuhr der Oberst fort, »noch ein Moment gelassen. Lassen mich Eure Hoheit flehentlich bitten, die Gelegenheit wahrzunehmen und sich zurückzuziehen. Die Folgen dieses Schrittes liegen so sehr im Dunklen und können so ernst sein, dass ich entschuldigt zu sein glaube, wenn ich die Freiheit, die mir Eure Hoheit im Privatumgang gestattet, so weit treibe.«

»Soll das heißen, dass Oberst Geraldine Furcht hat?«, fragte der Prinz, indem er den andern durchdringend anblickte.

»Meine Furcht gilt sicher nicht meiner eigenen Person«, erwiderte Geraldine mit Stolz; »davon kann Eure Hoheit überzeugt sein.«

»Das hatte ich erwartet«, entgegnete der Prinz, »aber ich wollte Sie nicht gern an den Unterschied unserer Stellung erinnern. Nichts weiter«, fügte er hinzu, als er sah, dass Geraldine sich entschuldigen wollte. »Sie sind entschuldigt.«

Und er rauchte, an ein Gitter gelehnt, gleichmütig seine Zigarre, bis der junge Mann zurückkehrte.

»Nun«, fragte er, »will man uns aufnehmen?«

»Folgen Sie«, war die Antwort. »Der Präsident will Sie sprechen. Und achten Sie meine Warnung und antworten ihm offen. Ich habe für Sie gutgesagt, aber vor der Zulassung werden Sie einem Verhör unterworfen; denn die Indiskretion eines einzelnen Mitglieds würde die gänzliche Auflösung des Klubs zur Folge haben.«

Der Prinz und Geraldine steckten einen Augenblick die Köpfe zusammen. »Ich stelle … vor«, sagte der eine, und »Ich …« sagte der andere, und indem sie die Rollen von Bekannten übernahmen, hatten sie sich im Moment verständigt und waren bereit, ihrem Führer in das Präsidentenzimmer zu folgen.

Besondere Schrecknisse waren beim Weitergehen nicht zu bestehen. Die äußere Tür stand offen, die Tür zum Präsidentenzimmer war nur angelehnt, und hier, in einem kleinen, aber sehr hohen Zimmer, ließ sie der junge Mann allein, indem er äußerte: »Er wird sofort hier sein.«

Durch die Rolltür, die das Zimmer auf einer Seite abschloss, hörte man Stimmen, von Zeit zu Zeit ward das Geräusch der Unterhaltung vom Knallen der Champagnerpfropfen und lautem Gelächter unterbrochen. Ein einziges hohes Fenster schaute nach der Themse hin, und aus der Verteilung der Lichter zogen sie den Schluss, dass sie nicht fern von Charing Cross wären. Die Ausstattung des Zimmers war dürftig, die Möbel alt, die Überzüge abgeschabt; sonst befand sich nichts im Zimmer außer einer Handglocke auf dem runden Tisch in der Mitte und einer ziemlichen Anzahl von Hüten und Überröcken, die überall an den Wänden hingen.

»In was für einer Höhle befinden wir uns?«, sagte Geraldine.

»Das werden wir bald sehen«, versetzte der Prinz. »Ich denke, die Sache kann unterhaltend werden.«

In diesem Augenblick öffnete sich die Rolltür so weit, dass eben ein menschlicher Körper durchschlüpfen konnte; ein lauteres Stimmengewirr drang in den Raum, und es trat herein der Präsident des Selbstmordklubs. Er war ein Mann von mindestens fünfzig Jahren, hochgewachsen, mit unsicherem Tritt, langem Backenbart, einem Kahlkopf und matten grauen Augen, aus denen von Zeit zu Zeit ein Blitz hervorbrach. Seinen Mund, in dem eine große Zigarre steckte, verzog er beständig in eigentümlicher Weise, während er die Fremden mit scharfen und kühlen Blicken maß. Seine Kleidung war aus leichtem Wollzeug, sein Hals steckte in einem weiten, gestreiften Hemdkragen, unter einem Arm trug er ein kleines Buch.

»Guten Abend«, sagte er, nachdem er die Tür hinter sich geschlossen hatte, »man sagt mir, Sie wünschen mich zu sprechen.«

»Wir wünschen in den Selbstmordklub einzutreten«, versetzte der Oberst.

Der Präsident rollte, statt zu antworten, seine Zigarre im Mund herum.

»Was ist das?«, sagte er plötzlich.

»Entschuldigen Sie«, entgegnete der Oberst, »aber ich glaube, Sie können darüber am besten Auskunft geben.«

»Ich?«, rief der Präsident. »Ein Selbstmordklub? Das ist ein Aprilscherz. Beim Wein lasse ich mir solchen Spaß gefallen – aber was soll das hier?«

»Nennen Sie Ihren Klub, wie Sie wollen«, sagte der Oberst, »Sie haben da Gesellschaft hinter der Tür, und wir wollen uns ihr anschließen.«

»Sie sind im Irrtum«, erwiderte der Präsident kurz. »Dies ist ein Privathaus, das Sie sofort zu verlassen haben.«

Der Prinz war während dieser kurzen Unterhaltung ganz ruhig auf seinem Stuhl sitzen geblieben; als ihn nun aber der Oberst anblickte, als wenn er sagen wollte: »Lass dir das gesagt sein, und lass uns um Gottes willen gehen«, nahm er seine Havanna aus dem Mund und sagte:

»Ich bin auf die Einladung eines Ihrer Freunde hergekommen. Er hat Ihnen zweifellos von meiner Absicht, mich Ihrer Gesellschaft anzuschließen, Mitteilung gemacht. Vergessen Sie nicht, dass eine Person in meiner Lage wenig Rücksichten kennt und nicht gewillt ist, sich so behandeln zu lassen. Ich bin für gewöhnlich ein sehr ruhiger Mann, aber, mein werter Herr, Sie werden entweder meinen kleinen Wunsch erfüllen oder es bitter bereuen, mich jemals in Ihr Vorzimmer gelassen zu haben.«

Der Präsident lachte laut.

»So muss man reden«, sagte er. »Sie sind ein ganzer Mann. Sie kennen den Weg zu meinem Herzen und können mit mir nach Belieben schalten. Wollen Sie«, wandte er sich an Geraldine, »wollen Sie auf ein paar Minuten beiseitetreten? Ich will zunächst mit Ihrem Genossen ins Reine kommen, und die Klubgesetze schreiben eine Einzelprüfung vor.«

Damit öffnete er die Tür zu einem kleinen Seitengemach, das er hinter Geraldine abschloss.

»Ich vertraue Ihnen«, sagte er zu Florizel, sobald sie allein waren, »aber sind Sie Ihres Freundes ganz sicher?«

»Nicht in dem Maß wie meiner selbst, wenn seine Gründe auch zwingender sind«, antwortete Florizel, »aber sicher genug, um ihn unbesorgt hierherbringen zu können. In seinem Fall würde wohl auch der Zäheste lebenssatt werden. Er ist erst gestern wegen Falschspielens kassiert worden.«

»Der Grund ist nicht schlecht, meiner Treu«, erwiderte der Präsident; »wenigstens haben wir einen Zweiten im gleichen Fall, und ich bin seinethalben beruhigt. Waren Sie auch im Dienst?«

»Ja«, war die Antwort, »aber ich war zu träge und quittierte ihn bald.«

»Warum wollen Sie das Leben los sein?«, forschte der Präsident weiter.

»Aus demselben Grund, wie mir scheint«, antwortete der Prinz, »wegen unverbesserlicher Trägheit.«

Der Präsident fuhr auf. »Verdammt«, sagte er, »Sie müssen einen bessern Grund haben.«

»Ich habe keine Mittel mehr«, fügte Florizel hinzu. »Das ist natürlich eine Plage mehr und bringt meine Trägheit zu einem kritischen Punkt.«

Der Präsident rollte einige Sekunden seine Zigarre im Mund herum und richtete dabei seinen Blick starr auf den ungewöhnlichen Todeskandidaten, aber der Prinz bestand die Prüfung, ohne zu zucken.

»Hätte ich nicht eine ziemliche Erfahrung«, sagte schließlich der Präsident, »so würde ich Sie abweisen. Aber ich kenne die Welt und weiß, dass die frivolsten Selbstmordgründe oft am hartnäckigsten festgehalten werden. Und wenn ein Mann so nach meinem Geschmack ist wie Sie, mein Herr, so würde ich lieber von den Bedingungen etwas nachlassen als ihn abweisen.«

Der Prinz und der Oberst wurden nacheinander einem langen und eindringenden Verhör unterworfen, der Prinz allein, aber Geraldine in Gegenwart des Freundes, sodass der Präsident den Ausdruck des einen beobachten konnte, während der andere unter scharfem Kreuzverhör stand. Das Ergebnis war zufriedenstellend, und nachdem der Präsident über jeden Fall ein paar Notizen in seinem Buch gemacht hatte, ließ er jeden einen Eid ablegen, durch den sich der Schwörende zum völligsten passiven Gehorsam verpflichtete und sich in der denkbar striktesten Weise band. Ein Mann, der diesen schrecklichen Eid brach, konnte keine Spur von Ehre oder von religiösem Trost mehr für sich haben. Florizel unterzeichnete die Erklärung nicht ohne Schauder, der Oberst folgte seinem Beispiel mit einem Ausdruck großer Niedergeschlagenheit. Darauf nahm der Präsident das Eintrittsgeld in Empfang und führte die beiden Freunde ohne Weiteres in das Rauchzimmer des Selbstmordklubs.

Dieses Zimmer war ebenso hoch, aber viel größer als das erste und mit einer Getäfel von Eichenholz imitierenden Tapete bedeckt. Ein mächtiges, lustig flackerndes Kaminfeuer und zahlreiche Gasflammen erhellten den Raum und seine Insassen auf das Beste. Mit dem Prinzen und seinem Begleiter zählte man achtzehn Personen, von denen die meisten rauchten und Schaumwein tranken; es herrschte eine fieberige Ausgelassenheit, unterbrochen von plötzlichen, durch den Gegensatz unheimlich wirkenden Pausen.

»Ist die Gesellschaft heute gut besucht?«, fragte der Prinz.

»Nicht besonders«, sagte der Präsident. »Nebenbei bemerkt, wenn Sie über Geld verfügen, es ist Sitte, einige Flaschen Champagner zum Besten zu geben. Das macht Leben und gehört auch zu meinen kleinen Nebeneinnahmen.«

»Hammersmith«, sagte Florizel, »ich denke, Sie sorgen für den Wein.«

Damit wandte er sich ab und mengte sich unter die Gäste. Gewöhnt, in den höchsten Kreisen den Wirt zu spielen, machte er überall einen gewinnenden und dominierenden Eindruck. Seine Anrede hatte zugleich etwas Bestechendes und Imponierendes, und dazu verlieh ihm seine außergewöhnliche Kaltblütigkeit noch ein besonderes Übergewicht in dieser halb wahnwitzigen Versammlung. Während er von einem zum andern schritt, hielt er Augen und Ohren offen, und bald hatte er eine allgemeine Vorstellung davon, welcher Klasse von Leuten seine Umgebung angehörte. Wie in allen öffentlichen Lokalen überwog auch hier ein Typus: Leute in der Blüte der Jugend mit allen Anzeichen der Intelligenz und Empfänglichkeit, aber mit anscheinend geringer Willensstärke oder den Eigenschaften, die Erfolg versprechen. Wenige waren hoch in den dreißig und viele unter zwanzig. Sie standen, sich an die Tische lehnend und die Füße hin und her schiebend; bald rauchten sie sehr schnell, und bald ließen sie wieder ihre Zigarren ausgehen; manche sprachen gut, aber das Gespräch anderer zeugte nur von nervöser Spannung und war ohne Witz und Ziel. Mit jeder neuen Champagnerflasche steigerte sich die Ausgelassenheit in merklicher Weise. Nur zwei Personen hatten sich gesetzt, die eine saß auf einem Stuhl in der Fensternische mit herabhängendem Kopf und in die Hosentaschen vergrabenen Händen, sie war bleich, mit Schweiß bedeckt und sprach kein Wort, ein wahres Wrack an Leib und Seele; die andere hatte sich auf dem Diwan neben dem Kamin niedergelassen und zog durch ihre auffallende Erscheinung die Aufmerksamkeit auf sich. Dieser Mann war wahrscheinlich über vierzig Jahre alt, sah aber reichlich zehn Jahre älter aus, und Florizel kam es vor, als hätte er niemals einen von Natur hässlicheren Menschen gesehen oder einen Körper, der deutlichere Spuren der Verheerung durch Krankheit und ein leidenschaftliches Leben gezeigt hätte. Er war nichts als Haut und Knochen, teilweise gelähmt, und trug eine so scharfe Brille, dass seine Augen dahinter stark vergrößert und ganz verzerrt aussahen. Außer dem Prinzen und dem Präsidenten war er die einzige Person im Zimmer, die keine Aufregung verriet.

Von guter Lebensart und Wohlanständigkeit war wenig zu spüren. Manche brüsteten sich mit ihren entehrenden Handlungen, deren Folgen sie hierher gebracht hatten, und die andern hörten ohne Missbilligung zu. Die Stimme der Moral ward hier nicht mehr laut, und wer einmal Mitglied des Klubs geworden war, genoss schon in gewissem Maß die Vorrechte eines Verstorbenen. Trinksprüche auf das gegenseitige Angedenken und auf bekannte Selbstmörder wurden ausgebracht. Man tauschte die Ansichten über den Tod und den Zustand nach dem Tod aus, wobei manche die Erwartung aussprachen, in bloße Finsternis und völlige Vernichtung überzugehen, andere noch in derselben Nacht die Sterne zu erklimmen und ein neues Leben zu beginnen hofften.

»Dem unvergänglichen Andenken an den Baron Trenck, das Muster aller Selbstmörder!«, rief einer. »Aus einer engen Zelle ging er hinüber in eine noch engere, um so die Freiheit zu erringen.«

»Ich für mein Teil«, sagte ein Zweiter, »wünsche mir nichts weiter als eine Binde vor die Augen und Baumwolle in die Ohren. Nur gibt es auf Erden keine Baumwolle, die dick genug wäre.«

Ein Dritter hoffte in seinem künftigen Zustand die Rätsel des Lebens lösen zu können; und ein Vierter erklärte, er wäre dem Klub niemals beigetreten, wenn ihn nicht Darwins Theorie dazu gebracht hätte.

»Es war mir«, sagte dieser bemerkenswerte Selbstmörder, »der Gedanke unerträglich, dass ich von einem Affen abstammen sollte.«

Im Ganzen fühlte sich der Prinz durch das Gebaren und die Unterhaltung der Mitglieder enttäuscht und abgestoßen.

Wozu, dachte er, diese Umstände? Ist einer entschlossen, sich das Leben zu nehmen, mag er's in Gottes Namen mit Anstand tun. Dieses Geschwätz und große Geschrei darum sind mir zuwider.

Inzwischen fiel der Oberst Geraldine den schwärzesten Befürchtungen zur Beute. Noch waren der Klub und seine Gesetze ein Geheimnis für ihn, und er schaute nach einem aus, der ihn darüber aufklären könnte. Dabei fiel sein Auge auf den Gelähmten mit der starken Brille, und da ihm dieser völlig gefasst und ruhig zu sein schien, so ersuchte er den geschäftig hin und her eilenden Präsidenten, ihn mit dem Herrn auf dem Diwan bekannt zu machen.

Der Vorsitzende erklärte diese Formalität zwischen Klubbrüdern für überflüssig, stellte den Obersten aber nichtsdestoweniger Mr Malthus vor.

Der Letztere schaute den Fremden neugierig an und ersuchte ihn sodann, sich zu seiner Rechten niederzulassen.

»Sie sind ein Neuling«, sagte er, »und wünschen Auskunft? Sie haben sich an die rechte Quelle gewandt. Es ist zwei Jahre her, als ich zum ersten Mal diesen Verein besuchte.«

Der Oberst atmete auf. Wenn Mr Malthus seit zwei Jahren Mitglied war, so konnte eine einzige Nacht schwerlich so gefährlich für den Prinzen sein. Immerhin konnte er nicht alle Bedenken loswerden, auch fürchtete er, das Opfer einer Mystifikation zu sein.

»Wie«, rief er, »zwei Jahre! Ich dachte – aber ich merke schon, Sie scherzen nur.«

»Keineswegs«, versetzte Mr Malthus. »Ich befinde mich in einem besonderen Fall, ich bin überhaupt kein richtiges Mitglied, sondern eine Art von Ehrenmitglied. Selten komme ich des Monats zweimal in den Klub. Meine Gebrechlichkeit und die Freundlichkeit des Präsidenten haben mir dieses kleine Vorrecht verschafft, wofür ich außerdem das Doppelte zu zahlen habe. Dazu war ich aber ausnahmsweise vom Glück begünstigt.«

»Ich muss Sie leider«, sagte der Oberst, »um genauere Auskunft bitten. Bedenken Sie, dass ich die Klubbestimmungen so gut wie gar nicht kenne.«

»Ein gewöhnliches Mitglied, das wie Sie als Todeskandidat hierherkommt«, versetzte Mr Malthus, »kehrt jeden Abend wieder, bis es vom Los getroffen wird. Es erhält sogar, wenn es mittellos ist, vom Präsidenten Kost und Wohnung, gut und reinlich, nehme ich an, wenn auch natürlich nicht üppig, was ja in Anbetracht des geringfügigen Abonnements (wenn ich so sagen darf) kaum zu verlangen ist. Und dann ist die Gesellschaft des Präsidenten schon an sich ein Genuss.«

»Wirklich?«, rief Geraldine. »Auf mich hat er keinen sonderlich anziehenden Eindruck gemacht.«

»Ja«, sagte Mr Malthus, »Sie kennen den Mann nicht: der drolligste Kauz! Was für Schnurren! Welcher Zynismus! Er kennt das Leben wie kaum ein Zweiter und ist, unter uns gesagt, einer der abgefeimtesten Schurken in der ganzen Christenheit.«

»Und er ist also ebenfalls«, fragte der Oberst, »wenn Sie mir den Ausdruck gestatten, ein dauernder Stammgast hier, wie Sie selbst?«

»Ja, er ist dauernd in ganz anderem Sinn als ich«, erwiderte Mr Malthus. »Mich hat man gnädig aufgespart, zuletzt komme ich doch dran. Er dagegen spielt niemals mit. Er mischt die Karten und teilt sie aus und arrangiert alles Weitere. Dieser Mann, mein lieber Mr Hammersmith, ist in seiner Art ein verkörpertes Genie. Drei Jahre lang hat er in London seinen segensreichen und, ich kann wohl sagen, künstlerischen Beruf ausgeübt; und es hat sich niemals auch nur der Schatten eines Argwohns gegen ihn geregt. Ich halte ihn für inspiriert. Zweifellos erinnern Sie sich noch an den Aufsehen erregenden Fall, als vor sechs Monaten ein Herr in einer Drogenhandlung zufällig vergiftet ward. Das war eine seiner mindest geistreichen Taten, und doch, wie einfach, wie sicher!«

»Sie setzen mich in Erstaunen«, sagte der Oberst. »Gehörte jener Unglückliche zu den« – er wollte sagen »Opfern«, besann sich aber noch und sagte: »Mitgliedern des Klubs?«

Zugleich kam ihm der Gedanke, dass aus der Art und dem Ton, in dem Mr Malthus sprach, nichts weniger als Sehnsucht nach dem Tod herausklang, und er setzte schnell hinzu:

»Aber ich merke, ich bin noch ganz im Dunkeln, Sie sprechen von Kartenmischen und -verteilen; was bedeutet das? Und da Sie den Tod nicht herbeizuwünschen scheinen, so verstehe ich nicht, muss ich bekennen, was Sie herführt.«

»Sie haben recht, Sie sind im Dunkeln«, versetzte Mr Malthus mit gesteigerter Lebhaftigkeit. »Dieser Klub, mein Herr, ist eine Stätte geistigen Taumels. Erlaubte mir mein geschwächter Körperzustand, die Aufregung öfter zu ertragen, verlassen Sie sich darauf, ich würde häufiger hier sein. Nur ein starkes Pflichtgefühl, wie es sich während langer Krankheit und geregelter Lebensweise entwickelt hat, hält mich von Exzessen in dieser, ich kann sagen, meiner letzten Ausschweifung zurück. Ich habe alle kennengelernt«, fuhr er fort und legte seine Hand auf Geraldines Arm, »alle ohne Ausnahme, und ich erkläre Ihnen auf meine Ehre, man hat sie sämtlich viel zu hoch angeschlagen. Die Menschen spielen mit der Liebe. Die Liebe ist aber gar keine starke Leidenschaft. Furcht ist das eine mächtigste Gefühl; mit der Furcht müssen Sie spielen, wollen Sie den größten geistigen Kitzel empfinden. Beneiden Sie mich – beneiden Sie mich«, setzte er kichernd hinzu, »ich bin eine Memme!«

Geraldine konnte nur mit Mühe eine Gebärde des Abscheus unterdrücken; doch bezwang er sich und fuhr fort:

»Auf welche Weise wird die Aufregung künstlich verlängert, und wo liegt das Element der Ungewissheit?«

»Ich muss Ihnen mitteilen«, entgegnete Mr Malthus, »wie man jeden Abend das Opfer auswählt, und nicht nur das Opfer, sondern noch ein zweites Mitglied, das als Instrument des Klubs dient und als Hohepriester des Todes zu wirken hat.«

»Mein Gott«, sagte der Oberst, »sie töten einander?«

»Man ist auf diese Weise der Mühe des Selbstmords überhoben«, bestätigte Mr Malthus.

»Gnädiger Himmel!«, stieß der Oberst hervor. »Und können Sie – kann ich – kann der – mein Freund, meine ich, kann irgendeiner von uns heute Abend zum Mörder eines andern ausgewählt werden? Ist das unter denkenden Wesen, die eine Mutter gehabt haben, möglich? O schändlichste aller Schändlichkeiten!«

Er wollte entsetzt aufspringen, als er dem Auge des Prinzen begegnete, der ihm über das Zimmer einen unzufriedenen und warnenden Blick zuwarf. Sofort war Geraldine wieder Herr seiner Sinne.

»Warum auch nicht?«, sagte er. »Und da Sie sagen, das Spiel sei interessant, so mag meinetwegen das Schiff vom Stapel gehen, ich folge der Flagge.«

Mr Malthus hatte mit Vergnügen des andern Entsetzen und Abscheu bemerkt. Er war stolz auf seine Verderbtheit und freute sich, an einem andern eine edle Regung zu bemerken, über die er sich in seiner Verstocktheit weit erhaben fühlte.

»Sie sind, scheint es, jetzt nach Ihrer ersten Überraschung imstande, die Reize, die unser Verein bietet, zu würdigen. Er vereint, wie Sie sehen, die Aufregung des Spieltischs, des Duells und des römischen Amphitheaters. Die alten Heiden verdienen Bewunderung für ihren raffinierten Geschmack, aber erst einem christlichen Land war es vorbehalten, zu dieser höchsten Höhe geistigen Rausches emporzusteigen. Sie werden begreifen, wie eitel einem Mann, der hieran Geschmack gefunden, alle andern Unterhaltungen vorkommen müssen. Unser Spiel ist äußerst einfach«, fuhr er fort. »Ein volles Spiel Karten – aber ich sehe, die Sache soll in Wirklichkeit soeben vor sich gehen. Wollen Sie mir Ihren Arm leihen? Ich bin leider gelähmt.«

Und in der Tat öffnete sich, als Mr Malthus mit seiner Beschreibung anfing, eine zweite Rolltür, und der ganze Klub begab sich in das nächste Zimmer. Dieses war, von der Möblierung abgesehen, dem Rauchzimmer fast völlig gleich. In der Mitte stand ein langer, grüner Tisch, an dem der Präsident saß und mit peinlicher Sorgfalt ein Spiel Karten mischte. Trotz seines Stocks und des unterstützenden Arms kam Mr Malthus so langsam vorwärts, dass dieses Paar und der Prinz, der auf sie gewartet hatte, zuletzt ins Zimmer traten und daher auch unten am Tisch beieinander zu sitzen kamen.

»Es ist ein Spiel von zweiundfünfzig Karten«, flüsterte Mr Malthus. »Achten Sie auf das Pikass, das Zeichen des Todes, und das Kreuzass, das den Ausführenden bestimmt. Glückliche, glückliche junge Männer!«, fügte er hinzu. »Sie haben gute Augen, Sie können das Spiel verfolgen. Ich kann aber von hier aus ein Ass von einer Zwei nicht unterscheiden.«

Und dabei setzte er sich noch eine zweite Brille auf.

»Ich muss wenigstens den Ausdruck der Gesichter beobachten«, erklärte er.

Der Oberst teilte seinem Freund in wenigen leisen Worten mit, was er erfahren hatte und welche grässliche Alternative vor ihnen lag. Der Prinz fühlte, wie ihn ein tödlicher Schauder überlief und sein Herz sich zusammenzog; er glaubte, ersticken zu müssen, und der Ausdruck entsetzlicher Verlegenheit malte sich auf seinem Gesicht.

»Ein kühner Entschluss«, flüsterte der Oberst, »und wir können uns noch frei machen.«

Aber diese Worte ließen den Prinzen seine Fassung wiedergewinnen.

»Ruhig!«, sagte er. »Zeigen Sie, dass Sie wie ein Mann spielen können, gleichviel um welchen Einsatz.« Und er schaute herum, allem Anschein nach ganz gefasst, wenn auch sein Herz heftig pochte und es ihm unangenehm heiß ward. Die Mitglieder waren sämtlich still und äußerst gespannt, ihre Mienen sahen bleich aus, bei keinem mehr als bei Mr Malthus. Seine Augen quollen hervor, sein Kopf wackelte unwillkürlich hin und her; die Hände fuhren fortwährend zum Mund und krallten sich an den zitternden und aschfarbenen Lippen fest. Das Ehrenmitglied bezahlte offenbar einen hohen Preis für seine Mitgliedschaft.

»Achtung, meine Herren!«, sagte der Präsident. Und er verteilte die Karten langsam von rechts nach links und wartete jedes Mal, bis der Empfänger seine Karte aufgedeckt hatte. Fast jeder zögerte; und manchem versagten die Finger mehr als einmal den Dienst, ehe er das Blatt umwenden konnte. Je näher der Moment heranrückte, wo der Prinz an die Reihe kommen sollte, umso mehr wuchs seine Aufregung, die schließlich fast unbezwingbar ward; aber er hatte doch etwas von einer Spielernatur in sich und war erstaunt, zugleich ein gewisses Vergnügen zu empfinden. Kreuzneun ward ihm zuteil und Geraldine Pikdrei. Malthus, der einen Seufzer der Erleichterung nicht zurückhalten konnte, hatte Herzdame. Kurz darauf deckte der junge Mann mit den Rahmtörtchen das Kreuzass auf und hielt starr vor Entsetzen die Karte in der Hand; nicht um zu töten, sondern um den Tod zu finden war er gekommen; und der Prinz vergaß aus Mitgefühl mit seiner Lage die Gefahr, die ihn und seinen Freund noch bedrohte.

Die Runde erfüllte sich zum zweiten Mal, und noch war die Todeskarte nicht gefallen. Die Spieler atmeten kaum. Der Prinz erhielt wieder ein Kreuz, Geraldine ein Karo. Als aber Malthus sein Blatt umwandte, kam aus seinem Mund ein schrecklicher Ton, wie wenn etwas zerbräche; er erhob sich von seinem Sitz und ließ sich wieder nieder, alle Lähmung schien verschwunden. Vor ihm lag Pikass. Das Ehrenmitglied hatte einmal zu oft mit seinem Leben gespielt.

Sofort begann nun die Unterhaltung von Neuem. Die starre Haltung der Spieler löste sich, sie erhoben sich und gingen zu zweien oder dreien ins Rauchzimmer zurück. Der Präsident streckte seine Arme aus und gähnte wie ein Mann, der sein Tagewerk vollendet hat. Nur Mr Malthus saß auf seinem Platz, den Kopf in den auf dem Tisch ruhenden Händen wie berauscht und regungslos, ein Bild völliger Gebrochenheit.

Der Prinz und Geraldine entfernten sich sofort. In der kalten Nachtluft verdoppelte sich noch ihr Entsetzen über das, was sie erlebt hatten.

»Wehe!«, rief der Prinz. »Dass ich mich durch einen solchen Eid gebunden habe! Dass ich diesem geschäftsmäßigen Morden keinen Einhalt tun kann! Ob ich es wage, mein Wort zu brechen?«

»Das ist«, versetzte der Oberst, »für Eure Hoheit, deren Ehre Böhmens Ehre ist, unmöglich. Aber ich kann und darf es ohne Schande tun.«

»Geraldine«, sagte der Prinz, »sollte Ihre Ehre bei einem der Abenteuer, die Sie mit mir bestehen, leiden, so werde ich Ihnen dies niemals verzeihen, und – ich glaube, das wird Ihnen noch mehr gelten – auch mir selbst würde ich das nie vergeben können.«

»Eure Hoheit hat zu gebieten«, erwiderte der Oberst. »Wollen wir diesen verfluchten Ort verlassen?«

»Ja«, sagte der Prinz. »Rufen Sie eine Droschke, ich will versuchen, in nächtlichem Schlummer den Gräuel dieser Nacht zu vergessen.«

Doch las er auf der nächsten Straßentafel sorgfältig die Aufschrift Box Court, ehe er das Fuhrwerk bestieg.

Sobald sich der Prinz am nächsten Tag erhob, brachte ihm Geraldine ein Zeitungsblatt, in dem folgende Notiz stand:

»Trauriger Unglücksfall. Heute Morgen gegen 2 Uhr fiel Mr Bartholomew Malthus, wohnhaft Chestow Place 16, Westbourne Grove, auf dem Heimweg von einer Gesellschaft über das obere Geländer des Trafalgar Square, zerschmetterte sich den Kopf und brach ein Bein und einen Arm. Der Tod trat augenblicklich ein. Mr Malthus, den ein Freund begleitete, sah sich gerade nach einer Droschke um. Da er gelähmt war, nimmt man an, sein Sturz war die Folge eines neuen paralytischen Anfalls. Der Verunglückte bewegte sich in den angesehensten Kreisen, und sein Tod wird allgemein und aufrichtig bedauert.«

»Wenn jemals eine Seele geradewegs zur Hölle ging«, sagte Geraldine, »so war es seine.«

Der Prinz barg sein Antlitz in seinen Händen und verharrte in Schweigen.

»Es freut mich fast«, fuhr der Oberst fort, »ihn tot zu wissen. Aber um den jungen Mann mit den Rahmtörtchen, muss ich bekennen, blutet mir das Herz.«

»Geraldine«, sagte der Prinz und erhob sein Gesicht, »der arme Bursche war gestern Abend so schuldlos wie Sie und ich; und heute Morgen drückt eine Blutschuld seine Seele. Wenn ich an den Präsidenten denke, fühle ich einen Stich im Herzen. Noch weiß ich nicht, wie, aber jener Schurke soll mir, so wahr ein Gott im Himmel ist, büßen. Was für eine Erfahrung, was für eine Lehre, was für ein Kartenspiel!«

»Eins«, sagte der Oberst, »nach dem man nicht zum zweiten Mal verlangt!«

Der Prinz erwiderte lange nichts, und Geraldine ward unruhig.

»Sie können doch nicht noch einmal hingehen wollen?«, sagte er. »Sie haben schon genug ausgestanden und zu viel Entsetzliches gesehen. Die Pflichten Ihrer hohen Stellung erlauben Ihnen nicht, noch einmal mit dem Geschick zu spielen.«

»Was Sie sagen, ist nicht unberechtigt«, versetzte Prinz Florizel, »und ich bin selbst mit meinem Entschluss unzufrieden. Was steckt in den Kleidern des mächtigsten Herrschers anderes als ein Mensch? Niemals habe ich meine Schwachheit lebhafter empfunden als jetzt, aber ich kann sie nicht überwinden. Kann ich aufhören, an dem Geschick des jungen Mannes, der vor ein paar Stunden mit uns speiste, Anteil zu nehmen? Kann ich den Präsidenten seine nichtswürdige Laufbahn fortsetzen lassen? Kann ich ein so verführerisches Abenteuer plötzlich abbrechen? Nein, Geraldine, Sie verlangen vom Fürsten mehr, als der Mensch leisten kann. Wir wollen heute Nacht noch einmal nach Box Court gehen und am Spieltisch des Selbstmordklubs Platz nehmen.«

Der Oberst fiel auf die Knie.

»Will Eure Hoheit mein Leben?«, rief er. »Da ist es; aber nur dies nicht, unternehmen Sie dieses grässliche Wagnis nicht noch einmal!«

»Oberst Geraldine«, versetzte der Prinz mit stolzer Hoheit, »Ihr Leben ist Ihr unbeschränktes Eigentum. Ich erwartete nur Gehorsam, und wird mir der nur widerwillig geleistet, so muss ich auf ihn verzichten. Noch ein Wort: Sie haben sich in dieser Angelegenheit schon genugsam als unberufenen Ratgeber erwiesen.«

Der Oberstallmeister war aufgesprungen.

»Eure Hoheit«, sagte er, »darf ich für heute Nachmittag um Urlaub bitten? Ich wage mich als Mann von Ehre nicht noch einmal in jenes Haus des Todes, ohne vorher meine Angelegenheiten in Ordnung gebracht zu haben. Eure Hoheit wird, verspreche ich, nichts mehr auszusetzen finden an dem ergebensten und dankbarsten ihrer Diener.«

»Mein lieber Geraldine«, entgegnete der Prinz, »nur mit Widerstreben sehe ich mich gezwungen, meinen Rang hervorzukehren. Verfügen Sie nach Belieben über den Tag, aber seien Sie vor elf Uhr wieder in derselben Verkleidung zur Stelle.«

Die Klubsitzung war am zweiten Abend nicht so gut besucht, und als die beiden Freunde das Rauchzimmer betraten, waren nicht mehr als sechs Personen anwesend. Seine Hoheit nahm den Präsidenten beiseite und beglückwünschte ihn zu der glatten Abwicklung des Malthus'schen Falles.

»Ich schätze die Befähigung in allen Fällen«, sagte er. »Ihre Aufgabe ist delikater Natur, aber Sie verstehen sie trefflich zu lösen.«

Der Präsident fühlte sich nicht wenig geschmeichelt.

»Armer Freund Malthus«, sagte er, »ich kann mir den Klub kaum ohne ihn denken. Meine Kunden sind zumeist Knaben, poetisch angehauchte Knaben und keine Gesellschaft für mich. Nicht als ob nicht auch Malthus seine Poesie gehabt hätte, aber die war mir verständlicher.«

»Ich kann mir wohl denken, dass Sie Sympathie mit Mr Malthus empfinden«, versetzte der Prinz. »Er schien mir ein seltenes Original zu sein.«

Der junge Mann mit den Rahmtörtchen war im Zimmer, aber äußerst niedergedrückt und schweigsam. Vergebens suchte der Prinz ein längeres Gespräch mit ihm anzuknüpfen.

»Ach«, rief er, »hätte ich Sie doch niemals an diesen Ort der Schande gebracht! Hinweg von mir mit Ihren reinen Händen! Oh, hätten Sie den Schrei des alten Mannes und das Krachen seines gegen das Pflaster schlagenden Körpers gehört! Wenn Sie mir noch eine Wohltat gönnen, so wünschen Sie mir heute Nacht das Pikass!«

Einige Mitglieder stellten sich noch ein, aber es war eben erst das Teufelsdutzend voll, als man sich am Spieltisch niederließ. Der Prinz empfand wieder trotz seiner Aufregung eine Art Genuss; wunderbar war es ihm, dass sich Geraldine so viel gefasster zeigte als am Abend vorher.

Es ist doch merkwürdig, dachte er, dass ein entschiedener Wille einen solchen Einfluss über den Geist des jungen Mannes ausübt.

»Achtung, meine Herren!«, rief der Präsident und fing an, die Karten auszuteilen.

Bei dreimaliger Runde war noch keine von den beiden Stichkarten herausgekommen, und die Aufregung war übermächtig, als die letzte entscheidende Runde begann. Der Prinz, der an zweiter

Stelle links vom Austeiler saß, musste die vorletzte Karte erhalten. Der dritte Spieler hob ein schwarzes Ass, es war das Kreuzass. Der nächste erhielt ein Karo, der folgende eine Herzkarte und so fort; aber das Pikass stand noch aus. Zuletzt deckte Geraldine, der links vom Prinzen saß, seine Karte auf; es war ein Ass, aber Herzass.

Als Prinz Florizel sein Schicksalsblatt vor sich auf dem Tisch liegen sah, stand ihm das Herz still. Er war ein mutiger Mann, aber der Schweiß brach aus den Poren seines Gesichts. Es war genau zehn gegen zehn zu wetten, dass ihn das Los traf. Er drehte die Karte um, es war Pikass. Ein lautes Sausen füllte ihm das Gehirn, und der Tisch verschwamm ihm vor den Augen. Er hörte, wie der Spieler zu seiner Rechten in ein Lachen ausbrach, von dem man nicht recht wusste, ob es Freude oder Enttäuschung bedeutete. Er sah, wie sich die Gesellschaft schnell auflöste, aber dabei beschäftigten ihn andere Gedanken. Er erkannte, wie töricht, wie verbrecherisch er gehandelt hatte. In völliger Gesundheit, in der Blüte der Jahre, Erbe eines Throns, hatte er seine Zukunft und die eines edlen ergebenen Volkes verspielt. »Gott, Gott, vergib mir!« Und damit riss er sich aus seiner Benommenheit los und gewann seine Fassung wieder.

Zu seinem Erstaunen war Geraldine verschwunden. Im Spielzimmer befand sich nur noch sein vorbestimmter Mörder, der sich mit dem Präsidenten beriet, und der junge Mann mit den Rahmtörtchen, der ihm zuflüsterte: »Ich würde gern für Ihr Glück eine Million geben«, und das Zimmer gleichfalls verließ.

Diese leise geführte Besprechung war inzwischen zu Ende geführt. Der vom Los bestimmte Henker entfernte sich mit einem Blick des Einverständnisses, und der Präsident näherte sich dem unglücklichen Prinzen und streckte ihm die Hand entgegen. »Es freut mich, Ihre Bekanntschaft gemacht zu haben«, sagte er, »und dass ich Ihnen diesen kleinen Dienst erweisen konnte. Wenigstens können Sie sich nicht über langen Aufschub beklagen. Am zweiten Abend – welcher Glücksfall!«

Der Prinz mühte sich vergebens, ein Wort hervorzubringen, aber sein Mund war völlig ausgetrocknet und die Zunge gelähmt.

»Sie fühlen sich etwas unwohl?«, fragte der Präsident mit anscheinender Teilnahme. »Den meisten geht es so. Wünschen Sie ein wenig Brandy?« Der Prinz nickte und der Präsident goss sofort etwas Brandy in ein Wasserglas.

»Armer alter Malthus!«, bemerkte er, als der Prinz am Glas nippte. »Er trank einen halben Liter, und es schien ihm doch nicht viel zu helfen.«

»Bei mir bedarf's nicht so viel«, sagte der Prinz neu belebt. »Ich bin, wie Sie sehen, wieder Herr meiner selbst. Und nun lassen Sie mich fragen: Was habe ich zu tun?«

»Sie werden die Strand entlang auf dem linken Straßendamm nach der Stadt zu fortgehen, bis Sie den Herrn treffen, der soeben das Zimmer verließ. Er wird Ihnen das Weitere kundtun, und seinen Weisungen haben Sie sich zu fügen, denn ihm ist für die Nacht die ganze Klubgewalt übertragen. Und nun«, setzte der Präsident hinzu, »wünsche ich Ihnen einen angenehmen Weg.«

Florizel erwiderte den Gruß ziemlich unhöflich und entfernte sich. Er ging durch das Nebenzimmer, wo die meisten Klubmitglieder noch Schaumwein tranken, den er zum Teil selbst bestellt und bezahlt hatte, und er wunderte sich, dass er sie in seinem Herzen verfluchte. Er zog im Präsidentenzimmer seinen Rock an, setzte den Hut auf und suchte seinen Schirm aus. Der Gedanke, dass er dies alles zum letzten Mal tun sollte, ließ ihn in ein Lachen ausbrechen, das ihm selbst unheimlich in den Ohren gellte. Er konnte sich nicht entschließen, das Zimmer zu verlassen, und wandte sich zum Fenster. Der Anblick der Lampen und der Dunkelheit brachte ihn wieder zu sich.

»Komm«, sprach er zu sich, »sei ein Mann und reiß dich los!«

Aber an der nächsten Straßenecke fielen drei Männer über ihn her und schoben ihn ohne Umstände in eine Kutsche, die eiligst davonfuhr. Im Wagen saß noch eine Person, und eine wohlbekannte Stimme sagte: »Wird mir Eure Hoheit meinen Eifer verzeihen?«

In der ersten Aufregung der Freude über seine Rettung warf sich der Prinz dem Obersten an den Hals.

»Wie kann ich Ihnen jemals danken?«, rief er. »Und wie haben Sie das angefangen?«

Wenn er auch bereit gewesen war, sein Los zu tragen, so erfüllte es sein Herz doch mit überströmender Freude, dass ihn der Freund mit Gewalt zurückhielt und ihm wieder den Weg zu Leben und Hoffnung bahnte.

»Danken Sie mir dadurch, dass Sie künftig solche Gefahren vermeiden. Und was die zweite Frage betrifft, so bediente ich mich der einfachsten Mittel. Heute Nachmittag versicherte ich mich der Dienste eines namhaften Geheimpolizisten, der sich zu vollster Geheimhaltung verpflichtete. Sonst verwendete ich zumeist Ihre eigene Dienerschaft. Das Klubhaus war seit Anbruch der Nacht umstellt, und diese Ihre Kutsche stand schon seit etwa einer Stunde bereit.«

»Und der Elende, der mich töten sollte?«, fragte der Prinz.

»Er fiel in unsere Hände, sobald er die Straße betrat, und erwartet nun Euer Urteil im Palast, wo sich auch seine Genossen bald einfinden werden.«

»Geraldine«, sagte der Prinz, »Sie haben mich gegen meinen ausdrücklichen Befehl gerettet, und Sie haben recht getan. Ich verdanke Ihnen nicht nur mein Leben, sondern auch eine gute Lehre, und ich würde meiner Stellung unwert sein, wollte ich mich nicht dankbar gegen meinen Lehrer erweisen. Es ist an Ihnen, über die Art meiner Erkenntlichkeit zu bestimmen.«

Es trat eine Pause ein, während der Wagen eilends weiterfuhr. Beide Männer waren in tiefes Nachdenken versunken, bis der Oberst das Stillschweigen brach. »Eure Hoheit«, sagte er, »hat nun eine beträchtliche Anzahl von Gefangenen. Darunter ist mindestens ein Verbrecher, der Gerechtigkeit verdient. Unser Eid verbietet uns, das Gesetz anzurufen, wenn es nicht schon Gründe der Diskretion täten. Darf ich nach Eurer Hoheit Absichten fragen?«

»Der Präsident«, antwortete Florizel, »muss im Duell fallen. Es ist nur noch sein Gegner auszuwählen.«

»Eure Hoheit hat mir gestattet, mir selbst eine Belohnung auszusuchen«, sagte der Oberst. »Darf ich meinen Bruder vorschlagen?

Es ist eine ehrenhafte Aufgabe, aber Eure Hoheit kann versichert sein, er wird sich ihrer auch mit Ehren entledigen.«

»Nur ungern gewähre ich die Bitte«, sagte der Prinz, »aber ich darf Ihnen nichts abschlagen.«

Der Oberst dankte mit einem Handkuss; und im selben Augenblick rollte der Wagen durch das Hoftor des prächtigen Schlosses.

Eine Stunde später empfing Florizel, angetan mit allem Glanz seines fürstlichen Standes, die Mitglieder des Selbstmordklubs.

»Törichte und gottvergessene Männer«, sagte er, »die unter euch, welche Mittellosigkeit in diese Lage gebracht hat, werden durch meine Beamten eine genügende Anstellung erhalten. Die, welche sich schuldbeladen fühlen, müssen sich an einen Höheren und Großmütigeren wenden, als ich bin. Mehr, als ihr euch denken könnt, empfinde ich Mitleid mit euch; morgen sollt ihr mir eure Schicksale erzählen, und je freimütiger euer Bericht sein wird, umso besser werde ich euch helfen können. Was Sie betrifft«, wandte er sich an den Präsidenten, »so müsste ich fürchten, einen Mann Ihrer Stellung durch das Anerbieten meines Beistands nur zu beleidigen, ich habe Ihnen stattdessen einen Zeitvertreib vorzuschlagen. Hier« – er legte dabei seine Hand Oberst Geraldines jungem Bruder auf die Schulter – »ist einer meiner Offiziere, der gern eine kleine Reise nach dem Kontinent machen will; und ich ersuche Sie, mir den Gefallen zu tun und ihn auf seinem Ausflug zu begleiten.« Und mit verändertem Ton fügte er hinzu: »Sind Sie ein guter Pistolenschütze? Sie möchten von dieser Fertigkeit Gebrauch machen können. Wenn zwei Männer zusammen auf die Reise gehen, muss man auf alles vorbereitet sein. Lassen Sie mich noch bemerken, dass Ihnen, falls dem jungen Geraldine etwas zustoßen sollte, stets ein Ersatzmann zur Verfügung stehen wird, und, Herr Präsident, es ist bekannt, dass mein Auge und mein Arm weit reichen.«

Mit diesen ernst gesprochenen Worten schloss der Prinz seine Anrede. Am nächsten Morgen erfuhren die Mitglieder des Klubs die prinzliche Freigebigkeit in reichstem Maß, und der Präsident trat unter der Aufsicht des jungen Geraldine und zweier bewährten

Diener des prinzlichen Gefolges seine Reise an. Überdies ließ der Prinz das Klubhaus sorgfältigst überwachen, und alle Korrespondenzen, die an den Selbstmordklub gerichtet waren, und alle, die den Klub besuchen wollten, wurden dem Prinzen zugewiesen und von ihm persönlich in Empfang genommen.

Zweites Kapitel

Die Geschichte von dem Arzt und dem Saratogakoffer

Mr Silas Q. Scuddamore war ein junger Amerikaner von einfachem und harmlosem Charakter, was ihm umso höher anzurechnen war, als er aus Neuengland kam, einer Gegend der Neuen Welt, deren Bewohner nicht gerade wegen dieser Eigenschaften berühmt sind. Obwohl außerordentlich reich, notierte er sich doch alle seine Ausgaben auf einem kleinen Stück Papier, das er immer bei sich trug, und schaute sich die Reize der Weltstadt Paris vom siebenten Stockwerk eines sogenannten Hotel garni im Quartier latin an. Seine übermäßige Knauserei war zum großen Teil Sache der Gewohnheit und seine ausnehmende Enthaltsamkeit hauptsächlich eine Folge seines Misstrauens und seiner Jugend.

Das anstoßende Zimmer bewohnte eine Dame mit anziehenden Gesichtszügen und sehr eleganter Toilette, die er zuerst für eine Gräfin hielt. Später erfuhr er, dass sie Madame Zéphyrine hieß und, was auch ihre Lebensstellung sein mochte, jedenfalls keine Standesperson war. Madame Zéphyrine pflegte, wahrscheinlich in der Hoffnung, den jungen Amerikaner zu bezaubern, auf der Treppe mit freundlichem Nicken, einem hingeworfenen Wort und mit einem durchbohrenden Blick aus ihren schwarzen Augen vorüberzueilen und unter dem Rauschen des Seidenkleids und mit Preisgebung eines bewundernswerten Fußes und Knöchels zu verschwinden. Aber dieses Entgegenkommen ermutigte Mr Scuddamore so wenig, dass er sich gedrückt und verschämt noch mehr in sich zurückzog. Sie war mehrmals in sein Zimmer gekommen und hatte um Licht oder wegen vorgeblicher Unarten ihres Pudels um Verzeihung gebeten; aber sein Mund blieb in Gegenwart eines so überlegenen Wesens geschlossen, all sein Französisch war ihm entfallen, und er konnte nur starren und stottern, bis sie wieder fort war. Trotz dieses mageren Verhältnisses konnte er es nicht unterlassen, wenn er sich inmitten einiger Vertrauter sicher fühlte, mit triumphierenden Andeutungen um sich zu werfen.

Das Zimmer auf der anderen Seite – in jedem Stockwerk lagen drei Zimmer – hatte ein alter englischer Arzt von zweifelhaftem Ruf inne. Dr. Noel hatte London, wo er sich einer ausgebreiteten und steigenden Praxis erfreute, verlassen müssen, und man munkelte, dass die Ortsveränderung auf Veranlassung der Polizei erfolgt sei. Jedenfalls begnügte er sich, nachdem er vorher eine ziemliche Rolle gespielt hatte, jetzt mit einer sehr bescheidenen Existenz im Quartier latin und verwendete einen großen Teil seiner Zeit auf das Studium. Mr Scuddamore hatte seine Bekanntschaft gemacht, und sie speisten manchmal zusammen in einem gegenüberliegenden Gasthaus.

Silas Q. Scuddamore frönte neben andern kleinen Schwächen – selbstverständlich nur solchen mehr respektabler Natur – auch einer großen Neugierde. Er hatte einen natürlichen Hang zum Klatsch, und alles, besonders aber die Lebensverhältnisse, in denen er keine eigene Erfahrung hatte, erregte sein leidenschaftliches Interesse. So ist es nicht erstaunlich, dass er bei der Entdeckung eines Spalts in der bretternen Zwischenwand zwischen seinem Zimmer und dem seiner Nachbarin diesen Spalt nicht etwa ausfüllte, sondern die Öffnung vergrößerte und zum Spionieren benutzte.

Eines Tages – es war im Ausgang des März – vergrößerte er das Spähloch noch mehr, um einen weiteren Teil des Zimmers übersehen zu können. Als er sich am Abend wie gewöhnlich auf seinen Beobachtungsposten begab, wunderte er sich, die Öffnung von der andern Seite verdunkelt zu finden, und wie beschämt fühlte er sich, als die Verdunkelung plötzlich aufhörte und ein leises Gelächter an seine Ohren schlug. Offenbar war sein Geheimnis verraten, und die Nachbarin hatte Gleiches mit Gleichem vergolten. Als er aber am nächsten Tag fand, dass sie nichts getan hatte, ihm seinen liebsten

Zeitvertreib zu verderben, machte er sich ihre Sorglosigkeit zunutze und frönte seiner müßigen Neugier nach- wie vorher.

An diesem Tag empfing Madame Zéphyrine einen hochgewachsenen, mindestens fünfzigjährigen Mann, den Silas noch nicht gesehen hatte. Sein Anzug aus leichtem Wollstoff und sein farbiges Hemd wie sein langer Backenbart kennzeichneten ihn als Briten, und sein mattes, graues Auge ließ Silas erschauern. Er verzog während des langen flüsternd geführten Zwiegesprächs beständig in seltsamer Weise den Mund. Mehr als einmal kam es dem Neuengländer vor, als wiesen die beiden auf sein eigenes Zimmer hin, aber das Einzige, was er trotz gespanntester Aufmerksamkeit auffangen konnte, war eine Äußerung, die der Engländer scheinbar als Antwort auf eine Ablehnung in etwas lauterem Ton machte:

»Ich habe seinen Geschmack auf das Gründlichste studiert, und ich wiederhole Ihnen, Sie sind das einzige weibliche Wesen, dessen ich mich bedienen kann.«

Darauf stieß Madame Zéphyrine einen Seufzer aus und schien sich durch eine Handbewegung der höheren Autorität zu unterwerfen.

Am Nachmittag war sein Observatorium durch einen vorgestellten Kleiderschrank gänzlich verbaut, und während Silas noch über sein Missgeschick klagte, das er dem grauäugigen Engländer zur Last legte, überbrachte ihm der Portier einen Brief, dessen Adresse weibliche Schriftzüge verriet. Das in unorthografischem Französisch abgefasste anonyme Schreiben lud den jungen Amerikaner mit vielverheißenden Worten ein, sich um 11 Uhr an einem bestimmten Platz im Bal Bullier zum Stelldichein einzufinden. Neugier und Furcht kämpften lange in seinem Herzen, bald war er ganz Tugend, bald wieder Feuer und Mut, und das Ergebnis war, dass sich Silas lange vor 19 Uhr in tadellosem Anzug am Eingang des Bullier-Ballhauses einfand.

Es war Karnevalzeit, und das Gedränge, der Lärm, das strahlende Licht beängstigten zunächst unseren jungen Helden, stiegen ihm dann aber zu Kopf, versetzten ihn in eine Art von Taumel und verliehen ihm eine ganz ungewöhnliche Herzhaftigkeit. Er fühlte sich Manns, den Teufel zu bestehen, und stolzierte mit siegesgewisser Miene im Ballsaal einher. Da gewahrte er auf einmal Madame Zéphyrine und den Engländer hinter einem Pfeiler. Sofort erwachte die Katzennatur in ihm, er schlich sich von hinten dem Paar immer näher, bis er in Hörweite gekommen war.

»Das ist der Mann«, sagte der Brite, »der dort mit dem langen, blonden Haar, der zu dem Mädchen in Grün spricht.«

Silas bemerkte einen sehr schönen jungen Mann von kleinem Körperbau, der offenbar das Ziel jener Worte war.

»Gut«, sagte Madame Zéphyrine. »Ich werde mein Äußerstes tun. Aber keine von uns ist in solchem Fall ihres Erfolges ganz sicher.«

»Pah!«, machte ihr Begleiter. »Dafür stehe ich. Habe ich Sie nicht von dreißig ausgewählt? Aber hüten Sie sich vor dem Prinzen. Ich weiß nicht, welcher verdammte Zufall ihn heute in dieses obskure Ballhaus geführt hat. Sehen Sie ihn dort sitzen? Gleicht er nicht mehr einem Kaiser auf seinem Thron als einem vergnügungssüchtigen Prinzen?«

Silas hatte wieder Glück. Er bemerkte eine auffallend schöne, ziemlich stark gebaute Persönlichkeit von imponierender Haltung, neben der ein anderer, etwas jüngerer, ebenfalls schöner junger Mann saß, der dem ersteren sichtlich mit großer Ehrerbietung begegnete. Das Wort Prinz berührte Silas' republikanische Ohren sehr angenehm und übte die gewöhnliche Anziehungskraft auf ihn aus. Er suchte sich sofort dieser bezaubernden Persönlichkeit zu nähern und bahnte sich bis zu ihr einen Weg durch die Menge.

»Ich sage Ihnen, Geraldine«, hörte er den Prinzen sagen, »das ist die reine Tollheit. Sie haben selbst Ihren Bruder für diese gefährliche Aufgabe ausgewählt, und Sie haben daher die Pflicht, ihn nicht aus den Augen zu verlieren. Er hat sich so viele Tage in Paris hinhalten lassen; das war schon in Anbetracht des Charakters seines Gegners eine Unvorsichtigkeit; aber wie kann er, frage ich Sie, jetzt, zwei Tage vor seiner Abreise und nur zwei oder drei Tage vor der entscheidenden Stunde, seine Zeit an diesem Platz zubringen?

Er sollte sich in einer Schießgalerie üben, lange schlafen, kleine Märsche ausführen, eine mäßige Diät ohne Weißwein und Brandy einhalten. Denkt denn der Hund, wir spielen Komödie mit ihm? Die Sache ist tödlich ernst, Geraldine.«

»Ich kenne den Burschen zu gut«, sagte der Begleiter des Prinzen, »um mich Befürchtungen hinzugeben. Er ist vorsichtiger, als Sie glauben, und unerschütterlich. Wäre ein Weib im Spiel, so wäre es etwas anderes, aber den Präsidenten vertraue ich ihm und den beiden Dienern unbedenklich an.«

»Es ist mir lieb, das zu hören«, versetzte der Prinz; »doch bin ich nicht völlig beruhigt. Die beiden Diener verstehen ihren Späherdienst vorzüglich, und hat sie dieser Elende nicht doch schon dreimal genarrt und viele Stunden auf besondere unbekannte, höchstwahrscheinlich gefährliche Pläne verwandt? Bei einem andern würde ich an Zufall denken, wenn aber Rudolph und Jérome die Fährte verlieren, so war dies offenbar klug berechnet von einem Mann, der dringende Gründe dazu hat und dem besondere Hilfsmittel zu Gebote stehen.«

»Ich glaube, die Angelegenheit obliegt nur noch meinem Bruder und mir«, versetzte des Prinzen Begleiter, der sich etwas verletzt zu fühlen schien.

»Ich habe nichts dagegen«, erwiderte der Prinz. »Aber Sie sollten vielleicht umso eher auf meine Warnungen hören. Doch genug. Jenes Mädchen in Gelb tanzt nicht übel.«

Damit wandte sich das Gespräch dem gewöhnlichen Thema eines Pariser Ballhauses zu.

Silas erinnerte sich wieder daran, wo er sich befand und dass die zum Stelldichein bestimmte Stunde nahe war. Je mehr er darüber nachdachte, desto weniger gefiel ihm die Sache; und als ihn der Wirbel der sich drängenden Menge ergriff, ließ er sich ohne Widerstreben nach der Ausgangstür zutreiben. Die Flut setzte ihn in einem Winkel unter der Galerie ab, wo sofort Madame Zéphyrines Stimme an sein Ohr schlug. Sie sprach französisch mit dem jungen Mann in blonden Locken, auf den der Engländer eine halbe Stunde vorher hingewiesen hatte.

»Es handelt sich um meinen Ruf«, sagte sie, »sonst würde ich keine Bedingung stellen und nur meinem Herzen folgen. Aber Sie brauchen nur diese Worte zum Portier zu sprechen, und er lässt Sie ohne Weiteres ein.«

»Aber wozu dieses Gerede von einer Schuldforderung?«, sagte der Blonde.

»Himmel!«, sagte sie. »Denken Sie, ich kenne mein Hotel nicht?«

Und sie ging, zärtlich am Arm ihres Begleiters hängend, an Silas vorüber.

Da fiel Silas wieder sein Briefchen ein.

In zehn Minuten, dachte er, habe ich vielleicht ein Weib am Arm, das ebenso schön und noch besser gekleidet, das vielleicht eine wirkliche Lady oder gar eine Dame von Stand ist.

Dann dachte er an die Orthografie, und seine Hoffnung sank.

Aber es kann von ihrem Kammermädchen geschrieben sein, tröstete er sich.

Es fehlten nur noch wenige Minuten an der angegebenen Zeit, und diese unmittelbare Nähe seines ersten Abenteuers beschleunigte seinen Herzschlag in sonderbarer und ziemlich unangenehmer Weise. Erlösend war ihm der Gedanke, dass er ja nicht erscheinen müsse. Tugend und Feigheit zogen an einem Strang, und zum zweiten Mal ging es der Tür zu, aber diesmal nach seinem eigenen Willen und wider die entgegenströmende Flut. Vielleicht ermüdete ihn der lange Widerstand, vielleicht war er in einer Gemütsverfassung, wo auf jeden einige Minuten festgehaltenen Entschluss regelmäßig eine Reaktion und ein Streben in entgegengesetzter Richtung eintritt. Wenigstens kreiselte er zum dritten Mal herum und stand erst still, bis er dicht bei dem in dem Briefchen angegebenen Platz einen verborgenen Standort gefunden hatte.

Hier stand er in tausend Ängsten und betete mehrere Male zu Gott um Beistand, denn Silas hatte eine fromme Erziehung genossen. Er trug ganz und gar kein Verlangen mehr nach dem Zusammentreffen, und nur eine törichte Furcht, er möchte als unmännlich gelten, hielt ihn davon ab, sein Heil in der Flucht zu suchen, aber diese Scheu bannte ihn an den Platz fest, wenn er es auch andrerseits nicht über sich brachte, aus seinem Versteck hervorzutreten. Als aber die Uhr auf zehn Minuten nach elf Uhr zeigte, fingen sich seine Lebensgeister wieder an zu heben; er lugte um die Ecke und sah niemanden am Platz des Stelldicheins; sicher hatte es der unbekannten Schreiberin zu lange gedauert, und sie war wieder weggegangen. Seine Kühnheit wurde ebenso groß wie vorher seine Furchtsamkeit. Er glaubte, wenn er nur überhaupt zu der bestimmten Stelle käme, und sei es auch noch so spät, so könne ihm niemand den Vorwurf der Feigheit machen. Ja, er vermutete bereits, es sei nur ein schlechter Spaß, und tat sich viel auf seine Schlauheit zugute, vermöge deren er seine Widersacher noch überlistet habe. So viel eitler Selbstbetrug wohnt manchmal in der Jünglingsseele!

Diese Erwägungen veranlassten ihn, unerschrocken aus seinem Winkel hervorzutreten; aber er hatte noch nicht zwölf Schritte gemacht, als sich ihm eine Hand auf den Arm legte. Er wandte sich und bemerkte eine Dame von hoher Statur und ziemlich stattlicher Erscheinung, aber nichts weniger als strengen Blicken neben sich.

»Ich sehe«, sprach sie, »Sie sind ein verwöhnter Mädchenjäger, denn Sie lassen sich erwarten. Aber ich war entschlossen, Sie zu treffen. Hat sich eine Frau einmal so weit vergessen, dass sie den ersten Schritt des Entgegenkommens tut, so hat sie schon lange alle Bedenken kleinlichen Stolzes hinter sich gelassen.«

Silas war von der Gestalt und den Reizen seiner Korrespondentin wie von der Plötzlichkeit und Heftigkeit ihrer Liebesgefühle ganz überwältigt. Aber sie brachte ihn bald ins Gleichgewicht. Ihr Benehmen war äußerst geschickt; sie gab ihm Gelegenheit, ein paar Scherzworte zu äußern, von denen sie sich ganz entzückt zeigte, und bald hatte sie ihn mittels schmeichelnder Worte und reichlichen Genusses von warmem Brandy so weit, dass er nicht nur in sie verliebt zu sein glaubte, sondern ihr auch die leidenschaftlichsten Liebeserklärungen machte.

»Ach«, sagte sie, »ich weiß nicht, ob ich nicht trotz der Wonne, mit der mich Ihre Worte erfüllen, jetzt noch beklagenswerter bin. Bisher litt ich nur allein, von nun an müssen wir beide leiden. Ach, ich bin nicht meine eigene Herrin. Ich kann Sie bei mir nicht empfangen, denn eifersüchtige Augen bewachen mich. Lassen Sie sehen«, fügte sie hinzu; »und bei dem vollsten Vertrauen in Ihren Mut und Ihre Entschlossenheit muss ich in unser beider Interesse meine Menschen- und Weltkenntnis verwerten. Wo ist Ihre Wohnung?«

Als er ihr mitteilte, in welchem Hotel garni er wohne, schien sie ein paar Minuten angestrengt nachzudenken. Dann sagte sie:

»So geht es. Sie wollen mir treu und gehorsam sein?«

Er versicherte glühend seine Treue.

»Dann müssen Sie«, fuhr sie mit einem ermutigenden Lächeln fort, »morgen den ganzen Abend zu Hause bleiben und unter allen Umständen jeden Besuch von Freunden fernhalten oder sofort abweisen. Ihre Tür ist wahrscheinlich von zehn Uhr an geschlossen?«

»Von elf«, antwortete Silas.

»Um Viertel nach elf«, sagte sie weiter, »verlassen Sie das Haus. Sie rufen nur dem Portier zu, er solle die Türe öffnen, lassen sich aber keinesfalls in ein Gespräch mit ihm ein, da das verhängnisvoll werden könnte. Sie gehen bis zur Ecke, wo der Luxembourg-Garten an den Boulevard stößt; dort erwarte ich Sie. Ich verlasse mich darauf, dass Sie meine Weisung Punkt für Punkt gewissenhaft befolgen; das kleinste Versehen könnte eine Frau ins Verderben stürzen, deren einziges Vergehen ihre grenzenlose Liebe zu Ihnen war.«

»Aber wozu diese vielen Umstände?«, sagte Silas.

»Ich glaube, Sie wollen mich schon den Herrn fühlen lassen«, rief sie und tippte ihm mit dem Fächer auf den Arm. »Geduld, dazu ist später Zeit. Tun Sie, ich beschwöre Sie, nach meinen Worten, oder ich stehe für nichts. Doch …«, sagte sie mit einem Ausdruck in ihrer Stimme, als wenn ihr ein weiteres Hindernis aufgestoßen wäre, »mir kommt ein besserer Plan, wie Sie ungelegene Besucher fernhalten können. Sagen Sie dem Portier, er solle niemand zu Ihnen lassen außer einem, der etwa wegen einer Schuldforderung käme, und zeigen Sie sich etwas ängstlich, als ob Ihnen diese Begegnung unangenehm wäre, sodass der Portier Ihre Worte für wahr hält.«

»Ich werde mir schon selbst Eindringlinge vom Leib halten«, sagte er etwas verletzt.

»Gerade darum will ich es lieber so haben«, antwortete sie kühl. »Ich kenne euch Männer, ihr fragt wenig nach unserem Ruf.«

Silas errötete und ließ den Kopf hängen; denn nach seinem eigenen Plan hatte er sich in seiner Glorie vor den Kameraden zeigen wollen.

»Vor allem«, sagte sie, »sprechen Sie beim Fortgehen nicht mit dem Portier.«

»Und warum nur? Das kann ich am allerwenigsten einsehen.«

»Glauben Sie mir«, erwiderte sie, »auch das wird Ihnen später klar werden, und was soll ich von Ihrer Liebe halten, wenn Sie mir beim ersten Zusammentreffen eine so kleine Bitte abschlagen?«

Während sich Silas noch in Erklärungen und Entschuldigungen erging, warf sie einen Blick auf die Uhr und stieß einen leisen Schrei aus.

»Himmel!«, rief sie. »Schon so spät? Ich darf keinen Augenblick säumen. Ach, was für Sklaven sind wir armen Frauen! Was habe ich nicht schon für Sie aufs Spiel gesetzt?«

Und nachdem sie ihre Anweisungen noch einmal unter Liebkosungen und zärtlichen Blicken wiederholt hatte, verschwand sie in der Menge.

Am ganzen nächsten Tag fühlte sich Silas von dem Gefühl größter Wichtigkeit durchdrungen; er glaubte nun fest, dass sie eine Gräfin sei. Als der Abend kam, handelte er genau nach ihren Befehlen und war zur angegebenen Zeit am Luxembourg-Garten. Niemand war dort zu sehen. Er wartete eine halbe Stunde, schaute jedem Vorübergehenden prüfend ins Gesicht, suchte an den nächsten Ecken, umging den ganzen Garten, aber keine schöne Gräfin warf sich ihm in die Arme. Schließlich ging er zögernden Schritts zu seiner Wohnung zurück. Dabei fielen ihm die Worte ein, die er Madame Zéphyrine zu dem jungen blonden Mann hatte sprechen hören, und es befiel ihn eine gewisse Unruhe.

Wie's scheint, dachte er, sollte jeder dem Portier etwas vorlügen.

Er schellte, die Tür öffnete sich, und der schlaftrunkene Portier kam und bot ihm ein Licht an.

»Ist er fort?«, fragte der Portier.

»Wen meinen Sie?«, fragte der enttäuschte Silas etwas scharf.

»Ich sah ihn nicht wieder fortgehen«, fuhr der Portier fort, »aber ich denke doch, Sie haben ihn bezahlt. Wir haben hier nicht gern mit zahlungsunfähigen Mietern zu tun.«

»Wen zum Teufel meinen Sie?«, fragte er rau. »Ich verstehe kein Wort von Ihrem Geschwätz.«

»Ich meine den kleinen Blonden, der mit der Schuldforderung kam. Wen sollte ich weiter meinen, da ich sonst niemand zu Ihnen lassen sollte?«

»Aber der ist doch gar nicht gekommen.«

»Ich glaube, was ich glaube«, sagte der Portier grinsend.

»Sie sind ein unverschämter Schuft«, schrie Silas, und da er fühlte, dass er eine lächerliche Empfindlichkeit gezeigt hatte, und zugleich von einer unklaren Furcht ergriffen wurde, wandte er sich ab und lief die Treppe hinauf.

»Sie wollen also kein Licht«, rief der Portier.

Aber Silas beschleunigte nur seine Schritte und stand erst vor der Tür seines Zimmers still. Hier holte er tief Atem, und eine beklemmende Vorahnung bannte ihn ein paar Minuten an die Stelle.

Als er endlich in das Zimmer trat, war es zu seinem Trost dunkel und allem Anschein nach menschenleer. Ein erlösender Seufzer entfuhr ihm. Hier war er wieder im sichern Heim, und dies sollte, schwor er sich, seine erste und letzte Extravaganz gewesen sein. Die Zündhölzer standen auf dem Betttischchen, und er steuerte darauf zu. Beim Vorwärtsgehen wuchs wieder seine Angst, und er war froh, als sein Fuß gegen etwas stieß, dass er fühlte, es war nur ein Stuhl. Schließlich berührte er den Bettvorhang. Nach seiner Stellung zu dem schwach sichtbaren Fenster musste er am Fußende des Bettes stehen und brauchte sich nur an diesem entlangzutasten, um zu dem Betttisch zu gelangen.

Er streckte seine Hand aus, aber was er berührte, war nicht bloß eine Bettdecke – es war eine Bettdecke und darunter etwas wie die Umrisse eines menschlichen Beins. Silas zog seinen Arm zurück und stand einen Moment versteinert.

Was, dachte er, hat das zu bedeuten?

Er lauschte gespannt, aber er vernahm keinen Atemzug. Noch einmal streckte er die Fingerspitze nach demselben Punkt aus, aber diesmal fuhr er weit zurück und stand schaudernd und schreckerstarrt. Es war etwas in seinem Bett. Was es war, wusste er nicht, aber an der Tatsache konnte er nicht zweifeln.

Es dauerte einige Sekunden, ehe er sich zu bewegen vermochte. Dann fuhr er, vom Instinkt geleitet, direkt auf die Zündhölzer los und zündete, den Rücken gegen das Bett gekehrt, eine Kerze an. Darauf drehte er sich langsam um, schaute nach dem Ort des Grauens und sah seine schlimmste Befürchtung verwirklicht. Die Decke war sorgfältig über die Kissen gezogen, aber deutlich gab sie die Umrisse eines menschlichen Körpers wieder, und als er vorwärtsstürzte und die Decke zurückschlug, lag der junge blonde Mann, den er tags zuvor im Ballraum gesehen hatte, vor ihm mit offenen Augen und gebrochenem Blick, mit geschwollenem, schwärzlichem Antlitz, während ein dünner Blutstrahl aus der Nase sickerte.

Silas stieß einen lauten zitternden Wehruf aus, ließ die Kerze fallen und sank am Bett nieder.

Aus seiner Erstarrung weckte ihn ein andauerndes leises Klopfen an der Tür. Erst nach einigen Minuten kam ihm seine Lage zum Bewusstsein, und als er eiligst die Tür verriegeln wollte, war es zu spät. Angetan mit einer langen Nachtmütze, eine Lampe in der Hand, die sein langes bleiches Gesicht erleuchtete, mit schwankendem Gang und vogelartig nickendem Kopf öffnete Dr. Noel langsam die Tür und trat bis in die Mitte des Zimmers.

»Es war mir, als hörte ich einen Schrei«, sagte er, »und da ich eine plötzliche Erkrankung befürchtete, so eilte ich zum Beistand herbei.«

Silas, der von Glut übergossen und mit schrecklich schlagendem Herzen zwischen dem Doktor und dem Bett stand, konnte keinen Ton hervorbringen.

»Ihr Aussehen sagt mir«, fuhr Dr. Noel fort, »dass Sie in der Tat des Arztes bedürfen. Was ist Ihnen? Lassen Sie mich Ihren Puls fühlen.«

Er trat auf Silas zu, der zurückwich, und griff nach seinem Handgelenk; aber für den jungen Amerikaner war die nervöse Reizung zu gewaltig, er zog seine Hand mit fieberhafter Hast zurück, warf sich auf den Boden und brach in einen Strom von Tränen aus.

Sobald Dr. Noel den toten Körper bemerkte, gewann sein bleiches Antlitz Farbe; er sprang sofort zur Tür, die er weit offen gelassen, und verriegelte sie.

»Zum Weinen«, sagte er, »ist jetzt keine Zeit. Was haben Sie getan? Wie kam der Leichnam in Ihr Zimmer? Sprechen Sie ohne Rückhalt zu einem Freund. Glauben Sie, ich werde Sie ins Verderben stürzen? Glauben Sie, das tote Stück Fleisch auf Ihrem Kissen beeinflusst irgendwie meine Sympathie für Sie? Ich sage Ihnen, wenn ein Busenfreund von mir aus einem Meer von Blut zu mir zurückkehrte, so würde ich ihn mit unverminderter Herzlichkeit aufnehmen. Stehen Sie auf! Gut und Böse sind nur schimärische Begriffe, alles im Leben ist Bestimmung, und was sich auch ereignen mag, auf eines Hilfe können Sie zählen!«

Diese sonderbare, aber in Silas' Ohren wohlklingende Lebensphilosophie gab dem Neuengländer wieder etwas Mut, sodass er schließlich, wenn auch mit gebrochener Stimme, den Verlauf der Begebenheiten erzählen konnte. Das belauschte Gespräch zwischen dem Prinzen und Geraldine, dessen Zusammenhang mit seinem eigenen Missgeschick ihm unbekannt war, überging er.

»Wenn ich nicht sehr irre«, rief Dr. Noel, »so hat sich einer der gefährlichsten Männer Europas Ihre Einfalt zunutze gemacht. Können Sie mir den Engländer, den Sie zweimal sahen und der, wie mir scheint, eigentlich diese Pille gedreht hat, näher beschreiben?«

Aber Silas, der trotz aller Neugierde nichts genau wahrnahm, konnte ihm keinen greifbaren Anhalt bieten.

»Ja«, rief der Doktor zornig, »der rechte Gebrauch der Sinne sollte in jeder Schule gelehrt werden. Wozu hat man denn die Augen und die Sprache, wenn man nicht die Gesichtszüge seines Feindes beobachten und beschreiben kann? Ich kenne ziemlich alle internationalen Verbrecherbanden, ich hätte ihn vielleicht identifizieren und damit neue Schusswaffen für Sie gewinnen können. Befleißigen Sie sich in Zukunft dieser Kunst!«

»In Zukunft!«, wiederholte Silas. »Welche Zukunft blüht mir außer dem Galgen?«

»Die Jugend ist feige«, entgegnete der Doktor, »und das eigene Unglück sieht trüber aus, als es ist. Ich bin alt, und doch verzweifle ich niemals.«

»Kann ich denn der Polizei mit solcher Erzählung kommen?«, fragte Silas.

»Gewiss nicht. Soviel ich sehe, liegt Ihr Fall in dieser Richtung verzweifelt; für die blöden Augen der Obrigkeit sind Sie zweifellos der Schuldige. Und dazu kennen wir nicht einmal das ganze Truggewebe, und Sie würden bei einer polizeilichen Untersuchung wahrscheinlich noch mehr belastet erscheinen.«

»So bin ich denn rettungslos verloren?«

»Das habe ich nicht gesagt«, erwiderte Dr. Noel.

»Aber sehen Sie doch nur«, rief Silas, auf den Leichnam weisend, »da liegt der schreckliche Gegenstand, den ich nicht beseitigen, nicht ohne Schauder anblicken kann.«

»Schauder?«, versetzte der Doktor. »Nein. Wenn die Uhr abgelaufen ist, so sehe ich nur noch ein mechanisches Kunstwerk, ein lohnendes Objekt für das Seziermesser vor mir. Ist das Blut einmal kalt und starr, so ist es kein Menschenblut mehr; ist das Fleisch einmal tot, so ist es nicht mehr das Fleisch, das uns bei teuren oder befreundeten Personen mit Liebe oder Achtung erfüllt. Das Anmutige, das Anziehende, das Schreckliche ist alles mit dem belebenden Geist zugleich entwichen. Versuchen Sie, sich an den Anblick zu gewöhnen, denn erweist sich mein Plan als ausführbar, so müssen Sie den Leichnam noch einige Tage in Ihrer nächsten Nähe dulden.«

»Ihr Plan?«, rief Silas. »Wie ist der? Reden Sie schnell, Doktor, denn ich verzweifle schon am Leben.«

Ohne ein Wort der Erwiderung wandte sich Dr. Noel zum Bett und begann, den Leichnam zu untersuchen.

»Ganz tot«, murmelte er. »Ja, und wie ich mir dachte, die Taschen leer. Ja, und der Namenszug aus dem Hemd geschnitten. Sie haben ihre Sache gründlich getan. Glücklicherweise ist er klein.«

Silas folgte seinen Worten und Bewegungen mit ängstlichster Spannung. Schließlich war der Doktor mit seiner Untersuchung fertig, setzte sich auf einen Stuhl und wandte sich lächelnd an den jungen Amerikaner:

»Seit ich ins Zimmer trat, sind zwar meine Ohren und meine Zunge geschäftig genug gewesen, dabei waren aber die Augen doch nicht müßig. Ich bemerkte in der Ecke eines von jenen Ungetümen, wie Sie Ihre Landsleute in aller Welt mit sich herumzuschleppen pflegen – einen Saratogakoffer. Bisher war mir der Nutzen dieser Ungeheuer verschlossen, jetzt aber geht mir ein Licht auf. Entweder verdanken sie ihr Dasein einem Bedürfnis des Sklavenhandels, oder sie sollten die rasche Tat eines Bowiemessers verdecken. Jedenfalls waren sie bestimmt, einen menschlichen Körper aufzunehmen.«

»Aber«, rief Silas, »jetzt ist doch keine Zeit zum Scherzen.«

»Meine Worte«, entgegnete der Doktor, »haben eine sehr ernstliche Bedeutung. Und das Erste, was wir jetzt zu tun haben, junger Freund, ist die Ausleerung Ihres Koffers.«

Silas folgte willenlos den Anordnungen seines Freundes, und nachdem der Koffer seines ganzen Inhalts beraubt war, packten sie den Leichnam, Silas an den Füßen und der Doktor unter den Armen, trugen ihn vom Bett, legten ihn nicht ohne Mühe zusammen und versenkten ihn so in den leeren Koffer. Mit vereinter Anstrengung drückten sie den Deckel nieder, worauf der Doktor den Koffer schloss und zuschnürte, während Silas die ausgeräumten Sachen woanders unterbrachte.

»So wäre der erste Schritt zu Ihrer Rettung getan«, sagte der Doktor. »Morgen oder vielmehr heute müssen Sie alles aufbieten, dem Portier durch Geld und gute Worte jeden Verdacht zu nehmen. Das Übrige überlassen Sie ruhig mir. Fürs Erste kommen Sie in mein Zimmer, wo ich Ihnen ein kräftiges Opiat geben werde; denn vor allem bedürfen Sie stärkender Ruhe.«

Der nächste Tag schien Silas der längste in seinem ganzen Leben. Er verleugnete sich vor seinen Freunden und saß in schrecklicher

Gemütsverfassung in einem Winkel, die Augen starr auf den Koffer gerichtet. Die Waffen seiner eigenen Neugier kehrten sich nun gegen ihn selbst, denn er merkte, dass das Observatorium wieder frei war und sich beständig Späheraugen aus Madame Zéphyrines Zimmer auf ihn richteten, sodass er schließlich das Loch seinerseits verbarrikadieren musste, worauf er die Zeit zum großen Teil mit Weinen und Beten hinbrachte.

Spätabends trat Dr. Noel ins Zimmer und hielt in seiner Hand zwei versiegelte, unbeschriebene Briefumschläge, einer etwas unförmig und der andere so dünn, dass er leer zu sein schien.

»Silas«, sagte er, sich niedersetzend, »die Zeit ist nun gekommen, um Ihnen meinen Rettungsplan vorzulegen. Morgen wird zu früher Stunde der Prinz Florizel von Böhmen, der sich ein paar Tage an den Pariser Karnevalsfreuden ergötzt hat, nach London zurückkehren. Vor längerer Zeit hatte ich das Glück, seinem Oberstallmeister, dem Obersten Geraldine, einen gewissen Gefallen zu erweisen, der mir seine dauernde Erkenntlichkeit sichert. Nun ist es für Sie nötig, London ohne Gepäckrevision zu erreichen, und da fiel mir ein, dass die zollamtliche Revision bei einer Person vom Rang eines Prinzen eine bloße Formalität ist. Ich wandte mich daher Ihrethalben an den Obersten, der auch meiner Bitte willfahrte. Wenn Sie sich morgen vor sechs Uhr in das Hotel des Prinzen begeben, wird Ihr Gepäck als zu dem seinigen gehörig befördert werden, und Sie selbst werden in seinem Gefolge hinüberreisen.«

»Wie ich Sie die Namen des Prinzen und des Obersten aussprechen hörte«, sagte Silas, »fiel mir ein, dass ich beide schon einmal gesehen und vor Kurzem im Ballsaal einem Gespräch der beiden zugehört habe.«

»Das ist leicht möglich; den Prinzen kann man überall finden. Sind Sie einmal in London«, fuhr der Doktor fort, »so bleibt Ihnen nicht mehr viel zu tun. In dem dicken Umschlag habe ich Ihnen einen Brief mitgegeben, den ich nicht zu adressieren wage; aber in dem andern findet sich angegeben, wohin Sie ihn nebst dem Koffer zu bringen haben, dort wird man Sie auf immer von dem Letzteren befreien.«

»Ach«, rief Silas, »wie gern möchte ich Ihnen glauben, aber kann ich denn? Erbarmen Sie sich meines Kleinmuts und lüften mir ein wenig den Schleier dieser geheimnisvollen Rettung.«

Der Doktor schien peinlich berührt.

»Junger Mensch«, sagte er, »Sie wissen nicht, wie Schweres Sie von mir fordern. Und dennoch will ich Ihnen auch noch diesen Beweis meiner Freundschaft geben. So wissen sie denn, dass ich, der jetzt ein so einfaches, einsames Studienleben führt, in meinen jungen Jahren den Mittelpunkt der verschlagensten und gefährlichsten Kreise Londons bildete und, während ich nach außen als höchst ehrbar erschien, meinen ganzen Einfluss den ruchlosesten verbrecherischen Beziehungen verdankte. An einen derartigen früheren Genossen weise ich Sie mit diesem Brief. Wir bildeten eine internationale Bande, deren Mitglieder durch einen fürchterlichen Eid zu gemeinsamem Handeln verbunden waren; unser Geschäft war der Mord, und ich, der anscheinend so unschuldig vor Ihnen steht, war der Anführer.«

»Was«, rief Silas, »ein Mörder und Mord Ihr Handwerk? Kann ich Ihre Hand ergreifen, Ihre Dienste annehmen? Wollen Sie mich Unglücklichen zu Ihrem Genossen machen?«

Der Doktor sagte mit bitterem Lachen:

»Sie sind schwer zu befriedigen, aber Sie haben die Wahl zwischen dem Gemordeten und dem Mörder. Erlaubt Ihnen Ihr zartes Gewissen nicht, meine Hilfe anzunehmen, gut, so sehen Sie zu, wie Ihr aufrichtiges Gewissen ohne mich mit dem Koffer und seinem Inhalt fertig wird.«

»Es war unrecht von mir«, entgegnete Silas, »Ihre großmütige Hilfsbereitschaft zu vergessen, und dankbar lausche ich Ihren weiteren Vorschlägen.«

»Das ist vernünftig«, sagte der Doktor, »ich sehe, Sie fangen doch endlich an, durch Schaden klug zu werden.«

»Zugleich«, nahm Silas wieder das Wort, »da Sie doch an so tragische Geschäfte gewöhnt sind und mich an frühere Genossen und Freunde weisen, wäre es nicht am besten, wenn Sie selbst den Transport besorgten?«

»Wahrhaftig«, erwiderte der Doktor, »ich bewundere Sie aufrichtig. Ich glaube aber, ich habe mich schon mehr als genugsam um Ihre Angelegenheit bekümmert. Nehmen Sie meine Dienste, so wie ich Sie Ihnen anbiete, oder gar nicht, und lassen Sie mich mit Ihrer Dankbarkeit in Frieden, denn Ihre Erkenntlichkeit schlage ich noch geringer an als Ihre Einsicht.«

Damit erhob sich der Doktor, wiederholte noch einmal kurz seine Anweisungen und verließ rasch das Zimmer.

Am nächsten Morgen war Silas im Hotel des Prinzen vom Obersten Geraldine mit Höflichkeit empfangen und zum Ersten jeder Sorge um seinen Koffer und dessen grauenhaften Inhalt überhoben.

Die Abreise ging ohne Unfall vonstatten, wenn auch der junge Amerikaner zitternd die Packträger über das ausnehmend schwere Gepäck des Prinzen klagen hörte. Silas fuhr in einem Wagen mit der Dienerschaft, da der Prinz mit seinem Stallmeister allein sein wollte. Aber an Bord des Dampfers zog er durch die niedergeschlagene Haltung und den düsteren Blick, mit dem seine Augen auf das Gepäck gerichtet waren, die Aufmerksamkeit Seiner Hoheit auf sich.

»Der junge Mensch«, bemerkte er, »scheint recht bekümmert.«

»Das ist«, versetzte Geraldine, »der Amerikaner, dem Sie auf meine Bitte in Ihrem Gefolge zu reisen erlaubten.«

»Sie erinnern mich«, sagte Prinz Florizel, »dass ich eine Höflichkeit versäumte.«

Dabei schritt er auf Silas zu und sprach mit größter Herablassung:

»Es war mir sehr angenehm, Ihren mir vom Obersten Geraldine vorgetragenen Wunsch erfüllen zu können. Vergessen Sie nicht, dass es mir stets ein Vergnügen sein wird, Ihnen in belangreicherer Weise zu dienen.«

Auf einige Fragen über die politische Lage in Amerika, die er sodann an Silas richtete, antwortete dieser nicht ohne Urteil.

»Sie sind noch jung«, sagte der Prinz, »aber sehr ernst für Ihr Alter. Vielleicht beschäftigen Sie sich zu ausschließlich mit Studien, oder ich bin wohl indiskret und berühre eine wunde Stelle.«

»Ich bin wohl der Unglücklichste aller Sterblichen«, sagte Silas; »nie ist ein Unschuldiger in eine üblere Lage gekommen.«

»Ich will mich«, erwiderte der Prinz, »nicht in Ihr Vertrauen drängen; aber vergessen Sie nicht, dass des Obersten Wort die beste Fürsprache bei mir ist und dass ich nicht nur den Willen, sondern auch einigermaßen die Macht besitze, mich Ihnen gefällig zu erweisen.«

Silas war entzückt über die Liebenswürdigkeit einer so hohen Persönlichkeit, aber bald kehrte sein Geist wieder zu seinen melancholischen Betrachtungen zurück.

Der Zug kam in Sharing Cross an, wo das Gepäck wie gewöhnlich ohne Revision passierte. Elegante Wagen standen bereit, und Silas fuhr mit den andern zum Schloss des Prinzen. Dort suchte ihn der Oberst auf und drückte ihm seine Befriedigung darüber aus, dass er einem Freund des Doktors habe behilflich sein können. »Ich hoffe«, fügte er hinzu, »Ihr Porzellan ist unversehrt geblieben; es war Befehl zu besonders vorsichtiger Behandlung gegeben.«

Hierauf gab er Anweisung, dem jungen Mann sofort eine Kutsche zur Verfügung zu stellen und den Koffer aufzuladen, reichte ihm die Hand und entfernte sich.

Silas erbrach den die Adresse enthaltenden Umschlag und hieß den Kutscher nach Box Court fahren. Die Adresse schien dem Mann nicht unbekannt zu sein, er sah erstaunt auf und fragte noch einmal. Das Herz voll Unruhe, stieg Silas in den prächtigen Wagen und ward nach dem angegebenen Ort befördert. Die Einfahrt in Box Court war für die prinzliche Equipage zu eng. In geringer Entfernung stand ein Mann, der sofort herbeieilte und mit dem Kutscher ein Zeichen tauschte, während der Bediente den Schlag öffnete und fragte, in welches Haus er den Koffer tragen sollte.

»Nach Nummer drei.«

Der Bediente und der Mann, der in Box Court gestanden hatte, wurden trotz Silas' Mithilfe nur schwer mit dem Koffer fertig, und entsetzt bemerkte der Neuengländer, dass sich eine Schar Neugieriger um sie gesammelt hatte, als sie das schwere Stück vor der Tür des fraglichen Hauses niedersetzten. Doch klopfte er mit möglichst gleichgültigem Ausdruck an die Tür und hielt dem Öffnenden den zweiten Brief hin. »Er ist nicht da«, sagte der, »aber wenn Sie den Brief hierlassen und morgen früh wiederkommen, will ich Ihnen sagen, ob und wann Sie ihn sprechen können. Wollen Sie Ihren Koffer dalassen?«

»Sehr gern«, rief Silas, aber im nächsten Moment bereute er sein überstürztes Wort und erklärte ebenso nachdrücklich, er wolle ihn lieber mit sich nehmen.

Die Umstehenden spöttelten über seine Unentschiedenheit und folgten ihm mit anzüglichen Bemerkungen zum Wagen; und Silas, außer sich vor Scham und Angst, bat die prinzlichen Diener, ihn zu einem einfachen Gasthaus in der Nähe zu bringen.

Sie setzten ihn vor dem Craven Hotel ab, fuhren davon und ließen ihn mit dem Hotelbedienten allein. Es war nur noch ein kleines Hinterzimmer im vierten Stock frei, wohin zwei starke Packträger des Hotels den Koffer mit Ach und Krach hinaufschafften. Es braucht nicht bemerkt zu werden, dass Silas bebenden Herzens folgte. Ein einziger Fehltritt, dachte er, und der Koffer fällt über das Geländer und liegt zerschmettert unten.

Im Zimmer angekommen, setzte er sich ganz erschöpft von der ausgestandenen Aufregung auf sein Bett, aber sofort brachte ihn ein neuer Schreck auf die Beine, als die Träger niederknieten und die sorgfältige Einschnürung des Koffers aufzulösen begannen.

»Halt!«, rief er. »Ich brauche, solange ich hier bin, nichts vom Inhalt.«

»Dann konnten Sie ihn lieber unten lassen«, brummte einer der Männer, »der ist ja so groß und schwer wie 'ne Kirche. Ich kann mir gar nicht denken, was da drin ist. Wenn's lauter Geld ist, sind Sie reicher als wir.«

»Geld!«, wiederholte Silas verwirrt. »Was meinen Sie mit Geld! Ich habe kein Geld, und Sie schwatzen dummes Zeug.«

»Schon recht, Herr Graf«, sagte der Mann augenzwinkernd. »Kein Mensch will Euer Ehren Geld anrühren. Ich bin so sicher wie 'ne Bank. Aber da der Koffer so schwer ist, soll mir's nicht drauf ankommen, ein Gläschen auf Euer Ehren Wohl zu trinken.«

Silas drückte ihm zwei Napoleondor in die Hand und entschuldigte sich wegen der fremden Goldstücke, er wäre eben erst aus Frankreich angekommen. Der Mann brummte noch ärger, sah verächtlich von dem Geld nach dem Koffer und ließ sich endlich herbei, mit seinem Genossen davonzugehen.

Fast zwei Tage hatte die Leiche im Koffer gelegen, und sobald der Unglückliche allein war, roch er ängstlich an allen Ritzen und Spalten herum, aber das Wetter war kühl, und der Koffer barg noch trefflich sein schreckliches Geheimnis.

Er setzte sich daneben, bedeckte das Gesicht mit den Händen und versank in düsteres Brüten. Wurde er nicht bald befreit, so war schnelle Entdeckung unvermeidlich. Allein, ohne Freunde und, versagte des Doktors Empfehlung, ohne Hilfe in der wildfremden Stadt war er verloren. Welcher grässliche Wechsel! Statt, wie er immer geträumt hatte, in seiner neuenglischen Heimat von einer politischen Staffel zur andern aufzusteigen, statt einmal als Krönung seiner Laufbahn zum Präsidenten der Vereinigten Staaten proklamiert und in Gestalt einer Statue in amerikanischem Kunststil als Zierde des Kapitols der Nachwelt überliefert zu werden, saß er hier an die Leiche des Engländers gefesselt!

Es ist unmöglich, die Worte wiederzugeben, mit denen er den Doktor, den Ermordeten, Madame Zéphyrine, die Gepäckträger, die prinzlichen Diener, kurz alle, mit denen er in der Zeit seines Unglücks zu tun gehabt hatte, verfluchte.

Um sieben Uhr schlich er zum Essen hinunter, aber die gelbe Farbe des Zimmers erfüllte ihn mit Entsetzen, die Mienen der anderen Gäste schienen argwöhnisch auf ihm zu ruhen, und seine Gedanken weilten bei dem Koffer. Als ihm der Kellner den Käse präsentierte, waren seine Nerven schon so erregt, dass er fast vom Stuhl sprang und den Inhalt eines Weinglases auf das Tischtuch schüttete.

Nach Beendigung des Mahls fragte der Kellner, ob er sich in das Rauchzimmer zu begeben wünsche, und obgleich er lieber in sein Zimmer zurückgekehrt wäre, wagte er nicht, Nein zu sagen, und ward in ein kellerartiges Gemach gewiesen, wo er außer zwei Billardspielern und einem Kellner zuerst niemand weiter bemerkte.

Aber beim nächsten Blick nahm er noch eine rauchende Person wahr, die mit niedergeschlagenen Augen und ehrbarer Miene im äußersten Winkel saß. Sofort kam ihm das Gesicht bekannt vor, und er erkannte in ihr trotz des Wechsels der Kleidung den Mann aus Box Court, der den Koffer vom und zum Wagen hatte tragen helfen. Ohne sich zu besinnen, kehrte sich der Neuengländer um, rannte die Treppen hinauf und ruhte nicht eher, als bis er sich in seinem Zimmer eingeschlossen hatte.

Dort saß er die ganze Nacht, eine Beute der schwärzesten Vorstellungen. Die Bemerkung des Packträgers, sein Koffer enthalte Gold, erfüllte ihn mit neuen Schrecken und ließ ihn kein Auge schließen, und die Gegenwart des offenbar verkleideten und sich vor ihm verbergenden Mannes von Box Court bewies ihm, dass er zum zweiten Mal den Gegenstand geheimer Machinationen bildete.

Nicht lange nach Mitternacht öffnete er, von einem unbestimmten Argwohn getrieben, seine Zimmertür und lugte in den Gang hinaus. Dieser war durch ein Gaslicht spärlich erleuchtet. Silas bemerkte in kurzer Entfernung einen Mann in der Livree der Hoteldiener und näherte sich ihm auf den Zehen. Der Mann lag etwas auf der Seite, und der rechte Arm verdeckte sein Gesicht. Doch plötzlich, während sich Silas über ihn beugte, nahm er den Arm weg, öffnete seine Augen, und Silas schaute wieder dem Mann von Box Court ins Antlitz.

»Guten Abend«, sagte der Mann höflich.

Aber Silas konnte in seiner Erregung keine Antwort finden und zog sich sprachlos in sein Zimmer zurück.

Gegen Morgen fiel er erschöpft, im Stuhl sitzend und den Kopf nach vorn auf den Koffer gelehnt, in einen trotz der unbequemen Lage und des grässlichen Kissens tiefen und lang dauernden Schlaf. Erst spät weckte ihn ein starkes Klopfen an der Tür.

Er fuhr auf und fand draußen einen Dienstmann, der fragte:

»Sind Sie der Herr, der gestern in Box Court vorsprach?«

Silas bejahte bebend.

»Dann ist das für Sie«, sagte der Bote und gab ihm einen versiegelten Brief.

Silas riss ihn auf und las nichts als die Worte: »Um zwölf Uhr.«

Er stellte sich pünktlich ein. Den Koffer trugen mehrere kräftige Männer vor ihm her; und er selbst ward in ein Zimmer geführt, in dem ein Mann vor dem Feuer saß, den Rücken nach der Tür gekehrt. Erst nach Verlauf einiger Minuten drehte sich dieser langsam herum, und Silas, der sich von Angst und Ungeduld fast verzehrt fühlte, schaute überrascht in die Augen des Prinzen Florizel von Böhmen.

»So, mein Herr«, sagte der Prinz mit sehr ernster Stimme, »in dieser Weise missbrauchen Sie meine Freundlichkeit? Sie suchen sich an Höherstehende anzuschließen, nur um den Folgen Ihrer Verbrechen zu entgehen; nun ist mir auch klar, warum Sie gestern bei meiner Anrede so verlegen waren.«

»Ich bin«, rief Silas, »unglücklich, aber ohne Schuld!«

Und mit erstaunlicher Geläufigkeit und Geschicklichkeit erzählte er dem Prinzen die ganze Geschichte seines Unglücks.

»Ich sehe, ich war im Irrtum«, sagte Seine Hoheit, als er seinen Bericht beendet. »Sie sind nur das Opfer, und da ich Sie daher nicht zu strafen brauche, so seien Sie überzeugt, ich werde Ihnen nach Kräften helfen. Und nun öffnen Sie Ihren Koffer, wir wollen sehen, was er enthält.«

Silas wechselte die Farbe.

»Ich fürchte mich fast vor dem Anblick«, rief er aus.

»Aber er ist Ihnen doch nicht neu«, sagte der Prinz. »Einer solchen Gefühlsregung müssen Sie nicht Raum geben. Der Anblick eines Kranken, dem wir noch helfen können, verdient unser Gefühl eher als ein Toter, der unserm helfenden oder verletzenden Arm, unserer Liebe wie unserm Hass gleichmäßig entrückt ist. Seien Sie ein Mann, Mr Scuddamore!« Und als Silas immer noch zögerte, fügte er hinzu: »Ich möchte nicht gern in anderm Ton als dem der Bitte zu Ihnen sprechen.«

Silas erwachte wie aus einem Traum und machte sich mit schauderndem Widerstreben an die Öffnung des Koffers. Der Prinz stand, die Hände auf dem Rücken, aufmerksam, aber ruhig daneben. Der Körper war ganz steif, und es kostete Silas große physische wie moralische Anstrengung, das Antlitz des Toten sichtbar zu machen.

Mit einem Aufschrei des Schmerzes fuhr der Prinz zurück.

»Sie wissen nicht, Mr Scuddamore, welch grausame Gabe Sie mir bringen. Dies ist ein junger Mann aus meinem Gefolge, der Bruder meines erprobten Freundes, und in meinem eigenen Dienst ist er in den Händen von gewalttätigen und verräterischen Männern umgekommen. Armer Geraldine«, sagte er wie im Selbstgespräch, »wie soll ich deinem Bruder die Trauerkunde bringen? Wie kann ich vor mir selber, wie kann ich vor Gott dieses bei der Ausführung meiner vermessenen Pläne vergossene Blut rechtfertigen? Florizel, Florizel, wann wirst du dich den Schranken des irdischen Lebens anzubequemen lernen und deine eigene Ohnmacht erkennen!«

Silas war von diesem Gefühlsausbruch tief bewegt. Er wollte einige Trostworte murmeln und brach in Tränen aus. Der Fürst, den seine gute Absicht rührte, trat auf ihn zu und sagte, seine Hand ergreifend:

»Beherrschen Sie sich. Wir haben beide viel zu lernen, und die nächste Probe soll uns besser vorbereitet finden.«

Silas dankte ihm schweigend mit beredtem Blick. »Schreiben Sie mir die Adresse des Dr. Noel auf dieses Papier«, fuhr der Prinz fort, »und kommen Sie wieder nach Paris, so meiden Sie die Gesellschaft dieses gefährlichen Mannes. Diesmal hat er allerdings einer edelmütigen Regung nachgegeben; denn wäre er Mitwisser am Mord gewesen, so hätte er den Leichnam nicht der Fürsorge des wirklichen Schuldigen überantwortet.«

»Des wirklichen Schuldigen?«, wiederholte Silas erstaunt.

»Nicht anders«, sagte der Prinz. »Dieser Brief, der in meine Hände fiel, war an den Mörder selbst, den schändlichen Präsidenten des Selbstmordklubs gerichtet. Suchen Sie nicht weiter in diese gefährliche Angelegenheit einzudringen. Seien Sie froh, selbst heil entkommen zu sein, und verlassen Sie dieses Haus sofort! Ich habe dringende Geschäfte und muss zunächst betreffs dieses Häufleins Staub, das noch vor Kurzem ein so ritterlicher und schöner Jüngling war, die nötigen Anordnungen treffen.«

Dankbar sagte Silas dem Prinzen Lebewohl und kehrte noch an demselben Tag nach Frankreich zurück.

Drittes Kapitel

Das Abenteuer mit den zweirädrigen Kutschen

Leutnant Brackenbury Rich hatte in einem der kleineren Kriege im indischen Hügelland mit großer Auszeichnung gefochten. Er hatte persönlich den feindlichen Anführer gefangen genommen, seine Tapferkeit wurde überall zum Himmel erhoben, und als er infolge einer hässlichen Säbelwunde und eines andauernden Dschungelfiebers die Heimreise antrat, war die Gesellschaft bereit, den Offizier als Stern zweiter Größe aufzunehmen. Aber da er wahrhaft bescheiden war, hielt er sich so lange in einem fremden Bad und in Algier auf, bis der Ruf seiner Taten nach nicht viel mehr als einer Woche verblasst war und der Vergessenheit anheimzufallen anfing. Er traf schließlich im Beginn der Saison in London ein, ohne irgendwie durch Aufmerksamkeiten belästigt zu werden; und da er eine Waise war und nur entfernte Verwandte in der Provinz hatte, so fühlte er sich fast als Fremdling in der Hauptstadt des Landes, für das er sein Blut vergossen.

Am Tag nach seiner Ankunft speiste er in einem Offizierskasino. Er begrüßte mehrere alte Kameraden, die ihn beglückwünschten; aber da sie alle für den Abend versagt waren, blieb er schließlich auf sich angewiesen. Er war im Gesellschaftsanzug, denn er hatte die Absicht gehabt, ein Theater zu besuchen. Aber die Großstadt war für ihn, der aus der Provinzialschule in das Kadettenhaus und von da direkt nach Indien gekommen war, etwas Neues; und er versprach sich alle möglichen Genüsse in dieser ihm noch unbekannten Welt, als er, seinen Stock schwingend, westwärts schritt. Der beständige Wechsel der vom Lampenlicht erhellten Gesichter reizte immer wieder des Leutnants Einbildungskraft; und es kam ihm vor, als könnte er in der anregenden Großstadtluft und inmitten des geheimnisvollen Lebens von vier Millionen Seelen immer so fortwandern. Er schaute auf die Häuser und fragte sich, was wohl hinter den erleuchteten Fenstern vor sich gehe; er blickte in ein Gesicht nach dem andern, jedes von einem unbekannten verbrecherischen oder menschenfreundlichen Interesse belebt.

Was reden sie von Krieg, dachte er; hier ist das große Schlachtfeld der Menschheit.

Und dann wunderte er sich, dass er in diesem Wirrsal so lange wanderte, ohne dass seine Person irgendwie von dem Getriebe berührt wurde.

Alles zu seiner Zeit, dachte er weiter. Ich bin noch fremd und sehe vielleicht auch fremd aus. Aber bald werde ich ebenfalls in den Strudel hineingezogen sein.

Später stellte sich ein plötzlicher Regenguss ein. Brackenbury trat unter einen Baum, als er einen Droschkenkutscher bemerkte, der ihn durch Zeichen zum Einsteigen einlud. Da der Regen anhielt, erhob er zur Antwort seinen Stock und saß bald in der »Londoner Gondel«.

»Wohin?«, fragte der Kutscher.

»Wohin Sie wollen«, antwortete der Offizier.

Und augenblicklich fuhr die Droschke mit auffallender Schnelligkeit davon und in das Meer der Landhäuser Westlondons hinein. Eine Villa glich der andern, jede war mit einem Vorgarten versehen, und die menschenleeren Straßen, durch die der Wagen dahinflog, boten so wenig Bemerkenswertes, dass Brackenbury bald alle Orientierungsversuche aufgab. Er hätte denken können, dass der Kutscher ihn zum Spaß immer wieder durch dieselben Straßen fahre, aber die geschäftsmäßige Eile deutete auf ein bestimmtes Ziel, über das sich der Gast allen möglichen Gedanken hingab. Er hatte von Fremden gehört, die in London in Mörderhände geraten waren. War auch ihm ein solches Los zugedacht?

Aus diesen Gedanken riss ihn das plötzliche Halten des Wagens vor dem Gartentor einer hell erleuchteten Villa in einer langen und breiten Straße. Soeben war eine andere Droschke wieder fortgefahren, und Brackenbury konnte noch sehen, wie ein Herr an der

Eingangstür des Hauses von mehreren Dienern in Livree empfangen wurde. Es wunderte ihn, dass der Kutscher gerade vor einem Haus hielt, in dem offenbar eine Gesellschaft stattfand; doch hielt er dies für bloße Sache des Zufalls. Er blieb ruhig sitzen, bis der Kutscher rief:

»Hier sind wir!«

»Hier?«, wiederholte Brackenbury. »Wo?«

»Sie sagten, ich sollte Sie fahren, wohin ich wollte, und hier sind wir nun.«

Brackenbury fiel die für einen Droschkenkutscher ungewöhnlich gewählte Sprechweise auf, auch der Wagen war, wie er nun bemerkte, viel prächtiger als die gewöhnlichen Droschken.

»Was bedeutet das?«, sagte er. »Wollen Sie mich im Regen absetzen? Ich denke, mein guter Mann, das kommt auf mich an.«

»Sicher kommt es auf Sie an«, versetzte der Kutscher, »aber wenn ich den Sachverhalt auseinandersetze, wird ein Herr wie Sie wohl anders entscheiden. Der Besitzer eines Hauses dort gibt Gesellschaft. Ich weiß nicht, ob der Herr in London fremd oder ein Einheimischer ist. Jedenfalls habe ich den Auftrag, einzelne anständig gekleidete Herren aufzugreifen, in Sonderheit Offiziere. Sie brauchen nur hineinzugehen und zu sagen, Mr Morris habe Sie eingeladen.«

»Sind Sie Mr Morris?«, fragte der Leutnant.

»O nein, Mr Morris ist der Hausherr.«

»Das ist eine ungewöhnliche Art, Gäste zusammenzubringen«, sagte Brackenbury. »Wenn ich nun die Einladung zurückweise, was dann?«

»Dann habe ich Anweisung, Sie an die Stelle zurückzubringen, wo ich Sie fand, und bis Mitternacht nach andern Gästen auszuschauen.«

Diese Worte brachten den Leutnant sofort zum Entschluss.

Wenigstens, dachte er, habe ich nicht lange auf ein Abenteuer zu warten brauchen.

Kaum war er ausgestiegen, so fuhr der Kutscher trotz des Leutnants Rufen ohne Fahrgeld in derselben Eile davon.

Aber seine Stimme war im Haus vernommen worden, und ein Diener eilte herbei und hielt ihm einen Schirm über den Kopf.

»Der Kutscher ist bezahlt«, bemerkte der Diener im höflichsten Ton und geleitete Brackenbury in das Haus, wo ihm andere Diener Hut, Stock und Überrock abnahmen und ihn eine mit tropischen Pflanzen geschmückte Treppe hinaufführten, wo ihn der Kammerdiener nach seinem Namen fragte und mit lauter Stimme »Leutnant Brackenbury Rich« rufend in das Empfangszimmer geleitete.

Ein schlanker und auffallend schöner junger Mann trat ihm hier entgegen und grüßte ihn höflich und freundlich. Hunderte von feinsten Wachskerzen erleuchteten den Raum, der wie die Treppe mit einer Fülle seltener und schöner Blumen geschmückt war. An der Seite stand ein mit lockenden Speisen beladener Tisch. Verschiedene Diener gingen mit Früchten und Wein umher. Es waren etwa sechzehn Personen, meist in der Blüte der Jugend und fast ohne Ausnahme von kühnem, vielversprechendem Gesichtsausdruck, anwesend. Sie bildeten zwei Gruppen, von denen eine Roulette und die andere Baccara spielte.

Ich sehe, dachte Brackenbury, ich bin in einer Spielgesellschaft, und der Kutscher war ein Schlepper. Nachdem ihn ein schneller Überblick zu diesem Schluss gebracht hatte, kehrte sein Auge zu seinem Wirt zurück, der ihn noch immer an der Hand hielt. Das Bild des eleganten liebenswürdigen Mannes, dessen Gesicht eine mutige Seele widerspiegelte, passte so gar nicht zu dem Besitzer einer Spielhölle, und auch seine Redeweise schien auf etwas ganz anderes hinzudeuten. Gegen seinen eigenen Willen empfand Brackenbury eine merkwürdige Sympathie für seinen jungen Wirt.

»Ich habe von Ihnen gehört, Leutnant Rich«, sprach dieser mit leiserer Stimme, »und glauben Sie mir, Ihre Bekanntschaft ist mir außerordentlich wertvoll. Ihr Aussehen entspricht ganz dem Ruf, der Ihnen vorangeht. Und wenn Sie das Ungewöhnliche der Einladung übersehen wollen, so wird dies für mich nicht nur eine Ehre, sondern auch eine wahre Freude sein. Ein Mann, der mit barbarischen Feinden kurzen Prozess zu machen gewohnt ist«, fügte er lachend hinzu, »wird es wohl mit einem Fehler der Etikette nicht so genau nehmen.«

Damit führte er ihn zum Speisetisch und bat ihn zuzulangen.

Brackenbury versuchte den Champagner und fand ihn vorzüglich, zündete sich nach dem Beispiel der andern eine Manila an, dann wandte er sich zum Roulette, wo er hin und wieder einen Einsatz wagte. Dabei bemerkte er, dass der Hausherr, der sich, anscheinend nur mit seinen Wirtspflichten beschäftigt, emsig hin und her bewegte, seine Gäste einer scharfen Musterung unterzog. Er achtete darauf, wie die Spieler ihren Verlust trugen, wie hohe Einsätze sie machten, er stellte sich hinter Paare, die in tiefem Gespräch begriffen waren, und ließ sich kaum einen charakteristischen Zug entgehen. Brackenbury nahm dies mit größtem Erstaunen wahr und fand auch bei schärferer Betrachtung seines ihn immer mehr interessierenden Wirtes, dass dieser trotz seines immer bereiten freundlichen Lächelns wie hinter einer Maske einen kummervollen, traurigen Ausdruck trug.

Dieser Morris, dachte er, verfolgt irgendeinen tiefer liegenden Zweck, den ich ergründen will.

Von Zeit zu Zeit rief Mr Morris einen der Besucher beiseite, nahm ihn mit sich in ein Vorzimmer und kehrte allein zurück, während sich der Gast nicht mehr sehen ließ. Um zunächst hinter dieses Geheimnis zu kommen, stahl sich der Leutnant unbemerkt in das Vorzimmer und verbarg sich dort in einer tiefen, von grünen Vorhängen verhüllten Fensternische. Er brauchte nicht lange zu warten, bis er Mr Morris mit einem Gast hereinkommen sah, der ihm schon vorher durch sein etwas rohes Benehmen aufgefallen war. Das Paar blieb dicht vor dem Fenster stehen, sodass Brackenbury kein Wort von der folgenden Unterhaltung entging:

»Ich bitte tausendmal um Vergebung«, begann Mr Morris, »wenn ich eine Frage an Sie richte, denn ich kann mich nicht besinnen, Sie früher schon gesehen zu haben, und ich fürchte, es liegt hier irgendein Missverständnis vor, zu dessen Lösung es zwischen Männern von Anstand und Ehre nur eines Wortes bedarf. In wessen Haus glauben Sie zu sein?«

»In Mr Morris'«, erwiderte der andere, der die Anrede mit steigender Verwirrung angehört hatte.

»Mr John oder James Morris'?«

»Ich kann es Ihnen wirklich nicht sagen«, war die Antwort, »da ich mit dem Herrn persönlich so wenig bekannt bin wie mit Ihnen.«

»Ich verstehe«, sagte Mr Morris. »Weiter unten in der Straße wohnt ein Herr gleichen Namens. Ich bin glücklich, infolge der Verwechslung Ihre Bekanntschaft gemacht zu haben, doch könnte ich es nicht verantworten, Sie länger von Ihren Freunden zu trennen. John«, fügte er mit lauter Stimme zu dem sich nähernden Diener gewendet hinzu, »seien Sie dem Herrn behilflich.«

Und damit geleitete er den Gast auf das Höflichste zur Tür hinaus. Als er wieder bei dem Fenster vorüber zum Empfangszimmer ging, hörte ihn Brackenbury wie unter dem Druck einer schweren Last tief seufzen.

Noch eine Stunde lang brachten die Droschken so viele neue Gäste, dass die Zahl der Besucher sich trotz der Privatgespräche Mr Morris' etwa auf gleicher Höhe hielt. Aber dann wurden die Neuankömmlinge seltener, bis sie endlich ganz ausblieben, während das Aussieben mit unverminderter Schnelligkeit vor sich ging. Das Empfangszimmer fing an, leer auszusehen, das Baccara musste aufgegeben werden, weil es an einem Bankhalter fehlte; mehr als ein Gast empfahl sich aus eigenem Antrieb. Der Wirt aber verdoppelte seine Aufmerksamkeit gegen die Zurückbleibenden und verstand es, durch eine fast weibliche Liebenswürdigkeit alle Herzen für sich zu gewinnen.

Als sich die Anzahl der Gäste schon bedeutend gelichtet hatte, ging Leutnant Rich, um einen Augenblick frische Luft zu atmen, hinaus. Doch welcher überraschende Anblick bot sich ihm, sobald er die Schwelle des Vorzimmers überschritten hatte! Die Ziergewächse waren von der Treppe verschwunden, drei Möbelwagen standen vorm Gartentor, und die Diener waren dabei, das Haus auf allen Seiten seines Aufputzes zu berauben. Es erinnerte an ein ländliches Fest, für das ein Unternehmer Eintagesbauten errichtet hatte.

Brackenbury, dessen Interesse durch alle diese überraschenden Wahrnehmungen auf das Höchste gesteigert war, benutzte die Gelegenheit und stieg eine weitere Treppe zu den oberen Räumen des Hauses hinan. Er ging durch alle Zimmer und fand nicht ein Stück Hausrat darin. Das Haus war schön bemalt und tapeziert, aber offenbar weder jetzt bewohnt noch seit langer Zeit bewohnt gewesen. Nur mit großen Kosten konnte der Bau mit dem bestehenden Schimmer umkleidet worden sein.

Wer war aber dann Mr Morris? Was bewog ihn, für eine Nacht im äußersten Westen Londons den Hausherrn zu spielen und seine Gäste von der Straße auflesen zu lassen?

Dem Leutnant fiel ein, dass er schon zu lange vom Empfangszimmer ferngeblieben war, und er eilte zur Gesellschaft zurück.

Es hatten sich inzwischen noch mehrere Gäste entfernt, sodass mit dem Leutnant und dem Wirt nur noch fünf Personen im Zimmer waren. Mr Morris sah den Leutnant lächelnd an, als er wieder hereintrat, und erhob sich sofort.

»Meine Herren«, sagte er, »es ist Zeit, Ihnen den Zweck meiner Einladung mitzuteilen. Ich glaube, die Zeit wird Ihnen nicht lang geworden sein, aber ich gestehe, nicht Ihre Unterhaltung, sondern die Erfüllung einer egoistischen Absicht war das Ziel meiner Veranstaltung. Sie sind, dafür bürgt mir Ihre Erscheinung, sämtlich Ehrenmänner. Darum spreche ich mich unverhohlen aus. Ich bitte Sie um einen gefährlichen Dienst, bei dem Sie vielleicht Ihr Leben aufs Spiel setzen und dabei noch betreffs alles dessen, was Sie sehen und hören, strengste Verschwiegenheit würden beobachten müssen. Ich weiß wohl, das ist ein höchst sonderbares Begehren von einem Ihnen völlig Fremden, und sollte daher einer von Ihnen Bedenken tragen, sich weiter auf ein so abenteuerliches, gefährliches Unternehmen einzulassen, hier ist meine Hand: Ich werde ihm ohne Groll Lebewohl sagen.«

Ein sehr langer Mann mit schwarzem Haar entsprach diesem Appell sofort und sagte:

»Ich lobe Ihre Offenheit und werde meinerseits gehen, denn ich leugne nicht, die Sache kommt mir recht bedenklich vor. Wie gesagt, ich gehe, und Sie werden vielleicht denken, ich hätte kein Recht, noch weitere Worte darüber zu verlieren.«

»Im Gegenteil«, versetzte Mr Morris, »ich bin Ihnen für alle Worte verbunden. Man kann meinen Vorschlag gar nicht ernst genug nehmen.«

»Nun, meine Herren, was sagen Sie?«, wandte sich der Lange an die andern. »Wir haben einen vergnügten Abend gehabt. Wollen wir ruhig zusammen nach Hause gehen? Sie werden morgen mein Beispiel preisen, wenn Sie wieder in Unschuld und Sicherheit die Sonne sehen.«

Die letzten Worte sprach er mit erhobener Stimme und ergreifendem Ausdruck. Ein zweiter Gast sprang vor Hast und Unruhe auf und verließ mit dem ersten das Zimmer, sodass nur noch Brackenbury und ein alter rotnasiger Kavalleriemajor zurückblieben, die nach einem schnellen Blick gegenseitigen Einverständnisses mit gleichgültiger Miene dasaßen, als ginge sie die ganze Verhandlung nichts an.

Kaum hatte Mr Morris hinter den Ausreißern die Tür geschlossen, so redete er die Offiziere mit folgenden Worten an:

»Ich habe meine Leute ausgewählt wie Josua, und ich glaube, ich habe nun die Auslese von ganz London. Sie gefielen meinen Boten, Ihre Erscheinung gewann sofort mein Herz; ich habe Ihr Spiel und wie Sie Ihre Verluste trugen, scharf beobachtet, und jetzt haben Sie meine Erklärung aufgenommen, als handelte es sich um eine Einladung zu einem Schmaus. Nicht umsonst bin ich seit Jahren der Schüler des tapfersten und weisesten Fürsten Europas gewesen.«

Nachdem der Major etwas über die jammervollen Hunde, die vor der Schlacht desertieren, gebrummt hatte, stellte er sich dem Leutnant als Major O'Rooke, einen Veteranen aus den indischen Feldzügen, vor und sprach sodann, zu dem Hausherrn gewandt:

»Und nun, was gibt es? Ein Duell?«

»Ein ganz besonderes Duell«, erwiderte Mr Morris, »ein Duell mit unbekannten und gefährlichen Feinden und, wie ich glaube, ein Duell auf den Tod. Nennen Sie mich«, fuhr er fort, »nicht mehr Morris, sondern Hammersmith; meinen wahren Namen wie den einer andern Person, der ich Sie bald vorzustellen hoffe, bitte ich Sie noch zurückhalten zu dürfen. Vor drei Tagen verschwand dieser Freund plötzlich aus seiner Wohnung, ohne dass ich bis heute Morgen irgendeine Ahnung von seinem Aufenthaltsort hatte. Sie werden sich meine Beunruhigung vorstellen, wenn ich Ihnen mitteile, dass er im Begriff ist, auf eigene Faust Gerechtigkeit auszuüben. Infolge eines unglückseligen Eids glaubt er sich verpflichtet, ohne den Beistand der Gesetze die Erde von einem tückischen und blutdürstigen Verbrecher zu befreien. Zwei von unsern Freunden, darunter mein eigener Bruder, sind dabei bereits zum Opfer gefallen, und er selbst ist, wenn ich mich nicht sehr täusche, in dieselben tödlichen Schlingen gefallen. Aber wenigstens lebt er noch, wie Sie aus dieser Mitteilung ersehen.«

Und der Sprecher, der kein anderer als Oberst Geraldine war, zog einen Brief hervor und las:

»Major Hammersmith, Mittwoch, um 3 Uhr morgens, wird Sie ein Mann, der durchaus in meinem Interesse handelt, durch eine kleine Tür in den Garten von Rochester House, Regent's Park, einlassen. Kommen Sie keine Sekunde später. Bringen Sie meine Degen und, wenn das möglich ist, einen oder zwei zuverlässige und verschwiegene Männer mit, die mich nicht kennen. Mein Name darf nicht genannt werden.

T. Godall.«

»Im Übrigen«, fuhr Oberst Geraldine fort, »weiß ich ebenso wenig über die Lage meines Freundes wie Sie. Sobald ich dieses Lebenszeichen erhalten, beauftragte ich einen Unternehmer mit dem festlichen Aufputz dieser baufälligen Baracke. Mein Verfahren war zum Mindesten originell, und ich freue mich nun meines Gedankens, der mir den Beistand zweier Männer wie des Majors O'Rooke und des Leutnants Brackenbury Rich verschafft hat.«

Der Oberst sah nach seiner Uhr und bemerkte weiter:

»Es ist bald zwei Uhr. Wir haben eine Stunde vor uns, und ein schneller Wagen hält vor der Tür. Kann ich auf Ihre Hilfe rechnen?«

»Während eines ganzen langen Lebens«, versetzte der Major, »habe ich niemals die einmal dargereichte Hand wieder zurückgezogen.«

Auch Brackenbury gab seiner Bereitwilligkeit geziemenden Ausdruck, und nachdem sie noch ein Glas Wein getrunken hatten, gab der Oberst jedem einen geladenen Revolver, und alle drei stiegen in den Wagen und fuhren nach der angegebenen Adresse davon.

Rochester House war ein prächtiges Gebäude am Themsekanal, das durch einen ungewöhnlich großen Garten von den Nachbarhäusern isoliert war. Von der Straße aus konnte man keinen Lichtschimmer an einem der zahlreichen Fenster bemerken, und das ganze Grundstück zeugte von Vernachlässigung, wie wenn der Hausherr lange Jahre fern gewesen wäre.

Der Wagen hielt, die drei Männer stiegen aus, und bald war auch die kleine Gartentür aufgefunden. Es fehlten noch zehn bis fünfzehn Minuten, und da es stark regnete, traten die drei unter herabhängende dichte Efeuranken und unterhielten sich leise von den Dingen, die da kommen sollten.

Plötzlich erhob Geraldine seinen Finger, wie um Stillschweigen zu gebieten, und alle drei lauschten auf das Gespannteste. Durch das Klatschen des Regens hörte man von der andern Seite der Gartenmauer die Schritte und Stimmen zweier Männer, und Brackenbury, der ein besonders feines Gehör besaß, konnte sogar manches von ihrem Gespräch verstehen.

»Ist das Grab fertig?«, fragte der eine.

»Ja«, antwortete der andere, »hinter der Lorbeerhecke. Wir können ihm dann noch ein Märtyrerkreuz daraufsetzen.«

Der erste Sprecher lachte und der Klang seines Lachens ging den Lauschern durch Mark und Bein.

»In einer Stunde«, sagte er.

Und aus dem Geräusch der Schritte merkte man, dass sich das Paar nach verschiedenen Richtungen entfernte.

Kurz darauf öffnete sich die Gartentür, ein weißes Antlitz spähte heraus, und eine Hand winkte den dreien. Ohne jedes Wort traten sie durch die Tür, die sich sofort hinter ihnen schloss, und folgten ihrem Führer durch verschiedene Gartenwege zum Kücheneingang des Hauses. In dem großen, sonst ganz öden Küchenraum brannte eine Kerze, und als sie die Wendeltreppen hinanstiegen, ließ das raschelnde Geräusch zahlreicher davoneilender Ratten noch mehr auf die Unbewohntheit des Hauses schließen.

Der Voranschreitende war ein magerer, sehr gebückter, aber noch lebhafter Mann, der sich von Zeit zu Zeit umwandte und durch seine Handbewegungen zum Schweigen und zur Vorsicht mahnte. Der Oberst folgte ihm, den Kasten mit den Degen unter einem Arm und die Pistole in der andern Hand, auf den Fersen. Brackenburys Herz schlug heftig. Er merkte, dass sie noch zur rechten Zeit gekommen, schloss aber aus der behänden Eile des Alten, dass die entscheidende Stunde nahe war.

Oben angekommen, öffnete der Führer eine Tür und ließ die drei Offiziere in ein von einer rauchigen Lampe und der Glut eines kleinen Kaminfeuers erhelltes Zimmer vorangehen. Am Kamin saß ein Mann in der Blüte des Lebens von untersetzter, aber imponierender Gestalt. Seine Haltung und Miene drückten völlige Seelenruhe aus, und er schien seine Havanna mit großem Genuss zu rauchen.

»Willkommen!«, rief er und streckte Oberst Geraldine seine Hand entgegen. »Ich wusste, dass ich mich auf Ihre Pünktlichkeit verlassen könnte.«

»Auf meine Ergebenheit«, sagte der Oberst, sich verneigend.

»Stellen Sie mich Ihren Freunden vor«, fuhr der Erste fort; und nachdem dies geschehen, fügte er mit ausgesuchter Leutseligkeit hinzu: »Ich wünschte, meine Herren, ich könnte Ihnen ein angenehmeres Programm vorschlagen und müsste nicht unsere Bekanntschaft in so ernster Weise einleiten. Aber die Verhältnisse sind diesmal stärker als die Gebote der Höflichkeit. Ich hoffe fest, Sie verzeihen mir diesen unangenehmen Abend; Männern Ihrer Art wird das Bewusstsein genügen, mir eine große Gefälligkeit erwiesen zu haben.«

»Eure Hoheit«, sagte der Major, »muss meine Plumpheit verzeihen. Ich kann mich nicht verstellen. Schon der Major Hammersmith machte mich stutzig, aber Mr Godall lässt keinen Zweifel übrig. Es ist zu viel vom Zufall verlangt, wenn man zwei Männer in London sucht, die den Prinzen Florizel von Böhmen nicht kennen.«

»Prinz Florizel!«, rief Brackenbury erstaunt.

Und er schaute mit größtem Interesse in die Züge der viel gepriesenen Persönlichkeit.

»Ich will den Verlust meines Inkognitos nicht beklagen«, sagte der Prinz, »denn ich kann Ihnen umso besser danken. Sie würden sicher für Mr Godall ebenso viel wie für den Prinzen getan haben, aber der Letztere kann vielleicht mehr für Sie tun. Der Gewinn ist mein«, fügte er mit höflicher Handbewegung hinzu.

Im nächsten Augenblick war er mit beiden Offizieren in ein lebhaftes Gespräch über indische Verhältnisse vertieft, über die er sich vorzüglich orientiert erwies.

Brackenbury konnte nicht umhin, die größte Bewunderung für einen Mann zu empfinden, der in der Stunde der höchsten Gefahr eine solche Selbstbeherrschung und Kaltblütigkeit zeigte.

Nach einigen Minuten erhob sich der Mann, der die drei eingelassen und der in einer Zimmerecke mit der Uhr in der Hand gesessen hatte, und flüsterte dem Prinzen etwas ins Ohr.

»Es ist gut, Dr. Noel«, erwiderte der Prinz laut und fügte hinzu: »Entschuldigen Sie, meine Herren, wenn ich Sie im Dunkeln lasse. Der Moment naht.«

Dr. Noel löschte die Lampe aus. Ein schwacher grauer Schein, der Vorbote der Dämmerung, drang durch das Fenster, konnte aber das Zimmer nicht erhellen; und als der Prinz aufstand, vermochte man seine Züge nicht zu unterscheiden noch die Art der Erregung, die aus seiner Stimme herausklang, zu erkennen. Er bewegte sich nach der Tür zu und stellte sich mit der Haltung gespannter Erwartung auf einer Seite auf.

»Sie werden«, sagte er, »so freundlich sein, vollkommenes Schweigen zu bewahren und sich im dichtesten Schatten zu verbergen.«

Die Offiziere und der Arzt gehorchten, und zehn Minuten hörte man im Rochester House nichts als das Nagen der Ratten am Holzwerk. Da ward die Stille jäh durch das Knarren einer Türangel unterbrochen, und kurz darauf hörte man jemand leise und vorsichtig die Küchentreppe heraufkommen. Der Eindringling schien nach jedem Schritt innezuhalten und zu lauschen, und während dieser Pausen, die den horchenden Männern ewig lang zu sein schienen, wurden diese von tiefer Unruhe ergriffen. Dr. Noel, dem doch die Aufregung der Gefahr nichts Neues war, empfand eine fast jammervolle physische Schwäche; sein Atem pfiff in den Lungen, seine Zähne knirschten, und es knackte hörbar in seinen Gelenken, wenn er nervös seine Lage änderte.

Schließlich legte sich eine Hand auf die Türklinke, der Bolzen hob sich mit leichtem Knacken. Es folgte eine neue Pause, in der sich der Prinz, wie Brackenbury bemerkte, leise etwas zusammenduckte, und eine Gestalt erschien auf der Schwelle und stand regungslos. Es war ein hochgewachsener Mann, der ein Messer in der Hand hielt. Selbst im Zwielicht sahen sie seine gefletschten Oberzähne schimmern, denn sein Mund war offen wie der eines sprungbereiten Hundes. Offenbar war er noch vor ein oder zwei Minuten bis über den Kopf im Wasser gewesen, und immer noch rannen Tropfen von seinen Kleidern auf den Boden.

Im nächsten Moment überschritt er die Schwelle. Ein Satz, ein erstickter Schrei, ein momentanes Ringen, und ehe noch Oberst Geraldine zu Hilfe springen konnte, hielt der Prinz den entwaffneten wehrlosen Mann an den Schultern.

»Dr. Noel«, sagte er, »seien Sie so gut und zünden wieder die Lampe an!«

Und nachdem er den Gefangenen Geraldines und Brackenburys Fürsorge überlassen hatte, schritt er durch das Zimmer und setzte sich mit dem Rücken nach dem Kamin. Sobald die Lampe brannte, bemerkten alle eine ungewohnte Strenge in den Mienen des Prinzen, der sich mit der Majestät eines Herrschers und mit tödlichem Ernst an den gefangenen Präsidenten des Selbstmordklubs wandte:

»Präsident«, sagte er, »Sie haben Ihre letzte Schlinge gelegt und sich selbst darin gefangen. Der Tag beginnt, mit ihm Ihr letzter Morgen. Sie sind eben durch den Kanal geschwommen; es war Ihr letztes Bad in dieser Welt. Ihr alter Genosse, Dr. Noel, hat mich so wenig verraten, dass er vielmehr Sie in meine Hände lieferte. Und das Grab, das Sie eben für mich graben ließen, soll Ihr eigenes verdientes Geschick vor den Augen der Menschheit verbergen. Knie nieder und bete; denn deine Zeit ist kurz, und Gott ist deiner Frevel satt.«

Der Präsident verharrte stumm und regungslos, mit gebeugtem Haupt und auf den Boden gehefteten Blicken, als wollte er den durchbohrenden Augen des Prinzen entgehen.

»Meine Herren«, fuhr Florizel in seinem gewöhnlichen Ton fort, »dieser Bursche hat meiner lange gespottet, aber endlich habe ich ihn nun, dank Dr. Noels Beistand. Seine Missetaten sämtlich aufzuzählen, dazu reicht unsere Zeit nicht, doch wäre der Kanal nur vom Blut seiner Opfer erfüllt, glauben Sie mir, er wäre nicht trockener, als er jetzt ist. Aber selbst ihm gegenüber will ich die Gebote der Ehre nicht außer Acht lassen. Jedoch Sie sind Zeugen, meine Herren, es handelt sich hier mehr um eine Exekution als um ein Duell, und es hieße die Etikette zu weit treiben, wollte ich ihm die Wahl der Waffen lassen. Ich kann mein Leben um seinetwillen nicht in die Schanze schlagen, und da eine Pistolenkugel oft den Weg des Zufalls geht und so manches Mal des zitternden Feiglings Kugel den Mann von Mut und Kraft trifft, so mag das Schwert entscheiden.«

Und damit wies er auf den Kasten mit den Degen und sagte zum Präsidenten: »Schnell, wählen Sie eine Klinge; es drängt mich, mit Ihnen für immer fertig zu werden.«

Zum ersten Mal hob der Verbrecher wieder den Kopf, und offenbar wuchs ihm der Mut.

»Soll es ausgefochten werden?«, fragte er eifrig. »Und zwischen uns beiden?«

»Ich will Ihnen die Ehre antun.«

»Wohlan«, rief der Präsident. »In gleichem Kampf – wer weiß, wie der Würfel rollt? Und kommt's zum Schlimmsten, so falle ich wenigstens von der Hand eines der tapfersten Männer Europas.«

Damit trat er zum Tisch und wählte sich nach peinlicher Prüfung eine Waffe. Er schien so hoffnungsvoll, als könnte ihm der

Sieg nicht fehlen. Seine Zuversicht beunruhigte die andern, und sie beschworen den Prinzen, sich nicht der Gefahr auszusetzen.

»Es ist nur ein Possenspiel«, antwortete dieser, »und ich glaube, ich kann Ihnen versprechen, meine Herren, es wird bald zu Ende sein«, und zu Geraldine gewendet, »habe ich je versäumt, eine Ehrenschuld abzutragen? Ich bin Ihnen den Tod dieses Mannes schuldig, und Sie sollen ihn haben.«

Nachdem sich der Prinz sodann ebenfalls einen Degen gewählt hatte, fuhr er fort:

»Oberst Geraldine und Dr. Noel, erwarten Sie mich gefälligst in diesem Zimmer. Ich wünsche keinen persönlichen Freund hierbei beteiligt. Major O'Rooke, wollen Sie sich des Präsidenten annehmen? Leutnant Rich wird so gut sein, mir beizustehen; ein junger Mann kann nicht genug Erfahrung in solchen Sachen haben.«

»Eure Hoheit«, versetzte Brackenbury, »es ist für mich eine Ehre, die ich als die höchste schätze.«

»Hoffentlich«, entgegnete der Prinz, »kann ich Ihnen einmal meine Freundschaft in einer wichtigeren Angelegenheit beweisen.«

Mit diesen Worten ging er den andern voran die Küchentreppe hinunter.

Die beiden Zurückbleibenden öffneten das Fenster, lehnten sich hinaus und strengten alle Sinne an, um durch irgendein Zeichen den Verlauf des tödlichen Zweikampfs zu erkennen. Der Regen war vorüber, der Tag brach an, die Vögel fingen an zu singen. Der Oberst und der Arzt sahen die Männer im Gebüsch verschwinden, dann aber war alles totenstill.

»Er hat ihn zum Grab geführt«, sagte Dr. Noel mit einem Schauder.

»Gott«, rief der Oberst, »stehe dem Gerechten bei!«

Und sie warteten, ohne weiter ein Wort zu sprechen, der Doktor zitternd vor Furcht, der Oberst von Schweiß bedeckt. Nach vielen Minuten quälendster Ungewissheit hörten sie endlich Schritte sich nähern, und bald sahen sie auch den Prinzen und die beiden indischen Offiziere zurückkehren.

»Ich schäme mich meiner Erregung«, sagte Prinz Florizel, »aber die Existenz dieses Höllenhundes nagte an mir wie eine Krankheit, und sein Tod hat mich mehr erfrischt als ein langer Schlummer. Sehen Sie, Geraldine«, fuhr er fort und warf seine Klinge auf den Boden, »da ist das Blut des Mannes, der Ihren Bruder tötete. Es sollte ein willkommener Anblick sein. Und doch, wie sonderbar sind wir Menschen! Noch ist es nicht fünf Minuten her, dass ich mir Genugtuung verschaffte, und schon frage ich mich, ob eine Genugtuung in diesem Leben überhaupt möglich ist. Das Üble, das er tat, wer kann es ungeschehen machen? Ist Geraldines Bruder weniger tot und sind tausend andere unschuldige Personen weniger ins Verderben gestürzt?«

»Der Gerechtigkeit ist Genüge geschehen«, versetzte der Doktor. »So viel ist klar. Die Lehre war, Eure Hoheit, für mich eine grausame; und mit Bangen erwarte ich meinen Spruch.«

»Was sagte ich?«, rief der Prinz, sich aus seinen Gedanken aufraffend. »Ich habe die Strafe vollzogen, und hier ist neben mir der Mann, der mir helfen kann, geschehenes Unrecht gutzumachen. Ja, Dr. Noel, Sie und ich, wir haben eine schwere und ehrenhafte Aufgabe vor uns; und vielleicht haben Sie, noch ehe wir damit zu Ende sind, Ihre früheren Irrtümer mehr als ausgeglichen.«

»Und inzwischen«, sagte der Doktor, »lassen Sie mich gehen und meinen ältesten Freund begraben.«

Die krumme Janet

Reverend Murdoch Soulis war seit vielen Jahren Pastor der Gemeinde Balweary, eines im Tal des Dule gelegenen Heidedorfes. Ein strenger, freudlos blickender, alter Mann, der Schrecken seiner Hörer, hauste er während der letzten Jahre seines Lebens in dem kleinen, einsamen Pfarrhaus am Fuß des Hanging Shaw, ohne Verwandte, Diener oder irgendwelche menschliche Gesellschaft. Trotz der eisernen Gesetztheit seiner Züge war sein Blick wild, unsicher und voller Furcht; und wenn er in privater Ermahnung die Zukunft des unbußfertigen Sünders schilderte, schien sein Auge die Stürme der Zeit zu durchdringen und die Schrecken der Ewigkeit zu schauen. Viele junge Leute, die sich mit seiner Hilfe auf das heilige Abendmahl vorbereiteten, wurden von seinen Reden zu panischer Furcht aufgerüttelt. Insbesondere hatte er eine Predigt über Petrus I, Vers 5 und 8, »Der Teufel ist ein brüllender Löwe«, in der er sich selbst übertraf, sowohl durch den grauenerregenden Gegenstand wie durch das Furchtbare seines Gebarens auf der Kanzel, und die er an jedem ersten Sonntag nach dem 17. August hielt. Die Kinder wurden dabei von Krämpfen befallen, die alten Leute dagegen sahen mehr als gewöhnlich orakelhaft drein und ließen den ganzen Tag über allerlei Andeutungen fallen von der Art, wie Hamlet sie zu missachten liebte. Das Pfarrhaus selbst lag neben den Wassern des Dule zwischen einigen dichten Bäumen; es war auf der einen Seite überschattet von dem hängenden Shaw selbst und bot nach der anderen Seite einen Blick auf zahlreiche, kalte Heidehügel, die sich hoch gegen den Himmel abhoben und die bereits zu einer sehr frühen Zeit von Mr Soulis Amtsdauer während der Abenddämmerung von allen, die sich auf ihre Vorsicht etwas einbildeten, gemieden wurden. Ja, die Gevattern, die sich in dem Dorfgasthaus versammelten, pflegten bei dem Gedanken, spät in der Nacht an jenem unheimlichen Ort vorbeizumüssen, den Kopf zu schütteln. Um ganz genau zu sein, gab es dort eine Stelle, die mit besonderer

Scheu betrachtet wurde. Das Pfarrhaus lag zwischen der Landstraße und den Wassern des Dule, mit je einem Giebel nach jeder Seite, während die Rückwand nach dem fast eine halbe Meile entlegenen Kirchdorf Balweary blickte und die Vorderfront samt einem kahlen, von einer Dornenhecke eingefassten Garten den Raum zwischen Fluss und Straße einnahm. Das Haus hatte zwei Stockwerke mit je zwei geräumigen Zimmern. Es grenzte nicht unmittelbar an den Garten, sondern an einen Hohlweg oder Gang, dessen eines Ende auf die Straße führte und dessen andere Mündung durch hohe Weiden und Erlen, die den Fluss umsäumten, begrenzt wurde. Dieser gemauerte Gang erfreute sich unter den jüngeren Gemeindemitgliedern von Balweary eines ganz besonders schlimmen Rufs. Der Pastor pflegte dort häufig nach Anbruch der Dunkelheit auf und ab zu wandeln und mitunter in der Inbrunst seiner stummen Gebete laut zu stöhnen; und wenn er von zu Hause fort und die Pfarrhaustür verschlossen war, wagten nur die Tollkühnsten der männlichen Schuljugend, klopfenden Herzens an jenem verrufenen Ort Räuber und Gendarm zu spielen.

Die Atmosphäre des Grauens, die hier in der Tat einen Gottesmann von fleckenlosem Charakter und reinster Orthodoxie umgab, war ganz allgemein die Ursache von Staunen und Neugier unter den wenigen Fremden, die durch den Zufall oder durch Geschäfte in jene unbekannte, weltfremde Gegend geführt wurden. Aber sogar in der Gemeinde selbst gab es viele Leute, die nichts von den seltsamen Begebenheiten wussten, die das erste Amtsjahr Mr Soulis' auszeichneten, und unter den besser Unterrichteten gab es einige, die von Haus aus zurückhaltend waren, und andere, die vor jenem besonderen Gegenstand zurückschreckten. Nur hin und wieder erwärmte sich einer der älteren Männer über seinem dritten Glas Schnaps hinreichend, um Mut zu fassen und der Ursache des seltsamen Aussehens sowie des einsiedlerischen Lebens des Geistlichen nachzugehen.

Vor fünfzig Jahren, als Mr Soulis zuerst nach Balweary kam, war er noch ein junger Mann – ein forscher Bursch, wie die Leute sagen –, ganz voller Buchgelehrsamkeit und großartig im Auslegen der Heiligen Schrift, aber, wie man's bei einem so jungen Menschen ja auch nicht anders erwarten kann, ohne richtige, praktische Erfahrung in der Religion. Die jungen Leute, die waren natürlich ganz weg von seinen Talenten und seinem vielen Reden; aber was so alte, vorsichtige, ernste Männer und Weiber waren, die sorgten sich so sehr um den jungen Mann, dass sie für ihn und die Gemeinde beteten; denn von ihm glaubten sie, dass er einer von jenen sei, die sich selbst betrügen, und von der Gemeinde, dass sie wahrscheinlich übel mit ihm dran wäre. Das war noch vor den Tagen der Lauen im Herrn – Gott strafe sie; aber die schlimmen Dinge sind wie die guten – beide wachsen recht hübsch langsam, Stück für Stück, und es hat auch damals schon Leute gegeben, die da meinten, der Herrgott hätte die gelehrten Professoren ganz verlassen, und die Burschen, die bei ihnen das Studieren anfingen, wären besser und gescheiter in ihrem Torfmoor hocken geblieben, wie ihre Voreltern das in den Zeiten der Bedrängnis taten, mit 'ner Bibel unter ihrer Achsel und dem Geist des Gebets im Herzen. Eins war sicher: Mr Soulis war viel zu lange auf der Universität geblieben. Er sann und trachtete nach vielen Dingen, außer denen, die wahrhaft nottun. Er hatte einen Haufen Bücher bei sich – mehr, als man je zuvor im Pfarrhaus beieinander gesehen hatte –, und eine saure Müh machte es dem Boten, sie hierherzutragen; alle waren sie nahe daran, irgendwo in dem Teufelsmoor zwischen hier und Kilmackerlie zu ersaufen. Es waren zwar Bücher der Gottesgelahrtheit oder hießen doch so; aber die ernsten Leute sahen alle nicht ein, weswegen er so viele brauchte, wo sich doch das ganze liebe Gotteswort in der Falte eines Plaids herumtragen lässt. Da saß er nun den halben Tag und fast die halbe Nacht lang – was doch kaum anständig ist – und tat schreiben, nicht mehr und nicht weniger; und zuerst fürchteten wir alle, er würde seine Predigten herunterlesen; aber dann kam es heraus, dass er selber neue Bücher schrieb, und das schickt sich für jemanden in seinen Jahren und von seinem bisschen Erfahrung doch bestimmt nicht.

Nun musste man ihm aber ein altes, ehrbares Weibsbild finden, um ihm das Pfarrhaus in Ordnung zu halten und sein bisschen Essen zu kochen; und man nannte ihm ein altes Frauenzimmer – Janet M'Clour war ihr Name – und ließ ihn dann seiner Wege gehen, sodass er tat, was er sich in den Kopf gesetzt hatte. Zwar waren auch viele da, die ihm von der Janet abrieten, denn sie war den besten Leuten in Balweary mehr als anrüchig. Lange vorher hatte sie von 'nem Dragonerkerl 'n Balg bekommen; seit rund dreißig Jahren war sie nicht an den Tisch des Herrn getreten; und die Kinder hatten gesehen, wie sie bei Dunkelwerden ganz allein auf Key's Loan herumstrich, was für 'ne gottesfürchtige Frauensperson ein recht seltsamer Ort ist, und dabei hatte sie in einem fort vor sich hin gemurmelt. Na, wie dem auch sei, der Gutsherr selbst war der Erste, der dem Pastor von der Janet sprach; und damals machte man noch manchen Umweg, um der Herrschaft zu gefallen. Wenn die Leute ihm sagten, dass Janet sich dem Teufel verschrieben hätte, so war das in des Herrn Pastors Augen nur ein Stück Aberglauben, und wenn sie ihm dann mit der Bibel und der Hexe von Endor kamen, so trommelte er's in ihre Schädel hinein, dass die Zeiten heute vorbei wären und dass der Teufel jetzt durch Gottes Gnade in Ketten läge.

Nun, als es sich so im Dorf herumsprach, dass Janet M'Clour als Dienstbotin aufs Pfarrhaus sollte, waren die Leute recht außer sich über alle beide, sie und ihn; und einige von den Gevatterinnen hatten nichts Besseres zu tun, als zu der Janet hinzulaufen und ihr alles vorzuwerfen, was sie von ihr wussten, von dem Soldatenbalg angefangen bis zu John Tamsons zwei Kühen. Die Janet war nicht gerade sehr fix mit der Zunge; auch ließen sie die Leute gewöhnlich ihre eigenen Wege gehen und sie die Leute nicht minder, mit kaum einem »Schön guten Abend« oder »Guten Tag«; aber wenn sie sich's in den Kopf setzte, dann hatte sie 'ne Zunge, um selbst den Müller taub zu machen. Diesmal war sie nun auch nicht faul; in ganz Balweary gab's keine alte Klatschgeschichte, die sie an jenem Tag nicht irgendjemandem unter die Nase hielt, und man konnte ihr kein Ding vorwerfen, ohne als Entgelt gleich zwei zu hören zu bekommen, bis die Gevatterinnen die Janet zu guter Letzt packten, ihr die Kleider vom Leib rissen und sie durch das ganze Dorf stießen bis an den Dule heran, um herauszubekommen, ob sie 'ne Hexe wäre; ob sie schwimmen oder untergehen würde. Das Frauenzimmer schrie, dass man es bis zum Hanging Shaw herauf hörte, und kämpfen tat sie wie ihrer Stücke zehn. Manch eine von den Gevatterinnen trägt noch ein Abzeichen ihrer Nägel bis ans Lebensende mit sich herum; und wer kommt da, grad als die Sache am hitzigsten ist, auf dass seine Sünden bestraft werden, des Weges? Der neue Herr Pastor!

»Weiber«, sagt er (und er hatte eine großartige Stimme), »ich befehle euch im Namen des Herrn, gebt sie frei!«

Janet rannte auf ihn los – sie war schon halb verrückt vor Angst – und klammerte sich an ihn und bat ihn um Christi willen, sie von den Klatschbasen zu retten; und die für ihr Teil erzählten ihm alles, was sie wussten, und vielleicht sogar noch 'n bisschen mehr.

»Weib«, sagt er zu Janet, »ist das wahr?«

»So wahr der Herrgott mich sieht«, sagt sie, »so wahr der Herr mich erschaffen hat, kein Wort davon. Bis auf das Kind«, sagt sie, »bin ich mein Lebtag ein ehrbar Weib gewesen.«

»Willst du«, sagt Mr Soulis, »im Namen Gottes hier vor mir, seinem unwürdigen Diener, dem Teufel und seinen Werken abschwören?«

Nun, es scheint, dass sie, wie er das so fragte, zu grinsen anfing, sodass alle, die es sahen, es mit der Angst bekamen, und man konnte ihre Zähne im Mund nur so klappern hören. Aber da half ihr nun gar nichts, für das eine oder das andere musste sie sich entscheiden, und Janet hob die Hand hoch und schwor vor ihnen allen dem Teufel und seinen Werken ab.

»Und jetzt«, sagt Mr Soulis zu den Gevatterinnen, »macht, dass ihr nach Hause kommt, alle miteinander, und betet, dass Gott euch verzeihen möge.«

Und er reichte Janet den Arm, ob sie auch wenig mehr als ihr Hemd anhatte, und führte sie durch das ganze Dorf bis an ihr eigenes Haus wie eine richtige große Dame; und ihr Lachen und Weinen war ein Skandal, wert, dass man ihn hörte.

In jener Nacht gab's viele ernste Leute, die mit ihrem Gebet gar nicht fertig werden konnten; als dann aber der Morgen kam, überfiel die ganze Gemeinde Balweary eine solche Furcht, dass die Kinder sich versteckten und selbst die Mannsbilder nur hinter der Haustür hervorzugucken wagten. Denn da kam Janet das Dorf hinunterspaziert – sie oder doch ihr Ebenbild, das konnte kein Mensch wissen –, mit ganz schiefem Hals und dem Kopf auf der einen Seite wie jemand, der gehängt worden ist, und mit einem Grinsen ums Maul wie eine nicht hergerichtete Leiche. Mit der Zeit gewöhnten sich die Leute ja daran, und einige starrten ihr sogar ins Gesicht, um herauszubekommen, was mit ihr los wäre; aber von dem Tag an konnte Janet nicht mehr wie eine christliche Frauensperson reden, sondern schnatterte und klapperte mit den Zähnen, als hätte sie ein paar Scheren im Maul; und auch der Name Gottes kam von da an nicht mehr über ihre Lippen. Manchmal, da versuchte sie es ja, ihn auszusprechen, aber es ging nicht. Die Leute, welche das meiste wussten, redeten am wenigsten; niemals aber gaben sie dem Ding da den Namen Janet M'Clour; denn die alte Janet, so wie sie's erzählten, briet bereits in der tiefsten Hölle. Aber der Herr Pastor war nicht zu belehren und nicht zu halten; er predigte von nichts anderem als von der Grausamkeit der Leute, die der Janet einen Schlagfluss verursacht hätten; ja, er schlug die Kinder, die sie neckten; und noch in derselben Nacht holte er sie hinauf ins Pfarrhaus und wohnte mit ihr da ganz allein unter dem Hanging Shaw.

Nun, die Zeit ging vorüber, und die Müßigeren unter uns fingen an, leichtfertiger von der ganzen schwarzen Angelegenheit zu denken. Von dem Herrn Pastor hatte man eine gute Meinung; immer noch saß er bis spät in die Nacht bei seiner Schreiberei, ja, die Leut konnten bis zwölf Uhr den Schein seiner Kerze über dem Dulefluss sehen. Er schien mit sich selbst auch noch genauso zufrieden und so selbstsicher wie zuvor, wenn auch jedermann sehen konnte, dass er abmagerte. Und Janet kam und ging, und hatte sie früher nicht viel geredet, so hatte sie jetzt Grund genug, um noch weniger zu schwatzen. Aber sie war schauerlich anzusehen, und um den ganzen Balweary-Pfarracker hätte keiner ihr über den Weg laufen mögen.

Da kam gen Ende Juli eine Spanne Wetter, wie wir es in der ganzen Gegend noch nicht erlebt hatten; es war drückend und heiß und unlustig; die Herden konnten den Schwarzen Berg nicht mehr hinauf, die Kinder waren zu müde, um zu spielen; und dabei war es auch stürmisch, mit Stößen von heißem Wind, der in den Tälern nur so rumorte, und mit kleinen Schauern, die niemandem nichts nützten. Wir glaubten, es würde am nächsten Tag ein Gewitter geben, aber der Morgen kam und der übernächste Morgen, und immer noch das gleiche, unheimliche Wetter, hart für die Menschen und hart fürs Vieh. Von allen, die es in den Knochen spürten, war keiner so übel dran wie Mr Soulis; er konnte weder schlafen noch essen, erzählte er den Kirchenältesten; und wenn er nicht an seinem langen, langen Buch schrieb, dann stieg er in der ganzen Gegend umher, wie einer, den der Teufel reitet, und das in einer Zeit, wo jede Kreatur froh war, zu Haus bleiben zu können.

Über dem Hanging Shaw im Schatten von Black Hill liegt ein kleiner eingefriedeter Grund mit einem eisernen Gitter; es scheint, dass er in alten Zeiten der Kirchhof von Balweary war und von Papisten geweiht, ehe denn das himmlische Licht über dem Reich leuchtete. Das war nun Mr Soulis' Lieblingsaufenthalt; dort saß er und dachte sich seine Predigten aus, und es war auch wirklich ein schattiges Plätzchen. Als er nun eines Tages durch den wüsten Teil von Black Hill schritt, sah er zuerst zwei und dann vier und schließlich sieben Krähen rund um den alten Friedhof flattern. Sie flogen tief und schwer und krächzten im Flug, und es war Mr Soulis klar, dass etwas sie aufgescheucht haben musste. Ihm war nicht so leicht Bange zu machen, darum ging er auch schnurstracks auf das Gitter los. Und was fand er da? Einen Mann oder doch so was Ähnliches, der drinnen im Kirchhof auf einem Grab saß. Er war sehr groß und schwarz wie die Hölle, und seine Augen waren seltsam anzusehen. Mr Soulis hatte schon manches liebe Mal von schwarzen Männern erzählen hören, aber an diesem hier war etwas Fremdartiges, das ihm Furcht einjagte. Heiß, wie ihm war, spürte er einen kalten Angstschauer bis ins Mark hinein, aber er redete ihn trotzdem forsch an und fragt: »Mein Freund, seid Ihr fremd an diesem Ort?«

Und der schwarze Mann antwortete kein Wort, sondern machte sich auf die Beine und stolperte auf die jenseitige Mauer zu, und die ganze Zeit über sah er den Pastor an, und der Pastor starrte zurück, bis der Schwarze in der nächsten Minute über die Mauer rüber war und auf den Schatten der Bäume zulief. Mr Soulis, warum, wusste er selber kaum, rannte hinter ihm drein; aber er war schon ganz alle von seinem Spaziergang und von dem heißen, ungesunden Wetter, und wenn er auch noch so sehr rannte, so konnte er doch nur einen Augenblick lang den Schwarzen zwischen den Birken laufen sehen, bis er den Berg hinunter war, und da sieht er von Neuem, wie der andere laufend, springend und rennend über den Dulefluss rüber im Pfarrhaus verschwindet.

Mr Soulis war nun nicht besonders entzückt, den schauerlichen Kerl so mir nichts, dir nichts mit dem Balweary-Pfarrhaus umspringen zu sehen; und er rannte nur umso schneller und mit nassen Schuhen über den Bach und den Gang hinauf; im ganzen Garten hat er sich umgeschaut, aber nirgends war da ein schwarzer Mann zu sehen. Am anderen Ende des Gangs drückt er ein bisschen ängstlich, wie das ja ganz natürlich war, die Klinke runter und ging ins Pfarrhaus; und da vor seinen Augen stand Janet M'Clour mitsamt ihrem schiefen Kopf und freute sich obendrein gar nicht, ihn zu sehen. Und da fiel es ihm ein, dass er immer schon, seitdem er sie zum ersten Mal zu Gesicht bekommen hatte, dasselbe kalte, gräuliche Gefühl gespürt hatte.

»Janet«, sagt er, »hast du einen schwarzen Mann gesehen?«

»Einen schwarzen Mann?«, fragt sie. »Gott steh uns bei! Ihr seid nicht gescheit, Herr Pastor. Es gibt keinen schwarzen Mann in ganz Balweary.«

Aber sie redete nicht deutlich, müsst ihr wissen, sondern winselte und wieherte nur so vor sich hin, wie 'n Pony, dass 'n Zaumzeug im Maul hat.

»Nun«, sagt er, »Janet, wenn das kein schwarzer Mann war, dann habe ich den Versucher selbst gesehen.«

Und er setzte sich wie einer, der's Fieber hat, und seine Zähne klapperten ihm im Kopf.

»Pfui, pfui«, sagt sie, »schämt Euch, Herr Pastor«, und sie gab ihm einen Tropfen Schnaps, den sie immer bei sich hatte.

Dann ging Mr Soulis in sein Studierzimmer zu seinen vielen Büchern. Das ist 'n langes, niedriges, finsteres Zimmer, zum Umkommen kalt im Winter und nicht einmal im Sommer sonderlich trocken, denn das Pfarrhaus liegt dicht am Fluss. Da setzte er sich also hin und dachte an alles, was er so erlebt hatte, seit er nach Balweary gekommen war, an seine Heimat und an die Zeit, als er noch ein Bub war und vergnügt über die Heide sprang; und der schwarze Kerl da ging ihm wie so 'n Lied im Kopf rum. Er versuchte zu beten, aber die Worte fielen ihm nicht ein; und es heißt auch, dass er an seinem Buch schreiben wollte, aber da ging es ihm auch nicht besser. Es gab Zeiten, in denen er glaubte, der Schwarze stände neben ihm, und der Schweiß brach ihm aus allen Poren, so kalt wie Brunnenwasser, und dann wieder kam er zu sich selbst wie ein richtiger Christenmensch und fürchtete sich vor nichts mehr.

Das Ende vom Lied war, dass er zum Fenster schritt und in den Dulefluss hinunterstarrte. Die Bäume wuchsen da unheimlich dicht, und das Wasser unterhalb des Pfarrhauses ist tief und schwarz; und da stand Janet und wusch mit hochgerafften Röcken die Wäsche. Sie hatte dem Pastor den Rücken zugekehrt, sodass er zuerst gar nicht wusste, wen er vor sich hatte. Dann drehte sie sich um und zeigte ihm ihr Gesicht; und Mr Soulis hatte dasselbe kalte Angstgefühl, das er schon zweimal an jenem Tag gespürt hatte, und er erinnerte sich an das, was die Leute sagten, dass Janet schon lange tot wäre und dass hier ein Gespenst in ihrem Leichnam umginge. Er zog sich ein bisschen zurück und beobachtete sie scharf. Sie stampfte und rieb auf die Wäsche los und summte so vor sich hin, und – der Herr stehe uns bei! – es war ein gräuliches Gesicht! Mal sang sie lauter, aber es gibt keinen Menschen, vom Weibe geboren, der da hätte sagen können, welches ihre Worte waren; und mal guckte sie so von seitwärts an sich herunter, aber es war nichts da, das sie hätte sehen können. Da lief wieder ein Schauer durch des Pastors Knochen, und das war eine Warnung des Himmels. Aber Mr Soulis machte sich Vorwürfe, dass er so schlecht von einem alten, unglücklichen Frauenzimmer dachte, das niemand außer ihm selbst zum Freund hatte; und er sprach so 'n kleines Gebet für sich selbst und eins für sie und trank ein bisschen kaltes Wasser – denn sein Magen drehte sich bei dem Gedanken an Essen um – und ging im Dämmerlicht zu seinem kahlen Bett hinauf.

Das war eine Nacht, wie ganz Balweary sie nie und nimmer vergessen wird, die Nacht zum siebzehnten August siebzehnhundert und zwölf. Es war vorher schon heiß gewesen, wie ich ja gesagt habe, aber diese Nacht war heißer denn alle anderen. Die Sonne ging hinter gar schaurig aussehenden Wolken unter; es wurde so finster wie in der Hölle selbst; kein Stern, kein bisschen Wind; man konnte nicht die Hand vor Augen sehen, und selbst die alten Leute warfen die Decken von ihren Betten zurück und schnappten nur so nach Luft. Mit allem, was ihm so im Kopf herumging, war es nicht sehr wahrscheinlich, dass Mr Soulis viel schlafen würde. Er lag also wach und warf sich in den Kissen herum, und das gute, kühle Bett brannte ihn bis auf die Knochen, und mal hörte er die Glocken schlagen und mal einen Köter draußen auf der Heide heulen, wie wenn jemand im Sterben liegt; mal glaubte er, Geister schrien hinter ihm drein, und mal sah er Gespenster im Zimmer. Da meinte er, dass er wohl krank sein müsste; und krank war er auch – aber was für eine Krankheit er hatte, das ahnte er nicht. Zum Schluss wurde es ihm aber klarer im Kopf; er setzte sich also in seinem Hemd im Bett aufrecht und fing wieder an, an den schwarzen Mann und an Janet zu denken. Wie es kam, wusste er nicht – vielleicht war die Kälte an seinen Füßen dran schuld – aber mit einem Mal wusste er ganz genau, dass die beiden irgendwas miteinander hatten und dass entweder einer von beiden oder alle beide Gespenster waren. Und gerade in dem Augenblick kam von Janets Kammer her, die neben der seinen lag, ein Stampfen wie von Männern bei einer Rauferei, gefolgt von einem lauten Knall, und dann heulte ein Wind rings um die vier Wände des Hauses, und dann war wieder alles still wie das Grab.

Mr Soulis, der fürchtete sich aber weder vor Mensch noch Teufel. Er nahm also sein Feuerzeug, steckte eine Kerze an und war mit drei Schritten neben Janets Kammertür. Die war nicht verschlossen, und er stieß sie auf und guckte ganz unverzagt ins Zimmer hinein. Es war ein großer Raum, so groß wie der des Herrn Pastors selbst, und ganz voll schweren, alten, festen Hausrats, denn andere Sachen besaß der Pastor gar nicht. Da standen ein großes, vierpfostiges Bett mit alten Vorhängen und ein schöner Schrank ganz aus Eiche, der voll von des Herrn Pastors geistlichen Büchern steckte und dort aufgestellt war, um außer Wegs zu sein; und ein paar Kleidungsstücke Janets lagen am Boden herum. Aber von Janet selbst war nichts zu sehen und von einem Streit auch nichts. So spazierte Mr Soulis denn schnurstracks hinein (und ich kenn wenige, die es ihm nachgemacht hätten) und blickte sich ringsum und lauschte. Aber da war nichts zu hören, weder drinnen im Pfarrhaus selbst noch in der Gemeinde Balweary, und nichts zu sehen außer den vielen Schatten, die um die Kerze tanzten. Und dann fing ganz plötzlich des Herrn Pastors Herz an, wie wild zu klopfen, und stand dann wieder stockstill, und ein kalter Wind blies ihm durch die Haare. Und ach, welch eine schlimme Sache musste der arme Mann da sehen! Dort hing Janet an dem alten Eichenschrank an einem Nagel: Ihr Kopf lag ganz auf ihrer Schulter, die Augen waren ganz starr, und die Zunge hing ihr zum Hals heraus, und ihre Absätze baumelten glatt zwei Fuß über dem Estrich.

»Gott verzeih uns allen!«, dachte Mr Soulis. »Die arme Janet ist tot.«

Er trat also 'nen Schritt näher auf die Leiche zu; und dann donnerte sein Herz nur so gegen seine Rippen. Denn durch welchen verdammten Spuk, ziemt es sich wohl kaum für einen Menschen zu sagen, aber da hing sie an einem einzigen Nagel, an einem einzigen Wollfaden von der Art, mit der sie sonst des Pastors Strümpfe stopfte.

Es ist eine furchtbare Sache, des Nachts ganz allein zu sein mit solchen Schrecken der Finsternis; aber Mr Soulis war stark im Herrn. Er drehte sich also um und ging seines Weges aus dem Zimmer hinaus und schloss die Tür hinter sich zu; und Schritt für Schritt ging's, schwer wie Blei, die Treppe hinunter; und dann stellte er den Leuchter auf den Tisch am Fuß der Treppe. Er konnte nicht beten und er konnte nicht denken, er troff nur so von kaltem Schweiß, und nichts konnte er hören, außer dem Poch-poch-poch seines eigenen Herzens. Da mag er nun wohl eine Stunde oder vielleicht auch zwei gestanden haben, wie lange, das merkte er wohl kaum, als er ganz plötzlich einen leichten, unheimlichen Schritt über sich hörte. Füße gingen in dem Zimmer auf und ab, in dem die Leiche hing, dann wurde die Tür geöffnet, obwohl er genau wusste, dass er sie verschlossen hatte, und es war ihm, als spähe die Leiche über das Treppengeländer auf ihn, wie er so dastand, hinab.

Da packte er wieder den Leuchter (denn ohne Licht konnte er nicht sein) und ging so leise, wie er gekommen war, schnurstracks aus dem Pfarrhaus hinaus an das andere Ende des Gangs. Es war immer noch stockfinster; die Flamme der Kerze brannte, als er den Leuchter auf den Boden setzte, so klar und ruhig wie in einem Zimmer; nichts rührte sich außer den Wassern des Dule, die das Tal hinunter weinten und seufzten, und jenem unheimlichen Schritt, der drinnen im Pfarrhaus die Treppe hinabtapste. Er kannte den Tritt wohl, es war Janets; und mit jedem Schritt, den er näher kam, fraß er sich tiefer in seine Eingeweide. Und er empfahl seine Seele dem, der sie erschaffen und in seine Hut genommen hatte: »Und o Herr«, sagte er, »gib mir Kraft heute Nacht, Krieg zu führen gegen die Mächte des Bösen.«

Derweil war der Schritt durch den Gang auf die Tür zugekommen; er hörte, wie eine Hand die Mauer entlangglitt, als ob das grässliche Wesen sich seinen Weg ertastete. Die Äste rauschten und schlugen gegeneinander, ein langer Seufzer kam über den Berg herüber, die Flamme der Kerze wurde ausgeblasen und da stand der Leib der krummen Janet mitsamt ihrem Frieskleid und ihrer schwarzen Haube, mit dem Kopf auf der einen Schulter und dem Grinsen auf ihrem Gesicht – lebendig, hätte man meinen mögen – tot, wie Mr Soulis wohl wusste – auf der Schwelle des Pfarrhauses.

Es ist ’ne seltsame Sache, dass die Seele des Menschen in einem so gebrechlichen Leib wohnt, aber der Pastor gewahrte jenes Ding, und sein Herz brach nicht.

Sie blieb nicht lange da; sie bewegte sich bald wieder und kam langsam auf die Stelle zu, wo Mr Soulis unter den Bäumen stand. Die ganze Glut seines Leibes, alle Kraft seines Geistes leuchtete ihm aus den Augen. Es war, als ob sie reden wollte, doch fehlte es ihr an Worten, und sie machte mit der linken Hand ein Zeichen. Da kam ein Windstoß wie das Fauchen einer Katze; die Kerze erlosch, die Äste kreischten wie Menschen und Mr Soulis wusste, dass die Sache nun, lebend oder tot, ein Ende nehmen müsste.

»Hexe, Vettel, Teufelin!«, schrie er. »Ich beschwöre dich bei der Macht Gottes, hebe dich hinweg – wenn du tot bist, ins Grab – bist du verdammt, dann in die Hölle!«

Und in dem gleichen Augenblick traf des Herrn Hand vom Himmel her das Grauen auf der Stelle, wo es stand; der alte, tote, verfluchte Leib des Hexenweibs, der so lange kein Grab gefunden und von Teufeln gejagt worden war, flammte auf wie ein Funke und sank, ein Aschenhaufen, auf den Boden nieder; der Donner folgte, Schlag auf dröhnenden Schlag, ihm nach stürzte der klatschende Regen, und Mr Soulis setzte über die Gartenhecke hinweg und rannte, Schrei über Schrei ausstoßend, auf das Dorf zu.

Am nämlichen Morgen sah John Christie den schwarzen Mann, Glock sechs, an Muckle Cairn vorbeigehen; noch vor acht passierte er das Posthaus in Knockdow, und kurze Zeit darauf sah ihn Sandy M'Lellan, wie er von Kilmackerlie die Hügel entlangschlich. Es ist wohl kaum ein Zweifel, dass er es war, der so lange in Janets Körper gehaust hatte; aber nun war er endlich vertrieben, und seither hat uns der Teufel in Balweary nie wieder geplagt.

Aber für den Herrn Pastor war's eine harte Prüfung; lange, lange lag er zu Bett und redete irr; und von jener Stunde an wurde er der Mann, als den Ihr ihn heute kennt.

Die Schatzinsel

I Der alte Freibeuter

Erstes Kapitel

Der alte Seehund im »Admiral Benbow«

Gutsherr Trelawney, Dr. Livesey und die übrigen Herren haben mich gebeten, unsere Fahrt nach der Schatzinsel vom Anfang bis zum Ende zu beschreiben und dabei nichts zu verschweigen als die genaue Lage der Insel, und zwar auch dies nur deshalb, weil noch jetzt ungehobene Schätze dort vorhanden seien. So ergreife ich die Feder in diesem Jahre des Heils 17.. und versetze mich zurück in die Zeit, als mein Vater den Gasthof zum »Admiral Benbow« bewirtschaftete und als ein braun gebrannter alter Seemann mit der Säbelnarbe im Gesicht unter unserem Dache Wohnung nahm.

Ich erinnere mich dieses Mannes, wie wenn es gestern gewesen wäre: Wie er in die Tür unseres Hauses trat, während seine Schifferkiste ihm auf einem Schiebkarren nachgefahren wurde – ein großer, starker, schwerer, nussbrauner Mann. Sein teeriger Zopf hing ihm im Nacken über seinen fleckigen blauen Rock herunter, seine Hände waren schwielig und rissig mit abgebrochenen, schwarzen Fingernägeln, und der Säbelschmiss, der sich über die eine Wange hinzog, war von schmutzig-weißer Farbe. Er sah sich in der Schankstube um und pfiff dabei vor sich hin, und dann stimmte er das alte Schifferlied an, das er später so oft sang:

Johoho, und 'ne Buddel, Buddel Rum!
Johoho, und 'ne Buddel, Buddel Rum!

in der zittrigen, hohen Stimme, die so klang, wie wenn eine Ankerwinde gedreht würde. Dann schlug er mit einem Knüppel, so dick wie eine Handspeiche, gegen die Tür, und als mein Vater erschien, verlangte er barsch ein Glas Rum. Als ihm der Rum gebracht worden war, trank er ihn langsam aus, wie ein Kenner mit der Zunge den Geschmack nachprüfend, und dabei sah er sich durch das Fenster die Strandklippen und unser Wirtsschild an. Schließlich sagte er:

»Das ist 'ne nette Bucht und 'ne günstig gelegene Grogkneipe. Viel Gesellschaft, Maat?«

Mein Vater sagte ihm, Gesellschaft käme leider nur sehr wenig.

»So? Na, dann ist das die richtige Stelle für mich. Heda, Ihr, Mann!«, rief er dem Mann zu, der den Handkarren schob: »Ladet mal meine Kiste ab und bringt sie nach oben! Hier will ich ein bisschen bleiben! Ich bin ein einfacher Mann – Rum und Speck und Eier, weiter brauche ich nichts und außerdem die Klippe da draußen, um die Schiffe zu beobachten. Wie Sie mich nennen könnten? Kaptein können Sie mich nennen. Ach so – ich sehe schon, worauf Sie hinauswollen – da!«, und er warf drei oder vier Goldstücke auf den Tisch. »Wenn ich das verzehrt habe, können Sie mir Bescheid sagen!«, rief er, und dabei sah er so stolz aus wie ein Admiral.

Und in der Tat – so schlecht seine Kleider waren und so ungepflegt seine Sprechweise, er sah durchaus nicht wie ein Mann aus, der vor dem Mast fuhr, sondern war offenbar ein Steuermann oder ein Schiffer, der gewohnt war, dass man ihm gehorchte. Sonst gab's Prügel. Der Mann, der den Schiebkarren gefahren hatte, sagte uns, die Postkutsche hätte den Gast am Tag vorher am Royal George abgesetzt; er hätte sich erkundigt, was für Gasthöfe an der Küste wären, und als er gehört hätte, dass man unser Haus lobte – und besonders, so vermute ich wenigstens, als man es ihm als einsam gelegen beschrieb – hätte er beschlossen, bei uns Aufenthalt zu nehmen. Und das war alles, was wir über unseren Gast erfahren konnten.

Er war ein schweigsamer Mann. Den ganzen Tag lungerte er an der Bucht oder auf den Klippen herum und sah durch sein Messingfernrohr über See und Strand; den ganzen Abend aber saß er in einer Ecke der Schankstube ganz dicht am Feuer und trank Rum und Wasser, und zwar eine sehr steife Mischung. Wenn jemand ihn anredete, antwortete er gewöhnlich nicht, sondern sah nur plötzlich mit einem wütenden Blick auf und blies durch seine Nase wie durch ein Nebelhorn. Wir und unsere Besucher merkten bald, dass man ihn dann in Ruhe lassen musste. Jeden Tag, wenn er von seinen Gängen zurückkam, fragte er, ob Seeleute auf der Landstraße vorübergekommen wären. Anfangs dachten wir, er frage, weil er sich nach Gesellschaft von Kameraden sehnte; schließlich aber merkten wir, dass er im Gegenteil diese zu vermeiden wünschte. Wenn ein Seemann im »Admiral Benbow« einkehrte – wie es ab und zu geschah, wenn Leute auf der Küstenstraße nach Bristol gingen – so sah er sich ihn durch das verhängte Fensterchen der Tür an, bevor er die Schenkstube betrat. Wenn solch ein Seemann anwesend war, verhielt er sich immer mäuschenstill. Vor mir suchte er auch kein Geheimnis aus der Sache zu machen, sondern er ließ mich im Gegenteil an seiner Unruhe teilhaben. Er hatte mich nämlich eines Tages beiseitegenommen und mir versprochen: Er wolle mir am Ersten jeden Monats ein silbernes Vier-Penny-Stück geben, wenn ich bloß »mein Wetterauge offenhalten wollte nach einem Seemann mit nur einem Bein« und wenn ich ihm, sobald der auftauchte, augenblicklich Bescheid geben wollte. Wenn nun der Monatserste da war und ich meinen Lohn von ihm verlangte, dann kam es oft vor, dass er durch die Nase blies und mich mit einem wütenden Blick ansah; aber bevor die Woche zu Ende war, hatte er es sich jedes Mal besser überlegt: Er brachte mir das Vier-Penny-Stück und wiederholte seinen Befehl, »nach dem Seemann mit dem einen Bein Ausguck zu halten«.

Wie dieser Seemann mich in meinen Träumen verfolgte, brauche ich kaum zu sagen. In stürmischen Nächten, wenn der Wind die vier Ecken unseres Hauses schüttelte und die Brandung in der Bucht gegen die Klippen donnerte, sah ich ihn in tausend Gestalten und mit tausend teuflischen Gesichtern. Bald war das Bein am Knie abgenommen, bald dicht an der Hüfte; dann wieder war er ein unheimliches Geschöpf, das immer nur ein einziges Bein gehabt hatte, und zwar mitten unter dem Rumpf. Ihn zu sehen, wie er sprang und lief und mich über Gräben und Hecken verfolgte, das war für mich der fürchterlichste Nachtmahr. So musste ich eigentlich mein monatliches Vier-Penny-Stück recht teuer bezahlen, denn ich wurde dafür von grässlichen Traumgesichten verfolgt.

Wenn ich vor dem einbeinigen Seemann eine schreckliche Angst hatte, so hatte ich dafür vor dem Kaptein selber weniger Furcht als andere, die ihn kannten. An manchen Abenden nahm er mehr Rum und Wasser zu sich, als sein Kopf vertragen konnte; dann saß er zuweilen da, ohne sich um irgendeinen Menschen zu kümmern, und sang seine alten wilden Schifferlieder; zuweilen aber bestellte er Runden und zwang die ganze zitternde Gesellschaft, seine Geschichten anzuhören oder als Chor in seine Lieder einzustimmen. Oft zitterte das Haus von dem »Johoho, und 'ne Buddel, Buddel Rum«; alle Nachbarn stimmten aus voller Kehle ein, mit einer Todesangst im Leibe, und einer sang noch lauter als der andere, damit nur der Kaptein keine Bemerkungen machte. Denn wenn er Anfälle hatte, war er der ungemütlichste Gesellschafter von der Welt; dann schlug er mit der Faust auf den Tisch und gebot Ruhe; wenn irgendeine Zwischenfrage gestellt wurde, regte er sich fürchterlich auf – manchmal aber noch mehr, wenn keine Frage gestellt wurde, weil er dann glaubte, die Gesellschaft höre nicht auf seine Geschichte. An solchen Abenden durfte keiner die Schankstube verlassen, bis er selber vom Trinken schläfrig geworden war und ins Bett taumelte.

Am meisten Angst machte er den Leuten mit seinen Geschichten. Und fürchterliche Geschichten waren es allerdings: vom Henken, über die Planke gehen lassen, von Stürmen auf hoher See, von den Schildkröteninseln, von wilden Gefechten und Taten und von Häfen in den westindischen Gewässern. Nach seinen eigenen Berichten musste er unter den größten Verbrechern gelebt haben, die Gott jemals zur See gehen ließ. Die Worte, in denen er diese Geschichten erzählte, entsetzten unsere guten Landleute beinahe ebenso sehr wie die Verbrechen, von denen sie handelten. Mein Vater sagte fortwährend: Unser Gasthof werde zugrunde gerichtet werden, denn die Leute würden bald nicht mehr kommen, um sich anschnauzen und niederducken zu lassen und dann mit zitternden Gebeinen zu Bett zu gehen. Aber ich glaube, dass in Wirklichkeit seine Anwesenheit uns Vorteil brachte. Die Leute graulten sich zwar; aber in der Erinnerung hatten sie die Geschichten eigentlich gern. Es war eine angenehme Aufregung in ihrem stillen Landleben. Unter den jüngeren Leuten gab es sogar eine Partei, die voll Bewunderung von ihm sprach. Sie nannten ihn »einen echten Seehund« und »eine richtige alte Teerjacke« und so ähnlich und sagten, so seien die Leute, die England zur See so gefürchtet machten. In einer Beziehung richtete uns allerdings der Kaptein zugrunde: Er blieb eine Woche nach der anderen, sodass die Goldstücke, die er auf den Tisch geworfen hatte, längst verzehrt waren. Aber mein Vater konnte sich niemals ein Herz fassen und mehr Geld von ihm verlangen. Sobald er eine leichte Anspielung machte, blies der Kaptein so laut durch die Nase, dass es beinahe ein Brüllen war, und sah meinen Vater so wütend an, dass dieser die Schankstube verließ. Ich habe ihn nach solcher Abweisung die Hände ringen sehen, ich bin überzeugt, dass der Verdruss über diesen Gast und die Angst, in der er lebte, seinen allzu frühen Tod sehr beschleunigt haben.

Während der ganzen Zeit, in der der Kaptein bei uns wohnte, trug er immer denselben Anzug; niemals änderte er etwas daran, nur einmal kaufte er Strümpfe von einem Hausierer. Als eine von den Krempen seines Hutes sich losgelöst hatte und herunterhing, ließ er ihn, so wie er war, obwohl diese Krempe ihn bei starkem Wind sehr belästigte. Ich sehe vor meinen Augen noch seinen Rock, auf den er selber oben in seinem Zimmer einen Flicken setzte, sooft er das für nötig hielt. Schließlich bestand der ganze Rock nur noch aus Flicken. Niemals schrieb er einen Brief, niemals empfing er einen. Er sprach mit keinem Menschen ein Wort außer mit den Nachbarn, die zu uns in die Wirtschaft kamen, auch mit diesen gewöhnlich nur, wenn er zu viel Rum getrunken hatte. Seine große Schifferkiste hatte keiner von uns jemals offen gesehen.

Nur ein einziges Mal wagte ein Mensch, ihm über den Mund zu fahren, und das geschah erst in der letzten Zeit, als mein armer Vater schon sehr krank und dem Tode nahe war. Doktor Livesey kam eines Nachmittags zu später Stunde, um nach dem Kranken zu sehen. Meine Mutter setzte ihm ein bisschen Essen vor, und dann ging er in die Schankstube, um eine Pfeife zu rauchen, bis sein Pferd vom Dorf zurückgebracht werde, denn wir hatten im alten »Admiral Benbow« keine Stallung. Ich ging mit dem Doktor in die Schankstube, und ich erinnere mich noch, dass mir der Unterschied zwischen dem sauberen, munteren Doktor mit seiner schneeweiß gepuderten Perücke, seinen klaren, schwarzen Augen, seinem liebenswürdigen Benehmen und den plumpen Landleuten auffiel, besonders aber der Gegensatz zu dem schmutzigen, zerlumpten alten Piraten, der stark angetrunken hinter seinem Tische saß und die Ellenbogen aufgestützt hatte. Plötzlich begann der Kaptein sein ewiges Lied zu brüllen:

Fünfzehn Mann bei des Toten Kist' –
Johoho, und 'ne Buddel, Buddel Rum!
Suff und der Teufel holen den Rest –
Johoho, und 'he Buddel, Buddel Rum!

Anfangs hatte ich vermutet, »des Toten Kist'« sei die große Schifferkiste oben im Vorderzimmer: Ich hatte sie in meinen Träumen mit dem einbeinigen Schiffer in Verbindung gebracht. Inzwischen aber hatten wir alle schon längst aufgehört, auf sein Singen zu achten. An diesem Abend war das Lied nur dem Dr. Livesey neu, und ich bemerkte, dass es auf ihn keinen angenehmen Eindruck machte; denn er sah einen Augenblick ganz ärgerlich aus, bevor er in seinem Gespräch mit dem alten Gärtner Taylor fortfuhr, mit dem er sich über ein neues Mittel gegen das Gliederreißen unterhielt. Der Kaptein wurde bei seinem eigenen Lied lustig und schlug schließlich mit der Faust vor sich auf den Tisch. Wir alle wussten, dass er damit den Anwesenden Schweigen befehlen wollte. Alle hörten sofort auf zu sprechen – mit Ausnahme des Dr. Livesey; der sprach ruhig weiter, indem er zwischen jedem zweiten oder dritten Wort einen kurzen Zug aus seiner Pfeife tat. Eine Weile starrte der Kaptein ihn an, schlug wieder mit der flachen Hand auf den Tisch, starrte ihn noch grimmiger an und schrie endlich mit einem gemeinen Fluch:

»Ruhe da unter Deck!«

»Sagten Sie etwas zu mir, Herr?«, fragte der Doktor.

Als der Kerl mit einem neuen Fluch ihm sagte, das wäre allerdings der Fall, antwortete der Arzt:

»Ich habe Ihnen nur eins zu sagen, Herr: Wenn Sie mit dem Rumtrinken so weitermachen, wird die Welt bald von einem dreckigen Schuft befreit sein!«

Die Wut des alten Seebären war schrecklich anzusehen. Er sprang auf, zog ein Matrosen-Klappmesser, öffnete es, schwang es und drohte dem Doktor, er werde ihn an die Wand spießen.

Der aber rührte sich nicht einmal. Er sprach wie bisher über die Schulter zum Kaptein und sagte mit der gleichen ruhigen Stimme, ziemlich laut, sodass alle im Zimmer ihn hören konnten, aber ganz gelassen:

»Wenn Ihr nicht augenblicklich das Messer in die Tasche steckt, so gebe ich Euch mein Wort darauf: Nach der nächsten Gerichtssitzung hängt Ihr am Galgen!«

Dann kreuzten ihre Blicke sich. Der Kaptein gab bald klein bei, steckte seine Waffe ein und setzte sich wieder hin, wobei er wie ein geprügelter Hund knurrte.

»Und nun noch eins, Mann!«, fuhr der Doktor fort: »Da ich jetzt weiß, dass solch ein Bursche in meinem Bezirk ist, könnt Ihr Euch darauf verlassen, dass ich Tag und Nacht ein Auge auf Euch haben werde. Ich bin nicht nur Arzt, ich bin auch Beamter. Wenn ich auch nur die kleinste Beschwerde über Euch höre – wär's auch bloß wegen einer Unhöflichkeit wie heute Abend –, so werde ich dafür sorgen, dass man Euch am Kragen nimmt und abschiebt. Und damit genug!«

Bald darauf wurde Dr. Liveseys Pferd gebracht, und er ritt ab. Der Kaptein aber war an diesem Abend still und tat noch viele Abende hinterher den Mund nicht auf.

Zweites Kapitel

Der Schwarze Hund erscheint und verschwindet wieder

Nicht lange Zeit nach diesem Auftritt trat das Erste von den geheimnisvollen Ereignissen ein, die uns schließlich den Kaptein vom Halse schafften, wenn auch nicht seine Angelegenheiten, wie der Leser sehen wird.

Es war ein bitterkalter Winter mit lang andauernden, harten Frösten und schweren Stürmen. Es war von Anfang an klar, dass mein armer Vater wenig Aussicht hatte, den Frühling noch zu erleben. Er wurde mit jedem Tag schwächer. Meine Mutter und ich hatten den ganzen Betrieb der Wirtschaft zu besorgen. So hatten wir immer viel zu tun und konnten uns um unseren unangenehmen Gast wenig kümmern.

Es war an einem Januarmorgen, zu sehr früher Stunde. Das Wetter war beißend kalt; die ganze Bucht war grau vom Raureif; die Sonne stand noch niedrig, berührte nur eben die Hügelspitzen und schien weit über das Meer. Der Kaptein war früher als gewöhnlich aufgestanden und nach dem Strand hinuntergegangen. Sein Stutzsäbel schwang unter den breiten Schößen seines blauen Rockes hin und her, sein Messingfernrohr hatte er unter die Achsel geklemmt, den Hut in den Nacken zurückgeschoben. Sein Atem hing wie ein Rauchstreifen hinter ihm, wie er so mit langen Schritten dahinschritt. Der letzte Ton, den ich von ihm hörte, als er um den großen Felsen bog, war ein lautes, entrüstetes Schnauben, wie wenn er noch immer an den Dr. Livesey dächte. Mutter war oben bei Vater, und ich war dabei, den Frühstückstisch zu decken, damit er bei der Rückkehr alles fertig fände. Da ging die Tür zur Schankstube auf, und herein trat ein Mann, den ich nie in meinem Leben gesehen hatte. Es war ein Kerl mit blassem, bleichem Gesicht. An der linken Hand fehlten ihm zwei Finger, und obgleich er einen Stutzsäbel trug, sah er nicht gerade nach einem großen Fechter aus. Ich war immer auf Ausguck nach Seeleuten, einerlei ob mit einem Bein oder mit zweien, und ich erinnere mich noch heute, dass der Mann mir sofort verdächtig vorkam. Er sah nicht schiffermäßig aus, und trotzdem hatte er etwas von der See an sich.

Ich fragte ihn, was er wünsche, und er sagte, er wolle ein Glas Rum. Als ich aber hinausgehen wollte, um das Getränk zu holen, setzte er sich an einen Tisch und winkte mir, ich solle näher kommen. Ich blieb aber mit meinem Wischtuch in der Hand dort stehen, wo ich war. Da sagte er:

»Komm doch her, Junge! Komm doch mal näher!«

Ich trat einen Schritt näher an ihn heran.

»Ist der Tisch hier für meinen Maat Bill gedeckt?«, fragte er und sah mich dabei lauernd an.

Ich sagte ihm, seinen Maat Bill kenne ich nicht, und der Tisch sei für jemand gedeckt, der in unserem Hause wohne und den wir den Kaptein nennen.

»Na«, sagte er, »mein Maat Bill wird sich wohl Kaptein nennen lassen; das sollte mich gar nicht wundern. Er hat einen Schmiss auf der einen Backe, und ein wirklich netter Kerl ist mein Maat Bill, besonders beim Trinken. Wir wollen mal annehmen, euer Kaptein hat einen Schmiss auf der Backe – und, was meinst du? – wir wollen mal annehmen, er hat ihn auf der rechten Backe. Aha, siehst du, ich sagte es dir ja. Na, ist also mein Maat Bill hier im Hause?«

Ich sagte ihm, er sei ausgegangen.

»Wohin denn, Junge? Welchen Weg ist er gegangen?«

Ich zeigte ihm den Felsen und sagte ihm, dass der Kaptein jedenfalls bald nach Hause kommen werde, und beantwortete ihm noch ein paar andere Fragen. Schließlich sagte er:

»Na, da wird mein Maat Bill sich freuen wie über ein Glas Rum.« Der Gesichtsausdruck, mit dem er diese Worte sprach, war durchaus nicht angenehm, und ich hatte meine besonderen Gründe anzunehmen, dass der Fremde sich irre, selbst wenn seine Worte aufrichtig gemeint wären. Aber ich dachte, das ginge ja mich nichts an; außerdem war es schwierig zu entscheiden, was da zu tun sei.

Der Fremde hielt sich fortwährend dicht bei der Haustür auf und guckte alle Augenblicke um die Ecke wie eine Katze, die auf eine

Maus lauert. Einmal ging ich selber auf die Straße hinaus, aber er rief mich sofort zurück, und als ich nicht schnell genug folgte, verzerrte sich sein blasses Gesicht auf eine ganz fürchterliche Weise. Mit einem Fluch, der mir Angst machte, befahl er mir, sofort ins Haus zu gehen. Als ich aber wieder drinnen war, benahm er sich wie vorher: Halb spöttisch, halb schmeichlerisch klopfte er mir auf die Schulter und sagte mir, ich sei ein guter Junge und er könne mich riesig gern leiden.

»Ich habe selber einen Jungen«, sagte er, »der sieht dir so ähnlich wie ein Ei dem andern und ist so recht mein Stolz. Aber die Hauptsache für Jungens ist gehorchen – Gehorsam, Jungchen! Na, wenn du mit Bill zusammen auf See gewesen wärst, dann hättest du nicht hier gestanden und dir was zweimal sagen lassen – glaub mir das! Das gab's bei Bill nicht, und das gibt's auch bei denen nicht, die mit ihm gefahren sind. Und sieh mal an, da kommt ja mein Maat Bill, mit einem Fernrohr unterm Arm, der gute alte Kerl! Da wollen wir beide mal man in die Schankstube gehen, Jungchen, und uns hinter die Tür stellen, und wollen Bill ein bisschen überraschen – die gute alte Seele!«

Mit diesen Worten ging der Fremde mit mir in die Schankstube zurück und ließ mich hinter ihm in die Ecke treten, sodass wir beide hinter der geöffneten Türe verborgen waren. Ich fühlte mich sehr unbehaglich und unruhig, wie man sich wohl denken kann, und meine Angst wurde dadurch noch größer, dass der Fremde offenbar selber Furcht hatte. Er machte den Griff seines Stutzsäbels frei und lockerte die Klinge in der Scheide; und während der ganzen Zeit, als wir dastanden und warteten, schluckte er fortwährend, als ob er einen Kloß in der Kehle hätte, wie man zu sagen pflegt.

Endlich trat der Kaptein ein, schlug die Tür hinter sich zu, ohne nach rechts oder nach links zu sehen, und ging quer durch das Zimmer an den Tisch, auf dem das Frühstück für ihn bereitstand.

»Bill!«, sagte der Fremde mit einer Stimme, der ich deutlich anmerkte, dass er alle Kraft aufgeboten hatte, sie recht laut und kühn zu machen.

Der Kaptein drehte sich auf dem Absatz herum und sah uns an. Alle braune Farbe war aus seinem Antlitz gewichen, und sogar seine Nase war blau. Er sah aus wie ein Mensch, der ein Gespenst erblickt oder den Teufel oder sogar noch etwas Schlimmeres, wenn es das gibt. Auf mein Wort: Er tat mir leid, wie er mir plötzlich so alt und krank vorkam.

»Nanu, Bill, du kennst mich doch; du kennst doch gewiss einen alten Schiffsmaat, Bill!«, sagte der Fremde.

Der Kaptein riss den Mund auf, wie wenn er nach Luft schnappen müsste, und rief: »Der Schwarze Hund!«

»Wer denn sonst?«, antwortete der andere, der sich offenbar etwas behaglicher zu fühlen begann. »Der Schwarze Hund, immer noch der alte, ist nun hier, um seinen alten Schiffskumpan Bill im ›Admiral Benbow‹ zu besuchen. Oh, Bill, Bill! Wir haben was durchgemacht, wir zwei, seitdem ich die beiden Finger verlor!« Und dabei hielt er die verstümmelte Hand in die Höhe.

»Na, dann hör mal zu!«, sagte der Kaptein. »Du hast mich überrascht; hier bin ich. Also denn man los: Was willst du?«

»Das sieht dir ähnlich, Bill!«, antwortete der Schwarze Hund. »Bist immer noch der alte Billy. Ich will mir ein Glas Rum geben lassen von dem lieben Jungen hier, der so nett ist; dann wollen wir uns hinsetzen, wenn's dir recht ist, und ein vernünftiges Wort miteinander schnacken, als richtige alte Schiffskameraden.«

Als ich mit dem Rum wieder hereinkam, saßen sie schon an des Kapteins Frühstückstisch einander gegenüber. Der Schwarze Hund saß in der Nähe der Tür und etwas seitlings auf seinem Stuhl, das eine Auge auf seinen alten Schiffskumpan und das andere auf seine Rückzugslinie gerichtet.

Er befahl mir, hinauszugehen und die Tür weit offen zu lassen.

»Durchs Schlüsselloch gucken gibt's bei mir nicht, Jungchen!«, sagte er.

Ich ließ die beiden allein und zog mich in den Zapfraum zurück.

Obgleich ich mir natürlich alle Mühe gab, etwas zu hören, konnte ich lange Zeit weiter nichts vernehmen als ein leises Gemurmel; schließlich aber begannen die Stimmen lauter zu werden, und ich konnte ab und zu ein paar Worte vom Kaptein verstehen – meistens Flüche.

»Nein, nein, nein, nein! Und damit basta«, schrie er einmal. Und ein anderes Mal: »Wenn's zum Baumeln kommt, sollen alle baumeln – das sage ich!«

Dann aber gab es ganz plötzlich einen furchtbaren Ausbruch von Flüchen und anderen Geräuschen – Stühle und Tisch fielen um. Es folgten ein Klirren von Stahl und dann ein Schmerzensschrei. Und im nächsten Augenblick sah ich den Schwarzen Hund in voller Flucht und den Kaptein scharf hinter ihm her, beide mit gezogenen Stutzsäbeln; dem Schwarzen Hund strömte Blut aus der linken Schulter. Unmittelbar vor der Tür führte der Kaptein noch einen letzten furchtbaren Streich nach dem Fliehenden; sicherlich hätte der Hieb ihm den Garaus gemacht, wenn er nicht von dem großen Gasthofschild des »Admiral Benbow« aufgefangen worden wäre. Man kann die Spur noch bis auf den heutigen Tag an der unteren Leiste des Rahmens sehen.

Mit diesem Hieb war das Gefecht aus. Kaum war der Schwarze Hund auf der Straße, so entwickelte er trotz seiner Wunde eine ungeheure Geschwindigkeit und war in einer halben Minute jenseits der Höhe verschwunden. Der Kaptein aber starrte wie geistesabwesend auf das Schild. Dann fuhr er sich ein paarmal mit der Hand über die Augen, und schließlich ging er in das Haus zurück und sagte zu mir:

»Jim, Rum!«

Und als er diese Worte sprach, taumelte er hin und her und musste sich mit der einen Hand gegen die Wand stützen.

»Sind Sie verwundet?«, schrie ich.

»Rum!«, sagte er noch einmal. »Ich muss fort von hier. Rum! Rum!«

Ich lief schnell, welchen zu holen. Aber ich war von all diesen Vorgängen ganz verstört, zerbrach ein Glas und konnte den Zapfen nicht richtig aufdrehen. Während ich mich noch damit beschäftigte, hörte ich im Schankzimmer einen schweren Fall. Als ich hineinrannte, sah ich den Kaptein auf dem Fußboden liegen. In demselben Augenblick kam meine Mutter, die das Geschrei und der Lärm des Kampfes aufgeschreckt hatten, die Treppe heruntergelaufen, um mir zu helfen. Mit vereinten Kräften hoben wir ihm den Kopf hoch. Er atmete sehr schwer und laut. Seine Augen waren geschlossen, und sein Gesicht war so blaurot, dass es schrecklich anzusehen war.

»Herrje, herrjemine!«, schrie meine Mutter. »Was für eine Schande für unser Haus! Und dein armer Vater liegt krank zu Bett!«

Wir hatten keine Ahnung, auf welche Weise wir dem Kaptein helfen könnten; wir dachten, er wäre in dem Gefecht mit dem Fremden tödlich verwundet worden. Ich brachte Rum und versuchte, ihm davon einzuflößen; aber seine Zähne waren dicht geschlossen, und seine Kinnbacken waren so hart wie Eisen. Wir fühlten uns ganz glücklich und erleichtert, als plötzlich die Tür aufging und Dr. Livesey eintrat, der seinen Besuch bei meinem Vater machen wollte.

»O Herr Doktor!«, riefen wir. »Was sollen wir tun? Wo ist er verwundet?«

»Verwundet? Papperlapapp!«, sagte der Doktor. »Der ist nicht mehr verwundet als ihr oder ich. Der Mann hat einen Schlaganfall gehabt, wie ich es ihm vorhergesagt hatte. Nun, Frau Hawkins, laufen Sie mal schnell nach oben zu Ihrem Mann, aber sagen Sie ihm, wenn irgend möglich, kein Wort von der Geschichte. Ich muss ja leider mein Bestes tun, das verdammte Leben dieses Kerls zu retten, und Jim wird so gut sein, mir eine Schüssel zu holen.«

Als ich mit der Schüssel zurückkam, hatte der Doktor schon dem Kaptein den Ärmel hochgestreift und seinen dicken, muskulösen Arm entblößt, der an mehreren Stellen tätowiert war: »Gut Glück!« – »Schöner Wind!« – »Billy Bones' Liebchen!« Diese Inschriften waren sauber und deutlich auf dem Unterarm angebracht; auf dem Oberarm in der Nähe der Schulter war ein Galgen, an dem ein Mensch hing – sehr originell, wie mir schien.

»Prophetisch!«, sagte der Doktor und tippte auf das Bild. »Und nun, Meister Billy Bones – wenn das Euer Name ist – wollen wir uns mal die Farbe Eures Blutes ansehen. Jim«, sagte er, »hast du Angst vor Blut?«

»Nein, Herr Doktor.«

»Na, dann halte mal die Schüssel!« – Und mit diesen Worten nahm der Doktor seine Lanzette und öffnete eine Ader.

Eine große Menge Blut wurde abgezapft, bevor der Kaptein die Augen aufschlug und mit einem blöden Blick um sich sah. Zuerst erkannte er den Doktor und runzelte die Stirn; dann fiel sein Blick auf mich, und er sah erleichtert aus. Plötzlich aber wechselte er die Farbe, versuchte sich aufzurichten und rief:

»Wo ist der Schwarze Hund?«

»Hier ist kein schwarzer Hund«, sagte der Doktor, »außer dem, der Euch im Nacken sitzt*. Ihr habt einen Schlaganfall gehabt, genau wie ich's Euch vorausgesagt habe. Ich habe Euch aber, sehr gegen meinen Willen, noch einmal mit dem Kopfe voran aus dem Grabe herausgezogen. Nun, Herr Bones –«

»So heiße ich nicht!«, unterbrach der Kaptein den Doktor.

»Ist mir Wurscht!«, antwortete der. »Ein alter Seeräuber, den ich kenne, heißt so; und ich nenne Euch so der Kürze wegen, und was ich Euch zu sagen habe, ist dies: Ein Glas Rum wird Euch nicht umschmeißen, aber wenn Ihr eins trinkt, so werdet Ihr noch eins nehmen und wieder eins. Ich setze meine Perücke zum Pfande: Wenn Ihr das Rumtrinken nicht ganz aufgebt, so sterbt Ihr – versteht Ihr? – sterbt und geht dahin, wo Ihr hingehört, wie der Mann in der Bibel. Na, nun versucht mal aufzustehen. Ich will Euch zu Bett bringen.«

Mit großer Mühe gelang es dem Doktor und mir, den Kaptein die Treppe hinaufzubringen und ihn auf sein Bett zu legen, wo ihm sofort der Kopf auf das Kissen sank, als ob er ohnmächtig sei.

»Also denkt daran!«, sagte der Doktor. »Ich wasche meine Hände in Unschuld – Rum bedeutet für Euch Tod.«

Und damit ging er hinaus, um nach meinem Vater zu sehen. Er fasste mich am Arm und nahm mich mit hinaus, und sobald er die Tür geschlossen hatte, sagte er zu mir:

* Im Englischen sprichwörtlich für Angst.

»Das ist nicht so schlimm. Ich habe ihm genug Blut abgezapft, um ihn für eine Weile ruhig zu halten. Er sollte eine Woche im Bett liegen bleiben – das ist das Beste für ihn und für euch; aber wenn er noch einen Schlaganfall kriegt, so ist's aus mit ihm.«

Drittes Kapitel

Der schwarze Fleck

So gegen die Mittagsstunde stand ich vor des Kapteins Tür mit einigen kühlenden Getränken und Medizinflaschen. Er lag noch so ziemlich in derselben Stellung, in der wir ihn verlassen hatten; nur hatte er sich etwas höher hinaufgeschoben. Er schien schwach, zugleich aber auch aufgeregt zu sein.

»Jim«, sagte er zu mir, »du bist hier im Hause der Einzige, der was taugt, und du weißt, ich bin immer gut zu dir gewesen. Kein Monat ist vergangen, ohne dass ich dir ein silbernes Vier-Penny-Stück gegeben habe. Sieh mal, Maat, mir geht es verdammt schlecht, und ich bin von allen verlassen. Jim, du wirst mir ein einziges Schlückchen Rum bringen, nicht wahr, das tust du doch, mein Junge?«

»Der Doktor«, fing ich an.

Da fluchte er auf den Doktor – mit schwacher Stimme, aber es kam ihm vom Herzen.

»Doktoren sind alle Schwätzer«, sagte er. »Der Doktor da – was versteht der von richtigen Seeleuten? Ich bin an Stellen gewesen, da war's so heiß wie in der Hölle, die Kameraden fielen rund um mich herum wie die Fliegen vom Gelben Hans*«, und das Land schwankte von Erdbeben wie die Meereswogen – was weiß so ein Doktor von solchen Ländern? Ich blieb am Leben, sag' ich dir, und das machte der Rum. Der war für mich Essen und Trinken, und wir waren wie Mann und Frau. Wenn ich nicht meinen Rum haben soll, dann bin ich ein armseliges altes Wrack an einer Leeküste –

* Yellow Jack – das gelbe Fieber.

und mein Blut empört sich über dich, Jim, und über den Schwätzer da, den Doktor!«

Jetzt kam wieder eine Reihe von Flüchen, und dann fing er noch einmal an zu betteln:

»Sieh doch mal, Jim, wie mir die Finger zittern. Ich kann sie nicht stillhalten – kann's einfach nicht. Habe an diesem lieben Tag noch keinen Tropfen gehabt. Der Doktor da ist ein Schafskopf, sag' ich dir. Wenn ich nicht einen Schluck Rum kriege, dann krieg' ich das graue Elend; hab's schon ein paarmal gehabt. Ich sah den alten Flint in der Ecke da hinter dir klar und deutlich; und wenn ich das graue Elend kriege – na, ich habe ein hartes Leben gehabt, und mir wird schlecht bei dem Gedanken. Der Doktor sagte mir ja selber: Ein einziges Glas würde mir nicht schaden. Ich will dir ein Goldstück für einen Schluck geben!«

Er wurde immer aufgeregter. Das machte mich unruhig wegen meines Vaters, mit dem es an diesem Tage sehr schlecht stand und der Ruhe nötig hatte; außerdem hatte ja der Doktor wirklich gesagt, was der Kaptein einwandte. Der Bestechungsversuch ärgerte mich allerdings. Ich antwortete:

»Ich brauche Ihr Geld nicht; bezahlen Sie nur, was Sie meinem Vater schuldig sind. Ich will Ihnen ein Glas holen, aber nicht mehr.«

Als ich ihm das Glas Rum brachte, griff er gierig danach und trank es aus; dann sagte er:

»Ah! Ah! Das tut wohl! Mir ist schon etwas besser. Und nun hör mal, mein Junge, sagte der Doktor, wie lange ich hier in dieser alten Klappe liegen muss?«

»Wenigstens eine Woche.«

»Alle Wetter!«, schrie der Kaptein. »Eine Woche! Das geht nicht: Inzwischen würden sie mir den schwarzen Fleck bringen. Die Schweinehunde sind schon dabei, mir den Wind abzufangen – die Schweinehunde, die nicht sparsam umgehen konnten mit dem, was sie kriegten, und jetzt klauen wollen, was einem andern gehört! Benimmt ein ordentlicher Seemann sich so? Das möchte ich mal hören! Ich bin ein sparsamer Mensch. Ich habe niemals gutes Geld vergeudet, das ich mir verdient hatte; ich habe auch noch nie welches verloren, und ich will auch jetzt wieder dafür sorgen, dass sie sich den Mund wischen können. Vor denen habe ich keine Angst! Ich werde noch ein Segel aufrichten, mein Junge, und sie können mir nachpfeifen!«

Während er diese Rede hielt, war er mit großer Mühe von seinem Bett aufgestanden; er hielt sich mit einem Griff, dass ich beinahe laut aufgeschrien hätte, an meiner Schulter fest. Ich merkte, dass seine Beine so schwer wie Blei sein mussten, denn er konnte sie kaum bewegen. Seine Worte waren zwar sehr mutig, aber die schwache Stimme, mit der er sie aussprach, stand im traurigen Gegensatz dazu. Als es ihm gelungen war, sich auf den Bettrand zu setzen, schwieg er einen Augenblick. Dann flüsterte er:

»Der Doktor hat mich fertig gemacht. Es saust mir in den Ohren. Lege mich auf den Rücken.«

Ich konnte ihm nicht viel helfen; denn ehe ich noch Zugriff, war er schon wieder in seine frühere Lage zurückgesunken. Eine Weile lag er still da; endlich sagte er:

»Jim, du sahst heute den Seemann?«

»Den Schwarzen Hund?«

»Jawohl, den Schwarzen Hund! Das ist ein schlechter Kerl; aber die, die ihn angestiftet haben, sind noch schlimmer als er. Nun, wenn ich nicht auf irgendeine Weise von hier wegkommen kann und wenn sie mir den schwarzen Fleck in die Hand drücken, dann merke dir, was ich dir jetzt sage: Sie sind hinter meiner alten Schifferkiste her. Nun nimm dir ein Pferd – du kannst doch reiten, nicht wahr? Na also – du setzt dich auf ein Pferd und reitest zu – na, in Gottes Namen! – zu dem ewigen Schwätzer, dem Doktor, und sagst ihm, er solle alle Mann auf Deck pfeifen – Behörden und solches Zeug – und soll sich längsseits vom ›Admiral Benbow‹ legen, und er werde des alten Flint ganze Mannschaft fangen, groß und klein, alles, was noch davon übrig ist. Ich war erster Steuermann, ja, das war ich! Dem alten Flint sein erster Steuermann. Ich bin der Einzige, der die Stelle kennt. Er gab sie mir in Savannah, als er im Sterben lag, gerade wie jetzt, wie du siehst. Aber du darfst das nicht melden, bevor sie mir den schwarzen Fleck in die Hand geben, oder bevor du den Schwarzen Hund wiedersiehst, oder einen einbeinigen Seemann, Jim – den vor allen!«

»Was ist der schwarze Fleck, Kaptein?«, sagte ich.

»Das ist eine Aufforderung, Maat. Ich will dir's erklären, wenn sie damit kommen. Aber die Hauptsache ist, dass du dein Wetterauge offenhältst, Jim. Verlass dich drauf, ich will mit dir teilen, Jim, halb und halb, auf meine Ehre!«

Er fantasierte noch eine kleine Weile. Seine Stimme wurde immer schwächer. Dann gab ich ihm seine Medizin; er schluckte sie hinunter wie ein Kind und bemerkte dazu:

»Wenn jemals ein Seemann Medizin nötig hatte, dann bin ich es.«

Schließlich verfiel er in einen schweren, Ohnmacht ähnlichen Schlaf. Ich ließ ihn allein.

Was ich getan hätte, wenn alles gut gegangen wäre, weiß ich nicht. Wahrscheinlich würde ich die ganze Geschichte dem Doktor erzählt haben; denn ich hatte Todesangst, es könnte dem Kaptein leidtun, mir seine vertraulichen Enthüllungen gemacht zu haben. Er würde mich totschlagen. Es kam aber so, dass mein armer Vater an diesem selben Abend ganz plötzlich starb, und da hatte ich keine Gedanken für etwas anderes. Unsere Trauer, die Beileidsbesuche der Nachbarn, die Anordnungen für das Begräbnis und dabei die ganze Arbeit in der Wirtschaft, die nebenbei erledigt werden musste – dies alles gab mir so viel zu tun, dass ich kaum Zeit hatte, an den Kaptein zu denken, geschweige denn Angst vor ihm zu haben.

Am nächsten Morgen kam er die Treppen herunter und nahm seine Mahlzeiten wie gewöhnlich ein; er aß allerdings wenig, und ich glaube, er trank noch mehr Rum als gewöhnlich; denn er ging selber in den Zapfraum, bediente sich da, knurrte dabei und blies durch die Nase. Keiner von uns wagte, ihm in den Weg zu kommen.

Am Abend vor dem Begräbnis war er wie gewöhnlich betrunken. Es war fürchterlich, ihn in unserem Trauerhause sein scheußliches altes Schifferlied brüllen zu hören. Aber so schwach er auch war, wir hatten alle Angst vor ihm. Der Doktor war bei einem Schwerkranken, der viele Meilen entfernt wohnte und zu dem man ihn plötzlich gerufen hatte; deshalb kam er nach meines Vaters Tod nicht ins Haus.

Wie ich bereits sagte, war der Kaptein schwach; ja, er schien sogar immer schwächer zu werden, statt wieder zu Kräften zu kommen. Er schleppte sich die Treppe hinauf und wieder herunter, ging aus der Schankstube in den Zapfraum und wieder zurück; manchmal steckte er seine Nase aus der Tür und atmete Seeluft ein. Dabei hielt er sich an den Wänden fest, um sich zu stützen, keuchte laut, wie wenn er einen steilen Berg bestiege. Niemals redete er mich an. Ich bin der Meinung, er hatte seine Mitteilung so gut wie vergessen; aber er brauste noch leichter auf als gewöhnlich und war trotz seiner körperlichen Schwäche heftiger denn je. Er hatte eine beunruhigende Manier, wenn er betrunken war, seinen kurzen Säbel zu ziehen und die blanke Waffe vor sich auf den Tisch zu legen. Trotz alledem aber kümmerte er sich weniger als sonst um die Leute und war allem Anschein nach mit seinen eigenen Gedanken beschäftigt. Einmal stimmte er zu unserer großen Überraschung eine ganz neue Melodie an, ein altmodisches Liebeslied, das er wahrscheinlich in seinen Jugendjahren gekannt hatte, bevor er zur See gegangen war.

Am Tage nach dem Begräbnis, gegen drei Uhr, an einem bitterkalten, nebligen Nachmittag, stand ich einen Augenblick vor der Tür, voll trauriger Gedanken an meinen Vater. Da sah ich einen Mann langsam auf der Straße näher kommen. Er war offenbar blind, denn er tastete mit einem Stock vor sich her und trug einen breiten grünen Schirm über Augen und Nase. Sein Rücken war gekrümmt, entweder vom Alter oder von Schwäche, und er trug einen großen, alten, zerlumpten Schiffermantel mit einer Kapuze. Nie in meinem Leben hatte ich eine so fürchterlich aussehende Gestalt erblickt. Dicht vor unserem Gasthof blieb er stehen und sagte in einem eigentümlich singenden Ton, wie wenn er in die Luft hineinspräche:

»Will ein freundlicher Mensch so gut sein, einem armen Blinden Bescheid zu sagen, der das kostbare Augenlicht bei der Verteidigung seines Vaterlandes England verloren hat – Gott schütze König

Georg! – und würde ihm sagen, in welcher Gegend des Landes er wohl in diesem Augenblick sein mag?«

»Ihr seid beim ›Admiral Benbow‹ an der Blackhillbucht, guter Mann«, sagte ich.

»Ich höre eine Stimme«, sagte der Blinde, »eine junge Stimme. Wollt Ihr mir Eure Hand geben, mein gütiger junger Freund, und mich hineinführen?«

Ich streckte meine Hand aus. Dieses gräuliche blinde Geschöpf mit der sanften Stimme packte sie und hielt sie wie in einem Schraubstock. Ich bekam einen solchen Schreck, dass ich meine Hand losreißen wollte; aber der Blinde zog mich mit einer einzigen Armbewegung dicht an sich heran und sagte:

»Nun, mein Junge, bringe mich zum Kaptein.«

»Herr!«, rief ich. »Auf mein Wort, das wage ich nicht.«

»Oh«, sagte er spöttisch, »wenn's weiter nichts ist! Führe mich sofort hinein, sonst breche ich dir deinen Arm!«

Und bei diesen Worten gab er mir einen Druck, dass ich laut aufschrie.

»Herr, ich wage es um euretwillen nicht. Der Kaptein ist nicht mehr, wie er früher war. Er sitzt mit gezogenem Säbel an seinem Tisch. Ein anderer Herr –«

»Ach was, marsch!«, unterbrach er mich. Ich hatte niemals eine so grausame, kalte, unangenehme Stimme gehört wie die dieses Blinden. Sie machte mir noch mehr Angst als der Schmerz von seinem Handdruck; darum gehorchte ich ihm sofort und ging mit ihm in die Schankstube, wo unser alter Freibeuter saß, der vom Rum halb benebelt war. Der Blinde hielt sich dicht an mich, ohne seine eiserne Faust von mir abzulassen, und sagte:

»Führe mich dicht an ihn heran, und wenn ich gerade vor ihm stehe, dann sage: ›Hier ist ein Freund von Euch‹. Wenn du das nicht tust, dann tu ich was anderes!«

Und damit gab er mir wieder einen Druck, dass ich dachte, ich würde ohnmächtig. Ich hatte eine so fürchterliche Angst vor dem blinden Bettler, dass ich an meine Angst vor dem Kaptein gar nicht dachte, und als ich die Tür zur Schankstube aufmachte, rief ich mit zitternder Stimme die Worte, die der Blinde mir befohlen hatte.

Der arme Kaptein blickte auf, auf den ersten Blick verschwand der Rumdunst aus seinem Kopf, und er war vollständig nüchtern. In seinem Gesichtsausdruck lag nicht so sehr Furcht als tödliche Krankheit. Er machte eine Bewegung, wie wenn er aufstehen wollte; aber ich glaube, er hatte nicht mehr genug Kraft im Leibe.

»Na, Bill, bleibe nur ruhig sitzen«, sagte der Bettler. »Wenn ich auch nicht sehen kann, so kann ich dafür hören, wenn einer einen Finger rührt. Geschäft ist Geschäft. Strecke deine linke Hand aus! Junge, nimm seine linke Hand am Gelenk und bringe sie an meine rechte heran!«

Wir gehorchten ihm beide auf den Buchstaben. Ich sah, wie er mit der Hand, die den Stock hielt, etwas in des Kapteins Hand legte, die sich sofort schloss.

»Na, das ist also abgemacht!«, sagte der Blinde. Mit diesen Worten ließ er mich plötzlich los und lief mit unglaublicher Sicherheit aus der Schankstube hinaus auf die Straße. Ich stand regungslos da und hörte, wie das Auftappen seines Stockes sich allmählich in der Ferne verlor.

Es dauerte geraume Zeit, bis der Kaptein und ich wieder zur Besinnung kamen; schließlich ließ ich sein Handgelenk los, das ich immer noch gehalten hatte. Er öffnete seine Faust beinahe in demselben Augenblick, warf einen scharfen Blick in die hohle Hand und rief:

»Um zehn, noch sechs Stunden. Dann wollen wir sie noch anführen!«

Er sprang auf. Aber im selben Augenblick taumelte er, fuhr mit der Hand an seine Kehle, schwankte einen Augenblick hin und her und fiel dann, indem er einen sonderbaren Ton ausstieß, seiner ganzen Länge nach auf den Fußboden.

Ich lief sofort zu ihm und rief nach meiner Mutter. Aber unsere Eile hatte keinen Zweck mehr. Der Kaptein hatte einen neuen Schlaganfall bekommen und war tot.

Es ist merkwürdig: Ich hatte gewiss diesen Mann niemals geliebt, wenn er auch in der letzten Zeit mir leidgetan hatte; aber sobald ich sah, dass er tot war, brach ich in eine Flut von Tränen aus. Dies war der zweite Todesfall, den ich erlebte, und der Kummer um den ersten war noch frisch in meinem Herzen.

Viertes Kapitel

Die Schifferkiste

Natürlich erzählte ich meiner Mutter sofort alles, was ich wusste und was ich ihr vielleicht schon längst hätte erzählen sollen. Wir erkannten sogleich, dass wir uns in einer schwierigen und gefährlichen Lage befanden.

Ein Teil von dem Gelde des Kapteins – wenn er überhaupt welches hatte – gehörte ohne Zweifel uns; aber es war nicht unwahrscheinlich, dass die Schiffskumpane unseres Kapteins, von denen ich zwei Musterexemplare gesehen hatte, den Schwarzen Hund und den blinden Bettler, geneigt sein würden, ihre Beute herauszugeben, um damit die Schulden des Toten zu bezahlen. Wenn ich den Befehl des Kapteins befolgt, mich sofort auf ein Pferd gesetzt und Dr. Livesey geholt hätte, so wäre meine Mutter allein und ohne Schutz geblieben; daran war natürlich nicht zu denken. Ebenso unmöglich erschien es uns beiden, noch länger im Hause zu bleiben; wir erschraken, wenn nur eine Kohle in der Küche raschelte, ja sogar vor dem Ticken der Wanduhr. Unsere Ohren glaubten, in der Nachbarschaft Schritte zu hören, die sich unserem Haus näherten. Auf dem Fußboden der Schankstube lag der Leichnam des Kapteins, und um ihn schwebte gewissermaßen die Gestalt des abscheulichen blinden Bettlers, der jeden Augenblick zurückkehren konnte. Fortwährend sträubten sich mir die Haare. Ich bekam eine Gänsehaut, wie man zu sagen pflegt.

Jedenfalls mussten wir schnell zu irgendeinem Entschluss kommen. Am Ende hielten wir es für das Beste, beide das Haus zu verlassen und in dem nahen Dorf Hilfe zu suchen. Gesagt, getan. Barhäuptig liefen wir sofort in die Dämmerung hinaus und in den kalten Nebel hinein.

Das Dörfchen lag nur wenige hundert Schritte von unserem Hause entfernt. Man konnte es vom »Admiral Benbow« aus nicht sehen, denn es lag am anderen Ufer der nächsten Bucht. Besonders ermutigte mich der Gedanke, dass das Dorf in entgegengesetzter Richtung zu der lag, aus welcher der Blinde gekommen und wohin er vermutlich zurückgekehrt war. Wir waren nur wenige Minuten auf der Straße, obgleich wir einige Male stehen blieben, um, eng aneinandergeschmiegt, zu lauschen. Aber es war nichts Ungewöhnliches zu hören – nichts als das leise Plätschern der Wellen und das Krächzen der Krähen im Walde.

Die Lichter waren schon angezündet, als wir das Dorf erreichten. Ich werde niemals vergessen, wie froh es mich machte, den gelben Schein in Türen und Fenstern zu sehen. Leider stellte sich heraus, dass wir dort nicht viel mehr Hilfe bekommen konnten. Man sollte meinen, die Leute hätten sich vor sich selber schämen müssen – aber es ist Tatsache: Keine Seele wollte mit uns nach dem »Admiral Benbow« zurückgehen. Je mehr wir von unseren Sorgen sprachen, desto fester klammerten sie sich an das Obdach ihrer Häuser – Männer sowohl wie Frauen und Kinder. Der Name des Kapitäns Flint, den ich früher niemals gehört hatte, war vielen von den Leuten gut genug bekannt und jagte ihnen große Furcht ein. Einige von den Männern, die gegenüber unserem Haus auf den Feldern gearbeitet hatten, erinnerten sich außerdem, verschiedene Fremde auf der Landstraße gesehen zu haben; sie hatten sie für Schmuggler gehalten und waren deshalb aus Vorsicht nach Hause gegangen; einer von ihnen hatte sogar einen kleinen Küstenschoner in der Bucht Kittshole gesehen. Der bloße Gedanke, dass Kumpane von Kapitän Flint in der Nähe wären, genügte, ihnen Todesangst einzujagen. Kurz und gut: Es waren zwar mehrere gern bereit, zu Dr. Livesey zu reiten, dessen Haus in einer anderen Richtung lag, aber keiner wollte uns helfen, unser Haus zu verteidigen.

Man sagt, Feigheit sei ansteckend; andererseits ist es aber auch wahr, dass Zureden manchmal hilft. Darum redete meine Mutter auf die Leute ein, als jeder seine Meinung gesagt hatte. Sie erklärte, sie wolle kein Geld verlieren, da es ihrem vaterlosen Knaben gehöre.

»Wenn keiner von euch den Mut hat«, sagte sie, »so haben Jim und ich ihn; wir gehen wieder dahin, von wo wir gekommen sind, und mögt ihr großen, waschlappigen, ängstlichen Männer euch schämen! Die Kiste wollen wir öffnen, und wenn es uns das Leben kosten sollte. Und wenn Ihr so gut sein wollt, Frau Crossley, so gebt mir Euren Sack da, damit ich unser Geld hineintun kann, das uns von Rechts wegen gehört.«

Natürlich sagte ich, ich wolle mit meiner Mutter gehen; und natürlich erhoben alle lautes Geschrei über unsere Tollkühnheit; aber schließlich wollte uns trotz alledem kein Mann begleiten. Es war nichts weiter zu erreichen, als dass sie mir eine geladene Pistole gaben, für den Fall, dass wir angegriffen würden, und dass sie uns versprachen, es sollten gesattelte Pferde bereitgehalten werden, für den Fall, dass wir auf unserem Rückweg verfolgt würden; außerdem sollte ein junger Bursche sofort zum Doktor reiten, um bewaffnete Hilfe herbeizuholen.

Mir klopfte das Herz, als wir beide in der kalten Nacht auf dieses gefährliche Abenteuer auszogen. Der Vollmond ging eben auf und schien rötlich durch den oberen Rand des Nebels. Dies veranlasste uns zu besonderer Eile; denn es war klar, dass es taghell sein würde, bevor wir wieder zu Hause wären, sodass man uns sehen musste, wenn Beobachter aufgestellt waren, wie wir es von Seeräubern wohl annehmen konnten. Wir schlichen uns geräuschlos und schnell an den Hecken entlang, doch sahen oder hörten wir nichts, was unsere Ängste vermehrte, bis, zu unserer großen Erleichterung, die Tür des »Admiral Benbow« sich hinter uns geschlossen hatte.

Ich schob sofort den Riegel vor, und wir standen keuchend einen Augenblick im Dunkeln – ganz allein im Hause mit der Leiche des Kapteins. Dann holte meine Mutter eine Kerze aus dem Zapfraum. Hand in Hand gingen wir in die Schankstube. Der Kaptein lag so, wie wir ihn verlassen hatten: auf dem Rücken, die Augen weit offen, den einen Arm ausgestreckt.

»Zieh den Fenstervorhang zu, Jim!«, flüsterte meine Mutter. »Sie könnten kommen und uns von draußen beobachten.«

Als ich dies getan hatte, fuhr sie fort:

»Und nun müssen wir den Schlüssel von dem da nehmen. Wer soll ihn anrühren?«

Sie stieß einen Seufzer aus, als sie diese Worte sagte.

Ich ließ mich sofort auf die Knie nieder. Auf dem Fußboden, dicht neben der Hand des Kapteins, lag ein kleines rundes Stück Papier, das auf der einen Seite geschwärzt war. Ich konnte nicht dran zweifeln, dass dies der schwarze Fleck sei. Als ich es ansah, stand auf der anderen Seite, in sehr guter, deutlicher Handschrift: »Du hast Zeit bis heute Abend zehn Uhr.«

»Er hatte Zeit bis zehn, Mutter«, sagte ich; und gerade in diesem Augenblick begann unsere alte Uhr zu schlagen. Das plötzliche Geräusch jagte uns einen furchtbaren Schrecken ein. Aber es war erst sechs Uhr.

»Nun, Jim«, sagte meine Mutter, »den Schlüssel!«

Ich suchte in allen seinen Taschen. Ein paar kleine Münzen, ein Fingerhut, etwas Nähfaden, ein paar große Nadeln, ein Stück Kautabak, der an dem einen Ende abgebissen war, sein Schiffermesser mit gekrümmtem Heft, ein Taschenkompass und eine Zunderdose – das war alles, was sie enthielten, und ich begann den Mut zu verlieren.

»Vielleicht trägt er ihn um den Hals«, sagte meine Mutter.

Ich überwand meinen starken Widerwillen, öffnete sein Hemd am Halse – und richtig, an einem geteerten Bindfaden, den ich mit seinem eigenen Messer durchschnitt, fanden wir den Schlüssel.

Dieser glückliche Fund erfüllte uns mit Hoffnung. Wir liefen sofort, ohne eine Sekunde zu verlieren, in die kleine Stube hinauf, in der er so lange geschlafen hatte und wo seit dem Tage seiner Ankunft seine Kiste an der Wand stand.

Sie sah von außen genau wie jede andere Seemannskiste aus; auf dem Deckel war mit einem glühenden Eisen der Buchstabe B eingebrannt; die Ecken waren etwas abgestoßen, was darauf schließen ließ, dass sie lang Dienst getan hatte und viel herumgeworfen worden war.

»Gib mir den Schlüssel!«, sagte meine Mutter.

Das Schloss ging etwas schwer, aber im Nu hatte sie den Schlüssel umgedreht und den Deckel zurückgeschlagen.

Ein starker Geruch nach Tabak und Teer schlug uns entgegen. Oben lag nur ein sehr guter Anzug, der sauber gebürstet und sorgfältig zusammengelegt war. Er war niemals getragen worden, wie meine Mutter mir sagte. Darunter aber lag ein Haufen von Gerümpel: ein Quadrant, ein Zinnkännchen, mehrere Stücke Tabak, zwei Paar sehr schöne Pistolen, ein Silberbarren, eine spanische Taschenuhr und einige andere Schmucksachen von geringem Wert, meist von ausländischer Herkunft, ein paar Kompasse in Messinggehäusen und fünf oder sechs seltene westindische Muscheln.

Ich habe später oft darüber nachgedacht, warum er wohl diese Muscheln in seinem Verbrecherleben überall mit sich herumgeschleppt hatte.

Wir hatten nichts von Wert gefunden, außer dem Silber und den Schmucksachen, und diese konnten uns alle nichts nützen. Unter diesem Gerümpel lag ein alter Schiffermantel, der in mancher Sturmnacht von Seesalz weiß geworden war. Meine Mutter riss ihn ungeduldig heraus, und da lag vor uns ein Bündel, das in Wachstuch eingewickelt war und dem Anschein nach Papiere enthielt, und daneben einen Leinenbeutel, in dem Goldstücke klirrten, als meine Mutter ihn aufhob.

»Ich werde diesen Schurken zeigen, dass ich eine ehrliche Frau bin«, sagte sie. »Ich nehme, was mir zukommt, und nicht einen Heller mehr. Halte Frau Crossleys Beutel!«

Sie begann den Betrag der Rechnung des Kapitäns aus seinem Beutel in den hineinzuzählen, den ich hielt.

Es war ein langwieriges, schwieriges Geschäft; denn es waren Münzen von allen Größen und aus allen möglichen Ländern – Dublonen, Louisdors, Guineen und Piaster, ich weiß nicht was sonst noch, sie lagen bunt durcheinander. Guineen kamen am seltensten vor, und gerade sie brauchte meine Mutter zur Abrechnung.

Als wir mit unserer Arbeit halb fertig waren, legte ich plötzlich meine Hand auf ihren Arm; denn ich hatte in der stillen, kalten Winterluft einen Ton gehört, bei dem das Herz erzitterte – das Tap-tap von dem Stock des Blinden auf der gefrorenen Landstraße.

Es kam näher und immer näher. Wir saßen da und hielten den Atem an. Dann gab es einen scharfen Schlag gegen die Haustür. Dann konnten wir hören, wie die Klinke gedreht wurde und der Riegel klirrte. Offenbar versuchte der Kerl, ins Haus zu kommen. Dann war es lange Zeit totenstill, innen und draußen. Schließlich begann wieder das Tap-tap und entfernte sich zu unserer unbeschreiblichen Freude, klang immer leiser, bis es endlich ganz aufhörte.

»Mutter«, sagte ich, »nimm das Ganze und lass uns gehen!«

Ich war überzeugt, dass die verriegelte Tür Verdacht erregt haben musste und dass uns bald das ganze Hornissennest um die Ohren schwirren würde. Aber wie zufrieden ich war, dass ich die Tür verriegelt hatte, das kann sich niemand vorstellen, der diesen fürchterlichen Blinden nicht gesehen hat.

Meine Mutter wollte, so groß ihre Furcht auch war, keinen Heller mehr nehmen, als was ihr zukam; sie wollte sich aber auch nicht mit weniger zufriedengeben. Sie war eigensinnig.

Sie sagte, es sei ja noch lange nicht sieben. Sie kenne ihr Recht, und ihr Recht wolle sie haben. Sie stritt noch mit mir darüber, da hörten wir einen kurzen leisen Pfiff, in ziemlich weiter Entfernung, vom Berge her. Das war für uns beide mehr als genug.

Sie sprang auf und rief: »Ich will nehmen, was ich habe!«

»Und ich will dies nehmen, um die Rechnung auszugleichen«, sagte ich und griff nach dem Wachstuchpaket.

Im nächsten Augenblick tasteten wir uns beide im Dunkeln die Treppe hinunter. Wir ließen die Kerze neben der leeren Kiste stehen. Und dann hatten wir schon die Tür geöffnet und verließen das Haus.

Wir waren keine Sekunde zu früh gegangen. Der Nebel zerteilte sich schnell. Der Mond schien ganz hell über die Landschaft. Nur unten auf dem Grunde des Hohlweges und bei der Haustür unseres »Admiral Benbow« hing noch ein dünner Schleier, der die ersten Schritte unserer Flucht verhüllte. Noch lange nicht auf halbem Wege nach dem Dorf, ganz dicht am Fuß des Berges, mussten wir in das helle Mondlicht hinaustreten. Der Schall von Schritten schnelllaufender Menschen war bereits zu hören. Als wir uns umsahen, zeigte uns ein Licht, das hin und her schwankte und schnell näher kam, dass einer von den Leuten eine Laterne trug.

»Liebes Kind«, sagte meine Mutter plötzlich, »nimm das Geld und laufe! Mir wird übel.«

Da dachte ich, jetzt sei es sicher mit uns beiden zu Ende. Wie verwünschte ich die Feigheit der Nachbarn! Wie tadelte ich meine arme Mutter wegen ihrer Ehrlichkeit und ihrer Geldgier, wegen ihrer vorigen Waghalsigkeit und jetzigen Schwäche!

Zum Glück waren wir gerade an der kleinen Brücke. Ich führte sie, die an allen Gliedern bebte, bis an das Geländer. Da stieß sie einen Seufzer aus und sank gegen meine Schulter.

Ich weiß nicht, woher ich die Kraft nahm – ich fürchte, ich hatte sie hart angefasst –, dass es mir gelang, sie über den Uferrand zu schleppen und noch ein Stückchen unter den Brückenbogen zu ziehen. Weiter konnte ich sie nicht bringen, denn die Brücke war zu niedrig, sodass sie kriechen musste.

Hier mussten wir nun bleiben – meine Mutter lag kaum versteckt, und wir waren noch in Hörweite vom »Admiral Benbow«.

Fünftes Kapitel

Der Tod des Blinden

Meine Neugierde muss wohl stärker gewesen sein als meine Furcht. Ich konnte nicht bleiben, wo ich war, sondern kroch wieder die Böschung hinauf, wo ich meinen Kopf hinter einem Busch Heidekraut verbarg. Von dort aus konnte ich die Landstraße vor unserem Hause übersehen.

Kaum lag ich in diesem Versteck, da konnte man auch schon meine Feinde sehen. Es waren sieben oder acht Männer; sie liefen schnell, ihre Schritte klangen laut auf der Landstraße. Der Mann mit der Laterne war den anderen um ein Stückchen voraus. Ich konnte trotz des Nebels sehen, dass der Mann in der Mitte der blinde Bettler war.

Im nächsten Augenblick gab seine Stimme mir die Gewissheit, dass meine Vermutung richtig gewesen war. Er schrie: »Schlagt die Tür ein!«

»Jawohl, Herr!«, antworteten zwei oder drei Stimmen, und die ganze Bande stürmte auf den »Admiral Benbow« los; der Laternenträger kam zuletzt. Dann konnte ich sehen, wie sie stillstanden, und hörte sie leise sprechen, wie wenn sie überrascht wären, dass sie die Tür offen fanden. Aber die Pause war nur kurz, denn der Blinde gab sofort neue Befehle. Seine Stimme klang lauter und heller, wie wenn er eifrig und wütend sei.

»Hinein, hinein, hinein!«, brüllte er und fluchte über ihre Langsamkeit.

Vier oder fünf Männer gehorchten ihm sofort; zwei blieben bei dem schrecklichen Bettler auf der Straße. Es folgte eine Pause, dann hörte ich einen Ausruf der Überraschung, und dann brüllte eine Stimme im Hause: »Bill ist tot!«

Der Blinde fluchte wieder und schalt sie wegen ihrer Langsamkeit. – »Sucht an seiner Leiche, ein paar von euch feigen Hunden, und die Übrigen gehen nach oben und holen die Kiste!«, rief er.

Ich hörte, wie sie unsere alte Treppe hinaufpolterten. Das ganze Haus muss davon gezittert haben. Gleich darauf hörte man wieder Geschrei. Das Fenster in des Kapteins Stube wurde aufgestoßen, eine Glasscheibe klirrte. Kopf und Schultern eines Mannes, der sich weit hinauslehnte, wurden im Mondschein sichtbar. Er rief zu dem blinden Bettler herunter, der immer noch auf der Straße stand:

»Pew! Sie sind uns zuvorgekommen! Sie haben die Kiste schon um und um gekehrt!«

»Ist es da?«, brüllte Pew.

»Das Geld ist da.«

»Zum Teufel mit dem Geld!«, fluchte der Blinde. »Ich meine: Ist Flints Schrift da?«

»Wir sehen nichts davon!«, antwortete der Mann oben.

»Heda! Ihr da unten – ist sie an Bills Leib?«, schrie der Blinde wieder.

Hierauf kam ein anderer von den Kerlen, wahrscheinlich jener, der unten geblieben war, um des Kapteins Leiche zu durchsuchen, vor die Haustür und sagte:

»Bill wurde schon durchsucht; sie haben nichts übrig gelassen.«

»Es sind die Leute von der Wirtschaft – es ist der verdammte Bengel. Ich wollte, ich hätte ihm das Lebenslicht ausgeblasen!«, rief der Blinde, Pew. »Sie waren gerade noch hier – sie hatten die Tür verriegelt, als ich hinein wollte. Auseinander, Jungens, sucht sie!«

»Allerdings, sie haben ihre Funzel hiergelassen«, sagte der Mann am Fenster.

»Auseinander und sucht sie! Stöbert das ganze Haus durch!«, wiederholte Pew und schlug mit seinem Stock auf den Boden.

Nun folgte ein großes Hallo in unserm alten Gasthof, schwere Stiefel trampelten auf und ab, Tische und Stühle wurden umgeschmissen, Türen eingetreten, dass die Felsen davon widerhallten. Die Männer, einer nach dem anderen, kamen wieder auf die Straße und erklärten, wir seien nirgends zu finden. Gerade in demselben Augenblick hörte ich wieder das Pfeifen, das meine Mutter und mich aufgeschreckt hatte, als wir des toten Kapteins Geld zählten. Es war wieder ebenso deutlich vernehmbar, aber diesmal war es ein Doppelpfiff. Ich hatte gedacht, es sei das Signal des Blinden, durch das er seine Leute zum Sturmangriff gesammelt hatte; jetzt aber begriff ich, dass es ein Signal von der Bergeshöhe auf der Dorfseite war, und zwar, wie aus der Wirkung auf die Freibeuter hervorging, ein Warnungszeichen, dass Gefahr herannahe.

»Da pfeift Dirk wieder«, sagte einer von den Leuten. »Zweimal! Wir werden ausreißen müssen, Kameraden!«

»Ausreißen, Schafskopf!«, schrie Pew. »Dirk war ein Dummkopf und ein Feigling von Anfang an – um den braucht ihr euch nicht zu kümmern. Sie müssen ganz nahe sein, sie können nicht weit gekommen sein; ihr habt es in der Hand! Sucht sie doch, ihr Hunde! Oh, gottverdammt! Wenn ich Augen hätte!«

Diese Aufforderung schien einige Wirkung zu haben; denn zwei von den Kerls begannen hier und da herumzusuchen. Aber sie waren nicht recht bei der Sache, so kam es mir vor, und dachten die ganze Zeit über an die eigene Gefahr. Alle Übrigen standen unentschlossen auf der Landstraße.

»Greift zu, ihr Dummköpfe. Aber ihr wisst nicht, was ihr tun sollt! Ihr wärt so reich wie Könige, wenn ihr's finden könntet, ihr wisst, dass es hier ist, und ihr steht herum und döst! Unter euch allen war keiner, der es wagte, vor Bill zu treten. Ich, ich tat es – ein blinder Mann! Und nun soll ich euretwegen alle meine Chancen verspielen! Soll ein armer, winselnder Bettler bleiben, der kaum einen Schluck Rum hat, während ich in einer Kutsche fahren könnte! Wenn ihr bloß so viel Schneid hättet wie ein Mehlwurm in einem Zwieback, so würdet ihr sie jetzt noch fangen!«

»Hol's der Henker, Pew, wir haben ja die Dublonen«, knurrte einer. – »Vielleicht haben sie das verdammte Ding versteckt«, sagte ein anderer. »Nimm die Guineen, und steht hier nicht herum, um zu streiten.«

Streiten war das richtige Wort, denn Pews Ärger wuchs infolge dieser Einwendungen so, dass er seinen Zorn nicht mehr beherrschen konnte und trotz seiner Blindheit nach links und rechts auf sie losschlug. Mehr als einmal ließ mich ein dumpfes Stöhnen erkennen, dass er einen getroffen hatte.

Die Leute schimpften wieder auf den blinden Kerl, drohten ihm mit fürchterlichen Flüchen und versuchten vergeblich, den Stock zu packen und ihm denselben zu entwinden.

Diese Balgerei war unsere Rettung. Denn während die Prügelei noch in vollem Gange war, kam von der Höhe des Berges über dem Dorf ein anderes Geräusch – die Hufschläge galoppierender Pferde. Beinahe gleichzeitig fiel ein Pistolenschuss mit Blitz und Knall von der Hecke her. Offenbar war dies das letzte Warnungssignal. Die Freibeuter machten sofort kehrt und liefen nach den verschiedensten Richtungen auseinander: einer am Strande die Bucht entlang, seewärts, ein anderer schnurstracks den Berg hinauf und so weiter, sodass in einer halben Minute von ihnen keine Spur mehr vorhanden war – außer Pew. Den hatten sie im Stich gelassen – ob aus reiner Angst oder um sich wegen seiner Schimpfereien und Schläge zu rächen, das weiß ich nicht. Jedenfalls blieb er allein zurück, tappte wie rasend auf der Landstraße hin und her, tastete mit seinem Stock um sich und rief nach seinen Kameraden. Schließlich geriet er in die falsche Richtung, lief ein paar Schritte an mir vorbei nach dem Dorfe zu und schrie: »Johnny, Schwarzer Hund, Dirk!« – und was er sonst noch für Namen nannte – »Ihr werdet doch den alten Pew nicht im Stich lassen, Kameraden! Denkt doch an den alten Pew!«

Gerade in diesem Augenblick wurden Pferde auf der Höhe sichtbar. Vier oder fünf Reiter sprengten im Mondschein in vollem Galopp den Abhang herunter.

Da begriff Pew seinen Irrtum; er drehte sich kreischend um und lief in den Graben, sodass er hinfiel. Er war in einer Sekunde wieder auf den Füßen und machte von Neuem einen Sprung, war jedoch so verwirrt, dass er geradezu den Pferden entgegenlief.

Der Reiter des vordersten Pferdes suchte ihn zu retten, aber vergeblich. Mit einem Schrei, der laut durch die Nacht klang, stürzte Pew zu Boden, und die vier Hufe trampelten über seinen Leib hinweg. Der Blinde fiel auf die Seite, legte sich dann auf sein Gesicht und rührte sich nicht mehr.

Ich sprang auf und rief die Reiter. Sie hatten schon von selber, voll Entsetzen über den Unfall, ihre Pferde angehalten, und ich erkannte sofort, wer sie waren. Der eine war der junge Bursche, der vom Dorf aus zu Dr. Livesey geritten war; die anderen waren Zollbeamte, die er unterwegs getroffen hatte. Er war so klug, sofort mit ihnen herzureiten. Zollinspektor Dance hatte Nachricht von dem verdächtigen Küstenfahrer in Kittshole erhalten und war deshalb auf dem Wege. Diesem Umstand verdankten meine Mutter und ich, dass wir vor dem Tode bewahrt wurden.

Pew war tot – mausetot. Meine Mutter trugen wir nach dem Dorf. Etwas kaltes Wasser und Riechsalz brachten sie bald wieder zu sich. Der Schreck hatte ihr nichts geschadet; nur klagte sie unaufhörlich darüber, dass sie nicht ihr ganzes Geld bekommen hätte.

Inzwischen ritt der Zollinspektor, so schnell er konnte, nach Kittshole. Seine Leute mussten absteigen und sich im Finstern durch die Talschlucht tasten, dabei ihre Pferde am Zügel führen und manchmal sogar wieder stützen. Dabei mussten sie fortwährend auf der Hut vor einem Hinterhalt sein. Es war also weiter nicht verwunderlich, dass das Schiff schon fortsegelte, als sie an der Bucht ankamen. Es war aber noch nicht weit draußen, und er rief es an. Eine Stimme antwortete ihm, er solle sich lieber nicht im Mondschein zeigen, sonst werde er Blei in den Leib bekommen. Gleichzeitig pfiff eine Kugel dicht an seinem Arm vorbei. Bald darauf segelte das Schiff um die Landspitze herum und verschwand. Inspektor Dance stand da, wie er sagte, »wie ein Fisch auf dem Trocknen«. Er konnte nichts weiter tun, als einen Mann nach B. zu schicken, um den Zollkutter aufmerksam zu machen. »Und das«, sagte er, »ist so gut wie gar nichts. Sie sind uns entwischt, und damit basta. Ich freue mich bloß, dass ich dem Meister Pew auf die Hühneraugen getreten habe!«

Inzwischen hatte er meine Geschichte gehört. Ich ging mit ihm nach dem »Admiral Benbow« zurück. Man kann sich kaum vorstellen, in welchem Zustand der Verwüstung das Haus war; sogar die Wanduhr war von den Kerlen bei ihrem wütenden Suchen nach meiner Mutter und mir umgeworfen worden. Obgleich außer dem Geldbeutel des Kapteins und etwas Silbergeld aus der Tischlade nichts weggenommen war, konnte ich doch sofort sehen, dass unsere Wirtschaft zugrunde gerichtet war. Dance konnte die ganze Geschichte nicht begreifen.

»Sie fanden das Geld doch? Na, was suchten sie dann, Hawkins; wahrscheinlich noch mehr Geld?«

»Nein, Herr Inspektor; ich glaube, nach Geld suchten sie nicht mehr. Ich glaube tatsächlich, ich habe das, was sie suchten, in meiner Brusttasche; und wenn ich Ihnen die Wahrheit sagen soll, ich möchte es gerne in Sicherheit bringen.«

»Gewiss, mein Junge, da hast du ganz recht. Ich will es an mich nehmen, wenn du willst.«

»Ich dachte, vielleicht würde Dr. Livesey –«

»Ganz recht!«, unterbrach er mich lachend. »Vollkommen richtig; Dr. Livesey ist ein Gentleman und ein königlicher Beamter. Und – gut, dass ich daran denke – es ist wohl ebenso gut, wenn ich selber zu ihm reite und ihm oder dem Squire* Bericht erstatte. Meister Pew ist nun doch tot; nicht dass es mir leid täte, aber er ist doch tot, siehst du, und die Leute werden es einem Zollbeamten seiner Majestät anzuhängen suchen, wenn ihnen das irgend möglich ist. Weißt du was, Hawkins? Wenn du Lust hast, nehme ich dich gleich mit.«

Ich dankte ihm herzlich für sein Anerbieten, und wir gingen miteinander dem Dorfe zu, wo die Pferde warteten. Kaum hatte ich meiner Mutter mein Vorhaben mitgeteilt, so saßen schon alle im Sattel.

»Dogger«, sagte Inspektor Dance, »Ihr habt einen guten Gaul; lasst den Jungen bei Euch hinten aufsitzen.«

Sobald ich aufgestiegen war und mich an Doggers Leibriemen festhielt, gab der Inspektor Befehl zum Abmarsch. Der kleine Zug machte sich im scharfen Trab auf den Weg nach Dr. Liveseys Haus.

Sechstes Kapitel

Des Kapteins Papiere

Wir ritten den ganzen Weg scharfen Trab, bis wir vor Dr. Liveseys Tür kamen. Alle Fenster des Hauses waren dunkel.

Dance sagte mir, ich solle abspringen und klopfen, und Dogger half mir beim Absteigen. Die Tür wurde fast augenblicklich vom Dienstmädchen geöffnet.

* Am besten wohl mit »Gutsherr« wiederzugeben.

»Ist Dr. Livesey zu Hause?«, fragte ich.

Sie sagte nein; er sei am Nachmittag nach Hause gekommen, am Abend aber nach dem Schlosse hinaufgegangen, um bei dem Squire zu essen und den Abend zu verbringen.

»So gehen wir dorthin, Jungens«, sagte Dance.

Diesmal stieg ich nicht wieder auf, da die Entfernung nur kurz war, sondern hielt mich an Doggers Steigbügelriemen fest und lief mit ihm bis ans Parktor und dann durch die lange Allee der jetzt kahlen Bäume bis zum weißen Herrenhaus, dessen weißes Gebäude im Mondschein hinter den Baumstämmen des alten Parks auftauchte. Inspektor Dance stieg ab und ging mit mir in das Haus hinein, das ihm sofort geöffnet wurde.

Der Diener führte uns durch einen mit Matten belegten Gang in ein großes Bücherzimmer, dessen Wände ringsum von Bücherschränken eingenommen wurden, auf denen verschiedene Büsten standen. Hier saßen der Squire und Dr. Livesey mit ihrer Pfeife in der Hand zu beiden Seiten eines hellen Kaminfeuers.

Ich hatte den Squire noch niemals so von der Nähe gesehen. Er war ein großer Mann, über sechs Fuß groß und entsprechend korpulent, mit einem roten, kühnen Gesicht, dessen Farbe und Zügen man seine langen Reisen ansah. Seine Augenbrauen waren sehr dunkel und zuckten oft, sodass man unwillkürlich dachte, er müsse ein temperamentvoller Mann sein, nicht von böser, aber von hitziger Gemütsart.

»Kommen Sie nur herein, Herr Dance!«, sagte er sehr würdevoll, aber freundlich.

»Guten Abend, Dance«, sagte der Doktor und nickte ihm zu. »Und guten Abend auch dir, Freund Jim; was für ein guter Wind weht euch hierher?«

Der Inspektor stand stramm und steif da und erzählte seine Geschichte wie eine auswendig gelernte Lektion. Da hättet ihr sehen sollen, wie die beiden Herren einander ansahen und vor Überraschung ihr Rauchen vergaßen! Als sie hörten, wie meine Mutter nach dem »Admiral Benbow« zurückgegangen war, schlug Dr. Livesey sich auf den Schenkel, der Squire rief: »Bravo« und schlug seine lange Pfeife am Kamin entzwei. Lange bevor der Inspektor fertig war, war Herr Trelawney – so hieß der Squire, wie der Leser sich erinnern wird – von seinem Stuhl aufgesprungen und lief im Zimmer herum. Der Doktor hatte, wie wenn er auf diese Weise besser hören könnte, seine gepuderte Perücke abgenommen. So saß er da und sah wirklich sehr sonderbar aus mit seinem kurz geschnittenen schwarzen Haar.

Endlich war Dance mit seiner Geschichte fertig. Da sagte der Squire:

»Herr Dance, Ihr seid ein ganz famoser Mensch. Und dass Ihr diesen ekelhaften, schmierigen Schuft niedergeritten habt, sehe ich als eine gute Tat an; das ist weiter nichts, als wenn Ihr ein Ungeziefer zertreten hättet. Dieser junge Hawkins ist ein tüchtiger Bengel, wie ich sehe. Hawkins, willst du mal die Glocke ziehen? Herr Dance soll einen Krug Bier haben.«

Der Doktor sagte zu mir:

»Also, Jim, du hast das Ding, das die Kerle suchten, nicht wahr?«

»Hier ist es, Herr Doktor!«, sagte ich und gab ihm das Wachstuchpaket.

Der Doktor besah sich's von allen Seiten, als ob es ihn in den Fingern juckte, es zu öffnen; das tat er aber nicht, sondern steckte es ruhig in seine Rocktasche und sagte:

»Squire – wenn Dance sein Bier getrunken hat, muss er natürlich sich seiner Majestät Dienst widmen; ich aber gedenke Jim Hawkins hierzubehalten. Er soll in meinem Hause schlafen. Und wenn es Ihnen recht ist, mache ich den Vorschlag, wir lassen die kalte Pastete hereinbringen und ihn hier zu Abend essen.«

»Wie Sie denken«, sagte der Squire; »Hawkins hat sogar was Besseres verdient als kalte Pastete.«

So wurde denn eine große Taubenpastete hereingebracht und auf einen Seitentisch gesetzt. Ich machte mich schnell über das Essen her, denn ich war hungrig wie ein Wolf. Mittlerweile empfing Inspektor Dance noch eine Menge Komplimente, und schließlich entließen sie ihn.

»Und nun, Squire«, sagte der Doktor.

»Und nun, Livesey«, sagte der Squire, beide in einem Atem.

»Einer zurzeit, einer zurzeit!«, lachte Dr. Livesey. »Sie haben doch wohl von diesem Flint gehört?!«

»Von ihm gehört!«, rief der Squire. »Von ihm gehört, sagen Sie! Er war der blutdürstigste Pirat, der je zur See fuhr. Blackbeard war ein Kind im Vergleich mit Flint. Die Spanier hatten eine so fürchterliche Angst vor ihm, dass ich wahrhaftig manchmal stolz darauf war, dass Flint ein Engländer war. Ich habe seine Toppsegel auf der Höhe von Trinidad gesehen. Der jämmerliche Milchsuppenkerl, mit dem ich segelte, kehrte um – kehrte um, Doktor, und fuhr nach Port of Spain zurück!«

»Nun, ich habe von ihm gehört, hier in England«, sagte der Doktor. »Aber die Hauptsache ist: Hatte er Geld?«

»Geld!«, rief der Squire. »Haben Sie nicht die Geschichte gehört? Worauf waren denn die Kerle aus, wenn nicht auf Geld? Denen liegt doch bloß an dem Geld! Für was riskieren die ihre dreckigen Köpfe, wenn nicht für Geld?«

»Das werden wir ja bald wissen«, antwortete der Doktor. »Aber Sie sind ja so verdammt hitzköpfig und schreien gleich los, dass ich kein Wort sagen kann. Was ich wissen wollte, ist dies: Angenommen, ich habe in meiner Tasche etwas, was uns auf die Spur bringen kann, an welchem Ort er seinen Schatz vergraben hat – wird dieser Schatz groß sein?«

»Groß, Doktor!«, rief der Squire. »Ich will Ihnen was sagen: Wenn wir auf der Spur sind, von der Sie sprechen, rüste ich in Bristol ein Schiff aus und nehme Sie und Hawkins mit. Den Schatz will ich haben, und wenn ich ein Jahr danach suchen soll!«

»Schön!«, sagte der Doktor. »Nun, dann wollen wir, wenn es Jim recht ist, das Paket öffnen.«

Er legte es vor sich auf den Tisch. Das Wachstuch war zusammengenäht. Der Doktor musste sein Besteck aus der Tasche nehmen und die Nähte mit seiner medizinischen Schere auftrennen. Das Päckchen enthielt zweierlei: ein Buch und ein versiegeltes Papier.

»Zuallererst wollen wir uns mal das Buch ansehen«, bemerkte der Doktor.

Der Squire und ich sahen ihm über die Schultern, als er es öffnete. Dr. Livesey hatte mir freundlich gewinkt, von dem Seitentisch, an dem ich gegessen hatte, zu ihm zu kommen und mich an dem Vergnügen der Untersuchung zu beteiligen.

Auf der ersten Seite befanden sich nur ein paar Kritzeleien, wie einer sie mit der Feder macht, um sich zu üben, oder weil er Langeweile hat. Einer von den Sätzen lautete genauso wie die tätowierte Inschrift auf des Kapitäns Arm: »Billy Bones' Liebchen.« Ferner stand da: »Mister W. Bones, Steuermann.« – »Kein Rum mehr.« – »Vor Palm Key kriegte er's.« Außerdem allerlei Schnörkel und einzelne Wörter, die zum größten Teil unverständlich waren. Ich musste unwillkürlich denken, wer es wohl gewesen sein mochte, der es »kriegte«, und was das für ein »es« war, das er kriegte. Höchstwahrscheinlich ein Messer in den Rücken.

»Hieraus ist nicht viel zu entnehmen«, sagte Doktor Livesey und schlug das Blatt um.

Die nächsten zehn oder zwölf Seiten enthielten eine merkwürdige Reihenfolge von Eintragungen. Am einen Ende der Zeile stand ein Datum und an dem anderen eine Geldsumme, wie in einem gewöhnlichen Kontobuch; aber statt geschriebener Erklärungen stand zwischen den beiden Aufzeichnungen nur eine verschieden große Anzahl von Kreuzen. So war zum Beispiel am zwölften Juni 1745 offenbar ein Betrag von siebzig Pfund Sterling irgendjemandem gutgeschrieben: Als Erklärung, wofür, waren aber nur sechs Kreuze verzeichnet. In einigen wenigen Fällen war allerdings eine Ortsbestimmung beigefügt, zum Beispiel: »Höhe von Caracas«, oder es war auch nur Länge und Breite eingetragen, zum Beispiel: 62° 17› 29»›, 19° 2› 40»›.

Die Eintragungen erstreckten sich über beinahe zwanzig Jahre; die einzelnen Beträge wurden immer größer, und zum Schluss war nach fünf- oder sechsmaligem falschem Zusammenzählen eine Endsumme hingeschrieben, und dieser waren die Worte beigefügt: »Bones' Anteil.«

»Darauf kann ich mir keinen Vers machen«, sagte Dr. Livesey.

»Die Geschichte ist klar wie Kloßbrühe!«, rief der Squire. »Dies ist das Kassenbuch des schwarzherzigen Schurken. Diese Kreuze stehen an Stelle der Namen von Schiffen oder Städten, die sie versenkten oder plünderten. Die Geldbeträge sind die Anteile des Schuftes, und wo er fürchtete, es könnte eine Zweideutigkeit entstehen, da fügte er etwas zur Erklärung hinzu. Hier zum Beispiel: ›Höhe von Caracas‹ – verstehen Sie? Da wurde irgendein unglückliches Schiff in der Nähe dieser Küste geplündert. Gott sei den armen Seelen gnädig, die es bemannten.«

»Richtig!«, sagte der Doktor. »Sehen Sie mal, wie schön es ist, Reisender zu sein. Richtig! Und die Beträge wachsen, wie Sie sehen, je höher er im Range steigt.«

In dem Büchlein stand außerdem nicht viel mehr als ein paar Eintragungen von Hafennamen auf den weißen Blättern am Ende des Bandes und eine Tabelle, um französisches, englisches und spanisches Geld umzurechnen.

»Ein betriebsamer Mann!«, rief der Doktor. »Der ließ sich nicht betrügen!«

»Und nun zu dem Papier!«, sagte der Squire.

Das Papier war an verschiedenen Stellen versiegelt. Als Petschaft hatte dazu ein Fingerhut gedient – vielleicht eben der Fingerhut, der sich in des Kapteins Taschen gefunden hatte. Der Doktor löste die Siegel mit großer Sorgfalt, und aus dem Umschlag fiel eine Karte von einer Insel, mit Angabe von Länge und Breite, von Tiefenlotungen, Namen von Bergen, Buchten und Flussmündungen und überhaupt von allen Einzelheiten, die notwendig sein konnten, um ein Schiff auf sicheren Ankergrund an eine Küste zu bringen. Die Insel war ungefähr neun Meilen lang und fünf Meilen breit, von Gestalt ungefähr wie ein aufrecht stehender dicker Drache; sie hatte zwei schöne, sichere Häfen, und ein Berg im mittleren Teil der Insel war als »Das Fernrohr« bezeichnet. Verschiedene Zusätze waren offenbar in späterer Zeit gemacht; darunter vor allem drei Kreuze mit roter Tinte – zwei im nördlichen Teil der Insel, eins im südwestlichen, und neben Letzterem stand mit derselben roten Tinte in sauberer, kleiner Handschrift, die von den vom Kaptein mit zittriger Hand geschriebenen Buchstaben sehr verschieden war, der Satz vermerkt: »Hier der Hauptteil des Schatzes.«

Auf die Rückseite der Karte hatte dieselbe Hand folgende Weisungen geschrieben:

»Großer Baum, Staffel des ›Fernrohrs‹, Nord-Nordost bei Nord. – Skelettinsel Ost-Südost bei Ost. – Zehn Fuß. – Das Barrensilber ist in der nördlichen Grube; du findest es am Abhang des östlichen Gipfels, zehn Faden südlich von der schwarzen Klippe, dieser gegenüber. – Die Waffen sind gleich in dem Sandhügel zu finden, Nord-Nordost bei Nord vom Vorsprung an der Flussmündung, dann östlich und ein viertel nördlich. J. F.«

Das war alles; aber so kurz und für mich unverständlich es war, der Squire und Dr. Livesey waren ganz entzückt darüber.

»Livesey«, sagte der Squire, »Sie werden diese erbärmliche Praxis sofort aufgeben. Morgen fahre ich nach Bristol. In drei Wochen – ach was, drei Wochen! in zwei Wochen, in zehn Tagen! – haben wir das beste Schiff, Doktor, und die beste Mannschaft in ganz England. Hawkins kommt als Kajütsjunge mit. Du wirst einen famosen Kajütsjungen abgeben, Hawkins. Sie, Livesey, sind Schiffsdoktor, ich bin Admiral. Wir nehmen Redruth, Joyce und Hunter mit. Wir werden günstige Winde haben, eine schnelle Fahrt und nicht die geringste Schwierigkeit, die Stelle zu finden. Und dann gibt's Geld – scheffelweise, genug, um sich darauf zu wälzen und Guineen zum Fenster hinauszuwerfen, wenn Sie Lust haben.« – »Trelawney«, sagte der Doktor, »ich will mit Ihnen gehen; Jim kommt auch mit, dafür stehe ich ein. Er wird bei der Unternehmung von Nutzen sein. Nur vor einem einzigen Mann habe ich Angst.«

»Und wer ist das?«, rief der Squire. »Wie heißt der Hund, Doktor?«

»Sie sind es«, antwortete der Doktor; »denn Sie können Ihren Mund nicht halten. Wir sind nicht die Einzigen, die etwas von diesem Papier wissen. Diese Kerle, die heute Abend den Angriff auf den ›Admiral Benbow‹ machten, waren ganz gewiss mutige Burschen, und die Übrigen, die auf dem Schoner an Bord waren, und ganz sicher noch andere, die nicht weit sind, die werden alle miteinander durch dick und dünn gehen, um das Geld zu kriegen! Deshalb darf keiner von uns allein sein, bis wir in See stechen. Jim und ich werden in der Zwischenzeit beisammenbleiben. Sie nehmen Joyce und Hunter mit, wenn Sie nach Bristol fahren. Vom ersten bis zum letzten Augenblick darf keiner von uns ein Wort von unserem Fund verlauten lassen.«

»Livesey«, antwortete der Squire, »Sie treffen immer den Nagel auf den Kopf. Ich werde stumm sein wie das Grab!«

II Der Schiffskoch

Siebentes Kapitel

Ich gehe nach Bristol

Bis wir segelfertig waren, dauerte es länger, als der Squire sich's vorgestellt hatte, und keiner von unseren Plänen konnte so ausgeführt werden, wie wir es uns ursprünglich gedacht hatten – nicht einmal des Doktors Absicht, mich bei sich zu behalten, bis wir nach Bristol gehen konnten. Dr. Livesey musste nach London reisen, um einen Arzt zu finden, der seine Praxis übernahm. Der Squire war in Bristol eifrig an der Arbeit. Ich hielt mich im Schloss unter der Obhut des alten Försters Redruth auf. Ich war beinahe ein Gefangener, aber voll von Träumen von der Seefahrt und von allerlei entzückenden Vorstellungen von Wunderinseln und Abenteuern.

Stundenlang beschäftigte ich mich in Gedanken mit der Karte der Insel, deren ich mich in allen Einzelheiten erinnerte. Wenn ich im Zimmer des alten Redruth am Kaminfeuer saß, näherte ich mich in meinem Gedanken der Insel aus allen möglichen Himmelsrichtungen. Ich durchforschte ihre ganze Oberfläche. Tausendmal stieg ich auf den hohen Berg hinauf, der »Fernrohr« genannt wurde, und hatte von dessen Gipfel die wunderbarste und abwechslungsreichste Aussicht. Zuweilen wimmelte die Insel von Wilden, mit denen wir kämpften, zuweilen von gefährlichen Raubtieren, die uns verfolgten; aber in allen meinen Träumen begegnete mir nichts so Seltsames und Aufregendes wie später in der Wirklichkeit.

So vergingen die Wochen, bis eines schönen Tages ein Brief an Dr. Livesey ankam, dessen Aufschrift den Zusatz trug: »Im Falle seiner Abwesenheit von Tom Redruth oder dem jungen Hawkins zu öffnen.« Dieser Anweisung folgend, fanden wir – oder vielmehr fand ich, denn der Förster konnte Geschriebenes nicht gut lesen, sondern nur Gedrucktes – folgende wichtige Nachrichten:

»Gasthof zum Anker, Bristol, 1. März 17..

Lieber Livesey. – Da ich nicht weiß, ob Sie auf dem Schloss oder noch in London sind, schicke ich diesen Brief in doppelter Ausfertigung nach beiden Orten.

Das Schiff ist gekauft und ausgerüstet. Es liegt seefertig vor Anker. Einen famoseren Schoner können Sie sich gar nicht vorstellen. Ein Kind könnte ihn steuern. Zweihundert Tonnen, Name: Hispaniola.

Ich bekam ihn durch meinen alten Freund Blandly, der mir die ganze Zeit in liebenswürdigster Weise zur Hand gegangen ist. Der wundervolle alte Bursche hat für meine Zwecke tatsächlich wie ein Sklave geschuftet, und ich kann wohl sagen, dasselbe taten alle und jeder in Bristol, sobald sie Wind davon kriegten, nach welchem Hafen wir segelten – nämlich auf die Schatzsuche.«

»Redruth«, sagte ich, indem ich meine Vorlesung unterbrach: »Das wird Herrn Dr. Livesey nicht gefallen! Der Squire hat also doch geplaudert.«

»Na, wer hätte denn dazu ein besseres Recht als er«, brummte der Förster. »Das wäre ja ein schöner Quatsch, wenn mein Squire nicht reden dürfte, weil es dem Dr. Livesey nicht passt!«

Wegen dieser Bemerkung unterließ ich jeden weiteren Kommentar und las den Brief ohne Unterbrechung bis zum Ende:

»Blandly selber fand die Hispaniola und bekam sie durch seine außerordentliche Geschicklichkeit für ein Butterbrot. Gewisse Leute in Bristol haben merkwürdige Vorurteile gegen Blandly. Sie reden überall davon, dieser ehrliche Mensch wäre für Geld zu allem fähig, die Hispaniola hätte ihm selber gehört, und er hätte sie mir zu einem lächerlich hohen Preis verkauft. Das sind ganz offenbare Verleumdungen. Die Güte des Schiffes wagt übrigens keiner von ihnen zu bestreiten.

So weit ging also alles gut. Die Arbeitsleute – Zimmerleute und so weiter, die das Schiff ausrüsten sollten – waren allerdings zum Verzweifeln saumselig; aber mit der Zeit wurde das besser. Meine große Sorge war die Mannschaft.

Ich wollte zwanzig Mann haben – nämlich für den Fall, dass wir mit Eingeborenen, Piraten oder den ekligen Franzosen zu tun kriegen – und ich hatte eine Teufelsarbeit, auch bloß ein halbes Dutzend aufzutreiben, bis ein außerordentlicher Glückszufall mir gerade den Mann zuführte, den ich brauchte.

Ich stand am Dock und kam durch einen Zufall mit ihm ins Gespräch. Ich bekam von ihm heraus, dass er ein alter Seemann sei. Jetzt hätte er eine Gastwirtschaft, kenne alle Seeleute in ganz Bristol, hätte in der Landluft seine Gesundheit verloren und suchte eine gute Stelle als Schiffskoch, um wieder auf See zu kommen. Er wäre an dem Morgen, so sagte er, nach dem Dock hinuntergehumpelt, um mal wieder Salzwassergeruch in die Nase zu kriegen.

Seine Erzählung rührte mich ganz außerordentlich – es wäre Ihnen ebenso gegangen –, und rein aus Mitleid nahm ich ihn auf der Stelle als Schiffskoch an. Long John Silver wird er genannt und hat ein Bein verloren; aber das war in meinen Augen nur eine Empfehlung für ihn, denn er verlor es im Dienste seines Landes, unter dem unsterblichen Hawke. Er hat keine Pension, Livesey! In was für einer abscheulichen Zeit leben wir doch!

Nun, lieber Doktor, ich dachte, ich hätte nur einen Koch gefunden; aber in Wirklichkeit hatte ich eine ganze Schiffsmannschaft entdeckt. Silver und ich bekamen in ein paar Tagen eine Mannschaft von den wundervollsten alten Teerjacken zusammen, die man sich nur denken kann – nicht gerade schön anzusehen, aber Kerle mit Gesichtern, dass man auf den ersten Blick merkt, sie nehmen es mit dem Teufel auf. Ich versichere Ihnen, wir könnten uns mit einer Fregatte in ein Gefecht einlassen.

Long John schaffte mir sogar noch zwei von den sechs oder sieben, die ich schon angenommen hatte, wieder vom Halse. Er machte mir sofort klar, dass sie gerade solche Süßwassermatrosen wären, wie wir sie bei einer so bedeutenden Unternehmung nicht gut brauchen könnten.

Ich erfreue mich der prächtigsten Gesundheit und der besten Laune, esse wie ein Scheunendrescher, schlafe wie ein Stück Holz. Trotzdem habe ich keine wahre Freude, bis ich meine alten Teerjacken auf Deck herumtrampeln höre! Auf in See! Hol' der Teufel den Schatz! Die Herrlichkeit der See hat mir ganz den Kopf verdreht. Also, Livesey, kommen Sie mit Extrapost! Verlieren Sie keine Stunde, wenn Sie mich lieb haben.

Lassen Sie den jungen Hawkins sofort zu seiner Mutter gehen, um Abschied von ihr zu nehmen; Redruth soll aufpassen, dass er nicht schwatzt; und dann sollen beide so schnell wie möglich nach Bristol kommen.

John Trelawney.«

»Nachschrift: Ich erzählte Ihnen noch nicht, dass Blandly – der übrigens ein zweites Schiff hinter uns herschicken soll, wenn wir Ende August nicht wieder zurück sind – einen ausgezeichneten Menschen als Schiffer für uns gefunden hat – leider ein etwas unbeholfener Mensch im Benehmen, aber sonst in jeder anderen Hinsicht ein Schatz. Long John Silver entdeckte einen ganz ausgezeichneten Steuermann, einen gewissen Arrow. Ich habe einen Bootsmann, der die Pfeifensignale kennt, Livesey; so wird es also an Bord des guten Schiffes Hispaniola wie auf einem Kriegsschiff hergehen.

Ich vergaß Ihnen mitzuteilen, dass Silver ein begüterter Mann ist; ich weiß aus eigner Kenntnis, dass er ein Bankguthaben hat, das noch niemals überzogen wurde. Er lässt die Gastwirtschaft während seiner Abwesenheit von seiner Frau führen. Da sie eine Mulattin ist, dürfen ein paar alte Junggesellen wie Sie und ich wohl die Vermutung haben, dass ebenso sehr die Frau wie sein Gesundheitszustand ihn veranlassen, wieder in die Fremde zu gehen.

J. T.«

»Zweite Nachschrift: Hawkins kann eine Nacht bei seiner Mutter bleiben.

J. T.«

Man kann sich vorstellen, in welche Aufregung dieser Brief mich versetzte. Ich war vor Wonne halb außer mir, und wenn ich jemals einen Mann verachtete, so war's der alte Tom Redruth, der immer nur brummen und wehklagen konnte. Jeder von den Unterförstern wäre gerne an seiner Stelle mitgegangen; aber der Squire hatte es nun einmal bestellt, und des Squires Wunsch galt ihnen allen als Gesetz. Außer dem alten Redruth würde niemand auch nur gewagt haben, eine Bemerkung zu machen.

Am nächsten Morgen machten wir uns zu Fuß nach dem »Admiral Benbow« auf den Weg. Ich fand meine Mutter in guter Gesundheit und Laune. Der Kaptein, der uns so lange zur Last gefallen war, war an einen Ort gegangen, von wo aus die Bösen keinen Menschen mehr ärgern können. Der Squire hatte alles wieder instand setzen lassen. Die Schankstube und das Wirtsschild waren auf seine Kosten frisch gemalt, und er hatte auch einigen neuen Hausrat besorgt – vor allem einen schönen Lehnstuhl für Mutter im Zapfraum. Außerdem hatte er ihr einen Lehrjungen geschickt, sodass sie während meiner Abwesenheit nicht ohne Hilfe war.

Als ich diesen Jungen sah, begriff ich zum ersten Male meine Lage. Bis dahin hatte ich immer nur an die Abenteuer gedacht, die mir bevorstanden, niemals an die Heimat, die ich verließ. Und als ich jetzt den tölpelhaften fremden Jungen sah, der an meiner statt bei meiner Mutter bleiben sollte, da weinte ich zum ersten Mal heiße Tränen. Ich fürchte, ich habe den Jungen behandelt wie einen Hund; denn da er mit der für ihn neuen Arbeit nicht Bescheid wusste, hatte ich hundert Anlässe, ihn zurechtzuweisen und auszuschelten. Ich ließ mir diese Gelegenheiten nicht entgehen.

Die Nacht verging, und am nächsten Tage nach dem Mittagessen machten Redruth und ich uns wieder auf den Weg. Ich nahm Abschied von Mutter und von der Bucht, an deren Strand ich seit meiner Geburt gelebt hatte, und von dem lieben alten »Admiral Benbow« – der mir allerdings, seitdem er frisch gemalt war, nicht mehr ganz so lieb war. Einer meiner letzten Gedanken galt dem Kaptein, der so oft mit seinem dreieckigen Hut, dem Säbelschmiss auf der Backe und mit seinem alten Messingfernrohr den Strand entlanggegangen war. Im nächsten Augenblick waren wir um die Ecke gebogen, und mein Elternhaus lag hinter mir.

In der Dämmerung nahm die Postkutsche uns beim »Royal George« auf. Ich saß zwischen Redruth und einem dicken alten

Herrn eingeklemmt, und trotz der schnellen Fahrt und der kalten Nachtluft muss ich gleich von Anfang an öfters eingenickt sein, schließlich aber auf der Fahrt über Berg und Tal wie ein Stück Holz geschlafen haben; denn von dem häufigen Pferdewechsel habe ich nichts gemerkt, und ich wurde schließlich von einem Rippenstoß aufgeweckt. Als ich die Augen aufschlug, fand ich, dass wir vor einem großen Gebäude in der Straße einer Stadt hielten und dass es schon seit langer Zeit heller Tag war.

»Wo sind wir?«, fragte ich.

»Bristol«, sagte Tom, »steig aus.«

Herr Trelawney wohnte in einem Gasthof ganz unten am Dock, um die Arbeiten an seinem Schoner beaufsichtigen zu können. Dorthin hatten wir nun zu gehen. Unser Weg führte zu meinem großen Entzücken an den Kais vorbei, wo ich eine große Menge Schiffe aller Größen, Takelungen und Nationen sah. Auf dem einen Schiff sangen Matrosen bei ihrer Arbeit; auf einem anderen hingen Menschen, hoch über meinem Kopf, an Tauen, die mir nicht dicker als Spinnfäden erschienen. Obgleich ich mein ganzes Leben an der Küste verbracht hatte, kam es mir vor, als ob ich noch niemals in der Nähe der See gewesen wäre. Die Mischung von Teer- und Salzwassergeruch war für mich etwas Neues. Ich sah die wunderbarsten Schiffstypen, die alle schon weit über dem Ozean gewesen waren. Außerdem sah ich viele alte Seeleute mit Ohrringen, mit lockigen Backenbärten und teerigen Zöpfen, mit ihrem plumpen, unsicheren Gange. Wenn ich ebenso viele Könige oder Erzbischöfe gesehen hätte, so hätte ich nicht mehr entzückt sein können.

Und nun ging ich selber zur See; zur See mit einem Schoner, mit einem Bootsmann, der Pfeifensignale geben konnte, und mit bezopften, singenden Matrosen; zur See nach einer unbekannten Insel, um dort vergrabene Schätze zu suchen!

Während ich mich noch mit diesem köstlichen Traum beschäftigte, standen wir plötzlich vor einem großen Gasthof und trafen Squire Trelawney, der wie ein Seeoffizier angezogen war, in einem derben blauen Anzug. Er trat aus der Tür mit einem Lächeln im Gesicht und ahmte den Gang der Seeleute nach.

»Da seid ihr ja!«, rief er. »Der Doktor kam gestern Abend aus London an. Bravo! Die Schiffsgesellschaft ist nun vollzählig!«

»O Squire!«, rief ich. »Wann segeln wir?«

»Segeln?«, sagte er. »Morgen segeln wir!«

Achtes Kapitel

Die Wirtschaft »Zum Fernrohr«

Als ich gefrühstückt hatte, gab der Squire mir einen Zettel für »John Silver, Gastwirtschaft zum Fernrohr« und sagte mir, ich könnte das Haus leicht finden; denn ich brauchte bloß an den Docks entlanggehen und mich nach einer kleinen Taverne umsehen, die als Zeichen ein großes Messingfernrohr hätte. Überglücklich über diese Gelegenheit, noch mehr Schiffe und Matrosen zu sehen, machte ich mich auf den Weg. Ich kam durch ein großes Gedränge von Menschen, Karren und Warenballen; denn die Betriebsamkeit auf den Docks war um diese Stunde auf ihrem Höhepunkt. Schließlich fand ich denn auch die Taverne.

Es war eine recht saubere Wirtschaft. Das Schild war frisch gemalt. Vor den Fenstern hingen hübsche rote Gardinen; der Fußboden war mit reinem weißem Sand bestreut. Die Schenke lag zwischen zwei Straßen und hatte einen Eingang von jeder Straße, sodass es in dem großen, niedrigen Schenkzimmer ziemlich hell war, trotz der dichten Wolken von Tabaksqualm.

Die Gäste waren fast lauter Seeleute. Sie sprachen so laut, dass ich an der Tür stehen blieb und beinahe Angst hatte, einzutreten.

Während ich wartete, kam aus einem Nebenzimmer ein Mann heraus. Ich sah auf den ersten Blick, dass dies Long John sein müsse. Sein linkes Bein war dicht an der Hüfte abgenommen. Unter der linken Achsel hatte er eine Krücke, die er mit wunderbarer Geschicklichkeit handhabte und mit der er herumhüpfte wie ein Vogel. Er war sehr groß und stark, mit einem Gesicht, so groß wie ein Schinken. Dieses Gesicht war hässlich und blass, aber von klugem und freundlichem Ausdruck. Er schien wirklich bei sehr lustiger Laune zu sein. Er pfiff vor sich hin, wie er sich so zwischen den Tischen bewegte und die besonders beliebten Gäste mit einem Scherzwort oder mit einem Schlag auf die Schulter begrüßte.

Nun hatte ich, um die Wahrheit zu sagen, gleich bei der ersten Erwähnung Long John Silvers in Squire Trelawneys Brief gefürchtet, er könnte jener einbeinige Seemann sein, nach dem ich vom alten »Admiral Benbow« so lange Zeit ausgeguckt hatte. Aber ein einziger Blick auf den Mann vor mir genügte. Ich hatte den Kaptein gesehen, den Schwarzen Hund und den blinden Bettler Pew, und ich glaubte zu wissen, wie ein Pirat aussähe – jedenfalls nach meiner Meinung ganz anders als dieser sympathische, freundliche Schenkwirt.

Ich bekam sofort neuen Mut, trat über die Schwelle und ging stracks auf den Mann los, der auf seine Krücke gelehnt dastand und mit einem Gast sich unterhielt. Ich hielt ihm den Zettel hin und fragte:

»Herr Silver?«

»Jawohl, mein Junge; so heiß ich. Und wer bist denn du?«

Als er den Brief des Squire sah, schien es ihm ordentlich einen Ruck zu geben. Er gab mir die Hand und sagte ganz laut:

»Aha, ich verstehe! Du bist unser neuer Kajütsjunge; freut mich, dich zu sehen!«

Er gab mir einen festen Händedruck.

Gerade in diesem Augenblick stand einer von den Gästen plötzlich auf und lief zur Tür hinaus. Diese war ganz in seiner Nähe, und er war sofort auf der Straße verschwunden. Seine Eile war mir aufgefallen, und ich erkannte ihn auf den ersten Blick. Es war der Mann mit dem käsigen Gesicht, der zuerst in den »Admiral Benbow« gekommen war und dem die beiden Finger fehlten.

»Oho!«, rief ich. »Haltet ihn! Das ist ja der Schwarze Hund!«

»Wer er ist, darauf gebe ich keinen Pfifferling!«, rief Silver. »Aber er hat seine Zeche nicht bezahlt. Harry, lauf ihm nach und halte ihn fest!«

Einer von den anderen Gästen, der ebenfalls ganz nahe bei der Tür saß, sprang auf und nahm die Verfolgung auf.

»Und wenn er der Admiral Hawke wäre, seine Zeche soll er bezahlen!«, rief Silver. Dann ließ er meine Hand los und fragte: »Wer, sagtest du, dass er wäre? Der schwarze was?«

»Hund, Herr Silver«, sagte ich. »Hat Herr Trelawney Ihnen nicht von den Piraten erzählt? Er war einer von ihnen.«

»So!«, rief Silver. »In meinem Hause! Ben, lauf und hilf Harry! So? War das einer von diesen Kerls? Hört mal, Morgan! Ihr habt ja wohl mit ihm getrunken? Kommt mal her!«

Der Mann, den er Morgan nannte – ein alter grauhaariger Matrose mit einem mahagoniroten Gesicht –, kam mit einer ziemlich dämlichen Miene heran, indem er seinen Priem im Munde herumrollte.

»Na, Morgan!«, sagte Long John sehr ernst. »Ihr habt doch wohl nie in Eurem Leben früher diesen Schwarzen – Schwarzen Hund gesehen? Nicht wahr?«

»Gewiss nicht, Herr!«, sagte Morgan mit einem Kratzfuß.

»Ihr kanntet doch seinen Namen nicht? Oder?«

»Nein, Herr!«

»Beim heiligen Donnerwetter, Tom Morgan, da könnt Ihr Euch freuen!«, rief der Wirt. »Hättet Ihr mit einem solchen Kerl was zu tun gehabt, Ihr hättet mein Haus mit keinem Fuß mehr betreten, darauf könnt Ihr Euch verlassen! Und was sagte er denn zu Euch?«

»Das weiß ich nicht mehr so recht, Herr«, antwortete Morgan.

»Habt Ihr einen Kopf auf Euren Schultern, oder ist das ein verdammtes Kalbshirn?«, rief Long John. »Weiß ich nicht mehr recht! – Ach nee! Vielleicht wisst Ihr auch nicht mehr so recht, mit wem Ihr überhaupt gesprochen habt? Na, besinnt Euch mal, wovon hat er denn geplappert – Reisen, Kapitäne, Schiffe? Raus damit! Was war's denn?«

»Wir sprachen so von Kielholen«, antwortete Morgan.

»Von Kielholen? Ach nee! Das war ja eine recht passende Unterhaltung, zum Teufel! Setzt Euch man wieder hin, Ihr seid ein Schafskopf.«

Während Morgan wieder auf seinen Stuhl lossteuerte, flüsterte Silver mir in vertraulichem Ton, durch den ich mich sehr geschmeichelt fühlte, ins Ohr: »Der Tom Morgan ist ein ganz braver Kerl – bloß ein fürchterlicher Döskopp. Aber nun«, fuhr er laut fort, »lasst mich doch mal nachdenken – Schwarzer Hund? Nein – den Namen kenne ich nicht; ganz gewiss nicht. Aber halt – mir ist doch so – ja, ich habe den Kerl mal gesehen! Er kam manchmal mit einem blinden Bettler zu mir – jawoll, das tat er!«

»Dass er das tat, darauf können Sie sich verlassen«, sagte ich. »Ich habe auch den blinden Mann gekannt. Pew war sein Name.«

»Richtig!«, rief Silver, jetzt ganz aufgeregt. »Pew! Das war sein Name. Ganz gewiss! Ah – der Kerl sah wie ein Haifisch aus, wahrhaftig! Aber wenn wir diesen Schwarzen Hund zu fassen kriegen, na, da wird aber Kapitän Trelawney Augen machen! Ben ist ein guter Läufer – es gibt wenig Seeleute, die besser laufen können als Ben. Der muss ihn einholen, Gottverdammich! Von Kielholen sprach er? Ach nee! Na, den will ich kielholen!«

Die ganze Zeit über, während er diese Sätze hervorstieß, humpelte er auf seiner Krücke in der Schankstube herum, schlug alle Augenblicke mit der flachen Hand auf den Tisch und war offenbar so aufgeregt, dass er einen Richter in Old Bailey oder einen Polizisten von Bow Street von seiner Unschuld überzeugt haben würde.

Mein Verdacht war wieder rege geworden, als ich den Schwarzen Hund im »Fernrohr« wiedergefunden hatte, und ich beobachtete den Schiffskoch sehr scharf. Aber er war für mich ein zu fixer Schauspieler und ein zu abgefeimter Schlaukopf. Als nach einiger Zeit die beiden Matrosen ganz außer Atem zurückkamen und meldeten, sie hätten im Gedränge die Spur verloren und wären selber als Spitzbuben ausgescholten worden, da hätte ich mich ohne Bedenken für Long John Silvers Unschuld verbürgt.

»Sieh mal, Hawkins«, sagte er mir, »es ist doch ein verdammt schlimmes Ding für einen Mann wie mich, wenn so was passiert – nicht wahr? Da ist Käpp'n Trelawney – was soll der davon denken? Hier sitzt der verdammte Sohn von einem Holländer in meinem Haus und trinkt von meinem Rum! Hier kommst du zu mir rein und sagst mir's gerade auf den Kopf zu! Und hier lasse ich ihn vor meinen eigenen Augen entwischen! Hawkins, tu mir den Gefallen und stelle dem Käpp'n die Geschichte ins richtige Licht! Du bist ja man ein Junge, das ist richtig, aber du bist helle wie 'n Dreierlicht. Das hab ich gleich gesehen, als du in die Tür kamst. Na, die Sache ist doch so: Was konnte ich denn tun, mit diesem alten Stück Holz, worauf ich rumhumple? Als ich noch ein kriegstüchtiger Sergeant bei den Seesoldaten war, da hätte ich ihn bald beim Wickel gehabt, und da hätte er meine Fäuste kennengelernt; aber jetzt –«

Plötzlich schwieg er, und sein Unterkiefer fiel herunter, wie wenn ihm auf einmal etwas eingefallen wäre.

»Die Zeche!«, rief er: »Drei Lagen Rum! Herrjemine, Gottverdammich – hab' ich richtig die Zeche vergessen!«

Er fiel auf eine Bank und lachte, dass ihm die Tränen über die Backen liefen. Unwillkürlich musste ich mitlachen. So lachten wir beide, immer von Neuem, dass die ganze Schankstube dröhnte.

»Herrgott noch mal, was für ein großartiges Mondkalb bin ich!«, sagte er und wischte sich die Backen ab. »Du und ich, wir zwei müssen uns gut vertragen, Hawkins – denn, meiner Seel, ich habe mich benommen wie ein Schiffsjunge! Aber hör mal, wir wollen uns fertig machen. Ich gehe mit dir. So geht das nicht. Pflicht ist Pflicht, Kameraden! Ich will meinen alten Dreispitz aufsetzen und mit dir zu Käpp'n Trelawney gehen und diese Geschichte von dem Schwarzen Hund melden. Denn sieh mal, jung Hawkins, die Geschichte ist ernst, und wir beide haben da nicht gerade gut abgeschnitten, wie ich wohl sagen darf. Der Meinung bist du wohl auch? Nein, helle waren wir nicht – helle waren wir alle beide nicht. Aber hol' der Teufel meine Knöpfe! Der Streich mit meiner Zeche, der war nicht schlecht!«

Und er begann wieder zu lachen, und zwar so von Herzen, dass ich wieder in seine Heiterkeit einstimmen musste, damit er nur nicht glauben mochte, ich hätte den Witz nicht ebenso gut verstanden wie er.

Auf unserem kleinen Spaziergang die Deiche entlang zeigte er sich als ein sehr unterhaltsamer Gesellschafter. Er erzählte mir allerlei über die verschiedenen Schiffe, an denen wir vorüberkamen: über ihre Takelagen, ihre Nationalität, ihre Tonnage; wie das eine Schiff entladen werde, jenes andere Ladung nehme, ein drittes sich seefertig mache. Und dabei erzählte er ab und zu eine kleine Geschichte von Schiffen oder Schiffern oder wiederholte einen Seemannsausdruck so lange, bis ich ihn vollkommen richtig sagen konnte. Ich begann zu sehen, dass dieser Mann einer der besten Schiffsmaaten war, die man finden konnte.

Als wir in den Gasthof kamen, saßen der Squire und Dr. Livesey beisammen und tranken einen Humpen Bitterbier mit einer gerösteten Brotscheibe drin, um sich zu stärken, bevor sie an Bord des Schoners gingen, den sie besichtigen wollten.

Long John erzählte die Geschichte vom Schwarzen Hund von Anfang bis zu Ende – sehr lebhaft und vollkommen der Wahrheit gemäß.

»Ja, so war es; nicht wahr, so war es, Hawkins?«, sagte er alle Augenblicke, und ich konnte ihm jedes Mal bestätigen, dass es wirklich so gewesen war.

Die beiden Herren bedauerten, dass der Schwarze Hund entwischt war. Wir waren alle derselben Meinung: nämlich, dass da eben nichts mehr zu machen sei. Nachdem die Herren ihm ihre Zufriedenheit ausgesprochen hatten, nahm Long John wieder seine Krücke unter die Achsel und empfahl sich.

»Und heute Nachmittag um vier alle Mann an Bord!«, rief der Squire ihm nach.

»Jawoll, Herr!«, rief der Koch vom Gang zurück.

»Na, Squire«, sagte Dr. Livesey, »ich habe im Allgemeinen nicht viel Vertrauen zu Ihren Entdeckungen; aber das will ich Ihnen sagen, dieser John Silver gefällt mir.«

»Der Mann ist einfach großartig!«, erklärte der Squire eifrig.

»Und nun«, fuhr der Doktor fort, »darf Jim wohl mit uns an Bord kommen – nicht wahr?«

»Natürlich darf er das«, sagte der Squire. »Nimm deinen Hut – wir wollen uns das Schiff ansehen.«

Neuntes Kapitel

Pulver und Waffen

Die Hispaniola lag ein ziemliches Stück draußen. Wir kamen unter dem Bugspriet und am Heck so manchen Schiffes vorbei. Manchmal berührte der Kiel unseres Bootes ihre Ankertaue, und manchmal fuhren wir unter solchen durch. Schließlich aber lagen wir neben dem Schoner und wurden, als wir an Bord kamen, vom Steuermann, Herrn Arrow, empfangen und begrüßt – einem braun gebrannten alten Schiffer, mit Ringen in den Ohren und mit einem schielenden Auge. Der Squire und er waren offenbar gute Freunde; ich bemerkte jedoch bald, dass zwischen Herrn Trelawney und dem Kapitän nicht das gleiche Verhältnis bestand.

Der Kapitän war ein Mann mit scharfem Blick, der mit allem an Bord unzufrieden zu sein schien, was er uns übrigens bald selber sagen sollte, denn wir waren kaum in die Kajüte hinuntergegangen, so folgte uns ein Matrose und sagte: »Käpp'n Smollett, Herr, wünscht mit Ihnen zu sprechen.«

»Ich stehe dem Kapitän stets zu Diensten. Lasst ihn hereinkommen«, sagte der Squire.

Der Kapitän, der seinem Boten gefolgt war, trat sofort ein und machte die Tür hinter sich zu. »Nun, Käpp'n Smollett, was haben Sie zu sagen? Es ist doch alles in Ordnung, hoffe ich; alles schiffsgemäß und seefertig?«

»Tscha, tscha, Herr«, sagte der Kapitän, »ich glaube, es ist wohl besser, wenn ich ganz offen spreche, selbst auf die Gefahr hin, dass Sie mir das übel nehmen. Mir gefällt diese Kreuzfahrt nicht, mir gefallen die Leute nicht, und mir gefällt mein Steuermann nicht. Das ist kurz und bündig.«

»Vielleicht, Herr, gefällt Ihnen auch das Schiff nicht?«, fragte der Squire, sehr ärgerlich, wie ich sehen konnte.

»Darüber kann ich nichts sagen, Herr, denn ich habe den Schoner noch nicht überprüft«, sagte der Kapitän. »Er scheint ein schneidiges Schiff zu sein, mehr kann ich nicht sagen. – »Vielleicht, Herr, gefällt Ihnen auch Ihr Auftraggeber nicht?«, sagte der Squire.

Aber hier griff Dr. Livesey ein und sagte:

»Halt mal, halt! Solche Fragen haben weiter keinen Zweck, als dass sie Unfrieden stiften. Der Kapitän hat entweder zu viel oder zu wenig gesagt. Ich muss ihm erklären, dass ich von ihm Näheres über den Sinn seiner Worte zu hören wünsche. Sie sagen: Diese Kreuzfahrt gefällt Ihnen nicht. Nun, warum denn nicht?«

»Ich war, Herr, wie wir das nennen, ›auf versiegelte Order‹ angeheuert: Ich sollte für diesen Herrn das Schiff fahren, wohin er mir befehlen würde, schön und gut. Aber jetzt finde ich, dass jeder Mann vor dem Mast davon mehr weiß als ich selber. Das nenne ich nicht anständig – nun, und wie finden Sie es?«

»Nein«, sagte Dr. Livesey, »das finde ich unfair.«

»Sodann erfahre ich, dass wir auf Schatzsuche gehen – das heißt: Ich erfahre das von meinen eigenen Leuten. Nun, Schatzsuchen ist ein kitzliges Geschäft; Fahrten hinter Schätzen her gefallen mir überhaupt nicht, am wenigsten aber, wenn sie geheim gehalten werden, und wenn – entschuldigen Sie, Herr Trelawney – das Geheimnis schon dem Papagei erzählt worden ist.«

»Silvers Papagei?«, fragte der Squire.

»Es ist so eine Redensart«, sagte der Kapitän. »Ich will damit sagen: Es wird darüber geplappert. Und ich bin der Meinung, von Ihnen, meine Herren, weiß keiner, worum es geht. Aber ich will Ihnen sagen, was ich davon denke: Es geht um Leben und Tod, und zwar scharf auf der Kante.«

»Das ist alles klar und, wie ich glaube, vollkommen richtig«, antwortete Dr. Livesey. »Wir nehmen das Wagnis auf uns. Aber wir sind nicht so unwissend, wie Sie von uns glauben. Zweitens sagen Sie: Die Mannschaft gefällt Ihnen nicht. Sind es keine guten Seeleute?«

»Sie gefallen mir nicht, Herr!«, antwortete der Kapitän. »Und ich bin der Meinung, eigentlich hätte ich meine Leute mir selber aussuchen sollen.«

»Vielleicht haben Sie da recht«, erwiderte der Doktor. »Vielleicht hätte mein Freund Sie hinzuziehen sollen; aber wenn er Ihnen dabei zu nahe getreten ist, so ist das ohne Absicht geschehen. Drittens: Herr Arrow gefällt Ihnen nicht?«

»Nein, Herr. Ich glaube, er ist ein guter Seemann; aber er lässt sich der Mannschaft gegenüber zu sehr gehen, um ein guter Offizier sein zu können. Ein Steuermann sollte Distanz halten, sollte nicht mit den Leuten vor dem Mast trinken!«

»Wollen Sie damit sagen, dass er trinkt?«, rief der Squire.

»Nein, das nicht«, antwortete der Kapitän, »nur, dass er zu vertraulich mit ihnen ist.«

»Na, worauf wollen Sie hinaus, Kapitän?«, fragte der Doktor. »Sagen Sie uns, was Sie eigentlich wollen.«

»Nun, dann also: Meine Herren, sind Sie entschlossen, diese Fahrt zu unternehmen?«

»Wie Eisen!«, rief der Squire.

»Gut. Sie haben mit großer Geduld Dinge von mir angehört, die ich nicht beweisen konnte; lassen Sie mich bitte Ihnen noch ein paar Worte mehr sagen. Die Leute sind gerade dabei, das Pulver und die Waffen ins Vorderschiff zu bringen. Nun, Sie hätten doch einen guten Platz unter der Kajüte. Warum die Waffen und das Pulver nicht dorthin bringen? Das ist der erste Punkt. Dann haben Sie vier von Ihren eigenen Leuten mitgebracht, und, wie ich höre, sollen einige von diesen in der Vorderback schlafen. Warum wollen Sie sie nicht neben der Kajüte schlafen lassen? Das ist der zweite Punkt.«

»Sonst noch etwas?«, fragte Herr Trelawney.

»Nur noch ein Einziger«, sagte der Kapitän. »Es ist schon zu viel geschwatzt worden.«

»Viel zu viel!«, gab der Doktor zu.

»Ich will Ihnen sagen, was ich selber gehört habe«, fuhr der Kapitän fort: »Sie haben eine Karte von einer Insel. Auf dieser Karte befinden sich Kreuze, um die Stellen anzuzeigen, wo Schätze vergraben sind. Die Insel liegt –« und dann nannte er ganz genau Länge und Breite.

»Das habe ich niemals einer Menschenseele gesagt!«, rief der Squire.

»Die Mannschaft weiß es, Herr!«, antwortete der Kapitän.

»Livesey, dann müssen Sie oder Hawkins es gesagt haben!«, rief der Squire.

»Es kommt nicht viel darauf an, wer es gewesen ist«, antwortete der Doktor. Ich konnte wohl sehen, dass weder er noch der Kapitän großen Wert auf Herrn Trelawneys Beteuerungen legte. Auch ich tat es nicht, denn er war wirklich überaus redselig. In diesem Falle glaube ich jedoch, dass er tatsächlich die Wahrheit gesprochen und wirklich keinem Menschen die Lage der Insel genannt hatte.

»Nun, meine Herren«, fuhr der Kapitän fort, »ich weiß nicht, wer diese Karte hat; aber ich mache es ausdrücklich zur Bedingung, dass sie sogar vor mir und Arrow geheim gehalten wird. Sonst müsste ich Sie bitten, zurücktreten zu dürfen.«

»Ich verstehe«, sagte der Doktor. »Sie wünschen, dass wir diese Sache geheim halten, dass wir aus dem hinteren Teil des Schliffes eine Art Festung machen, die mit den eigenen Leuten meines Freundes bemannt ist und wo alle Waffen und der ganze Pulvervorrat des Schiffes sich befinden. Mit anderen Worten: Sie befürchten eine Meuterei.«

»Herr Doktor«, sagte der Kapitän, »ich habe nicht die Absicht, Sie zu beleidigen, aber ich erkläre Ihnen: Sie haben kein Recht, mir Worte in den Mund zu legen, die ich nicht gesprochen habe! Kein Kapitän, Herr Doktor, hätte das Recht, überhaupt in See zu gehen, wenn er tatsächliche Gründe hätte, so etwas zu sagen. Von Herrn Arrow glaube ich, dass er ein durchaus ehrlicher Mann ist; dasselbe gilt von einigen unter der Mannschaft; vielleicht sind sogar alle ehrlich – das weiß ich nicht. Aber ich bin verantwortlich für die Sicherheit des Schiffes und für das Leben von Mann und Maus an Bord. Ich sehe Dinge vorgehen, die nach meiner Meinung nicht ganz richtig sind. Und ich bitte Sie, gewisse Vorsichtsmaßregeln zu treffen oder mich von meiner Stellung zurücktreten zu lassen. Und das ist alles.«

»Kapitän Smollett«, begann der Doktor mit einem Lächeln, »haben Sie vielleicht mal die Fabel von dem Berg und von der Maus gehört? Sie werden freundlichst entschuldigen – aber Sie erinnern mich an diese Fabel. Als Sie in die Kajüte traten, hatten Sie mehr im Sinn – darauf würde ich meine Perücke wetten!«

»Doktor«, sagte der Kapitän, »Sie sind ein kluger Mann. Als ich eintrat, hatte ich die Absicht, meine Entlassung zu verlangen. Ich dachte nicht, dass Herr Trelawney auch nur ein Wort von mir anhören werde.«

»Das hätte ich auch nicht getan!«, rief der Squire. »Wäre Livesey nicht hier gewesen, ich hätte Sie zum Kuckuck geschickt! Aber nun habe ich Sie ja einmal angehört. Ich will tun, was Sie wünschen; aber ich sage Ihnen offen: Es gefällt mir nicht von Ihnen!«

»Das können Sie halten, wie Sie wollen, Herr Trelawney!«, sagte der Kapitän. »Sie werden finden, dass ich meine Pflicht tue.«

Und damit empfahl er sich.

»Trelawney«, sagte der Doktor, »entgegen allen meinen Erwartungen glaube ich, es ist Ihnen gelungen, zwei ehrliche Männer an Bord zu bekommen – diesen Mann und John Silver.«

»Silver – da gebe ich Ihnen recht!«, rief der Squire. »Aber dieser unerträgliche Schwätzer – nein! Ich erkläre Ihnen, ich halte sein Benehmen für unmännlich, unseemännisch und geradezu unenglisch!«

»Na, wir werden sehen«, sagte der Doktor.

Als wir wieder auf Deck kamen, hatten die Leute bereits angefangen, die Waffen und das Pulver umzupacken. Sie sangen bei ihrer Arbeit. Der Kapitän und Steuermann Arrow standen dabei und beaufsichtigten sie.

Die neue Anordnung war ganz nach meinem Sinne. Auf dem Schoner wurde umgepackt: Am Stern wurden sechs Kojen eingerichtet, die früher zum Schlafraum der Mannschaft gehört hatten. Diese Kojen waren mit der Kombüse und der Vorderback nur durch einen engen Gang an Backbord verbunden. Es war ursprünglich beabsichtigt, dass der Kapitän, Arrow, Hunter, Joyce, der Doktor und der Squire diese sechs Kojen haben sollten. Jetzt wurde bestimmt, dass Redruth und ich zwei davon bekommen sollten, während Arrow und der Kapitän auf Deck in der sogenannten Hundehütte schlafen sollten, die um so viel höher gemacht wurde, dass man sie beinahe eine Deckshütte nennen konnte. Natürlich war sie trotzdem noch sehr niedrig, aber sie bot Platz genug, um zwei Hängematten anzubringen. Diese Anordnung schien auch dem Steuermann zu gefallen. Auch er hatte vielleicht seine Zweifel in Bezug auf die Mannschaft. Aber hierüber kann ich nur eine Vermutung aussprechen, denn wir hatten, wie man bald hören wird, nicht lange Gelegenheit, seine Ansichten zu vernehmen.

Wir waren alle tüchtig bei der Arbeit, das Pulver und die Kojen an ihren neuen Platz zu bringen, als die letzten paar Leute, und mit ihnen Long John, in einem Hafenboot ankamen.

Der Koch kletterte so gewandt wie ein Affe an der Schiffswand herauf, und sobald er sah, was auf Deck vorging, rief er:

»Hoho, Jungens! Was ist das?«

»Wir packen das Pulver um, Jack«, antwortete einer.

»Nanu, Gottverdammich!«, rief Long John. »Wenn wir das tun, versäumen wir die Morgenflut!«

»Mein Befehl!«, sagte der Kapitän, kurz angebunden. »Ihr könnt hinuntergehen, Mann, die Mannschaft wird Abendessen nötig haben.«

»Jawoll, Herr!«, antwortete der Koch, legte die Hand an den Hut und verschwand sofort in seiner Kombüse.

»Das ist ein guter Mann, Kapitän«, sagte der Doktor.

»Sehr wahrscheinlich, Herr Doktor«, antwortete Kapitän Smollett. »Fix, Leute, fix!«, rief er den Leuten zu, die das Pulver umpackten; plötzlich bemerkte er, dass ich das Drehgeschütz betrachtete, das wir mitten auf dem Deck hatten, einen langen Messing-Neunpfünder. Da rief er:

»Heda, du, Schiffsjunge! Fort da! Geh zum Koch und mach dir was zu schaffen!«

Während ich schnell nach der Kombüse lief, hörte ich ihn ganz laut zum Doktor sagen:

»Günstlinge will ich auf meinem Schiff nicht haben!«

Ich kann versichern, ich war vollständig der Meinung des Squires und hasste den Kapitän von ganzem Herzen.

Zehntes Kapitel

Die Seefahrt

Den ganzen Tag hatten wir viel zu tun, alles richtig zu verstauen; Boote mit Freunden des Squires, wie Herrn Blandly, kamen an Bord, um ihm gute Reise und baldige Heimkehr zu wünschen. Im »Admiral Benbow« hatten wir niemals an einem Abend auch nur halb so viel zu tun gehabt, und ich war hundsmüde, als kurz vor der Morgendämmerung der Bootsmann pfiff und die Mannschaft an die Ankerwinde trat.

Aber wäre ich noch einmal so müde gewesen, so wäre ich doch nicht von Deck gegangen. Alles war für mich so neu und merkwürdig: die kurzen Befehle, der schrille Klang der Pfeife, die Eile, mit der die Leute im trüben Licht der Schiffslaternen an ihre Plätze eilten. – »Na, Barbecue, stimm uns ein Lied an!«, rief eine Stimme.

»Das alte!«, schrie ein anderer.

»Jawoll, Jungens!«, sagte Long John, der mit seiner Krücke unter dem Arm dabeistand. Sofort stimmte er die Weise und die Worte an, die ich so gut kannte:

»Fünfzehn Mann bei des Toten Kist' –«

und die ganze Mannschaft fiel im Chor ein:

»Johoho, und 'ne Buddel, Buddel Rum!«

und beim dritten Ho! warfen sie sich mit Macht auf das Gangspill.

Trotz der Aufregung des Augenblicks fühlte ich mich im Nu wieder in den alten »Admiral Benbow« zurückversetzt. Es war mir, wie wenn ich die Stimme des Kapteins aus dem Chor heraushörte. Aber bald war der Anker über Wasser, bald hing er triefend am Bug, bald begannen die Segel sich zu blähen, und Land und Schiffe glitten zu beiden Seiten an uns vorüber. Bevor ich mich hinlegen konnte, um ein Stündchen Schlaf zu genießen, hatte die Hispaniola ihre Fahrt nach der Schatzinsel begonnen.

Ich will diese Fahrt nicht in all ihren Einzelheiten beschreiben. Sie ging gut vonstatten, das Schiff erwies sich als guter Segler, die Leute waren tüchtige Matrosen, und der Kapitän verstand seine Sache. Aber bevor wir an der Schatzinsel anlegten, ereignete sich allerlei, was ich hier mitteilen muss.

Vor allen Dingen zeigte der Steuermann Arrow sich noch schlimmer, als der Kapitän gefürchtet hatte. Er hatte keine Gewalt über die Mannschaft, und die Leute sprangen mit ihm um, wie sie Lust hatten. Aber das war noch nicht einmal das Schlimmste. Denn kaum waren wir ein paar Tage auf See, so fing er an, mit trüben Augen, rotem Gesicht, stotternder Zunge und anderen Anzeichen von Betrunkenheit auf Deck zu erscheinen. Wieder und wieder wurde er mit Schimpf und Schande in seine Koje geschickt. Manchmal fiel er und verletzte sich dabei; manchmal lag er den ganzen Tag in seiner kleinen Koje an der einen Seite der Deckshütte; manchmal war er einen Tag oder sogar zwei beinahe nüchtern und versah seinen Dienst wenigstens leidlich.

Dabei konnten wir niemals herausbringen, woher er den Branntwein bekam. Es war unser Schiffsgeheimnis. Wir mochten noch so scharf aufpassen, es gelang uns nicht, dies Geheimnis aufzuklären. Fragte man ihn gerade ins Gesicht, so lachte er nur, wenn er betrunken war. Wenn er nüchtern war, behauptete er feierlich, er trinke nie einen Tropfen außer Wasser.

Er war nicht nur als Offizier nicht zu gebrauchen und übte einen schlechten Einfluss auf die Leute aus, sondern es war auch klar, dass er bei solcher Lebensweise nicht lange mehr leben konnte. Daher war kein Mensch sonderlich überrascht oder auch nur betrübt, als er in einer dunklen Nacht bei schwerem Seegang vollständig verschwand und nicht mehr gesehen wurde.

»Über Bord!«, sagte der Kapitän. »Nun, meine Herren, das erspart uns die Verlegenheit, ihn in Eisen zu legen.«

Aber nun hatten wir keinen Steuermann; es war daher natürlich notwendig, einen von den Matrosen zu befördern. Der Bootsmann

Hiob Andersen schien sich von allen an Bord noch am besten dazu zu eignen. Er behielt zwar seinen Rang, aber er hatte den Dienst als Steuermann. Herr Trelawney war viel auf See gefahren, und seine Kenntnisse machten ihn sehr nützlich. Bei gutem Wetter hielt er oft Wache. Der Schaluppmeister Israel Hands war ein zuverlässiger, besonnener und erfahrener alter Seemann, dem man im Notfall so ziemlich alles anvertrauen konnte.

Er war sehr befreundet mit Long John Silver, und so bringt mich die Erwähnung seines Namens ganz naturgemäß darauf, hier von unserem Schiffskoch zu sprechen: Barbecue, wie die Leute ihn nannten.

Seitdem er an Bord war, trug er seine Krücke an einem Bindfaden um den Hals, um beide Hände möglichst frei zu haben. Es war wirklich der Mühe wert, ihm zuzusehen, wie er das Fußende seiner Krücke gegen einen Balken stemmte, sich auf diese Weise stützte, und, jeder Bewegung des Schiffes nachgebend, seine Kocherei so flink und gewandt besorgte, wie wenn er auf festem Lande gewesen wäre. Noch merkwürdiger war es anzusehen, wie er im schwersten Sturm über Deck ging. Er hatte sich ein paar Tauringe an geeigneten Stellen angebracht, um über weite Zwischenräume hinüberzukommen. Long Johns Ohrringe wurden sie genannt. Mit deren Hilfe bewegte er sich von einer Stelle zur andern, indem er sich bald auf seine Krücke stemmte, bald diese an dem Bindfaden hinter sich her schleppte, und das machte er so schnell, wie ein Mensch nur laufen kann. Trotzdem sprachen einige von den Leuten, die schon früher mit ihm zur See gefahren waren, oftmals davon, wie jammerschade es doch sei, dass der Mann in solchem Zustande sich befinde.

»Der ist kein gewöhnlicher Mensch, unser Barbecue!«, sagte der Schaluppmeister eines Tages zu mir. »Er hat in seinen jungen Tagen was in der Schule gelernt und kann wie ein Buch sprechen, wenn er gerade Lust hat. Mutig ist er – ein Löwe ist nicht zu vergleichen mit Long John. Ich habe gesehen, wie er vier Mann packte und mit den Köpfen zusammenstieß – dabei war er unbewaffnet!«

Die ganze Mannschaft achtete ihn und gehorchte ihm. Er hatte eine besondere Art, mit jedem zu sprechen und jedem Einzelnen ganz besonders gefällig zu sein. Zu mir war er unablässig freundlich. Er freute sich immer, wenn ich zu ihm in seine Kombüse kam, die er so sauber hielt wie eine neue Schüssel. Die Pfannen hingen blank geputzt an ihren Haken, und in der einen Ecke saß sein Papagei in einem Käfig.

»Komm mal rein, Hawkins!«, sagte er oft. »Komm und unterhalt dich ein bisschen mit John! Bist mir immer willkommen, mein Sohn. Setz dich und höre, was es Neues gibt. Hier ist Käpp'n Flint – ich nenne meinen Papagei Käpp'n Flint, nach dem berühmten Seeräuber – hier ist Käpp'n Flint und prophezeit unserer Reise Erfolg. Nicht wahr, Käpp'n?«

Und der Papagei schrie dann mit großer Zungenfertigkeit: »Piaster! Piaster! Piaster!« – bis John sein Taschentuch über den Käfig warf.

»Na sieh mal«, sagte er dann, »dieser Vogel, der ist vielleicht zweihundert Jahre alt, Hawkins – diese Tiere leben beinahe ewig. Wenn einer mehr Ruchlosigkeiten gesehen hat, dann muss das der Teufel selber sein. Der Vogel ist mit England gefahren, mit dem großen Käpp'n England, dem Piraten. Er ist auf Madagaskar gewesen, auf Malabar, in Surinam, Providence und Portobello. Er war dabei, als die gescheiterten Silberschiffe wieder aufgefischt wurden. Da hat er dies Geplapper von den Piastern gelernt, und das ist wohl kein Wunder: dreihundertundfünfzigtausend waren's, Hawkins! Er war dabei, als der Vizekönig von Indien aus dem Hafen von Goa herausgeholt wurde. Jawohl, da war er! Und wenn du ihn so ansiehst, möchtest du denken, er wäre unschuldig wie ein kleines Kind – aber du hast Pulver gerochen – nicht wahr, Käpp'n?«

»Mach, dass du weiterkommst!«, kreischte der Papagei.

»Tscha, er ist ein hübsches Kerlchen!«, sagte der Koch und gab ihm ein Stück Zucker aus der Tasche, und dann hackte der Vogel gegen die Stäbe des Käfigs und fluchte dabei so gräulich, wie man sich's nicht vorstellen kann.

»Tscha«, pflegte John dann zu sagen, »man kann kein Pech anfassen und dabei reine Finger behalten, mein Junge! Hier flucht mein armer, alter, unschuldiger Vogel das Blaue vom Himmel herunter und hat dabei keine Ahnung, was er sagt – darauf kannst du dich verlassen. Er würde ebenso fluchen, wenn er mit einem Kaplan zusammen wäre, und würde denken, es sei bloß eine gemütliche Unterhaltung.«

Und dabei tippte John sich auf die Stirn und machte dazu ein so frommes Gesicht, dass ich überzeugt war, er sei der beste Mensch auf der Welt.

Während dieser ganzen Zeit war das Verhältnis zwischen dem Squire und Kapitän Smollett immer noch sehr gespannt. Der Squire machte gar kein Hehl daraus, dass er von dem Kapitän gering dachte. Der Kapitän seinerseits sprach nur, wenn er angeredet wurde, und dann waren seine Antworten scharf, kurz und trocken – niemals ein Wort zu viel. Wenn er in die Enge getrieben wurde, gab er zu, er scheine in Bezug auf die Mannschaft sich geirrt zu haben; einige seien wirklich flotte Matrosen, und alle hätten sich ziemlich gut benommen. In das Schiff war er geradezu verliebt. Oftmals sagte er:

»Sie* liegt einen Strich näher am Wind, als ein Mann von seiner eigenen Ehefrau verlangen kann! Aber«, setzte er dann immer hinzu, »ich sage bloß so viel: Wir sind noch nicht zu Hause, und die ganze Kreuzfahrt gefällt mir nicht.«

Dann drehte der Squire sich um, warf das Kinn in die Luft und marschierte so auf dem Deck auf und ab.

»Wenn ich von dem Mann noch ein bisschen mehr kriege«, pflegte er zu sagen, »dann geh ich in die Luft!«

Wir hatten zuweilen schlechtes Wetter. Aber dabei zeigten sich die großartigen Eigenschaften der Hispaniola nur umso besser. Alle Leute an Bord schienen recht zufrieden zu sein. Sie hätten allerdings von Natur sehr unzufriedene Menschen sein müssen, wenn es anders der Fall gewesen wäre. Ich bin der Meinung: niemals ist eine Schiffsmannschaft so verwöhnt worden, seit Noah in See stach. Doppelter Grog wurde bei jedem nur erdenklichen Anlass ausgeteilt; mitten in der Woche gab es Pudding, zum Beispiel, wenn der

* Im Englischen sind Schiffe bekanntlich weiblichen Geschlechts.

Squire hörte, dass einer von den Leuten Geburtstag hatte. Eine Tonne voll von Äpfeln stand offen auf dem Mitteldeck, sodass jeder nur zuzulangen brauchte, wenn er Lust hatte.

»Habe noch nie gehört, dass so was gutgetan hätte!«, sagte der Kapitän zu Doktor Livesey. »Verwöhnst du die Matrosen, machst du Teufel aus ihnen!, sagt das Sprichwort, und das ist auch meine Meinung.«

Indessen tat die Apfeltonne doch etwas Gutes, wie man hören wird; denn wäre die nicht gewesen, so hätten wir keine Warnung bekommen und wären vielleicht alle meuchlings ermordet worden.

Und das kam so:

Wir waren vor den Passatwinden gefahren, um auf die Luvseite der von uns gesuchten Insel zu kommen – deutlicher darf ich mich nicht ausdrücken – und hielten jetzt Tag und Nacht scharfen Ausguck nach unserem Ziel. Nach allen Berechnungen mussten wir am letzten Tag unserer Reise sein; wahrscheinlich noch in der Nacht oder jedenfalls vor dem nächsten Mittag mussten wir die Schatzinsel sichten. Wir steuerten nach Süd-Südwest, hatten eine steife Brise im Stern und eine ruhige See. Die Hispaniola fuhr sicheren Kurses und tauchte ab und zu ihren Bugspriet so ein, dass eine Sprühwelle sich über sie ergoss. Alles ging gut vonstatten, und alle Leute waren in bester Stimmung, weil wir jetzt dem Ende des ersten Teiles unseres Abenteuers nahe waren.

Als ich gleich nach Sonnenuntergang mit meiner Arbeit fertig war und nach meiner Koje ging, da fiel mir ein, dass ich Lust auf einen Apfel hätte. Ich lief auf Deck. Die Leute von der Wache hielten alle nach vorne, nach der Insel Ausschau. Der Mann am Helm sah nach den Segeln und pfiff leise vor sich hin. Das war der einzige Ton, der zu hören war außer dem Klatschen der Wellen gegen den Bug und die Seiten des Schiffes.

Ich stieg in die Apfeltonne hinein und fand, dass kaum noch ein Apfel übrig war. Ich hockte mich im Dunkeln hin, und da muss mich das Klatschen des Wassers und die wiegende Bewegung des Schiffes wohl schläfrig gemacht haben. Ich war entweder schon eingeschlafen oder war jedenfalls dicht davor, als plötzlich ein Mensch sich schwer gegen das Fass setzte. Die Tonne schwankte, als er seinen Rücken anlehnte. Ich wollte gerade aufspringen, da begann der Mann zu sprechen. Es war Silvers Stimme, und nachdem ich ein Dutzend Worte gehört hatte, hätte ich nicht um die ganze Welt mich sehen lassen, sondern ich hockte da in meinem Fass und horchte, vor Angst und Neugierde zitternd. Denn dieses Dutzend Worte zeigte mir, dass das Leben aller ehrlichen Menschen an Bord von mir allein abhing.

Elftes Kapitel

Was ich in der Apfeltonne hörte

»I Gott bewahre! Flint war Käpp'n; ich war Quartermaster, trotz meinem Holzbein. Von derselben Breitseite, die mir mein Bein wegriss, verlor der alte Pew seine Gucker. Der Doktor, der mich amputierte, war ein großartiger Arzt – auf Hochschulen gewesen, mit Latein tonnenweise – aber er wurde gehenkt wie ein Hund und an der Sonne getrocknet wie die Übrigen, in Corso Castle. Es waren Roberts Leute, die da baumelten – und das kam davon, dass sie die Namen auf ihren Schiffen änderten – ›Royal Fortune‹ und so weiter. Nee, wie ein Schiff mal getauft ist, so lasst es weiter heißen – das sage ich! So war es mit der ›Cassandra‹, die uns alle heil und gesund von Malabar nach Hause brachte, als England den Vizekönig von Indien gefangen hatte; so war es mit dem alten ›Walross‹, Flints altem Schiff, das sah ich ganz schlipperig vom roten Blut und mit Gold beladen bis zum Sinken!«

»Ah!«, rief eine andere Stimme, offenbar voll Bewunderung; ich erkannte den jüngsten Matrosen, den wir an Bord hatten; »ha!, der war doch der großartigste Kerl von allen, der Flint!«

»Na, Davis war auch ein Mann, das will ich meinen!«, sagte Silver. »Ich bin allerdings niemals mit ihm gefahren; ich war erst bei England und dann bei Flint, und damit ist meine Geschichte aus; und nun bin ich hier auf meine eigene Rechnung sozusagen. Neunhundert Pfund legte ich auf die Kante, die verdiente ich unter England, dann zweitausend, das war mein Anteil, als ich bei Flint war. Das ist gar nicht so schlecht für einen Mann vorm Mast – und sie liegen alle sicher auf der Bank. Dass man Geld verdient, tut es noch nicht allein; man muss es auch zu sparen wissen, glaubt mir das! Wo Englands Leute jetzt sind? Das weiß ich nicht. Wo Flints Leute? Na, die meisten von ihm sind hier an Bord, und sind froh, dass sie ihr Futter haben – mancher von ihnen hat vorher betteln müssen. Der alte Pew, der seine Augen verloren hatte, der gab zwölfhundert Pfund in einem Jahr aus, wie ein Lord im Parlament. Hätte sich schämen sollen. Wo er jetzt ist? Nu, tot ist er und unter der Erde. Aber die letzten zwei Jahre vor seinem Tode, Gottverdammich, da hat der Mann gehungert! Er bettelte, stahl, schnitt Kehlen ab – und bei alledem hat er gehungert, Gottverdammich!«

»Tscha, viel Gutes kommt schließlich nicht dabei heraus«, sagte der junge Matrose.

»Für Dummköpfe allerdings nicht, darauf kannst du dich verlassen – nicht bloß nicht viel, sondern gar nichts!«, rief Silver. »Aber nun hör mal: jung bist du freilich aber hell wie ein Dreierlicht. Das sah ich, als ich dich zum ersten Mal zu sehen kriegte, und darum will ich mit dir reden, wie zu 'nem Mann!«

Man kann sich vorstellen, was ich dabei fühlte, als ich den fürchterlichen alten Schurken zu einem anderen genau dieselben schmeichelhaften Worte sagen hörte, mit denen er mich angeredet hatte. Ich glaube: Wäre ich dazu imstande gewesen, ich hätte ihn auf der Stelle getötet. Mittlerweile sprach er weiter, ohne eine Ahnung zu haben, dass noch jemand ihm zuhörte.

»Mit den Gentlemen des Glücks ist es so: Sie haben ein hartes Leben und riskieren den Strick, aber sie essen und trinken wie Kampfhähne, und wenn eine Kreuzfahrt zu Ende ist, na, dann haben sie Hunderte von Pfunden Sterling in ihrer Tasche statt ein paar hundert Pfennigen. Na, das meiste geht für Rum drauf und lustiges Leben. Dann gehen sie wieder zur See und haben bloß das Hemd auf dem Leibe. Aber das ist nicht meine Art! Ich lege alles auf die Kante, ein bisschen hierhin und ein bisschen dahin, und ja nicht zu viel auf eine Stelle, damit's keinen Verdacht gibt. Ich habe meine fünfzig Jahr auf dem Buckel, verstehst du? Sobald ich von dieser Fahrt zurück bin, spiele ich den feinen Mann und bleibe einer. Ist auch höchste Zeit, meinst du. Ja, ja – aber ich habe die ganze Zeit gut gelebt; habe mir niemals etwas abgehen lassen, was mein Herz begehrte, und habe alle meine Lebtage sanft geschlafen und lecker gegessen, außer wenn ich auf See war. Und wie fing ich an? Vor dem Mast – genau wie du!«

»Nu ja«, sagte der andere; »aber alle die andern haben doch jetzt kein Geld mehr, nicht wahr? Und wo ist dein Geld? Du darfst dich doch in Bristol nachher nicht mehr sehen lassen!«

»Puh! Wo glaubst du wohl, wo mein Geld ist?«, fragte Silver höhnisch.

»In Bristol, bei Banken und sonstwo«, antwortete sein Kamerad.

»Da war es«, sagte der Koch; »da war es, als wir den Anker lichteten. Aber jetzt hat meine Alte das ganze. Das ›Fernrohr‹ ist verkauft – Wirtschaft, Einrichtung und Kundschaft. Meine Alte ist schon unterwegs und weiß, wo sie mich trifft. Ich würde dir sagen, wo das ist – denn ich traue dir; aber es würde die anderen Kameraden eifersüchtig machen.« – »Und kannst du dich denn auf deine Frau verlassen?«, fragte der andere.

»Glücksgentlemen«, antwortete der Koch, »trauen für gewöhnlich wenig einander, und da haben sie auch recht, verlass dich drauf. Aber ich habe so was Besonderes an mir, weißt du. Wenn einer sonst auch nicht so ganz zuverlässig ist – ich meine: einer, der mich kennt – so wird er sich mit dem alten John doch vorsehen. Da waren einige, die hatten vorm alten Pew Angst, und einige hatten Angst vor Flint. Aber Flint selber hatte Angst vor mir. Hatte Angst vor mir und war stolz auf mich. Das war die schlimmste Bande auf der ganzen See: Flints Leute. Der Teufel selber hätte Angst gehabt, mit ihnen in See zu gehen. Na, ich sage dir, prahlen ist sonst nicht meine Art, und du siehst selber, was für ein netter Kamerad ich bin; aber als ich Matrose war, da waren Flints alte Piraten wie Lämmer, sag' ich dir. Oh, du brauchst keine Angst zu haben auf dem Schiff, wo der alte John drauf ist!«

»Na, ich will dir was sagen«, rief der Junge, »die Geschichte gefiel mir eigentlich ganz und gar nicht, bis ich dies Gespräch mit dir hatte; aber hier ist jetzt meine Hand drauf!«

»Und ein braver Junge warst du, und helle bist du auch!«, antwortete Silver, und sie schüttelten sich so die Hände, dass die ganze Apfeltonne zitterte. »Einen schöneren Kopf für einen Glücksgentleman haben meine Augen nie gesehen!«

Ich begann mittlerweile ihre Ausdrücke zu verstehen. Unter einem »Glücksgentleman« verstanden sie offenbar einen gemeinen Piraten. Die kleine Szene, die ich belauscht hatte, war der letzte Akt der Verführung eines von den ehrlichen Matrosen – vielleicht des letzten solchen, der noch an Bord war. Aber in dieser Hinsicht sollte ich bald Gewissheit haben, denn Silver stieß einen leisen Pfiff aus. Da kam ein dritter heran und setzte sich zu den beiden anderen.

»Dick ist unser«, sagte Silver. »Oh, ich wusste, dass Dick unser sein würde«, antwortete die Stimme des Schaluppmeisters Israel Hands. »Dick ist ja doch kein Schafskopf!« Bei diesen Worten spuckte er seinen Tabaksaft aus. »Aber hör mal«, fuhr er fort, »ich möchte wissen, Barbecue: Wie lange soll das noch so weitergehen? Ich habe von Käpp'n Smollett nun bald genug. Er hat mich lange genug geschurigelt, zum Donner noch mal! Ich will jetzt seine Kajüte haben! Ich will ihre eingemachten Sachen haben und ihren Wein!«

»Israel«, sagte Silver, »dein Kopf ist nicht viel wert; ist es nie gewesen. Aber du kannst wohl hören, denk' ich. Deine Ohren sind wenigstens groß genug dazu. Na, hör mal, was ich dir sage: Du schläfst weiter vorn bei uns anderen, arbeitest und sprichst vernünftig und bleibst nüchtern, bis ich das Losungswort gebe. Und darauf kannst du dich verlassen, mein Sohn!«

»Nun – ich sage ja auch nicht, dass ich das nicht will, nicht wahr?«, murrte der Schaluppmeister. »Ich frage bloß: wann? Weiter frage ich nichts.«

»Wann! Gottverdammich!«, rief Silver. »Na, wenn du's durchaus wissen willst, so will ich dir sagen, wann es sein soll. So spät, wie ich es irgend machen kann; da hast du deine Antwort auf die

Frage: wann. Da ist ein Seemann erster Güte, Käpp'n Smollett, der dies verdammte Schiff für uns segelt. Da ist dieser Squire und der Doktor mit einer Karte und so weiter. Ich weiß auch nicht, wo der Kram liegt, nicht wahr? Du weißt es auch nicht? Na also! Ich meine, dieser Squire und dieser Doktor sollten das Zeug finden und sollen uns helfen, es an Bord zu kriegen, Gottverdammich noch einmal! Und dann wollen wir sehen. Wenn ich mich auf euch verlassen könnte, ihr Söhne von doppelten Holländern, so sollte Käpp'n Smollett uns das Schiff den halben Weg zurückbringen, bevor ich zuschlüge!«

»Nu, wir sind doch lauter Seeleute hier an Bord, sollte ich meinen«, sagte der junge Dick.

»Wir sind alle Leute vor dem Mast, meinst du!«, schnauzte Silver ihn an. »Wir können einen Kurs steuern – aber wer soll den Kurs angeben? Darüber kommt ihr Herren alle zu Fall, vom ersten bis zum letzten. Wenn es nach mir ginge, sollte Käpp'n Smollett uns mindestens bis in die Passatwinde zurückbringen. Dann hätten wir keine verdammten Rechenfehler und einen Löffel voll Wasser täglich. Aber ich kenne eure Sorte! Ich will mit ihnen noch auf der Insel Schluss machen, sobald der Plunder an Bord ist, aber jammerschade ist es. Aber ihr seid ja nicht zufrieden, bis ihr besoffen seid! Hol' mich der Geier, mir tut das Herz weh, mit solchen Leuten wie euch zu segeln!« – »Man sachte, Long John!«, rief Israel. »Wer hat dir denn was getan?«

»Na, wie viele große Schiffe, meint ihr, habe ich entern sehen? Und wie manchen fixen Kerl habe ich in der Sonne am Galgen trocknen sehen?«, rief Silver. »Und alles wegen: man schnell! man schnell! man schnell! Versteht ihr mich? Ich habe allerlei auf See gesehen, das könnt ihr glauben. Wenn ihr nur den richtigen Kurs steuert und euch stramm vorm Wind halten wolltet, ihr könntet als feine Leute in Kutschen fahren, jawoll! Aber fällt euch ja gar nicht ein! Ich kenne euch. Ihr wollt morgen euren Mund voll Rum haben und wenn's zum Galgen geht!«

»Das weiß ja jeder, dass du so eine Art von Paster bist, John, aber da sind andere, die ebenso gut wie du eine Sache deichseln konnten«, sagte Israel. »Sie waren gerne ein bisschen lustig, na ja. Sie waren eben nicht so langweilig und so trocken, sondern wollten mal ihren Jux haben, wie lustige Kerls, einer wie der andere!«

»So?«, sagte Silver. »Na, und wo sind sie nun? Pew war einer von der Sorte, und er starb als Bettler. Flint war auch einer, und der starb in Savannah am Rum. Oh, sie waren eine famose Bande, gewiss, das waren sie! Bloß – wo sind sie jetzt?«

»Aber«, fragte Dick, »wenn wir sie nun auf den Rücken legen, was sollen wir dann eigentlich mit ihnen anfangen?«

»Das ist der rechte Mann für mich!«, rief der Koch, scheinbar voll Bewunderung. »Das nenne ich Geschäft. Na, was meint ihr wohl? Sie an Land aussetzen? So hätte England es gemacht. Oder sie abzustechen wie Schweine? Das wäre Flints Art gewesen und Billy Bones' seine.«

»Billy war der Mann dazu«, sagte Israel. »Tote Leute beißen nicht, sagte er. Na, nun ist er selber tot; und wenn je ein wüster Kerl zu Hafen gekommen ist, so war Billy es.«

»Da hast du recht«, sagte Silver; »wüst war er und fix. Aber nun hör mal zu: Ich bin ein netter Kerl – ich bin ein richtiger Gentleman, sagst du. Aber diesmal ist es Ernst. Pflicht ist Pflicht, Kameraden! Ich gebe meine Stimme ab – Tod! Wenn ich im Parlament bin und in meiner Kutsche fahre, dann will ich nicht, dass diese Herren aus der Kajüte einmal ganz unerwartet nach Haus kommen wie der Teufel, wenn einer betet! Abwarten, sage ich! Aber wenn die Zeit da ist, na – dann marsch mit ihnen!«

»John«, rief der Schaluppmeister, »du bist ein Mann!«

»Das wirst du sagen, Israel, wenn es so weit ist«, sagte Silver. »Für mich verlange ich bloß eins – ich verlange diesen Trelawney. Dem will ich seinen Kalbskopf vom Leib abtrennen, mit meinen eigenen Händen! Dick«, rief er plötzlich, »spring mal schnell auf, mein lieber Junge, und bringe mir einen Apfel; mir ist die Kehle ganz trocken!«

Man kann sich vorstellen, welchen Schreck ich bekam! Wenn ich die Kraft gehabt hätte, wäre ich aus der Tonne gesprungen und davongelaufen; aber mir versagten die Glieder ebenso wie mein

Mut. Ich hörte, wie Dick aufstand; dann aber hielt offenbar einer ihn zurück, und ich hörte Israels Stimme, der ausrief:

»Oh, lass das doch! Was willst du mit dem faden Zeug, John, lass uns einen guten Schluck Rum haben!«

»Dick«, sagte Silver, »ich traue dir. Übrigens habe ich ein Zeichen an den Fässchen gemacht. Hier ist der Schlüssel. Du füllst ein Kännchen und bringst es her.«

Sosehr ich auch in Angst war, musste ich doch unwillkürlich bei mir denken, dass offenbar auf diesem Wege der Steuermann Arrow den Branntwein bekommen hatte, der sein Tod wurde.

Dick war nur eine kleine Weile fort. Während seiner Abwesenheit flüsterte Israel die ganze Zeit über dem Koch etwas ins Ohr. So konnte ich nur ein paar Worte aufschnappen. Indessen bekam ich dadurch doch noch eine wichtige Nachricht; denn ich hörte deutlich, wie er sagte: »Von den anderen will kein Einziger mehr mit uns gehen.«

Es waren also noch einige treue Leute an Bord.

Als Dick zurückkam, nahm einer nach dem anderen von dem Trio das Kännchen und brachte einen Spruch aus.

»Gut Glück!«, sagte der eine.

Der andere sagte:

»Das bring' ich dem alten Flint!«

Silver selbst machte einen Vers: »Dies auf uns selber, und haltet euch steif! 'nen Haufen Geld, und was Gutes in 'n Bauch!«

Gerade in diesem Augenblicke fiel ein heller Schein in die Tonne, und als ich aufblickte, fand ich, dass der Mond aufgegangen war, den Hauptmast in silbernes Licht tauchte und weiß auf das Focksegel schien. Beinahe im selben Augenblick rief der Mann am Ausguck:

»Land ahoi!«

Zwölftes Kapitel

Kriegsrat

Ich hörte ein lautes Getrampel auf dem Deck. Ich hörte, wie Leute von der Kajüte und von der Vorderback auf Deck stürzten. Im Nu sprang ich aus meiner Tonne heraus, duckte mich hinter das Focksegel, schlich mich nach dem Stern zurück und kam gerade in dem Augenblick auf das freie Deck, als Hunter und Dr. Livesey zum Bug liefen.

Dort war schon die ganze Schiffsmannschaft versammelt. Beinahe gleichzeitig mit dem Aufgehen des Mondes hatte sich ein Nebelgürtel verflüchtigt. Nach Südwesten zu sahen wir zwei niedrige Hügel, die etwa zwei Meilen voneinander entfernt sein mochten, und hinter einem von ihnen einen dritten, höheren Berg, dessen Gipfel noch vom Nebel bedeckt war. Alle drei Berge waren von scharfumrissener kegelförmiger Gestalt.

So viel sah ich beinahe wie in einem Traum; denn ich hatte mich noch nicht von der grässlichen Angst erholt, die ich ein paar Minuten vorher ausgestanden hatte. Die Hispaniola war ein paar Striche näher an den Wind gelegt worden und segelte jetzt einen Kurs, dass sie gerade um die Ostspitze der Insel herumfahren musste.

Als alle Segel gerefft waren, sagte der Kapitän: »Nun, Leute, hat einer von euch das Land da vor uns schon einmal gesehen?«

»Das habe ich, Herr!«, sagte Silver. »Ich habe hier mit einem Kauffahrer Wasser eingenommen; ich fuhr als Koch mit.«

»Der Ankergrund ist wohl auf der Südseite, hinter einer kleinen Insel, denke ich mir?«, sagte der Kapitän.

»Jawoll, Herr, das ist die sogenannte Skelettinsel. Die Hauptinsel war früher ein Lieblingsplatz der Piraten, und einer, den wir an Bord hatten, kannte alle die Namen, die sie den einzelnen Plätzen gegeben hatten. Den Berg nach Norden zu nennen sie den Fockmast-Berg; drei Berge laufen in einer Reihe von Norden nach Süden – Fock-, Haupt- und Besanmast-Berg, Herr. Aber den Hauptmastberg – das ist der große da, mit der Wolke oben drauf –, den nannten sie gewöhnlich das ›Fernrohr‹, weil sie da oben Ausguck hielten, während sie auf dem Ankergrund lagen und ihr Schiff putzten; denn das taten sie immer an der gleichen Stelle, Herr, bitte um Verzeihung.«

»Ich habe hier eine Karte«, sagte Kapitän Smollett. »Seht mal zu, ob das der Platz ist.«

Dem langen John glühten die Augen im Kopf, als er die Karte in die Hand nahm; ich erkannte aber gleich an dem Aussehen des Papiers, dass ihm eine Enttäuschung bevorstünde. Es war nicht die Karte, die wir in Billy Bones' Seekiste gefunden hatten, sondern eine genaue Kopie, auf der alles vollständig angegeben war: Namen, Höhen und Tiefenlotungen; mit der einzigen Ausnahme, dass die roten Kreuze und die handschriftlichen Erläuterungen fehlten. So groß sein Ärger gewesen sein muss, so hatte Silver doch die Selbstbeherrschung, ihn sich nicht anmerken zu lassen.

»Jawoll, jawoll, Herr«, sagte er, »freilich ist das die Stelle und sehr sauber aufgezeichnet! Ich möchte wissen, wer das hat machen können! Die Piraten waren wohl zu unwissend dazu, möchte ich meinen. Aha, da steht es: Käpp'n Kidds Ankergrund – genau der Name, den mein Schiffsmaat der Stelle gab. Ein starker Strom läuft an der Küste nach Süden und dann wieder an der Westküste hinauf nach Norden. Das war recht von Ihnen, Herr Käpp'n, den Wind abzukneifen und auf die Wetterseite der Insel zuzusteuern. Wenigstens wenn Sie die Absicht gehabt haben, hier vor Anker zu gehen und das Schiff zu putzen; denn dafür gibt es keine bessere Stelle in diesen Gewässern.«

»Danke Euch, Mann«, sagte Kapitän Smollett. »Ich werde Euch später bitten, uns zu helfen. Ihr könnt jetzt gehen.«

Ich war erstaunt über die Kaltblütigkeit, mit der John zugab, dass er die Insel kenne. Ich gestehe, dass ich einen Schreck bekam, als ich sah, wie er auf mich zuging. Allerdings wusste er sicher nicht, dass ich sein Gespräch bei der Apfeltonne belauscht hatte. Ich hatte einen solchen Abscheu vor seiner Grausamkeit, Falschheit und Gefährlichkeit, dass ich kaum einen Schauder unterdrücken konnte, als er die Hand auf meinen Arm legte und zu mir sagte:

»Ei, das ist ein famoser Ort, diese Insel – ein famoser Ort für einen Jungen, der mal an Land gehen möchte. Da wirst du baden und auf Bäume klettern, wirst Ziegen jagen und wirst selber wie eine Ziege auf die Berge da klettern. Wahrhaftig, der Anblick macht mich wieder jung! Ich vergaß beinah mein Holzbein! Es ist ein angenehmes Ding, jung zu sein und zehn Zehen zu haben, darauf kannst du dich verlassen. Wenn du gern mal einen kleinen Streifzug unternehmen möchtest, so frage nur den alten John, und er wird dir einen guten Happen zurechtmachen, den du mitnehmen kannst.«

Er schlug mir in der freundschaftlichsten Weise auf die Schulter und humpelte dann davon, in seine Kombüse hinunter.

Kapitän Smollett, der Squire und Dr. Livesey standen auf dem Quarterdeck beisammen und unterhielten sich miteinander. So dringend es auch war, dass ich ihnen meine Geschichte erzählte, so durfte ich doch nicht offen an sie herantreten und sie unterbrechen. Während ich noch darüber nachdachte, wie ich eine glaubhafte Entschuldigung finden konnte, rief Dr. Livesey mich zu sich heran. Er hatte seine Pfeife unten gelassen, und da er ohne Tabak nicht leben konnte, so wollte er sie sich von mir heraufholen lassen. Sobald ich so nahe bei ihm war, dass ich mit ihm sprechen konnte, ohne von anderen gehört zu werden, brach ich in die Worte aus:

»Herr Doktor, lassen Sie mich sprechen! Veranlassen Sie den Kapitän und den Squire, mit Ihnen in die Kajüte hinunterzugehen. Lassen Sie mich dann aus irgendeinem Vorwande rufen! Ich habe fürchterliche Neuigkeiten für Sie!«

Der Doktor wurde ein bisschen blass, fand aber sofort seine Selbstbeherrschung wieder und sagte laut:

»Danke, Jim! Das war alles, was ich wissen wollte« – wie wenn er mich nach etwas gefragt hätte.

Damit drehte er sich um und trat wieder zu den beiden anderen Herren. Sie sprachen eine kurze Weile miteinander. Obgleich keiner von ihnen seine Überraschung offen zeigte, seine Stimme erhob oder auch nur vor sich hinpfiff, so war doch klar und deutlich, dass Dr. Livesey ihnen meine Bitte mitgeteilt hatte. Das Nächste, was ich hörte, war ein Befehl, den der Kapitän dem Bootsmann Hiob Anderson gab, und alle Leute wurden auf Deck gerufen.

Dann sagte Kapitän Smollett: »Jungens! Ich habe euch was zu sagen. Dieses Land, das wir gesichtet haben, ist der Ort, nach dem wir segeln. Herr Trelawney, der ein sehr freigebiger Herr ist, wie wir alle wissen, hat mich eben gefragt, wie ihr euch benommen habt. Da ich ihm sagen konnte, dass jeder Mann an Bord, oben und unten, seine Pflicht getan habe, wie ich es gar nicht besser verlangen könnte, na, so gehen er, ich und der Doktor jetzt in die Kajüte hinunter, um auf euer Wohl und gut Glück zu trinken. Auch euch soll Grog ausgeschenkt werden, um auf unser Wohl und Glück zu trinken. Ich will euch sagen: Ich finde es fein! Und wenn ihr ebenso denkt wie ich, so werdet ihr jetzt ein gutes Seemannshurra ausbringen auf den Herrn, der so großzügig ist.«

Das Hurra wurde gerufen – das war ja selbstverständlich. Es klang so laut und herzlich, dass ich gestehen muss, ich konnte kaum glauben, dass diese Leute nach unserem Blut trachteten.

»Noch ein Hurra, für Käpp'n Smollett!«, schrie Long John, als das erste Hurra verklungen war.

Auch dieses wurde laut und kräftig ausgebracht.

Dann gingen die drei Herren in die Kajüte hinunter. Es dauerte nicht lange, dann kam Bescheid, dass Jim Hawkins kommen solle.

Ich fand alle drei um den Tisch herum sitzen, auf dem eine Flasche spanischer Wein und einige Rosinen standen. Der Doktor rauchte wie ein Schlot und hatte seine Perücke auf dem Schoß liegen; dies war, wie ich wusste, ein Zeichen, dass er aufgeregt war. Das Fenster im Stern stand offen, denn es war eine warme Nacht. Man konnte sehen, wie der Mond auf das Kielwasser des Schiffes schien.

»Nun, Hawkins«, sagte der Squire, »du willst etwas sagen. Heraus damit!«

Ich tat nach seinem Befehl und erzählte so gut wie möglich Silvers Gespräch mit den beiden Matrosen in allen Einzelheiten. Keiner unterbrach mich, bis ich fertig war, und keiner von den dreien machte auch nur eine Bewegung. Sie sahen mich alle vom ersten bis zum letzten Wort unverwandt an. Dann sagte Dr. Livesey: »Jim, nimm dir einen Stuhl.«

Sie ließen mich an ihre Seite an den Tisch setzen, schenkten mir ein Glas Wein ein, gaben mir ein paar Hände voll Rosinen und tranken alle drei, einer nach dem andern und jeder mit einer Verbeugung, auf meine Gesundheit und dankten mir für mein Glück und meinen Mut.

Dann sagte der Squire: »Nun, Kapitän, Sie haben recht gehabt, und ich hatte unrecht. Ich erkläre mich selber für einen Esel und erwarte Ihre Befehle.«

»Sie waren kein größerer Esel als ich, Herr Trelawney«, antwortete der Kapitän. »Ich habe nie davon gehört, dass eine Mannschaft an Meuterei gedacht hat, ohne dass man vorher Anzeichen davon bemerkte, sodass jeder, der Augen im Kopf hat, den Unrat wittern und dementsprechende Maßregeln ergreifen konnte. Aber diese Mannschaft hat mich geschlagen.«

»Mit Ihrer Erlaubnis, Kapitän«, sagte der Doktor, »es war dieser Silver. Ein ganz gefährlicher Mann.«

»Der sich außerordentlich gut ausnehmen würde, wenn er an einer Rahe hinge, Doktor!«, antwortete der Kapitän. »Aber dies ist Gerede, das zu nichts führt. Ich sehe hier drei oder vier Dinge, die, mit Herrn Trelawneys Erlaubnis, ich nennen möchte.«

»Sie sind der Kapitän, Herr Smollett, Ihre Sache ist es, zu sprechen«, sagte Trelawney mit einer großartigen Handbewegung.

»Also erstens«, begann Smollett, »wir müssen landen, weil wir nicht zurück können. Wenn ich den Befehl gäbe, wieder umzukehren, würden sie sofort losschlagen. Zweitens: Wir haben Zeit – wenigstens so lange, bis der Schatz gefunden ist. Drittens: Es sind noch treue Leute da. Nun, meine Herren – zu Schlägen kommt es früher oder später. Darum schlage ich vor, die Gelegenheit an der Stirnlocke zu fassen, wie man zu sagen pflegt, um selber eines Tages loszuschlagen, wenn sie es am wenigsten erwarten. Ich nehme an, dass wir auf Ihre eigenen Bedienten, die Sie von Hause mitgebracht haben, uns verlassen können, Herr Trelawney?«

»Wie auf mich selber!«, erklärte der Squire.

»Das sind drei«, berechnete der Kapitän; »dazu wir selbst, das macht sieben, Hawkins hier mitgerechnet. Wie steht es nun mit den ehrlichen Leuten?«

»Höchstwahrscheinlich sind das die, die Trelawney selbst angenommen hat«, sagte der Doktor; »ich meine die Matrosen, die er sich aussuchte, bevor er an diesen Silver geriet.«

»Nein«, antwortete der Squire; »Hands war einer von meinen!«

»Ich dachte, dem Hands hätte ich trauen können«, bemerkte der Kapitän.

»Dass das alles Engländer sind!«, brach der Squire los. »Herrgott noch mal, ich hätte Lust, das ganze Schiff in die Luft fliegen zu lassen!«

»Nun, meine Herren«, sagte der Kapitän, »ich kann nicht viel Gutes sagen. Wir müssen abwarten, wenn es Ihnen recht ist, und scharf aufpassen. Ich weiß wohl, das ist für einen Menschen eine schwere Aufgabe. Es wäre angenehmer, einfach loszuschlagen. Aber das geht nun einmal nicht anders, bis wir unsere Leute kennen. Ruhig bleiben und auf den rechten Wind warten – das ist meine Meinung.«

»Jim«, sagte der Doktor, »kann uns mehr helfen als irgendein anderer. Die Leute haben kein Misstrauen gegen ihn. Jim ist ein aufgeweckter Junge.«

»Hawkins, ich habe kolossales Vertrauen zu dir«, rief der Squire.

Diese Bemerkungen freuten mich nicht, denn ich fühlte mich vollständig hilflos. Und doch fügte es sich durch eine merkwürdige Reihe von Umständen so, dass die Rettung durch mich kam.

Einstweilen stand es so: Von den sechsundzwanzig waren es nur sieben, auf die wir uns verlassen konnten. Dies wussten wir genau. Und von den sieben war der eine ein Knabe, sodass also nur sechs erwachsene Männer auf unserer Seite den neunzehn auf der anderen gegenüberstanden.

III Mein Abenteuer an Land

Dreizehntes Kapitel

Der Anfang meines Landabenteuers

Als ich am nächsten Morgen auf Deck kam, sah die Insel ganz anders aus. Obwohl es jetzt vollkommen windstill war, hatten wir doch während der Nacht eine gute Strecke zurückgelegt. Jetzt lagen wir in der Kalme ungefähr eine halbe Meile südöstlich der flachen Ostküste. Graugrüne Wälder bedeckten einen großen Teil des Landes. Diese gleichmäßige Färbung wurde allerdings durch Streifen gelben Sandes im hinteren Teil der Insel unterbrochen sowie durch viele große Bäume, dem Anschein nach Nadelholz, die über die Wälder hinausragten – manche einzeln, manche in kleinen Gruppen. Die allgemeine Färbung war eintönig und trübe. Über den Wäldern erhoben sich die Berge als nackte Felsen. Diese waren alle von seltsamer Form, und das »Fernrohr«, das um drei- oder vierhundert Fuß über die anderen hinausragte, war zugleich auch in Bezug auf seine Form am sonderbarsten. Der Berg fiel beinahe auf allen Seiten steil ab und war an der Spitze abgeplattet, wie der Sockel eines Denkmals.

Die Hispaniola schwankte in der Dünung des Ozeans. Das Steuerruder schlug hin und her. Das ganze Schiff stöhnte und ächzte. Ich musste mich fest an die Takelage anklammern, und mir wurde schwarz vor den Augen. Obgleich ich unterwegs leidlich seefest war, konnte ich mich doch niemals daran gewöhnen, so auf einer Stelle stillzuliegen und wie eine Flasche herumgerollt zu werden. Besonders morgens auf nüchternen Magen fühlte ich mich immer übel.

Vielleicht war es dieses Unwohlsein – vielleicht war es auch der Anblick der Insel mit ihren grauen, trübseligen Wäldern, den wilden Felsenbergen und der Brandung, die schäumend sich an der steilen Küste brach und deren Donnern ich hörte. Obgleich die

Sonne hell und warm schien und die Strandvögel rings um uns herum fischten – und schrien und obgleich man hätte meinen sollen, jeder wäre gern an Land gegangen, nachdem er so lange auf See gewesen war – so sank mir doch das Herz in die Stiefel, wie man zu sagen pflegt. Bei dem ersten Blick hasste ich den bloßen Gedanken an diese Schatzinsel.

Wir hatten eine harte Morgenarbeit vor uns, denn da es vollkommen windstill war, mussten die Boote ausgesetzt und bemannt werden, um das Schiff drei oder vier Meilen weit um die Ecke der Insel herumzuschleppen, bis wir in dem engeren Sund hinter der Skelettinsel waren. Ich ging als Freiwilliger in eins der Boote, wo ich natürlich nichts zu tun hatte. Die Hitze war fürchterlich drückend, und die Leute schimpften mächtig bei ihrer Arbeit. Anderson hatte den Befehl über mein Boot und schimpfte so laut wie die schlimmsten, anstatt seine Leute in Zucht zu halten.

»Na«, sagte er mit einem Fluch, »es ist ja nicht für ewig!«

Ich hielt dies für ein sehr schlimmes Zeichen; denn bis zu diesem Tage hatten die Leute eifrig und willig ihre Arbeit getan. Beim bloßen Anblick der Insel hatte sich die Manneszucht gelockert.

Während der ganzen Fahrt stand Long John neben dem Mann am Steuerruder auf dem Schiff und gab die Richtung an. Er kannte das Fahrwasser wie seine Hosentasche. Obgleich der Mann, der die Tiefen lotete, überall mehr Wasser fand, als auf der Karte angegeben war, brauchte John sich niemals auch nur einen Augenblick zu besinnen.

»Die Ebbe bringt einen starken Strom«, sagte er, »und diese Fahrtrinne hier ist sozusagen mit dem Spaten ausgegraben.«

Wir machten genau an der Stelle halt, wo auf der Karte der Anker eingezeichnet war, ungefähr eine Drittelmeile von beiden Küsten entfernt, von der der Hauptinsel auf der einen Seite, von der der Skelettinsel auf der anderen. Der Boden war reiner Sand. Als unser Anker in das Wasser plumpste, erhoben sich Wolken von Vögeln flatternd und kreischend über die Wälder. In weniger als einer Minute waren sie wieder auf ihren Bäumen, und alles war wieder still.

Der Ankerplatz war auf allen Seiten von Land umschlossen und lag in den Wäldern vergraben, deren Bäume bis unmittelbar an die Hochwassermarke herankamen. Der Strand war beinahe ganz flach, und die Berggipfel standen in der Ferne wie ein Amphitheater, einer hier, einer dort. Zwei versumpfte Bäche ergossen sich in diesen Teich, wie man das Gewässer nennen konnte. Das Laubwerk an diesem Teil des Strandes hatte eine giftgrüne Farbe. Vom Schiff aus konnten wir weder von dem in der Karte angegebenen Hause noch von dem Palisadenwerk etwas sehen. Beide lagen vollständig hinter den Bäumen verborgen. Hätten wir nicht die Karte in unserer Kajüte gehabt, so hätten wir glauben können, wir seien die ersten, die jemals an dieser Stelle ankerten, seit die Insel aus dem Meere aufgetaucht war.

Kein Lüftchen regte sich und kein Laut war zu hören, außer dem Donnern der Brandung, die in der Entfernung einer halben Meile gegen den Strand und die Klippen anschlug. Ein eigentümlicher Geruch lag über dem Ankerplatz – wie von vermodernden Blättern und faulem Holz. Ich bemerkte, wie der Doktor fortwährend schnüffelte, wie einer, der ein faules Ei riecht.

»Vom Schatzsuchen verstehe ich nichts«, sagte er, »aber ich will meine Perücke darauf wetten, dass hier Fieber herrscht!«

Wenn die Haltung der Leute in den Booten schon beunruhigend gewesen war, so wurde sie bedrohlich, als sie wieder an Bord gekommen waren. Sie lagen auf dem Deck herum und schimpften untereinander. Der geringste Befehl wurde mit düsteren Blicken entgegengenommen und wurde widerwillig und nachlässig ausgeführt. Selbst die ehrlichen Leute mussten davon angesteckt sein, denn keiner an Bord machte es besser als die anderen. Es war klar und deutlich, dass Meuterei wie eine Gewitterwolke über uns in der Luft hing.

Aber nicht nur wir von der Kajütspartei bemerkten die Gefahr. Long John war eifrig an der Arbeit, ging von einer Gruppe zur anderen, gab überall guten Rat. Kein Mensch hätte ein besseres Beispiel geben können. Er überbot sich selber an Bereitwilligkeit und Höflichkeit. Für alle hatte er ein freundliches Lächeln. Wenn ein

Befehl gegeben wurde, war augenblicklich John auf seiner Krücke da, mit dem freudigsten »Jawoll, Herr!« von der Welt; und wenn nichts anderes zu tun war, stimmte er ein Lied nach dem anderen an, wie wenn er auf diese Weise das Missvergnügen der anderen verbergen wollte.

Von allen trüben Vorzeichen dieses trüben Nachmittags war diese offenbare Ängstlichkeit des langen John am verdächtigsten.

Wir hielten in der Kajüte Kriegsrat.

»Herr Trelawney«, sagte der Kapitän, »wenn ich noch einen Befehl riskiere, wird die ganze Mannschaft über uns herfallen. Sie sehen selber, wie es steht. Ich bekomme eine grobe Antwort, nicht wahr? Nun, wenn ich darauf ein Wort sage, kommt es im Nu zum Schlagen; tu ich das nicht, so wird Silver begreifen, dass ich eine bestimmte Absicht dabei habe, und dann sind wir ebenso weit. Wir haben jetzt einen einzigen Menschen, auf den wir uns verlassen können.«

»Und wer ist das?«, fragte der Squire.

»Silver, Herr Trelawney!«, antwortete der Kapitän. »Er ist so ängstlich wie Sie und ist darauf bedacht, dass alles seinen ruhigen Gang geht. Die augenblickliche Stimmung der Leute ist nur eine kleine Verdrießlichkeit. Die wird er ihnen bald ausreden, wenn er nur eine Möglichkeit dazu hat. Darum schlage ich vor, dass wir ihm diese Möglichkeit geben. Lassen Sie uns der Mannschaft erlauben, heute Nachmittag an Land zu gehen. Wenn sie alle gehen, nun, dann können wir das Schiff verteidigen. Wenn keiner von ihnen gehen will, dann wehren wir uns in der Kajüte, und Gott möge das Recht beschützen! Wenn aber einige gehen – glauben Sie meinen Worten –, so wird Silver sie so sanft wie Lämmer an Bord zurückbringen.«

Es wurde beschlossen, diesen Rat zu befolgen; alle sicheren Leute bekamen geladene Pistolen; Hunter, Joyce und Redruth wurden ins Vertrauen gezogen. Sie nahmen die Nachricht mit geringerer Überraschung und mit größerem Mut auf, als wir erwartet hatten. Dann ging der Kapitän auf Deck und hielt eine Ansprache an die Mannschaft:

»Jungens«, sagte er, »wir haben einen heißen Tag gehabt und sind alle müde und nicht in Stimmung. Eine kleine Fahrt an Land wird keinem was schaden; die Boote sind noch zu Wasser; ihr könnt die Ruderboote nehmen, und wer von euch Lust hat, kann für den Nachmittag an Land gehen. Eine halbe Stunde vor Sonnenuntergang werde ich eine Kanone abfeuern.«

Ich glaube, die dummen Tröpfe müssen geglaubt haben, sie würden sich die Schienbeine an Schätzen zerstoßen, sobald sie an Land kämen; denn ihre verdrießliche Laune war im Nu verschwunden. Sie brachten ein »Hurra« aus, das von den Bergen in der Ferne widerhallte, sodass die Vögel wieder aufflogen und um den Ankerplatz herumflatterten.

Der Kapitän war zu klug, um ihnen im Wege zu stehen. Er verschwand sofort in der Kajüte und überließ es Silver, alle Anordnungen für den Ausflug zu treffen; und ich glaube, es war gut, dass er das tat. Wäre er auf Deck geblieben, so hätte er nicht länger so tun können, als ob er die Lage der Dinge nicht begriffe. Das war so klar wie der Tag. Silver war der Kapitän, und eine verdammt rebellische Mannschaft hatte er unter sich! Die ehrlichen Leute – und es stellte sich bald heraus, dass solche an Bord waren – müssen sehr dumm gewesen sein. Oder vielleicht lag die Sache so, dass alle Leute von dem Beispiel der Rädelsführer angesteckt waren – einige mehr, andere weniger; ein paar aber, die im Grunde gute Leute waren, konnten nicht weiter aufgehetzt werden. Solche Leute können wohl verdrießlich sein, weil ihnen die Arbeit nicht passt; es ist aber doch eine ganz andere Sache, ein Schiff mit Gewalt zu erobern und eine ganze Anzahl unschuldiger Menschen zu ermorden.

Endlich war die Gesellschaft zum Aufbruch bereit. Sechs Leute wollten an Bord bleiben, und die anderen dreizehn, unter ihnen Silver, gingen in die Boote.

In diesem Augenblick hatte ich den ersten von den eigentlich verrückten Einfällen, die so viel dazu beitrugen, unser Leben zu retten. Wenn sechs Leute von Silver zurückgelassen wurden, so war es klar, dass die anderen dreizehn nicht das Schiff mit Gewalt angreifen konnten. Da nur sechs zurückblieben, so war ebenfalls klar, dass die Kajütenpartei für den Augenblick einer Hilfe nicht bedurfte.

So kam ich auf den Gedanken, mit an Land zu gehen. Im Nu hatte ich mich an der Schiffswand heruntergelassen und im Vorderteil des nächsten Bootes Platz genommen. Beinahe im selben Augenblick stieß dieses ab.

Nein, niemand achtete auf mich, nur der Mann, der am Bug ruderte, sagte zu mir:

»Bist du das, Jim? Runter mit deinem Kopf!«

Silver blickte vom anderen Boot scharf herüber und rief, ob ich drin sei. Von diesem Augenblick an begann es mir leid zu tun, dass ich mich auf das Abenteuer eingelassen hatte.

Die Mannschaften der beiden Boote ruderten um die Wette, wer zuerst an Land sei; aber das Boot, worin ich war, war dem anderen etwas voraus, und da es auch leichter und besser bemannt war, gewann ich einen weiten Vorsprung. Es war schon zwischen ein paar Bäumen am Strande auf den Sand gelaufen, und ich hatte einen Ast ergriffen und mir einen Schwung gegeben, der mich in das nächste Dickicht brachte, als Silver mit seinen Leuten noch mindestens hundert Schritte vom Ufer entfernt war.

»Jim! Jim!«, hörte ich ihn rufen.

Aber man kann sich wohl denken, dass ich auf sein Geschrei nicht achtete. Springend, mich duckend und durch die Büsche huschend lief ich immer geradeaus, immer meiner Nase nach, bis ich nicht mehr konnte.

Vierzehntes Kapitel

Der erste Schlag

Ich war so voller Freude, dem langen John entwischt zu sein, dass ich mich mit einem gewissen Behagen auf dieser merkwürdigen Insel umsah.

Ich war zuerst über eine sumpfige Wiese gekommen, die von Binsen, Weiden und seltsamen, ausländischen Sumpfgewächsen eingefasst war. Ich befand mich jetzt auf dem Saum eines welligen Sandstriches, der sich ungefähr eine Meile weit hinzog. Auf diesem Sande wuchsen ein paar Fichten und zahlreiche, knorrige Bäume, die eine gewisse Ähnlichkeit mit Eichen hatten, aber Laub trugen wie Weiden. Jenseits des offenen Landes erhob sich einer der Berge mit zwei zackigen Felsspitzen, die in der Sonne strahlten.

Ich fühlte zum ersten Mal in meinem Leben den Reiz einer Entdeckungsreise. Die Insel war unbewohnt. Meine Schiffskameraden hatte ich hinter mir gelassen. Rings um mich herum waren nur Tiere und Vögel. Ich streifte nach allen Seiten durch den Wald. Hier und da wuchsen blühende Pflanzen, die mir unbekannt waren; hier und da sah ich Schlangen, und eine von diesen erhob ihren Kopf von einem Felsblock und zischte mich an. Sie machte dabei ein Geräusch, das ungefähr wie das Schnurren eines Kreisels klang. Ich hatte damals noch keine Ahnung, dass es eine gefährliche Giftschlange war, nämlich eine Klapperschlange.

Dann kam ich in ein weites Dickicht mit solch eichenartigen Bäumen. Wie ich später hörte, nennt man sie Lebens- oder immergrüne Eichen. Sie wuchsen auf dem Sande wie Brombeeren; ihre Zweige waren ineinander verflochten, und das Laub bildete ein dichtes Dach. Dieses Dickicht erstreckte sich von der Höhe eines der Sandhügel herab. Die Büsche wurden allmählich immer größer, bis sie den Rand eines breiten, mit Rohr bewachsenen Moores erreichten, durch das der eine der von mir erwähnten kleinen Flüsse nach der Ankerstelle floss. Das Moor dampfte in der heißen Sonne. Die Umrisse des »Fernrohrs« erschienen hinter einem Dunstschleier.

Plötzlich begann in den Binsen sich etwas zu regen. Eine wilde Ente flog quakend auf, eine andere folgte ihr. Bald war über dem Moor eine dichte Wolke von Vögeln, die schreiend in der Luft ihre Kreise zogen. Ich nahm an, dass einige von meinen Schiffskameraden sich dem Rande des Moores näherten. Ich hatte mich auch nicht geirrt; denn bald hörte ich in der Ferne die leisen Töne einer menschlichen Stimme, die allmählich lauter wurde und näher kam.

Ich geriet in große Furcht und kroch unter den nächsten Eichbusch in Deckung, legte mich auf den Boden, hielt mich so still wie eine Maus und lauschte.

Eine andere Stimme antwortete; dann sprach wieder die erste Stimme, die ich jetzt als die des langen John erkannte, und sprach eine ganze Weile, nur ab und zu durch eine kurze Zwischenbemerkung des anderen unterbrochen. Aus dem Klang der Stimmen konnte ich schließen, dass sie über ernste Dinge verhandelten. Sie schienen sogar beinahe zornig zu sein; indessen konnte ich etwas Bestimmtes nicht unterscheiden.

Schließlich kam es mir vor, wie wenn die Sprechenden eine Pause machten. Vielleicht hatten sie sich sogar auf den Boden gesetzt, denn sie kamen nicht nur nicht mehr näher, sondern auch die Vögel wurden allmählich ruhiger und ließen sich wieder auf der sumpfigen Wiese nieder.

Jetzt begann ich zu fühlen, dass ich meine Aufgabe vernachlässigte. Da ich nun einmal so waghalsig gewesen war, mit diesen verzweifelten Burschen an Land zu gehen, so musste ich zum Mindesten herauszubekommen versuchen, welche Pläne sie hatten. Es war also ganz einfach meine Pflicht, mich so nahe wie möglich an sie heranzumachen, und zu diesem Zwecke konnte das Gestrüpp mir gut als Versteck dienen.

Die Richtung, in der die Sprechenden sich befanden, konnte ich ziemlich genau abschätzen, nicht nur nach dem Klang ihrer Stimmen, sondern auch an dem Verhalten der paar Vögel, die immer noch voller Unruhe über den Häuptern der Eindringlinge hin und her flogen.

Auf allen vieren kriechend, näherte ich mich ihnen langsam, aber unablässig; schließlich hob ich den Kopf, spähte durch eine Öffnung im Laub und sah deutlich in eine kleine, grün bewachsene Mulde neben dem Moor hinunter. Hier standen einige Bäume dicht nebeneinander, und unter ihnen waren Long John Silver und einer von der Mannschaft in eifrigem Gespräch.

Der Sonnenschein fiel prall auf sie. Silver hatte seinen Hut neben sich auf den Erdboden geworfen. Sein breites, glattrasiertes, blondes Gesicht, das in der Hitze vor Schweiß glänzte, sah dem anderen mit einem bittenden Ausdruck in die Augen.

»Maat«, hörte ich ihn sagen, »es ist ja nur, weil du in meinen Augen wie echter Goldstaub bist – wie Goldstaub, sag' ich dir! Wenn mir nicht so viel an dir läge, glaubst du denn, ich hätte mir die Mühe genommen, dich zu warnen? Es ist nun mal so weit – da kannst du nichts machen und nichts daran ändern. Ich spreche ja bloß mit dir, weil ich deinen Hals retten will – und wenn einer von den Wilden unter uns etwas davon wüsste, was geschähe mir dann?«

»Silver«, sagte der andere – und ich bemerkte, dass er nicht nur rot im Gesicht war, sondern auch so heiser wie eine Krähe sprach, dass seine Stimme zitterte – »Silver«, sagte er, »du bist ein alter Mann, und du bist ein ehrlicher Kerl oder giltst wenigstens dafür. Außerdem hast du auch Geld, was die Masse armer Matrosen nicht hat. Du bist mutig, oder ich müsste mich sehr irren. Willst du mir sagen, du hättest dich verführen lassen von diesen jämmerlichen Kerlen? Du nicht! So wahr Gott mich sieht, lieber wollte ich meine Hand verlieren, als gegen meine Pflicht und Schuldigkeit zu handeln –«

In diesem Augenblick wurde er plötzlich von einem Lärm unterbrochen. Ich hatte einen von den ehrlichen Leuten gefunden – nun im selben Augenblick kam etwas Neues von einem anderen! In der Ferne, jenseits des Moores hörte man plötzlich einen lauten Schrei, wie von einem zornigen Mann, und dann gleich darauf einen anderen Schrei, und ein einziges grässliches, lang gezogenes Kreischen. Die Felswände des »Fernrohrs« warfen den Widerhall dutzendmal zurück. Der ganze Schwarm der Sumpfvögel erhob sich wieder mit einem gleichzeitigen Flügelschlagen in solcher Menge, dass der Himmel verfinstert wurde. Jener Todesschrei war längst verklungen, als endlich wieder Schweigen herrschte. Nur das Rascheln der wieder in das Rohr schlüpfenden Vögel und das Rauschen der fernen Brandung ließ sich in der Nachmittagshitze hören.

Tom war bei dem Schrei aufgesprungen wie ein Pferd, das die Sporen fühlt; aber Silver hatte nicht mit der Wimper gezuckt. Er blieb ruhig stehen, sich leicht auf seine Krücke lehnend, und beobachtete seinen Kameraden wie eine zum Sprung bereite Schlange. Da streckte der Matrose die Hand aus und sagte:

»John!«

»Hände weg!«, rief Silver laut und sprang dabei einen Schritt zurück, so schnell und sicher wie ein geübter Akrobat.

»Hände weg – meinetwegen, John Silver!«, sagte der andere. »Nur ein schwarzes Gewissen kann dir Angst vor mir machen. Aber um Gottes willen – sage mir: Was war das?«

»Das?«, erwiderte Silver, er lächelte dabei, aber mit einem ganz besonders listigen Ausdruck; seine Augen sahen in dem großen Gesicht so klein wie Nadelköpfe aus, aber sie funkelten wie Glasscherben. »Das? Oh, ich nehme an, das wird Alan sein.«

Da fuhr der arme Tom auf wie ein Held und rief:

»Alan! Dann möge seine arme Seele Ruhe haben, wie ein braver Seemann sie verdient! Und du, John Silver – lange bist du mein Maat gewesen, aber mein Maat bist du nicht mehr. Wenn ich sterben soll wie ein Hund, so will ich für meine Pflicht sterben. Ihr habt Alan ermordet, nicht wahr? Schlag mich tot, wenn du kannst! Tu's nur!«

Mit diesen Worten drehte der brave Bursche dem Koch den Rücken zu und ging nach dem Strand hinunter. Aber er sollte nicht weit kommen.

Mit einem wilden Schrei griff John nach einem Baumast, riss die Krücke aus seiner Achselhöhle heraus und wirbelte das furchtbare Wurfgeschoss durch die Luft. Es traf den armen Tom mit der Spitze mitten auf den Rücken zwischen die Schulterblätter. Seine Hände flogen in die Luft, er stöhnte kurz auf und fiel auf sein Gesicht.

Ob er schwer oder leicht verletzt war, habe ich nicht feststellen können. Wahrscheinlich wurde sein Rückgrat sofort gebrochen. Jedenfalls hatte er keine Zeit, zur Besinnung zu kommen. Schnell wie ein Affe, auch ohne seine Krücke, war Silver im nächsten Augenblick über ihm und hatte zweimal sein Messer bis ans Heft in den wehrlosen Leib gestoßen. Ich konnte von meinem Versteck aus ihn laut keuchen hören, während er zustieß.

Ich weiß nicht so recht, was eigentlich eine Ohnmacht ist. Aber das weiß ich: Für den nächsten kurzen Augenblick schwand die ganze Welt um mich herum wie in einem wirbelnden Nebel: Silver, die Vögel und der hohe Fernrohrberg gingen vor meinen Augen um und um, kopfüber, kopfunter. In meinen Ohren war es, wie wenn unzählige Glocken läuteten und ferne Stimmen riefen.

Als ich wieder zu mir kam, hatte das Scheusal sich erhoben und stand aufrecht, die Krücke unter dem Arm und den Hut auf dem Kopf. Unmittelbar vor ihm lag Tom bewegungslos auf dem Grase; aber der Mörder kümmerte sich um ihn nicht im Geringsten, sondern reinigte sein blutiges Messer, indem er es mit einem Grasbüschel abwischte.

Sonst war alles unverändert; die Sonne schien noch immer erbarmungslos heiß auf das dampfende Moor und auf den hohen Gipfel des Berges. Ich konnte kaum glauben, dass hier unmittelbar vor meinen Augen wirklich ein Mord geschehen war, dass ein Menschenleben grausam hingemordet worden war.

Aber jetzt steckte John die Hand in die Tasche, zog eine Bootsmannspfeife heraus und blies darauf verschiedene Signale, die weit durch die heiße Luft klangen. Ich konnte natürlich nicht sagen, was das Signal bedeutete; aber es erweckte augenblicklich alle meine Ängste von Neuem. Es würden noch mehr herankommen; ich konnte entdeckt werden. Zwei von den ehrlichen Leuten hatten sie bereits erschlagen. Konnte nach Tom und Alan ich nicht als nächster an der Reihe sein?

Ich machte mich sofort aus den Ranken los und begann, so schnell und so leise wie nur möglich nach dem lichteren Teil des Waldes zurückzukriechen. Während ich dies tat, hörte ich, wie zwischen dem alten Seeräuber und seinen Kameraden Rufe gewechselt wurden, und diese Rufe beflügelten meine Schritte.

Sobald ich aus dem Dickicht heraus war, lief ich so schnell, wie ich noch niemals in meinem Leben gelaufen war. In welche Richtung ich lief, darum bekümmerte ich mich wenig, solange ich mich nur von den Mördern entfernte. Während ich lief, wurde meine Angst immer größer, bis sie sich schließlich beinahe zu einer Art Todesangst steigerte.

Konnte ein Mensch so rettungslos verloren sein wie ich? Wie durfte ich es wagen, nach dem Abfeuern des Kanonenschusses zu den Booten hinunterzugehen, unter diese Teufel, deren Hände noch von dem Blute ihrer Opfer rauchten? Würde nicht der Erste, der mich sähe, mir den Hals umdrehen wie einem Krammetsvogel? Würde nicht meine Abwesenheit an und für sich schon ihnen ein Beweis sein, dass ich mich fürchtete, also irgendetwas wissen müsste?

Ich dachte: Es ist alles aus! Leb wohl, Hispaniola! Lebt wohl, Squire, Doktor und Kapitän! Ich hatte keine anderen Aussichten mehr, als entweder zu verhungern oder von den Händen der Meuterer zu sterben.

Während alle diese Gedanken mir durch den Kopf gingen, lief ich, wie gesagt, immer weiter. So war ich, ohne zu wissen wie, dicht an den Fuß des niedrigen Berges mit den beiden Gipfeln gekommen und damit in einen Teil der Insel, wo die Lebenseichen weiter auseinanderstanden und an Wuchs und Größe mehr wie Waldbäume aussahen. Zwischen ihnen wuchsen einzelne Fichten, die vielleicht fünfzig Fuß, vielleicht sogar siebzig hoch sein mochten. Auch die Luft war frischer als unten bei den Sumpfwiesen.

Und hier ließ ein neuer Schock mich plötzlich stillstehen, und das Herz klopfte mir.

Fünfzehntes Kapitel

Der Inselmann

Von dem Abhang des Berges, der hier steil und felsig war, löste sich ein Kiesel und fiel rasselnd und mehrere Male aufschlagend durch die Bäume.

Ich wandte unwillkürlich meine Augen nach dieser Richtung und sah eine Gestalt, die mit großer Schnelligkeit hinter den Stamm einer Fichte sprang. Was es war – ein Bär, Mensch oder Affe, das konnte ich durchaus nicht sagen. Es schien mir etwas Dunkles und

Zottiges zu sein; mehr wusste ich nicht. Aber der Schreck vor dieser neuen Erscheinung war so groß, dass ich stehen blieb.

Ich war jetzt, so schien es, von beiden Seiten abgeschnitten; hinter mir die Mörder, vor mir dieses huschende, unbestimmte Wesen. Und auf der Stelle begann ich die mir bekannten Gefahren den mir unbekannten vorzuziehen. Sogar Silver schien im Vergleich mit diesem Geschöpf der Wälder weniger schrecklich zu sein. Ich drehte mich um, warf einen schnellen Blick über meine Schulter zurück und begann in der Richtung auf die Boote zurückzulaufen.

Sofort erschien die Gestalt wieder, machte einen weiten Bogen und begann, mir den Weg abzuschneiden. Ich war sehr müde; aber wäre ich auch ganz frisch gewesen, so sah ich doch bald, dass es ein vergebliches Unterfangen für mich war, es an Schnelligkeit mit einem solchen Gegner aufzunehmen. Von Baum zu Baum huschte das Geschöpf mit der Schnelligkeit eines Hirsches; es lief wie ein Mensch auf zwei Beinen, aber ganz anders als irgendein Mensch, den ich je gesehen hatte, denn es bückte sich dabei beinahe zur Erde. Aber ein Mensch war es; daran konnte ich nicht länger zweifeln.

Mir fielen die Geschichten ein, die ich von Menschenfressern gehört hatte. Ich wollte um Hilfe schreien. Aber die bloße Tatsache, dass es ein Mensch war, wenn auch bloß ein Wilder, hatte mich etwas beruhigt, und im gleichen Verhältnis begann meine Furcht vor Silver wieder aufzuleben.

Ich stand daher still und sah mich um, ob nicht irgendwelche Rettung möglich sei; und als ich darüber nachdachte, fiel mir plötzlich ein, dass ich ja eine Pistole bei mir hatte. Sobald ich wusste, dass ich nicht wehrlos war, glühte in meinem Herzen auch wieder Mut auf. Ich beschloss, es mit diesem Inselmenschen aufzunehmen, und ging schnell auf ihn los.

Er hatte sich inzwischen wieder hinter einem Baumstamm versteckt; aber er musste mich genau beobachtet haben; denn sobald ich mich in seiner Richtung bewegte, erschien er wieder und ging mir einen Schritt entgegen. Dann zögerte er, sprang zurück und ging wieder vorwärts. Und schließlich warf er sich zu meiner Verwunderung und Verwirrung auf die Knie und streckte mir flehend seine gefalteten Hände entgegen.

Infolgedessen blieb ich wieder stehen und fragte: »Wer seid Ihr?«

»Ben Gunn«, antwortete er, und seine Stimme klang heiser und unsicher, wie wenn in einem verrosteten Schloss ein Schlüssel herumgedreht wird. »Ich bin der arme Ben Gunn, ja; und ich habe seit drei Jahren mit keinem Christenmenschen gesprochen.«

Ich konnte jetzt sehen, dass er ein Weißer war wie ich selbst. Seine Gesichtszüge waren sogar hübsch von Natur. Aber seine Haut war an vielen Stellen von der Sonne verbrannt. Sogar seine Lippen waren schwarz, und seine blauen Augen sahen ganz sonderbar in diesem dunklen Gesicht aus. So zerlumpt, wie er war, hatte ich noch keinen Bettler in der Wirklichkeit oder im Traume gesehen. Er war mit Fetzen von alten Schiffssegeln und Matrosenröcken bekleidet. Dieses außerordentliche Flickwerk wurde durch alle nur denkbaren Befestigungsmittel zusammengehalten: Messingknöpfe, Bindfadenenden und dünne Zweige. Um den Leib trug er einen alten Ledergürtel mit einem Messingschloss. Dies war das einzige Solide an seiner ganzen Ausrüstung.

»Drei Jahre!«, rief ich. »Habt Ihr Schiffbruch erlitten?«

»Nein, Maat«, sagte er, »– maruniert!«

Ich hatte das Wort gehört und wusste, dass es eine furchtbare Strafe bedeutete, die von den Freibeutern ziemlich häufig angewandt wurde: Der Missetäter wird mit etwas Pulver und Schrot an irgendeiner einsamen, öden Insel ausgesetzt.

»Vor drei Jahren wurde ich maruniert«, fuhr er fort, »und habe seitdem von Ziegen, Beeren und Austern gelebt. Wo ein Mann ist, sage ich, da kann einer auch leben. Aber, Maat, mein Herz sehnt sich nach christlichem Essen! Hast du nicht zufällig ein Stück Käse bei dir? Nein? Ach, manche lange Nacht habe ich von Käse geträumt – besonders von geröstetem – und dann wachte ich wieder auf und war hier auf dieser Insel!«

»Wenn ich wieder an Bord kommen kann«, sagte ich, »sollst du Käse haben, pfundweise, so viel dein Herz begehrt!«

Während dieser ganzen Zeit hatte er den Stoff meiner Jacke befühlt, meine Hände gestreichelt, nach meinen Stiefeln gesehen und überhaupt ein kindisches Vergnügen an der Gegenwart eines Mitmenschen gezeigt. Aber bei meinen letzten Worten wurde er anscheinend misstrauisch; er machte ein schlaues Gesicht und fragte:

»Du sagtest: wenn du wieder an Bord kommen kannst? Nun, wer kann dich denn daran hindern?«

»Du nicht, das weiß ich wohl!«, war meine Antwort.

»Da hast du recht!«, rief er. »Nun, wie heißt du denn eigentlich, Maat?«

»Jim.«

»Jim – Jim!«, wiederholte er; mein Name gefiel ihm augenscheinlich. »Na, Jim, nun hör mal: Ich habe wüst gelebt. Du würdest dich schämen, wenn ich dir davon erzählte. Zum Beispiel – wenn du mich so ansiehst, so würdest du wohl nicht denken, dass ich eine fromme Mutter gehabt habe?«

»Hm, allerdings – eigentlich nicht«, antwortete ich.

»Na ja. Aber ich hatte eine – sogar eine ganz besonders fromme Mutter. Und ich war ein höflicher, frommer Junge und konnte meinen Katechismus herunterrasseln – so schnell, dass kein Wort vom andern zu unterscheiden war. So weit bin ich nun heruntergekommen, Jim, und ich fing an mit Murmelspielen auf dem Kirchhof! Damit fing es an, aber es blieb nicht dabei. Meine Mutter sagte es mir voraus – prophezeite, wie alles kommen würde – jawohl, das tat sie! Aber die Vorsehung, die hat mich auf diese Insel hier gebracht. Ich habe alles durchgedacht, auf dieser einsamen Insel hier, und ich bin nun wieder fromm geworden. Rum trinken – damit fängst du mich nicht mehr. Bloß einen Fingerhut voll, auf gut Glück, natürlich – den will ich haben, sobald ich die erste Gelegenheit habe. Ich werde gewiss ein guter Mensch sein, und ich sehe auch den guten Weg vor mir. Und Jim« – dabei sah er sich um und senkte seine Stimme zu einem ganz leisen Flüstern – »ich bin reich!«

Ich war jetzt überzeugt, dass der arme Bursche in seiner Einsamkeit verrückt geworden sei. Dieser Gedanke muss wohl auf meinem

Gesicht zu lesen gewesen sein; denn er wiederholte ganz aufgeregt seine Behauptung:

»Reich! Reich – sage ich dir. Und ich will dir was sagen: Ich will einen Mann aus dir machen, Jim. Oh, Jim! Du wirst deinen Stern dafür segnen, dass du der Erste warst, der mich gefunden!«

Plötzlich aber kam ein Schatten über sein Gesicht; er packte meine Hand mit einem festen Griff und hielt mir drohend den Zeigefinger vor die Augen und fragte:

»Nun, Jim – sage mir die Wahrheit; das ist doch nicht Flints Schiff?«

Da hatte ich eine glückliche Eingebung. Ich begann zu glauben, dass ich einen Verbündeten gefunden hatte, und antwortete ihm ohne Zögern:

»Es ist nicht Flints Schiff, Flint ist tot. Aber ich will dir die Wahrheit sagen, wie du es von mir verlangst: Es sind einige von Flints Leuten an Bord, und das ist schlimm für uns andere!«

»Doch nicht ein Mann – mit einem – Bein?«

»Silver?«, fragte ich.

»Richtig – Silver! Das war sein Name.«

»Er ist der Koch und außerdem der Rädelsführer.«

Er hielt mich immer noch beim Handgelenk fest; und als ich diese Worte gesagt hatte, verrenkte er mir beinahe den Arm und sagte:

»Wenn Long John dich geschickt hat, bin ich so gut wie geliefert – das weiß ich. Aber was meinst du wohl, was ich mit dir machen werde?«

Ich hatte mich im Nu entschlossen und erzählte ihm, anstatt seine Frage zu beantworten, die ganze Geschichte unserer Reise und die schwierige Lage, in der wir uns befänden. Er hörte mich mit gespannter Aufmerksamkeit an. Als ich fertig war, tätschelte er mir die Backe und sagte:

»Du bist ein guter Junge, Jim! Und ihr seid alle in der Klemme, nicht wahr? Na, setzt nur euer Vertrauen auf Ben Gunn – Ben Gunn ist der Mann, euch zu helfen. Nun sage mal: Würdest du es für wahrscheinlich halten, dass euer Squire sich anständig zeigen würde, wenn er Hilfe bekäme, da er doch in der Klemme ist, wie du bemerkst?«

Ich sagte ihm, der Squire sei der anständigste und freigebigste Mann von der Welt.

»Ei ja, aber siehst du«, antwortete Ben Gunn, »ich meinte damit nicht, dass er mich zum Torwächter machen und mir eine Livree geben sollte; daran liegt mir nichts, Jim. Was ich meine, ist: Würde er wohl von dem Gelde, das jetzt schon so gut wie mein ist, mir was abgeben – sagen wir: vielleicht eintausend Pfund Sterling?«

»Ich bin überzeugt, das wird er tun. Es war überhaupt schon bestimmt, dass alle Leute einen Anteil bekommen sollten.«

»Und freie Überfahrt nach Haus?«, fügte er hinzu, indem er ein ganz besonders pfiffiges Gesicht machte.

»Oh«, rief ich, »der Squire ist ein Gentleman! Außerdem – wenn wir die andern loswerden, brauchen wir dich ja, damit wir das Schiff nach Hause bringen können.«

»Richtig – dazu hättet ihr mich nötig!« – Und er schien sich sehr erleichtert zu fühlen. Nach einer kurzen Pause fuhr er fort:

»Nun, Jim, ich will dir was sagen. So viel will ich dir sagen und nicht mehr: Ich war auf Flints Schiff, als er den Schatz vergrub; er und sechs – sechs starke Seeleute. Sie waren nahezu eine Woche an Land, und unser »Walross« lag die ganze Zeit vor Anker. Eines Tages ging das Signal hoch, und da kam Flint, ganz allein in einem kleinen Boot, um den Kopf ein blaues Tuch gebunden. Die Sonne ging gerade auf, und totenblass sah Käpp'n Flint aus. Aber, er war da, verstehst du – und alle sechs waren tot – tot und begraben. Wie er's gemacht hatte, das konnte keiner bei uns an Bord herausbringen. Er hatte gefochten, gemordet und plötzlich zugeschlagen wahrscheinlich – er allein gegen sechs. Billy Bones war der Steuermann; Long John war Quartermaster. Sie fragten ihn, wo der Schatz wäre. ›Oh‹, rief er, ›ihr könnt ja an Land gehen, wenn ihr Lust habt und könnt da bleiben, aber das Schiff, das segelt gleich wieder fort, um mehr zu holen, beim Donner noch mal!‹ Ja, das sagte er.

Na, vor drei Jahren war ich auf einem anderen Schiff, und wir kriegten diese Insel in Sicht. Jungens, sag' ich, ›da ist Flints

Schatz! Lasst uns landen und ihn suchen!‹ Dem Käpp'n gefiel das nicht; aber meine Messmaate waren alle dafür, und wir landeten. Zwölf Tage lang suchten sie danach, und jeden Tag schimpften sie fürchterlich auf mich, bis eines schönen Morgens alle miteinander wieder an Bord gingen. ›Du, Benjamin Gunn‹, sagen sie, ›kriegst eine Muskete‹, sagen sie, ›und einen Spaten und eine Hacke. Du kannst hier bleiben und für dich alleine Flints Geld finden!‹, sagen sie.

Na, Jim – drei Jahre bin ich hier gewesen, und von dem Tage an bis heute habe ich keinen Mundvoll christliches Essen gehabt. Aber trotz alledem – sieh mich mal an. Sehe ich aus wie ein gewöhnlicher Matrose? Nein, sagst du. Ich war es auch nicht, sage ich.«

Und bei diesen Worten zwinkerte er mir zu und drückte mir das Handgelenk zusammen. Dann fuhr er fort:

»Sage bloß diese Worte zu deinem Squire, Jim: ›Er war es auch nicht‹ – das sind genau die Worte, die du sagen musst. ›Drei Jahre war er der Herr auf dieser Insel, bei Tag und Nacht, in Regen und Sonnenschein. Manchmal dachte er vielleicht an ein Gebet und manchmal dachte er vielleicht an seine alte Mutter, ob sie wohl noch am Leben wäre; aber der größte Teil von Gunns Zeit (so musst du sagen) – der größte Teil von seiner Zeit ging auf was anderes drauf.‹ Und dann gibst du ihm einen kleinen Wink, wie ich jetzt dir.«

Und dabei zwinkerte er mir wieder sehr vertraulich zu.

»Und dann«, fuhr er fort, »dann kommt die Hauptsache; dann sagst du dies: ›Gunn ist ein guter Mensch, er hat viel mehr Zutrauen – viel mehr, vergiss nicht, das zu sagen! –, zu einem Gentleman, der als Gentleman geboren ist, als zu diesen Glücks-Gentlemen, wie er selber einer gewesen ist.‹ «

»Höre«, sagte ich, »ich verstehe kein Wort von dem, was du da gesagt hast. Aber das ist ja auch ganz einerlei – denn wie soll ich an Bord kommen?«

»Hm – da liegt der Hund begraben; da hast du recht. Aber na, ich habe da ein Boot, das ich mit eigenen Händen gemacht habe, ich habe es unter der weißen Klippe. Notfalls könnten wir es damit versuchen, sobald es dunkel geworden ist. Oho!«, rief er plötzlich: »Was ist das?«

Denn gerade in diesem Augenblick, obgleich bis zum Sonnenuntergang noch mindestens eine Stunde war, donnerte ein Kanonenschuss, der alle Echos der Insel weckte.

»Das Gefecht hat begonnen!«, rief ich. »Komm mit!«

Und ich begann nach dem Ankerplatz hinunterzulaufen; alle meine Ängste waren vergessen. Dicht an meiner Seite trabte leichtfüßig der ausgesetzte Matrose in seinem Ziegenfell.

»Links! Links!«, sagte er. »Halte dich links, Maat Jim. Fix unter die Bäume! Da schoss ich meine erste Ziege. Sie kommen jetzt nicht mehr hier herunter; sitzen alle oben auf den Bergen, aus Angst vor Benjamin Gunn. Ah! und da ist der Friedhof! Siehst du, die Grabhügel? Hierher kam ich ab und zu und betete, wenn ich dachte, es könnte wohl wieder ein Sonntag sein. Es ist ja eigentlich keine Kirche, aber es kam mir doch feierlich vor; und dann, nicht wahr? – Ben Gunn hatte es ja ein bisschen knapp; keinen Pastor, nicht mal eine Bibel und eine Flagge, verstehst du!«

So plapperte er immerzu, während ich rannte, so schnell ich konnte; natürlich bekam er keine Antworten, aber er erwartete auch keine.

Dem Kanonenschuss folgte nach einem ziemlich langen Zeitraum eine Salve Gewehrfeuer.

Wieder gab es eine Pause, und dann sah ich, eine Viertelmeile von mir entfernt, die englische Flagge über einem Wald hoch in der Luft flattern.

IV Das Blockhaus

Sechzehntes Kapitel

Der Doktor setzt die Erzählung fort:

Wie das Schiff aufgegeben wurde

Es war ungefähr halb zwei Uhr, als die beiden Boote der Hispaniola an Land fuhren. Der Kapitän, der Squire und ich besprachen den Stand der Dinge in der Kajüte. Wäre nur eine leichte Brise da gewesen, so wären wir über die sechs Meuterer hergefallen, die man bei uns an Bord gelassen hatte, hätten die Kabel gekappt und wären in See gestochen. Aber es fehlte gänzlich der Wind. Um unsere Hilflosigkeit noch zu vermehren, kam Hunter in die Kajüte herunter und brachte die Nachricht, Jim Hawkins sei heimlich in eins der Boote geschlüpft und mit den Übrigen an Land gefahren.

Wir zweifelten keinen Augenblick an Jim Hawkins; aber wir waren wegen seiner Sicherheit besorgt. Bei der Gemütsverfassung, in der die Leute sich befanden, war es ziemlich wahrscheinlich, dass wir den Jungen niemals wiedersehen würden. Wir liefen auf Deck. Das Pech war in den Fugen geschmolzen und warf Blasen. Der faulige Geruch in der Luft machte mir übel. Wenn es jemals wo nach Fieber und Ruhr gerochen hatte, so auf diesem schrecklichen Ankerplatz. Die sechs Schurken saßen auf dem Vorderdeck unter einem Segel und schimpften. Am Land sahen wir die Ruderboote festmachen, dicht an der Stelle, wo der Fluss mündete. In jedem Boot saß ein Mann; der eine pfiff den »Lillibullero«.

Dieses tatenlose Warten ging auf die Nerven. Es wurde beschlossen, dass Hunter und ich in der Jolle an Land gehen sollten, um Kundschaft einzuholen.

Die Boote der Meuterer waren weiter abwärts nach rechts gerudert. Hunter und ich ruderten scharf geradeaus in der Richtung auf die Stelle, wo nach der Karte das Pfahlschanzwerk sich befinden musste. Die beiden Matrosen, die als Wachen an den Booten zurückgeblieben waren, schienen verdutzt zu sein, als wir plötzlich auftauchen; das Lillibulleropfeifen hörte auf, und ich konnte sehen, wie die beiden sich darüber stritten, was sie tun sollten. Wären sie zu Silver gegangen, um ihm Meldung zu machen, so wäre vielleicht alles ganz anders gekommen; aber sie hatten vermutlich ihre Befehle und beschlossen daher, ruhig sitzen zu bleiben und sich wieder mit Lillibullero zu unterhalten.

Das Ufer machte einen kleinen Vorsprung. Ich steuerte so, dass ich diesen zwischen uns und die beiden Leute brachte. Wir waren noch nicht gelandet, da hatten wir schon die Boote der Meuterer aus dem Gesicht verloren. Ich sprang an Land und rannte so schnell, wie ich es bei der Hitze wagen konnte. Der Kühlung wegen hatte ich mir ein großes seidenes Taschentuch unter meinen Hut gelegt. Ein paar geladene Pistolen hielt ich vorsichtshalber schussfertig.

Ich hatte kaum hundert Schritte gemacht, da traf ich auf das Pfahlwerk.

Dieses war folgendermaßen beschaffen: Eine Süßwasserquelle entsprang dicht hinter dem Gipfel eines kleinen Hügels. Auf diesem Hügel hatten die Piraten ein starkes Blockhaus erbaut, das auch die Quelle mit einschloss. Es war so groß, dass es notfalls ungefähr vierzig Mann fassen konnte, und war auf allen Seiten mit Schießscharten für Musketen versehen. Rund um das Blockhaus herum hatten sie einen großen Platz von Bäumen gerodet und dann die Befestigung durch ein sechs Fuß hohes Pfahlwerk ohne Tür oder sonstige Öffnung vervollständigt. Es war zu stark, um es ohne Zeitverlust zu zerstören. Zugleich standen die Pfähle weit auseinander, um etwaigen Belagerern keine Deckung zu bieten. Die Leute im Blockhaus hatten sie vor ihren Gewehren. Sie standen ruhig in Deckung und schossen die anderen wie Rebhühner ab. Alles, was sie brauchten, war gutes Wachehalten und Proviant; dem, wenn sie nicht völlig überrumpelt wurden, konnten sie ihre Festung gegen ein Regiment verteidigen.

Besonders wichtig war mir die Quelle. Denn wenn auch die Kajüte der Hispaniola ein leicht zu verteidigender Posten war, da wir über Waffen und Munition verfügten, genug zu essen und ausgezeichnete Weine hatten, so war doch eins übersehen worden: Wir hatten kein Wasser.

Gerade als ich hierüber nachdachte, gellte über die ganze Insel hin der Todesschrei eines Menschen. Für mich war dies nichts Neues – ich habe unter seiner Königlichen Hoheit dem Herzog von Cumberland gedient und bin selber bei Fontenoy verwundet worden – aber als ich diesen Schrei hörte, da stand mir das Herz still. »Jim Hawkins ist hin!«, war mein erster Gedanke.

Es ist etwas wert, ein alter Soldat gewesen zu sein; aber es ist noch mehr wert, ein Arzt zu sein. Da ist keine Zeit, lange zu fackeln. Und so war ich sofort entschlossen, lief, ohne eine Sekunde zu verlieren, wieder den Strand hinunter und sprang in die Jolle.

Zum Glück war Hunter ein guter Ruderer. Das Boot flog nur so durch das Wasser und lag gleich darauf neben der Hispaniola, und im Nu war ich auf Deck des Schoners.

Natürlich waren alle ganz erschüttert. Der Squire hatte sich hingesetzt, so weiß wie ein Bettlaken. Er dachte an die Notlage, in die er uns gebracht hatte, die gute Seele! Und einem von den sechs Leuten auf dem Vorderdeck war wohl nicht viel besser zumute.

»Da ist einer«, sagte Kapitän Smollett, indem er mit einem Kopfnicken uns den Mann bezeichnete, »dem so etwas noch neu ist. Er fiel beinahe in Ohnmacht, Doktor, als er den Schrei hörte. Wir brauchen den Mann nur noch mal anzutippen, und er kommt zu uns herüber.«

Ich setzte dem Kapitän meinen Plan auseinander, und wir verabredeten alle Einzelheiten der Ausführung.

Den alten Redruth stellten wir in dem schmalen Gang zwischen der Kajüte und dem Vorderdeck auf und gaben ihm drei oder vier geladene Musketen sowie zu seinem Schutz eine Matratze. Hunter brachte das Boot unter die Heckpforte, und Joyce und ich machten uns sofort an die Arbeit, es mit Pulversäckchen, Musketen, Pökelfleischtonnen, Zwiebacksäcken, einem Fässchen Kognak und meinem unschätzbaren Medizinkasten zu beladen.

Mittlerweile blieben der Squire und der Kapitän auf Deck, und der Letztere rief den Schaluppmeister an, der den Befehl über die anderen Meuterer hatte.

»Hört mal, Hands«, sagte er, »wir sind hier zwei, jeder mit einem Paar Pistolen. Wenn irgendeiner von euch sechsen ein Signal gibt, gleichgültig welches – der ist ein toter Mann!«

Sie bekamen keinen kleinen Schreck. Nachdem sie sich einen Augenblick beraten hatten, sprangen sie alle miteinander die Leiter in den vorderen Schiffsraum hinunter; ohne Zweifel glaubten sie, sie könnten uns auf diesem Wege in den Rücken kommen. Als sie aber sahen, dass Redruth in dem schmalen Gang auf sie wartete, kehrten sie sofort um, und gleich darauf tauchte wieder ein Kopf aus der Luke auf. – »Kopf weg, du Hund!«, schrie der Kapitän.

Der Kopf tauchte sofort wieder unter. Wir hörten eine ganze Zeit lang nichts mehr von diesen sechs nicht eben tapferen Matrosen.

Inzwischen hatten wir unsere Sachen kunterbunt in die Jolle hineingeworfen und das Boot so schwer beladen, wie wir es wagen durften. Joyce und ich stiegen durch die Heckpforte ins Boot und ruderten wieder, so schnell wir konnten, nach dem Strande.

Diese zweite Fahrt brachte die beiden Wachtposten in den Meutererbooten in große Aufregung. Der Lillibullero verstummte wieder. Kurz bevor wir an der kleinen Landzunge sie außer Sicht verloren, sprang einer von ihnen an Land und verschwand. Ich dachte einen Augenblick daran, meinen Plan zu ändern und ihre Boote zu zerstören. Aber ich fürchtete, Silver und die anderen könnten ganz in der Nähe sein. So könnten wir alles verlieren, weil wir zu viel versuchten.

Bald waren wir wieder an derselben Stelle gelandet und begannen das Blockhaus zu verproviantieren. Den ersten Gang machten wir alle drei, schwer beladen. Wir warfen unsere Sachen einfach über das Pfahlwerk hinüber und ließen Joyce zu ihrer Bewachung zurück, das war allerdings ein einziger Mann, aber er hatte ein halbes Dutzend geladene Musketen. Hunter und ich gingen nach der Jolle zurück und bepackten uns wieder wie vorher. So arbeiteten wir ohne Ruhepause und ohne uns nur ein einziges Mal zu verschnaufen, bis die ganze Ladung hinübergebracht war. Hierauf bezogen die beiden Diener ihren Posten im Blockhaus. Ich aber ruderte mit aller Macht nach der Hispaniola hinüber.

Dass wir es wagten, noch eine zweite Bootsladung hinüberzuschaffen, mag kühner erscheinen, als es in Wirklichkeit war. Die Meuterer waren uns natürlich an Zahl weit überlegen, aber wir hatten den Vorteil der Bewaffnung. Kein Einziger von den Leuten am Lande hatte eine Muskete, und wir waren überzeugt, dass wir mindestens ein halbes Dutzend von ihnen außer Gefecht setzen könnten, bevor sie in Pistolenschussweite kämen.

Der Squire erwartete mich an der Heckluke. Alle seine Schwäche war verflogen. Er fing das Seil auf, das ich ihm zuwarf, und machte es fest, und dann beluden war das Boot so schnell, wie wenn es um unser Leben ginge. Gepökeltes Schweinefleisch, Pulver und Schiffszwieback war die Ladung; außerdem nahmen wir nur je eine Muskete und je einen Stutzsäbel für den Squire und mich und Redruth und den Kapitän mit. Die übrigen Waffen und den Rest des Pulvers warfen wir über Bord in dritthalb Faden tiefes Wasser; wir konnten den blanken Stahl auf dem reinen Sandboden tief unter uns in der Sonne schimmern sehen.

Inzwischen hatte die Ebbe eingesetzt, und das Schiff drehte sich an seinem Anker herum. In der Richtung auf die beiden Gigs hörten wir ein schwaches Rufen, und obgleich uns dies die Beruhigung gab, dass Joyce und Hunter in Sicherheit waren – denn sie befanden sich ein gutes Stück weiter nach Osten zu –, so war es doch für uns ein dringendes Gebot, uns zu beeilen.

Redruth zog sich von seinem Posten im Verbindungsgang zurück und sprang in das Boot, das wir hierauf an die Gilling heranbrachten, damit Kapitän Smollett bequemer einsteigen könnte. Bevor er aber dies tat, rief er:

»Nun, Leute – hört ihr mich?«

Vom Vorderschiff kam keine Antwort.

»Ich meine dich, Abraham Gray!«

Immer noch keine Antwort.

»Gray«, rief Smollett noch lauter, »ich verlasse jetzt das Schiff, und ich befehle Euch, Eurem Kapitän zu folgen. Ich weiß, Ihr seid im Grunde ein braver Mann, und ich bin auch überzeugt, kein Einziger von euch allen ist in Wirklichkeit so schlecht, wie er sich stellt. Ich halte meine Uhr hier in der Hand; ich gebe Euch dreißig Sekunden Zeit, zu mir zu kommen!«

Einen Augenblick war alles still.

»Kommt, mein braver Junge!«, fuhr der Kapitän fort. »Besinnt Euch nicht so lange! Ich riskiere mit jeder Sekunde mein Leben und das dieser Herren hier.«

Plötzlich hörten wir ein Gebalge, einen Lärm von Faustschlägen, und heraus sprang Abraham Gray mit einem Messerschnitt auf der Wange. Er lief zum Kapitän herüber, wie ein Hund, dem sein Herr gepfiffen hat, und sagte:

»Ich halte zu Ihnen, Herr!«

Im nächsten Augenblick waren er und der Kapitän zu uns ins Boot gesprungen; wir stießen ab und fuhren davon.

Vom Schiff waren wir also herunter; aber wir waren noch nicht an Land und erst recht nicht in unserem Pfahlwerk.

Siebzehntes Kapitel

Fortsetzung der Erzählung des Doktors:

Die letzte Fahrt der Jolle

Diese fünfte Überfahrt war ganz verschieden von allen anderen. Erstens war unsere kleine Nussschale von einem Boot weit über ihre Tragkraft beladen. Fünf erwachsene Männer waren überhaupt schon mehr, als die Jolle eigentlich tragen konnte, zumal da drei von ihnen – Trelawney, Redruth und der Kapitän – mehr als sechs Fuß groß waren. Hierzu kam noch das Pulver, das Schweinefleisch und die Zwiebacksäcke. Das Wasser ging bis ans Dollbord und schwappte verschiedene Male über, wenn auch nicht viel hineinlief.

Meine Hose und meine Rockschöße waren klitschnass, bevor wir hundert Yards zurückgelegt hatten.

Der Kapitän ließ uns so sitzen, dass das Boot besser im Gleichgewicht war. Trotzdem wagten wir kaum zu atmen.

Außerdem wurde der Ebbstrom jetzt stärker. Eine kräftige Strömung ging nach Westen und dann südwärts nach dem engen Sund zu, durch den wir am Morgen eingefahren waren. Für unser überladenes Fahrzeug waren sogar die leichten Kräuselwellen eine Gefahr; das Schlimmste aber war, dass wir aus unserem richtigen Kurs kamen und über unsere eigentliche Landungsstelle hinaus abgetrieben wurden. Wenn wir uns von der Strömung mitnehmen ließen, mussten wir dicht neben den Booten der Meuterer landen, wo jeden Augenblick die Piraten erscheinen konnten.

»Ich kann nicht auf das Pfahlwerk zuhalten, Kapitän!«, sagte ich zu Smollett. Ich steuerte, während er und Redruth, die noch frisch bei Kräften waren, die Riemen führten. »Der Ebbstrom treibt uns fortwährend ab. Könnten Sie vielleicht etwas stärker rudern?«

»Nicht, ohne dass uns das Boot vollläuft«, sagte er. »Sie müssen dicht heranhalten, Doktor, wenn Sie so gut sein wollen – immer dicht heran, bis Sie sehen, dass wir der Strömung Herr werden.«

Ich versuchte es und fand bald, dass der Ebbstrom uns nach Westen riss, wenn ich nicht genau nach Osten steuerte; das war aber im rechten Winkel in der Richtung, in der wir fahren mussten.

»Auf diese Weise kommen wir nie und nimmer an Land«, sagte ich.

»Wenn es der einzige mögliche Kurs ist, Doktor, so müssen wir ihn eben steuern«, antwortete der Kapitän. »Wir müssen gegen den Strom halten. Sehen Sie – wenn wir einmal leewärts' von dem Landungsplatz kommen, dann ist es schwer zu sagen, an welcher Stelle wir an den Strand kommen; ganz abgesehen von der Möglichkeit, dass die Gigs uns über den Hals kommen. Wenn wir aber einfach weiterfahren, muss die Strömung allmählich schwächer werden, und dann können wir dicht am Strande wieder zurückfahren.«

»Der Strom ist schon weniger, Herr«, sagte der Matrose Gray, der vorne am Bug saß, »Sie können hier ein bisschen mehr freien Weg geben.«

»Danke Euch, Mann«, sagte ich ganz ruhig, wie wenn gar nichts vorgefallen wäre; denn wir waren stillschweigend alle darüber einig, ihn wie unseresgleichen zu behandeln.

Plötzlich stieß der Kapitän einen Ruf aus, und es kam mir vor, wie wenn seine Stimme etwas verändert sei.

»Die Kanone!«, sagte er.

»Ich habe daran gedacht«, sagte ich; denn ich war überzeugt, dass er an ein Bombardement des Pfahlwerks dachte. »Sie können die Kanone unmöglich an Land schaffen; und selbst wenn ihnen das gelänge, könnten sie sie doch nicht durch den Wald schleppen.«

»Sehen Sie sich um, Doktor!«, antwortete der Kapitän.

Wir hatten den langen Neunpfünder ganz und gar vergessen und sahen jetzt auf einmal zu unserem Entsetzen, dass die fünf Halunken eifrig beschäftigt waren, der Kanone die Jacke auszuziehen, wie man die starke Segelleinwand nennt, mit der sie während der Fahrt zugedeckt ist. Und es war nicht nur das; sondern in demselben Augenblick fiel mir ein, dass wir die Vollkugeln und das Pulver für die Kanone zurückgelassen hatten; ein einziger Streich mit der Axt musste die Munition in den Besitz der fünf Bösewichte bringen.

»Israel war Flints Kanonier!«, sagte Gray mit heiserer Stimme.

Aller Gefahr zum Trotz lenkten wir das Boot schnurstracks auf den Landungsplatz zu. Wir waren mittlerweile so weit aus der Strömung herausgekommen, dass das Boot selbst trotz unserem naturgemäß sehr langsamen Rudern genug Steuerfahrt hatte, und ich konnte gerade auf das Ziel loshalten. Aber das Schlimmste dabei war, dass wir bei dem jetzigen Kurse der Hispaniola unsere Breitseite anstatt unseres Hecks zudrehten, sodass wir also ein Ziel wie ein Scheunentor darboten.

Ich konnte nicht nur hören, sondern auch sehen, wie der Schuft mit dem versoffenen Branntweingesicht, Israel Hands, eine Vollkugel auf das Deck warf.

»Wer ist der beste Schütze?«, fragte der Kapitän.

»Herr Trelawney, ohne allen Zweifel«, sagte ich.

»Herr Trelawney, wollen Sie mir bitte einen von diesen Leuten wegputzen? Wenn möglich Hands!«, sagte der Kapitän. Trelawney war kalt wie Stahl; er sah nach dem Zündschloss seines Gewehrs.

»Aber sachte mit der Flinte, Herr!«, rief der Kapitän. »Sonst läuft uns das Boot voll. Alle sitzen ganz ruhig, während er zielt!«

Der Squire erhob seine Muskete; das Rudern hörte auf, und wir beugten uns nach der anderen Seite hinüber, um das Gleichgewicht herzustellen. Dies alles wurde so genau gemacht, dass kein Tropfen Wasser ins Boot kam. – Die Meuterer hatten unterdessen die Kanone auf ihrem Pfosten herumgedreht; Hands, der mit dem Wischer bei der Mündung stand, war infolgedessen am wenigsten gedeckt. Aber wir hatten kein Glück; denn gerade in dem Augenblick, als Trelawney feuerte, bückte Hands sich; die Kugel pfiff über ihn hinweg, und es fiel einer von den anderen vier.

Auf den Schrei, den er ausstieß, antworteten nicht nur seine Kameraden an Bord, sondern auch zahlreiche Stimmen vom Strande; und als ich nach jener Richtung lugte, sah ich, wie die Piraten truppweise zwischen den Bäumen hervorkamen und in ihre Boote sprangen. – »Jetzt kommen die Gigs, Kapitän!«, rief ich.

»Dann nur einfach geradeaus!«, schrie der Kapitän. »Es darf uns jetzt nicht mehr darauf ankommen, ob wir Wasser ins Boot bekommen. Wenn wir es nicht an Land bringen können, ist alles aus!«

»Nur eine von den Gigs wird bemannt«, sagte ich zum Kapitän; »die Mannschaft des anderen Bootes geht wahrscheinlich den Strand entlang, um uns abzuschneiden.«

»Das wird sie Schweiß kosten, Doktor«, antwortete der Kapitän. »Sie wissen, wie schlecht zu Fuß Hans Maat zu Lande ist. Nein, die machen uns hier keine Sorgen; wohl aber die Vollkugel der Kanone. Zimmerkegelspiel! Myladys Kammerjungfer könnte nicht vorbeischießen. Sagen Sie uns, Squire, sobald Sie die Lunte sehen; wir werden dann rückwärts rudern.«

Mittlerweile waren wir für ein so schwer beladenes Boot ziemlich schnell vorwärts gekommen, und es war dabei nur wenig Wasser ins Boot gelaufen. Wir waren jetzt dicht an unserem Ziel. Dreißig oder vierzig Ruderschläge mussten uns an Land bringen; denn die Ebbe hatte bereits einen schmalen Sandstreifen unterhalb der Bäume freigelegt. Der Ebbstrom, der uns in so unangenehmer Weise aufgehalten hatte, glich jetzt den Schaden für uns wieder aus, indem er unsere Verfolger aufhielt. Die einzige Gefahr drohte uns von dem Geschütz.

»Wenn ich es wagen dürfte«, sagte der Kapitän, »würde ich einen Augenblick halten und noch einen wegputzen.«

Aber es war klar, dass die Meuterer sich durch nichts aufhalten lassen wollten. Sie hatten sich nach ihrem gefallenen Kameraden nicht einmal umgesehen, obgleich er nicht tot war. Ich sah, wie er von der Kanone wegzukriechen versuchte.

»Fertig!«, rief der Squire.

»Halt!«, rief der Kapitän, schnell wie ein Echo.

Er und Redruth setzten mit aller Wucht die Riemen rückwärts ein, und das Heck des Bootes kam unter Wasser. In demselben Augenblick kam der Knall der Kanone. Dies war der erste Schuss, den Jim hörte; denn der Knall von dem Musketenschuss des Squires hatte ihn nicht erreicht. Wie die Kugel flog, konnte keiner von uns genau sagen; aber ich denke mir, sie muss über unsere Köpfe weg geflogen sein, und der Luftdruck, den sie verursachte, mag wohl zu unserem Missgeschick beigetragen haben.

Jedenfalls sank das Boot, das Heck voran, in drei Fuß tiefes Wasser; der Kapitän und ich blieben einander gegenüber auf unseren Füßen stehen. Die andern drei kamen mit dem ganzen Körper ins Wasser und schnauften und sprudelten, als sie wieder auftauchten.

Dies hatte nicht viel zu bedeuten. Kein Leben war verloren gegangen, und wir konnten in Sicherheit an den Strand waten. Aber alle unsere Vorräte lagen im Wasser, und, was noch schlimmer war, von den fünf Musketen waren nur noch zwei brauchbar. Die meinige hatte ich, sozusagen instinktmäßig, über den Kopf gehalten. Der Kapitän hatte seine Büchse an einem Riemen über die Schulter getragen, und zwar als ein kluger Mann mit dem Schloss nach oben. Die anderen drei Musketen waren völlig nass geworden, als das Boot versank.

Unsere Sorgen wurden noch dadurch vermehrt, dass wir bereits Stimmen im Walde am Strande näherkommen hörten. Es bestand daher nicht allein die Gefahr, dass wir in unserem halb wehrlosen Zustande von dem Pfahlwerk abgeschnitten wurden, sondern wir mussten auch befürchten, dass Hunter und Joyce vielleicht nicht so kaltblütig sein würden, standzuhalten, wenn sie von einem halben Dutzend Piraten angegriffen würden. Hunter war allerdings zuverlässig – das wussten wir. Mit Joyce aber war es zweifelhaft: Er war ein freundlicher, höflicher Mann – ein guter Bedienter, der zuverlässig einen Rock sauber ausbürstete, aber nicht eigentlich ein Kriegsmann.

Mit allen diesen Befürchtungen im Herzen wateten wir so schnell, wie wir konnten, an Land; die arme Jolle und die größte Hälfte unseres ganzen Mundvorrates und Pulvers ließen wir hinter uns.

Achtzehntes Kapitel

Fortsetzung der Erzählung des Doktors:

Der Ausgang des Gefechtes am ersten Tage

Wir liefen so schnell wie möglich durch das schmale Stück Wald, das uns vom Pfahlwerk trennte. Bei jedem Schritt, den wir machten, klangen die Stimmen der Meuterer näher. Bald konnten wir ihre eiligen Schritte hören und das Knacken der Zweige, wenn sie durch ein Gebüsch brachen.

Ich begann zu merken, dass wir ein ernstliches Gefecht haben würden, sah nach dem Zündschloss meiner Muskete und sagte:

»Kapitän! Trelawney ist ein sicherer Schütze. Geben Sie ihm Ihr Gewehr; sein eigenes ist unbrauchbar.«

Sie tauschten ihre Gewehre aus, und Trelawney, der sich die ganze Zeit über sehr ruhig und kaltblütig benommen hatte, blieb einen Augenblick stehen, um nachzusehen, ob das Gewehr vollkommen in Ordnung sei. Da ich bemerkte, dass Gray unbewaffnet war, gab ich ihm meinen Stutzsäbel. Es tat uns allen von Herzen gut, zu sehen, wie er in die Hand spuckte, seine Augenbrauen zusammenzog und die Klinge durch die Luft pfeifen ließ. Wir sahen an jeder Muskel seines Körpers klar und deutlich, dass unser neuer Waffengefährte sein Salz wert war.

Vierzig Schritte weiter kamen wir an den Waldsaum und sahen das Pfahlwerk gerade vor uns liegen. Wir erreichten die Umzäunung ungefähr an der Mitte der Südseite, und fast in demselben Augenblick erschienen sieben Meuterer – an ihrer Spitze der Bootsmann Hiob Anderson – in vollem Lauf an der Südwestecke.

Sie prallten zurück, wie wenn unsere Anwesenheit sie überraschte; und bevor sie zur Besinnung kamen, hatten nicht nur der Squire und ich, sondern auch Hunter und Joyce im Blockhause Zeit genug, um zu feuern. Die vier Schüsse kamen nicht als Salve, sondern plackerten etwas; aber sie erfüllten ihren Zweck: Einer von den Feinden stürzte zu Boden, und die übrigen kehrten sofort um und verschwanden unter den Bäumen.

Nachdem wir wieder geladen hatten, gingen wir an der Außenseite der Palisade entlang, um nach dem gefallenen Feinde zu sehen. Er war mausetot – durchs Herz geschossen.

Wir frohlockten über unseren guten Erfolg; da krachte gerade in demselben Augenblick ein Pistolenschuss aus dem Gebüsch, eine Kugel pfiff dicht an meinem Ohr vorüber, und der arme Redruth taumelte und fiel der Länge nach zu Boden. Der Squire sowohl wie ich erwiderten den Schuss; da wir aber kein Ziel sahen, so vergeudeten wir wahrscheinlich nur unser Pulver. Hierauf luden wir wieder unsere Gewehre und wandten unsere Aufmerksamkeit dem armen Tom zu.

Der Kapitän und Gray waren schon dabei, ihn zu untersuchen, und ich sah mit einem halben Blick, dass alles vorüber war.

Ich glaube, die Schnelligkeit, womit wir den Pistolenschuss erwidert hatten, hatte die Meuterer abermals auseinandergejagt; denn sie ließen uns ohne weitere Belästigung den braven alten Förster über die Palisade heben; sodann trugen wir den stöhnenden Mann, der viel Blut verlor, ins Blockhaus.

Der arme alte Bursche! Er hatte vom ersten Beginn unserer Schwierigkeiten bis zu diesem Augenblick, da wir ihn im Blockhaus zum Sterben niederlegten, kein Wort der Überraschung, Klage, Furcht oder auch nur Zustimmung geäußert. Wie ein Trojaner hatte er seinen Posten hinter der Matratze in dem schmalen Gang behauptet; er hatte jeden Befehl schweigend, hartnäckig und genau ausgeführt; er war zwanzig Jahre älter als der Älteste von uns. Nun musste dieser brummige, aber treue und nützliche alte Diener für uns sterben.

Der Squire fiel neben ihm auf die Knie nieder und küsste seine Hand und weinte dabei wie ein Kind.

»Muss ich gehen, Herr Doktor?«, fragte Tom.

»Tom, mein Mann«, sagte ich, »Ihr geht heim.«

»Ich wollte, ich hätte ihnen mit meiner Flinte erst einen aufbrennen können!«, antwortete er.

»Tom«, sagte der Squire, »sagt mir, dass Ihr mir vergebt – wollt Ihr das tun?«

»Wäre das respektvoll, Squire?«, war seine Antwort. »Indessen – so sei es, Amen!«

Nach einem kurzen Schweigen sagte er, nach seiner Meinung solle wohl einer von uns ein Gebet lesen.

»Es ist mal der Brauch so, Herr«, sagte er, wie wenn er um Entschuldigung zu bitten hätte. Nicht lange darauf verschied er, ohne noch ein Wort zu sprechen.

Unterdessen hatte der Kapitän, dessen Taschen, wie mir bereits aufgefallen war, merkwürdig vollgepackt waren, eine große Menge verschiedener Gegenstände hervorgeholt – die britische Flagge, eine Bibel, ein Knäuel ziemlich dicken Bindfaden, Tinte, Federn, das Logbuch und mehrere Pfundpakete Tabak. Er hatte innerhalb der Einzäunung einen ziemlich langen Fichtenstamm gefunden, dessen Zweige bereits abgehackt waren. Diesen richtete er mit Hunters Hilfe an der Ecke des Blockhauses auf, wo die Baumstämme im rechten Winkel aufeinanderstießen. Dann kletterte er auf das Dach und zog mit eigener Hand die englischen Farben auf.

Diese Handlungen schienen sein Herz sehr zu erleichtern. Er betrat wieder das Blockhaus und begann unsere Vorräte aufzuzeichnen, wie wenn es sonst nichts auf der Welt gäbe. Bei alledem hatte er sich auch um Tom gekümmert. Sobald alles vorüber war, trat er mit einer zweiten Flagge heran und breitete diese ehrfurchtsvoll über die Leiche aus. Dann schüttelte er dem Squire die Hand und sagte:

»Nehmen Sie sich's nicht zu sehr zu Herzen, Herr Trelawney! Ihm ist wohl; um einen Mann, der für seine Pflicht, für seinen Kapitän und seinen Herrn gestorben ist, brauchen wir keine Sorge zu haben, dass er nicht in den Himmel kommt. Das ist vielleicht nach der Glaubenslehre nicht richtig, aber es ist Tatsache.«

Hierauf zog er mich beiseite und sagte:

»Doktor Livesey, in wie viel Wochen erwarten Sie und der Squire die Ankunft des zweiten Schiffes, das uns nachgesandt werden sollte?«

Ich sagte ihm, es handle sich dabei nicht um Wochen, sondern um Monate; erst wenn wir gegen Ende August nicht zurück wären, sollte Blandly das zweite Schiff schicken, um nach uns zu suchen; aber weder früher noch später.

»Sie können sich's also selber ausrechnen«, sagte ich.

»Hm, ja«, antwortete der Kapitän und kratzte sich den Kopf, »und wenn ich noch so sehr auf die Güte der Vorsehung rechne, Doktor, möchte ich sagen, wir sind in einer ziemlich ekligen Klemme!«

»Wieso?«

»Es ist jammerschade, Doktor, dass wir die zweite Bootsladung verloren haben«, antwortete der Kapitän. »Mit unserem Pulver und Blei werden wir reichen. Aber die Rationen sind knapp, sehr knapp – so knapp, Doktor Livesey, dass es vielleicht gut ist, diesen Esser weniger zu haben.« Und mit diesen Worten zeigte er auf den Leichnam unter der Flagge.

Gerade in diesem Augenblick flog sausend eine Vollkugel hoch über das Dach des Blockhauses hinweg und schlug weit hinter uns in den Wald ein.

»Oho«, rief der Kapitän, »pulvert nur los! Ihr habt jetzt schon wenig Pulver, Jungens.«

Der zweite Schuss war besser gezielt: Die Kugel schlug innerhalb der Palisade ein und warf eine Sandwolke auf, richtete aber sonst keinen Schaden an.

»Kapitän«, sagte der Squire, »das Haus ist vom Schiff aus vollständig unsichtbar. Es muss die Flagge sein, wonach sie zielen. Wäre es nicht weiser, sie einzuziehen?«

»Meine Flagge streichen!«, rief der Kapitän. »Nein, Herr – das tu ich nicht!«

Ich glaube, wir alle waren seiner Meinung, als er diese Worte gesprochen hatte. Denn es war nicht nur eine Äußerung kühnen Seemannsmutes, sondern es war auch politisch klug; denn die Flagge zeigte unseren Feinden, dass wir ihre Kanonade verachteten.

Den ganzen Abend donnerten sie mit ihrer Kanone. Eine Vollkugel nach der anderen flog über uns hinweg, war zu kurz gezielt oder wirbelte in der Umzäunung Sand auf. Sie mussten so hoch im Bogen schießen, dass die Kugel sich in den weichen Sand einbohrte, ohne Schaden anzurichten. Wir brauchten kein Abprallen der Kugel zu fürchten; eine schlug allerdings durch das Dach des Blockhauses und fuhr durch den Fußboden wieder heraus. Wir gewöhnten uns bald an den Spaß und kümmerten uns so wenig darum, wie wenn Kricket gespielt würde.

»Ein Gutes hat das alles«, bemerkte der Kapitän. »Der Wald zwischen uns und dem Strande ist wahrscheinlich vom Feinde nicht besetzt. Die Ebbe ist mittlerweile ein gutes Stück zurückgegangen, wahrscheinlich liegen unsere Vorräte jetzt nicht mehr im Wasser. Freiwillige vor, um das Pökelfleisch zu holen!«

Gray und Hunter waren die Ersten, die vortraten. Gut bewaffnet schlichen sie sich aus dem Pfahlwerk heraus; aber ihr Unternehmen erwies sich als unausführbar. Die Meuterer waren kühner, als wir geglaubt hatten, oder sie hatten mehr Vertrauen zu Israels Schießkunst. Denn vier oder fünf von ihnen waren emsig beschäftigt, unsere Vorräte wegzuschleppen, und wateten mit ihnen bis zu einem der Boote, das ganz in der Nähe lag und ab und zu mit einem Ruderschlag sich gegen die Strömung hielt. Silver saß hinten und führte das Kommando. Jeder Einzelne von ihnen war jetzt mit einer Muskete versehen, die sie aus irgendeinem geheimen Magazin genommen haben mussten.

Der Kapitän setzte sich an sein Logbuch und begann seine Eintragungen folgendermaßen:

»Alexander Smollett, Schiffer; David Livesey, Schiffsarzt; Abraham Gray, Zimmermannsmaat; John Trelawney, Eigentümer; John Hunter und Richard Joyce, Diener des Eigentümers, keine Seeleute. Dies sind alle, die von der Schiffsgesellschaft treu geblieben sind. Sie kamen mit Vorräten für zehn Tage bei knappen Rationen heute an Land und zogen auf dem Blockhaus der Schatzinsel die englische Flagge auf. Thomas Redruth, Diener des Eigentümers, Förster, von den Meuterern erschossen; James Hawkins, Kajütenjunge –«

In demselben Augenblick dachte ich bei mir selber, wie es wohl dem armen Jim Hawkins gegangen ist.

Da wurde auf der Landseite des Blockhauses gerufen.

»Einer ruft uns an«, sagte Hunter, der die Wache hatte.

»Doktor! Squire! Kapitän! Hallo, Hunter, seid Ihr das?«, rief es draußen.

Und ich lief an die Tür und kam gerade noch zur rechten Zeit, um Jim Hawkins heil und gesund über die Palisaden klettern zu sehen.

Neunzehntes Kapitel

Jim Hawkins nimmt die Erzählung wieder auf:

Die Garnison im Pfahlwerk

Sobald Ben Gunn die britische Flagge sah, blieb er stehen, zupfte mich am Arm und setzte sich nieder.

»Nun«, sagte er, »da sind ja deine Freunde!«

»Es ist wohl wahrscheinlicher, dass es die Meuterer sind«, antwortete ich.

»Das?«, rief er. »Oh! An einem solchen Ort wie hier, wohin niemals ein Mensch außer den Glücksgentlemen kommt, würde Silver den Jolly Roger hissen, darauf kannst du dich verlassen. Nein, das sind deine Freunde. Es hat Hiebe gegeben, und ich denke mir, deine Freunde haben die Oberhand behalten. Hier sind sie nun an Land in dem alten Pfahlwerk, das vor Jahren von Flint gebaut wurde. Oh, der Flint – der hatte ein Köpfchen! Wäre nicht der Rum gewesen, er hätte niemals seinesgleichen gehabt. Er hatte vor keinem Menschen Angst, der Flint. Nur der Silver – der Silver war so schlau.«

»Nun ja, das kann ja sein – meinetwegen!«, sagte ich; »umso mehr Grund, dass ich mich beeile, zu meinen Freunden zu kommen.«

»Nein, Maat – nur nicht so eilig! Du bist ein guter Junge, daran zweifle ich nicht. Aber du bist doch schließlich nur ein Junge. Nun, Ben Gunn ist pfiffig! Rum würde mich nicht zu deinen Freunden bringen, zu denen du gehst. Rum reizt mich nicht. Erst muss ich deinen Gentleman sehen, der als Gentleman geboren ist, und muss sein Ehrenwort haben. Und vergiss meine Worte nicht: ›man immer mit Vertrauen (so musst du zu ihm sagen), – man immer mit Vertrauen!‹ Und dabei kannst du ihn mal zwicken.«

Und wirklich zwickte er mich in demselben Augenblick zum dritten Mal in den Arm und machte dabei wieder das schlaue Gesicht.

»Wenn Ben Gunn gebraucht wird, dann weißt du, wo du ihn finden kannst, Jim. Gerade da, wo du ihn heute fandest. Wer kommt, der soll was Weißes in der Hand haben – und der soll allein kommen. Dann noch eins: Du musst sagen: ›Ben Gunn hat seine bestimmten Gründe!‹ «

»Schön, ich glaube, ich versteh' dich. Du hast einen Vorschlag zu machen und möchtest den Squire oder den Doktor sehen. Du bist an der Stelle zu finden, wo ich dich zuerst traf. Ist das alles?«

»Und wann meinst du?«, sagte Ben. »Na, von ungefähr mittags bis sechs Uhr.«

»Gut! Und nun kann ich wohl gehen?«

»Du wirst doch nicht vergessen?«, fragte er ängstlich. »›Man immer Vertrauen und seine besonderen Gründe‹ – so musst du sagen. ›Seine besonderen Gründe‹ – das ist die Hauptsache. Na, dann denke ich, du kannst gehen.«

Er hielt mich aber immer noch am Arm fest und fuhr fort:

»Und, Jim, solltest du Silver sehen, so wirst du doch Ben Gunn nicht verraten. Nein, sagst du? Keine vier Pferde würden es aus dir herausziehen. Wenn die Piraten sich am Strande lagern, Jim – was würdest du dazu sagen, wenn's morgen früh Witwen gäbe?«

Hier wurde er durch einen lauten Knall unterbrochen. Eine Kanonenkugel sauste durch die Bäume, riss Äste herunter und schlug in den Sand ein – keine hundert Schritte von der Stelle, wo wir standen und sprachen. Im nächsten Augenblick waren wir beide in verschiedenen Richtungen davongelaufen.

Eine Viertelstunde lang donnerte ein Schuss nach dem anderen über die Insel. Kanonenkugeln fuhren krachend durch die Bäume. Ich lief von einem Versteck zum anderen, fortwährend von diesen schrecklichen Wurfgeschossen verfolgt – wenigstens kam es mir so vor. Aber gegen Ende des Bombardements war ich doch wieder etwas zuversichtlicher geworden, obgleich ich mich noch immer nicht in die Nähe des Pfahlwerks wagen durfte, wo die Kugeln am häufigsten einschlugen; nachdem ich einen Umweg in östlicher Richtung gemacht hatte, kroch ich schließlich wieder unter die Bäume am Strande.

Die Sonne war eben untergegangen; die Seebrise rauschte durch das Laub des Waldes und kräuselte die graue Oberfläche des Ankerplatzes; Ebbe herrschte vor und weite Strecken Land lagen frei. Nach der Hitze des Tages war die Luft kühl geworden, und ich fühlte ihre Kälte durch meine Jacke hindurch.

Die Hispaniola lag immer noch an derselben Stelle vor Anker. Aber von der Spitze des Hauptmastes flatterte der Jolly Roger, die schwarze Seeräuberflagge. Während ich hinübersah, kam wieder ein roter Blitz der Kanone und ein Knall, der von den Bergen widerhallte, und eine Kugel tanzte durch die Luft. Es war der letzte Schuss der Kanonade.

Ich lag noch eine Weile in meinem Versteck und beobachtete das Streiten der Meuterer, nachdem sie den Angriff eingestellt hatten. Ein paar Leute schlugen mit Beilen auf einen Gegenstand los, der am Strande in der Nähe des Pfahlwerks lag. Wie ich später entdeckte, war es die unglückselige Jolle. In der Ferne, dicht an der Flussmündung, loderte ein großes Feuer, dessen rote Glut durch die Bäume schien, und zwischen dieser Stelle und dem Schiff fuhr eine der Gigs fortwährend hin und her. Die Matrosen, die ich zuletzt so verdrießlich gesehen hatte, jauchzten beim Rudern wie Kinder. Aber in ihren Stimmen war ein Klang, der auf Rum schließen ließ.

Nach einiger Zeit dachte ich, es möchte wohl gut sein, wenn ich wieder nach dem Pfahlwerk zurückginge. Ich befand mich ziemlich weit unten auf der niedrigen sandigen Landzunge, die den Ankerplatz nach Osten zu abschließt und bei halber Ebbe mit der Skelettinsel in Verbindung steht. Als ich aufstand, sah ich ein Stück weiter die Landzunge hinunter aus einem niedrigen Gebüsch einen einzelnen Felsen aufsteigen, der mir durch seine weiße Farbe auffiel. Ich dachte mir, dies könnte wohl die weiße Klippe sein, von welcher Ben Gunn gesprochen hatte, und dass vielleicht einmal ein Boot gebraucht werden könnte und dass ich dann wüsste, wo ich zu suchen hätte.

Ich schlich mich nun durch den Wald, bis ich wieder die Landseite des Pfahlwerks erreicht hatte, und wurde bald von meinen treuen Kameraden willkommen geheißen.

Schnell hatte ich meine Geschichte erzählt, und dann begann ich mich umzusehen. Das Blockhaus war aus unbehauenen Fichtenstämmen erbaut – Dach, Wände und Fußboden. Letzterer befand sich an verschiedenen Stellen einen oder anderthalb Fuß hoch über dem Sandgrunde. An der Tür war ein Vorbau. An dieser Stelle ergoss sich eine kleine Quelle in einen recht eigentümlichen Behälter – er war nämlich weiter nichts als ein großer eiserner Schiffskessel, dessen Boden herausgeschlagen war und den man in den Sand eingelassen hatte.

Im Hause war nicht viel mehr vorhanden als die kahlen Wände. In der einen Ecke lag ein Stein, der als Herd benutzt wurde, und auf ihm stand ein rostiger eiserner Korb, in welchem das Holz brannte.

Die Abhänge des Hügels und der ganze Innenraum des Pfahlwerks waren gelichtet worden, und mit den gefällten Bäumen hatte man das Blockhaus erbaut. An den Stümpfen konnten wir noch sehen, was für ein schöner hoher Wald hier zerstört worden war. Ein großer Teil des Erdreichs war vom Regen hinweggewaschen worden, nachdem die Bäume es nicht mehr zusammenhielten. Nur wo das Bächlein von dem Kessel aus über den Abhang floss, war in dem ausgetrockneten Sande noch ein dichter Moosteppich mit einigen Farnkräutern und verkümmerten Gebüschen. Rings um die Palisaden herum stand noch hoher und dichter Wald, der auf der Landseite aus lauter Fichten bestand, nach der Seeseite zu aber stark mit Lebenseichen gemischt war.

Die kalte Abendbrise, von der ich sprach, pfiff durch jede Ritze des ungefügten Gebäudes und wehte fortwährend feinen Sand herein, der den Fußboden bedeckte. Sand hatten wir in den Augen, Sand in den Zähnen, Sand in unserem Abendessen. Auf dem Grunde des Kessels tanzte in dem Quellwasser Sand, dass es aussah wie eine Mehlsuppe, die zu kochen beginnt.

Ein viereckiges Loch im Dach bildete unseren Schornstein. Nur ein kleiner Teil des Rauches zog durch dieses ab. Der Rest erfüllte das ganze Haus, sodass wir fortwährend husten und uns die Augen wischen mussten.

Hierzu kam noch, dass Gray, der neue Mann, das Gesicht verbunden hatte. Er hatte bei der Balgerei mit den Meuterern einen Hieb in die Wange bekommen; und an der Wand lag der arme alte Tom Redruth, noch unbeerdigt, steif und starr unter dem Union Jack.

Wenn wir nichts getan hätten, würden wir die Nerven verloren haben. Kapitän Smollett war nicht der Mann, solche Unvernünftigkeit zuzulassen. Die ganze Mannschaft wurde aufgerufen und von ihm in Wachen eingeteilt. Der Doktor, Gray und ich bildeten die eine Wache, der Squire, Hunter und Joyce die andere. So müde wir alle waren, wurden doch zwei ausgeschickt, um Brennholz zu holen. Zwei andere mussten ein Grab für Redruth machen. Der Doktor wurde zum Koch ernannt. Ich wurde als Schildwache an die Tür gestellt. Der Kapitän selber ging vom einen zum andern, sprach uns Mut zu und legte mit Hand an, wo es nötig war.

Von Zeit zu Zeit kam der Doktor an die Tür, um ein wenig frische Luft zu schöpfen und seine Augen zu kühlen, die der Rauch ihm beinahe aus dem Kopfe trieb. Jedes Mal, wenn er das tat, hatte er ein Wort für mich.

»Der Kapitän Smollett«, sagte er bei einer solchen Gelegenheit, »ist ein tüchtigerer Mann als ich. Wenn ich so etwas sage, so will dies etwas heißen.«

Ein anderes Mal kam er und war eine Weile still. Dann legte er den Kopf auf die eine Seite, sah mich an und fragte:

»Ist dieser Ben Gunn ein vernünftiger Mensch?«

»Ich weiß es nicht, Herr Doktor. Ich bin nicht ganz sicher, ob er seinen Verstand hat.«

»Wenn in dieser Beziehung irgendein Zweifel besteht, so hat er ihn«, antwortete der Doktor. »Ein Mensch, der drei Jahre lang auf einer unbewohnten Insel gewesen ist und an seinen Nägeln gekaut hat, Jim, der kann nicht so vernünftig erscheinen wie du oder ich. Das kann man nicht erwarten. Es liegt nicht in der menschlichen Natur. Sagtest du nicht etwas davon, dass er besondere Lust hätte, etwas zu essen? Ich glaube, Käse?«

»Jawohl, Herr Doktor, Käse.«

»Na, Jim, da kannst du sehen, dass es manchmal zu etwas gut ist, wenn ein Mensch Wert auf gutes Essen legt. Du hast doch mal meine Schnupftabaksdose gesehen, nicht wahr? Aber du hast mich niemals schnupfen sehen! Der Grund davon ist der, dass ich in meiner Dose keinen Schnupftabak, sondern immer ein Stück Parmesankäse bei mir trage – das ist ein Käse, der in Italien gemacht wird – sehr nahrhaft. Na, das ist was für Ben Gunn!«

Bevor wir uns zum Abendessen setzten, begruben wir den alten Tom im Sande und standen eine Weile barhäuptig im Abendwind um sein Grab herum. Eine Menge Fichtenholz war in das Blockhaus gebracht worden, aber nach des Kapitäns Meinung noch lange nicht genug. Er schüttelte den Kopf und sagte, wir müssten uns am nächsten Morgen fleißiger betätigen.

Nachdem wir unser Pökelfleisch gegessen und jeder ein gutes, steifes Glas Grog getrunken hatten, setzten die drei Anführer sich in einer Ecke zusammen, um unsere Aussichten zu besprechen.

Wie mir scheint, waren sie ratlos, was wir tun sollten. Der Mundvorrat war so gering, dass der Hunger uns zur Übergabe zwingen musste, bevor Hilfe kommen konnte. Sie waren darüber einig, dass unsere beste Hoffnung darin bestände, die Piraten einzeln abzuschießen, bis sie entweder ihre Segel strichen oder mit der Hispaniola davonsegelten. Ihre Zahl war bereits von neunzehn auf fünfzehn zusammengeschmolzen; zwei andere waren verwundet und einer davon – der Mann, den der Squire neben der Kanone getroffen hatte – zum Mindesten schwer verwundet, wenn er nicht gar tot war. Sooft wir Gelegenheit hatten, einen Schuss auf sie zu tun, sollten wir sie benutzen, dabei aber äußerst vorsichtig sein, uns nicht selber auszusetzen. Außerdem hatten wir noch zwei gute Verbündete – den Rum und das Klima.

Was den Rum anbetrifft, so konnten wir die Meuterer bis spät in die Nacht singen hören, obwohl wir ungefähr eine halbe Meile entfernt waren. In Bezug auf das Klima erklärte der Doktor, er wolle seine Perücke zum Pfande setzen, dass die Hälfte von ihnen vor Ablauf einer Woche auf dem Rücken liegen würde; denn ihr Lager befände sich an der sumpfigen Küste, und sie hätten keine Arzneien.

»Darum werden sie«, so schloss er, »wenn sie nicht vorher alle totgeschossen sind, froh sein, mit dem Schoner abzuschieben. Es ist immerhin ein Schiff, und sie können ihr Piratenleben wieder beginnen, nehme ich an.«

»Das erste Schiff, das ich in meinem Leben verloren habe!«, sagte Kapitän Smollett.

Ich war todmüde, wie man sich vorstellen kann. Trotzdem wälzte ich mich noch lange schlaflos auf meinem Lager; aber als ich endlich einschlief, da schlief ich auch wie ein Stück Holz.

Die Übrigen waren längst aufgestanden, hatten schon gefrühstückt und den Brennholzhaufen um die Hälfte der Menge vermehrt, als ich von einem Geräusch und lautem Rufen aufgeweckt wurde. – »Ein Parlamentär!«, hörte ich irgendeinen sagen; und gleich darauf setzte er mit einem Ausruf der Überraschung hinzu:

»Silver in eigener Person!«

Da sprang ich auf, rieb mir den Schlaf aus den Augen und lief an eine Schießscharte an der Wand.

Zwanzigstes Kapitel

Silver als Parlamentär

Richtig – zwei Männer standen dicht an der Umpfählung. Einer von ihnen schwenkte ein weißes Tuch; der andere – kein Geringerer als Silver selbst – stand ruhig neben ihm.

Es war noch recht früh, und es war der kälteste Morgen, den ich jemals im Freien verbracht habe; eine Kälte, die mir durch Mark und Bein drang. Der Himmel droben war klar und wolkenlos. Die Wipfel der Bäume leuchteten rosig in der Sonne. Aber die Stelle, wo Silver mit seinem Begleiter stand, lag noch ganz im Schatten. Sie wateten knietief in einem dichten weißen Nebel, der während der Nacht vom Sumpf heraufgekrochen war. Die Kälte und dieser Nebel redeten eine deutliche Sprache; sie bewiesen, dass diese Insel ein trübseliger Aufenthalt sein musste, offenbar ein feuchter, fieberausdünstender, ungesunder Ort.

»Bleibt im Hause, Leute!«, sagte der Kapitän. »Es ist zehn gegen eins zu wetten, dass sie eine Hinterlist vorhaben.«

Dann rief er die Piraten an:

»Wer da? Steht, oder wir schießen!«

»Parlamentär!«, rief Silver.

Der Kapitän stand im Vorbau, deckte sich aber sorgfältig gegen einen Schuss aus dem Hinterhalt, falls ein solcher etwa beabsichtigt sein sollte. Er wandte sich zu uns und sagte:

»Doktors Wache zum Ausguck! Doktor Livesey, übernehmen Sie bitte die Nordseite; Jim die Ostseite; Gray die Westseite. Alle Musketen geladen! Fix, Leute, fix, Leute, und passt sorgfältig auf!«

Dann wandte er sich wieder zu den Meuterern und rief:

»Und was wollt ihr mit eurem Parlamentär?«

Dieses Mal antwortete der andere Mann:

»Käpp'n Silver, Herr, möchte an Bord kommen und über die Bedingungen verhandeln!«, rief er.

»Käpp'n Silver! Kenn' ich nicht! Wer ist das?«, rief der Kapitän. Und wir konnten hören, wie er leise vor sich hin sagte:

»Käpp'n, sagt er? Ach du liebe Güte, das ist eine schnelle Beförderung!«

Long John antwortete selber:

»Ich, Herr. Diese armen Jungens haben mich zu ihrem Käpp'n gemacht, nachdem Sie, Herr, desertiert waren.« Er legte einen besonderen Ton auf das Wort »desertiert«. »Wir sind willens, uns mit Ihnen zu einigen, wenn wir zu vernünftigen Bedingungen kommen können, und ohne Widerwärtigkeiten. Ich verlange weiter nichts als Ihr Wort, Käpp'n Smollett, dass Sie mich heil und gesund aus diesem Pfahlwerk hier wieder herauslassen und dass ich eine Minute habe, bevor ein Gewehr abgefeuert wird.«

»Mein Mann«, sagte Kapitän Smollett, »ich habe nicht das geringste Verlangen, mit Euch zu reden. Wenn Ihr mit mir zu reden wünscht, so könnt Ihr kommen, und damit fertig. Wenn es irgendeine Verräterei gibt, so wird die auf Eurer Seite sein, und der Herrgott mag Euch gnädig sein.«

»Das genügt, Käpp'n!«, rief Long John fröhlich. »Ein Wort von Ihnen genügt. Ich weiß, was ein Gentleman ist, darauf können Sie sich verlassen.«

Wir konnten sehen, dass der Mann mit der weißen Flagge Silver zurückzuhalten versuchte. Das war auch nicht zu verwundern, denn des Kapitäns Antwort war sehr kavaliersmäßig gewesen, aber Silver lachte ihn laut aus und klopfte ihm auf den Rücken, wie wenn es lächerlich gewesen wäre, sich irgendwie zu beunruhigen. Dann trat er an die Palisaden heran, schwang seine Krücke herüber und stieg mit großer Kraft und Gewandtheit über den Zaun, auf dessen anderer Seite er wohlbehalten ankam. Ich will gestehen, dass ich von den Vorgängen zu sehr in Anspruch genommen war, um hier als Schildwache auch nur das Geringste nützen zu können; ich hatte meine Schießscharte an der Ostwand verlassen und war hinter den Kapitän gekrochen, der sich jetzt auf die Schwelle gesetzt hatte. Er stützte seine Ellenbogen auf die Knie, seinen Kopf auf die Hände und sah auf die Quelle, die aus dem alten eisernen Kessel über den Sand sprudelte, und pfiff vor sich hin die Melodie: »Kommt, Jungen und Deerns!«

Silver hatte eine harte Arbeit, den Abhang hinaufzukommen. Zwischen den dicken Baumstümpfen und in dem losen Sand des steilen Hügels war er mit seiner Krücke so hilflos wie ein steuerloses Schiff. Aber er quälte sich tapfer ab, ohne ein Wort zu sagen, und stand vor dem Kapitän, den er mit großem Anstand grüßte. Er hatte seinen besten Anzug angezogen: Ein ungeheuer großer blauer Rock mit unzähligen Messingknöpfen ging ihm bis zu den Knien herunter. Ein Dreimaster, der mit schöner Goldspitze besetzt war, saß ihm auf dem Hinterkopf.

»So, da seid Ihr ja, Mann«, sagte der Kapitän, indem er aufblickte. »Es ist wohl am besten, wenn Ihr Platz nehmt.«

»Sie wollen mich nicht hereinkommen lassen?«, sagte Long John in vorwurfsvollem Tone. »Es ist ganz gewiss ein verdammt kalter Morgen, Herr, so im Freien auf dem Sande zu sitzen!«

»Na, Silver«, sagte der Kapitän, »wenn es Euch genügt hätte, ein ehrlicher Mann zu bleiben, hättet Ihr in Eurer Kombüse sitzen können. Ihr seid selber schuld. Ihr seid entweder mein Schiffskoch – und als solcher wurdet Ihr anständig behandelt – oder Ihr seid Käpp'n Silver, ein gemeiner Meuterer und Seeräuber, und dann könnt Ihr Euch hängen lassen!«

»Nu, schön, Käpp'n«, antwortete der Schiffskoch, indem er sich auf den Sand setzte, wie ihm befohlen war. »Sie werden mir die Hand reichen müssen, damit ich wieder hochkomme, das ist alles. Ein recht nettes Plätzchen haben Sie ja hier. Ah, da ist ja Jim! Recht schönen guten Morgen, Jim. Doktor, Ihr ergebener Diener. Na, da sitzen ja alle beisammen, wie eine glückliche Familie sozusagen.«

»Wenn Ihr mir etwas zu sagen habt, Mann, so ist es besser, Ihr sagt es!«, antwortete der Kapitän.

»Da haben Sie recht, Käpp'n Smollett!«, antwortete Silver. »Pflicht ist Pflicht – ganz gewiss. Na, nun hören Sie mal: Da haben Sie gestern Abend einen guten Streich gemacht. Ich glaube nicht, dass es ein guter Streich war. Einige von Ihnen sind recht fix mit dem Schießprügel! Und ich will auch nicht leugnen, dass einige von meinen Leuten einen kleinen Schrecken bekamen – vielleicht bekamen sie alle einen; vielleicht bekam ich selber einen Schrecken; vielleicht ist das der Grund, warum ich hier bin, um über Ihre Bedingungen zu sprechen. Aber merken Sie sich, Kapitän: Ich werde das nicht zum zweiten Mal tun, zum Donnerwetter noch mal! Wir werden einen Postendienst einrichten müssen und ein bisschen sparsamer mit dem Rum umgehen. Vielleicht denken Sie, wir hätten alle einen kleinen sitzen gehabt. Aber ich sage Ihnen, ich war nüchtern! Ich war bloß hundemüde. Wenn ich eine Sekunde früher aufgewacht wäre, hätte ich Sie gefasst. Er war noch nicht tot, als ich zu ihm kam.«

»Nun?«, sagte Kapitän Smollett vollkommen gleichgültig und kalt.

Jedes Wort, das Silver sagte, war für den Kapitän ein Rätsel. Aber das hätte ihm kein Mensch anmerken können. Übrigens begann mir eine Ahnung aufzugehen. Ben Gunns letzte Worte kamen mir in den Sinn. Ich begann zu vermuten, dass er den Piraten einen Besuch abgestattet hatte, während sie alle betrunken um ihr Feuer herumlagen. Ich rechnete mir mit Vergnügen aus, dass wir nur noch mit vierzehn Feinden zu tun hatten.

»Na, also die Sache ist so«, sagte Silver. »Wir wollen den Schatz haben, und wir kriegen ihn – das ist für uns die Hauptsache! Sie möchten ebenso gerne Ihr Leben retten, denke ich mir, und das ist für Sie die Hauptsache. Sie haben eine Karte, nicht wahr?«

»Das mag wohl sein«, antwortete der Kapitän.

»Oh, Sie haben eine, das weiß ich! Sie brauchen nicht so kurz angebunden zu sein; das hat nicht den geringsten Zweck, darauf können Sie sich verlassen. Was ich meine, ist dies: Wir wollen Ihre Karte haben! Nun, ich habe gegen Sie selber niemals etwas gehabt.«

»Euer Reden hat bei mir gar keinen Zweck, Mann«, unterbrach ihn der Kapitän. »Wir wissen ganz genau, was Ihr zu tun beabsichtigt. Aber wir machen uns nichts daraus; denn jetzt, seht mal, könnt Ihr nichts tun.«

Und der Kapitän sah ihn dabei ganz ruhig an und stopfte sich eine Pfeife.

»Wenn Abe Gray –«, rief Silver laut.

»Still davon!«, rief Smollett. »Gray hat mir nichts gesagt, und ich hab' ihn nicht gefragt. Ich will Euch was sagen: Ehe ich das täte, wollte ich lieber Euch und die ganze Insel in die Luft fliegen sehen! Also hierüber wisst Ihr nun Bescheid, Mann!«

Dieser kleine Zornausbruch schien Silver etwas abzukühlen. Vorher hatte er sich beleidigt gestellt, aber jetzt nahm er sich zusammen und sagte:

»Das kann ich mir wohl denken. Ich habe nicht darüber zu urteilen, was nach der Meinung solcher Herren wie Sie Schiffsrecht ist oder nicht. Und da ich sehe, dass Sie eine Pfeife rauchen wollen, Käpp'n, so will ich so frei sein, desgleichen zu tun.«

Und er stopfte sich eine Pfeife und zündete sie an. So saßen die beiden Männer eine ganze Weile schweigend da und rauchten. Zuweilen drückten sie ihren Tabak nieder, zuweilen beugten sie sich vor, um auszuspucken. Es war wie eine Theatervorstellung, ihnen zuzusehen.

»Na also«, fing endlich Silver wieder an, »die Sache ist so: Sie geben uns die Karte, damit wir den Schatz kriegen können, und schießen keine armen Matrosen mehr tot, und schneiden ihnen nicht mehr die Kehle ab, wenn sie schlafen. Also das ist Ihre Leistung, und dafür stellen wir Ihnen Folgendes zur Wahl: Entweder kommen Sie zu uns an Bord, sobald der Schatz auf dem Schiffe ist, und dann geb' ich Ihnen mein Affidavit, mein Ehrenwort, Sie irgendwo, wo Sie Lust haben, heil und gesund an Land zu setzen. Wenn Ihnen das nicht passt, weil einige von meinen Leuten etwas rau sind und eine alte Rechnung mit Ihnen haben, von wegen früheren Anschnauzens, dann können Sie auch hier bleiben. Wir wollen alle Vorräte mit Ihnen teilen, Mann für Mann; und ich gebe

Ihnen mein Affidavit, das erste Schiff, das ich treffe, anzurufen und hierher zu schicken, um Sie aufzunehmen. Nun, Sie werden zugeben, dass das ein Wort ist. Etwas Besseres können Sie ganz gewiss nicht erwarten! Und ich hoffe« – dabei erhob er seine Stimme –, »dass alle Leute in dem Blockhause hier meine Worte vernehmen; denn was ich einem sage, das gilt für alle!«

Kapitän Smollett stand auf und klopfte seine Pfeife in seine linke Handfläche aus.

»Ist das alles?«, fragte er.

»Mein allerletztes Wort, zum Donner!«, antwortete John. »Weisen Sie es zurück, so werden Sie von mir nichts mehr zu sehen kriegen, außer Musketenkugeln!«

»Sehr schön!«, sagte der Kapitän. »Jetzt sollt Ihr hören, was ich Euch zu sagen habe: Wenn ihr, einer nach dem andern, einzeln, unbewaffnet hier heraufkommt, so will ich mich verpflichten, euch alle in Eisen zu legen und euch nach England zu bringen, damit ihr vor den Gerichtshof kommt. Wollt ihr das nicht – mein Name ist Alexander Smollett, ich habe hier meines Königs Flagge gehisst, und ich will euch alle zum Teufel schicken. Ihr könnt den Schatz nicht finden. Ihr könnt das Schiff nicht segeln – unter euch ist kein Einziger imstande, das Schiff zu führen. Ihr könnt es im Kampf nicht mit uns aufnehmen – den Gray hier konnten fünf von euch nicht halten. Euer Schiff liegt fest, Meister Silver. Ihr liegt an einer Leeküste, und das werdet Ihr bald herausfinden. Hier stehe ich und sage Euch das. Dies sind die letzten guten Worte, die Ihr von mir kriegt. Denn, so wahr ein Gott im Himmel ist, will ich Euch eine Kugel in Euren Wanst jagen, wenn ich Euch noch einmal sehe. Marsch, mein Junge! Hinaus hier, bitte, Hand über Hand, und ein bisschen fix!«

Silvers Gesicht war zum Malen. Vor Wut quollen ihm die Augen aus dem Kopf. Er klopfte seine Pfeife aus und schrie:

»Reichen Sie mir eine Hand, dass ich aufstehen kann!«

»Denke nicht dran«, antwortete der Kapitän.

»Wer will mir aufhelfen?«, brüllte er.

Keiner von uns rührte sich.

Die fürchterlichsten Flüche brüllend, kroch Silver über den Sand, bis er an den Vorbau kam und sich an diesem aufrichten konnte. Er stützte sich auf seine Krücke. Dann spie er in die Quelle und rief:

»Da! So denke ich von euch. Bevor eine Stunde vorüber ist, will ich euch in eurem Blockhaus ausräuchern. Lacht nur, zum Donner, lacht nur! Bevor eine Stunde vorüber ist, werden andere Leute lachen! Dann werden die, die tot sind, die Glücklichen sein!«

Und mit einem letzten fürchterlichen Fluch humpelte er davon und schleppte sich durch den Sand den Abhang hinunter. Der Mann mit der weißen Flagge half ihm, nach vier oder fünf vergeblichen Versuchen, über die Palisade hinüber, und einen Augenblick später waren beide zwischen den Bäumen verschwunden.

Einundzwanzigstes Kapitel

Der Angriff

Sobald Silver verschwand, wandte der Kapitän, der ihn scharf beobachtet hatte, sich dem Inneren des Hauses zu und fand keinen Einzigen von uns außer Gray auf seinem Posten.

Es war das erste Mal, dass wir ihn wirklich zornig sahen.

»Auf eure Posten!«, brüllte er. Und dann, als wir alle an unsere Plätze zurückschlichen, sagte er:

»Gray, ich will Euren Namen ins Logbuch eintragen; Ihr seid zu Eurer Pflicht und Schuldigkeit gestanden wie ein echter Seemann. Herr Trelawney, ich wundere mich über Sie! Doktor, ich glaubte, Sie hätten des Königs Rock getragen! Wenn Sie auf diese Weise bei Fontenoy Ihren Dienst versahen, Herr, so wären Sie besser in Ihrem Bett geblieben!«

Wir von des Doktors Wache standen alle wieder an unseren Schießscharten; die Übrigen luden eifrig die überzähligen Musketen, und jeder hatte, wie man sich denken kann, einen roten Kopf und einen Floh im Ohr, wie man zu sagen pflegt.

Der Kapitän sah eine Weile schweigend zu. Dann nahm er das Wort und sagte:

»Jungens! Ich habe dem Silver eine Breitseite gegeben. Ich schoss absichtlich mit Brandkugeln, und bevor eine Stunde rum ist, werden sie zu entern versuchen, wie er ganz richtig gesagt hat. An Zahl sind sie uns überlegen, das brauche ich euch nicht zu sagen; aber wir fechten in Deckung, und vor einer Minute würde ich noch gesagt haben: Wir fechten mit Mannszucht. Ich habe nicht den geringsten Zweifel daran, dass wir sie verdreschen können, wenn ihr nur wollt!«

Hierauf machte er die Runde und sah, dass alles zum Gefecht klar war.

Auf den beiden schmalen Seiten des Hauses, nach Osten und nach Westen zu, waren nur zwei Schießscharten, auf der Südseite, die den Vorbau hatte, waren ebenfalls zwei; auf der Nordseite aber waren fünf. Wir sieben Mann verfügten über rund zwanzig Musketen. Das Brennholz war zu vier Haufen aufgeschichtet, die sozusagen Tische bildeten – einen vor der Mitte jeder Wand. Auf jedem dieser Tische lagen vier geladene Musketen nebst einiger Reservemunition in Reichweite der Verteidiger. In der Mitte jedes Tisches lagen die Stutzsäbel bereit.

»Löscht das Feuer aus!«, sagte der Kapitän. »Die Kälte hat aufgehört. Wir dürfen keinen Rauch in die Augen bekommen.«

Herr Trelawney trug mit eigenen Händen den eisernen Feuerbehälter hinaus. Die glühenden Kohlen wurden draußen im Sande ausgelöscht.

»Hawkins hat noch nicht gefrühstückt. Nimm dir etwas, Hawkins, aber geh sofort auf deinen Posten zurück und iss es dort«, sagte Kapitän Smollett. »Nun, ein bisschen fix, Jim! Du wirst es nötig haben, bevor du fertig bist. Hunter, gebt jedem ein Glas Branntwein!«

Während das Getränk verteilt wurde, machte der Kapitän sich seinen Verteidigungsplan zurecht.

»Sie, Doktor, werden die Tür übernehmen«, sagte er. »Geben Sie sich ja keine Blöße, sondern halten Sie sich drinnen und feuern Sie durch den Vorbau. Hunter, Ihr übernehmt die Ostseite; Joyce, Ihr kommt hierhin nach Westen. Herr Trelawney, Sie sind der beste Schütze; Sie und Gray werden die lange Nordseite übernehmen, mit den fünf Schießscharten; auf dieser Seite ist die Gefahr. Wenn sie an uns herankommen könnten und durch unsere eigenen Schießscharten auf uns feuerten, dann sähe die Sache dreckig für uns aus. Hawkins, du und ich, wir kommen als Schützen nicht sehr in Betracht, wir werden die abgeschossenen Musketen laden und überall zur Hand gehen, wo es nötig ist.«

Die Kälte hatte aufgehört, wie der Kapitän gesagt hatte. Sobald die Sonne über den Gipfel der Waldbäume hinübergeklettert war, strahlte sie mit aller Macht auf die Lichtung und schluckte im Nu die Nebeldünste ein. Bald war der Sand glühend heiß, und das Harz im Holz des Blockhauses begann zu schmelzen. Jacken und Röcke wurden abgeworfen, die Hemden am Halse geöffnet und die Ärmel bis an die Achseln aufgestreift. Und jeder stand an seinem Posten, fieberhaft glühend von der Hitze und von der Erwartung.

Eine Stunde verging.

»Hol' sie der Teufel!«, sagte der Kapitän. »Dies ist so langweilig wie in den Doldrums*. Gray, pfeift mal nach einem Wind!«

Aber gerade in diesem Augenblick kam das erste Anzeichen des Angriffes.

»Verzeihen Sie, Herr«, sagte Joyce, »wenn ich irgendeinen sehe, soll ich dann feuern?«

»Das sagte ich Euch ja!«, rief der Kapitän.

»Danke«, antwortete Joyce mit derselben ruhigen Höflichkeit.

Eine Zeit lang erfolgte nichts. Die Bemerkung hatte uns alle aufgemuntert. Wir strengten unsere Augen an und spitzten die Ohren. Die Schützen hielten ihre Musketen schussfertig in der Hand. Der Kapitän stand mit fest geschlossenen Lippen und gerunzelter Stirn mitten im Blockhaus.

* Doldrums wird ein Teil des Ozeans nahe dem Äquator genannt, wo häufig Windstillen, Böen und schwache (schlabbernde), unstete Winde vorkommen. (Übers.)

So vergingen einige Sekunden. Da legte Joyce plötzlich seine Muskete an und feuerte. Der Knall war noch nicht verklungen, so antwortete schon von draußen eine rollende Salve. Schuss folgte auf Schuss, wie Wildgänse in ihrem Fluge, von allen vier Seiten der Palisaden. Mehrere Kugeln trafen das Blockhaus, aber keine Einzige drang durch die Wände. Als der Rauch sich wieder verzogen hatte, sah die Umpfählung mit dem Walde ringsum so ruhig und leer aus wie zuvor. Kein Busch bewegte sich, kein Aufblitzen eines Musketenlaufes verriet die Anwesenheit unserer Feinde.

»Habt Ihr Euren Mann getroffen?«, fragte der Kapitän.

»Nein, Herr«, antwortete Joyce, »ich glaube nicht.«

»Wenigstens gut, dass Ihr die Wahrheit sagt«, murmelte Kapitän Smollett. »Lade sein Gewehr, Hawkins! Wie viele waren nach Ihrer Meinung auf Ihrer Seite, Doktor?«

»Das kann ich ganz genau sagen«, sagte Doktor Livesey. »Auf dieser Seite wurden drei Schüsse abgefeuert. Ich sah es dreimal aufblitzen – zwei Blitze waren dicht beieinander, der dritte war da nach Westen zu.«

»Drei«, sagte der Kapitän. »Und wie viele auf Ihrer Seite, Herr Trelawney?«

Aber diese Frage war nicht so leicht zu beantworten. Auf der Nordseite waren viele Schüsse gefallen. – Nach des Squires Berechnung sieben, nach Grays Meinung acht oder neun. Von Westen und Osten war nur je ein einziger Schuss gefallen. Hieraus ging klar hervor, dass der Angriff von der Nordseite kommen würde, und dass wir auf den drei anderen Seiten nur durch einen Scheinangriff beschäftigt werden sollten. Aber Kapitän Smollett änderte trotzdem nichts an seinen Anordnungen. Er meinte: Wenn es den Meuterern gelänge, über die Lichtung zu kommen, würden sie jede unbesetzte Schießscharte benutzen, um uns wie Ratten in unserer eigenen Festung niederzuschießen.

Übrigens hatten wir nicht mehr viel Zeit, darüber nachzudenken. Plötzlich brach mit einem lauten Hurra ein kleines Häuflein der Piraten aus dem Walde an der Nordseite hervor und lief stracks auf die Palisaden los. In demselben Augenblick wurde vom Walde aus das Feuer wieder eröffnet; eine Büchsenkugel pfiff durch die Eingangstür und zerschmetterte des Doktors Muskete.

Die Angreifer kletterten mit affenartiger Behändigkeit über den Zaun. Der Squire und Gray feuerten jeder mehrere Male; drei von den Meuterern fielen: einer auf der Lichtung, zwei stürzten von dem Zaun nach der Außenseite herab. Aber von diesen war der eine offenbar nicht ernstlich verwundet; denn er war im Nu wieder auf den Füßen und verschwand sofort unter den Bäumen.

Zwei hatten in den Sand gebissen, einer war geflohen, vieren war es geglückt, in unsere Verteidigungswerke einzudringen, während aus ihrer Deckung im Walde sieben oder acht Piraten, von denen augenscheinlich jeder mit mehreren Musketen versehen war, ein lebhaftes, jedoch unwirksames Feuer gegen das Blockhaus unterhielten.

Die vier, die über den Zaun gekommen waren, rannten mit Geschrei auf das Haus los. Die Leute unter den Bäumen erwiderten das Geschrei, um ihre Kameraden zu ermutigen. Mehrere Schüsse wurden abgefeuert, aber unsere Schützen waren zu hastig und hatten wahrscheinlich niemanden getroffen. Im Nu waren die vier Piraten den Hügel hinaufgerannt und fielen über uns her.

An der mittelsten Schießscharte erschien der Kopf des Bootsmanns Hiob Anderson.

»Auf sie! Auf sie, alle Mann!«, brüllte er mit Donnerstimme.

In demselben Augenblick packte ein anderer Pirat Hunters Muskete an der Mündung, riss sie ihm aus der Hand, zog sie durch die Schießscharte heraus und streckte mit einem Kolbenschlag den armen Burschen zu Boden. Unterdessen war ein dritter Pirat um das Haus herumgelaufen, erschien plötzlich an der Eingangstür und fiel mit seinem kurzen Säbel über den Doktor her.

Unsere Lage hatte sich völlig verändert. Einen Augenblick vorher feuerten wir aus Deckung auf einen Feind, der unseren Schüssen bloßgestellt war. Jetzt aber lagen wir ohne Deckung und konnten keinen Schlag erwidern.

Das Blockhaus war voll von Pulverdampf. Diesem Umstand verdankten wir unsere verhältnismäßige Sicherheit. Geschrei und

Getümmel, Aufblitzen und Knall von Pistolenschüssen und ein lautes Stöhnen klangen mir in den Ohren. – »Auf, Jungens, auf! Packt sie draußen an! Nehmt die Säbel!«, rief der Kapitän.

Ich ergriff einen Stutzsäbel von dem Haufen und bekam dabei von einem anderen, der gleichzeitig nach einer Waffe griff, einen Schnitt über die Fingerknöchel, den ich aber kaum fühlte. Ich sprang aus der Türe in den hellen Sonnenschein hinaus. Irgendeiner lief dicht hinter mir – ich wusste nicht, wer. Gerade vor mir verfolgte der Doktor seinen Angreifer den Berg hinunter; gerade als ich hinsah, schlug er ihm die Parade durch, und der Mann stürzte mit einer großen klaffenden Wunde über das ganze Gesicht zu Boden und streckte alle viere von sich. – »Ums Haus herum, Jungens! Ums Haus herum!«, schrie der Kapitän, und ich bemerkte trotz dem Getümmel, dass seine Stimme einen merkwürdigen Klang hatte.

Mechanisch gehorchte ich, wandte mich nach Osten und lief mit geschwungenem Säbel um die Ecke des Hauses herum. Im nächsten Augenblick sah ich mich Anderson gegenüber. Er brüllte laut auf, und seine Klinge, die er über dem Kopf schwang, blitzte in der Sonne. Ich hatte keine Zeit mich zu fürchten. Da aber der Schlag nicht sofort fiel, sprang ich im Nu zur Seite, glitt in dem losen Sand aus und rollte den Abhang hinunter.

Als ich aus der Tür gesprungen war, kletterten die anderen Meuterer bereits auf die Palisaden hinauf, um uns den Garaus zu machen. Einer von ihnen, ein Bursche mit einer roten Nachtmütze auf dem Kopf, der seinen Stutzsäbel zwischen den Zähnen hielt, war sogar schon oben und hatte das eine Bein auf der Innenseite. Nun, alles ging so ungeheuer schnell, dass jeder sich noch in derselben Stellung befand, als ich wieder auf meinen Füßen war: Der Kerl mit der roten Nachtmütze war erst halb über den Zaun herüber. Ein anderer streckte gerade seinen Kopf über die Palisaden. Indessen in diesem Nu war der Kampf schon vorüber und der Sieg unser.

Gray, der mir auf dem Fuße gefolgt war, hatte den großen Bootsmann niedergeschlagen, bevor dieser Zeit hatte, seine Klinge wieder hochzubringen. Ein anderer Pirat war an einer Schießscharte erschossen worden, als er gerade in das Blockhaus hineinfeuerte; er lag im Todeskampf, die rauchende Pistole noch in der Hand. Einen dritten hatte der Doktor, wie ich gesehen hatte, mit einem Hiebe niedergestreckt. Von den vieren, die über die Palisaden geklettert waren, blieb nur ein Einziger übrig, und dieser, der seinen Säbel verloren hatte, kletterte jetzt in Todesangst wieder über die Pfähle.

»Schießt! Schießt aus dem Haus heraus!«, rief der Doktor. »Und ihr, Jungens, zurück in die Deckung!«

Aber seine Worte wurden nicht beachtet. Es wurde kein Schuss gefeuert, und der letzte Angreifer entrann und verschwand mit den übrigen im Walde. Binnen drei Sekunden blieben von den Angreifern nur die fünf Gefallenen zurück – vier auf der Innenseite, einer auf der Außenseite der Palisade. Der Doktor, Gray und ich rannten im vollen Lauf nach dem Blockhaus, um Deckung zu suchen. Die Überlebenden mussten bald wieder unter den Bäumen sein, wo sie ihre Musketen zurückgelassen hatten, und das Feuer konnte jeden Augenblick wieder eröffnet werden.

Der Rauch hatte sich inzwischen aus dem Blockhaus einigermaßen verzogen, und wir sahen auf den ersten Blick, welchen Preis wir für den Sieg bezahlt hatten. Hunter lag betäubt neben seiner Schießscharte; Joyce lag an der seinigen – er war durch den Kopf geschossen und rührte sich nicht mehr. In der Mitte des Raumes stützte der Squire den Kapitän. Einer war so bleich wie der andere.

»Der Kapitän ist verwundet«, sagte Herr Trelawney.

»Sind sie davon?«, fragte Smollett.

»Alle, die es konnten – das können Sie glauben«, antwortete der Doktor; »aber fünf von ihnen werden niemals wiederkommen.«

»Fünf!«, rief der Kapitän. »Na, das ist besser! Fünf gegen drei – so bleiben wir vier gegen neun. Das ist für uns ein besseres Verhältnis als im Anfang. Damals waren wir sieben gegen neunzehn – oder glaubten wenigstens, dass das Verhältnis so stehe, und das war für unsere Rechnung ebenso schlimm.«

Übrigens waren die Meuterer bald nur noch acht an der Zahl; denn der Mann, den Herr Trelawney bei der Kanone auf Deck des Schoners niedergeschossen hatte, starb an demselben Abend an seiner Wunde. Aber dies war natürlich der Partei im Blockhaus damals noch nicht bekannt, sondern stellte sich erst später heraus.

V Mein Seeabenteuer

Zweiundzwanzigstes Kapitel

Der Beginn meines Seeabenteuers

Die Meuterer kamen nicht wieder – es fiel nicht einmal mehr ein Schuss aus dem Walde. Sie hatten »ihre Ration für den Tag bekommen«, wie der Kapitän sich ausdrückte. So hatten wir Ruhe in unserem Blockhaus und konnten nach den Verwundeten sehen und etwas zum Essen zurechtmachen. Der Squire und ich kochten draußen im Freien – trotz der Gefahr; und selbst draußen wussten wir vor Entsetzen über das laute Stöhnen der Patienten, die der Doktor unter den Händen hatte, kaum, was wir taten.

Von den acht Männern, die im Gefecht gefallen waren, atmeten nur noch drei: der eine Pirat, der an der Schießscharte verwundet worden war, Hunter und Kapitän Smollett. Von diesen waren die beiden ersten so gut wie tot. Der Meuterer starb unter des Doktors Messer. Hunter kam trotz allen unseren Bemühungen auf dieser Welt nicht mehr zu Bewusstsein. Er lag noch den ganzen Tag und röchelte schwer, wie damals zu Hause im »Admiral Benbow« der alte Seeräuber, als er seinen Schlaganfall bekam. Hunters Brustkorb war von dem Kolbenschlag eingedrückt worden. Bei dem Sturz hatte er einen Schädelbruch erlitten. Die folgende Nacht verschied er, ohne noch ein Zeichen zu geben oder ein Wort zu sprechen.

Die Wunden des Kapitäns waren schwer, aber nicht lebensgefährlich. Es war keine tödliche Verletzung. Andersons Kugel – denn Hiob hatte zuerst auf ihn geschossen – hatte das Schulterblatt zerschmettert und die Lunge gestreift, aber nicht gefährlich. Der zweite Schuss hatte nur einige Muskeln in der Wade zerrissen. Der Doktor sagte, er werde bestimmt mit dem Leben davonkommen, aber er dürfe wochenlang weder gehen noch einen Arm bewegen. Wenn möglich, solle er kein Wort sprechen.

Mein eigener Schmiss über die Fingerknöchel war bloß ein Flohstich. Doktor Livesey klebte ein Pflaster darüber und zupfte mich noch obendrein an den Ohren.

Nach dem Essen setzten der Squire und der Doktor sich zum Kapitän, um mit ihm zu beratschlagen. Als sie sich ausgesprochen hatten, war es kurz nach zwölf Uhr. Da griff der Doktor nach Hut und Pistolen, schnallte einen Säbel um, steckte die Karte in seine Tasche und schulterte eine Muskete. Dann kletterte er an der Nordseite über die Palisade und ging mit schnellen Schritten in den Wald.

Gray und ich saßen am anderen Ende des Blockhauses beisammen, um unsere Offiziere nicht in ihrem Gespräch zu stören. Als nun der Doktor in dieser Ausrüstung verschwand, nahm Gray seine Pfeife aus dem Mund und vergaß vor Erstaunen, sie wieder hineinzustecken.

»Hol' mich dieser und jener!«, rief er. »Ist Doktor Livesey verrückt geworden?«

»Wohl kaum«, sagte ich. »Er wäre von uns wohl der Letzte, dem das passieren würde, denke ich.«

»Na, Schiffsmaat! Vielleicht ist er nicht verrückt; aber wenn er es nicht ist, merk auf meine Worte, so bin ich es.«

»Denke mir«, antwortete ich, »der Doktor hat eine Idee. Wenn ich mich nicht irre, ist er jetzt ausgegangen, um Ben Gunn zu treffen.«

Wie sich später herausstellte, hatte ich recht. Aber im Hause war eine Hitze zum Ersticken. Der kleine Sandfleck innerhalb der Einzäunung glühte von der Mittagssonne. Infolgedessen hatte ich einen anderen Einfall, und damit hatte ich durchaus nicht recht. Ich begann nämlich, den Doktor zu beneiden, der im kühlen Schatten des Waldes unter dem Gesang der Vögel und in dem würzigen Harzduft der Fichten spazieren ging, während ich hier in der Hitze geröstet würde. Meine Kleider blieben an dem heißen Harz hängen. Rings um mich herum war so viel Blut, und so viele arme Leichen lagen überall herum, dass ich einen Ekel vor dem Platz bekam.

Während ich das Blockhaus aufwusch und dann die Essgeräte reinigte, wurden dieser Ekel und dieser Neid immer stärker in mir. Da ich gerade bei einem Sack mit Zwiebäcken stand und niemand auf mich achtete, tat ich den ersten Schritt zu meiner Flucht und füllte beide Taschen meiner Jacke mit Zwieback.

Meinetwegen mag man sagen, dass ich ein Narr war. Ganz gewiss stand ich im Begriff, eine törichte und mehr als tollkühne Handlung zu begehen; aber ich war entschlossen, dabei alle Vorsicht anzuwenden, die mir zu Gebot stände. Sollte mir irgendetwas zustoßen, so würden diese Zwiebäcke mich zum Mindesten bis zum nächsten Abend vor Hunger bewahren.

Sodann nahm ich mir ein paar Pistolen. Da ich bereits ein Pulverhorn und Kugeln hatte, so fühlte ich mich mit Waffen wohl versehen.

Der Plan, den ich in meinem Kopfe hatte, war an und für sich nicht schlecht. Ich wollte nach der sandigen Landzunge hinuntergehen, die den Ankerplatz nach Osten gegen die offene See abschloss, wollte den weißen Felsen aufsuchen, den ich am Abend vorher bemerkt hatte, und mich vergewissern, ob Ben Gunn an dieser Stelle sein Boot versteckt hatte oder nicht. Das war wohl der Mühe wert, wie ich auch jetzt noch glaube.

Da ich aber sicher war, dass man mir nicht erlauben würde, das Pfahlwerk zu verlassen, so bestand mein Plan zunächst nur darin, mich auf Französisch zu empfehlen und hinauszuschlüpfen, wenn niemand auf mich achtgäbe. Das war so unrecht von mir, dass meine ganze Handlungsweise dadurch schlecht wurde. Aber ich war nur ein Knabe und hatte es mir nun einmal in den Kopf gesetzt.

Nun, es fügte sich, dass ich eine wundervolle Gelegenheit fand. Der Squire und Gray waren damit beschäftigt, den Kapitän zu verbinden. Die Küste war klar – ich kletterte über die Pfähle und sprang in den dichtesten Wald hinein, und bevor meine Abwesenheit bemerkt wurde, befand ich mich außer Rufweite meiner Kameraden.

Dies war meine zweite Torheit, und die war viel schlimmer als die erste; denn es blieben nur zwei gesunde Menschen zur Bewachung des Hauses zurück. Aber wie die erste Dummheit, als ich mit den Meuterern an Land gefahren war, half auch diese zweite dazu, uns alle zu retten.

Ich lief stracks nach der Ostküste der Insel; denn ich hatte mich entschlossen, auf der Seeseite der Landzunge am Strande entlangzugehen, um jede Möglichkeit zu vermeiden, dass ich vom Ankerplatz her bemerkt werden könnte.

Es war schon spät am Nachmittag, aber immer noch warm und sonnig. Während ich durch den Hochwald ging, konnte ich in der Ferne vor mir nicht nur das unausgesetzte Donnern der Brandung hören, sondern ein gewisses Rauschen und Rascheln der Zweige zeigte an, dass die Seebrise stärker als gewöhnlich rauschte.

Bald verspürte ich einen kalten Luftzug. Ein paar Schritte weiter kam ich an den offenen Rand des Waldes und sah die See blau und in der Sonne glänzend vor mir liegen. Die Brandung schleuderte ihren Schaum über den Strand.

Ich habe rund um die ganze Schatzinsel herum niemals die See ganz ruhig gesehen. Die Sonne konnte am Himmel glühen, die Luft ganz regungslos sein, die Oberfläche des Meeres glatt und blau – und trotzdem rollten diese großen Wogen unaufhörlich an der ganzen Küste entlang. Ich glaube, es gibt auf der ganzen Insel kaum eine Stelle, wo einer das Tosen der Brandung nicht hören könnte.

Ich ging frohen Mutes an der Brandung entlang, bis ich glaubte, weit genug nach Süden gekommen zu sein, da ging ich in ein dichtes Gebüsch in Deckung und kroch vorsichtig bis zur Höhe der Landzunge hinauf.

Hinter mir lag die offene See, vor mir der Ankergrund. Die Seebrise hatte bereits aufgehört, wie wenn sie durch ihre außergewöhnliche Heftigkeit sich umso schneller ausgeblasen hätte. Ihr war ein leichter, veränderlicher Wind von Süden und Südosten her gefolgt, der große Nebelschwaden vor sich hertrieb, und der Ankergrund auf der Leeseite der Skelettinsel lag still und bleigrau da wie an dem Tage, als wir zuerst eingefahren waren. Die Hispaniola spiegelte sich auf der glatten Fläche von der Wasserlinie bis zur Mastspitze, an der der Jolly Roger schlaff herabhing.

An der Linksseite des Schiffes lag eine von den Gigs, auf deren Heckbank Silver saß – ihn konnte ich stets erkennen –, während ein paar von den Piraten sich über das Schanzkleid des Schiffes lehnten. Einer von ihnen trug eine rote Mütze; es war derselbe Schurke, den ich ein paar Stunden vorher rittlings auf den Palisaden hatte sitzen sehen. Offenbar sprachen sie miteinander und lachten, doch konnte ich in der Entfernung, die mehr als eine Meile betrug, natürlich kein Wort von ihrem Gespräch hören. Plötzlich begann ein entsetzliches, unirdisches Kreischen. Ich bekam einen fürchterlichen Schreck, doch fiel mir gleich darauf ein, dass es Silvers Papagei, Käpp'n Flint, sein müsste. Ich glaubte sogar den Vogel an seinem bunten Gefieder zu erkennen, wie er auf dem Handgelenk seines Herrn saß. Bald darauf stieß die Gig ab und ruderte nach dem Strande zu. Der Mann mit der roten Mütze und sein Kamerad gingen die Kajütstreppe hinunter.

Gerade um dieselbe Zeit war die Sonne hinter dem »Fernrohr« untergegangen. Da gleich darauf der Nebel sich zusammenballte, begann es schon dunkel zu werden. Ich sah, dass ich keine Zeit verlieren durfte, wenn ich das Boot noch an diesem Abend finden wollte.

Die weiße Klippe, die ich deutlich durch das Gebüsch sehen konnte, war noch ungefähr eine achtel Meile weiter draußen auf der Landzunge, und ich brauchte ziemlich lange Zeit, an sie heranzukommen, da ich mich durch die Gebüsche schleichen und oft genug auf allen vieren kriechen musste.

Es war beinahe finstere Nacht, als meine Hände den rauen Fels berührten. Unmittelbar unter demselben befand sich eine ganz kleine grüne Rasenmulde, deren Ränder von etwa knietiefem Unterholz bedeckt waren, das an dieser Stelle sehr reichlich wuchs. Mitten in der Mulde sah ich richtig ein kleines Zelt aus Ziegenfellen, ähnlich den Zelten, mit denen die Zigeuner in England herumziehen.

Ich sprang in die Mulde hinab, hob die Seitenwand des Zeltes hoch und sah Ben Gunns Boot – eine richtige Hausarbeit: ein plumper Rahmen von zähem Holz, der mit Ziegenfellen überzogen war; die Haare waren nach außen gekehrt. Das Ding war winzig klein, selbst für einen Knaben wie mich. Ich konnte mir kaum vorstellen, dass es einen ausgewachsenen Mann hätte tragen können. Es hatte eine einzige Ruderbank in der Mitte, eine Art Sperrholz im Bug und als Fortbewegungsmittel ein Doppelruder.

Ich hatte damals noch kein Korbboot gesehen, wie die alten Britannier sie machten. Seitdem habe ich eins gesehen und kann von Ben Gunns Boot keine bessere Vorstellung geben, als indem ich sage, dass es aussah wie das erste und unbeholfenste Korbboot, das ein Mensch geschaffen hat. Aber den Hauptvorzug eines solchen Korbbootes oder Korakels besaß es allerdings: Es war außerordentlich leicht und tragbar.

Da ich nun das Boot gefunden hatte, so möchte man vielleicht denken, ich wäre jetzt lange genug von meinem Posten fortgeblieben. Aber mittlerweile war ich auf eine andere Idee gekommen, die mir so ungeheuer verlockend schien, dass ich glaube, ich würde sie ausgeführt haben, selbst wenn Kapitän Smollett es mir ausdrücklich verboten hätte: Ich wollte im Schutze der Dunkelheit mit meinem Korakel an die Hispaniola heranfahren, ihr Ankertau durchschneiden, und sie auf Strand gehen lassen, wo sie Lust hatte. Ich war fest überzeugt, dass die Meuterer, nachdem sie am Morgen ihre blutigen Schläge erhalten hatten, keinen sehnlicheren Wunsch hatten, als den Anker zu lichten und in See zu stechen. Und dies zu verhindern, schien mir eine großartige Heldentat zu sein. Da ich jetzt gesehen hatte, dass ihre Wache auf dem Schiff kein Boot zur Verfügung hatte, so glaubte ich, es sei kein großes Wagnis, ihnen diesen Streich zu spielen.

So setzte ich mich denn nieder, um die völlige Finsternis abzuwarten, und aß mich tüchtig an meinen Zwiebäcken satt. Es war eine Nacht, wie ich sie mir unter tausend Nächten für mein Vorhaben nicht besser geeignet hätte denken können. Der Nebel hatte jetzt den ganzen Himmel überzogen. Als der letzte Schimmer des Tages verschwand, senkte völlige Finsternis sich auf die Schatzinsel herab. Und als ich schließlich das Korakel auf meine Schulter nahm und mich aus der kleinen Mulde heraustastete, wo ich meine

Abendmahlzeit verzehrt hatte, waren auf dem ganzen Ankergrunde nur zwei Punkte sichtbar. Der eine war das große Feuer am Strande, an welchem die von uns geschlagenen Piraten lagen und ein wildes Zechgelage hielten. Der andere, ein winziges Lichtfünkchen in der schwarzen Finsternis, zeigte die Lage des verankerten Schiffes an. Die Hispaniola hatte sich in der Ebbströmung gedreht, sodass ihr Bug jetzt mir zugekehrt war; das einzige Licht an Bord brannte in der Kajüte, und was ich sah, war nur ein Widerschein des hellen Lichtes, das aus der Heckluke herausfunkelte.

Die Ebbe hatte schon seit geraumer Zeit eingesetzt, und ich musste über einen breiten Streifen sumpfigen Sandes waten, in dem ich mehrere Male bis über die Knöchel einsank, bevor ich das Wasser erreichte. Ich watete noch ein kleines Stück in die See hinaus, und es gelang mir mit einer gewissen Kraftanstrengung, mein Korakel so auf das Wasser zu setzen, dass es auf seinem Kiel schwamm.

Dreiundzwanzigstes Kapitel

Die Ebbströmung

Das Korakel war – wie ich reichlich erfahren sollte, bevor ich mit ihm fertig war – ein sehr wasserfestes Boot für einen Menschen von meiner Größe und von meinem Gewicht. Es war leicht und hielt sich gut auf dem Wasser; aber es war ein höchst eigensinniges Fahrzeug, das schwer zu lenken war. Man konnte es anfangen, wie man wollte, das Korakel trieb immer nach Lee ab, und sich fortwährend rund im Kreise herumzudrehen, war sein Lieblingsmanöver. Sogar Ben Gunn hat zugegeben, sein Korakel sei eben ein etwas sonderbares Boot, bis man mit ihm Bescheid wüsste.

Jedenfalls wusste ich nicht mit ihm Bescheid. Es drehte sich nach allen Richtungen, nur nicht nach der, in die ich es bringen musste. Die meiste Zeit fuhren wir mit der Breitseite nach vorn. Ich bin fest überzeugt, dass ich niemals das Schiff erreicht haben würde, wenn die Ebbströmung mir nicht geholfen hätte. Zu meinem guten

Glück brachte sie mich auf den rechten Weg, auf den ich mit allem meinem Paddeln nicht gekommen wäre, und auf einmal lag die Hispaniola mitten in meinem Kurs, sodass ich sie kaum verfehlen konnte.

Zuerst tauchte sie vor mir auf wie etwas, das noch schwärzer war als die Finsternis. Hierauf begannen ihre Spieren und ihr Rumpf Gestalt anzunehmen. Gleich darauf – denn, je weiter ich kam, desto schneller wurde die Ebbströmung – lag ich vor ihrer Reling und kriegte das Ankertau zu fassen.

Dieses war so straff gespannt wie eine Bogensehne – so stark zog die Hispaniola an ihrem Anker. Rings um ihren Rumpf herum blubberte in der Finsternis die Strömung. Es hörte sich an wie ein murmelnder Gebirgsbach. Ein einziger Schnitt mit einem Matrosenmesser, und die Hispaniola musste von dem Strom abtreiben.

So weit war alles schön in Ordnung; aber plötzlich fiel mir ein, dass ein straff gespanntes Ankertau, wenn es plötzlich durchgeschnitten wird, ungefähr so gefährlich ist wie ein ausschlagendes Pferd. Wenn ich so tollkühn war, die Hispaniola von ihrem Anker loszuschneiden, so war zehn gegen eins darauf zu wetten, dass ich mitsamt meinem Korakel einen Purzelbaum durch die Luft schlagen würde.

Infolgedessen hütete ich mich wohl, das Ankertau zu kappen, und wenn das Glück mich nicht wiederum ganz besonders begünstigt hätte, so hätte ich mein Vorhaben aufgeben müssen. Aber der leichte Wind, der anfangs aus Süden und Südosten geweht hatte, schlug nach dem Anbruch der Nacht in einen Südwester um. Während ich noch darüber nachdachte, was ich tun sollte, kam plötzlich ein Windstoß, packte die Hispaniola und trieb sie in die Strömung hinein. Zu meiner großen Freude fühlte ich das Kabel, das ich gepackt hielt, locker werden, und meine Hand tauchte für eine Sekunde in das Wasser hinein.

Da entschloss ich mich sofort, holte mein Matrosenmesser aus der Tasche, öffnete es mit meinen Zähnen und schnitt einen Strang des Ankertaues nach dem anderen durch, bis das Schiff nur noch von zwei Strängen gehalten wurde. Dann blieb ich ruhig liegen, um abzuwarten und diese beiden letzten Stränge erst durchzuschneiden, wenn die Lockerung durch einen neuen Windstoß noch größer würde.

Während dieser ganzen Zeit hatte ich von der Kajüte her laute Stimmen gehört. Aber, die Wahrheit zu sagen, ich war so vollständig mit anderen Gedanken beschäftigt, dass ich kaum darauf geachtet hatte. Da ich jetzt aber nichts anderes zu tun hatte, so begann ich etwas schärfer hinzuhören.

An der Stimme erkannte ich, dass der eine von den beiden Piraten der Schaluppmeister Israel Hands war, der früher Flints Kanonier gewesen war. Der andere war mein Freund mit der roten Nachtmütze. Die beiden Leute waren offenbar schwer betrunken. Aber sie tranken immer noch weiter; denn während ich lauschte, öffnete einer von ihnen mit trunkenem Geschrei die Heckluke und warf etwas hinaus, ohne Zweifel eine leere Flasche.

Sie waren nicht nur bezecht, sondern offenbar auch in einen wütenden Streit verwickelt. Es hagelte Flüche, und alle Augenblicke gab es einen solchen Wutausbruch, dass ich dachte, jetzt würde gleich die Prügelei losgehen. Aber jedes Mal wurde der Streit für kurze Zeit wieder beigelegt, die schimpfenden Stimmen wurden leiser, bis die nächste Krisis kam, die dann auch wieder ergebnislos verlief.

Am Strande konnte ich das große Lagerfeuer brennen sehen, dessen warmer Schein durch die Bäume fiel. Irgendeiner von den Piraten sang ein altes Matrosenlied nach einer schleppenden Melodie mit einem langen Schnörkel am Ende jedes Verses; ein endloses Lied, das nur aufhörte, wenn der Sänger schließlich die Geduld verlor. Ich hatte es während der Überfahrt mehr als einmal gehört und erinnerte mich noch der Worte:

Nur ein Einziger am Leben blieb
Von fünfundsiebzig Mann.

Ich dachte so bei mir selber, es sei eigentlich ein recht trübseliges Lied für eine Gesellschaft, die am Morgen so furchtbare Verluste gehabt hatte. Aber diese Piraten waren nach allem, was ich gesehen hatte, so gefühllos wie das Meer, über das sie fuhren.

Endlich kam die Brise. Der Schoner kam im Dunkeln näher an mich heran. Ich fühlte das Kabel wieder schlaff werden und schlug mit einem kräftigen Hieb die beiden letzten Stränge durch.

Der Ebbstrom trieb mich beinahe augenblicklich auf den Bug der Hispaniola zu. Gleichzeitig begann der Schoner sich langsam um sich selber zu drehen und mit der Strömung abzutreiben.

Ich paddelte wie ein Verzweifelter; denn ich erwartete jeden Augenblick, dass mein Boot kentern würde. Da ich fand, dass ich das Korakel nicht vom Schiff losbringen konnte, suchte ich jetzt an das Heck der Hispaniola heranzukommen. Endlich war ich aus meiner gefährlichen Nachbarschaft heraus; aber gerade, als ich zum letzten Mal abstoßen wollte, berührten meine Hände ein dünnes Tau, das über die Sternschanzbrüstung der Hispaniola herunterhing. Augenblicklich packte ich es.

Warum ich das tat, kann ich kaum sagen. Anfangs handelte ich rein instinktmäßig. Aber sobald ich das Tau in Händen hatte und merkte, dass es festhielt, begann meine Neugierde die Oberhand zu gewinnen, und ich beschloss, mal durch das Kajütenfenster hineinzusehen.

Ich zog mich mit den Händen an dem Tau hoch. Als ich nahe genug zu sein glaubte, wagte ich es, einen halben Klimmzug zu machen, sodass ich die Decke und ein Stück von dem Inneren der Kajüte übersehen konnte.

Mittlerweile glitten der Schoner und sein kleiner Begleiter ziemlich schnell durch das Wasser. Wir befanden uns bereits auf gleicher Höhe mit dem Lagerfeuer. Das Schiff »redete laut«, wie die Seeleute das nennen, wenn die unzähligen kleinen Wellen unablässig gegen die Planken anklatschen. Erst als ich mein Auge über die Fensterbrüstung hob, konnte ich begreifen, warum die beiden Wachtposten nichts gemerkt hatten. Aber ein einziger Blick genügte mir. Übrigens durfte ich auch nur diesen einzigen Blick wagen, da das Korakel unter mir meinen Füßen keinen Halt bot. Dieser Blick zeigte mir Hands mit seinem Kameraden in einem Kampf auf Leben und Tod: Sie hielten sich gegenseitig an der Kehle gepackt.

Ich sprang in mein Korbboot und setzte mich auf die Ruderbank. Es war höchste Zeit, denn ich wäre beinahe an dem Boot vorbeigesprungen. Ich konnte in dem kurzen Augenblick weiter nichts sehen als diese beiden wütenden, purpurroten Gesichter unter der qualmenden Lampe. Ich schloss meine Augen, damit sie sich wieder an die Finsternis gewöhnten.

Die endlose Schifferballade war schließlich doch zu Ende gekommen. Die ganze, so stark gelichtete Gesellschaft am Lagerfeuer hatte wieder das Lied angestimmt, das ich so oft gehört hatte:

Fünfzehn Mann bei des Toten Kist' –
Johoho, und 'ne Buddel, Buddel Rum!
Suff und der Teufel holten den Rest –
Johoho, und 'ne Buddel, Buddel Rum!

Ich musste unwillkürlich denken, wie eifrig gerade in diesem Augenblick Suff und der Teufel in der Kajüte wüteten – da überraschte mich plötzlich eine scharfe Wendung des Korakels. Das Boot drehte sich um sich selbst und schien dann einen anderen Kurs einzuschlagen. Die Geschwindigkeit war inzwischen außerordentlich gestiegen. Ich schlug sofort meine Augen auf. Rund um mich herum waren kleine Kräuselwellen, die ein scharfes, plätscherndes Geräusch verursachten und ein wenig phosphoreszierten. Die Hispaniola selbst, hinter deren Heck ich mich immer noch in einer Entfernung von ein paar Ellen befand, schien zu taumeln, und ich sah ihre Spieren in der Finsternis der Nacht sich ein wenig bewegen. Als ich länger hinsah, überzeugte ich mich, dass auch das Schiff sich nach Süden herumdrehte. Ich warf einen Blick über meine Schulter, und mein Herz schlug gegen die Rippen. Unmittelbar hinter mir war die Glut des Lagerfeuers. Die Strömung hatte eine Wendung in einem rechten Winkel gemacht, und ihr waren der große Schoner und das kleine hüpfende Korakel gefolgt: In immer schnellerer Fahrt bewegte die Hispaniola sich durch den engen Sund nach der offenen See hinaus.

Plötzlich machte die Hispaniola vor mir wieder eine scharfe Wendung – vielleicht zwanzig Grad. In demselben Augenblick hörte ich von Bord her einen Schrei nach dem anderen. Ich konnte schwere Seemannsstiefel die Kajütstreppe hinaufstampfen hören und wusste nun, dass die beiden Trunkenbolde endlich in ihrem Zank aufgehört und das Unglück bemerkt hatten, das über sie hereingebrochen war.

Ich legte mich flach auf den Boden des armen Bootes und empfahl in einem frommen Gebet meine Seele ihrem Schöpfer. Ich war überzeugt, dass am Ausgang der engen Meeresstraße Schiff und Boot in eine wilde Brandung hineingeraten müssten, wo alle meine Sorgen ein schnelles Ende nehmen würden. Obgleich ich vielleicht zu sterben bereit war, so war ich doch nicht imstande, meinem herannahenden Schicksal ins Gesicht zu sehen.

So muss ich stundenlang gelegen haben, ständig von den Wogen hin und her geworfen, alle Augenblicke von einer Sprühwelle durchnässt und in steter Erwartung des Todes von der nächsten Woge. Allmählich überwältigte mich die Müdigkeit; trotz meiner Todesangst kam eine Art von Betäubung über mich – bis ich schließlich einschlief.

Da lag ich in meinem von den Wellen hin und her geschleuderten Korakel und träumte von der Heimat und dem alten »Admiral Benbow«.

Vierundzwanzigstes Kapitel

Die Irrfahrt des Korakels

Es war heller Tag, als ich erwachte und mich an dem Südwestende der Schatzinsel auf den Wogen sah. Die Sonne war aufgegangen, befand sich aber noch hinter der gewaltigen Felsmasse des »Fernrohrs«, das auf dieser Seite mit furchtbar steilen Wänden beinahe bis an das Meer heranreichte. Die beiden anderen großen Berge der Insel sah ich ganz nahe. Ich war kaum eine Viertelmeile vom Land weg und dachte sofort daran, mich an das Land heranzupaddeln.

Diesen Gedanken gab ich aber bald auf. Die Brandung tobte furchtbar zwischen den Felsblöcken, die von den Bergen herab an den Strand gerollt waren. Von Sekunde zu Sekunde prallte schäumend eine Riesenwoge gegen die Klippen an, und ich sah, dass ich an dieser Küste zerschmettert werden musste, wenn ich mich heranwagte.

Aber das war noch nicht alles: Auf flachen Felsvorsprüngen sah ich ungeheuer große, schleimige Ungeheuer kriechen – Weichschnecken von unglaublicher Größe, mindestens vierzig bis fünfzig an der Zahl, deren bellendes Geheul den Widerhall der Felsen weckte.

Ich habe später erfahren, dass es Seelöwen waren – vollkommen harmlose Tiere. Aber der Anblick dieser Ungeheuer in Verbindung mit der tosenden Brandung war mehr als genug, um mich von einem Landungsversuche an dieser Stelle abzuhalten. Lieber wollte ich auf dem Wasser verhungern, als es mit solchen Gefahren aufnehmen.

Übrigens hatte ich noch eine andere und bessere Aussicht auf Rettung vor mir. Nach Norden zu erstreckt sich eine lange ebene Fläche, die bei tiefem Wasserstande einen Streifen gelben Sandes zutage treten lässt. Und noch weiter nördlich davon ist ein anderes Vorgebirge – das Waldkap, wie es auf der Karte bezeichnet war – mit hohen grünen Fichten, die bis an den Strand heranreichen.

Ich erinnerte mich, was Silver von der Strömung gesagt hatte, die längs der ganzen Westküste der Schatzinsel nach Norden fließt; da ich an meiner Lage erkannte, dass ich bereits in diese Strömung hineingeraten war, so zog ich es vor, alle meine Kraft auf einen Versuch zu verwenden, das freundlicher aussehende Waldkap zu erreichen.

Ich befand mich in einer großen sanften Dünung. Da der Wind ständig und nicht stark nach Süden blies, beeinflusste der Wind auch die Strömung nicht in erheblichem Maße, und die Wogen hoben und senkten sich, ohne sich zu brechen.

Wäre es anders gewesen, so hätte ich längst umkommen müssen; aber unter diesen günstigen Umständen erwies mein kleines, leichtes Boot sich als überraschend sicher. Ich lag immer noch auf dem Boden ausgestreckt. Wenn ich einmal ein Auge über das Dollbord hob, sah ich eine gewaltige, blaue Höhe dicht über mir. Das Korakel machte nur einen kleinen Sprung, tanzte wie auf Sprungfedern und glitt auf der anderen Seite, leicht wie ein Wasservogel, in das Wellental hinab.

Nach einer kleinen Weile wurde ich sehr kühn und richtete mich auf, um meine Geschicklichkeit im Paddeln zu versuchen. Aber selbst eine kleine Veränderung in der Verteilung des Gewichtes macht für ein Korakel sehr viel aus. Kaum hatte ich die Bewegung gemacht, so gab das Boot sofort seine sanfte, hüpfende Bewegung auf und fuhr in einen so steilen Wellenabgrund hinunter, dass mir schwindlig wurde. Dann bohrte es seinen Bug tief in die Seite der nächsten Woge, dass das Wasser um mich herumspritzte. Ich wurde völlig durchnässt und bekam einen großen Schreck. Sofort nahm ich meine alte Lage auf dem Boden des Bootes wieder ein, woraufhin das Korakel offenbar wieder zur Besinnung kam und mich so sachte wie zuvor durch die Wellen trug. Es war klar, dass man es nicht stören durfte. Da ich aber auf diese Weise den Kurs meines Bootes nicht lenken konnte, was für eine Hoffnung blieb mir da noch, das Land zu erreichen?

Ich begann eine entsetzliche Furcht zu bekommen; aber ich behielt trotzdem noch meinen Kopf oben. Zunächst schöpfte ich, mit Anwendung aller Vorsicht, das Wasser aus dem Korakel mithilfe meiner Mütze aus. Dann blinzelte ich wieder über das Dollbord hinüber und fing an, darüber nachzudenken, wie mein Boot es anfinge, so ruhig durch die hohen Wogen zu schlüpfen. – Ich fand, dass jede Woge keineswegs ein großer, glatter Berg ist, wie es vom Lande oder vom Deck eines Schiffes aus den Anschein hat, sondern dass eine ruhige Dünung genau einer Reihe von Hügeln auf dem trockenen Lande gleicht, wo es Höhen und Tiefen gibt. Wenn das Korakel sich selber überlassen wurde, suchte es sich sozusagen seinen Weg durch diese tieferen Stellen und vermied die steilen Abhänge und die hohen Gipfel der Wogen.

Nun, dachte ich bei mir selber, es ist klar, dass ich ruhig liegen bleiben muss und das Gleichgewicht nicht stören darf. Ebenso klar ist es aber, dass ich mit dem Paddelruder von Zeit zu Zeit und an geeigneten Stellen dem Boot einen kleinen Stoß geben könnte, der es dem Lande näher bringt.

Gedacht, getan. Ich stützte mich auf die Ellenbogen und tat ab und zu einen kleinen Schlag, der das Boot der Küste näher brachte.

Es war eine sehr ermüdende und langwierige Arbeit, aber ich gewann sichtbar Raum. Als wir uns dem Waldkap näherten, sah ich zwar, dass ich dieses auf keinen Fall erreichen konnte, aber doch mehrere hundert Ellen weiter nach Osten gekommen war. Ich befand mich in der Tat dicht am Lande. Ich konnte die kühlen, grünen Baumwipfel sehen, wie sie in der Brise schwankten, und ich war überzeugt, dass ich das nächste Vorgebirge erreichen würde.

Es war höchste Zeit; denn jetzt begann der Durst mich zu quälen und brennende Sonnenglut von oben, die tausendfache Widerspiegelung ihrer Strahlen von den Wellen, das Meerwasser, das auf meiner Haut trocknete, sodass sogar meine Lippen mit einer Salzkruste überzogen waren – alle diese Umstände im Verein machten, dass mir die Kehle brannte und der Kopf schmerzte. Der Anblick der so nahen Bäume hatte mich beinahe vor Sehnsucht krank gemacht. Jedoch die Strömung hatte mich bald an der Landspitze vorbeigetragen. Als ich wieder in das offene Meer hinauskam, hatte ich einen Anblick, der meinen Gedanken eine ganz neue Richtung gab.

Gerade vor mir, keine halbe Meile entfernt, sah ich die Hispaniola unter Segel. Ich war sofort überzeugt, dass die Piraten mich jetzt fangen würden. Infolge des Wassermangels war mir so schlimm zumute, dass ich kaum wusste, ob diese Gedanken mich freuten oder betrübten. Bevor ich zu einem Entschluss kam, war ich so voll Verwunderung, dass ich nur immer das Schiff anstarren konnte.

Die Hispaniola fuhr unter ihrem Hauptsegel und zwei Klüversegeln. Die schöne weiße Leinwand glänzte in der Sonne wie Schnee oder wie Silber. Als ich den Schoner zuerst erblickte, waren alle Segel gebläht. Er fuhr ungefähr nordwestlich, und ich nahm an, dass die beiden Leute an Bord um die Insel herum nach dem Ankergrund zurückfahren wollten. Plötzlich begann das Schiff immer mehr nach Westen abzufallen, sodass ich dachte, sie hätten mich gesehen und machten auf mein Korakel Jagd. Schließlich aber fuhr die Hispaniola gerade in den Wind hinein und stand eine Weile mit küllenden Segeln ganz hilflos still.

»Ungeschickte Kerle«, sagte ich vor mich hin, »sie müssen immer noch betrunken wie Tümpelkröten sein!« Ich dachte, wie Kapitän Smollett sie an die Arbeit gebracht haben würde.

Mittlerweile fiel der Schoner allmählich wieder ab. Dann blähten die Segel sich wieder. Das Schiff lief ein paar Minuten in schneller Fahrt, fuhr dann in den Wind hinein und stand still.

Dies wiederholte sich immer und immer wieder. Hin und her, auf und ab, nach Norden, Süden, Osten und Westen segelte die Hispaniola stoßweise, und jedes Mal endete es damit, dass die Leinwand gegen den Mast klatschte. Mir wurde klar, dass niemand steuerte. Aber wenn es so war – wo waren dann die beiden Piraten? Ich dachte mir, sie müssten entweder sinnlos betrunken sein oder das Schiff verlassen haben. Wenn ich vielleicht an Bord gelangen könnte, wäre ich möglicherweise imstande, das Schiff dem Kapitän zurückzubringen.

Die Strömung trug Korakel und Schoner mit gleicher Geschwindigkeit südwärts. Aber die Hispaniola segelte so wild hin und her und blieb, wenn sie wieder in den Wind hineinfuhr, jedes Mal so lange auf einem Fleck, dass sie sicherlich nicht vorwärtskam, wenn sie nicht sogar zurückgetrieben wurde. Ich war sicher, dass ich sie einholen könnte, wenn ich es nur wagen dürfte, mich aufrecht zu setzen und zu paddeln. Der Plan hatte etwas Abenteuerliches an sich, das mich begeisterte. Der Gedanke an die Wassertonne neben der Vorderkajüte verdoppelte meinen wachsenden Mut.

Ich setzte mich aufrecht und wurde sofort von einer neuen Sprühwelle begrüßt. Aber diesmal ließ ich mich dadurch nicht abschrecken, sondern begann mit aller Kraft und Vorsicht mich an die steuerlose Hispaniola heranzupaddeln. Einmal schlug eine so schwere Sturzsee in mein Boot, dass ich haltmachen und das

Wasser ausschöpfen musste. Das Herz klopfte mir dabei wie einem Vogel, aber allmählich gewöhnte ich mich an die Lage und lenkte mein Korakel so geschickt durch die Wellen, dass nur ab und zu ein Wogenschlag seinen Bug traf und mir den Schaum ins Gesicht warf.

Ich kam jetzt dem Schoner schnell näher. Ich konnte den Messingbeschlag an der Ruderpinne sehen, wenn diese hin und her geworfen wurde. Auf Deck war immer noch keine Menschenseele zu erblicken. Ich konnte nichts anderes annehmen, als dass das Schiff verlassen war. Wenn nicht, so lagen wahrscheinlich die beiden Leute betrunken in der Kajüte. Dann konnte ich sie vielleicht überwältigen und hatte das Schiff zu meiner Verfügung.

Seit einiger Zeit hatte der Schoner das Schlimmste gemacht, was es geben konnte, er war stillgestanden. Er fuhr ziemlich genau nach Süden, wobei er natürlich fortwährend gierte. Jedes Mal, wenn der Schoner abfiel, füllten die Segel sich zum Teil. Dadurch kam er im Nu wieder gerade in den Wind. Dies war für mich am allerschlimmsten, denn so hilflos das Schiff in dieser Lage aussah – die Segel krachten wie Kanonenschüsse, und auf dem Verdeck rollten die Blöcke hin und her –, so trieb es trotzdem von mir weg, nicht nur mit der Geschwindigkeit der Strömung, sondern auch mit der ganzen Abtrift, die naturgemäß groß war.

Aber endlich kam eine Aussicht auf Erfolg für mich. Der Wind setzte mehrere Sekunden lang aus. Durch die Wirkung der Strömung drehte sich die Hispaniola um sich selber. Ich sah endlich ihr Heck, in dem das Kajütenfenster immer noch weit offen stand. Die Lampe über dem Tisch brannte in den hellen Tag hinein. Das Hauptsegel hing schlaff herunter wie ein Banner. Der Schoner war bewegungslos, abgesehen von der Strömung.

In der letzten Zeit war ich sogar zurückgeblieben; jetzt aber gelang es mir durch verdoppelte Anstrengung, dem Schiff immer näher zu kommen.

Ich war keine hundert Yards mehr von ihm entfernt, da kam wieder ein Windstoß, die Segel füllten sich, und die Hispaniola flog wie eine Schwalbe in die Wogen.

Mein erstes Gefühl war Verzweiflung – mein zweites aber Freude! Denn der Schoner drehte sich herum, bis er mir die Breitseite zugedreht hatte –, drehte sich noch weiter herum, bis er die Hälfte, dann zwei Drittel, dann drei Viertel der Entfernung zurückgelegt hatte, die uns noch voneinander trennte. Ich konnte die weißen Wellen an seinem Bug schäumen sehen. Unermesslich groß schien mir das Schiff von meiner Tiefe aus in meinem kleinen Korakel.

Dann begann ich plötzlich zu begreifen. Ich hatte kaum noch Zeit zu denken – kaum Zeit zu handeln und mein Leben zu retten. Ich war oben auf einer Woge, als der Schoner die nächste Woge hinaufschwebte. Das Bugspriet befand sich über meinem Kopf. Ich sprang auf und in die Höhe und trat dabei das Korakel unter Wasser. Mit der einen Hand erfasste ich den Klüverbaum, während mein Fuß zwischen Stag und Brasse einen Halt fand. Während ich noch keuchend so hing, verkündete ein dumpfer Schlag mir, dass der Schoner über das Korakel hinweggesegelt war, und dass ich mich jetzt ohne jede Möglichkeit eines Rückzugs auf der Hispaniola befand.

Fünfundzwanzigstes Kapitel

Ich hole den Jolly Roger herunter

Ich hatte mich kaum auf das Bugspriet hinaufgeschwungen, da füllte das Klüversegel sich mit einem Knall, wie wenn eine Kanone abgeschossen würde. Der Schoner zitterte von dem Gegenstoß bis an den Kiel hinab. Im nächsten Augenblick aber, während die anderen Segel noch gefüllt waren, klatschte das Klüversegel wieder zurück und hing leer herab.

Dies hätte mich beinahe in die See geworfen. Aber jetzt verlor ich keine Zeit mehr, sondern kroch am Bugspriet entlang und warf mich kopfüber auf das Deck.

Ich befand mich auf der Leeseite des Vorderkastells, und das Hauptsegel, das noch gefüllt war, versperrte mir den Ausblick auf einen Teil des Achterdecks. Keine Menschenseele war zu sehen. Die Planken, die seit dem Ausbruch der Meuterei nicht geputzt waren, trugen die Spuren vieler Füße. Eine leere Flasche mit abgebrochenem Hals rollte wie ein lebendes Wesen in den Speigatten hin und her.

Plötzlich kam die Hispaniola gerade in den Wind. Die Klüversegel hinter mir krachten laut. Das Steuerruder schlug zur Seite. Das ganze Schiff stöhnte und ächzte laut. In demselben Augenblick schwang der Giekbaum sich über das Deck hinüber, und ich erblickte die Leeseite des Achterdecks.

Ja, da waren die beiden Wächter: Rotmütze lag auf seinem Rücken, steif wie eine Handspake, mit ausgestreckten Armen wie ein Kruzifix. Zwischen den offenen Lippen waren die weißen Zähne zu sehen. Israel Hands saß an das Bollwerk angelehnt. Sein Kinn war auf die Brust gesunken, seine Hände lagen flach auf dem Deck und sein Gesicht war unter der gegerbten Haut so weiß wie ein Talglicht.

Eine Weile bäumte das Schiff sich wie ein störrisches Pferd. Die Segel füllten sich bald auf dem einen Gang, bald auf einem anderen. Der Giekbaum schwang hin und her, dass der Mast laut stöhnte. Ab und zu kam eine Sprühwelle über die Schanzkleidung, und der Bug des Schiffes schlug mit einem dumpfen Schlag gegen die Dünung an. Es war eben ein großer Unterschied zwischen diesem großen aufgetakelten Schoner und meinem kleinen leichten Korakel, das jetzt auf dem Meeresgrunde lag.

Bei jedem Sprunge, den die Hispaniola machte, wurde Rotmütze hin und her geworfen. Dabei war grässlich anzusehen, dass trotz alledem seine Lage immer die gleiche blieb, und dass seine fest aufeinandergebissenen Zähne immerzu aus dem halb offenen Munde hervorgrinsten. Bei jedem Aufbäumen des Schiffes schien auch Hands immer mehr in sich zusammenzusinken und über das Deck herunterzugleiten. Seine Füße spreizten sich mehr auseinander. Der ganze Körper glitt allmählich nach dem Heck abwärts, sodass ich allmählich immer weniger von seinem Gesicht sehen konnte und schließlich nur noch sein Ohr und die eine Hälfte seines geringelten Backenbartes für mich sichtbar blieb.

Gleichzeitig bemerkte ich rund um beide Piraten herum dunkle Blutflecken auf den Planken, sodass ich schließlich annahm, sie hätten sich gegenseitig in ihrer trunkenen Wut getötet.

Während ich auf diese Weise mich umblickte und Vermutungen nachhing, drehte in einem ruhigen Augenblick, als das Schiff nicht schwankte, Israel Hands sich halb herum und rutschte mit einem leisen Stöhnen in die Stellung zurück, in der ich ihn zuerst erblickt hatte. Dieses Stöhnen, das ein Zeichen von Schmerz und großer Schwäche war, und der Anblick seiner schlaff herunterhängenden Kinnlade taten mir herzlich leid. Als ich mich aber erinnerte, wie gemein und blutdürstig er gesprochen hatte, als ich in der Apfeltonne saß, da verschwand alles Mitleid aus meinem Herzen.

Ich ging nach dem Achterdeck, und als ich den Hauptmast erreicht hatte, sagte ich ironisch:

»Melde mich an Bord, Herr Hands.«

Er machte erstaunte Augen, aber er war viel zu schwach, um seine Verwunderung auszusprechen. Mit Mühe brachte er nur ein einziges Wort hervor!

»Branntwein!«

Mich dünkte, es sei keine Zeit mehr zu verlieren. Ich schlüpfte unter dem Giekbaum durch, als er sich wieder über das Deck bewegte, lief nach achtern und über die Kajütstreppe in die Kajüte hinunter.

In dieser herrschte eine Unordnung, wie man sich kaum vorstellen kann. Die Meuterer hatten alle verschlossenen Behälter erbrochen, um nach der Karte zu suchen. Der Fußboden war hoch mit Schlamm bedeckt, den die Kerle an ihren Stiefeln von der sumpfigen Erde vom Lagerfeuer mitgebracht hatten. Die Vertäfelung der Kajüte, die sauber in Weiß gemalt gewesen war mit goldenen Randleisten, trug die Abdrücke schmutziger Finger. Dutzende von leeren Flaschen lagen in den Ecken und klirrten gegeneinander, wenn das Schiff rollte. Auf dem Tisch lag eines von den medizinischen Büchern des Doktors aufgeschlagen. Die Hälfte der Blätter waren herausgerissen. Wahrscheinlich hatten sie als Fidibusse für die Pfeifen gedient. Diese ganze Unordnung wurde von der qualmenden Lampe beleuchtet.

Ich ging in den Keller hinunter. Die Fässer waren verschwunden, und von den Flaschen war eine überraschend große Anzahl leer getrunken und weggeworfen worden. Seit dem Beginn der Meuterei konnte kein Einziger von den Piraten kaum einen Augenblick nüchtern gewesen sein.

Nach einigen Minuten fand ich eine Flasche, in der noch etwas Branntwein war. Diese bestimmte ich für Hands. Für mich selber trieb ich einige Zwiebäcke, eingemachte Früchte, eine große Traube Rosinen und ein Stück Käse auf. Hiermit ging ich an Deck, legte meine eigenen Essvorräte am Steuerruder nieder, wo der Schaluppmeister sie nicht erreichen konnte, ging dann an die Wassertonne und trank mich so richtig satt. Erst dann gab ich Hands den Branntwein.

Er muss eine Viertelpinte getrunken haben, bevor er die Flasche wieder absetzte. Dann sagte er:

»Ha! Zum Donner – das hatte ich aber sehr nötig!«

Ich hatte mich inzwischen in meine Ecke gesetzt und zu essen begonnen.

»Schlimm verwundet?«, fragte ich ihn.

Er grunzte, ich möchte beinah sagen: Er bellte und sagte:

»Wenn der Doktor da an Bord wäre, hätte er mich im Handumdrehen wieder zurecht. Aber ich habe nun mal gar kein Glück, siehst du, das ist nun mal so mit mir. Der Waschlappen da, der ist tot und erledigt«, fuhr er fort, indem er auf den Mann mit der roten Mütze zeigte, »war überhaupt kein Seemann! Und wo kommst du denn her?«

»Oh, ich bin an Bord gekommen, um von dem Schiff Besitz zu ergreifen, Herr Hands; Sie werden bis auf Weiteres so gut sein, mich als Ihren Kapitän anzusehen.«

Er zog ein recht schiefes Gesicht, sagte aber nichts. Seine Wangen waren wieder etwas rot geworden. Doch sah er immer noch sehr krank aus und glitt auf dem Deck entlang, sooft das Schiff einen neuen Stoß bekam.

»Übrigens, was ich sagen wollte«, fuhr ich fort, »ich kann diese Flagge hier nicht haben, Hands, und will sie herunterholen, wenn Sie nichts dagegen haben; besser gar keine als diese.«

Ich kroch wieder unter dem Giekbaum durch, lief an die Flaggenleine, holte ihre verfluchte schwarze Flagge herunter und warf sie über Bord. Dann schwenkte ich meine Mütze im Wind:

»Gott erhalte den König! Somit ist es aus mit Käpp'n Silver!«

Er sah mich von unten aus scharf an. Sein Kinn lag immer noch auf der Brust.

»Ich rechne«, sagte er nach einer Weile – »ich rechne, Käpp'n Hawkins, Sie werden jetzt wohl gerne an Land wollen. Was meinen Sie dazu, wenn wir mal darüber sprechen?«

»Oh, gewiss, ja!«, sagte ich. »Von Herzen gern, Herr Hands. Schießen Sie los!«

Und ich machte mich wieder über meine Mahlzeit her und aß mit gutem Appetit.

»Dieser Mann da«, begann er mit einer schwachen Kopfbewegung nach der Leiche hinüber, »O'Brien war sein Name – ein richtiger frecher Irländer –, dieser Mann und ich brachten den Schoner unter Segel; dachten, wir wollen wieder zurückfahren. Na, der ist nun tot, das ist er – mausetot. Wer das Schiff segeln soll, das weiß ich nicht. Wenn ich dir nicht einen Wink gebe oder zwei, so bist du nicht der Mann, soweit ich sehen kann. Na, nun höre mal zu: Du gibst mir Essen und Trinken und einen alten Lappen oder ein Taschentuch, um meine Wunde zu verbinden. Ich will dir dafür sagen, wie du steuern sollst. So ist es wohl recht und billig, denk' ich.«

»Ich will Ihnen bloß eins sagen«, sagte ich, »ich habe nicht die Absicht, nach Käpp'n Flints Ankergrund zurückzusegeln. Ich gedenke nach der nördlichen Bucht zu segeln und den Schoner da ruhig auf den Strand laufen zu lassen.«

»Kann ich mir denken!«, rief er. »Nu, ich bin doch kein gottverdammter Schafskopf, habe doch Augen im Kopf, nicht wahr? Habe versucht, mir 'nen Jux zu machen, 's ist schiefgegangen, und du hast mir den Wind abgelaufen. Nordbucht? Na, ich habe ja keine

Wahl! Ich würde dir helfen, nach London zu segeln – zum Donner, das tät' ich!«

Nun, was er sagte, schien mir ganz vernünftig zu sein. Wir machten also sofort unseren Handel ab. Binnen drei Minuten segelte die Hispaniola leicht vor dem Winde längst der Küste der Schatzinsel. Wir hatten gute Hoffnung, noch vor Mittag um die Nordspitze herumzukommen und vor der hohen Flut an der Nordbucht zu sein. Da konnten wir den Schoner sicher auf den Strand laufen lassen und dann warten, bis das Wasser so weit abgelaufen war, dass ich an Land gehen konnte.

Ich band das Steuerruder fest und ging unter Deck zu meiner Kiste, aus der ich ein weißes seidenes Halstuch herausnahm, das meine Mutter mir gegeben hatte. Hiermit verband unter meinem Beistande Israel den tiefen klaffenden Messerstich, den er von dem Irländer in den Oberschenkel bekommen hatte. Nachdem er ein bisschen gegessen und noch ein paar Schluck Branntwein getrunken hatte, begann er sich sichtlich zu erholen. Er saß straffer aufgerichtet, sprach lauter und deutlicher und war in jeder Beziehung ein anderer Mensch.

Die Brise kam uns vortrefflich zustatten. Wir flogen wie ein Vogel vor ihr her. Die Küste der Insel flitzte an uns vorbei und zeigte jede Minute ein neues Bild. Bald waren wir an den Bergen vorüber und fuhren an einem niedrigen, sandigen Landstrich vorbei, der spärlich mit verkrüppelten Fichten bestanden war, und bald waren wir auch darüber wieder hinaus und um das felsige Vorgebirge herum, das die Nordspitze der Insel bildet.

Ich fühlte mich sehr stolz in meiner neuen Kapitänswürde und sehr behaglich in dem hellen, sonnigen Wetter und freute mich über die wechselnden Landschaften der Küste. Ich hatte jetzt Überfluss an Wasser und guten Lebensmitteln, und mein Gewissen, das mich wegen meines Weglaufens gepeinigt hatte, war jetzt beruhigt, da ich eine so große Eroberung gemacht hatte. Es wäre mir nichts zu wünschen übrig geblieben, wenn nicht der Schaluppmeister mich fortwährend mit höhnischen Blicken angesehen hätte und mit einem eigentümlichen Lächeln, das alle Augenblicke aus seinem

Gesicht erschien. Es war ein Lächeln, worin etwas von Schmerz und Schwäche lag – ein grimmiges Lächeln eines alten Mannes. Außerdem aber lag eine Beimischung von Hohn und von Hinterlist in dem Ausdruck, mit dem er mich bei meiner Arbeit immerzu beobachtete.

Sechsundzwanzigstes Kapitel

Israel Hands

Der Wind schlug jetzt nach Westen um – gerade, wie wir ihn brauchen konnten. Auf diese Weise kamen wir viel bequemer von der nordöstlichen Spitze der Insel nach der Mündung der Nordbucht. Nur hatten wir keine Leute, um den Anker auszuwerfen. Da wir den Schoner nicht auf den Strand setzen durften, bis die Flut bedeutend höher gestiegen war, hatten wir überflüssige Zeit. Der Schaluppmeister sagte mir, wie ich den Schoner beilegen sollte, was mir endlich nach manchem vergeblichen Versuch gelang. Hierauf besorgte ich wieder etwas zu essen. Wir saßen lange Zeit da und sagten kein Wort.

»Käpp'n«, sagte Israel schließlich mit seinem unangenehmen Lächeln, »da ist mein alter Schiffsmaat, O'Brien. Wir wäre es, wenn Sie ihn über Bord schmissen? Ich bin sonst nicht so heikel und mache mir auch nichts daraus, dass ich ihm den Rest gegeben habe. Aber mir dünkt, er ist nicht gerade ornamental – oder was meinen Sie?«

»Ich bin nicht stark genug, und es passt mir nicht, ihn anzurühren. Meinetwegen bleibt er liegen, wo er ist.«

»Das ist ein unglückliches Schiff, diese Hispaniola«, fuhr Israel fort und zwinkerte dabei mit den Augen. »Da sind eine Masse Leute tot gemacht worden, auf dieser Hispaniola – eine Masse armer Seeleute, tot, seitdem wir zwei beide in Bristol zu Schiff gingen. Habe nie so'n dreckiges Glück gehabt, wahrhaftig! Da war dieser O'Brien, na – er ist tot, nicht? Na, ich bin doch kein Gelehrter. Du bist ein

Junge, der lesen und rechnen kann. Na, um es geradeheraus zu sagen: Was meinst du – ist ein toter Mann richtig tot, oder kommt er noch mal wieder?«

»Sie können den Leib töten, Herr Hands, aber nicht den Geist; das müssten Sie doch schon wissen! O'Brien ist in einer anderen Welt und sieht vielleicht zu, was wir hier treiben.«

»Aha! Na, das ist schade – sieht aus, als ob es Zeitverschwendung wäre, Leute totzuschlagen. Indessen – Geister gelten nicht viel, nach allem, was ich gesehen habe. Ich will es auf die Geister ankommen lassen, Jim. Aber, danke für die Auskunft! Möchtest du nun so gut sein, mal in die Kajüte hinunterzugehen und mir ein – ach, Himmeldonnerwetter, ich kann nicht auf den Namen kommen. Na, einerlei, hole mir eine Flasche Wein, Jim, einerlei, wie er heißt. Dieser Branntwein hier ist zu stark für meinen Kopf.«

Nun, diese Redensarten des Schaluppmeisters kamen mir unnatürlich vor; und dass er lieber Wein als Branntwein haben wollte, davon glaubte ich ihm kein Wort. Die ganze Geschichte war bloß ein Vorwand. Er wünschte, dass ich vom Deck herunterginge – so viel war klar. Aber welchen Zweck er damit verfolgte, das konnte ich mir durchaus nicht vorstellen.

Seine Augen mieden mich. Sie fuhren hin und her, auf und ab – bald mit einem Blick nach dem Himmel hinauf, bald mit einem schnellen Seitenblick auf O'Briens Leiche. Dabei lächelte er fortwährend und leckte sich mit einer so verlegenen Miene die Lippen, ein Kind hätte merken müssen, dass er eben eine Täuschung vorhatte. Ich war aber schnell mit meiner Antwort bei der Hand, denn ich sah sofort, wo mein Vorteil lag. Einem so dummen Menschen gegenüber konnte ich meinen Verdacht leicht verbergen.

»Ein bisschen Wein«, sagte ich. »Das ist auch viel besser. Wollen Sie weißen oder roten haben?«

»Nun, ich denke, das ist mir so ziemlich Wurscht, Schiffsmaat! Wenn er nur stark ist und recht reichlich – das andere ist einerlei!«

»Schön! Ich will Ihnen Portwein bringen, Herr Hands. Aber ich werde danach suchen müssen.«

Hierauf polterte ich, so laut ich konnte, die Kajütstreppe hinunter, streifte meine Schuhe ab, lief leise den Verbindungsgang entlang, stieg die Leiter des Vorderkastells hinauf und steckte meinen Kopf aus der Vorderluke heraus. Ich wusste, dass er nicht erwarten würde, mich dort zu sehen. Trotzdem benahm ich mich so vorsichtig wie möglich.

Ich sah sofort, dass mein schlimmster Verdacht nur zu berechtigt gewesen war. Der Schaluppmeister hatte sich herumgedreht und auf Hände und Knie aufgestützt. Obgleich sein Bein ihm offenbar sehr wehtat, als er sich bewegte – denn ich konnte ihn stöhnen hören –, so schleppte er sich doch recht schnell über das Deck. In einer halben Minute hatte er das Backbord-Speigatt erreicht und aus einem Tauring ein langes Messer, oder besser gesagt, einen Dolch herausgeholt, der bis ans Heft von Blut gerötet war. Er sah ihn einen Augenblick an, wobei er die Kinnlade vorschob, prüfte die Spitze auf seiner Hand, verbarg ihn hastig in der Brusttasche seiner Jacke und kroch wieder nach seinem alten Platz an der Schanzbrüstung zurück.

Weiter brauchte ich nichts zu wissen. Israel konnte sich bewegen. Er war jetzt bewaffnet. Wenn er sich so große Mühe gemacht hatte, mich fortzuschicken, so war es klar, dass ich als Opfer fallen sollte. Was er später tun würde – ob er versuchen würde, von der Nordbucht quer über die Insel nach dem Lagerplatz der Piraten zu kriechen, oder aber vielleicht den langen Neunpfünder abfeuern würde, in der Erwartung, dass seine Kameraden kommen würden, um ihm zu helfen – das war natürlich mehr, als ich sagen konnte.

Bei alledem war ich überzeugt, dass ich in einer bestimmten Hinsicht ihm trauen konnte, weil darin unser beider Vorteil übereinstimmte – und das war die Lenkung des Schoners. Wir hatten beide den Wunsch, ihn an einer geschützten Stelle sicher auf den Strand zu setzen, sodass er, wenn die Zeit gekommen wäre, mit möglichst geringer Mühe und Gefahr wieder flottgemacht werden könnte. Ich nahm deshalb an, dass er sicher mein Leben schonen würde, bis wir so weit wären.

Während ich mir die Sache überlegte, war mein Körper nicht müßig gewesen. Ich hatte mich nach der Kajüte zurückgeschlichen, meine Schuhe wieder angezogen, die erste beste Flasche Wein ergriffen und erschien nun mit dieser wieder auf Deck.

Hands lag, ganz zu einem Bündel zusammengesunken, genau in derselben Stellung, wie ich ihn verlassen hatte – mit geschlossenen Augenlidern, wie wenn er zu schwach wäre, um das Licht vertragen zu können. Er blickte jedoch auf, als ich kam, schlug der Flasche ihren Hals ob, und zwar mit der Geschicklichkeit eines Mannes, der so etwas schon oft getan hat, und nahm einen tüchtigen Schluck, nachdem er seinen Lieblingsspruch ausgebracht hatte: »Auf gut Glück!«

Dann lag er eine kleine Weile ruhig, und auf einmal holte er ein Stück Tabak aus der Tasche und bat mich, ihm einen Priem abzuschneiden. – »Schneide mir ein Endchen ab, denn ich habe kein Messer – und hätte ich eins, so würde ich wohl kaum Kraft genug haben. Oh, Jim, Jim! Ich bin wohl böse ausgerutscht! Schneid mir ein Priemchen ab – wird wohl das letzte sein; denn ich bin auf dem Marsch in die Ewigkeit, daran ist nicht zu zweifeln.«

»Na, ich will Ihnen etwas Tabak abschneiden. Aber wenn ich an Ihrer Stelle wäre und glaubte, dass es schlecht mit mir stände, dann würde ich mich ans Gebet halten wie ein rechter Christenmensch!«

»So? Na, sage mir doch, warum?«

»Warum?«, rief ich. »Gerade in diesem Augenblick haben Sie nach dem Toten gefragt. Sie haben die Treue gebrochen. Sie haben in Sünden, Lügen und Blut gelebt. Ein Mensch, den Sie getötet haben, liegt in diesem Augenblick zu Ihren Füßen – und Sie fragen mich, warum! Bei Gottes Gnaden, Herr Hands – darum!«

Ich sprach etwas hitzig; denn ich dachte an den blutigen Dolch, den er in seine Tasche gesteckt hatte und mit dem der Bösewicht mir den Garaus zu machen gedachte. Israel nahm einen großen Schluck Wein und sagte dann mit ganz ungewöhnlicher Feierlichkeit:

»Dreißig Jahre lang habe ich die Meere befahren, habe Gutes und Böses gesehen, Besseres und Böseres, schön Wetter und schlechtes.

Habe Hungersnot erlebt und Wassermangel, mit Messern ist gestochen worden, und was nicht sonst noch alles! Nun, ich sage dir das: Ich habe noch nie gesehen, dass von Güte etwas Gutes kam. Wer zuerst zuschlägt, das ist mein Mann. Tote Hunde beißen nicht. Das ist meine Meinung – Amen, so sei es. Und nun hör mal«, fuhr er in einem ganz anderen Tone fort, »wir haben jetzt von diesem dummen Zeug genug geredet. Das Wasser ist jetzt hoch genug. Sie brauchen bloß meine Befehle auszuführen, Käpp'n Hawkins, und wir segeln glatt in die Bucht hinein, und damit fertig!«

Wir hatten alles in allem kaum zwei Meilen zu segeln. Aber das Schiff zu steuern, war nicht so einfach, denn die Einfahrt zu diesem nördlichen Ankergrund war nicht nur schmal und seicht, sondern lief außerdem in der Richtung von Osten nach Westen, sodass der Schoner vorsichtig gesteuert werden musste, um hineinzugelangen. Ich glaube, ich war ein guter, aufmerksamer Untergebener. Ganz gewiss war Hands ein ausgezeichneter Lotse; denn wir wendeten und streiften dabei an den Klippen vorüber mit einer Sicherheit und Genauigkeit, dass es ein Vergnügen war. Kaum waren wir zwischen den beiden Vorsprüngen der Landspitzen hindurch, so waren wir dicht von Land eingeschlossen. Die Küsten der Nordbucht waren ebenso dicht bewaldet wie die des südlichen Ankerplatzes. Aber die Wasserfläche war länger und schmäler; sie glich einer Flussmündung, was sie ja auch in Wirklichkeit war.

Gerade vor uns, am südlichen Ende, sahen wir das Wrack eines Schiffes, das sich im letzten Zustande des Verfalls befand. Es war ein großes Schiff mit drei Masten gewesen. Es war so lange aller Unbill des Wetters ausgesetzt gewesen, dass große Gewebe triefenden Seetangs ringsherum hingen. Auf dem Deck hatten Landpflanzen Wurzeln geschlagen und blühten jetzt in reicher Farbenpracht. Das Schiff war traurig anzusehen, aber es bot uns einen Beweis, dass der Ankergrund geschützt war.

»Nun hör mal zu«, sagte Hands zu mir, »hier ist eine wunderschöne Stelle, um ein Schiff auf Strand zu setzen: schöner flacher Sand, keine Katzenpfote auf dem Wasser, Bäume rundum, und auf dem alten Schiff, da blühen die Blumen wie in einem Garten!«

»Und wenn wir sie auf dem Strande haben«, fragte ich, »wie sollen wir sie dann wieder herunterkriegen?«

»Oh, das ist ganz einfach: Du gehst mit einer Leine an Land, da ans Ufer, wenn das Wasser niedrig ist, legst die Leine um eine von den großen Fichten, kommst wieder mit ihr aufs Schiff, legst sie um die Ankerwinde herum und wartest ganz einfach ab, bis die Flut kommt. Kommt hohes Wasser, so ziehen alle Mann an der Leine, und los kommt das Schiff, dass es eine wahre Freude ist. Und nun, Junge! Wir sind dicht an der Stelle, aber wir fahren ein bisschen zu schnell. Steuerbord ein bisschen – so – gut so – Steuerbord – Backbord ein bisschen – gut so – gut so!«

So gab er seine Befehle aus, die ich mit angehaltenem Atem verfolgte, bis er plötzlich rief: »Nun, mein Herzchen, man los!«

Ich legte mit aller Kraft das Steuerruder herum. Die Hispaniola schwang sich mit einem Ruck herum und sauste auf die niedrige Waldküste los.

In der Erregung dieser letzten Manöver hatte ich in der Aufmerksamkeit nachgelassen, womit ich bisher den Schaluppmeister sehr scharf beobachtete. Ich erwartete mit solcher Spannung das Auflaufen des Schiffes auf den Sand, dass ich die über meinem Haupte schwebende Gefahr ganz vergessen hatte. Ich sah mit langem Halse hinüber auf die Wellen, die der Bug des Schoners aufwarf. Ich wäre vielleicht ohne jeden Kampf gefallen, wenn nicht plötzlich eine Unruhe über mich gekommen wäre, die mich veranlasste, mich umzusehen. Vielleicht hatte ich ein Knattern gehört, oder ich hatte aus dem Augenwinkel seinen Schatten sich bewegen sehen, vielleicht war es auch ein Gefühl, wie eine Katze es hat – kurz und gut: Als ich mich umsah, hatte Hands schon die Hälfte der Entfernung bis zu mir zurückgelegt und kam mit dem Dolch in der rechten Hand auf mich los.

Wir müssen beide laut aufgeschrien haben, als unsere Blicke einander begegneten. Während ich einen schrillen Entsetzensschrei ausstieß, brüllte er vor Wut wie ein angreifender Stier. In demselben Augenblick sprang er vorwärts, und ich machte einen Seitensprung nach dem Bug zu. Dabei ließ ich das Steuerruder los, das mit einem scharfen Ruck leewärts flog. Ich glaube, dies rettete mein Leben – denn die Ruderpinne traf Hands gegen die Brust und warf ihn für einen Augenblick zurück.

Bevor er sich wieder aufraffen konnte, war ich aus der Ecke heraus, in der er mich wie in einer Falle gehabt hatte. Ich konnte mich jetzt auf dem ganzen Verdeck frei bewegen. Beim Hauptmast blieb ich stehen, zog eine Pistole aus der Tasche, zielte kaltblütig, obgleich er sich bereits umgedreht hatte und wieder auf mich loskam, und drückte ab. Der Hahn schlug auf, aber es folgte weder Blitz noch Knall; das Pulver war von dem Seewasser unbrauchbar gemacht worden. Ich verwünschte mich selber über meine Nachlässigkeit. Warum hatte ich nicht längst meine einzigen Waffen frisch geladen und mit neuem Zündkraut versehen? Dann hätte ich jetzt nicht wie ein Schaf vor seinem Schlächter zu fliehen brauchen.

Es war erstaunlich, wie schnell er trotz seiner Wunde sich bewegen konnte! Sein graues Haar hing ihm über das Gesicht herab, und dieses Gesicht war feuerrot vor Aufregung und Wut. Ich hatte keine Zeit, meine zweite Pistole zu versuchen; übrigens auch nicht viel Lust dazu, denn ich war überzeugt, dass sie nicht losgehen würde.

So viel sah ich deutlich: Ich durfte nicht einfach vor ihm davonlaufen. Denn er würde mich bald am Bug in der Ecke gehabt haben, wie er mich soeben am Heck schon in der Klemme gehabt hatte. Sobald dies geschah, wären neun oder zehn Zoll kaltes Eisen meine letzte Erfahrung diesseits der Ewigkeit gewesen! Ich legte meine Hände flach gegen den Hauptmast, der recht dick war, und wartete mit straff gespannten Nerven. – Er merkte sofort meine Absicht und blieb ebenfalls stehen. Ein paar Augenblicke vergingen mit Finten von seiner Seite und mit entsprechenden Bewegungen von der meinigen.

Es war ein Spiel, wie ich es zu Hause unter den Felsen an der Bucht oft gespielt hatte, aber ganz gewiss niemals mit einem so wild klopfenden Herzen wie diesmal. Indessen, es war, wie gesagt, ein Knabenspiel, und ich dachte, ich könnte es darin wohl gegen einen ältlichen Seemann mit einem verwundeten Bein aufnehmen. Mein Mut war inzwischen so gewachsen, dass ich mir sogar ein paar blitzschnelle Gedanken an den mutmaßlichen Ausgang erlaubte. Da sah ich allerdings, dass ich dieses Ende noch länger hinausziehen könnte, dass ich aber kaum eine Hoffnung hätte, schließlich mit heiler Haut davonzukommen.

Während nun die Dinge so standen, stieß plötzlich die Hispaniola auf den Strand: Sie bekam einen Ruck, streifte einen Augenblick knirschend über den Sand und legte sich dann blitzschnell nach Backbord über, bis das Deck einen Winkel von 45 Grad bildete. Eine Menge Wasser drang durch die Speigatten ein und bildete eine Lache zwischen Deck und Schanzkleidung.

Wir verloren beide den Halt und rollten fast gleichzeitig in die Speigatten hinein; hinter uns her der tote Pirat mit der roten Mütze! Wir waren einander so nahe, dass mein Kopf an den Fuß des Schaluppmeisters anschlug. Ich bekam einen Stoß, dass meine Zähne klapperten.

Trotz diesem Stoß war ich aber zuerst wieder auf den Beinen, denn Hands musste sich erst von der Leiche losmachen. Infolge der schrägen Lage des Schiffes konnte ich auf dem Deck nicht mehr laufen. Ich musste einen anderen Rettungsweg finden, und zwar augenblicklich, denn mein Feind war unmittelbar bei mir. Schnell wie ein Gedanke, sprang ich in die Besanwanten hinein, klomm Hand über Hand hinauf, ohne einen Atemzug zu tun, bis ich auf der Rahe saß.

Meine Schnelligkeit hatte mich gerettet, denn während ich hinaufkletterte, war Israels Dolch keinen halben Fuß unter mir vorbeigefahren; und da stand nun Israel Hands mit offenem Munde und sah zu mir hinauf – ein Bild der Überraschung und Enttäuschung.

Da ich jetzt einen Augenblick Zeit hatte, so schüttete ich unverzüglich neues Pulver auf die Pfanne meiner Pistole. Nachdem ich auf diese Weise eine schussfertig gemacht hatte, lud ich zur größeren Sicherheit die andere ganz frisch, nachdem ich die alte Ladung herausgezogen hatte.

Als Hands dies sah, begann er zu merken, dass das Blatt sich gewandt hatte. Nach einem kurzen Zögern kletterte er selber schwerfällig, den Dolch zwischen den Zähnen, die Wanten hinauf.

Es ging langsam, er hatte offenbar viele Schmerzen. Mit lautem Stöhnen zog er sein verwundetes Bein nach. Ich hatte in aller Ruhe meine Pistolen geladen, bevor er den dritten Teil der Strecke zurückgelegt hatte. Dann nahm ich eine Pistole in jede Hand und rief ihm zu:

»Noch einen Schritt näher, Herr Hands, und ich schieße Ihnen eine Kugel in den Kopf! Tote Hunde beißen nicht, wissen Sie!«, setzte ich mit einem Kichern hinzu.

Er machte sofort halt. Ich konnte ihm am Gesicht ansehen, dass er zu denken versuchte, und das ging so langsam und machte ihm offenbar solche Mühe, dass ich in dem Gefühl meiner Sicherheit laut auflachte.

Er schluckte ein paarmal, und ich sah ihm an seinem verdutzten Gesicht an, dass er etwas sagen wollte. Um sprechen zu können, musste er den Dolch aus dem Munde nehmen; sonst aber rührte er kein Glied. Endlich sagte er:

»Jim, ich rechne, wir haben uns alle beide festgefahren, du und ich, und werden einen Vergleich schließen müssen. Ich hätte dich gekriegt, wenn nicht der Stoß gekommen wäre! Aber ich habe ja nun mal kein Glück! Ich rechne, ich werde die Flagge streichen müssen. Das ist ein hartes Ding für einen alten Schaluppmeister einem Jüngelchen gegenüber, wie du's bist, Jim!«

Seine Worte waren für mich eine Wonne. Ich lächelte und war so eitel wie ein Hahn auf einer Gartenmauer. Da warf er plötzlich seine rechte Hand über die Schulter, etwas schwirrte wie ein Pfeil durch die Luft – ich fühlte einen Schlag und dann einen scharfen Schmerz, und siehe: Ich war mit der Schulter an den Mast gespießt. In dem fürchterlichen Schmerz und in der Überraschung des Augenblicks – ich kann kaum sagen, dass ich es mit freiem Willen tat, denn sicherlich habe ich nicht gezielt – gingen meine beiden Pistolen los, und beide fielen mir aus den Händen. Sie fielen nicht allein: Mit einem erstickten Schrei ließ der Schaluppmeister die Wanten los und stürzte rücklings ins Wasser.

Siebenundzwanzigstes Kapitel

»Piaster!«

Infolge der schrägen Lage des Schiffes hingen die Masten weit über das Wasser hinüber. Deshalb saß ich auf meiner Rahe über dem Wasserspiegel. Hands, der tiefer gestanden hatte, war infolgedessen dem Schiff näher und stürzte zwischen mir und der Schanzkleidung ab. Er kam noch einmal in einer Lache von Schaum und Blut nach oben und sank dann endgültig. Als das Wasser wieder ruhig wurde, konnte ich seine gekrümmte Leiche auf dem reinen, weißen Sand im Schatten der Schiffswand liegen sehen. Ein paar Fische schwammen um ihn herum. Ein paarmal hatte es den Anschein, wie wenn er sich ein wenig bewegte und aufzustehen versuchte. Dies schien aber nur so infolge der Bewegung des Wassers: Er war tot. Er war erschossen und ertrunken und lag nun als Speise für die Fische an derselben Stelle, an der er mich hatte ermorden wollen.

Kaum war ich seines Todes gewiss, so begann ich mich krank und elend zu fühlen. Heißes Blut lief mir über Rücken und Brust. Der Dolch, der meine Schulter an den Mast gespießt hatte, schien wie glühendes Eisen zu brennen. Aber es waren nicht so sehr diese wirklichen Schmerzen, die mich unglücklich machten – denn diese, so schien es mir, hätte ich ohne einen Klagelaut ertragen können. Es war die Angst, dass ich von meiner Rahe in das stille, grüne Wasser hinabstürzen und dann neben der Leiche des Schaluppmeisters liegen würde. – Ich klammerte mich mit beiden Händen fest, bis mir die Nägel wehtaten, und schloss meine Augen, wie wenn ich dadurch die Gefahr mir selber verbergen könnte. Allmählich aber kam ich wieder zur Besinnung, mein Pulsschlag wurde wieder ruhig, und ich hatte meine Selbstbeherrschung zurückerlangt.

Vor allen Dingen wollte ich den Dolch herausreißen. Aber entweder stak dieser zu fest, oder ich verlor die Nerven. Jedenfalls ließ ich mit einem heftigen Schauder von meinem Beginnen ab. Merkwürdigerweise brachte gerade dieser Schauder mir, was ich wollte. Das Messer hätte nämlich um ein Haar sein Ziel verfehlt. Es war unmittelbar unter der Haut durch das Fleisch hindurchgefahren, und dieses Stück Haut zerriss, als ich zusammenzuckte. Die Blutung wurde allerdings stärker, aber ich war wieder mein eigener Herr und war nur noch mit Jacke und Hemd an den Mast gespießt.

Meine Kleider riss ich mit einem starken Ruck los und kletterte dann an den Steuerbord-Wanten wieder auf das Deck herab. Um alles in der Welt hätte ich mit meinen zitternden Gliedern es nicht gewagt, an den überhängenden Besanwanten herunterzuklettern, von denen Israel Hands herabgestürzt war.

Ich ging in die Kajüte hinunter und verband meine Wunde, so gut ich konnte. Sie schmerzte mich stark und blutete immer noch heftig. Aber sie war weder tief noch gefährlich und behinderte mich nicht sehr im Gebrauch meines Armes.

Dann sah ich mich um. Da das Schiff jetzt gewissermaßen mein eigenes war, begann ich daran zu denken, es von seinem letzten Passagier zu säubern – dem toten O'Brien. Er war gegen die Schanzkleidung geworfen worden und lag dort wie eine grässliche, unheimliche Puppe – wie eine Puppe in Lebensgröße, aber ohne Lebensfarbe.

Da er so dicht an der Schanzkleidung lag, hatte ich es bequem mit ihm, und da meine tragischen Abenteuer mich so ziemlich gegen alles Grausen vor dem Tode abgestumpft hatten, packte ich ihn um den Rumpf, wie wenn er ein Sack voll Spreu wäre, und warf ihn mit einem kräftigen Schwung über Bord.

Mit einem lauten Klatschen schlug er auf das Wasser auf. Die rote Mütze löste sich von seinem Kopf und schwamm auf der Oberfläche. Sobald die Ringe sich im Wasser geglättet hatten, konnte ich ihn und Israel Hands Seite an Seite sehen, beide in der zitternden Bewegung des Wassers liegend. O'Brien war zwar noch ein ganz junger Mann, aber schon sehr kahlköpfig gewesen. Da lag er nun, sein kahler Kopf zwischen den Knien des Mannes, der ihn getötet hatte. Die schnellen Fische schossen über den beiden hin und her.

Ich war jetzt allein auf dem Schiff. Es war gerade Hochflut gewesen, und die Ebbe hatte wieder eingesetzt. Die Sonne war so dicht am Untergehen, dass bereits der Schatten der Fichten auf dem Westufer über den Ankergrund fiel und ihre Umrisse auf dem Verdeck abzeichnete. Die Abendbrise hatte eingesetzt, und obgleich der Berg mit den beiden Gipfeln von Osten her den Wind abhielt, summte es im Tauwerk. Die schlaff herabhängenden Segel knatterten leise.

Ich merkte, dass das Schiff in Gefahr kommen konnte. Die Klüversegel konnte ich leicht losmachen, sodass sie auf das Deck fielen; aber mit dem Hauptsegel ging es schwerer. Als der Schoner sich auf die Seite legte, hatte der Giekbaum natürlich sich über Bord gedreht. Seine Spitze und ein paar Fuß von dem Segel waren unter Wasser. Mir schien, dass dadurch die Gefahr noch größer würde; aber das Segel war so straff gespannt, dass ich mich nicht getraute, daran zu rühren. Schließlich zog ich mein Messer heraus und schnitt die Aufholer durch. Die Spitze sank augenblicklich, und eine große Fläche Leinwand schwamm auf dem Wasser. Da ich aber trotz aller Anstrengung den Giekbaum nicht weiter losmachen konnte, war ich mit meinem Witz zu Ende. Die Hispaniola musste sich, wie ich selber, auf gut Glück verlassen.

Mittlerweile lag der ganze Ankergrund im Schatten. Die letzten Strahlen der Sonne fielen durch eine Waldlücke und lagen, hell wie Juwelen, auf dem Wrack mit seinen blühenden Büschen. Es begann kühl zu werden. Der Ebbstrom zog reißend schnell seewärts, und der Schoner legte sich mehr und mehr auf die Seite.

Ich kroch an die Schanzkleidung heran und sah über Bord. Das Wasser schien seicht genug zu sein. Ich hielt mich zur Sicherheit mit beiden Händen an dem gekappten Ankertau fest und ließ mich sachte über Bord gleiten.

Das Wasser reichte mir kaum bis an die Brust. Der Sand war fest. Ich watete guten Mutes an Land. Die Hispaniola lag auf der Seite, das Hauptsegel weit über die Wasserfläche ausgebreitet. Fast in demselben Augenblick ging die Sonne unter, und der Abendwind pfiff leise durch die Fichten in der Dämmerung.

Endlich, endlich war ich wieder vom Wasser herunter! Und nicht mit leeren Händen kehrte ich zurück! Da lag der Schoner, endlich den Piraten entrissen. Unsere eigenen Leute brauchten nur an Bord zu gehen und konnten wieder in See stechen!

Ich weidete mich an dem Gedanken, zum Blockhaus zurückzukehren und meine Heldentaten zu verkünden. Vielleicht konnte ich wegen meiner Waghalsigkeit einen kleinen Tadel bekommen; aber die Zurückeroberung der Hispaniola war eine Antwort, die jeden Mund schließen musste. Ich hoffte, sogar Kapitän Smollett würde zugeben, dass ich meine Zeit nicht vergeudet hätte.

Unter solchen Gedanken lenkte ich in vergnügter Stimmung meine Schritte dem Blockhaus und meinen Kameraden zu. Ich erinnerte mich, dass der östlichste von den Bächen, die in Kapitän Kidds Ankergrund mündeten, auf dem zweigipfeligen Berg zu meiner Linken entsprang. Deshalb ging ich in diese Richtung, um den Bach an einer schmalen Stelle überschreiten zu können. Der Wald war ziemlich licht. Indem ich mich an den unteren Rand hielt, hatte ich rasch den Berg umgangen. Bald darauf konnte ich durch den Bach waten, dessen Wasser mir nur bis an die Waden reichte.

Auf diese Weise kam ich in die Nähe der Stelle, wo ich Ben Gunn getroffen hatte. Ich sah mich nach allen Seiten um, als ich vorsichtig weiterging. Es war inzwischen tiefe Nacht geworden. Als ich aus der Kluft zwischen den beiden Berggipfeln ins Freie trat, bemerkte ich am Himmel eine wabernde Lohe. Ich dachte mir, der Inselmann koche wahrscheinlich an einem hellen Feuer sein Abendessen. Indessen wunderte ich mich im Geheimen über eine solche Sorglosigkeit. Denn wenn ich diesen Feuerschein sehen konnte, so musste wohl auch Silver ihn von dem Lager an der sumpfigen Wiese aus sehen können.

Es wurde allmählich immer finsterer. Es kostete mich große Mühe, auch nur einigermaßen die Richtung einzuhalten. Der Doppelberg hinter mir und das »Fernrohr« wurden immer undeutlicher in ihren Umrissen. Nur wenige Sterne waren am Himmel und schimmerten mit schwachem Glanz. Ich wanderte in einem tiefen Talgrunde und geriet fortwährend in Gebüsche hinein oder stürzte in Sandgruben.

Plötzlich wurde es um mich herum heller. Ich blickte auf. Ein bleicher Schimmer von Mondstrahlen hatte den Gipfel des »Fernrohrs« getroffen. Bald darauf sah ich etwas Breites, Silberglänzendes sich hinter den Bäumen bewegen. Da wusste ich, dass der Mond aufgegangen war.

Dies war für mich eine große Hilfe. Schnell legte ich jetzt noch den übrigen Teil meiner Wanderung zurück. Bald gehend, bald laufend, strebte ich ungeduldig dem Blockhaus zu. Doch war ich, als ich in den Wald unmittelbar vor dem Pfahlwerk kam, nicht so gedankenlos, dass ich nicht meinen Schritt verlangsamt hätte. Vorsichtig ging ich weiter. Es wäre auch ein dummes Ende meiner Abenteuer gewesen, wenn meine Kameraden mich aus Versehen niedergeschossen hätten.

Der Mond kletterte immer höher und höher am Himmel empor. Sein Licht fiel hier und dort in breiten Streifen auf die Waldlichtungen. Gerade vor mir aber erschien zwischen den Bäumen ein Licht von anderer Farbe: Es war glühend rot und verdunkelte sich von Zeit zu Zeit ein wenig – wie wenn es die glühenden Kohlen eines heruntergebrannten Holzfeuers wären.

Sosehr ich mir den Kopf zerbrach, konnte ich mir nicht vorstellen, was dies sein möchte.

Endlich erreichte ich den Saum der Lichtung. Das westliche Ende lag bereits im hellen Mondlicht, alles Übrige aber um das Blockhaus selbst im schwarzen Schatten, in den nur einzelne silberweiße Streifen hineinfielen. Auf der anderen Seite des Hauses war ein gewaltiges Feuer bis auf die Kohlen herabgebrannt. Diese verbreiteten einen roten Schein, der seltsam gegen das bleiche Mondlicht abstach. Keine Seele regte sich. Es war kein Ton zu hören, außer dem Sausen der Nachtbrise.

Voller Verwunderung im Herzen und vielleicht mit einem auch etwas ängstlichen Gefühl, blieb ich stehen. Es war nicht unsere Gewohnheit gewesen, große Holzfeuer anzuzünden; im Gegenteil, wir waren auf Befehl des Kapitäns eher etwas geizig mit unserem Brennholz umgegangen, und ich begann zu befürchten, dass während meiner Abwesenheit etwas schiefgegangen sein könnte.

Ich schlich mich nach der Ostseite, indem ich mich vorsichtig im Schatten hielt. Als ich eine passende Stelle gefunden hatte, wo die Finsternis am dicksten war, kletterte ich über die Palisade.

Um ganz sicher zu gehen, kroch ich auf Händen und Füßen auf die Ecke des Hauses zu – ganz leise und geräuschlos. Als ich näher kam, fühlte plötzlich sich mein Herz sehr erleichtert. Es ist an und für sich nicht gerade ein angenehmes Geräusch. Ich habe zu anderer Zeit mich oft darüber geärgert; aber in jenem Augenblick klang es mir wie die schönste Musik, als ich meine Freunde alle miteinander so laut und friedlich schnarchen hörte. Der Ruf der Schiffswache auf See, das schöne »Alles wohl!«, war niemals beruhigender an mein Ohr geklungen.

Indessen stand eins außer allem Zweifel: Sie hielten niederträchtig schlecht Wache! Wenn jetzt Silver und seine Kerle an sie herangekrochen wären, wie ich es tat – keine Menschenseele hätte das Morgenlicht gesehen! Das kommt davon – so dachte ich bei mir selber –, wenn man einen verwundeten Kapitän hat! Und wieder machte ich mir bittere Vorwürfe, sie in der Gefahr verlassen zu haben, da doch so wenige nur auf Wache ziehen konnten.

Mittlerweile hatte ich die Tür erreicht und richtete mich auf. Drinnen war alles dunkel, sodass mein Auge nichts zu unterscheiden vermochte. Zu hören war weiter nichts als das gleichmäßige Schnarchen der Schläfer und ab und zu ein eigentümliches Geräusch, das ich mir nicht erklären konnte – eine Art von leisem Flattern oder Picken.

Meine Pistolen vor mich hinhaltend, betrat ich festen Schrittes das Blockhaus. Mit einem leisen Kichern dachte ich bei mir selber, ich wollte mich, ohne ein Wort zu sagen, auf meinem gewohnten Platz zum Schlafen legen und mich dann über ihre erstaunten Gesichter freuen, wenn sie am anderen Morgen mich plötzlich erblickten.

Mein Fuß stieß gegen etwas Weiches, das nachgab. Es war offenbar das Bein eines Schläfers. Er drehte sich um und grunzte – aber ohne aufzuwachen.

Und dann schrie ganz plötzlich eine schrille Stimme aus der Finsternis heraus:

»Piaster! Piaster! Piaster! Piaster! Piaster!« – Unaufhörlich immer dasselbe, ohne Unterbrechung, ohne Abwechslung, wie das Klappern einer Kaffeemühle.

Silvers grüner Papagei – Käpp'n Flint!

Ihn hatte ich an einem Stück Baumrinde knabbern und picken hören!

Der Papagei hatte besser Wache gehalten als alle die Menschen drinnen, und meldete jetzt meine Ankunft mit seinem unermüdlichen Geschnatter.

Mir wurde keine Zeit gelassen, mich zu besinnen. Von dem scharfen Gekreisch des Vogels erwachten alle Schläfer. Sie sprangen auf, und mit einem mächtigen Fluch schrie Silver:

»Wer da?«

Ich drehte mich um und wollte hinausspringen, lief aber gegen einen Menschen an, prallte von ihm ab und fiel einem zweiten in die Arme, die sich sofort um mich schlossen und mich nicht wieder losließen.

»Bring 'ne Fackel, Dick!«, sagte Silver, als auf diese Weise meine Gefangennahme gesichert war.

Einer von den Leuten verließ das Blockhaus und kam gleich darauf mit einer Fackel wieder herein.

VI Kapitän Silver

Achtundzwanzigstes Kapitel

Im feindlichen Lager

Der rote Schein der Fackel, die das Innere des Blockhauses erleuchtete, zeigte mir, dass meine schlimmsten Befürchtungen sich verwirklicht hatten: Die Piraten waren im Besitz des Blockhauses und der Vorräte. Da stand, wie vor meinem Fortgehen, das Fass Kognak, da waren die Speckseiten und die Zwiebacksäcke; aber – und diese Beobachtung verzehnfachte mein Entsetzen – keine Spur von einem Gefangenen!

Ich konnte nur annehmen, dass sie alle umgekommen waren. Es gab mir einen scharfen Stich ins Herz, dass ich nicht dabei gewesen war, um mit ihnen unterzugehen.

Die Piraten waren, alles in allem, sechs Mann. Das waren alle, die von ihnen noch am Leben waren! Fünf von ihnen waren auf den Beinen – mit aufgedunsenen, roten Gesichtern, eben aus ihrem ersten trunkenen Schlaf aufgestört. Der sechste hatte sich nur aufgerichtet und sich auf seine Ellenbogen aufgestützt. Er war totenbleich, und die blutige Binde zeigte an, dass er kürzlich erst verwundet und vor noch kürzerer Zeit verbunden worden sein musste. Ich erinnerte mich des Piraten, der bei dem großen Angriff verwundet worden und schnell in den Wald geflüchtet war. Ich bezweifelte nicht, dass es dieser Mann gewesen war.

Der Papagei saß, sein Gefieder aufblähend, auf Long Johns Schulter. Dieser selber sah, so kam es mir vor, etwas bleicher und ernster aus als gewöhnlich. Er trug immer noch seinen schönen Tuchanzug, den er damals als Parlamentär angehabt hatte; aber er war arg abgetragen, mit Lehm beschmiert und von den Dornen der Waldsträucher zerrissen.

»So«, sagte er, »da ist ja Jim Hawkins – hol' mich der Kuckuck! 'n bisschen ins Fettnäpfchen getreten, was? Na, sei man nicht bange – es freut mich!«

Und mit diesen Worten setzte er sich auf das Branntweinfass und begann sich eine Pfeife zu stopfen.

»Gib mir mal den Kien rüber, Dick!«, sagte er, und als seine Pfeife ordentlich brannte, fuhr er fort:

»Gut, mein Junge; steck die Fackel man in den Holzhaufen hinein. Ihr, meine Herren, hört mal alle Mann zu! Ihr braucht vor Herrn Hawkins nicht aufzustehen. Das verlangt er gar nicht von euch – könnt es mir glauben! Und so, Jim« – dabei drückte er den Tabak herunter – »bist du also hier und 'ne angenehme Überraschung für den armen alten John. Dass du helle warst, sah ich dir auf den ersten Blick an. Aber dies hier geht mir doch rein über die Hutschnur – jawohl!«

Auf all dies Gerede antwortete ich keine Silbe, wie man sich wohl denken kann. Sie hatten mich inzwischen an die Wand gestellt. Da stand ich nun und sah Silver ins Gesicht – äußerlich wenigstens kühn genug, so will ich hoffen, aber voll Verzweiflung.

Silver tat sehr bedächtig ein paar Züge aus seiner Pfeife und fing dann wieder an:

»Na, siehst du, Jim, da du nun doch einmal hier bist, so will ich dir mal was sagen. Ich habe dich immer gern gehabt, das hab' ich, als einen mutigen Bengel und als das Abbild von mir selber, als ich noch ein junger und hübscher Kerl war. Ich hatte stets gewünscht, du solltest zu uns kommen und deinen Anteil haben und als Gentleman sterben, und nun, mein Bübchen, wirst du das müssen! Käpp'n Smollett ist ein famoser Seemann, das will ich bis zu meinem Ende jeden Tag beschwören, aber er ist stur mit der Disziplin. ›Pflicht ist Pflicht!‹, sagt er. Geh du, mein Lieber, Käpp'n Smollett aus dem Wege! Sogar der Doktor ist ganz und gar wild auf dich – ›Undankbarer Bengel!‹, war, was er sagte. Die Moral von der ganzen Geschichte ist ungefähr dies: Zu deinen eigenen Leuten kannst du nicht zurück, denn sie wollen dich nicht haben. Wenn du nicht ganz für dich allein eine dritte Schiffsmannschaft bilden willst, was hier auf die Dauer wohl ein bisschen einsam werden würde, wirst du wohl zu Käpp'n Silver gehen müssen.«

So weit war das ganz gut. Meine Freunde waren also noch am Leben. Wenn ich auch zum Teil an Silvers Behauptung glaubte, dass die andere Partei wegen meiner Desertion mir grollte, so fühlte ich mich durch die Worte, die ich vernommen hatte, doch mehr erleichtert als betrübt.

»Ich sagte nichts davon, dass du in unserer Hand bist«, fuhr Silver fort, »indessen hier bist du nun mal, und das ist sicher. Ich bin ganz und gar dafür, dass man sich im Guten einigt. Habe nie gesehen, dass aus Drohungen etwas Gutes kommt. Wenn dir der Dienst passt, na, dann trittst du bei mir ein; wenn er dir nicht passt, Jim – oh, dann steht es dir frei, nein zu sagen – ganz nach deinem Belieben, diesmal. Wenn irgendein Seemann auf Erden anständiger zu dir reden kann, so soll mich der Kuckuck holen!«

»Muss ich also antworten?«, fragte ich mit unsicherer Stimme. Durch alle diese spöttischen Worte hindurch hörte ich deutlich die beabsichtigte Todesdrohung. Meine Wangen brannten, und das Herz klopfte in meiner Brust, dass es mir wehtat.

»Mein Junge«, sagte Silver, »kein Mensch zwingt dich. Mach es ganz, wie du willst. Keiner von uns wird dich drängen, Maat. Die Zeit verstreicht so angenehm in deiner Gesellschaft – verstehst du?«

»Nun«, sagte ich, und beim Sprechen wurde ich ein bisschen kühner, »wenn ich wählen soll, so habe ich gewiss ein Recht, zu wissen, was los ist, warum ihr hier seid, und wo meine Freunde sind!«

»Was los ist?«, wiederholte einer von den Piraten in tiefem Bass. »Oh, wer das wüsste, der könnte von Glück sagen!«

»Du wirst vielleicht deine Klappe halten, bis du gefragt wirst, Freund!«, rief Silver drohend dem Sprecher zu. Und dann antwortete er mir in seinem alten liebenswürdigen Ton:

»Gestern Morgen, Herr Hawkins, in der Hundewache, kam Dr. Livesey zu uns runter mit 'ner weißen Flagge und sagte: ›Käpp'n Silver‹, sagt er, ›Ihr seid angeschmiert. Das Schiff ist weg.‹ Na, vielleicht hatten wir wohl ein Gläschen genommen und ein Liedchen dabei gesungen, ich will dazu nicht nein sagen. Wir guckten aus, und beim Donner – das alte Schiff war weg. Habe nie in meinem Leben einen Haufen Schafsköpfe solch dumme Augen machen sehen! Das kannst du mir glauben, denn ich selber machte das allerdümmste Schafsgesicht. ›Na‹, sagte der Doktor, ›lass uns einen Tausch machen!‹ Wir machten den Tausch ab, er und ich. Hier sind wir nun: Essen, Branntwein, das Blockhaus, das Brennholz, das ihr so freundlich ward zurechtzumachen, alles ist unser – sozusagen das ganze Schiff von der Mastspitze bis zum Kiel. Die andern sind ausgezogen; wo sie sind, weiß ich nicht.«

Er sog eine Weile ruhig an seiner Pfeife. Dann sagte er:

»Und wenn du dir vielleicht einbilden solltest, du seist in den Vertrag mit eingeschlossen – hier ist das letzte Wort, das gesagt wurde: ›Wie viel seid ihr‹, fragte ich, ›die das Blockhaus verlassen wollen?‹ – ›Vier‹, sagte er – ›vier, und einer von uns ist verwundet. Wo der Bengel ist, das weiß ich nicht, hol' ihn der Kuckuck!‹, sagte er, ›und es ist mir auch Wurst. Wir haben ihn sattgekriegt!‹ Dies waren seine Worte.« – »Ist das alles?«

»Na, es ist wenigstens alles, was du zu hören kriegen sollst, mein Sohn«, antwortete Silver.

»Und jetzt habe ich zu wählen?«

»Und jetzt hast du zu wählen, darauf kannst du dich verlassen«, sagte Silver.

»Nun – ich bin nicht so ein Dummkopf, dass ich nicht ziemlich genau wüsste, was ich zu erwarten habe. Mag das Schlimmste nun kommen – daraus mach' ich mir wenig. Ich habe zu viel Menschen sterben sehen, seitdem ich mit euch zu tun gehabt habe. Aber da ist ein Ding oder zwei, was ich euch zu sagen habe«, rief ich, und ich war inzwischen ganz aufgeregt. »Das erste ist dies: Hier seid ihr übel dran: Schiff verloren, Schatz verloren, Mannschaft verloren; euer ganzes Vorhaben zu Trümmern gegangen. Wenn ihr wissen wollt, wer das getan hat –, ich hab's getan. Ich war in der Apfeltonne, in jener Nacht, als wir die Insel sichteten. Ich hörte Dich, John, und Dich, Dick Johnson, und Hands, der jetzt auf dem Meeresgrunde liegt. Bevor eine Stunde rum war, hatte ich jedes Wort berichtet, das ihr gesprochen hattet. Wenn ihr wissen wollt, wie es mit dem Schoner hergegangen ist – ich war es, der das Ankertau durchschnitt. Ich war es, der die Leute tötete, die ihr an Bord gelassen hattet. Ich war es, der die Hispaniola an einen Ort brachte, wo ihr sie niemals wiedersehen werdet – kein Einziger von euch! Das Lachen ist auf meiner Seite. Ich bin von Anfang an bei dieser Geschichte obenauf gewesen. Ich habe nicht mehr Furcht vor euch als vor einer Fliege. Tötet mich, wenn ihr Lust habt, oder lasst mich am Leben. Aber eins sage ich euch, und weiter nichts: Wenn ihr mich am Leben lasst, so ist geschehen. Wenn ihr wegen Piraterie vor Gericht kommt, so will ich euch retten, soweit es mir möglich ist. Nun habt ihr zu wählen. Nehmt einem Mitmenschen das Leben, wovon ihr gar keinen Nutzen habt, oder lasst mir das Leben und bewahrt euch dadurch einen Zeugen, der euch vorm Galgen retten kann.«

Ich schwieg – denn ich war völlig außer Atem. Zu meiner Verwunderung rührte kein Einziger von den Piraten sich, sondern alle saßen da und starrten mich an wie Schafe. Und während sie mich noch anstarrten, brach ich wieder los und rief:

»Nun, Herr Silver, ich glaube, Sie haben hier zu bestimmen. Wenn es zum Schlimmsten kommt, so bin ich Ihnen dankbar, Sie sagen es dem Doktor, wie ich mich benommen habe!«

»Ich will daran denken«, sagte Silver mit einer so sonderbaren Betonung, dass ich mit dem besten Willen nicht wusste, ob er mich wegen meiner Bitte verhöhnte, oder ob mein Mut einen guten Eindruck auf ihn gemacht hatte.

»Ich will dazu bloß was sagen!«, rief der alte Matrose mit dem mahagonibraunen Gesicht – Morgan hieß er –, der, den ich in Long Johns Taverne an den Kaien in Bristol gesehen hatte: »Er war es, der den Schwarzen Hund kannte.«

»Schön, nun hört mal zu«, sagte der Schiffskoch: »Ich will noch was dazu sagen, beim Donner! Dieser Junge war es, der Billy Bones die Karte klaute. Kurz und gut, wir haben mit Jim Hawkins ein Huhn zu rupfen!«

»Denn mal los!«, sagte Morgan mit einem Fluch. Und er sprang auf und zog sein Messer, so flink wie ein junger Bursche von zwanzig.

»Weg da!«, rief Silver. »Wer bist du, Tom Morgan? Vielleicht dachtest du, du wärst Käpp'n hier! Beim Teufel, das will ich dir beibringen! Komm mir in die Quere, und du gehst dahin, wo mancher gute Mann vor dir hingegangen ist in diesen letzten dreißig Jahren – einige an die Rahnocke. Hol' dich der Kuckuck! Und einige über die Laufplanke und alle in die Tiefe, um die Fische zu füttern. Da war noch nie ein Mensch auf der Welt, der mir zwischen die Augen gesehen hat und hinterher noch einen guten Tag sah, Tom Morgan – und darauf kannst du Gift nehmen!«

Morgan blieb stehen. Die anderen erhoben ein heiseres Murren.

»Tom hat recht«, sagte einer.

»Ich habe mich lange genug schurigeln lassen«, rief ein anderer, »und ich will mich hängen lassen, wenn ich mich von dir schurigeln lasse, John Silver!«

»Will einer von euch Herren was von mir?«, brüllte Silver, indem er sich weit vornüber beugte, die brennende Pfeife in der rechten Hand. »Sagt geradeheraus, was ihr wollt! Ihr seid ja nicht stumm, denk ich. Wer was braucht, kann es kriegen! Hab' ich so viele Jahre gelebt, und so ein Schafsgesicht soll mir zuletzt über den Weg laufen? Ihr wisst Bescheid. Ihr seid alle Glücksgentlemen. Nun, ich bin bereit! Wer den Mut hat, soll einen Säbel in die Hand nehmen, und ich will, trotz Krücke und allem, seine Eingeweide sehen, bevor ich diese Pfeife ausgeraucht habe!«

Kein Mensch rührte sich; kein Mensch antwortete.

»Aha! Also eine solche Bande seid ihr?«, fuhr er fort und steckte seine Pfeife wieder in den Mund. »Na, ihr seid eine nette Gesellschaft, das muss ich sagen! Zum Fechten taugt ihr nicht viel! Aber vielleicht versteht ihr ein Wort, wenn ich's deutlich ausspreche: Ich bin euer Käpp'n, weil ihr mich erwählt habt. Ich bin hier Käpp'n, weil ich bei Weitem der beste Mann bin. Ihr wollt nicht fechten, wie Glücksgentlemen tun sollten. Dann, beim Donner, sollt ihr gehorchen – und darauf könnt ihr Gift nehmen! Mir gefällt der Junge. Ich habe nie einen besseren Jungen gesehen als Jim Hawkins hier. Er ist mehr Mann als ein paar von euch Ratten hier in diesem Hause. Was ich sage, ist: Den will ich sehen, der ihn anrührt – das sage ich euch, und darauf könnt ihr Gift nehmen!«

Hierauf entstand eine lange Pause. Ich stand hochaufgerichtet an der Wand. Mein Herz klopfte noch wie ein Schmiedehammer, aber in meine Brust schien jetzt ein Hoffnungsstrahl. Silver lehnte sich mit verschränkten Armen gegen die Wand zurück, seine Pfeife in dem einen Mundwinkel, so ruhig, wie wenn er in der Kirche gewesen wäre. Aber ich bemerkte wohl, wie seine Augen verstohlen in dem Raum herumwanderten und wie er seine unruhige Gefolgschaft beobachtete.

Die anderen Piraten traten nach und nach am anderen Ende des Blockhauses zusammen, und mein Ohr vernahm, wie sie unablässig miteinander flüsterten. Einer nach dem anderen sah sich um. Der rote Schein der Fackel fiel für eine Sekunde auf seine gespannten Gesichtszüge; aber nicht auf mich kehrten sich ihre Blicke, sondern auf Silver.

»Ihr habt, scheint's, eine Masse zu sagen«, bemerkte Silver, indem er in hohem Bogen ausspuckte. »Man los, und lasst mich's hören!«

»Bitte um Verzeihung, Herr!«, antwortete einer von den Leuten. »Ihr geht ziemlich nach Eurem Belieben mit unseren Plänen um. Vielleicht werdet Ihr so gut sein, auch uns noch im Auge zu behalten. Die Mannschaft ist nicht zufrieden. Sie will vom Anschnauzen nichts wissen und hat ihre Rechte wie andere Mannschaften. Das wollte ich mir nur erlauben zu bemerken. Nach Euren eigenen Grundsätzen bin ich der Meinung, dass wir miteinander sprechen dürfen. Bitte Euch um Verzeihung, Herr. Ich betrachte Euch als Käpp'n für die gegenwärtige Zeit; aber ich verlange mein Recht und geh hinaus zu einer Beratung.«

Und mit einer kraftvollen Matrosenverbeugung samt Kratzfuß trat der Mann, ein langer, übel aussehender, gelbäugiger Bursche von fünfunddreißig Jahren, an die Tür heran und verschwand aus dem Hause. Einer nach dem anderen folgten die Übrigen seinem Beispiel, jeder mit einer Matrosenverbeugung, als er an Silver vorüberkam; jeder mit einer Entschuldigung: »Regelgemäß«, sagte einer von ihnen. »Vorderschiffsberatung«, sagte Morgan. So marschierten sie alle mit dieser oder jener Bemerkung hinaus und ließen Silver und mich mit der Fackel allein.

Der Schiffskoch nahm sofort seine Pfeife aus dem Mund und sagte in einem Flüstertone, der gerade nur noch hörbar war:

»Nun sieh mal her, Jim Hawkins! Du bist einen halben Fuß breit vom Tode entfernt und, was noch viel schlimmer ist, von der Folterung. Sie werden mich absetzen, aber merke dir: Ich halte zu dir durch dick und dünn. Ich wollte das eigentlich nicht. Nein, erst als du deine Rede hieltest, da kam ich auf andere Gedanken. Ich war beinah verzweifelt, all das schöne Geld zu verlieren und obendrein noch an den Galgen zu kommen! Aber ich sag', du bist von der rechten Sorte. Ich sagte zu mir selber: Du stehst Hawkins bei, und Hawkins wird dir beistehen. Du bist sein letzter Trumpf, und beim Donner, John, er ist deiner jetzt! Rücken gegen Rücken, sag' ich! Rette du deinen Zeugen, und er wird dir deinen Hals retten – so sag' ich dir!«

Mir stieg eine Ahnung auf, und ich fragte:

»Ihr meint, für Euch ist alles verloren?«

»Ei jawohl, beim Kuckuck, das mein' ich! Schiff verloren, Kragen verloren – so steht die Sache! Als ich über die Bucht guckte, Jim Hawkins, und keinen Schoner mehr sah, na, ich bin ein zäher Kerl, da war's aus. Die Kerle da draußen mit ihrer Beratung, glaube mir – das sind lauter Schafsköpfe und Feiglinge. Ich will dich vor ihnen retten, wenn es in meiner Macht steht. Aber, hörst du, Jim – Wurst wider Wurst – du rettest dafür Long John, dass er nicht an den Galgen kommt!«

Ich war ganz verdutzt. Was er von mir verlangte, schien völlig aussichtslos zu sein – er, der alte Pirat, der Rädelsführer bei dem ganzen Komplott. Aber ich sagte: »Was ich tun kann, will ich tun!«

»Abgemacht!«, rief Long John. »Sprich nur frei von der Leber weg, und beim Donner, ich habe eine Aussicht!«

Er humpelte an die Fackel heran, die in den Brennholzhaufen gesteckt war, und zündete sich eine frische Pfeife an. Dann setzte er sich wieder auf das Branntweinfass und sagte:

»Versteh mich, Jim! Ich habe doch einen Kopf auf den Schultern! Ich bin jetzt auf des Squires Seite. Ich weiß, du hast das Schiff irgendwohin in Sicherheit gebracht. Wie du das gemacht hast, weiß ich nicht – aber in Sicherheit ist es. Ich denke mir, Hands und O'Brien sind umgefallen. Ich habe zu keinem von den beiden jemals viel Vertrauen gehabt. Nun hör auf mich: Ich stelle keine Fragen und lasse auch andere keine stellen. Ich weiß, wenn eine Sache verspielt ist. Wenn ich einen Jungen sehe wie dich, so weiß ich auch, dass er Schneid hat. Ah, du, der du so jung bist – du und ich, was hätten wir beide miteinander nicht alles ausrichten können?« Er goss etwas Branntwein aus dem Fass in ein Zinnkännchen und fragte mich: »Willst du einen Schluck?«

Als ich den Branntwein ablehnte, sagte er: »Na, ich will selber einen kippen, Jim. Ich muss mich etwas stärken; denn es ist Trubel in Sicht. Da wir von Trubel sprechen – warum gab der Doktor mir die Karte, Jim?«

Meine Verwunderung war so deutlich, dass er sofort die Zwecklosigkeit weiterer Fragen erkannte und sagte: »Tscha – er gab sie mir. Da ist sicherlich irgendein Haken dabei – sicherlich hatte er damit was im Sinn, Jim – was Schlechtes oder was Gutes.«

Er nahm noch einen Schluck von dem Branntwein und schüttelte seinen großen blonden Kopf wie einer, der auf das Schlimmste gefasst ist.

Neunundzwanzigstes Kapitel

Noch einmal der schwarze Fleck

Die Beratung der Meuterer hatte eine ziemliche Zeit gedauert. Dann kam einer von ihnen wieder in das Haus, mit einer Wiederholung des Kratzfußes, der mir etwas Höhnisches zu haben schien, und sprach die Bitte aus, ihm für einen Augenblick die Fackel zu leihen. Silver sagte kurz ja, und der Abgesandte entfernte sich wieder mit der Fackel, sodass wir nun ganz im Finstern saßen.

»Es zieht eine Brise auf, Jim!«, sagte Silver, der jetzt sehr freundlich und vertraulich mit mir sprach.

Ich trat an die nächste Schießscharte und blickte hinaus. Die Holzkohlen des großen Feuers waren beinahe ausgebrannt und glühten so dunkel und schwach, dass ich wohl verstehen konnte, warum die Verschwörer eine Fackel zu haben wünschten. Etwa auf dem halben Wege nach der Einzäunung hinunter standen sie in einer Gruppe beisammen, einer hielt die Fackel; ein anderer lag in ihrer Mitte auf den Knien. Ich sah die Klinge eines offenen Messers in seiner Hand. Sie funkelte im Mondschein und im Fackellicht. Die Übrigen beugten sich alle etwas vornüber, wie wenn sie dem Knienden bei seinem Tun zusähen. Ich konnte gerade erkennen, dass der Kniende in der einen Hand das Messer und in der anderen ein Buch hatte. Ich wunderte mich darüber, wie das Buch hatte in ihren Besitz kommen können – da sprang der Kniende wieder auf, und die ganze Gesellschaft ging auf das Blockhaus zu.

»Da kommen sie«, sagte ich. Dann nahm ich meine frühere Stellung wieder ein, denn es schien mir unter meiner Würde zu sein, wenn sie fänden, dass ich sie beobachtete.

»Na, lass sie man kommen, Junge – lass sie man kommen«, sagte Silver fröhlich. »Ich habe noch einen Schuss in meiner Flinte!«

Die Tür öffnete sich, und die fünf Leute, die dicht davor zusammenstanden, schoben einen von ihnen vorwärts. Unter anderen Umständen wäre es ein komischer Anblick gewesen, wie er langsam näher kam, bei jedem neuen Schritt zögernd, aber dabei die geschlossene rechte Hand immer vor sich hinstreckend.

»Komm man her, Junge!«, rief Silver. »Ich werde dich nicht fressen. Gib es man her, Schafskopf. Ich kenne die Regeln – was bildest du dir denn ein? Ich werde doch einem Abgesandten nichts zuleide tun!«

Durch diese Worte ermutigt, trat der Pirat mit schnelleren Schritten näher, drückte Silver irgendetwas in die Hand und eilte dann noch hurtiger wieder hinaus und zu seinen Kameraden zurück.

Der Schiffskoch sah sich das Ding an, das ihm überreicht worden war, und bemerkte dann:

»Der schwarze Fleck! Ich dachte es mir. Wo habt ihr denn wohl das Papier hergekriegt? Ach so! Aber hört mal, das bringt kein Glück: Ihr habt es aus einer Bibel rausgeschnitten. Wer ist denn so ein Narr und zerschneidet eine Bibel?«

»Na, seht ihr?«, rief Morgan. »Da haben wir's! Was sagte ich? Nix Gutes wird danach kommen, sagte ich!«

»Na, das habt ihr nun untereinander abzumachen«, begann Silver wieder. »Ihr werdet nun wohl alle baumeln, rechne ich. Was für ein Schafskopf hatte denn eine Bibel?«

»Das war Dick«, sagte einer von ihnen.

»So, so? Dick war das? Dann soll Dick sich man aufs Beten legen. Glück wird er nicht mehr haben, der Dick, darauf könnt ihr Gift nehmen!«

Aber jetzt mischte der lange Mann mit den gelben Augen sich ein und sagte:

»Lass das Geschwätz, John Silver. Die Mannschaft hat dir den schwarzen Fleck geschickt, wie in voller Versammlung nach Recht und Billigkeit beschlossen wurde. Drehe es um, wie es recht und billig ist, und sieh dir an, was da steht. Dann kannst du sprechen.«

»Danke schön, George«, antwortete Silver. »Du warst immer fix in Geschäften und weißt die Regeln auswendig. George, wie ich mit Vergnügen bemerke. Na, was ist es denn? Aha! ›Abgesetzt!‹ – Also das ist es? Sehr hübsch geschrieben, keine Frage! Wahrhaftig wie gedruckt! Deine Handschrift, George? Sieh mal an! Du wirst ja richtig der erste Mann bei der Mannschaft hier. Sollte mich gar nicht wundern, wenn du nächstens Käpp'n würdest. Ach, sei doch so gut und gib mir noch mal die Fackel! Meine Pfeife hat keine Luft.«

»Hör mal!«, rief George. »Halte lieber die Mannschaft hier nicht zum Besten! Du bist ja ein großer Spaßvogel, wie du selber glaubst. Aber mit dir ist es jetzt aus. Du wirst vielleicht so gut sein und von deinem Fass herunterkommen und mit abstimmen!«

»Ich glaubte, du sagtest, dass du die Regeln kenntest«, antwortete Silver verächtlich. »Jedenfalls, wenn du die Regeln nicht kennst, so kenne ich sie. Ich bleibe hier sitzen – und ich bin immer noch euer Käpp'n, merkt euch das! – und warte, bis ihr mit euren Beschwerden kommt. In der Zwischenzeit antworte ich euch, dass euer schwarzer Fleck keinen Zwieback wert ist. Was dann weiter kommt, werden wir sehen.«

»Oh!«, antwortete George, »mache dir nur keine Sorgen – wir sind alle einig! Erstens hast du diese Kreuzfahrt verpfuscht. Du wirst nicht den Mut haben, das zu leugnen. Zweitens ließest du den Feind für nichts und wieder nichts aus dieser Falle heraus, in der er saß. Warum wollten sie heraus? Das wissen wir nicht. Aber es ist ziemlich klar, dass sie heraus wollten. Drittens hast du uns versprochen, sie auf dem Marsch zu überfallen. Oh, wir haben dich durchschaut, John Silver: Du möchtest mit ihnen unter einer Decke spielen – das ist es! Und dann, viertens, mit diesem Jungen hier.« – »Ist das alles?«, fragt Silver ruhig.

»Jawohl, und wohl auch genug. Wir werden deinetwegen alle an den Galgen kommen und an der Sonne trocknen.«

»Nun hört mich an! Ich will auf diese vier Punkte antworten – auf einen nach dem andern. Ich habe die Kreuzfahrt verpfuscht? So? Nun, ihr alle wusstet, was ich verlangte. Ihr alle wisst, dass wir noch heute an Bord der Hispaniola wären, wenn es so gemacht worden wäre, wie ich es haben wollte, und dass alle am Leben wären, fidel und munter und mit gutem Plumpudding im Leibe. Im Schiffsraum hätten wir den Schatz, beim Donner! Nun wer war mir im Wege? Wer zwang mich, der ich euer rechtmäßiger Käpp'n war, das zu tun, was ich nicht wollte? Wer schickte mir den schwarzen Fleck an dem Tage, als wir landeten, und begann diesen Tanz? Ja, ein schöner Tanz ist es! Da geb' ich dir recht! Es sieht verdammt danach aus, dass es eine Hornpipe an einem Seilende im Execution Dock in London geben wird. Aber wer ist daran schuld? Anderson, Hands und du, George Merry! Du, der du der Letzte von diesem Kleeblatt bist, hast die teuflische Unverschämtheit, hier aufzutreten und den Käpp'n zu spielen – du, durch den die meisten von uns kaputtgegangen sind! Beim Donner noch mal! Das ist unerhört!«

Silver machte eine Pause. Ich konnte seinen früheren Kameraden und auch George am Gesicht ansehen, dass seine Worte nicht vergeblich gesprochen waren.

»So viel zu Nummer eins!«, rief der Angeklagte und wischte sich den Schweiß von der Stirn. Er hatte mit einer Heftigkeit gesprochen, dass das ganze Blockhaus dröhnte. »Oh, ich geb euch mein

Wort, es ist mir ein Ekel, zu euch zu sprechen! Ihr habt keinen Verstand und kein Gedächtnis. Ich möchte wissen, warum sie euch zu See gehen ließen! Zu See! Glücksgentlemen! Feiglinge seid ihr, glaub' ich!«

»Man weiter, John«, sagte Morgan, »sage den anderen deine Meinung!«

»Oh, den anderen! Eine schöne Gesellschaft! Ihr sagt, diese Kreuzfahrt ist verpfuscht. Oh!, wenn ihr begreifen könntet, wie sie verpfuscht ist, ihr würdet Augen machen! Wir sind dem Galgen so nahe, dass mir der Hals wehtut, wenn ich bloß daran denke. Ihr habt sie vielleicht gesehen, in Ketten hängend, Vögel um sie rumfliegend. Die Schiffer zeigen mit den Fingern nach ihnen, wenn sie bei Ebbe auslaufen. ›Was ist das?‹, sagt einer. ›Das? Ei, das ist John Silver, ich hab' ihn gut gekannt!‹, sagt ein anderer. Ihr könnt die Ketten rasseln hören, wenn ihr vorbeifahrt, bis ihr zur nächsten Bake kommt. Ja, so steht's mit uns, mit jedem Muttersohn von uns – dank ihm, Hands, Anderson und anderen von euch, die uns kaputtgemacht haben. Wenn ihr wissen wollt, was ich euch zu Nummer vier zu sagen habe, über den Jungen da – herrje, Gottverdammich – ist er nicht eine Geisel? Sollten wir vielleicht eine Geisel totschlagen? So dumm sind wir doch nicht! Er kann vielleicht für uns das letzte Mittel zur Rettung sein – sollte mich gar nicht wundern! Den Jungen totschlagen? Ich tu's gewiss nicht, Kameraden! Und Nummer drei? Oh – da ist eine Masse zu sagen, zu Nummer drei! Vielleicht rechnet ihr das für nichts, dass ein richtiger Doktor, der auf Universitäten gelernt hat, jeden Tag herkommt und nach euch sieht: nach dir, John, mit deinem Loch im Kopf – oder nach dir, George Merry, den das Fieber geschüttelt hat und dessen Augen noch immer so gelb sind wie Zitronenschale! Und vielleicht habt ihr auch nicht gewusst, dass ein zweites Schiff kommt? Aber so ist es. Gar nicht so lange wird's dauern, dann werden wir sehen, wer froh sein wird, dass wir eine Geisel haben, wenn's so weit ist. Und Nummer zwei, warum ich mit ihnen einen Tausch gemacht habe. Na, ihr lagt ja vor mir auf den Knien, dass ich ihn machen sollte. Auf euren Knien kamt ihr zu mir herangerutscht, solche Angst hattet ihr. Verhungert wärt ihr außerdem, wenn ich den Vergleich nicht gemacht hätte. Aber das sind bloß Nebensachen – warum ich ihn machte? Darum!«

Er warf ein Papier auf den Fußboden, ein Papier, das ich augenblicklich erkannte. Es war nichts Geringeres als die Karte auf dem gelben Papier, mit den drei roten Kreuzen –, die Karte, die ich in dem Wachstuchpaket ganz unten in des Kapteins Schifferkiste gefunden hatte. Warum der Doktor sie ihm gegeben hatte, das war mehr, als ich erraten konnte.

Wenn es mir auch unerklärlich war; auf die Meuterer hatte diese Karte eine ganz unglaubliche Wirkung. Sie sprangen auf sie zu wie Katzen auf eine Maus. Sie ging von Hand zu Hand. Einer riss sie dem andern weg. Nach den Flüchen und dem Geschrei und dem kindischen Gelächter, das die Untersuchung der Karte begleitete, hätte man glauben können, sie hätten nicht nur den Goldschatz schon in ihrem Besitz, sondern wären sogar sicher damit auf See.

»Ja«, sagte einer, »die ist von Flint, das ist sicher. J. F. und ein Schnörkel drunter mit einem Schwanz dran – so machte er's immer!«

»Wunderschön!«, sagte George. »Aber wie sollen wir den Schatz nach Hause bringen? Wir haben ja kein Schiff?«

Plötzlich sprang Silver auf, stützte sich mit der einen Hand an der Wand und rief:

»Jetzt warn' ich dich, George! Noch ein Wort von deinem Gequassel, und ich fordere dich, und du musst dich mit mir schlagen! Wie wir damit wegkommen sollen? Tscha – woher soll ich das wissen? Das hättest du mir sagen sollen – du und die Übrigen, die mich um meinen Schoner gebracht haben! Hättet ihr euch nicht eingemischt, zum Kuckuck! Aber du, du kannst mir das nicht sagen! Hast ja nicht so viel Verstand wie ein Schaf! Aber höflich könntest du sprechen, und das sollst du, George Merry – darauf kannst du Gift nehmen!«

»Das ist nicht mehr als recht und billig«, sagte der alte Matrose, Tom Morgan.

»Recht und billig!, das will ich meinen«, sagte Silver. »Ihr habt das Schiff verloren – ich habe den Schatz gefunden. Wer ist nun der bessere Mann? Jetzt trete ich ab, beim Donner! Wählt, wen ihr wollt, zu eurem Käpp'n! Ich hab' es satt!«

»Silver!«, riefen sie. »Barbecue! Barbecue bleibt unser Käpp'n!«

»So? Bläst der Wind auf einmal aus dem Loch?«, rief Long John. »George, ich rechne, du wirst noch etwas warten müssen, mein Freund. Es ist ein Glück für dich, dass ich nicht nachtragend bin. Aber das war nie meine Art. Und nun, Schiffsmaate, was ist mit diesem schwarzen Fleck? Der hat nun wohl keinen Zweck mehr! Dick hat sich um sein Glück gebracht und hat seine Bibel geschändet. Weiter hat es keinen Zweck gehabt!«

»Meine Bibel ist doch noch gut genug, sie zu küssen – nicht wahr*?«, murrte Dick, der sich offenbar unbehaglich fühlte wegen des Fluches, den er über sich gebracht hatte.

»Eine Bibel, wo was ausgeschnitten ist!«, antwortete Silver höhnisch. »Keine Spur! Die bindet nicht mehr als ein Liederbuch.«

»Aber doch noch so viel also?«, rief Dick mit einer gewissen Freude. »Na, ich denke, das ist immer noch etwas wert!«

»Hier, Jim – hier hast du 'ne Kuriosität!«, sagte Silver und gab mir das Papier.

Es war ein rundes Stück Papier, ungefähr von der Größe eines Talers. Die eine Seite war weiß, denn es war aus dem letzten Blatt herausgeschnitten. Auf der anderen Seite standen ein paar Zeilen aus der Offenbarung – darunter diese Worte, die mir unauslöschlich im Gedächtnis geblieben sind: »Draußen sind Hunde und Mörder.« Die bedruckte Seite war mit Holzkohle geschwärzt. Die schwarze Farbe begann bereits herunterzugehen, wie ich an meinen Fingern sah. Auf der weißen Seite stand, ebenfalls mit Holzkohle geschrieben, nur das eine Wort: »Abgesetzt!«

Dieses kuriose Papier liegt in diesem Augenblick vor mir. Aber von der Schrift ist keine Spur mehr zu sehen, außer einer einzigen

* In England, Amerika und Australien muss ein Eid vor Gericht durch einen Kuss auf eine Bibel bekräftigt werden.

Schramme, wie wenn einer mit dem Daumennagel darübergefahren wäre.

Dies war das Ende der nächtlichen Beratung. Jeder bekam einen Schluck zu trinken. Wir legten uns alle schlafen. Silvers Rache bestand darin, dass er George Merry draußen Posten stehen ließ und dass er ihm mit dem Tode drohte, wenn er nicht seine Pflicht täte.

Es dauerte lange, bis ich ein Auge schließen konnte. Der Himmel weiß, ich hatte Gedanken genug, die mich beschäftigten: Da war der Mann, den ich am Nachmittag getötet hatte; da war meine eigene gefährliche Lage. Da war vor allen Dingen das merkwürdige Spiel, das ich Silver in diesem Augenblick treiben sah: mit der einen Hand die Meuterer zusammenzuhalten und mit der anderen nach jedem möglichen und unmöglichen Mittel zu greifen, mit der Kajütenpartei seinen Frieden zu machen und sein erbärmliches Leben zu retten. – Silver selbst schlief friedlich und schnarchte laut. Aber so schlecht der Mann war, er tat mir doch im Herzen leid, wenn ich an die düsteren Gefahren dachte, die ihn umgaben, und an das ehrlose Ende am Galgen, das ihn erwartete.

Dreißigstes Kapitel

Auf mein Ehrenwort

Ich wurde geweckt – oder vielmehr, wir wurden alle geweckt, denn ich konnte sogar die Schildwache sich aufraffen sehen, die an den Türpfosten gelehnt eingeschlafen war – durch eine helle laute Stimme, die uns vom Waldsaum her anrief:

»Blockhaus ahoi! Hier ist der Doktor!«

Und richtig – es war der Doktor. Obwohl ich froh war, den Klang seiner Stimme zu hören, so war meine Freude doch nicht ungemischt. Ich dachte mit Beschämung an meine ungehorsame Aufführung und mein heimliches Weglaufen. Als ich sah, wohin es mich gebracht hatte – in welche Gefahren und in welche Gesellschaft –, da schämte ich mich, ihm ins Gesicht zu sehen. Er musste bei dunkler Nacht aufgestanden sein, denn der Tag war kaum angebrochen. Als ich an meine Schießscharte lief und hinaussah, sah ich ihn bis an die Knie in dichtem Nebel stehen wie damals Silver.

»Sie, Herr Doktor! Schönsten guten Morgen!«, rief Silver, der im Nu wach war und von bester Laune strahlte. »In aller Herrgottsfrühe! Aber der Vogel, der früh aufwacht, kriegt sein Futter, wie das Sprichwort sagt. George, mach dich auf die Beine, mein Sohn, und hilf Doktor Livesey auf Deck! Mit Ihren Patienten steht's gut, Doktor – alle wohl und munter!«

So schwatzte er, die Krücke unter dem einen Arm und die andere Hand gegen die Wand des Blockhauses gestützt – in Stimme, Benehmen und Mienen ganz der alte John.

»Wir haben auch 'ne richtige Überraschung für Sie, Herr«, fuhr er fort. »Wir haben einen kleinen Gast hier – hehe! Einen neuen Gast zum Schlafen und Essen, Herr, frisch und munter wie 'ne Fiedel – hat geschlafen wie eine Schiffsladung, dicht an der Seite vom alten John, die ganze Nacht!«

Dr. Livesey war inzwischen über die Palisaden geklettert und schon ziemlich dicht an Silver herangekommen. Ich konnte die Unruhe in seiner Stimme bemerken, als er fragte: »Doch nicht Jim?«

»Jim, wie er leibt und lebt!«, rief Silver.

Der Doktor blieb stehen, doch sagte er kein Wort. Es dauerte mehrere Sekunden, bis er imstande zu sein schien, weiterzugehen.

»Hm«, sagte er schließlich, »erst die Pflicht und dann das Vergnügen – wie er selber vielleicht hätte sagen können, Silver. Erst wollen wir uns mal eure Patienten ansehen.«

Einen Augenblick später war er in das Blockhaus eingetreten. Er nickte mir nur mit einem grimmigen Lächeln zu und machte sich an seine Arbeit bei den Kranken.

Er schien keine Furcht zu haben, obgleich er wissen musste, dass unter diesen heimtückischen Teufeln sein Leben an einem Haar hing. Aber er plauderte mit seinen Kranken, wie wenn er in seinem Beruf eine Familie in England besuchte. Ich vermute, dass sein Benehmen auf die Leute wirkte: Sie betrugen sich, wie wenn gar nichts vorgefallen wäre – wie wenn er immer noch Schiffsdoktor wäre und sie pflichttreue Leute vor dem Mast.

»Und Euch geht's gut, Freund«, sagte er zu dem Burschen mit dem verbundenen Kopf. »Wenn jemals einer nahe dran war, so seid Ihr es gewesen; Euer Schädel muss so hart wie Eisen sein. Na, George, wie geht's? Ihr habt ja eine prächtige Farbe. Eure Leber hat sich ganz und gar umgekehrt, Mann. Habt Ihr die Medizin genommen? Hat er die Medizin eingenommen, Leute?«

»Jawohl, Herr Doktor! Gewiss hat er sie eingenommen!«, antwortete Morgan.

»Nämlich, seht mal, da ich nun mal Rebellenarzt bin, oder Gefängnisarzt, wie ich es lieber nenne«, sagte Dr. Livesey in seiner gemütlichen Weise, »so ist es für mich eine Ehrensache, alle Mann für König Georg und den Galgen zu erhalten.«

Die Burschen sahen einander an, schluckten aber die boshafte Bemerkung hinunter, ohne ein Wort zu sagen.

»Dick fühlt sich nicht gut, Herr«, sagte einer.

»Nicht? Na, dann kommt mal her und lasst Eure Zunge sehen. Nein – das würde mich allerdings wundern, wenn er sich gut fühlte. Vor seiner Zunge könnten die Franzosen Angst kriegen. Noch ein Fieberfall!«

»Na, siehst du!«, sagte Morgan. »Das kommt davon, wenn man Bibeln kaputt schneidet!«

»Das kommt davon – wie ihr das nennt –, dass ihr dumme Esel seid!«, antwortete der Doktor. »Und davon, dass ihr nicht Vernunft genug habt, anständige Luft von Gift zu unterscheiden und trockenes Land von einem elenden Pestmorast. Ich halte es für höchst wahrscheinlich – obgleich das natürlich nur so eine Meinung von mir ist – ihr werdet alle noch eine Teufelsgeschichte haben, bis ihr die Malaria wieder loswerdet! Sich in einem Morast lagern! Silver, ich muss mich über Euch wundern. Ihr seid doch nicht so ein Dummkopf wie die meisten. Aber Ihr scheint mir auch keine Ahnung zu haben, was für die Gesundheit nötig ist!«

Hierauf gab er jedem von den Leuten etwas Medizin zu schlucken. Sie hörten seine Vorschriften mit einer wirklich komischen

Gefügigkeit an, mehr wie Waisenknaben als wie mit Blutschuld belastete Meuterer und Seeräuber. Als er damit fertig war, sagte er:

»Nun, für heute wäre es erledigt. Und jetzt möchte ich wohl mal ein paar Worte mit dem Jungen sprechen, wenn ich bitten darf.«

Und er nickte nachlässig nach der Richtung, wo ich stand.

George Merry stand an der Tür und spuckte, um den Geschmack von der Medizin loszuwerden. Aber kaum hatte der Doktor gesprochen, so bekam er einen roten Kopf, drehte sich um und schrie mit einem wilden Fluch: »Nein!« – Silver schlug mit der flachen Hand auf das Branntweinfass und brüllte: »Ru-he!«

Dabei sah er wirklich wie ein Löwe aus. Dann fuhr er in seinem gewöhnlichen Ton fort:

»Herr Doktor, ich dachte auch schon dran, denn ich weiß ja, dass Sie den Jungen gern hatten. Wir sind Ihnen alle untertänigst dankbar für Ihre Freundlichkeit, haben Vertrauen zu Ihnen, wie Sie sehen, und schlucken Ihre Medizin, wie wenn's Grog wäre. Ich denke, ich habe was ausfindig gemacht, was uns allen passen wird. Hawkins, wirst du mir dein Ehrenwort als junger Gentleman geben – denn ein Gentleman bist du, obgleich armer Leute Kind –, dein Ehrenwort, dass du nicht das Ankertau kappen willst?«

Ich gab ohne Besinnen das verlangte Wort.

»Dann, Herr Doktor«, sagte Silver, »stellen Sie sich man auf die andere Seite von den Palisaden da. Sobald Sie draußen sind, will ich den Jungen nach der Innenseite bringen. Ich rechne, Sie können durch die Sparren Ihr Garn mit ihm spinnen. Guten Tag, Herr Doktor, und unsere besten Empfehlungen an den Squire und Käpp'n Smollett.«

Die Missbilligung, die nur Silvers furchtbare Blicke lange unterdrückt hatten, brach sofort los, als der Doktor das Haus verlassen hatte. Silver wurde rundheraus beschuldigt, ein doppeltes Spiel zu treiben. Sie sagten, er versuche einen Sonderfrieden für sich zu schließen und opfere die Interessen seiner Verbündeten. Mit einem Wort: Sie warfen ihm ganz genau das vor, was er wirklich tat!

Dies schien mir so auf der Hand zu liegen, dass ich mir gar nicht vorstellen konnte, wie er sie auch diesmal wieder überlisten könnte.

Aber er war allen Übrigen mehr als doppelt überlegen. Sein Sieg in der letzten Nacht hatte ihm wieder ein großes Übergewicht gegeben. Er nannte sie Dummköpfe und Esel; sagte, es sei notwendig, dass ich mit dem Doktor spräche; fuchtelte ihnen mit der Karte vor den Gesichtern herum und fragte sie, ob sie vielleicht den Vertrag am selben Tage brechen wollten, an dem sie auf die Schatzsuche ausgehen sollten.

»Nein, beim Donner«, rief er, »den Vertrag müssen wir brechen, wenn die Zeit dazu da ist! Bis dahin will ich den Doktor an der Nase herumführen, und wenn ich seine Stiefel mit Branntwein ölen sollte.«

Hierauf befahl er ihnen das Feuer anzuzünden und humpelte auf seiner Krücke hinaus, die andere Hand auf meine Schulter gelehnt. Die Meuterer blieben ganz verdutzt zurück. Er hatte sie durch seine Zungenfertigkeit zum Schweigen gebracht, obwohl eigentlich nicht überzeugt. – »Langsam, Junge, langsam!«, sagte er. »Sie könnten im Handumdrehen über uns herfallen, wenn sie sähen, dass wir es eilig hätten.«

So gingen wir denn ganz gemächlich über den Sand bis an die Stelle, wo der Doktor auf der anderen Seite der Palisade auf uns wartete. Sobald wir in bequemer Sprechweite waren, blieb Silver stehen und sagte:

»Sie werden mir auch dies auf die gute Seite schreiben, Doktor, und der Junge wird Ihnen erzählen, wie ich sein Leben rettete und sogar deswegen abgesetzt wurde, und darauf können Sie Gift nehmen. Herr Doktor, wenn ein Mann so nahe am Abgrund vorbeisteuert wie ich – sozusagen mit dem letzten bisschen Luft im Leibe um sein Leben spielt –, dann würden Sie es vielleicht nicht für angemessen halten, ihm ein einziges gutes Wort zu geben? Sie wollen bitte dran denken, dass es jetzt nicht bloß um mein Leben geht, sondern auch um das des Jungen obendrein. Sie werden mir ein freundliches Wort sagen, Doktor, und mir um des Himmels und um Gottes willen ein bisschen Hoffnung geben, damit ich's aushalten kann!«

Silver war ein ganz anderer Mann geworden, sobald er dem Blockhaus und seinen Freunden den Rücken zugewandt hatte.

Seine Wangen schienen eingefallen zu sein, seine Stimme zitterte. Er meinte es todernst.

»Nanu, John, Ihr habt doch keine Angst?«, fragte Dr. Livesey.

»Doktor, ich bin kein Feigling – ganz gewiss nicht! Nicht so viel!«, und er schnippste mit den Fingern. »Wenn ich's wäre, so würde ich es nicht sagen. Aber ich gestehe Ihnen offen, mir klappern die Gebeine, wenn ich an den Galgen denke. Sie sind ein guter Mensch und ein aufrichtiger. Ich habe niemals einen besseren Mann gesehen! Sie werden nicht vergessen, was ich Gutes getan habe – ebenso wenig, wie Sie das Böse vergessen werden, das weiß ich. Ich geh auf die Seite, sehen Sie hier, und lasse Sie mit Jim allein. Auch das werden Sie mir auf die gute Seite schreiben – denn es ist eine lange Rechnung; ja, das ist es.«

Mit diesen Worten trat er ein Stückchen zur Seite, bis er außer Hörweite war. Da setzte er sich auf einen Baumstumpf und begann zu pfeifen, indem er sich von Zeit zu Zeit auf seinem Sitz herumschob, um bald mich und den Doktor im Auge zu behalten, bald seine unbotmäßigen Schufte, die auf dem Sande zwischen dem Feuer, das sie wieder anzündeten, und dem Hause hin und her gingen, aus welchem sie Schweinefleisch und Brot herausbrachten, um das Frühstück zu bereiten.

»So, Jim«, sagte der Doktor und machte ein trauriges Gesicht, »also da bist du. Was du dir eingebrockt hast, musst du ausessen, mein Junge. Weiß der Himmel, ich kann es nicht übers Herz bringen, dich zu tadeln. Aber so viel will ich dir sagen, magst du es freundlich oder unfreundlich aufnehmen: Als Kapitän Smollett gesund war, da hättest du nicht an Land gehen dürfen. Aber als er krank war und dich nicht daran hindern konnte, da war es einfach eine Feigheit von dir!«

Ich will gestehen, dass ich zu weinen anfing.

»Doktor«, sagte ich, »Sie könnten mich wohl schonen. Ich habe mir selber schon genug Vorwürfe gemacht. Mein Leben ist auf alle Fälle verloren. Ich wäre jetzt schon tot, wenn Silver nicht für mich eingetreten wäre. Doktor, glauben Sie mir: Ich kann sterben – und ich muss sagen, ich verdiene es wohl –, aber was ich fürchte, ist Folterung. Wenn sie mich foltern –«

»Jim«, rief der Doktor mit ganz veränderter Stimme, »Jim, den Gedanken kann ich nicht ertragen. Komm rüber, und wir wollen laufen, so schnell wir können!«

»Doktor! Ich habe mein Wort gegeben.«

»Ich weiß, ich weiß!«, rief er. »Aber daran ist jetzt nichts zu ändern, Jim. Ich nehme alles auf meinen Buckel, Schimpf und Schande, alles, mein Junge! Aber dich hierbleiben lassen – das kann ich nicht. Spring! Ein Sprung, und du bist hier draußen, und wir wollen rennen wie Antilopen.«

»Nein«, antwortete ich, »Sie wissen recht wohl, dass Sie so etwas selber nicht tun würden; Sie nicht, der Squire nicht und der Kapitän nicht. Ich tu's ebenso wenig. Silver traut mir. Ich gab mein Wort drauf, und ich geh wieder zurück. Aber, Doktor, Sie ließen mich nicht ausreden! Wenn sie mich foltern sollten, könnte ich vielleicht verraten, wo das Schiff ist. Denn ich habe die Hispaniola gekriegt, hatte eben viel Glück dabei! Sie liegt in der Nordbucht, am südlichen Strand, gerade unter der Hochwassermarke. Bei halber Fluthöhe muss sie trocken auf dem Lande liegen.«

In größter Eile erzählte ich ihm meine Abenteuer. Er hörte mich schweigend bis zum letzten Wort an. Als ich fertig war, bemerkte er: »Es ist eine Art von Schicksal dabei. Immer wieder bist du es, der uns unser Leben rettet. Denkst du denn etwa, wir werden dich im Stich lassen? Das wäre Undankbarkeit, mein Junge! Du entdecktest Ben Gunn – das Beste, was du je tatest oder jemals tun konntest, und wenn du neunzig Jahre alt werden solltest. Oh, bei Jupiter! Da wir gerade von Ben Gunn sprechen! Das ist ein Unfugstifter! – Silver!«, rief er, »Silver! Ich will Euch einen Rat geben«, fuhr er fort, als der Schiffskoch wieder näher herankam: »Ihr braucht es nicht so eilig zu haben mit dem Schatz da!«

»Nun, Herr Doktor, ich tue mein Möglichstes«, sagte Silver. »Aber ich kann, verzeihen Sie, mein Leben und das des Jungen nur dadurch retten, dass ich nach dem Schatz suche – darauf können Sie Gift nehmen!«

»Nun, Silver«, versetzte der Doktor, »ich will noch einen Schritt weitergehen: Nehmt Euch in acht vor Böen, wenn Ihr ihn findet.«

»Herr Doktor – von Mann zu Mann will ich Ihnen sagen: Das ist zu viel und zu wenig. Was Sie eigentlich bezwecken, warum Sie das Blockhaus aufgaben, warum Sie mir die Karte gaben, das habe ich noch nicht herausgebracht. Und trotzdem habe ich mit geschlossenen Augen Ihr Geheiß befolgt, obwohl ich niemals ein Wort voll Hoffnung hörte! Aber dies hier – nein, das ist zu viel. Wenn Sie mir nicht klar und deutlich sagen wollen, was Sie meinen, dann sagen Sie mir das wenigstens, und ich entferne mich wieder.«

»Nein«, sagte der Doktor nachdenklich, »ich habe nicht das Recht, mehr zu sagen. Seht Ihr, es ist nicht mein Geheimnis: Sonst würde ich es Euch sagen. Darauf gebe ich Euch mein Wort. Aber ich will Euch gegenüber so weit gehen, wie ich darf, und sogar noch einen Schritt weiter. Der Kapitän wird mir die Perücke zausen, oder ich müsste mich sehr irren! Zuallererst will ich Euch ein bisschen Hoffnung geben, Silver: Wenn wir beide heil und gesund aus dieser Wolfsfalle herauskommen, will ich mein Bestes tun, Euren Hals zu retten – darauf geb ich Euch mein Wort.«

Silvers Gesicht strahlte, und er rief: »Mehr konnten Sie gewiss nicht sagen, Doktor! Nicht, wenn Sie meine Mutter wären!«

»Na, das war also das erste. Mein zweites ist ein guter Rat: Haltet den Jungen dicht an Eurer Seite. Wenn Ihr Hilfe braucht, so ruft! Ich will selber nach Hilfe für Euch suchen. Das zeigt Euch schon, dass ich nicht ins Blaue hineinspreche. Behüt' dich Gott, Jim.«

Dr. Livesey schüttelte mir durch die Palisaden hindurch die Hand, nickte Silver zu und ging mit schnellen Schritten in den Wald hinein.

Einunddreißigstes Kapitel

Die Schatzsuche; Flints Wegweiser

»Jim«, sagte Silver, als wir allein waren, »wenn ich dein Leben gerettet habe, so hast du meins gerettet. Ich will das nicht vergessen. Ich sah, wie der Doktor winkte, du solltest ausreißen. Aus meiner Ecke sah ich es. Ich sah, dass du nein sagtest, und das war für mich so deutlich, als ob ich's hörte. Jim, das will ich dir gedenken. Es ist der erste Schimmer von Hoffnung, den ich gehabt habe, seitdem der Angriff fehlschlug, und das verdanke ich dir. Nun, Jim, müssen wir auf die Schatzsuche gehen, noch dazu mit versiegelten Befehlen. Die Geschichte gefällt mir ganz und gar nicht. Du und ich, wir müssen fest zusammenhalten, sozusagen Rücken an Rücken. Wir werden unsern Hals noch retten, trotz Glück und Schicksal!«

Gerade in diesem Augenblick rief einer von den Piraten beim Feuer uns zu, das Frühstück sei fertig. Bald saßen wir auf dem Sande bei Zwieback und gebratenem Pökelfleisch. Sie hatten ein Feuer angezündet, in dem sie einen ganzen Ochsen hätten braten können. Es war jetzt so heiß geworden, dass ich nur von der Windseite her mich dem Feuer nähern konnte, und auch das nur mit großer Vorsicht. In derselben verschwenderischen Weise hatten sie wohl dreimal mehr gekocht, als wir essen konnten. Einer von ihnen warf mit einem albernen Lachen das übrig gebliebene Essen in das Feuer, das hoch aufloderte, als der Speck hineinflog. Nie in meinem Leben sah ich Menschen, die so unbekümmert dem neuen Tag entgegensahen. »Von der Hand in den Mund« – anders kann ich ihre Denkweise nicht bezeichnen. Sie waren wohl tapfer genug, um einen Strauß zu wagen. Aber an der Art und Weise, wie sie die Nahrung vergeudeten und wie sie als Schildwachen schliefen, konnte ich deutlich genug sehen, dass sie gänzlich unfähig waren, auf einem längeren Feldzug durchzuhalten.

Sogar Silver hatte kein Wort des Tadels für ihre Unvernunft. Er verzehrte ruhig sein Essen, mit Käpp'n Flint, dem Papagei, auf seiner Schulter. Dies überraschte mich sehr, denn mich dünkte, er habe sich nie so verschmitzt benommen wie in diesem Augenblick.

»Tja, Maate«, sagte er, »es ist ein Glück für euch, dass ihr Barbecue habt, dessen Kopf für euch denkt. Ich habe erreicht, was ich wollte. Freilich haben sie das Schiff. Wo sie es haben, dass weiß ich noch nicht. Aber wenn wir erst den Schatz gefunden haben, brauchen wir nur die Insel abzustreifen, um das Schiff zu finden. Dann,

Maate, rechne ich so: Da wir die Boote haben, haben wir auch die Oberhand.« – So redete er noch viel und kaute dabei mit beiden Backen den heißen Speck. So richtete er ihre Hoffnung und Zuversicht wieder auf und dabei zu gleicher Zeit, davon bin ich fest überzeugt, auch seine eigene.

»Was nun unsere Geisel hier anbetrifft«, fuhr er fort, »so denke ich, das war wohl das letzte Wort, das Jim mit seinen Freunden gesprochen hat. Ich kriegte zu wissen, was ich wissen wollte. Ohne ihn wäre mir das nicht gelungen; aber das ist nun aus. Wenn wir auf die Schatzsuche gehen, werde ich ihn an eine Leine nehmen. Denn wir sollten auf ihn aufpassen, wie wenn er von Gold wäre – von wegen möglicher Zwischenfälle, versteht ihr, bis wir alles haben. Sobald wir Schatz und Schiff haben und wieder auf See sind als lustige Kameraden, na – dann wollen wir wieder über Herrn Hawkins sprechen und wollen ihm selbstverständlich seinen Anteil geben – für all seine Freundlichkeit.«

Es war kein Wunder, dass die Leute jetzt in guter Laune waren. Ich selber war furchtbar niedergeschlagen. Wenn der Plan, den Silver eben entwickelt hatte, sich als ausführbar erwies, dann würde er sich keinen Augenblick überlegen, danach zu handeln. Er war ein doppelter Verräter, der einen Fuß in jedem der beiden Lager hatte. Ohne Zweifel würde er Reichtum und Freiheit bei den Piraten der bloßen Rettung vor dem Galgen vorziehen, die das Höchste war, was er im besten Fall von uns zu hoffen hatte.

Ja, und selbst wenn es so kam, dass er dem Doktor sein Wort halten musste, welche Gefahr lag auch dann noch vor uns! Wie würde es hergehen, wenn seine Leute ihren Verdacht bestätigt sähen, wenn er und ich um unser liebes Leben kämpfen müssten – er, ein Krüppel, und ich, ein Knabe, gegen fünf starke und mutige Seeleute!

Zu dieser doppelten Furcht kam noch das Geheimnis, das über dem Verhalten meiner Freunde ruhte: ihre unerklärliche Aufgabe des Blockhauses, ihre noch unbegreiflichere Herausgabe der Karte, und das Allerunbegreiflichste, des Doktors letztes Warnungswort an Silver: Macht Euch auf Böen gefasst, wenn Ihr den Schatz findet!

Man wird mir daher gerne glauben, dass mir mein Frühstück nicht besonders gut schmeckte, und dass ich mit einem unruhigen Herzen meinen Feinden, die mich gefangen hatten, auf ihrer Suche nach dem Schatz folgte.

Wenn jemand da gewesen wäre, der uns hätte sehen können, so hätte er sich über unseren Anblick wohl gewundert: alle in schmutzigen Seemannskleidern und alle außer mir bis an die Zähne bewaffnet. Silver hatte sich zwei Musketen umgehängt – eine vorn und eine hinten –, außerdem trug er an seinem Gürtel noch einen breiten Entersäbel und in jeder Tasche seines weiten Rockes eine Pistole. Um seine seltsame Erscheinung zu vervollständigen, saß auf seiner Schulter Käpp'n Flint und plapperte allerlei Seemannsschnack ohne Sinn und Verstand.

An einer Leine, die mir um den Leib gebunden war, folgte ich gehorsam dem Schiffskoch, der das andere Ende des Stricks bald in seiner freien Hand, bald zwischen seinen mächtigen Zähnen hielt. So führte er mich wie einen Tanzbären am Strick.

Die anderen Leute waren in verschiedener Weise bepackt: Einige trugen Pickel und Spaten – dies waren die Gegenstände, die sie als ganz besonders notwendig von der Hispaniola an Land gebracht hatten. Andere waren mit Pökelfleisch, Brot und Branntwein für das Mittagessen beladen. Dieser ganze Mundvorrat stammte aus dem Blockhause. So konnte ich sehen, dass Silver in der vorigen Nacht vollkommen die Wahrheit gesagt hatte. Hätte er nicht mit dem Doktor einen Vertrag abgeschlossen, so hätten er und seine Meuterer, da das Schiff ihnen davongefahren war, von klarem Wasser und den Erträgen ihrer Jagd leben müssen. Wasser wäre nicht nach ihrem Geschmack gewesen, und Matrosen sind für gewöhnlich keine guten Schützen – abgesehen davon, dass sie wahrscheinlich nicht sehr reichlich mit Pulver versehen waren, wenn schon die Lebensmittel knapp waren.

Nun, so ausgerüstet, machten wir uns alle auf den Weg, sogar der Pirat mit der Kopfwunde, der gewiss lieber im Schatten hätte bleiben sollen, und gingen im Gänsemarsch nach dem Strand hinunter, wo die beiden Gigs lagen. Auch diese trugen Spuren des trunkenen Übermutes der Piraten: In dem einen war eine Ruderbank zerbrochen, beide waren schmutzig und voll Wasser, das nicht ausgeschöpft worden war.

Der Sicherheit wegen wollten wir beide Boote mitnehmen. So stiegen denn in jede Gig drei Mann, und wir fuhren los. Schon als wir über den Ankergrund ruderten, entstanden Meinungsverschiedenheiten wegen der Karte. Das rote Kreuz war natürlich viel zu groß, um den Ort des Platzes genau bezeichnen zu können. Der Wortlaut der Bemerkung konnte auf verschiedene Weise ausgelegt werden. Sie lautete, wie der Leser sich vielleicht erinnern wird, folgendermaßen:

»Großer Baum, Staffel des ›Fernrohrs‹, Nord-Nordost bei Nord.
Skelettinsel, Ost-Südost bei Ost.
Zehn Fuß.«

Ein großer Baum war also das Hauptkennzeichen. Nun war vor uns der Ankergrund von einer Hochebene eingefasst, die zwei- bis dreihundert Fuß über dem Meeresspiegel lag. Sie erstreckte sich nach Norden bis an den südlichen Abhang des »Fernrohrs« und nach Süden zu bis zu dem schroffen Felsgipfel, dem sogenannten Besanmast-Berg. Die Hochebene war dicht mit Fichten von verschiedener Hohe bewachsen. An vielen Stellen ragte ein Baum von anderer Art vierzig oder fünfzig Fuß hoch über seine Nachbarn empor. Welcher von diesen Bäumen jener »große Baum« des Kapitäns Flint war, das ließ sich nur an Ort und Stelle entscheiden, indem man den Kompass zu Hilfe nahm.

Obgleich die Sache nun so lag, hatte jeder in den beiden Booten sich einen besonderen Lieblingsbaum ausersehen, bevor wir noch halb über den Ankergrund hinüber waren. Nur Long John zuckte die Achseln und sagte ihnen, sie sollten den Mund halten, bis wir da wären.

Wir ruderten auf Silvers Befehl ganz gemächlich, damit die Leute nicht frühzeitig müde würden, und landeten nach einer ziemlich langen Überfahrt an der Mündung des zweiten Baches, der aus einer bewaldeten Schlucht am »Fernrohr« herauskam. Wir wandten uns nun nach links und begannen die Anhöhe zu ersteigen, die zu der Hochebene hinaufführt.

Im Anfang kamen wir in dem schweren Morastboden, der mit Sumpfpflanzen wirr überzogen war, nur langsam vorwärts. Allmählich aber begann der Abhang steiler zu werden, und unsere Füße fanden auf steinigem Boden besseren Halt. An die Stelle des Gestrüpps trat offener Wald. Wir näherten uns einem besonders schönen Teil der Insel. Stark duftende Kräuter und viele blühende Sträucher bedeckten den Boden anstatt des Grases. Aus Dickichten von grünen Muskatnussbäumen erhoben sich hier und da die roten Fichten mit ihrem schattigen Dach. Die Luft war voll von dem würzigen Duft der einen und dem Harzgeruch der anderen. Die Luft wurde durch einen leisen Wind abgekühlt und erfrischte uns in wunderbarer Weise.

Die Schatzsucher bewegten sich fächerförmig ausgebreitet vorwärts, indem sie sich dabei fortwährend zuriefen. Ungefähr in der Mitte und ein gutes Stück hinter den übrigen folgten Silver und ich – ich an meine Leine angebunden, er mit schwerem Keuchen sich den Abhang hinaufarbeitend. Von Zeit zu Zeit musste ich ihm die Hand reichen – sonst wäre er ausgerutscht und rücklings den Berg hinuntergefallen.

So waren wir ungefähr eine halbe Meile vorwärts gekommen und näherten uns dem Rande der Hochebene. Da begann plötzlich der Mann auf dem äußersten linken Flügel laut zu schreien, wie in furchtbarer Angst. Er stieß einen Schrei nach dem anderen aus, und die Übrigen liefen zu ihm hin.

»Er kann doch den Schatz nicht gefunden haben?!«, schrie Morgan uns zu, als er an uns vorüberlief, »denn das ist ja unmöglich!«

Wir fanden allerdings, als wir ebenfalls die Stelle erreichten, etwas ganz anderes. Am Fuße einer gewaltigen Fichte lag in grünen Ranken, die zum Teil sogar einige von den kleineren Knochen in die Höhe gehoben hatten, ein menschliches Gerippe, an welchem noch ein paar Kleidungsfetzen hingen. Ich glaube, ein Gefühl von Grauen packte für einen Augenblick jedes Herz.

»Er war ein Seemann«, sagte George Merry, der, mutiger als die anderen, dicht herangegangen war und die Kleidungsfetzen untersuchte. »Wenigstens ist dies gutes Schiffertuch.«

»Ei ja«, sagte Silver, »das ist wahrscheinlich. Du willst wohl kaum erwarten, hier einen Bischof zu finden, rechne ich. Aber wie liegen denn die Knochen? Das ist doch nicht natürlich!«

Allerdings schien es, wenn man genauer hinsah, unmöglich zu sein, dass das Skelett von selber eine solche Stellung angenommen hätte. Abgesehen von einigen kleinen Veränderungen, die vielleicht von den Vögeln verursacht waren, welche sein Fleisch gefressen hatten, oder von den grünen Ranken, die nach und nach die Überreste umsponnen hatten – lag der Mann vollkommen gerade ausgestreckt. Seine Füße wiesen nach der einen Richtung, seine Hände, die über seinem Kopf zusammengefügt waren wie die eines Tauchers, zeigten genau in die entgegengesetzte Richtung.

»Ich habe einen Gedanken in meinem alten Schädel«, bemerkte Silver. »Hier ist der Kompass! Und dies ist der Wegweiser, der nach der Spitze der Skelettinsel zeigt, die wie ein Zahn vorspringt. Legt mal schnell die Richtung fest, in der diese Knochen liegen!«

Sie taten es. Das Skelett zeigte genau nach der Insel. Auf dem Kompass lasen sie: Ost-Südost bei Ost.

»Das dachte ich mir!«, rief der Koch. »Dies hier ist ein Wegweiser! Diesen Strich entlang kommen wir zu unserm Polarstern und den blanken Dollars! Aber, beim Donner! Es wird mir unheimlich, wenn ich an Flint denke! Das ist einer von seinen ›Witzen‹! Er und sechs Mann waren hier allein. Er tötete sie bis auf den letzten Mann. Diesen letzten legte er hier nach dem Kompass als Wegweiser hin, Gottverdammich! Es sind lange Knochen, und das Haar ist gelb gewesen. Tscha, das wird wohl Allardyce sein. Du erinnerst dich an Allardyce, Tom Morgan?«

»Jawohl! Ob ich mich an ihn erinnere! Er war mir Geld schuldig und nahm außerdem mein Messer mit an Land.«

»Da wir von Messern sprechen«, sagte ein anderer, »warum finden wir sein Messer nicht hier? Flint war nicht der Mann, einem Matrosen die Tasche auszuräumen. Die Vögel, mein' ich, würden ein Messer wohl liegen lassen!«

»Beim Teufel! Das ist wahr!«, sagte Silver.

»Hier ist gar nichts zurückgeblieben!«, sagte Merry, der immer noch zwischen den Knochen herumtastete: »Kein Kupferdeut! Nicht einmal eine Tabaksdose! Das kommt mir nicht natürlich vor.«

»Nein, potztausend! Das ist es nicht«, gab Silver zu, »nicht natürlich und auch nicht nett, heiliges Donnerwetter, Messmaate! Wenn Flint noch am Leben wäre, da wäre hier ein heißer Ort für euch und mich. Sechs waren sie, und sechs sind wir; und Knochen sind sie jetzt!«

»Ich sah ihn tot daliegen, sah ihn mit meinen Augen, die ich im Kopfe habe«, sagte Morgan. »Billy nahm mich mit. Da lag er, mit Pennystücken auf den Augen.«

»So – eija, ganz gewiss ist er tot und liegt unter der Erde«, sagte der Mann mit dem verbundenen Kopf. »Aber wenn jemals ein Geist umgegangen ist, so würde Flint umgehen. Ach du liebe Zeit, der hatte ein böses Ende, der Flint!«

»Jawohl, das hatte er!«, bemerkte ein anderer. »Bald tobte er, bald schrie er nach Rum und bald sang er. ›Fünfzehn Mann‹ war sein einziges Lied, Maate. Ich sage euch: Ich mochte es eigentlich später nie wieder gerne hören. Es war mächtig heiß, das Fenster stand offen, und ich hörte das alte Lied klar und deutlich – dabei hatte der Tod den Mann schon in seinen Klauen.«

»Nu, nu«, sagte Silver, »lass das Gepappel! Er ist tot, und er geht nicht um, soviel ich weiß. Wenigstens kann er nicht bei Tage umgehen – und darauf könnt ihr Gift nehmen. Angst machte schon Katzen tot! Vorwärts, Maate, und lasst uns die Dublonen holen!«

So gingen wir denn weiter. Trotz des hellen Sonnenscheins gingen die Piraten nicht mehr einzeln und rufend durch den Wald, sondern hielten sich dicht beieinander und sprachen im Flüsterton. Die Angst vor dem toten Seeräuber hatte sie gepackt.

Zweiunddreißigstes Kapitel

Die Schatzsuche; die Stimme in den Bäumen

Teils infolge der niederdrückenden Wirkung dieser Angst, teils um Silver und die Kranken ausruhen zu lassen, machte die ganze Gesellschaft Rast, sobald wir den Rand der Hochebene erreicht hatten.

Da die Hochfläche etwas nach Westen vorsprang, hatten wir von dieser Stelle aus, an der wir haltmachten, eine weite Aussicht nach allen Richtungen. Vor uns, jenseits der Baumwipfel, sahen wir das Waldkap mit seiner weißen Brandung. Nach der entgegengesetzten Richtung überblickten wir nicht nur den Ankergrund und die Skelettinsel, sondern sahen auch jenseits der östlichen Niederung die offene See. Gerade über uns ragte das »Fernrohr« empor, mit schwarzen Schluchten an einzelnen Stellen und mit hohen Fichtenbäumen an anderen. Kein anderer Laut war zu hören, als das Brausen der Brandung in der Ferne und das Zirpen unzähliger Insekten in den Gebüschen. Kein Mensch zu sehen, kein Segel auf der See. Die ungeheure Weite der Aussicht verstärkte das Gefühl der Einsamkeit. Silver stellte von seinem Platz aus verschiedene Berechnungen mit dem Kompass an.

»Hier sind drei ›große Bäume‹ ungefähr in einer Linie mit der Skelettinsel. Unter ›Staffel des Fernrohrs‹ versteht er, denk' ich, den niedrigeren Vorsprung dort. Es ist jetzt ein Kinderspiel, das Zeug zu finden. Ich hätte wohl Lust, vorher noch zu Mittag zu essen.«

»Ich habe keine rechte Lust«, murrte Morgan in seinem tiefen Bass. »Muss immer an Flint denken – hat mir den Appetit genommen.«

»Na ja, mein Junge, du kannst deine Sterne preisen, dass er tot ist!«, sagte Silver.

»Er war ein gehässiger Teufel«, rief ein dritter Pirat mit einem Schauder, »und so blau im Gesicht!«

»Das kam vom Rum«, bemerkte Merry. »Blau! Ja, blau war er, das will ich meinen. Das ist ein wahres Wort.«

Seitdem sie das Gerippe gefunden hatten, konnten sie von dem Gedanken an Flint nicht mehr abkommen. Sie sprachen immer leiser, und jetzt flüsterten sie beinahe, sodass ihr Gespräch kaum das Schweigen des Waldes unterbrach. Plötzlich kam mitten aus den Bäumen vor uns eine dünne, hohle, zitternde Stimme und sang die wohlbekannten Worte nach der alten Weise:

Fünfzehn Mann bei des Toten Kist' –
Johoho, und 'ne Buddel, Buddel Rum!

Niemals hab ich Menschen so furchtbar erschrocken gesehen wie die Piraten! Die Farbe wich aus ihren sechs Gesichtern wie durch einen Zauber. Einige sprangen auf, andere klammerten sich an ihren Nachbarn. Morgan warf sich platt auf den Boden.

»'s ist Flint, beim –!«, schrie Merry.

Das Lied hatte so plötzlich aufgehört, wie es begonnen hatte. – Es brach sozusagen mitten in einer Note ab, wie wenn irgendjemand dem Sänger die Hand auf den Mund gelegt hätte.

»Nanu!«, sagte Silver. Aber seine aschgrauen Lippen konnten kaum das Wort hervorbringen: »Nanu! So geht das nicht! Wir müssen den Wald absuchen. Es ist wohl eine merkwürdige Geschichte. Ich kenne die Stimme nicht – aber sicher macht einer sich einen Spaß – irgendein Mensch von Fleisch und Blut. Darauf könnt ihr Gift nehmen!«

Während er sprach, hatte er selber wieder Mut gefasst. Sein Gesicht war nicht mehr so bleich. Die anderen begannen schon auf sein Zureden zu hören und sich von ihrem Schrecken zu erholen, da ertönte plötzlich wieder dieselbe Stimme. Aber diesmal sang sie nicht, sondern es war wie ein fernes, winselndes Klagen, das ganz schwach von den Klüften am »Fernrohr« widerhallte.

»Darby Mac Graw«, winselte es – dieses Wort bezeichnet am besten den Klang – »Darby Mac Graw! Darby Mac Graw!«, wieder und immer wieder; und dann etwas lauter und höher und mit einem Fluch, den ich auslasse: »Gib den Rum her, Darby!«

Die Piraten standen wie festgewurzelt. Die Augen traten ihnen aus dem Kopf. Als längst die Stimme verklungen war, starrten sie immer noch in ängstlichem Schweigen vor sich hin.

»Nun ist es sicher!«, keuchte einer von ihnen. »Lasst uns gehen!«

»Das waren seine letzten Worte«, stöhnte Morgan, »seine letzten Worte an Bord!«

Dick hatte seine Bibel aus der Tasche genommen und betete. Er war gut erzogen worden, der Dick, bevor er auf See kam und in böse Gesellschaft geriet.

Nur Silver ergab sich noch nicht. Ich konnte hören, wie seine Zähne klapperten. Aber er gab seine Sache noch nicht auf.

»Kein Mensch auf dieser Erde hat jemals von Darby gehört«, murmelte er, »kein Mensch als wir sechs.«

Dann machte er eine große Anstrengung und rief:

»Schiffsmaate! Ich bin hier, um das Zeug zu kriegen. Ich lasse mich weder von Menschen noch vom Teufel schlagen. Ich habe vor Flint keine Angst gehabt, als er noch lebte – und beim Donner!, ich will es mit dem toten Flint aufnehmen. Siebenhunderttausend Pfund liegen keine viertel Meile von hier! Wann hat je ein Glücksgentleman den Rücken gewandt, wo so viele Dollars zu holen waren – bloß aus Angst vor einem versoffenen alten Seemann mit einer blauen Schnauze, und dazu noch vor einem toten?«

Aber bei seinen Leuten war nichts davon zu merken, dass ihr Mut wieder erwachte; im Gegenteil eher ein Entsetzen vor seinen ruchlosen Worten.

»Man sachte, John!«, sagte Merry. »Komm keinem Geist in den Weg!«

Die Übrigen waren so erschrocken, dass sie überhaupt nichts sagen konnten. Sie wären auseinandergelaufen, wenn sie es nur gewagt hätten. Aber die Furcht hielt sie beisammen, nahe bei John, wie wenn sein Mut ihnen hätte helfen können. Der aber hatte unterdessen seine Schwäche völlig überwunden.

»Geist?«, sagte er: »Na, mag wohl sein. Bloß eins ist mir nicht klar. Da war ein Echo. Nun, kein Mensch hat je einen Geist mit einem Schatten gesehen. Da möchte ich wohl wissen, wie kommt ein Geist zu einem Echo? Das ist doch gewiss nicht natürlich?«

Diese Schlussfolgerung schien mir ziemlich unglaubwürdig zu sein. Aber man kann niemals sagen, was auf abergläubische Leute wirkt. Zu meiner Verwunderung fühlte George Merry sich sehr erleichtert.

»Tja, das ist richtig!«, sagte er. »Du hast 'nen Kopf zwischen deinen Schultern, John, daran ist nicht zu tippen. Schiff 'rum, Maate! Wir sind auf falschem Kurs, glaub' ich, und wenn ich mir's bedenke – es klang wie Flints Stimme, gewiss, aber doch eigentlich nicht ganz genau so, es klang wie eines anderen Stimme – mehr wie –«

»Beim Teufel – Ben Gunn!«, brüllte Silver.

»Jawohl! Der war es auch!«, rief Morgan und sprang auf: »Ben Gunn war es!«

»Es macht ebenfalls nicht glaubhaft, mein' ich!«, sagte Dick. »Ben Gunn ist doch ebenso wenig hier wie Flint!«

Die Älteren wiesen diese Bemerkung verächtlich zurück.

»Pah! Kein Mensch macht sich was aus Ben Gunn!«, rief Merry. »Lebend oder tot – aus dem macht sich kein Mensch was!«

Es war merkwürdig, wie ihr Mut zurückgekehrt war und wie ihre Gesichter wieder die natürliche Farbe angenommen hatten. Bald sprachen sie wieder lustig miteinander, wenn sie auch manchmal eine Pause machten, um zu lauschen, ob die Stimme nicht wiederkäme. Als sie aber nichts mehr hörten, schulterten sie bald darauf wieder ihre Werkzeuge und gingen weiter. George Merry voran mit Silvers Kompass, um sie auf der richtigen Linie an der Skelettinsel zu halten. Er hatte die Wahrheit gesprochen: Ob tot oder lebendig, aus Ben Gunn machte sich keiner von ihnen was.

Nur Dick hatte noch seine Bibel in der Hand und warf im Weitergehen furchtsame Blicke um sich. Er fand kein Mitgefühl. Silver verspottete ihn sogar wegen seiner Vorsichtsmaßregeln.

»Ich sagte dir ja«, sprach Silver zu ihm, »ich sagte dir ja, du hast deine Bibel kaputt gemacht. Wenn man nicht mehr auf sie schwören kann, bildest du dir dann ein, ein Geist würde sich was aus ihr machen? Nicht so viel!«

Er schnippte mit seinen großen Fingern, während er einen Augenblick stehen blieb und sich auf seine Krücke lehnte.

Aber Dick war nicht zu trösten. Mir war bald klar, dass der junge Mann wirklich krank war. Das von Dr. Livesey vorausgesagte Fieber hatte ihn offenbar schon gepackt. Die Hitze, die Anstrengungen des Marsches und der letzte große Schreck hatten offenbar den Ausbruch beschleunigt.

Hier auf der freien Hochebene konnte man bequem gehen. Wir gingen jetzt etwas bergab; denn wie ich vorhin sagte, stieg die Hochfläche etwas nach Westen zu an. Die Fichten, große und kleine, standen in weiten Zwischenräumen. Auch zwischen den einzelnen Gruppen von Muskatnussbäumen und Azaleen lagen große freie Strecken im heißen Sonnenschein. Da wir in nordwestlicher Richtung über die Insel gingen, kamen wir einerseits dem »Fernrohr« immer näher und überblickten andererseits ein immer größeres Stück der Westbucht, in der ich vor einigen Tagen zitternd in meinem Korakel herumgeworfen worden war.

Der Erste von den großen Bäumen war erreicht und erwies sich nach der Feststellung mit dem Kompass als der falsche. Ebenso der Zweite. Der dritte Baum erhob sich fast zweihundert Fuß hoch über einem Klumpen Unterholz in die Luft: ein Riese unter den Bäumen, mit einem roten Stamm von dem Umfang einer kleinen Hütte. Er bedeckte mit seinem Schatten eine Fläche, auf der eine Kompanie hätte exerzieren können. Er musste von der See her aus Westen wie aus Osten in weiter Entfernung zu sehen sein und hätte als Landmarke auf der Karte eingetragen sein können.

Aber es war nicht seine gewaltige Größe, was auf die Piraten Eindruck machte, sondern die Gewissheit, dass siebenhunderttausend Pfund Sterling in Gold irgendwo in seinem Schatten vergraben lagen. Der Gedanke an das Geld verschlang alle ihre früheren Ängste, als sie näherkamen. Ihre Augen funkelten; ihre Füße wurden leichter und schneller; ihre ganze Seele ging in diesem Schatz auf, in diesem Vermögen, das jeder von ihnen erwartete und das ihm die Mittel geben sollte, bis an sein Lebensende mit vollen Händen Geld auszugeben und sich jeden Genuss zu leisten.

Silver humpelte fluchend mit seiner Krücke. Seine Nüstern waren weit gebläht und zuckten. Er schimpfte wie ein Rasender, wenn die Fliegen sich auf sein heißes, von Schweiß glänzendes Gesicht setzten. Er zerrte wütend an der Leine, die mich und ihn verband, und sah sich von Zeit zu Zeit mit einem mörderischen Blick nach mir um. Er gab sich keine Mühe, seine Gedanken zu verbergen. Ich las sie aus seinem Gesicht so deutlich wie gedruckte Schrift. In der unmittelbaren Nähe des Goldes war alles andere vergessen: Sein Versprechen und des Doktors Warnung waren vergangene Dinge. Unzweifelhaft hoffte er, den Schatz zu heben, die Hispaniola zu finden, im Dunkel der Nacht zu besetzen, allen ehrlichen Menschen auf der Insel die Kehle abzuschneiden und mit Verbrechen und Reichtümern beladen davonzusegeln, wie er es von Anfang an geplant hatte.

Diese Gedanken beunruhigten mich so, dass mir die Beine zitterten und ich den schnelllaufenden Schatzsuchern kaum folgen konnte. Ab und zu strauchelte ich. Dann zerrte Silver rücksichtslos an dem Strick und warf mir seine mörderischen Blicke zu.

Dick, der noch hinter uns zurückgeblieben war, sprach in seinem steigenden Fieber abwechselnd Gebete und Flüche vor sich hin. Auch dies trug dazu bei, dass ich mich elend fühlte, und um allem die Krone aufzusetzen, verfolgte mich unablässig der Gedanke an die Tragödie, die sich einstmals an diesem Ort abgespielt hatte, als der teuflische Seeräuberhauptmann mit dem blauen Gesicht – der dann singend und nach Branntwein schreiend vor Savannah starb – hier mit eigener Hand seine sechs Helfershelfer niedergemacht hatte. Dieser Wald, der jetzt so friedlich still war, musste damals von Geschrei widergehallt haben. Es kam mir so vor, als ob ich das Geschrei in diesem Augenblick hörte. – Wir hatten jetzt den Saum des Dickichts erreicht; da rief Merry: »Hurra, Maate! Alle Mann drauf!« – In großen Sprüngen lief Merry den anderen voran.

Plötzlich, sie hatten keine zehn Schritte zurückgelegt, sahen wir sie stillstehen. Ein gedämpfter Schrei klang zu uns herüber.

Silver beschleunigte seine Schritte, indem er wie ein Besessener seine Krücke vorwärts schwang. Im nächsten Augenblick standen auch er und ich bei den Übrigen.

Vor uns war eine tiefe Grube. Sie war offenbar nicht in der allerletzten Zeit ausgehöhlt worden, denn ihre Ränder waren eingesunken, und auf dem Boden war Gras gewachsen. In dieser Grube lagen der zerbrochene Schaft eines Pickels und die Bretter von mehreren zerschlagenen Kisten herum. Auf einem dieser Bretter sah ich, mit einem glühenden Eisen eingebrannt, das Wort »Walross«. So hieß Flints Schiff.

Alles war klar. Das Versteck war aufgefunden und geplündert worden: Die siebenhunderttausend Pfund waren weg!

Dreiunddreißigstes Kapitel

Der Sturz eines Piratenhäuptlings

Jeder Einzelne von den sechs Piraten war betäubt, wie wenn er einen Schlag auf den Kopf bekommen hätte. Es war allerdings eine Überraschung, wie sie auf der Welt selten vorkommt. Silver hatte sich beinahe augenblicklich von dem Schlage erholt. Jeder Gedanke seiner Seele hatte nur diesem Gelde gegolten – und trotzdem: In einer einzigen Sekunde wusste er, was er zu tun hatte! Er behielt seinen Kopf oben, hatte wieder frischen Mut und änderte seinen Plan, bevor den anderen Piraten ihre Enttäuschung noch so richtig zum Bewusstsein gekommen war.

»Jim«, flüsterte er, »nimm dies und pass auf, wenn's losgeht!«

Er reichte mir eine doppelläufige Pistole.

Gleichzeitig begann er langsam nach Norden zu gehen, und mit wenigen Schritten hatte er die Grube zwischen uns zwei und die anderen fünf gebracht. Dann sah er mich an und nickte, wie wenn er sagen wollte:

»Hier sitzen wir schön in der Patsche!«

Das war allerdings auch meine Meinung. Er sah mich jetzt ganz freundlich an. Ich war so empört darüber, dass er fortwährend die Partei wechselte, dass ich mich nicht enthalten konnte, ihm zuzuflüstern:

»Also steht Ihr wieder mal auf einer anderen Seite!«

Er hatte keine Zeit, mir darauf zu antworten. Die Meuterer sprangen mit Fluchen und Schreien einer nach dem anderen in die Grube hinunter, warfen die Kistenbretter heraus und wühlten mit den Händen in der Erde. Morgan fand ein Goldstück. Er hielt es mit einem Schwall von Flüchen empor. Es war eine doppelte Guinee und ging eine viertel Minute lang aus einer Hand in die andere. Morgan schüttelte die Faust, in der er das Goldstück hielt, und brüllte Silver an:

»Zwei Guineen! Sind das deine siebenhunderttausend Pfund? Du bist ja wohl der Mann, der sich aufs Tauschen versteht! Du bist der, der niemals was verpfuscht hat, du Schafskopf du!«

»Grabt nur, Jungens«, sagte Silver mit der kaltblütigsten Frechheit. »Es sollte mich gar nicht wundern, wenn ihr ein paar Trüffeln fändet.«

»Trüffeln«, wiederholte Merry kreischend. »Hört ihr das, Maate? Ich sage euch, der Mann hat es längst gewusst! Seht ihm bloß ins Gesicht – da steht's geschrieben!«

»So, Merry?«, sagte Silver. »Mal wieder auf dem Sprung, Käpp'n zu werden? Du bist ein ehrgeiziger Junge, das ist gewiss.«

Aber diesmal standen sie alle miteinander auf Merrys Seite. Mit wütenden Blicken kletterten sie aus der Grube heraus. Aber ich bemerkte dabei eins, was für uns günstig war: Sie kletterten alle auf der anderen Seite heraus. So standen wir also da: zwei auf der einen Seite, fünf auf der andern, zwischen uns die Grube. Aber keiner hatte den Mut, den ersten Streich zu tun. Silver stand unbeweglich, hoch aufgerichtet auf seine Krücke gestützt. Er beobachtete sie und sah so kaltblütig aus, wie ich ihn immer gesehen hatte. Tapfer war er, daran gab's keinen Zweifel.

Schließlich schien Merry zu denken, dass es vielleicht gut sein könnte, eine Ansprache an seine Leute zu halten.

»Maate!«, rief er. »Da stehen zwei – der eine ist der alte Krüppel, der uns hierher gebracht hat und alles verpfuscht hat; der andere ist der Bengel, dem ich das Herz aus dem Leibe reißen will. Auf, Maate – –«

Er erhob Arm und Stimme und wollte offenbar zum Angriff schreiten. Aber gerade in diesem Augenblick ging es: Krack! Krack! Krack! – drei Musketenschüsse blitzten im Dickicht auf.

Merry fiel kopfüber in die Grube. Der große Mann mit dem verbundenen Kopf drehte sich wie ein Kreisel um sich selber und fiel auf die Seite. Er zuckte noch ein paarmal – und war tot.

Die anderen drei Piraten machten kehrt und liefen davon, so schnell sie konnten.

Im Nu hatte Long John die beiden Läufe seiner Pistole auf den in der Grube noch wild um sich schlagenden Merry abgefeuert. Der Mann sah ihn im Todeskampf noch einmal mit rollenden Augen an. John aber sagte: »George, ich rechne, dir hab' ich's gegeben!«

In demselben Augenblick sprangen der Doktor, Gray und Ben Gunn mit rauchenden Gewehren aus dem Muskatnussgebüsch hervor.

»Vorwärts!«, rief der Doktor. »Macht fix, Jungens! Wir müssen sie von den Booten abschneiden!«

Wir brachen in schnellstem Lauf durch die Büsche, die uns zum Teil bis an die Brust reichten.

Ich kann versichern: Dem Silver lag daran, gleichen Schritt mit uns zu halten! Wie er sich an seiner Krücke vorwärts schwang, dass die Muskeln seiner Brust beinahe barsten – das war eine Leistung, die kaum ein Mensch mit gesunden Gliedern ihm nachgemacht hätte! Trotzdem war er um dreißig Schritt hinter uns anderen zurückgeblieben und einem Schlaganfall nahe, als wir den Rand der Hochfläche erreichten. Da rief er: »Doktor! Sehen Sie doch: Wir brauchen uns nicht zu übereilen!«

Und richtig – Eile war überflüssig. Wir konnten sehen, wie die drei noch am Leben gebliebenen Piraten über eine Waldlichtung gerade auf den Besanmast-Berg zurannten – also immer in dieselbe Richtung. Wir befanden uns bereits zwischen ihnen und den Booten. Und so setzten wir vier uns denn nieder, um uns zu verschnaufen, während John, sich den Schweiß abwischend, langsam zu uns herankam.

»Danke Ihnen vielmals, Herr Doktor!«, sagte er. »Sie kamen, denk' ich, gerade im allerletzten Augenblick für mich und Hawkins. So warst du es, Ben Gunn!«, fuhr er fort. »Na, du bist mir ein netter Kerl!«

»Bin Ben Gunn – gewiss«, stotterte der Mann der Insel und wand sich dabei wie ein Aal in seiner Verlegenheit.

»Und«, setzte er nach einer langen Pause hinzu, »wie geht es Ihnen, Herr Silver? Sehr gut, sagen Sie – na, das freut mich, danke.«

»Ben, Ben!«, murmelte Silver vor sich hin. »Wenn ich denke, dass du mich hinters Licht geführt hast – oh! oh!!«

Der Doktor schickte Gray fort, um eine von den Hacken zu holen, die die Meuterer bei ihrer eiligen Flucht in der Grube liegen gelassen hatten. Während wir dann gemächlich den Berg hinunter zu der Stelle gingen, wo die Boote lagen, erklärte er uns mit ein paar Worten, was vorgegangen war. Es war eine Geschichte, die Silver sehr zu Herzen ging. Ben Gunn war der Held der Geschichte von Anfang bis zu Ende.

Ben hatte auf seinen langen, einsamen Wanderungen über die ganze Insel das Gerippe gefunden. Natürlich war er es, der es ausgeplündert hatte. Dann hatte er den Schatz gefunden (der zerbrochene Pickel, der in der Grube lag, gehörte ihm). Er hatte in vielen Tagereisen mit saurem Schweiß den ganzen Schatz auf seinem Rücken vom Fuße der Riesenfichte nach einer Höhle geschleppt, die er nahe dem zweigipfeligen Berg auf der Nordostspitze der Insel bewohnte. Dort hatte der Schatz sich seit zwei Monaten vor der Ankunft der Hispaniola in Sicherheit befunden.

Als der Doktor ihm, am Nachmittag nach dem Angriff der Piraten, dieses Geheimnis aus der Nase gezogen hatte und dann am nächsten Morgen den Ankergrund leer sah, war er zu Silver gegangen, hatte ihm die jetzt nutzlos gewordene Karte gegeben – hatte ihm die Vorräte gegeben (denn Ben Gunns Höhle war reichlich mit Ziegenfleisch versehen, das dieser selbst eingepökelt hatte). Er hatte ihm alles gegeben, nur um dadurch die Möglichkeit zu haben, in Sicherheit von dem Blockhaus nach dem zweigipfeligen Berg zu ziehen, wo sie keine Malaria zu befürchten hatten und den Schatz hüten konnten.

»Dass wir dich im Stich lassen mussten, Jim«, sagte der Doktor, »tat mir innig leid – aber ich handelte so, wie es mir am besten für die schien, die bei ihrer Pflicht geblieben waren. Wenn du nicht bei ihnen warst – wessen Schuld war das?«

Als er nun am Morgen fand, dass ich in die furchtbare Enttäuschung, die der Meuterer harrte, mit hineingeraten musste, da hatte er den ganzen Weg nach Bens Höhle im Laufschritt zurückgelegt. Er hatte den Squire zur Pflege des Kapitäns dort gelassen und war mit Gray und Ben quer durch die Insel marschiert, um zur rechten Zeit an der Riesenfichte zu sein. Er sah jedoch bald, dass die Piraten einen Vorsprung vor ihm hatten. Da hatte er den schnellfüßigen Ben Gunn vorausgeschickt, um die Kerle zu beschäftigen. Der war auf den guten Gedanken gekommen, seine früheren Schiffsmaate bei ihrem Aberglauben anzupacken, und hatte denn auch damit so weit Erfolg gehabt, dass Gray und der Doktor zur rechten Zeit ankamen und bereits im Hinterhalt lagen, bevor die Schatzsucher eintrafen.

»Ah«, rief Silver, »es war ein Glück für mich, dass ich Hawkins bei mir hatte! Sie hätten den alten John in Fetzen schlagen lassen, ohne sich einen Augenblick darum zu bekümmern, Herr Doktor!«

»Nicht einen Augenblick!«, rief der Doktor lustig lachend.

Mittlerweile waren wir bei den Booten angekommen. Der Doktor schlug mit dem Pickel das eine in Stücke. Dann bestiegen wir alle das andere und fuhren los, um auf dem Seewege die Nordbucht zu erreichen.

Es war eine Fahrt von acht oder neun Meilen. Silver musste, wie die anderen alle, ein Ruder nehmen, obgleich er vor Müdigkeit halb tot war. Bald flogen wir schnell über eine glatte See dahin. Binnen Kurzem waren wir aus dem engen Sund heraus und um die Südostspitze der Insel herum.

Als wir an dem zweigipfeligen Berg vorüberfuhren, konnten wir die schwarze Mündung von Ben Gunns Höhle sehen und neben dieser eine menschliche Gestalt, die sich auf eine Muskete lehnte. Es war der Squire. Wir winkten mit einem Taschentuch und brachten ein dreifaches Hurra aus, in welches Silver so herzhaft wie alle anderen einstimmte.

Als wir drei Meilen weiter gerade in die Mündung der Nordbucht einfuhren, wem begegneten wir da? Der Hispaniola, die auf eigene Hand sich auf die Fahrt begeben hatte!

Die letzte Flut hatte sie flottgemacht. Hätte ein kräftiger Wind geweht oder wäre die Strömung so stark gewesen wie an dem südlichen Ankergrund, so hätten wir das Schiff überhaupt nicht mehr oder jedenfalls als hoffnungslos gestrandetes Wrack gefunden. So war der Schaden nicht groß, abgesehen davon, dass das Hauptsegel etwas gelitten hatte. Ein anderer Anker wurde in anderthalb Faden tiefem Wasser ausgeworfen. Dann ruderten wir wieder nach der Rumbucht zurück, der nächsten Landungsstelle bei Ben Gunns Schatzhaus. Dann kehrte Gray allein mit dem Boot nach der Hispaniola zurück, auf der er die Nacht über wachen sollte.

Eine sanfte Steigung führte vom Strande bis zum Eingang der Höhle hinauf. Oben trat der Squire uns entgegen. Zu mir war er herzlich und freundlich. Von meinem Durchbrennen sagte er kein Wort, weder des Lobes noch des Tadels. Als Silver ihn höflich mit einer Verbeugung begrüßte, wurde der Squire etwas rot und sagte:

»John Silver, Ihr seid ein überlebensgroßer Schurke und Betrüger – ein fürchterlicher Betrüger! Mir ist gesagt worden, ich soll Euch nicht verfolgen. Nun gut, ich tu's auch nicht. Aber die Toten, Herr, hängen an Eurem Halse wie Mühlsteine!«

»Danke Ihnen freundlichst, Herr!«, antwortete Long John mit einer abermaligen Verbeugung.

»Verschont mich mit Eurem Dank!«, rief der Squire. »Es ist eine schwere Pflichtverletzung von mir, dass ich Euch begnadige. Abtreten!«

Hierauf betraten wir alle die Höhle. Es war ein großer, luftiger Raum mit einer kleinen Quelle. Der Boden bestand aus reinem Sand.

Vor einem großen Feuer lag Kapitän Smollett. In einer entfernten Ecke, die von der Glut des Feuers nur ab und zu erleuchtet wurde, erblickte ich große Haufen von Münzen und würfelförmig aufgeschichtete Goldbarren. Das war Flints Schatz, den zu suchen wir die weite Reise gemacht hatten und der bereits siebzehn Menschen von der Hispaniola das Leben gekostet hatte. Wie viele Menschenleben es gekostet hatte, ihn aufzuhäufen, wie viel Blut und Tränen, wie viele gute Schiffe in das tiefe Meer versenkt, wie viel brave Menschen mit verbundenen Augen über die Planke geschickt worden waren, wie viele Kanonenschüsse abgefeuert, wie viel Schande und Lüge und Grausamkeit mit ihm verbunden waren – das konnte vielleicht kein lebender Mensch sagen. Doch waren noch drei auf dieser Insel, Silver, der alte Morgan und Ben Gunn, von denen jeder seinen Anteil an diesen Verbrechen hatte, wie auch jeder von ihnen vergeblich gehofft hatte, einen Anteil an der Beute zu bekommen.

»Komm her, Jim«, sagte der Kapitän, »du bist ein guter Junge auf deine Art, Jim. Aber ich glaube nicht, dass du und ich noch einmal miteinander in einem Schiff fahren werden. Du bist ein geborenes Glückskind, und solche Leute kann ich nicht vertragen. Seid Ihr das, John Silver? Was wollt Ihr hier, Mann?«

»Melde mich wieder zu meinem Dienst, Herr«, antwortete Silver.

»Ah!«, sagte der Kapitän. Das war alles, was er sagte.

Wie schmeckte mir das Abendessen heute, da alle meine Freunde um mich herum saßen! Was für eine köstliche Mahlzeit war das: Ben Gunns gepökeltes Ziegenfleisch, dazu einige Leckereien und ein paar Flaschen alten Weines von der Hispaniola. Niemals waren Menschen lustiger, davon bin ich überzeugt.

Silver war auch dabei. Er saß beinahe im Dunkeln, seitwärts von uns anderen. Er aß mit herzhaftestem Appetit, immer dienstbereit aufspringend, wenn irgendetwas gewünscht wurde, und sogar ganz gemütlich in unser Gelächter einstimmend – derselbe höfliche, freundliche, diensteifrige Seemann wie auf der Herfahrt.

Vierunddreißigstes Kapitel

Schluss

Am nächsten Morgen gingen wir in aller Frühe an die Arbeit. Es war eine anstrengende Aufgabe für eine so kleine Zahl von Arbeitern, diese große Masse Gold beinahe eine Meile weit über Land an den Strand zu schaffen und von dort noch drei Meilen zu Wasser bis auf die Hispaniola. Um die drei Meuterer, die sich noch auf der

Insel herumtrieben, kümmerten wir uns nicht weiter. Eine einzige Schildwache genügte, um uns gegen einen plötzlichen Überfall zu sichern. Außerdem waren wir der Meinung, sie hätten vom Fechten mehr als genug bekommen.

So ging es mit der Arbeit schnell voran. Gray und Ben Gunn kamen und gingen mit dem Boot, während die Übrigen in den Zwischenpausen den Schatz am Strande aufstapelten. Zwei Goldbarren, in ein Tau geschlungen, waren eine Traglast für einen Erwachsenen – eine Last, mit der er gerne langsam ging. Da ich beim Tragen nicht viel helfen konnte, wurde ich den ganzen Tag in der Höhle beschäftigt, indem ich das gemünzte Gold in Zwiebackbeutel verpackte.

Es war eine merkwürdige Sammlung, die an Verschiedenheit der Münzen Billy Bones' Schatz glich. Sie war jedoch sehr viel größer und noch abwechslungsreicher. Ich glaube, ich hatte in meinem Leben noch nie so viel Vergnügen gehabt wie bei dem Aussuchen der einzelnen Stücke. Englische, französische, spanische, portugiesische Goldmünzen mit den Bildnissen der Könige Georg und Louis, Dublonen, Doppelguineen, Moidore und Zechinen mit den Köpfen aller europäischen Könige, die in den letzten hundert Jahren geherrscht hatten; seltsame morgenländische Münzen mit Stempeln, wie wenn sie mit einem Spinngewebe überzogen wären, runde und viereckige Münzen, Münzen mit einem Loch in der Mitte, wie wenn sie um den Hals getragen werden sollten – wohl so ziemlich alle Arten von Münzen auf der Welt müssen, glaub' ich, in dieser Sammlung vertreten gewesen sein. Zahlreich waren sie gewiss, wie dürre Blätter im Herbst, sodass mir mein Rücken von der gekrümmten Haltung und meine Finger von dem Sortieren wehtaten.

Mehrere Tage ging diese Arbeit fort. Jeden Abend war ein Vermögen an Bord verstaut worden. Aber immer noch war ein Vermögen für den nächsten Tag vorhanden. Während dieser ganzen Zeit hörten wir nichts von den drei am Leben gebliebenen Meuterern.

Ich glaube, es war am dritten Abend, da machten der Doktor und ich einen kleinen Spaziergang auf eine Terrasse des Berges, wo wir einen Ausblick über die tieferen Teile der Insel hatten. Da trug aus der dichten Finsternis unter uns der Wind einen Ton herüber. War es Schreien? War es Singen? Nur ein einziger Laut schlug an unsere Ohren. Dann war alles wieder still wie zuvor.

»Vergebe ihnen der Himmel!«, sagte der Doktor. »Das sind die Meuterer!«

»Alle betrunken, Herr!«, sagte Silver hinter uns.

Ich habe zu erwähnen vergessen, dass Silver vollständig frei herumging. Obgleich er täglich zurückgewiesen wurde, schien er sich doch wieder als einen gern gesehenen Freund und Diener zu betrachten. Es war wirklich bemerkenswert, mit welcher vorbildlichen Art er diese Zurückweisungen hinzunehmen wusste und mit welcher unermüdlichen Höflichkeit er immer wieder versuchte, sich allen angenehm zu machen. Trotzdem behandelten ihn alle, glaube ich, nicht viel besser als einen Hund, abgesehen von Ben Gunn, der immer noch eine fürchterliche Angst vor seinem alten Kollegen hatte, oder vielleicht auch von mir, der ihm in mancher Hinsicht dankbar sein musste. Allerdings hatte ich ja auch gewisse Gründe, schlechter von ihm zu denken als irgendeiner von den anderen. Hatte ich doch gesehen, wie er auf der Hochebene auf neue Verräterei sann.

So antwortete der Doktor ihm ziemlich kurz angebunden: »Betrunken oder verrückt.«

»Da haben Sie recht, Herr Doktor!«, antwortete Silver. »Aber das macht wohl für Sie wie für mich verdammt wenig aus.«

»Ihr werdet von mir wohl kaum erwarten, dass ich Euch für einen menschlich fühlenden Mann halte«, antwortete der Doktor mit einem ironischen Lächeln. »Darum werden meine Gefühle Euch vielleicht überraschen, Meister Silver. Aber wenn ich bestimmt wüsste, dass sie wahnsinnig wären – wie ich überzeugt bin, dass wenigstens einer von ihnen fieberkrank ist –, so würde ich unser Lager verlassen und ohne Rücksicht auf die Gefahr für meinen eigenen Leib ihnen die Hilfe meiner ärztlichen Kunst zuteilwerden lassen.«

»Bitte um Verzeihung, Herr, da hätten Sie sehr unrecht!«, sprach Silver. »Sie würden Ihr kostbares Leben verlieren – darauf können

Sie Gift nehmen! Ich stehe jetzt mit Herz und Hand auf Ihrer Seite. Ich möchte nicht gern, dass unsere Partei geschwächt würde, ganz abgesehen davon, dass ich doch weiß, was ich Ihnen zu verdanken habe. Aber diese Menschen da unten, die können ja gar nicht ihr Wort halten – nein, sie könnten es nicht, selbst angenommen, sie möchten es. Was noch mehr ist: Sie würden gar nicht glauben, dass sie es könnten.«

»Nein!«, sagte der Doktor. »Ihr seid der Mann, der sein Wort hält – das wissen wir.«

Nun, das war so ziemlich das Letzte, was wir von den drei Piraten hörten. Nur einmal fiel in weiter Entfernung von uns ein Flintenschuss. Wir nahmen an, dass sie auf der Jagd wären. Es wurde eine Beratung abgehalten und beschlossen, dass wir sie auf der Insel zurücklassen müssten – zum großen Vergnügen Ben Gunns, wie ich sagen muss, und mit der ausdrücklichen Zustimmung Grays. Wir hinterließen ihnen einen guten Vorrat Pulver und Blei, den Hauptteil des eingepökelten Ziegenfleisches, einige Arzneien und ein paar andere wichtige Dinge, Werkzeuge, Kleider, ein Segel, das wir entbehren konnten, ein paar Klafter Tau und, auf den besonderen Wunsch des Doktors, ein hübsches Geschenk an Tabak.

Dies war ungefähr das Letzte, was wir auf der Insel erledigten. Wir hatten inzwischen den Schatz verstaut und genug Wasser sowie für den Notfall den Rest des Ziegenfleisches an Bord genommen.

Eines schönen Morgens lichteten wir den Anker, wozu unsere vereinten Kräfte kaum ausreichten, und segelten aus der Nordbucht heraus. Vom Hauptmast wehte dieselbe Flagge, die der Kapitän auf dem Blockhaus aufgezogen hatte und unter der wir gekämpft hatten.

Die drei Rebellen müssen uns schärfer beobachtet haben, als wir geglaubt hatten. Hiervon sollten wir bald einen Beweis erhalten. Denn als wir durch den engen Sund fuhren, mussten wir uns der Südspitze nähern. Da sahen wir alle drei mit flehend ausgestreckten Armen auf einer sandigen Landzunge knien. Ich glaube, es ging uns allen zu Herzen, sie in so erbärmlichem Zustande zurückzulassen. Aber wir konnten es auf eine neue Meuterei nicht ankommen lassen. Sie in Ketten nach Hause zu bringen, um sie dem Galgen zu überliefern, das wäre eine grausame Güte gewesen! Der Doktor rief ihnen zu, wo sie die Vorräte finden konnten, die wir für sie zurückgelassen hätten. Sie riefen uns bei unseren Namen an und flehten, wir sollten um Gottes willen barmherzig sein und sie nicht an einem solchen Ort umkommen lassen.

Als sie sahen, dass das Schiff weitersegelte und bald außer Rufweite kommen musste, sprang einer von ihnen – ich weiß nicht, wer es war – mit einem heiseren Ausruf auf, legte die Muskete an und feuerte. Die Kugel pfiff über Silvers Kopf hinweg und machte ein Loch in das Hauptsegel.

Da gingen wir alle hinter der Schanzkleidung in Deckung. Als ich wieder hervorsah, waren sie von der Landzunge verschwunden, und die Landzunge selbst verschwand bereits in der Ferne.

Dies war für uns das Ende des Piratenabenteuers. Bevor es Mittag wurde, war zu meiner unaussprechlichen Freude der höchste Berggipfel der Schatzinsel hinter dem blauen Horizont des Meeres versunken.

Wir waren so knapp an Mannschaft, dass jeder an Bord mit Hand anlegen musste – nur der Kapitän lag auf einer Matratze im Heck und gab seine Befehle. Obgleich er sich schon sehr erholt hatte, bedurfte er doch noch der Ruhe.

Wir segelten nach dem nächsten Hafen von Spanisch-Amerika; denn wir konnten es nicht wagen, ohne neue Mannschaft nach der Heimat zu fahren. Widrige Winde und ein paar Stürme ermüdeten uns so, dass wir ganz erschöpft waren, als wir einen Hafen erreichten.

Die Sonne ging gerade unter, als wir in einem wunderschönen, von Bergen umschlossenen Golf unseren Anker auswarfen. Wir waren sofort von Hafenbooten voll von Negern umringt, mexikanischen Indianern und Mulatten, die Obst und Gemüse verkauften und uns anboten, für kleine Geldstücke zu tauchen.

Der Anblick so vieler lustiger Gesichter (besonders der Schwarzen), der Geschmack der Tropenfrüchte und vor allen Dingen der Anblick der Lichter der Stadt – das alles bildete einen zauberhaften

Gegensatz zu unseren düsteren und blutigen Erlebnissen auf der Insel. Der Doktor und der Squire gingen an Land, um den Abend in der Stadt zu verbringen. Sie nahmen mich mit. Hier trafen sie den Kapitän eines englischen Kriegsschiffes, kamen mit ihm ins Gespräch und gingen an Bord seines Schiffes, wo wir so freundlich bewirtet wurden, dass der Tag bereits angebrochen war, als wir wieder an der Hispaniola anlegten.

Ben Gunn war allein auf Deck. Sobald wir an Bord kamen, begann er unter den wunderlichsten Verrenkungen seines Leibes ein Geständnis abzulegen: Silver war fort! Ben war ihm behilflich gewesen, ein paar Stunden vorher in einem Hafenboot zu entwischen. Er versicherte uns jetzt, er hätte das nur getan, um unsere Leben zu schützen, die sicherlich verwirkt gewesen wären, »wenn der Mann mit dem einen Bein an Bord geblieben wäre«.

Aber das war noch nicht alles! Der Schiffskoch war nicht mit leeren Händen fortgegangen. Er hatte, ohne dass jemand es gemerkt hatte, eine Planke durchgesägt und einen von den Geldsäcken an sich genommen, um ein bisschen Reisegeld zu haben. Der Beutel enthielt vielleicht drei- oder vierhundert Guineen.

Ich denke, wir waren alle froh, dass wir ihn so billig los wurden.

Na, um eine lange Geschichte kurz zu beenden: Wir bekamen ein paar Mann an Bord, hatten eine gute Heimfahrt, und die Hispaniola traf in Bristol ein, als Herr Blandly gerade dran dachte, das zweite Schiff auszurüsten. Nur fünf Menschen von allen, die auf der Hispaniola ausgesegelt waren, kamen auf ihr nach Hause.

»Suff und der Teufel holten den Rest« – das konnte man wohl sagen! Allerdings war es uns nicht ganz so schlimm gegangen, wie jenem anderen Schiff, von dem es in dem Liede hieß:

Nur ein einziger Mann am Leben blieb
Von fünfundsiebzig an Bord!

Jeder bekam einen reichlichen Anteil von dem Schatz und wandte ihn weise oder töricht an, je nach seiner Veranlagung.

Kapitän Smollett hat sich jetzt vom Seeleben zurückgezogen.

Gray legte nicht nur sein Geld auf die Kante, sondern fing an, eifrig seinen Beruf zu studieren, da in ihm plötzlich der Wunsch erwachte, es weiterzubringen. Er ist jetzt Steuermann und Mitbesitzer eines schönen Vollschiffs; außerdem ist er verheiratet und Familienvater. Ben Gunn bekam tausend Pfund, die er in drei Wochen vergeudete oder verlor – oder genauer gesagt: in neunzehn Tagen. Am zwanzigsten war er wieder da und bettelte uns an. Da bekam er einen Posten als Parktorwächter, genauso, wie er auf der Insel es vorausgesehen hatte. Er ist noch am Leben, ein großer Liebling aller Kinder, obgleich sie sich manchmal über ihn lustig machen, und ein hervorragender Kirchensänger an Sonn- und Feiertagen.

Von Silver haben wir nichts mehr gehört. Der gefährliche Seemann mit dem einen Bein ist spurlos aus meinem Leben verschwunden. Ich vermute, dass er seine alte Negerin wiedergetroffen hat. Vielleicht lebt er noch ganz behaglich mit ihr und seinem Papagei, Käpp'n Flint, zusammen. Man muss es wohl hoffen – denn seine Aussichten auf Behaglichkeit in einer anderen Welt sind sehr gering.

Die Silberbarren und die Waffen liegen, soviel ich weiß, noch an derselben Stelle, wo Flint sie vergraben hatte. Meinetwegen sollen sie dort liegen bleiben. Ochsen und Seile könnten mich nicht mehr auf diese verfluchte Insel bringen. Meine schlimmsten Träume sind es, wenn ich die Brandung am Strande der Schatzinsel donnern höre, oder wenn ich im Bett auffahre und Käpp'n Flints gellende Papageienstimme mir noch in den Ohren klingt:

»Piaster! Piaster!«

Ende

Der Leichenräuber

Abend für Abend, das ganze lange Jahr hindurch, saßen regelmäßig vier von uns in dem kleinen Gastzimmer zum »George« in Debenham – der Leichenbestatter, der Wirt, Fettes und ich. Bisweilen waren auch noch andere dort versammelt; doch schön oder schlecht, Regen oder Schnee oder Frost, wir vier saßen unentwegt dort, jeder in seinem besonderen Lehnstuhl. Fettes war ein alter, versoffener Schotte, offenbar ein Mann von Bildung und ein Mann mit einigem Vermögen, der sein Leben in Müßiggang verbrachte. Vor Jahren hatte er sich in Debenham niedergelassen, damals noch ein junger Mann, und war dann lediglich durch die Dauer seines hiesigen Aufenthalts ein anerkannter Bürger der Stadt geworden. Sein blauer Kamelottmantel gehörte zu den Altertümern der Stadt, genau wie der Kirchturm. Sein Hocken in der Wirtsstube des »George«, sein Fernbleiben von der Kirche, seine alten, üblen, schimpflichen Laster betrachtete man in Debenham als ganz natürliche Dinge. Er besaß gewisse unklare, eingewurzelte Anschauungen, eine gewisse oberflächliche Ungläubigkeit, deren er sich ständig rühmte und die er mit unsicheren Schlägen auf den Tisch verkündete. Er trank Rum – regelmäßig jeden Abend seine fünf Gläser; und die meiste Zeit während seiner abendlichen Besuche im »George« saß er, mit dem Glas in der rechten Hand, in einem Stadium trübsinniger alkoholischer Zufriedenheit. Wir nannten ihn den Doktor, denn es hieß, er besäße ein gewisses medizinisches Wissen und verstände zur Not, einen Bruch einzurichten oder eine Verrenkung wieder in Ordnung zu bringen. Doch abgesehen von diesen wenigen Einzelheiten wussten wir eigentlich nichts über seinen Charakter und sein Vorleben.

An einem trüben Winterabend – es hatte bereits vor einiger Zeit neun geschlagen, bevor sich der Wirt zu uns setzte – war ein Kranker ins »George« gebracht worden, ein bekannter Hausbesitzer aus der Nachbarschaft, der plötzlich auf dem Weg zum Parlament einen

Schlaganfall erlitten hatte. Des großen Mannes noch größerer Londoner Arzt war telegrafisch an sein Bett berufen worden. Es war das erste Mal, dass sich so etwas in Debenham ereignet hatte, denn die Bahn war erst kürzlich in Betrieb genommen worden. Natürlich erregte dieser Zwischenfall unser Interesse.

»Er ist angekommen«, sagte der Wirt, nachdem er sich seine Pfeife gestopft und angezündet hatte.

»Er?«, fragte ich. »Wer – doch nicht der Doktor?«

»Gewiss«, erwiderte unser Wirt.

»Wie heißt er?«

»Dr. Macfarlane«, entgegnete der Wirt.

Fettes war mit seinem dritten Glas beinahe fertig und ziemlich angetrunken. Bald nickte er ein, bald glotzte er wieder verwirrt um sich.

Doch bei dem letzten Wort schien er aufzuwachen und wiederholte den Namen »Macfarlane« zweimal; das erste Mal bedächtig, das zweite Mal aber in plötzlicher Erregung.

»Ja«, sagte der Wirt, »so heißt er. Dr. Wolfe Macfarlane.«

Fettes war im Augenblick nüchtern. Seine Augen weiteten sich, die Stimme wurde klar, laut und fest, seine Sprache bestimmt und ernst. Wir alle waren über diese Veränderung so erschrocken, wie wenn ein Mensch von den Toten auferstanden wäre.

»Entschuldigen Sie«, sagte er. »Ich fürchte, ich habe Ihrer Unterhaltung nicht genügend Aufmerksamkeit gezollt. Wer ist dieser Wolfe Macfarlane?« Als er die Erklärung des Wirts gehört hatte, fügte er hinzu: »Es kann nicht sein; es kann nicht sein; und doch würde ich ihm gern Aug in Aug gegenübertreten.«

»Kennen Sie den Doktor?«, erkundigte sich der Leichenbestatter und hielt vor Erstaunen den Atem an.

»Das verhüte Gott!«, lautete die Antwort. »Und doch, der Name ist selten. Es wäre ein zu erstaunlicher Zufall, zwei verschiedene anzunehmen. Sagen Sie mir, ist er alt?«

»Hm«, meinte der Gastwirt. »Er ist kein junger Mann mehr, das ist sicher, und sein Haar ist weiß, aber er sieht jünger aus als Sie.«

»Trotzdem ist er älter, Jahre älter, aber«, mit einem Schlag auf den Tisch, »es ist der Rum, der aus meinem Gesicht spricht – Rum und Sünde. Dieser Mann hat vielleicht ein leichtes Gewissen und eine gute Verdauung. – Gewissen! Hört, was ich Euch sage. Ihr glaubt vielleicht, ich wäre ein guter alter ehrlicher Christenmensch? Das denkt ihr doch? Nein, wahrlich nicht. Ich habe nie scheinheilig geplärrt. Wenn Voltaire in meinen Schuhen gesteckt hätte, würde er vielleicht zu heucheln angefangen haben. Doch das Hirn« – dabei schlug er derb gegen seinen kahlen Schädel – »das Hirn war stets klar und rührig, und ich machte und mache mir niemals Flausen vor.«

»Falls dieser Doktor der gleiche ist, den Sie kennen«, wagte ich nach einer etwas bedrückenden Pause zu bemerken, »so will es mir scheinen, dass Sie die gute Meinung des Wirts nicht teilen.«

Fettes schenkte mir keinerlei Beachtung.

»Ja«, sagte er dann mit plötzlichem Entschluss, »ich muss ihm Angesicht in Angesicht gegenübertreten.« Wieder entstand eine Pause, dann wurde im ersten Stock eine Tür ziemlich laut geschlossen und man hörte einen Schritt auf der Treppe.

»Das ist der Doktor!«, rief der Wirt. »Passen Sie gut auf, dann bekommen Sie ihn vielleicht zu Gesicht.«

Es waren nur zwei Schritte aus dem kleinen Wirtszimmer zur Tür des alten »George«-Gasthauses. Die breite Eichenstiege mündete fast unmittelbar auf die Straße. Zwischen der Haustürschwelle und der letzten Windung der Treppe war grade noch Platz für einen türkischen Teppich und für nichts anderes. Aber dieser kleine Raum war jeden Abend hell erleuchtet durch eine Lampe im Treppenhaus und die große Laterne unter dem Wirtshausschild und außerdem durch den warmen Widerschein des Fensters der Schenkstube. Auf diese Weise zog das »George« schon von Weitem die Aufmerksamkeit der auf der kalten Straße Vorübergehenden auf sich. Eilig schritt Fettes dorthin, und wir, die wir zurückblieben, sahen die beiden Männer einander Aug in Aug gegenübertreten, wie der eine von ihnen es sich gewünscht hatte. Dr. Macfarlane schritt rasch und kräftig aus, das weiße Haar umrahmte ein bleiches, sanftes, aber energisches Gesicht. Er war elegant gekleidet, der Anzug aus feinstem schwarzen Tuch, die Wäsche blendend weiß; dazu eine große goldene Uhrkette und Manschettenknöpfe und Brille aus dem gleichen kostbaren Material. Um den Hals hatte er einen breiten weiß und lila getupften Schal geschlungen, und über seinem Arm hing ein behaglicher, pelzgefütterter Reisemantel. Kein Zweifel, er nahm eine seinen Jahren angemessene Stellung ein, und jeder Zug kündete Reichtum und Bedeutung. Es war ein erstaunlicher Kontrast, unseren Saufkumpan – kahlköpfig, schmierig, blatternarbig, in seinem alten Kamelottrock – ihm am Fuß der Treppe gegenübertreten zu sehen.

»Macfarlane!«, sagte er mit ziemlich lauter Stimme, mehr wie ein Ausrufer als wie ein Freund.

Der große Arzt blieb unvermittelt auf der vierten Treppenstufe stehen, als fühle er sich durch die Familiarität der Anrede überrascht und in seiner Würde gekränkt.

»Toddy Macfarlane!«, wiederholte Fettes.

Der Herr aus London taumelte zurück. Nur den Bruchteil einer Sekunde starrte er den Mann vor sich an, dann blickte er sich ängstlich um und stammelte mit gepresster Flüsterstimme: »Fettes! Du!«

»Ja«, sagte der andere, »ich. Dachtest du, ich wäre auch tot? Unsere Bekanntschaft endet nicht so leicht.«

»Still, still!«, rief der Doktor. »Still, still! Diese Begegnung ist so unerwartet – ich verstehe, dass du die Fassung verloren hast. Im ersten Augenblick erkannte ich dich kaum, weißt du. Aber ich bin entzückt – einfach entzückt über diesen Zufall. Zunächst muss es allerdings bei einem ›Wie geht's und Lebewohl‹ verbleiben, denn mein Wagen wartet, und ich darf den Zug nicht versäumen. Aber du – lass mich überlegen – ja – du wirst mir deine Adresse aufschreiben, und du kannst bestimmt sehr bald auf eine Nachricht von mir rechnen. Wir müssen etwas für dich tun, Fettes. Ich fürchte, du befindest dich nicht in guten Verhältnissen, aber um der schönen alten Zeiten willen, wie wir einst beim Essen sangen, muss dagegen etwas geschehen.«

»Geld!«, schrie Fettes. »Geld von dir! Das Geld, das ich von dir bekam, liegt noch immer dort, wo ich's im Regen hinschmiss.«

Dr. Macfarlane hatte in einem etwas verlegenen und vertraulichen Ton gesprochen, aber die ungewöhnliche Energie dieser Zurückweisung stürzte ihn wieder in Verwirrung.

Ein furchtbarer, böser Ausdruck kam und ging über sein fast ehrwürdiges Gesicht. »Mein lieber Junge«, sagte er, »halte das, ganz wie du magst. Ich hatte nicht die leiseste Absicht, dich zu beleidigen, und dränge mich niemandem auf. Ich werde dir meine Adresse geben, jedoch –«

»Ich will nicht – nein, ich wünsche nicht das Dach zu kennen, das dich schützt!«, unterbrach ihn der andere. »Ich hörte deinen Namen, ich fürchtete, du könntest es sein. Ich wollte wissen, ob es trotz allem einen Gott gäbe. Jetzt weiß ich, es gibt keinen. Scher dich fort!«

Er stand noch immer mitten auf dem Teppich zwischen Treppe und Haustor. Der große Londoner Arzt wäre gezwungen gewesen, zur Seite zu treten, um vorbeizukommen. Es war klar, dass er bei dem Gedanken an diese Demütigung zögerte. Kreideweiß, wie er dastand, kam ein gefährliches Funkeln in seine Augen. Aber während er noch unentschieden zögerte, bemerkte er, dass der Kutscher auf seinem Wagen von der Straße aus diese etwas ungewöhnliche Szene beobachtete, und gleichzeitig fing er auch die Blicke unserer kleinen, in der Ecke der Schenke zusammengedrängten Gesellschaft auf. Die Gegenwart so zahlreicher Zeugen bestimmte ihn zu sofortiger Flucht. Er kauerte sich zusammen, schmiegte sich eng an die Täfelung und machte einen Sprung wie eine Schlange, um den Ausgang zu gewinnen. Aber seine Prüfung war noch nicht zu Ende, im Moment, als er vorüberschlüpfen wollte, packte Fettes seinen Arm, und flüsternd und doch peinlich verständlich sprach er folgende Worte: »Hast du es wieder gesehen?«

Der große, reiche Londoner Doktor stieß einen scharfen, erstickten Schrei aus, schleuderte den Frager quer über den offenen Platz und floh mit hocherhobenen Händen wie ein ertappter Dieb zur offenen Tür hinaus. Ehe noch einer von uns eine Bewegung machen konnte, ratterte die Kutsche bereits dem Bahnhof zu. Wie ein Traum war das Schauspiel vorübergezogen, aber der Traum hatte Beweise und Spuren seines Vorüberziehens hinterlassen. Am nächsten Tag fand der Hausknecht die schöne, goldene Brille zerbrochen auf der Türschwelle, und am gleichen Abend noch standen wir alle atemlos an dem Gasthausfenster, neben uns Fettes, nüchtern, bleich und mit entschiedenem Ausdruck.

»Gott schütze uns, Mr Fettes«, sagte der Wirt, der zuerst wieder seine Fassung gewann. »Was in aller Welt hat das zu bedeuten? Das sind seltsame Dinge, die Sie da gesprochen haben.«

Fettes wandte sich uns wieder zu, blickte jedem von uns der Reihe nach ins Gesicht und sagte: »Seht zu, dass ihr den Mund haltet! Dieses Mannes Macfarlane Weg kreuzt man nicht ohne Gefahr. Alle, die es einmal gewagt, haben es zu spät bereut!«

Und dann, ohne auch nur sein drittes Glas zu leeren, geschweige denn auf die beiden anderen zu warten, bot er uns »Gute Nacht« und schritt hinaus unter der Laterne des Wirtshauses in die dunkle Nacht.

Wir drei kehrten auf unsere Plätze in der Wirtsstube vor dem großen roten Feuer und zu den vier hellen Kerzen zurück. Und als wir dann noch einmal alles, was sich ereignet hatte, durchsprachen, verwandelte sich der erste Schauder der Überraschung in brennende Neugier. Noch lange saßen wir so. Es war die längste Sitzung, die ich in dem alten »George« erlebt habe. Bevor wir auseinandergingen, hatte jeder Einzelne seine bestimmte Theorie, die zu beweisen er sich anheischig machte. Und niemand von uns hatte etwas Dringenderes auf der Welt zu tun, als der Vergangenheit unseres verfemten Kameraden nachzuspüren und das Geheimnis aufzudecken, das ihn mit dem berühmten Londoner Doktor verband. Es ist kein großer Ruhm, aber ich glaube, ich verstand es besser als meine beiden Genossen im »George«, jemandem eine Geschichte herauszulocken, vielleicht lebt heute kein zweiter Mensch auf dieser Welt, der euch die nachstehenden widerwärtigen und widernatürlichen Ereignisse zu erzählen vermöchte:

In seiner Jugend studierte Fettes auf der Edinburgher Hochschule Medizin. Er besaß eine gewisse Begabung, jene Begabung, die rasch auffasst, was sie hört, und es schleunigst als eigene Weisheit wiedergibt. Zu Hause arbeitete er wenig, aber er war höflich, dienstbeflissen und verständig in Gegenwart seiner Lehrer. Bald hatten sie herausgefunden, dass er ein Bursche war, der aufmerksam zuhören konnte und sich gut der Dinge erinnerte. Ja, so merkwürdig es mich berührte, als ich zuerst davon hörte: Sein Äußeres nahm damals für ihn ein und machte ihn beliebt. Zu jener Zeit gab es in Edinburgh außerhalb der Universität noch einen zweiten Lehrer der Anatomie, den ich hier mit dem Buchstaben K. bezeichnen werde. Später wurde sein Name nur allzu bekannt. Der Mann, der diesen Namen trug, durchschlich verkleidet die Straßen Edinburghs, während der Pöbel der Hinrichtung Burkes zujauchzte und laut nach dem Blut seines Auftraggebers verlangte. Aber Mr K. stand damals auf dem Gipfel seines Ruhms. Er erfreute sich einer großen Popularität, teils dank seines Talents und seiner Lebensart, teils wegen der Unfähigkeit seines Rivalen, des Universitätsprofessors. Die Studenten wenigstens schworen auf ihn. Fettes war daher überzeugt, und auch die anderen glaubten es, dass der Grundstein für eine erfolgreiche Laufbahn gelegt wäre, sobald man sich die Gunst dieser meteorgleichen Berühmtheit erworben hätte. Mr K. war ein ebenso großer Bonvivant wie vorzüglicher Lehrer. Er liebte eine versteckte Anspielung nicht weniger als ein sorgfältig hergestelltes Präparat. In dieser doppelten Hinsicht erfreute sich Fettes seiner Beachtung und verdiente sie auch. Und im zweiten Jahr seiner Kollegzeit wurde ihm die halb offizielle Stellung eines zweiten Prosektors oder Hilfsassistenten in des anderen Klasse übertragen. In dieser Eigenschaft ruhte vor allem die Aufsicht über den Anatomiesaal und das Vorlesungszimmer auf seinen Schultern. Er war für die Sauberkeit der Räumlichkeiten und die Führung der anderen Studenten verantwortlich. Es gehörte ferner zu seinem Pflichtenkreis, die verschiedenen notwendigen Objekte zu beschaffen, sie in Empfang zu nehmen und zu verteilen. In Hinsicht auf diese letzte Obliegenheit – damals eine äußerst delikate Sache – wurde er bei Mr K. in dem gleichen Flügel und zuletzt in dem nämlichen Gebäude einquartiert, in dem sich auch der Seziersaal befand. Hier wurde Fettes häufig nach einer Nacht wüster Ausschweifungen, mit noch zitternden Händen, der Blick trübe und verwirrt, in der dunkelsten Stunde vorm Dämmern eines Wintertags durch die unsauberen und verwegenen Ruhestörer aus dem Bett geschreckt, die den Anatomietisch mit Material versorgten. Gewöhnlich öffnete er nachts die Pforte drei Männern, seither berüchtigt im ganzen Land. Er half ihnen beim Heraufschaffen ihrer traurigen Last, bezahlte ihnen den schmutzigen Lohn und blieb, wenn sie gegangen waren, mit den unholden Überresten verblichenen Menschentums allein. Von solch einer Szene pflegte er dann wieder in sein Bett zurückzukehren, um sich noch eine oder zwei Stunden Schlummer zu stehlen, die Schändung der Nacht wieder wettzumachen und sich für die Arbeit des Tages zu stärken.

Kaum ein anderer Mensch wäre derart unempfindlich für die Eindrücke eines Lebens gewesen, das so ständig unter den Zeichen der Sterblichkeit verlief. Sein Geist war allen allgemeinen Erwägungen verschlossen. Er war unfähig jeglichen Interesses an dem Geschick und Glück anderer, nur Sklave seiner eigenen Begierden und eines niederen Ehrgeizes. Kalt, leichtsinnig und selbstsüchtig bis zum Äußersten, besaß er jenen Funken Bedachtsamkeit, missbräuchlich Moralität genannt, der einen Mann zurückhält von sinnloser Trunkenheit oder strafwürdigem Verbrechen. Daneben erstrebte er auch ein gewisses Maß von Achtung und Beachtung bei Lehrern und Mitschülern und wollte um keinen Preis, was die äußeren Lebensumstände betraf, Schiffbruch leiden. Es war daher sein Streben, sich bei seinen Studien auszuzeichnen, und er leistete seinem Auftraggeber, Mr K., tagaus, tagein tadelfreien Augendienst. Für die Plackerei des Tages entschädigten ihn lärmende, gemeine nächtliche Vergnügungen. Zog er dann die Bilanz, so erklärte sich das Organ, das er sein Gewissen nannte, für befriedigt.

Die Beschaffung von Leichen bedeutete für ihn sowohl wie für seinen Chef eine ständige Sorge. In der großen, fleißigen Klasse fehlte es ständig an anatomischem Rohmaterial, und die dadurch erforderliche Geschäftigkeit war nicht nur an sich unerfreulich, sondern bedrohte auch alle, die damit zu tun hatten, mit gefährlichen Folgen. Es war Mr K.s Politik, bei seinen Aufträgen den Händlern keine Fragen zu stellen. »Sie bringen den Leichnam, und wir bezahlen den Preis – quid pro quid«, pflegte er zu sagen, und auch seinen Assistenten riet er frivol: »Stellt um eurer Gewissensruhe willen keine Fragen.« Nie wurde die Vermutung geäußert, die Leichen könnten womöglich durch Mord beschafft worden sein. Hätte man diesen Gedanken in klaren Worten ihm gegenüber geäußert, er wäre entsetzt zurückgefahren. Aber schon die Leichtfertigkeit seiner Reden war angesichts des Ernstes dieser Angelegenheit ein Verstoß gegen die guten Sitten und eine Versuchung für die Leute, mit denen er es zu tun hatte. Fettes hatte sich schon wiederholt über die merkwürdige Frische der Leichen Gedanken gemacht. Wieder und wieder hatte er sich vor den Galgengesichtern und widerlichen Blicken der Räuber, die früh vor Tagesgrauen kamen, entsetzt. Indem er im Geheimen eine Tatsache an die andere reihte und diese mit den leichtfertigen Reden seines Lehrers in Verbindung brachte, gelangte er allmählich zu einer abstoßenden und kategorischen Theorie. Nach seiner Ansicht umfasste sein Pflichtenkreis, kurz gesagt, drei Aufgaben: in Empfang zu nehmen, was gebracht wurde, den Preis zu entrichten und die Augen vor der Wahrscheinlichkeit eines Verbrechens zu verschließen.

An einem Morgen im November wurde diese Politik des Schweigens auf eine besonders harte Probe gestellt. Die ganze Nacht hatte er mit rasenden Zahnschmerzen durchwacht – gleich einem gefangenen Raubtier war er in seinem Zimmer auf und ab gerannt, um sich dann wieder wütend aufs Bett zu werfen – und endlich war er in jenen tiefen, unerquickenden Schlaf gesunken, der so oft auf eine Nacht des Leidens folgt, als er durch die dritte oder vierte ungestüme Wiederholung des vereinbarten Signals aufgeschreckt wurde. Der Mond schien dünn und hell, es war bitter kalt, windig und schneidend; noch war die Stadt nicht erwacht, aber ein undefinierbares Gesumme verkündete bereits des Tages Lärm und Geschäftigkeit. Die Vampire waren später als gewöhnlich gekommen und schienen auch besorgter als gewöhnlich, sich wieder entfernen zu können. Schlaftrunken leuchtete Fettes ihnen die Treppe hinauf, wie im Traum hörte er das Gemurmel ihrer irischen Stimmen, und während sie den Sack von seinem traurigen Inhalt befreiten, wartete er verschlafen mit der Schulter gegen die Wand gelehnt. Er musste sich zusammenreißen, um das Geld für die Leute zu finden. Dabei fielen seine Augen auf das tote Antlitz. Er stutzte und trat mit erhobener Kerze zwei Schritte näher:

»Allmächtiger Gott!«, rief er. »Das ist ja Jane Galbraith!«

Die Männer schwiegen und schlichen zur Tür. »Ich kenne sie, sage ich euch«, fuhr er fort; »gestern lebte sie noch und war kerngesund. Es ist unmöglich, dass sie gestorben ist. Unmöglich könnt ihr euch diesen Leichnam auf ehrliche Weise beschafft haben.«

»Da sind Sie ganz auf dem Holzweg«, brummte einer der Kerle. Der andere jedoch blickte Fettes finster in die Augen und forderte auf der Stelle das Geld.

Es ging nicht an, die Drohung misszuverstehen oder die Gefahr zu übertreiben. Fettes entsank der Mut. Er stammelte ein paar Entschuldigungen, bezahlte die Summe und sah seine verhassten Besucher abziehen. Kaum waren sie fort, da eilte er auch schon, seine Zweifel zu bestätigen. An einem Dutzend unzweifelhafter Kennzeichen erkannte er das Mädchen, mit dem er noch gestern gescherzt hatte. Mit Schauder sah er an ihrem Körper Merkmale, die auf eine Gewalttat hinwiesen. Panische Furcht ergriff ihn, und er flüchtete in sein Zimmer. Dort dachte er lange über die von ihm gemachte Entdeckung nach, überlegte nüchtern die Tragweite von Mr K.s Verhaltungsmaßregeln und die Gefahr, die ihm selbst aus seiner Verstrickung in ein derart verbrecherisches Geschäft drohte, und entschloss sich endlich in seiner furchtbaren Bestürzung, den Rat seines unmittelbaren Vorgesetzten, des Klassenassistenten, einzuholen. Der Assistent war ein junger Doktor, Wolfe Macfarlane, der besondere Liebling aller etwas leichtsinnigen Studenten, geschickt, ausschweifend und skrupellos bis zum Äußersten. Er war im Ausland gewesen und hatte dort studiert. Sein Benehmen war leicht, nur etwas anmaßend, und in Theatersachen galt er als Autorität. Auch war er gewandt auf der Eisbahn und den Spielplätzen mit Schlittschuhen und Golfkeule, kleidete sich mit gewagtester Eleganz und hielt sich, um seinem Ruhm den letzten Glanz zu verleihen, ein Gig und einen kräftigen Traber. Mit Fettes verkehrte er auf freundschaftlichem Fuß. In der Tat verlangte ja ihre beiderseitige Position eine gewisse Gemeinschaftlichkeit der Lebensführung. Wenn Leichen knapp wurden, pflegte das Paar in Macfarlanes Gig über Land zu fahren, um irgendeinen einsamen Friedhof aufzusuchen und zu entweihen; vor Morgengrauen kehrten sie dann mit ihrem Raub zu der Pforte des Seziersaals zurück. An diesem unheilschwangeren Morgen stellte sich Macfarlane früher ein, als es seiner Gewohnheit entsprach. Fettes hörte ihn kommen, traf ihn bereits auf der Treppe, erzählte ihm die Geschichte und zeigte ihm die Veranlassung seiner Sorge. Macfarlane prüfte die Male an dem Körper.

»Ja«, sagte er mit einem Nicken, »das sieht faul aus.«

»Nun, was soll ich tun?«, fragte Fettes.

»Tun?«, erwiderte der andere. »Warum willst du etwas tun? Je weniger man über diese Sache spricht, desto besser.«

»Aber die Male könnten doch auch anderen auffallen«, widersprach Fettes. »Das Mädel war so bekannt wie Castle Rock.«

»Hoffen wir, dass das nicht geschieht!«, entgegnete Macfarlane. »Na, und wenn die Strangulierungszeichen wirklich jemand auffallen – was tut's! Du hast sie jedenfalls nicht bemerkt, verstanden! Und damit Schluss. Tatsache ist, dieses Geschäft dauert schon allzu lange. Stöbere den Schlamm auf, und du bringst K. in die tollste Klemme. Und auch du selbst gerätst in eine verzweifelte Patsche und ich ebenfalls. Möchte wissen, wie wir uns vor einer christlichen Zeugenschranke ausnehmen würden oder was zum Teufel wir zu unserer Entschuldigung anführen sollten. Für mich, weißt du, steht etwas absolut fest – dass, praktisch gesprochen, alle unsere Leichen durch Mord beschafft worden sind.«

»Macfarlane!«, schrie Fettes.

»Na, hör mal«, höhnte der andere; »als ob du das nicht schon selbst vermutet hättest!«

»Vermuten ist eine Sache für sich –«

»Ja, und Beweise wieder was anderes, das weiß ich. Ich bin übrigens genauso beunruhigt wie du, dass man dies hier«, dabei schlug er mit seinem Stock auf den Leichnam, »zu uns geschafft hat. Das Beste, was man tun kann, ist, die Leiche nicht zu erkennen, und«, fügte er kaltblütig hinzu, »ich erkenne sie tatsächlich nicht. Du kannst ja tun, was dir beliebt. Ich mache dir keine Vorschriften. Aber ich bin überzeugt, ein Mann von Welt würde genauso handeln wie ich, und ich möchte noch hinzufügen, dass vermutlich auch K. ein solches Verhalten von uns erwartet. Warum wählte er gerade uns beide zu seinen Assistenten? Darauf antworte ich: ›Weil er keine alten Weiber gebrauchen konnte.‹«

Das war gerade der richtige Ton, um auf den Geist eines Burschen wie Fettes zu wirken. Er versprach, Macfarlanes Verhalten nachzuahmen. Die Leiche des unglücklichen Mädchens wurde vorschriftsmäßig zerlegt, und niemand bemerkte etwas oder schien sie wiederzuerkennen.

Eines schönen Nachmittags, als das Tagewerk beendet war, schlenderte Fettes in eine bekannte Kneipe und traf dort Macfarlane in Gesellschaft eines Fremden. Der Unbekannte war ein kleiner Mann, auffallend bleich und finster, mit kohlschwarzen Augen. Die Züge seines Gesichts verrieten Verstand und eine gewisse Kultur. In seinem Verhalten kamen aber diese Eigenschaften nur schwach zum Ausdruck und bei näherer Bekanntschaft erwies er sich sogar als roh, gewöhnlich und dumm. Trotzdem übte er auf Macfarlane eine erstaunliche Herrschaft aus; ja, er erteilte Befehle wie der Großpascha, wurde bei dem leisesten Widerspruch oder Verzug wütend und nahm die Unterwürfigkeit, mit der ihm gehorcht wurde, als etwas Selbstverständliches hin. Diese äußerst widerwärtige Persönlichkeit fasste sofort eine Zuneigung zu Fettes, trank ihm eifrig zu und beehrte ihn mit einem außergewöhnlichen Vertrauen hinsichtlich seiner früheren Laufbahn. Wenn auch nur der zehnte Teil von dem, was er ihm beichtete, stimmte, so wäre er ein mit allen Wassern gewaschener Schurke gewesen. Die Aufmerksamkeit eines so erfahrenen Mannes schmeichelte der Eitelkeit des jungen Menschen.

»Ich bin selbst ein ziemlich schlimmer Bursche«, bemerkte der Fremde, »aber Macfarlane ist ein ganz schwerer Junge – Toddy Macfarlane, wie ich ihn nenne. Toddy, bestell für deinen Freund ein neues Glas«, oder auch, »Toddy, steh auf und mach die Tür zu. Toddy hasst mich«, sagte er dann wieder, »o gewiss, Toddy, das tust du.«

»Nenne mich nicht bei dem verdammten Namen«, brummte Macfarlane.

»Hören Sie ihn! Haben Sie je eine Messerstecherei mit angesehen? Mit Begeisterung würde Toddy sein Messer an meinem Leib ausprobieren«, bemerkte der Fremde.

»Wir Mediziner haben eine bessere Methode«, entgegnete Fettes. »Wenn wir einen unserer toten Freunde nicht schätzen, sezieren wir ihn.«

Macfarlane blickte scharf auf, als wäre dieser Scherz nicht nach seinem Geschmack.

Der Nachmittag ging vorüber. Gray, das war der Name des Fremden, lud Fettes ein, ihm beim Abendessen Gesellschaft zu leisten, und bestellte ein so üppiges Festmahl, dass die ganze Kneipe in Bewegung geriet, und als sie damit fertig waren, befahl er Macfarlane, die Rechnung zu bezahlen. Als sie sich trennten, war es schon spät. Gray war sinnlos betrunken. Macfarlane, den die Wut ernüchtert hatte, konnte seinen Ärger über das Geld, das zu vergeuden er gezwungen worden war, und über die Nichtachtung, die er hatte hinunterschlucken müssen, nicht verwinden. Fettes, dessen Kopf von den zahlreichen Likören brummte, kehrte schwankenden Schrittes und völlig benebelt nach Hause zurück. Am nächsten Tag blieb Macfarlane den Vorlesungen fern und Fettes lachte sich ins Fäustchen bei der Vorstellung, wie jener noch immer den unerträglichen Gray von Kneipe zu Kneipe begleiten musste. Sobald die Stunde der Freiheit geschlagen hatte, eilte er auf der Suche nach seinen nächtlichen Kumpanen von Ort zu Ort, doch nirgends konnte er die beiden finden. So kehrte er zeitig nach Hause zurück, ging früh zu Bett und schlief den Schlaf des Gerechten.

Um vier Uhr in der Früh wurde er durch das wohlbekannte Signal aufgeschreckt. Als er zur Tür herunterkam, überraschte es ihn, dort Macfarlane mit seinem Gig zu finden und in dem Gig eines jener langen schaurigen Pakete, die er nur zu genau kannte.

»Was?«, rief er. »Bist du allein fort gewesen? Wie hast du das fertiggekriegt?«

Aber Macfarlane gebot ihm grob, den Mund zu halten, und forderte ihn auf, mit zuzugreifen. Sobald sie die Leiche nach oben geschafft und auf den Seziertisch gelegt hatten, traf Macfarlane Anstalt, sich sofort wieder zu entfernen. Dann blieb er jedoch stehen, schien zu zögern und sagte in einem etwas erzwungenen Ton:

»Du hättest dir das Gesicht besser ansehen sollen!«

Und als Fettes ihn erstaunt anstarrte, wiederholte er:

»Du tätest gut daran.«

»Aber wo, wie und wann bist du dazu gekommen?«, rief der andere.

»Schau dir das Gesicht an!«, war die einzige Antwort.

Fettes war verblüfft. Seltsame Zweifel bestürmten ihn. Er blickte von dem jungen Doktor auf den Leichnam und dann wieder auf den anderen. Endlich, mit einem Ruck, tat er, wozu man ihn aufgefordert hatte. Fast hatte er den Anblick, der sich seinen Augen bot, erwartet, dennoch war er vor Entsetzen fassungslos. Selbst in dem gedankenlosen Fettes regten sich Gewissensängste, als er den gleichen Mann, den er gut gekleidet und strotzend von Gesundheit und Laster auf der Türschwelle der Kneipe verlassen hatte, jetzt in der Starre des Todes, nackt und bloß, auf dem rohen Lager von Sackleinwand hingestreckt liegen sah. Ein »Cras tibi!« widertönte in seiner Seele. Zwei, die er gut gekannt, waren auf diesen eisigen Tisch niedergelegt worden. Doch das waren nur nebensächliche Erwägungen. Seine Hauptsorge konzentrierte sich auf Wolfe. Unvorbereitet auf eine so ungeheuerliche Herausforderung, wusste er nicht, wie er seinem Kameraden ins Gesicht blicken sollte. Er wagte es nicht, seinen Augen zu begegnen, und Wort und Stimme versagten ihm.

Macfarlane selbst machte den ersten Vorstoß. Er kam aus dem Hintergrund hervor und legte seine Hand leicht, aber bestimmt auf des anderen Schulter.

»Richardson«, sagte er, »kann den Kopf haben.«

Nun war Richardson ein Student, der schon seit Langem darauf brannte, diesen Teil des menschlichen Körpers zur Präparation angewiesen zu erhalten. Es kam keine Antwort, und der Mörder fuhr fort: »Um vom Geschäft zu sprechen, du musst mir den Leichnam bezahlen. Deine Abrechnungen, verstehst du, müssen stimmen.«

Endlich fand Fettes seine Stimme wieder, doch war es nur der Schatten seiner Stimme. »Dich bezahlen!«, rief er. »Bezahlen dafür?«

»Warum nicht? Natürlich musst du das. Unter allen Umständen und in jeder Hinsicht musst du das!«, erwiderte der andere. »Ich kann nicht wagen, so etwas umsonst zu liefern, und du nicht, es kostenlos anzunehmen. Wir würden uns beide kompromittieren. Es ist der gleiche Fall wie bei Jane Galbraith. Je mehr Sachen nicht stimmen, umso mehr müssen wir den Schein wahren, als ob alles in Ordnung sei. Wo bewahrt der alte K. sein Geld auf?«

»Dort!«, antwortete Fettes heiser und zeigte auf einen Schrank in der Ecke.

»Dann gib mir den Schlüssel«, versetzte der andere ruhig und streckte seine Hand aus.

Ein kurzes Zögern, und der Würfel war gefallen. Macfarlane konnte ein nervöses Zucken nicht unterdrücken, ein kaum merkliches Zeichen seiner ungeheuren Erleichterung, als er den Schlüssel in der Hand hielt. Er öffnete den Schrank und nahm Feder und Tinte und ein Schreibheft heraus, die in dem einen Abteil lagen, außerdem von dem Geld in einer Schublade eine der Gelegenheit angemessene Summe.

»Pass jetzt auf«, sagte er. »Die Zahlung ist geleistet – der erste Beweis für unseren guten Glauben: der erste Schritt zu deiner Sicherheit. Jetzt musst du die Sache durch einen zweiten bekräftigen; trage die Zahlung in dein Buch ein, dann brauchst du dich den Teufel um das Weitere zu scheren!«

Die nächsten Sekunden verliefen für Fettes in völliger Geistesabwesenheit. Aber als er seine Befürchtungen abwog, triumphierte die unmittelbare Sorge. Jede künftige Sorge schien ihm fast willkommen, falls sich nur ein sofortiger Streit mit Macfarlane vermeiden ließ. Er stellte den Leuchter hin, den er die ganze Zeit herumgeschleppt hatte, und trug mit fester Hand Datum, Art und Höhe des Geschäfts ein.

»Und jetzt«, sagte Macfarlane, »ist es nur billig, dass du den Gewinn einstreichst. Ich habe meinen Anteil bereits empfangen. Doch nebenbei: Wenn ein Mann von Welt einmal Glück hat und ein paar Schillinge extra in seiner Tasche trägt – ich schäme mich fast, es auszusprechen –, dann gibt es für diesen Fall bestimmte Verhaltungsmaßregeln: kein Freihalten, kein Kauf von teuren Lehrbüchern, keine Bezahlung alter Schulden; borgen, aber nichts verleihen.«

»Macfarlane«, begann Fettes noch immer etwas heiser, »ich habe meinen Hals in eine Schlinge gesteckt, um dir zu dienen.«

»Um mir zu dienen«, rief Wolfe. »Ach, geh doch. Soweit ich die Sache zu beurteilen vermag, tatest du genau das, was du zur Selbstverteidigung tun musstest. Angenommen, ich geriete in Schwierigkeiten, was würde dann wohl aus dir? Diese zweite kleine Angelegenheit ist die logische Folge der ersten. Mr Gray ist die Fortsetzung von Miss Galbraith. Du kannst nicht etwas beginnen und dann plötzlich aufhören. Wenn du dich auf so etwas einlässt, musst du einfach bei der Stange bleiben. Das ist nackte Wahrheit. Keine Ruhe für den Gottlosen!«

Ein furchtbares Gefühl des Unheils und der Treulosigkeit des Schicksals senkte sich schwer auf die Seele des unglücklichen Studenten.

»Mein Gott«, rief er, »was habe ich nur getan! Und wann fing es an? Zum Hilfsassistenten ernannt werden – im Namen der Vernunft – darin liegt doch kein Unrecht? S. hat die Stellung auch gewollt. Er hätte sie statt meiner erhalten können. Würde er dann auch dort stehen, wo ich jetzt stehe?«

»Mein lieber Junge«, sagte Macfarlane, »was bist du doch für ein Kind. Was ist dir Schlimmes passiert? Was kann dir Übles geschehen, wenn du den Mund hältst? Höre, Mensch, weißt du überhaupt, was dieses Leben bedeutet? Es gibt zwei Klassen von Menschen – die Löwen und die Lämmer. Wenn du zu den Lämmern gehörst, wirst du einst, genau wie Gray oder Jane Galbraith, auf diesem Tisch liegen. Bist du aber Löwe, so wirst du leben und dein Pferd lenken, wie ich, wie K., wie alle in der Welt, die Witz und Mut besitzen. Du bist zunächst beunruhigt, aber sieh dir K. an. Mein lieber Junge, du bist doch geschickt. Du hast Mut. Ich liebe dich und K. liebt dich. Du bist zum Führer geboren. Und ich erkläre dir bei meiner Ehre und bei meiner Lebenserfahrung: Lass drei Tage vergehen, und du wirst über diese Schreckgespenster lachen wie ein Schuljunge über eine Posse.«

Mit diesen Worten verabschiedete sich Macfarlane und fuhr in seiner Gig die Allee hinunter, um noch vor Tagesanbruch seine Wohnung zu erreichen. Fettes blieb also allein mit seinen Schmerzen. Er erkannte die schreckliche Gefahr, in die er verstrickt war. Mit unaussprechlicher Bestürzung sah er, dass für Schwächlichkeit kein Raum blieb und dass er durch Zugeständnis über Zugeständnis aus dem Herrn über Macfarlanes Geschick zu dessen bezahltem und hilflosem Spießgesellen gesunken war. Die ganze Welt würde er hingegeben haben, hätte er sich zur richtigen Zeit etwas unerschrockener benommen. Dass er auch jetzt noch Mut beweisen könnte: Dieser Gedanke kam ihm überhaupt nicht in den Sinn. Das Geheimnis der Jane Galbraith und die verwünschte Eintragung in sein Geschäftsbuch verschlossen ihm den Mund.

Stunden verstrichen, die Klasse begann sich zu füllen, die Gliedmaßen des unglücklichen Gray wurden an den einen und den anderen ausgeteilt und ohne Bemerkung übernommen. Richardson wurde mit dem Kopf beglückt, und noch ehe die Stunde der Freiheit schlug, zitterte Fettes vor innerem Frohlocken, als er sah, welch gute Fortschritte sie in Bezug auf ihre Sicherheit gemacht hatten. Mit wachsender Freude beobachtete er während der nächsten zwei Tage den furchtbaren Prozess der Zerstörung.

Am dritten Tag erschien Macfarlane wieder auf der Bildfläche. Er war, wie er behauptete, krank gewesen. Aber durch die Energie, mit der er die Studenten antrieb, holte er die verlorene Zeit wieder ein. Besonders Richardson förderte er durch wertvolle Hilfeleistungen und Ratschläge, und der junge Student, ermutigt durch das Lob des Prosektors, sonnte sich in ehrgeizigen Träumen und sah die Medaille bereits in Greifweite. Ehe noch die Woche verstrichen war, hatte sich Macfarlanes Prophezeiung erfüllt. Fettes' Besorgnis war zerronnen, die Gemeinheit vergessen. Er fing an, sich mit seinem Mut zu brüsten, und hatte bereits die ganze Geschichte in seinem Geist so schön geordnet, dass er mit ungekränktem Stolz auf diese Vorgänge zurückblickte. Seinen Spießgesellen sah er nur flüchtig. Natürlich trafen sie sich bei der Klassenarbeit und empfingen dort ihre Anweisungen von Mr K. Bisweilen tauschten sie auch privat ein oder zwei Worte aus, und Macfarlane benahm sich vom ersten bis zum letzten Moment besonders freundlich und jovial. Aber es war offensichtlich, dass er jede Anspielung auf ihr gemeinsames Geheimnis vermied. Selbst als Fettes ihm zuflüsterte, dass er sein Geschick mit den Löwen verbunden und den Lämmern abgeschworen hätte, bedeutete er ihm nur lächelnd durch ein Zeichen, den Mund zu halten.

Bald bot sich eine neue Gelegenheit, die das Paar noch enger aneinanderfesseln sollte. Mr K. klagte wieder über Mangel an Leichen, die Schüler waren voller Eifer, und es bildete den Ehrgeiz dieses Lehrers, stets reichlich mit Material versehen zu sein. Gleichzeitig kam die Mitteilung von einem Begräbnis auf dem ländlichen Friedhof von Glencorse. Die Zeit hat den fraglichen Ort nur wenig verändert. Er lag damals wie heute an einem Kreuzweg, außer Rufweite von jeder menschlichen Wohnung und klaftertief unter dem Gezweig von sechs mächtigen Zedern verborgen. Das Blöken der Schafe auf den benachbarten Hügeln, die kleinen Flüsschen zu beiden Seiten, von denen der eine laut unter Pappeln sang, der andere sich verstohlen von Weiher zu Weiher schlängelte, das Rascheln des Windes in den alten, weit ausladenden blühenden Kastanien und einmal in sieben Tagen die Stimmen der Glocken und die alten Melodien des Kantors waren die einzigen Laute, die das Schweigen rundum die ländliche Kirche störten. Die Auferstehungsleute –

um die zu jener Zeit übliche Bezeichnung zu gebrauchen – ließen sich durch die gebotene Unverletzlichkeit von Pietätsbezeugungen nicht abschrecken. Es gehörte zu ihrem Geschäft, die Wappen und Abzeichen alter Gräber, den von den Füßen der Andächtigen und Leidtragenden getretenen Pfad und die Gaben und Inschriften verwaister Liebe zu verachten und zu entweihen. Weit davon entfernt, sich durch natürliche Ehrfurcht abhalten zu lassen, besaßen ländliche Gegenden, wo Liebe treuer als sonst bewahrt wird und Bande des Bluts und der Gemeinschaft die gesamten Mitglieder einer Gemeinde verknüpfen, für den Leichenräuber infolge der Leichtigkeit und Sicherheit der Aufgabe eine besondere Anziehungskraft. Plötzlich schien auf die Leichen, die in hoffnungsvoller Erwartung einer so ganz anderen Auferstehung in die Erde gebettet worden waren, jener flüchtige Laternenschimmer, kam die angstbeflügelte Auferweckung durch Spaten und Spitzhacke. Der Sarg wurde erbrochen, das Leichentuch herausgerissen und die melancholischen Überreste, umhüllt mit Sackleinwand, wurden endlich nach stundenlanger ratternder Fahrt über mondlose Seitenwege der schimpflichsten Verunglimpfung seitens einer Klasse gaffender Knaben ausgesetzt.

Wie zwei Geier auf ein sterbendes Lamm wollten sich Fettes und Macfarlane auf ein Grab in jenem grünen, friedlichen Ruheplatz stürzen. Das Weib eines Bauern, eine Frau, die sechzig Jahre gelebt hatte und nur bekannt war wegen ihrer guten Butter und ihrer gottgefälligen Reden, sollte um Mitternacht ihrer Gruft entrissen und starr und nackt in jene ferne Stadt entführt werden, die sie stets nur in ihrem Sonntagsstaat beehrt hatte. Bis zum Anbruch des Jüngsten Gerichts sollte der Platz neben ihrer Familie leer bleiben und ihr unschuldiger, ja fast ehrwürdiger Leib der üblen Neugier der Anatomen ausgeliefert werden.

Spät an einem Nachmittag machte sich das Paar auf den Weg, fest in Mäntel gehüllt und ausgerüstet mit einer riesigen Flasche. Ohne Unterlass strömte der Regen – ein, kalter, dichter, peitschender Regen. Dann und wann fegte ein Windstoß über die Erde, aber die Flut stürzenden Wassers hielt ihn nieder. Trotz Flasche und allem war es bis Penicuik, wo sie den Abend verbringen wollten, eine trübselige, schweigsame Fahrt. Einmal hielten sie an, um in einem dichten Buschwerk, unfern des Friedhofs, ihre Werkzeuge zu verbergen; ein zweites Mal bei Fisher's Tryst, um am Küchenfeuer Toast zu rösten und den Whisky durch ein Glas Bier abzulösen. Als sie das Ziel ihrer Reise erreichten, wurde das Gig eingestellt, das Pferd gefüttert und versorgt, und die beiden jungen Doktoren ließen sich in einem Privatzimmer beim besten Essen und dem besten Wein, die das Haus zu bieten vermochte, nieder. Die Kerzen, das Feuer, der gegen das Fenster klopfende Regen, das kalte finstere Werk, das vor ihnen lag, verlieh den Genüssen ihres Mahls besondere Würze. Jedes Glas steigerte ihre Ausgelassenheit. Nach einiger Zeit händigte Macfarlane seinem Gefährten einen kleinen Haufen Goldstücke aus.

»Meinen Glückwunsch«, sagte er. »Unter Freunden sollten diese verdammten kleinen Gefälligkeiten so selbstverständlich wie die Fidibusse sein.«

Fettes steckte das Geld ein und applaudierte diesem Kernspruch. »Du bist ein Philosoph!«, rief er. »Und ich war ein Esel, bevor ich dich kennenlernte. Du und K., ihr seid Kerle, zum Henker! Ihr werdet noch einen Mann aus mir machen!«

»Natürlich werden wir das«, stimmte Macfarlane zu. »Einen Mann? Ich sage dir, es erfordert schon einen ganzen Kerl, sich am nächsten Morgen wieder hochzubringen. Es gibt manchen großen, lärmenden, vierzig Jahre alten Schurken, dem es beim Anblick jenes verdammten Dings schlecht geworden wäre; dir jedoch nicht – du behältst deinen Kopf oben. Ich habe dich genau beobachtet.«

»Na, warum auch nicht?«, entgegnete Fettes prahlerisch. »Was ging mich die Sache eigentlich an? Auf der einen Seite war nichts zu gewinnen, höchstens Verdrießlichkeiten; andererseits konnte ich aber auf deine Dankbarkeit rechnen. Das siehst du ja jetzt«, und er klopfte gegen seine Tasche, dass die Goldstücke klangen.

Macfarlane empfand bei diesen unerfreulichen Worten eine gewisse Besorgnis. Vielleicht bedauerte er es, seinen jungen Gefährten mit allzu gutem Erfolg unterrichtet zu haben. Aber er kam gar nicht dazu, eine Meinung zu äußern, denn der andere fuhr lärmend in dem gleichen ruhmseligen Ton fort:

»Die Hauptsache ist, keine Angst zu haben. Na, und was dich und mich anbetrifft, so möchte ich eben nicht gern hängen – das ist mal Tatsache, und für jede Art Heuchelei, Macfarlane, habe ich von Geburt an nur Verachtung gehabt. Hölle, Gott, Teufel, Recht, Unrecht, Sünde, Verbrechen, kurz: die ganze uralte Raritätensammlung – die kann vielleicht Knaben in Angst versetzen, aber Männer von Welt wie du und ich haben für solche Kindereien nur Verachtung. Komm, Prost! Auf das Andenken Grays!«

Mittlerweile war es ziemlich spät geworden. Das Gig wurde der Anweisung entsprechend vorgefahren, beide Lampen wurden angezündet, die beiden jungen Leute bezahlten ihre Rechnung und machten sich auf den Weg. Sie erzählten, sie müssten nach Peebles fahren; sie hielten diese Richtung auch ein, bis die letzten Häuser des Städtchens hinter ihnen lagen. Dann löschten sie die Laternen, kehrten den gleichen Weg zurück und folgten einer Seitenchaussee nach Glencorse. Kein Laut war zu hören außer dem Rattern ihres eigenen Gefährts und dem unaufhörlichen schneidenden Geräusch des Regens. Es war stockfinster. Hier und dort nur leitete sie ein heller Zaun oder ein weißer Stein in der Mauer eine kurze Strecke durch die Nacht. Meist mussten sie im Schritt, ja fast kriechend ihren Weg durch das tönende Dunkel zu dem geheiligten und einsamen Bestimmungsort tasten. In den tiefen Wäldern, die die Umgebung des Gottesackers durchziehen, schwand auch der letzte Schimmer, und es erwies sich als nötig, ein Streichholz anzuzünden und wieder eine der Giglaternen anzustecken. So erreichten sie unter tropfenden Bäumen, umringt von gewaltigen schwankenden Schatten, den Schauplatz ihrer unheiligen Arbeit.

Beide besaßen in solchen Dingen Erfahrung und wussten den Spaten zu gebrauchen. Sie waren noch kaum zwanzig Minuten bei ihrem Werk, als sie durch ein dumpfes Klappern auf dem Sargdeckel belohnt wurden. Im gleichen Moment schleuderte Macfarlane, dem ein Stein in die Hand geraten war, diesen sorglos hoch über seinen Kopf hinaus. Das Grab, in dem sie jetzt fast bis zu den Schultern standen, befand sich dicht am Rand des Kirchhofplateaus, und die Wagenlaterne stand, um ihnen bei der Arbeit besser zu leuchten, gegen einen Baum gelehnt, hart am Rand des steilen Abhangs, der zum Fluss abfiel. Der Zufall hatte dem Stein ein sicheres Ziel gegeben, das Klirren zerbrochenen Glases ertönte. Nacht senkte sich auf sie. Abwechselnd dumpfe und klirrende Geräusche verkündeten das Herabstürzen der Laterne den Hang hinunter und ihren gelegentlichen Anprall gegen die Bäume. Ein oder zwei Steine, die sie bei ihrem Fall mitgerissen hatte, kollerten hinter ihr drein in die Tiefen der Schlucht. Sie mochten ihr Gehör bis zum Äußersten anspannen, nichts ließ sich vernehmen: nur der Regen, jetzt gejagt vom Wind, jetzt ruhig fallend über Meilen offenen Landes.

Ihr scheußliches Werk war fast beendet. Sie hielten es daher für das Klügste, die Arbeit im Dunkeln zu vollenden. Der Sarg wurde der Erde entrissen und aufgebrochen, der Leichnam in den triefenden Sack getan, und nun trugen sie ihn gemeinsam zum Wagen. Einer stieg auf, um ihn an seinem Platz zu verstauen; der andere ergriff das Pferd beim Zügel und tastete sich an Mauer und Gebüsch entlang, bis sie bei Fisher's Tryst die breite Straße erreichten. Hier leuchtete ein schwacher, unsicherer Widerschein, den sie wie das Tageslicht begrüßten. Sie setzten das Pferd in scharfen Trab und begannen, vergnügt in Richtung auf die Stadt weiterzurattern.

Beide waren während ihrer Arbeit bis auf die Haut durchnässt worden, und als das Gig jetzt über die ausgefahrenen Geleise startete, fiel das Ding, das zwischen ihnen gelehnt stand, bald auf den einen, bald auf den anderen. Bei jeder Wiederholung dieser scheußlichen Berührung stießen sie es instinktiv mit größerer Hast wieder zurück. So natürlich dieser Vorgang war, begann er doch, den beiden Komplizen auf die Nerven zu gehen. Macfarlane machte über das Bauernweib einige rohe Witze, aber sie kamen nur misstönend über seine Lippen und verhallten schweigend. Noch immer taumelte ihre widernatürliche Last von einer Seite zur anderen. Jetzt lehnte sie fast vertrauensvoll ihren Kopf gegen ihre Schultern, jetzt klatschte ihnen die durchweichte Sackleinwand eisig ins Gesicht. Schleichende Kälte begann, von Fettes' Seele Besitz zu ergreifen.

Er schielte auf das Bündel, und es erschien ihm etwas größer als zuerst. Im ganzen weiten Land und aus jeder Entfernung begleiteten die Bauernköter ihre Fahrt mit klagendem Geheul. Und stärker und stärker festigte sich in Fettes' Geist der Gedanke, dass sich etwas Übernatürliches begeben hätte, dass eine unbekannte Änderung mit dem toten Körper vorgegangen wäre, dass die Hunde aus Furcht vor ihrer unheiligen Last so heulten.

»Um Gottes willen«, sagte er, nur mühsam die Worte hervorstoßend, »um Gottes willen, lass uns Licht machen!«

Macfarlane kämpfte anscheinend mit einer ähnlichen Erregung; obwohl er keine Antwort gab, parierte er das Pferd, gab seinem Gefährten die Zügel, stieg ab und machte sich daran, die ihnen verbliebene Laterne anzuzünden. Sie waren erst bis zu dem Kreuzweg nach Auchenclinny gekommen. Der Regen strömte noch immer, als wäre die Sintflut zurückgekehrt. Es war keine leichte Aufgabe, in einer Welt so voller Feuchtigkeit und Finsternis Licht zu machen. Als endlich das flackernde blaue Flämmchen auf den Docht übertragen war und aufzublühen und sich zu klären begann und einen weiten Kreis trüben Lichts rundum den Wagen zog, war es den beiden jungen Leuten möglich, einander und das Ding, das sie bei sich hatten, genauer zu betrachten. Der Regen hatte den groben Sack gleich einer Gussform über den darunter befindlichen Leichnam gezogen, der Kopf trat scharf hervor und die Schultern waren deutlich abgezeichnet. Etwas Geisterhaftes und Menschliches zugleich hielt ihre Augen auf den gespenstischen Fahrtkameraden gefesselt.

Macfarlane stand eine Weile regungslos mit hocherhobener Lampe. Ein namenloses Entsetzen schlang sich wie ein nasser Lappen um den Körper Fettes' und straffte die fahle Haut auf seinem Antlitz. Eine Angst, die sinnlos war, ein Grauen vor dem, was kommen würde, nahm sein Hirn gefangen; ein Sekundenschlag der Uhr und er hätte gesprochen, doch sein Spießgeselle kam ihm zuvor.

»Das ist kein Weib«, sagte Macfarlane mit leiser Stimme.

»Es war aber ein Weib, als wir es hineinsteckten«, flüsterte Fettes.

»Halte die Laterne«, versetzte der andere, »ich muss ihr Gesicht sehen.«

Und als Fettes die Lampe genommen hatte, löste sein Gefährte die Stricke des Sacks und zog die Hülle herunter von dem Haupt. Scharf fiel das Licht auf die düsteren, wohlgestalteten Züge, auf die glatt rasierten Wangen eines nur zu bekannten Gesichts, das diese beiden jungen Leute oft in ihren Träumen verfolgt hatte. Ein wilder, geller Schrei klang durch die Nacht. Beide sprangen von der Seite des Wagens auf die Straße, die Lampe fiel, zerbrach und verlöschte, und das Pferd, erschreckt durch diese ungewohnte Bewegung, bäumte sich und raste im Galopp gen Edinburgh, mit sich führend als einzigen Insassen des Wagens den Leichnam des toten, lange zerstückelten Gray.

Markheim

»Ja«, sagte der Händler, »die Wechselfälle unseres Geschäfts sind vielfältig. Es gibt unwissende Kunden, und dann profitiere ich durch mein größeres Wissen. Es gibt auch Unehrliche«, hier hielt er den Leuchter in die Höhe, dass das Licht voll auf seinen Besucher fiel, »und in diesem Fall«, fuhr er fort, »ziehe ich aus meiner Tugend Gewinn.«

Markheim kam gerade erst aus dem Tageslicht der Straße; seine Augen hatten sich noch nicht an das Gemisch von Licht und Dunkel in dem Laden gewöhnt. Bei diesen vielsagenden Worten und angesichts der Nähe der Flamme blickte er schmerzlich blinzelnd beiseite.

Der Händler kicherte. »Sie kommen am Weihnachtstag zu mir«, redete er weiter, »obwohl Sie genau wissen, dass ich allein im Haus bin, die Läden heruntergelassen habe und streng darauf halte, Geschäften aus dem Weg zu gehen. Nun, Sie werden dafür zahlen müssen; Sie werden dafür zahlen müssen, dass ich jetzt Zeit versäume, während ich über meinen Rechnungsbüchern sitzen sollte; Sie müssen außerdem für ein gewisses Benehmen zahlen, das mir heute an Ihnen ganz besonders auffällt. Ich bin die Diskretion selbst und stelle keine unliebsamen Fragen; aber wenn mir ein Kunde nicht ins Auge sehen kann, muss er dafür zahlen.« Wieder kicherte der Händler und fuhr dann im üblichen Geschäftston, wenn auch mit einem Schatten von Ironie fort: »Sie können natürlich wie gewöhnlich klar angeben, wie Sie in den Besitz des Gegenstands gelangt sind? Wieder mal aus Ihres Onkels Kabinett? Ein hervorragender Sammler, Sir!« Der kleine, blasse Händler mit dem krummen Rücken stellte sich fast auf die Zehenspitzen, guckte über seine goldenen Brillengläser hinweg und schüttelte mit allen Zeichen des Unglaubens den Kopf. Markheim erwiderte seinen Blick in grenzenlosem Mitleid und leisem Grauen.

»Diesmal«, sagte er, »befinden Sie sich im Irrtum. Ich bin nicht gekommen, um zu verkaufen, sondern um zu kaufen. Ich will keine Raritäten losschlagen; meines Onkels Kabinett ist bis zu den Wänden geplündert; aber selbst wenn es noch intakt wäre, würde ich nichts verkaufen wollen. Ich habe an der Börse Glück gehabt und würde die Sammlung daher eher vergrößern als vermindern; mein heutiges Anliegen ist die Einfachheit selbst. Ich suche ein Weihnachtsgeschenk für eine Dame«, fuhr er mit wachsender Geläufigkeit fort, je mehr er sich für die Rede, die er sich zurechtgelegt hatte, erwärmte, »und sicherlich schulde ich Ihnen dafür, dass ich Sie in einer so geringfügigen Angelegenheit störe, eine Genugtuung. Aber ich habe die Sache gestern versäumt; ich muss meine kleine Aufmerksamkeit heute beim Essen anbringen; wie Sie genau wissen, darf man eine reiche Heirat nicht vernachlässigen.« Eine Pause folgte, in der der Händler diese Erklärung ungläubig abzuwägen schien. Das Ticken zahlreicher Uhren, die unter dem fremdartigen Trödel des Ladens verborgen waren, und das ferne Rollen der Wagen aus einer der benachbarten Verkehrsstraßen füllten die kurze Stille.

»Gut, Sir«, sagte der Händler, »es sei. Schließlich sind Sie ja ein alter Kunde; und wenn sich Ihnen wirklich, wie Sie sagen, die Gelegenheit zu einer vorteilhaften Heirat bietet, will ich der Letzte sein, der sich Ihnen irgendwie in den Weg stellt. Hier habe ich etwas Hübsches für eine Dame«, fuhr er fort, »einen Handspiegel – fünfzehntes Jahrhundert, garantiert echt; stammt überdies aus einer guten Sammlung, wenn ich auch den Namen im Interesse meines Kunden verschweigen muss, der ganz wie Sie, verehrter Herr, der Neffe und einzige Erbe eines hervorragenden Sammlers ist.«

Der Händler hatte sich, während er in seiner trockenen, bissigen Art zu schwatzen fortfuhr, gebückt, um den Gegenstand von seinem Platz zu holen; währenddessen fuhr ein Zittern durch Markheims Glieder, ein Zucken von Hand und Fuß, und plötzlich jagte ein Sturm aufrührerischer Leidenschaften über sein Gesicht. Der Anfall verging so rasch, wie er gekommen war, und ließ keine Spur zurück, ausgenommen ein gewisses Beben der Hand, die jetzt den Spiegel in Empfang nahm.

»Ein Spiegel«, sagte er heiser und wiederholte deutlicher nach einer Pause. »Ein Spiegel? Zu Weihnachten? Das ist doch nicht Ihr Ernst?«

»Warum denn nicht?«, rief der Händler. »Warum keinen Spiegel?«

Markheim blickte ihn mit undefinierbarem Ausdruck an. »Sie fragen mich, warum ich keinen Spiegel will?«, sagte er. »Sehen Sie her – sehen Sie selbst hinein – sehen Sie sich an! Lieben Sie es, sich zu betrachten? Nein! Ich auch nicht – und ich wüsste niemanden, der es täte.«

Das Männchen war zurückgeschnellt, als Markheim ihm so plötzlich den Spiegel hinhielt; jetzt aber, da er erkannte, dass er nichts Schlimmeres in der Hand hatte, kicherte er. »Ihre Zukünftige muss recht stiefmütterlich vom Schicksal bedacht sein«, meinte er.

»Ich bitte Sie um ein Weihnachtsgeschenk«, sagte Markheim, »und Sie geben mir dieses da – diesen verdammten Herold der Zeit, der von Sünden und Torheit spricht – diesen Handmahner des Gewissens! War das Ihre Absicht? Hatten Sie dabei einen Hintergedanken? Reden Sie. Sie tun gut daran. Kommen Sie und erzählen Sie mir von sich selbst. Ich rate aufs Geratewohl: Im Grunde Ihres Herzens sind Sie ein recht mildtätiger Mann?«

Der Händler musterte seinen Besucher scharf. Seltsam, Markheim schien nicht zu lachen; auf seinem Gesicht leuchtete etwas wie erwartungsvolle Hoffnung, aber keine Lustigkeit.

»Worauf wollen Sie hinaus?«, fragte der Händler.

»Nicht mildtätig?«, entgegnete düster der andere. »Nicht mildtätig; nicht fromm; nicht gewissenhaft; lieblos, ungeliebt; eine Hand zum Gelderraffen, eine Kassette für dessen Aufbewahrung. Ist das alles? Du großer Gott, Mensch, ist das alles?«

»Ich will Ihnen sagen, was ist«, begann der Händler mit einiger Schärfe und brach dann mit einem Kichern ab. »Aber ich sehe ja, dass dies eine Liebesheirat ist, und Sie haben auf der Dame Gesundheit getrunken.«

»Ah«, rief Markheim mit seltsamer Neugier, »Ah, sind Sie je verliebt gewesen? Erzählen Sie mir davon.«

»Ich«, rief der Händler, »ich, verliebt? Habe nie die Zeit dazu gehabt und habe auch heute keine Zeit für diesen Unsinn. Wollen Sie nun den Spiegel?«

»Wozu die Eile?«, entgegnete Markheim. »Es steht und plaudert sich hier doch recht angenehm; und das Leben ist so kurz und unsicher, dass ich keiner Freude entrinnen möchte, selbst einer so unschuldigen wie dieser nicht. Wir sollten vielmehr an allem, was uns gegeben ist, festhalten, festhalten wie einer, der über einem Abgrund schwebt. Jede Sekunde stellt einen Abgrund dar, wenn man's recht bedenkt – einen schwindelnd tiefen Abgrund – tief genug, um uns bis zur Unkenntlichkeit unseres Menschentums zu zerschmettern. Und daher ist es besser, sich angenehm zu unterhalten. Wir wollen voneinander reden; wozu diese Maske? Lassen Sie uns gegenseitig Vertrauen fassen. Wer weiß, vielleicht werden wir noch Freunde?«

»Ich habe Ihnen gerade noch ein Wort zu sagen«, erklärte der Händler. »Entweder Sie erledigen Ihren Einkauf oder Sie scheren sich aus meinem Laden!«

»Wahr, sehr wahr«, sagte Markheim. »Genug der Torheiten. Zur Sache. Zeigen Sie mir etwas anderes.«

Der Händler bückte sich ein zweites Mal, um den Spiegel auf das Brett zurückzulegen; sein dünnes blondes Haar fiel ihm über die Augen. Markheim trat, die eine Hand in der Tasche seines schweren Mantels vergraben, ein wenig näher. Er straffte sich zu seiner vollen Länge, und seine Lungen sogen sich voll Luft. Gleichzeitig malten sich die verschiedenartigsten Empfindungen auf seinem Gesicht: Furcht, Grauen und Entschlossenheit, faszinierte Aufmerksamkeit und physischer Widerwillen, und unter der verzerrten Oberlippe wurden seine Zähne sichtbar.

»Vielleicht ist dies etwas Passendes«, bemerkte der Händler; und während er sich aufrichtete, stürzte sich Markheim von hinten auf sein Opfer. Die lange schmale Klinge blitzte auf und traf. Der Händler zappelte wie eine Henne, stieß mit der Schläfe gegen das Wandbrett und sank in einem Häufchen zu Boden.

Die Zeit hatte wohl ein Dutzend feiner Stimmen in jenem Laden, gewichtige und gemessene, wie es dem hohen Alter zukommt, schwatzhafte und eilige, und alle zählten im verworrenen Ticktack die Sekunden. Von der Gasse her durchbrach das hastige Gepolter von Knabenfüßen auf Pflastersteinen den Chor der schwächeren Stimmen und erweckte Markheim zum Bewusstsein seiner Umgebung. Er blickte sich furchtsam um. Die Kerze stand auf dem Ladentisch; mahnend zuckte die Flamme im Luftzug, und diese fast unmerkliche Bewegung füllte den ganzen Raum mit stummem Leben und wogender Unruhe wie das Meer: Die steilen Schatten nickten, die schweren massigen Dunkelheiten wuchsen und schrumpften wie atmende Wesen, die Gesichter der Porträts und der chinesischen Porzellangötter wandelten sich und verschwammen wie Spiegelbilder im Wasser. Die innere Tür stand offen und spähte in das Heer der Schatten mit einem langen schmalen Streifen Tageslicht, der einem gestreckten Zeigefinger glich.

Von ihren Irrfahrten kehrten Markheims furchtbefallene Augen zu dem Körper seines Opfers zurück, wie er buckelig, mit gespreizten Gliedern, unglaublich klein und unendlich viel erbärmlicher als im Leben dalag. In den ärmlichen Kleidern eines Geizhalses und in jener plumpen Stellung war das Ganze nicht viel mehr als ein Häufchen Lumpen. Markheim hatte sich vor seinem Anblick gefürchtet, und siehe! Es war ein Nichts. Und dennoch, wie er es so betrachtete, begannen in diesem blutbesudelten Bündel alter Kleider, beredte Stimmen laut zu werden. Dort musste es liegen; niemand war, der die geschickt gearbeiteten Angeln und Scharniere spielen ließ, der das Wunder der Bewegung dirigieren konnte. Dort musste es liegen, bis es gefunden wurde. Gefunden! Ja, und dann? Dann würde aus diesem toten Leib ein Schrei aufsteigen, von dem ganz England widerhallen musste. Das Echo der Jagd würde die ganze Welt erfüllen. Ja, tot oder lebendig, hier lag der Feind. »Zeit war, da der gehemmte Geist entwich« – fuhr es ihm durch den Sinn, und das erste Wort zündete in seinem Hirn. Die Zeit, die für das Opfer ausgelöscht war, war nun, da er die Tat vollbracht, für den Mörder unaufhaltsam, ungeheuerlich bedeutungsvoll geworden.

Dieser Gedanke erfüllte ihn noch ganz, als erst die eine und dann die andere Uhr, in jeder möglichen Variation von Takt und Stimme, tief wie die Glocke einer Kathedrale, leicht und hell wie der Auftakt zu einem Walzer, die dritte Nachmittagsstunde zu schlagen begann.

Der plötzliche Ausbruch so zahlreicher Stimmen in dem stummen Raum traf ihn wie ein Fausthieb. Er setzte sich in Bewegung, schritt, die Kerze in der Hand, hin und her, unablässig von gleitenden Schatten verfolgt und zu Tode erschrocken von zufälligen Betrachtungen. Aus zahlreichen prunkvollen Spiegeln teils heimischen Ursprungs, teils aus Venedig oder Amsterdam, blickte ihm sein Gesicht in vielfältigen Wiederholungen gleich einem Heer von Spionen entgegen; seine eigenen Augen stellten ihn in der Begegnung, und seine eigenen Schritte schreckten trotz ihrer Leichtigkeit die umgebende Stille auf. Und noch während er seine Taschen füllte, warf ihm sein Hirn mit unablässiger, tödlicher Monotonie die tausend Fehler seines Plans vor. Er hätte eine ruhigere Stunde wählen, sich ein Alibi beschaffen sollen; er hätte kein Messer gebrauchen, hätte vorsichtiger sein sollen. Es hätte genügt, den Händler zu binden und zu knebeln, statt ihn zu töten; er hätte verwegener sein und sich auch noch des Dienstboten entledigen sollen; alles hätte er anders machen sollen: brennendes Bedauern, zehrender, nimmer endender Kreislauf der Gedanken, um das zu ändern, was nicht zu ändern war; zweckloses Planen, Baumeister der unwiderruflichen Vergangenheit zu werden. Und im Hintergrund dieses fiebrigen Denkens füllten tierische Schrecken, wie das Scharren und Rascheln der Ratten auf dem öden Dachboden, die geheimsten Kammern seines Gehirns mit Aufruhr; die Hand des Constable fiel schwer auf seine Schulter, und seine Nerven zuckten wie der Fisch am Angelhaken; oder es jagten Gerichtsschränke, Gefängnis, Galgen und der schwarze Sarg an seinem Innern vorbei. Furcht vor den Leuten auf der Straße belagerte ihn wie eine Armee die Festung. Unmöglich, dass nicht irgendwie der Kampf ruchbar geworden war und ihre Neugier aufgestachelt hatte. Jetzt sah er sie in den Nachbarhäusern sitzen, regungslos, die Ohren gespitzt – die Einsamen, die dazu verurteilt waren, Weihnachten allein mit ihren Erinnerungen zu feiern, durch seine Tat aus zärtlichen Gedanken aufgeschreckt; glückliche Familien um den Tisch versammelt und zu Schweigen erstarrt, die Mutter mit erhobenem Finger: Menschen jedes Standes, jedes Alters, jeder Laune, aber alle am eigenen Herd versammelt, und alle spähend, lauschend und den Strick flechtend, der ihn henken sollte. Mitunter war es ihm, als könne er nicht leise genug gehen; das Klirren der hohen böhmischen Gläser tönte laut wie eine Glocke, und durch das sonore Ticken erschreckt, fühlte er sich versucht, die Uhren abzustellen. Und wieder, in wechselndem Entsetzen, schien ihm das Schweigen selbst voller Gefahr: Es musste den Passanten auffallen, sie erstarrend an die Stelle fesseln. Und sofort vermehrte er die Sicherheit seines Auftretens, machte sich geräuschvoll in dem Laden zu schaffen und ahmte mit studierter Leichtigkeit das Treiben eines geschäftigen Mannes nach, der sich zwanglos in seinem eigenen Haus bewegt.

Jetzt aber fühlte er sich von so vielfachen Ängsten zerrissen, dass sein Gehirn dem Wahnsinn nahe war und doch wieder wachsam und schlau auf der Lauer lag. Der Nachbar, der sein bleiches Gesicht gegen die Scheiben presste, der Passant, den eine grausige Ahnung stehen bleiben hieß, konnten schlimmstenfalls nur Vermutungen hegen: Wissen konnten sie nichts. Die Ziegelmauern und geschlossenen Fensterläden ließen nur Geräusche hindurch. Aber war er hier im Haus auch wirklich allein? Er wusste, dass er es war; er hatte das Dienstmädchen in dem armen Feiertagskleid fortgehen sehen, dem Schatz entgegen, ›Ausgang‹ in jeder Rüsche, in jeder lächelnden Falte ihres Gesichts. Ja, er war allein, natürlich war er allein; dennoch hörte er ganz genau über sich in der weiten Leere des Hauses zarte Tritte – er war sich einer fremden Gegenwart vollauf bewusst, auf rätselhafte Art bewusst. Ja, bestimmt; seine Fantasie schlich ihr in jedes Zimmer, in jeden Winkel nach, und jetzt war es ein Ding ohne Gesicht, aber mit

Augen, die sahen, und dann war es ein Schatten seiner selbst, und wieder war es das Abbild des toten Händlers, zu neuem Hass und neuer Tücke auferweckt.

Mit Überwindung blickte er von Zeit zu Zeit nach der offenen Tür, vor der seine Augen trotzdem zurückprallten. Das Haus war sehr hoch, das Oberlichtfenster klein und schmutzig, der Tag von Nebel blind. Das Licht, das nach dem Erdgeschoss durchsickerte, war außerordentlich trüb und zeichnete sich nur matt auf der Ladenschwelle ab. Und doch – lauerte nicht ein schwanker Schatten dort in dem schmalen Dämmerstreifen?

Plötzlich fing ein äußerst jovialer Herr an, unter Schreien und Scherzen und fortgesetzten Wiederholungen des Namens des Händlers von draußen her mit seinem Stock gegen die Ladentür zu pochen. Markheim blickte, zu Eis erstarrt, den Toten an. Nein, der lag ganz still, weit außerhalb der Hörweite dieses Klopfens und Rufens, in einem Ozean des Schweigens versunken, und sein Name, der ehedem für seine Ohren das Toben des Sturms übertönt haben mochte, war ein leeres Geräusch geworden. Und nach einer Weile hörte der joviale Herr mit seinem Klopfen auf und ging seiner Wege.

Das war ein deutlicher Wink, mit dem, was es noch zu tun gab, nicht zu säumen; sich auf und davon zu machen aus dieser anklagenden Umgebung, unterzutauchen in die Millionen Londons und, jenseits des Tages, jenen Hafen der Sicherheit und scheinbaren Unschuld zu erreichen – das Bett. Ein Besucher hatte sich bereits gemeldet; jeden Augenblick konnte ihm ein zweiter, hartnäckigerer folgen. Nach vollbrachter Tat um ihre Früchte betrogen zu werden, wäre zu furchtbar gewesen. Das Geld, das war jetzt Markheims vornehmste Sorge, und als Mittel dazu: die Schlüssel.

Er warf einen Blick über die Schulter nach der offenen Tür, wo nach wie vor zitternd der Schatten weilte. Ohne klaren psychischen Widerwillen, aber unter körperlichem Schaudern näherte er sich der Leiche seines Opfers. Der menschliche Charakter war ganz von ihr gewichen. Mit gespreizten Gliedern und gekrümmtem Rumpf glich sie einem lose mit Sägemehl ausgestopften Kleiderbündel; dennoch stieß das Ding ihn ab. Trotz der nichtssagenden Dürftigkeit des Anblicks fürchtete er sich vor der beredteren Sprache der Berührung. Er fasste die Leiche an den Schultern und legte sie auf den Rücken. Sie war seltsam leicht und geschmeidig, und die Arme und Beine nahmen dabei, wie gebrochen, die sonderbarsten Stellungen an. Das Gesicht war ohne jeden Ausdruck, aber wachsbleich und die eine Schläfe entsetzlich mit Blut beschmiert. Das war das Einzige, was Markheim Widerwillen einflößte. Im Nu war er in ein Fischerdorf zurückversetzt, an einem gewissen Jahrmarktstag: ein grauer Himmel, ein pfeifender Wind, eine Volksmenge auf den Straßen, Blechmusik, Trommelwirbel, und die näselnde Stimme einer Bänkelsängerin, dazu ein Knabe, der, zwischen Furcht und Interesse zerrissen, im Gedränge untertauchte und sich hin und her bewegte, bis er auf dem Hauptrummelplatz eine Bude mit einer ungeheuren Plakatwand entdeckte: elendigliche, roh gemalte, schreiende Bilder, die Brownrigg mit ihrem Lehrling, die Mannings mit ihrem ermordeten Gast, Weare mit der Mörderfaust Thurtells an der Kehle, und ein Dutzend anderer berühmter Verbrechen waren hier dargestellt. Das Ganze war so lebendig wie eine Fata Morgana; wieder war er der kleine Junge, wieder betrachtete er mit dem gleichen körperlichen Widerwillen diese gemeinen Bilder; wieder schlug der Trommellärm betäubend an sein Ohr. Einige Takte der damals gehörten Musik huschten ihm durch den Sinn, und hierbei überkam ihn zum ersten Male ein Ohnmachtsgefühl, eine Welle der Übelkeit, eine plötzliche Schwäche in den Kniegelenken, die es augenblicks zu bekämpfen und zu überwinden galt.

Er hielt es für klüger, seinen Betrachtungen standzuhalten, als ihnen zu entfliehen. Fest sah er dem Toten ins Gesicht und zwang sich, die Art und Größe seines Verbrechens zu begreifen. Wie lange war es her, dass sich auf diesem Antlitz jedes wechselnde Empfinden gespiegelt, dass dieser Mund geredet, dieser Körper geglüht hatte von feurigster, lenksamer Energie? Und jetzt war durch seine Tat jenes Stückchen Leben angehalten worden, wie der Uhrmacher mit gestrecktem Finger das Räderwerk der Uhr zum Stehen bringt. So suchte er sich vergeblich zu überzeugen; vergeblich suchte er sich zu reuigerem Bewusstsein aufzupeitschen; dasselbe Herz, das vor den Abbildern des Verbrechens zurückgeschreckt war, blieb unberührt hier vor der Wirklichkeit. Im besten Fall fühlte er ein schwaches Bedauern für dieses Wesen, dem umsonst ein gütiges Schicksal alle Gaben in die Wiege gelegt hatte, die die Welt in einen Zaubergarten verwandeln, und das, ohne je gelebt zu haben, jetzt gestorben war. Von Reue aber keinen Hauch.

Damit schüttelte er diese Gedanken von sich ab; er fand die Schlüssel und schritt auf die offene Tür zu. Draußen hatte es heftig zu regnen angefangen, und das Geräusch der auf das Dach fallenden Tropfen hatte das Schweigen verbannt. So wie in gewissen Höhlen das ständig rieselnde Wasser ein nie enden wollendes Echo weckt, so füllte sich das Haus mit ihrem Widerhall, der sich mit dem Ticken der Uhren vermischte. Im Näherschreiten war es Markheim, als antwortete seinen behutsamen Tritten ein anderer fremder Tritt, der sich vor ihm die Treppe hinauf zurückzog. Immer noch zitterte der Schatten auf der Türschwelle. Mit dem Zentnergewicht seines Willens zwang er seine Muskeln zum Gehorsam und schob die Tür vollends zurück.

Das schwache, dunstige Tageslicht schimmerte trübe auf dem kahlen Fußboden und der Treppe, auf der blinkenden Ritterrüstung, die mit aufgepflanzter Hellebarde auf dem Treppenabsatz stand, auf die dunklen Holzschnitzereien und gerahmten Bilder, die sich von der gelben Holzbekleidung der Wände abhoben. Die prasselnden Regentropfen hallten so laut im Haus wider, dass Markheim in ihnen vielfältige Stimmen und Geräusche zu unterscheiden vermeinte. Fußtritte und Seufzer, der schwere Schritt eines in der Ferne marschierenden Regiments, das Klingen von Goldmünzen auf dem Ladentisch, das Knarren von Türen, die von heimlicher Hand offen gehalten wurden, mischten sich, schien's, in das Geräusch des klatschenden Regens auf der Dachkuppel und in das Rauschen des Wassers in den Leitungsröhren. Das Bewusstsein fremder Gegenwart brachte ihn dem Wahnsinn nahe. Von allen Seiten umlagerten und verfolgten ihn unsichtbare Wesen. Er hörte sie sich in den oberen Räumen bewegen; vom Laden her spürte er den Toten sich aufrichten und lebendig werden, und als er sich mit starker Überwindung anschickte, die Treppe hinaufzusteigen, flohen Füße geräuschlos vor ihm her und schlichen ihm heimlich nach. Wäre er nur taub, fuhr es ihm durch den Sinn, wie sicher würde er Herr seiner Seele sein. Und wieder horchte er auf und segnete jenen immer wachen Sinn, der auf Vorposten stand und als zuverlässige Schildwache sein Leben beschirmte. Unablässig drehte und wendete er den Kopf; seine Augen, die aus ihren Höhlen hervorzutreten schienen, spähten und schweiften nach allen Seiten, und von allen Seiten her ward ihnen ein halber Lohn durch ein namenloses Etwas, dessen schwindende Spur sie erhaschten. Die vierundzwanzig Stufen zum oberen Stockwerk waren vierundzwanzig Höllenstrafen. Auf diesem Flur gähnten ihm drei Türen entgegen, drohende Hinterhalte, die wie drei Kanonenmündungen seine Nerven erschütterten. Er fühlte es, nichts war stark genug, um ihn fortan gegen die spähenden Augen der Menschen zu stählen und zu wappnen. Er sehnte sieh danach, zu Hause zu sein, hinter festen Mauern, in den Betttüchern vergraben, unsichtbar vor allen, außer vor Gott. Bei diesem Gedanken wunderte er sich ein wenig, in Erinnerung an die vielen Geschichten von anderen Mördern, die angeblich vor der Rache des Himmels gezittert hatten. Sie stimmten nicht, wenigstens was ihn betraf. Er fürchtete sich vor den Gesetzen der Natur, dass sie in ihrem gefühllosen und unabänderlichen Ablauf eine vernichtende Spur seines Verbrechens festhalten könnten. Mit zehnfachem sklavischen, abergläubischen Grauen fürchtete er irgendeinen Riss in der Kontinuität der menschlichen Erfahrungen, irgendeinen willkürlichen Bruch der Naturgesetze. Er spielte ein Spiel der Geschicklichkeit, das von den Regeln, den berechneten Wirkungen bestimmter Ursachen abhing. Wie, wenn nun die Natur, wie der besiegte Tyrann das Schachbrett, ihre Gesetzesfolge zertrümmern sollte? Das Gleiche hatte Napoleon betroffen, als der Winter den Zeitpunkt seines Eintreffens änderte. Das Gleiche konnte Markheim treffen: Die festen Mauern konnten durchsichtig werden und sein Treiben enthüllen wie das Treiben von Bienen in einem gläsernen Stock. Die starken Dielen konnten wie trügerischer Flugsand nachgeben und ihn umklammern; ja, alltäglichere Ereignisse konnten ihn vernichten. Wie, wenn nun das Haus einfiel und ihn zusammen mit dem Leichnam seines Opfers einsperrte? Oder wenn in dem Nachbarhaus Feuer ausbräche und ringsum die Feuerwehr auf ihn eindränge? Das waren die Dinge, die er fürchtete, die Dinge, die man gewissermaßen die Hand Gottes nennen konnte, die Er der Sünde entgegenreckt. Vor Gott selbst fürchtete er sich nicht; gewiss, seine Tat war eine Ausnahmetat, aber ungewöhnlich waren auch seine Entschuldigungsgründe, die Gott allein kannte. Bei ihm, nicht aber bei den Menschen war er der Gerechtigkeit sicher.

Nachdem er unbehelligt in das Wohnzimmer eingedrungen war und die Tür hinter sich geschlossen hatte, fühlte er seine Furcht von sich weichen. Die Einrichtung war völlig aufgelöst; der Teppich fehlte, stattdessen standen zahlreiche Packkisten und Möbelstücke in wüstem Durcheinander; dazu verschiedene hohe Spiegel, in denen er sich von allen möglichen Seiten erblickte, wie ein Schauspieler in verschiedenen Bühnenposen, viele Bilder, gerahmt und ungerahmt, mit der Vorderseite gegen die Wand gelehnt, eine schöne Sheraton-Anrichte, ein eingelegter Sekretär und ein mächtiges altes Bett mit schweren Vorhängen. Die Fenster gingen auf den Hof hinaus, aber zum Glück verbargen ihn die heruntergelassenen Läden vor den Nachbarn. Markheim rückte also eine der Kisten vor den Sekretär und begann, nacheinander die Schlüssel zu erproben. Es war ein langwieriges und angreifendes Geschäft, denn vielleicht war der Sekretär auch leer, und die Zeit drängte. Indes ernüchterte ihn die angespannte Arbeit. Er schielte dabei zur Tür – ja mitunter blickte er sie gerade an, wie ein belagerter Kommandant, der sich freut festzustellen, dass seine Verteidigungsmaßnahmen in gutem Zustand sind. In Wahrheit war er jetzt ganz ruhig. Das Plätschern des Regens auf der Straße klang wieder natürlich und angenehm in seinen Ohren. Nach einer Weile drangen aus der entgegengesetzten Richtung die Töne eines Klaviers zu ihm herüber, die sich der Melodie eines Chorals anschmiegten, und zahlreiche Kinderstimmen nahmen die Weise und die Worte auf. Wie majestätisch und trostreich klang die Melodie, wie frisch waren die jugendlichen Stimmen. Markheim lauschte lächelnd, während er die Schlüssel ordnete; in seinem Geist drängten sich sprechende Bilder und Gedanken: Kinder auf dem Weg zur Kirche und Orgelgebraus, Kinder auf der Wiese, Badende am Bachufer, kleine Beerenleser im Gemeindewäldchen, jugendliche Drachenspieler unter einem windigen, wolkenreichen Himmel; und bei der nächsten Kadenz war er wieder in die Kirche zurückversetzt, in die schläfrige Hitze eines Sommersonntags, hörte die hohe, vornehme Stimme des Geistlichen (die ihm in der Erinnerung noch ein leises Lächeln entlockte) und sah die gemalten Jakobitengrabmäler sowie die matten Buchstaben der Zehn Gebote an der Kanzel.

Und noch während er so geschäftig und abwesend zugleich dasaß, riss es ihn plötzlich auf die Füße. Ein Strahl von Eis und ein Strahl von Feuer, eine Woge pochenden Bluts, und er stand angenagelt, jeder Nerv gespannt. Ein langsamer, fester Schritt kam die Treppe herauf, und nach einer Weile legte eine Hand sich auf die Türklinke, das Schloss klirrte und die Tür öffnete sich.

Furcht hielt Markheim wie mit Eisenklammern. Er wusste nicht, was war; ob der Tote auferstanden war, ob die offiziellen Häscher der menschlichen Justiz ihn greifen wollten, ob ein zufälliger Zeuge hier blind hereinstolperte, um ihn dem Galgen zu überliefern. Als jedoch ein Gesicht sich durch die Öffnung schob, im Zimmer umherblickte, ihm wie in freundschaftlichem Erkennen zunickte und lächelte, und sich dann wieder zurückzog, brach seine Furcht in einem heiseren Schrei durch. Bei diesem Laut kehrte der Besucher wieder um.

»Haben Sie mich gerufen?«, fragte er freundlich, und mit diesen Worten trat er, die Tür hinter sich schließend, ins Zimmer.

Markheim stand und starrte ihn krampfhaft an. Vielleicht lag ein Schleier über seinen Augen, aber es war ihm, als ob die Konturen des Ankömmlings sich wandelten und verschwammen, wie die der Götzen in dem unruhigen Kerzenlicht des Ladens. Mitunter kam er ihm bekannt vor, dann wieder schien er ihm selbst zu gleichen; und dabei lastete unablässig, gleich einem schweren Stein und voll lebendigsten Entsetzens, die Überzeugung auf seiner Brust, dass das Wesen dort nicht von dieser Welt und auch nicht vom Himmel sei.

Und dennoch – das Geschöpf sah seltsam alltäglich aus, wie es so dastand und Markheim lächelnd ansah, und als es gar hinzufügte: »Sie suchen, soviel ich weiß, das Geld?«, waren seine Worte in dem üblichen Ton eines höflichen Mannes.

Markheim antwortete nicht.

»Ich muss Sie darauf aufmerksam machen«, fuhr der andere fort, »dass das Dienstmädchen sich heute früher als gewöhnlich von seinem Schatz getrennt hat und bald hier sein wird. Sollte Mr Markheim hier im Haus gefunden werden, so brauche ich ihn wohl nicht erst auf die Folgen hinzuweisen.«

»Sie kennen mich?«, rief der Mörder.

Der Besucher lächelte. »Seit Langem gehören Sie zu meinen ganz besonderen Freunden«, sagte er, »und schon lange habe ich Sie beobachtet und Ihnen helfen wollen.«

»Wer sind Sie?«, rief Markheim. »Der Teufel?«

»Wer ich bin«, erwiderte der andere, »hat nichts mit dem Dienst zu tun, den ich Ihnen leisten möchte.«

»Nein«, rief Markheim, »nein! Mir von Ihnen helfen lassen? Niemals; von Ihnen nicht. Noch kennen Sie mich nicht; dem Himmel sei Dank, mich nicht.«

»Ich kenne Sie«, entgegnete der Gast in gleichsam freundlich strengem oder festem Ton. »Ich kenne Sie bis auf den Grund Ihrer Seele.«

»Mich kennen!«, rief Markheim. »Wer kann das? Mein Leben ist nichts als eine Travestie, eine Verleumdung meiner selbst. Ich habe gelebt, um meine Natur Lügen zu strafen. Alle Menschen tun das; alle Menschen sind besser als die Maske, die sie tragen, die ihnen anwächst und sie erstickt. Sehen Sie nicht, wie das Leben sie packt und mit sich reißt, wie einen Menschen, den Räuber in einen

Mantel hüllen und mit sich schleppen? Könnten sie, wie sie wollten – könnten Sie ihre Gesichter sehen, sie wären ganz anders; sie würden als Heroen und Heilige erglänzen. Ich bin schlimmer als die meisten; trage eine ärgere Verkleidung; meine Entschuldigung kennen nur Gott und ich allein. Hätte ich Zeit dazu, ich würde mich enthüllen.«

»Sich mir enthüllen?«

»Ihnen vor allem«, entgegnete der Mörder. »Ich hielt Sie für intelligent. Ich glaubte – da Sie wirklich existieren –, Sie verstünden im Herzen zu lesen. Und doch wollen Sie mich nach meinen Taten beurteilen! Überlegen Sie, was das heißt, nach meinen Taten! Ich bin unter Riesen zur Welt gekommen, habe unter Riesen gelebt; Riesen haben mich, von dem Tag meiner Geburt an, bei der Hand genommen und fortgeschleppt – die Riesen des Zufalls, der Umgebung. Und Sie wollen mich nach meinen Taten beurteilen! Können Sie denn nicht in mein Inneres hineinsehen? Können Sie denn nicht begreifen, dass ich das Böse hasse? Erkennen Sie denn nicht in meinem Innern die klare Schrift des Gewissens, die keine willkürlichen Sophismen auszulöschen vermochten, wenn ich sie auch gar zu oft unbeachtet ließ? Erkennen Sie mich denn nicht als ein Wesen, das so weit verbreitet ist wie die Menschheit selbst – als den Sünder wider Willen?«

»Alles, was Sie sagen, klingt sehr schön«, lautete die Antwort, »geht mich aber nichts an. Fragen der Charakterstärke fallen nicht in mein Gebiet, und es ist mir ganz gleichgültig, durch welchen Zwang Sie sich haben mitreißen lassen, vorausgesetzt, dass es in der richtigen Richtung war. Aber die Zeit fliegt; das Dienstmädchen hat es zwar nicht eilig; sie sieht sich die Volksmenge an und die Bilder an den Anschlagsäulen, aber sie rückt doch immer näher, und vergessen Sie nicht, dass es ist, als käme der langbeinige Galgen selbst durch die festlichen Straßen auf Sie losgeschritten! Soll ich Ihnen helfen, ich, der ich alles weiß? Soll ich Ihnen sagen, wo das Geld zu finden ist?«

»Um welchen Preis?«, fragte Markheim.

»Ich schenke Ihnen diesen Dienst als Weihnachtsgabe«, versetzte der andere.

Markheim musste lächeln, wie in bitterem Triumph. »Nein«, sagte er, »ich will nichts aus Ihren Händen; und wenn ich vor Durst stürbe und Ihre Hand hielte den Wasserkrug an meine Lippen, ich hätte dennoch den Mut, ihn zurückzuweisen. Vielleicht bin ich zu leichtgläubig, aber ich will nichts tun, um mich dem Bösen zu verschreiben.«

»O bitte, ich habe nichts gegen eine Reue auf dem Totenbett«, bemerkte der Besucher.

»Weil Sie an ihre Wirksamkeit nicht glauben«, rief Markheim.

»Das will ich nicht sagen«, erwiderte der andere; »aber ich betrachte diese Dinge von einer anderen Seite, und mit dem Leben erlischt auch mein Interesse. Der Mensch hat gelebt, um mir zu dienen, um unter der Flagge der Religion Bosheit und Übelwollen zu verbreiten, oder um wie Sie, in einem Dasein voll willfähriger Schwäche gegenüber seinen Trieben, Unkraut ins Weizenfeld zu säen. Jetzt, da er sich dem Tor zur Freiheit nähert, vermag er seinen Dienst nur um die eine Tat noch zu bereichern – er bereut, stirbt lächelnd und baut in den furchtsameren unter meinen Anhängern Hoffnung und Zuversicht auf. Ich bin kein harter Herr. Versuchen Sie es mit mir. Nehmen Sie meine Hilfe an. Bedienen Sie sich im Leben, wie Sie es bisher getan haben; greifen Sie noch reichlicher zu, brauchen Sie Ihre Ellbogen an der Tafel; und wenn die Nacht sich niedersenken und der Vorhang fallen will, wird es Ihnen sogar ein Leichtes sein, sich mit Ihrem Gewissen zu versöhnen und mit Gott einen Frieden auf Gegenseitigkeit zu schließen. Dessen kann ich Sie zu Ihrem Trost versichern. Eben erst komme ich von solch einem Totenbett; das Zimmer war voll ehrlicher Leidtragender, die alle den letzten Worten des Mannes lauschten, und als ich in jene Augen blickte, die sich jeder mitleidigen Regung gegenüber zu Stahl verhärtet hatten, fand ich sie voll lächelnder Hoffnung.«

»Und halten Sie mich wirklich für ein solches Geschöpf?«, fragte Markheim. »Glauben Sie wirklich, ich kennte kein höheres Ziel, als zu sündigen, wieder zu sündigen und immerfort zu sündigen, um mich zuletzt durch die Hintertür in den Himmel zu schleichen?

Mein Herz bäumt sich bei dem Gedanken. Sind das Ihre Erfahrungen mit der Menschheit, oder setzen Sie eine solche Schlechtigkeit in mir voraus, weil meine Hände rot von Blut sind? Und ist dies Verbrechen des Mordes denn wirklich so ruchlos, dass es die Quelle des Guten selbst versiegen lässt?«

»Mord ist für mich keine besondere Kategorie«, versetzte der andere. »Alle Sünden sind Morde, so wie das ganze Leben ein Krieg ist. Ich sehe Ihresgleichen gleich hungernden Seeleuten auf einem Floß die Brotkrusten dem Hunger selbst aus den Händen reißen und einander gegenseitig verschlingen. Ich gehe der Sünde nach bis über den Moment ihrer Entstehung und sehe, dass ihre Folge überall der Tod ist. In meinen Augen trieft das hübsche Mädchen, das am Vorabend eines Balls mit gewinnendem Liebreiz die Mutter hintergeht, nicht weniger von Menschenblut als der eigentliche Mörder. Sagte ich, dass ich der Sünde nachgehe? Ich gehe auch der Tugend nach; sie unterscheiden sich voneinander nicht um Haaresbreite. Beide sind Sicheln in der Hand des Mähers Tod. Das Böse, für das ich lebe, wurzelt nicht im Handeln, sondern im Charakter. Ich liebe den schlechten Menschen, nicht die schlechte Tat, deren Früchte, könnten wir sie nur weit genug in ihrem Sturz hinab den sausenden Katarakt der Zeit verfolgen, vielleicht segensreicher befunden werden als die seltenste Tugendfrucht. Nicht weil Sie einen Händler getötet haben, sondern weil Sie Markheim sind, erbiete ich mich, Ihnen zur Flucht zu verhelfen.«

»Ich will Ihnen mein ganzes Herz zeigen«, war Markheims Antwort. »Dieses Verbrechen, über dem Sie mich ertappt haben, ist mein letztes. Auf dem Weg zu ihm habe ich viel gelernt, ja, die Tat selbst ist mir eine denkwürdige Lehre geworden. Bisher bin ich wider meinen Willen zu dem getrieben worden, was mir fernlag; ich war der gehetzte, gepeitschte Sklave der Armut. Es gibt robuste Tugenden, die diesen Versuchungen zu widerstehen vermögen; die meine war nicht so: Mich dürstete nach Genuss. Heute aber, aus dieser Tat, sammle ich sowohl gute Lehren wie Reichtümer, sowohl den erneuten Entschluss wie die Kraft, ich selbst zu sein. Ich werde in allen Dingen Herr meiner Handlungen; ich sehe mich bereits als einen ganz anderen; diese Hände sind Werkzeuge des Guten; Frieden wohnt in diesem Herzen. Etwas aus der Vergangenheit überkommt mich; etwas, von dem mir an Sabbatabenden träumte, wenn die Orgel erklang; Vorahnungen, die ich hatte, wenn ich über großen, reinen Büchern weinen musste oder als unschuldiges Kind mit meiner Mutter redete. Dort liegt mein Leben; ich bin einige Jahre in der Fremde umhergeirrt, jetzt aber sehe ich den Ort meiner Bestimmung wieder vor mir liegen.«

»Sie wollen dieses Geld, glaube ich, auf der Börse gebrauchen?«, bemerkte der Gast. »Dort haben Sie aber, soviel ich weiß, schon einige Tausende verloren?«

»Ah«, sagte Markheim, »diesmal ist es aber eine ganz sichere Sache.«

»Auch diesmal«, sagte der Gast sehr ruhig, »werden Sie verlieren.«

»Aber ich setze doch nur die Hälfte dran«, rief Markheim.

»Sie werden auch die andere Hälfte verlieren«, sagte der andere.

Auf Markheims Stirn brach der Schweiß aus. »Nun, und wenn dem so wäre«, rief er. »Wenn ich es verliere, wenn ich in die Armut zurückstürze, soll ein Teil meines Wesens, und zwar der schlimmere Teil, bis zuletzt das Gute in mir verdrängen? Gut und Böse sind stark in mir und reißen mich nach verschiedenen Seiten. Ich liebe nicht nur das eine, ich liebe alles. Ich kann von großen Taten träumen, von Verzicht und Märtyrertum, und obwohl ich mich zu diesem Verbrechen erniedrigt habe, ist Mitleid mir doch nicht fremd. Ich bemitleide die Armen; wer kennt ihre Nöte besser als ich? Ich bemitleide sie und helfe ihnen; ich schätze die Liebe, liebe ein ehrliches Lachen; es ist nichts Gutes und Wahres unter der Sonne, das ich nicht von ganzem Herzen liebe. Sollten denn meine Laster allein mein Leben bestimmen und meine Tugenden brach liegen wie toter Ballast des Gehirns? Niemals; auch das Gute ist eine Quelle zur Tat.«

Allein der Gast hob warnend den Finger. »Sechsunddreißig Jahre lang haben Sie in dieser Welt gelebt«, sagte er, »durch wechselvolle

Schicksale und Launen hindurch habe ich Sie ununterbrochen von Stufe zu Stufe sinken sehen. Fünfzehn Jahre sind es her, dass Sie mit einem Diebstahl begonnen haben. Noch vor drei Jahren hätte das Wort Mord genügt, um Ihnen das Blut aus den Wangen zu treiben. Gibt es wirklich noch ein Verbrechen, eine Grausamkeit, eine gemeine Handlung, vor der Sie heute zurückschrecken? In fünf Jahren werde ich Sie auch darüber ertappen. Tiefer, immer tiefer führt Ihr Weg; und nichts außer dem Tod kann Sie aufhalten.«

»Wahr«, sagte Markheim heiser, »ich habe bis zum gewissen Grad dem Bösen nachgegeben. Aber so geht es allen, selbst die Heiligen werden durch die pure Tatsache, dass sie leben, weniger wählerisch und nehmen die Farbe ihrer Umgebung an.«

»Ich werde eine einzige schlichte Frage an Sie richten«, sagte der andere, »und aus Ihrer Antwort werde ich Ihnen Ihr moralisches Horoskop stellen. Sie sind in vielen Dingen laxer geworden; vielleicht mit Recht. Wenigstens machen es alle Menschen so. Aber das zugegeben, sind Sie in irgendeinem, wenn auch noch so geringfügigen Punkt sich selbst gegenüber strenger geworden, oder lassen Sie überall die Zügel schießen?«

»In irgendeinem Punkt?«, wiederholte Markheim in qualvoller Überlegung. »Nein«, fügte er verzweifelt hinzu, »nirgends! Überall bin ich bergab gegangen.«

»Dann«, sagte der Besucher, »dann begnügen Sie sich mit dem, was Sie sind; denn Sie werden sich niemals ändern; die Worte Ihrer Rolle auf dieser Bühne sind unwiderruflich niedergeschrieben.«

Markheim stand lange schweigend da; der Besucher war der Erste, die Pause zu unterbrechen. »Da dem so ist«, sagte er, »soll ich Ihnen das Geld zeigen?«

»Und die Gnade?«, rief Markheim.

»Haben Sie es mit der nicht auch schon versucht?«, entgegnete der andere. »Sah ich Sie nicht vor zwei, drei Jahren bei religiösen Versammlungen? Hat nicht Ihre Stimme in dem Choral am lautesten geklungen?«

»Wahr, wahr«, sagte Markheim; »ich sehe klar, wohin mich die Pflicht jetzt führt. Ich danke Ihnen aus tiefster Seele für die Lehren, die Sie mir gegeben haben. Sie haben mir die Augen geöffnet, endlich erkenne ich mich als den, der ich bin.«

In diesem Augenblick tönte der grelle Klang einer Türglocke durchs Haus, und der Besucher änderte wie auf ein verabredetes und erwartetes Zeichen sein Benehmen.

»Das Dienstmädchen!«, rief er. »Es ist zurückgekommen, wie ich Ihnen voraussagte; jetzt gilt es, nur noch eine einzige schwierige Handlung zu vollbringen. Sie müssen sagen, dass ihr Herr erkrankt sei; Sie müssen sie hereinlassen mit zuversichtlicher, aber ernster Miene. Nur ja kein Lächeln, keine Übertreibungen, und ich garantiere für den Erfolg! Sobald das Mädchen eingetreten und die Tür verschlossen ist, wird der gleiche behände Griff, mit dem Sie sich des Händlers entledigten, auch diese letzte Gefahr aus dem Weg räumen. Dann bleibt Ihnen der ganze Abend, die ganze Nacht, wenn Sie wollen, um die Schätze dieses Hauses zu plündern und für Ihre Sicherheit zu sorgen. Es ist Hilfe, die sich Ihnen in der Maske der Gefahr nähert. Auf!«, rief er. »Auf, mein Freund! Ihr Leben hängt in der Waagschale: Auf zur Tat!«

Markheim blickte seinem Ratgeber fest ins Gesicht. »Bin ich auch verdammt, Böses zu tun«, sagte er, »so bleibt mir doch eine Tür zur Freiheit offen – ich kann mich jederzeit der Kraft des Handelns begeben. Ist mein Leben von Übel, so kann ich es doch niederlegen. Erliege ich auch, wie Sie sagen, der geringsten Versuchung, so kann ich doch in einen Bereich jenseits aller Versuchung fliehen. Meine Liebe zum Guten ist zur Unfruchtbarkeit verdammt; wohlan, es sei! Mir bleibt ja noch der Hass des Bösen, und aus ihm kann ich, das werden Sie zu Ihrer bitteren Enttäuschung sehen, Kraft und Mut schöpfen.«

Über die Züge des Besuchers ging eine wunderbare, lichte Verwandlung; sie verklärten sich und zerschmolzen in zärtlichem Triumph, und noch in diesem Glanz verblassten und schwanden sie vollständig dahin. Aber Markheim wartete nicht, um diese Metamorphose zu beobachten oder zu verstehen. Er öffnete die Tür und ging sehr langsam und in Gedanken versunken die Treppe hinab. Ernst und gemessen schritt seine Vergangenheit vor ihm her. Er sah sie, wie sie wirklich war, hässlich und quälend wie ein Traum, willkürlich und ungesetzlich wie ein Straßenkampf – eine einzige Niederlage. Das Leben, so wie er es jetzt sah, lockte ihn nicht mehr; am jenseitigen Ufer jedoch gewahrte er für sein Lebensschiff einen stillen Ankerplatz. Im Gang blieb er stehen und blickte in den Laden hinein, wo immer noch über der Leiche die Kerze brannte. Es war seltsam still. Gedanken an den Toten drangen im Schauen auf ihn ein. Und dann zerriss der ungeduldige Lärm der Glocke abermals das Schweigen.

Er trat dem Mädchen auf der Schwelle mit einer Art Lächeln entgegen.

»Sie tun gut daran, zur Polizei zu gehen«, sagte er, »ich habe Ihren Herrn ermordet.«

Der seltsame Fall des Dr. Jekyll und Mr Hyde

Die Tür

Rechtsanwalt Utterson war ein Mann mit bärbeißigem Gesicht, das niemals von einem Lächeln erhellt wurde: kalt, wortkarg und verlegen im Gespräch; schwerfällig in seinen Gefühlen; hager, lang, ein verstaubter, trauriger Mensch, und dabei doch in gewisser Weise liebenswürdig. Bei freundschaftlichen Zusammenkünften und wenn der Wein nach seinem Geschmack war, strahlte etwas eminent Menschliches aus seinen Augen – etwas Menschliches, das sich allerdings niemals in seinen Worten zeigte, sich aber nicht nur in diesen stummen Symbolen eines Nachtischgesichtes aussprach, sondern häufiger und laut und deutlich in den Handlungen seines Lebens. Er war streng gegen sich selbst; trank, wenn er allein war, Gin, um einen Geschmack für edle Weine zu bekämpfen; und obwohl er das Theater liebte, war er seit zwanzig Jahren nicht über die Schwelle eines solchen gekommen. Aber ihm war eine erprobte Duldsamkeit anderen Menschen gegenüber eigen. Manchmal erstaunte er, beinahe mit einer Art von Neid, über den hoch gespannten Geisteszustand, der sich in ihren Missetaten aussprach; und in jeder gefährlichen Lage, in die solche Menschen gerieten, war er mehr geneigt, ihnen zu helfen, als sie zu verdammen.

»Ich neige zu Kains Ketzereien«, lautete ein barockes Wort von ihm, das er gelegentlich zu gebrauchen pflegte: »Ich lasse meinen Bruder auf seine eigene Art und Weise zum Teufel gehen.«

Bei solcher Charakteranlage war es ihm häufig beschieden, dass er der letzte in Achtung stehende Bekannte von Menschen war, mit denen es bergab ging, und dass er den letzten guten Einfluss auf solche Menschen ausübte. Und solange sie in seinem Haus verkehrten, zeigte er in seinem Benehmen gegen sie niemals eine Spur von einer Änderung.

Ohne Zweifel fiel ein solches Verhalten Mr Utterson nicht schwer, denn er war sicherlich ein kühler Mensch, und sogar seine Freundschaften schienen auf einer ähnlichen gutmütigen Gleichgültigkeit zu beruhen. Es ist das Kennzeichen eines bescheidenen Menschen, wenn er seinen Freundeskreis fix und fertig aus den Händen der Gelegenheit entgegennimmt; und dies war bei dem Rechtsanwalt der Fall. Seine Freunde waren entweder Blutsverwandte oder die Menschen, die er am längsten gekannt hatte. Seine Zuneigungen wuchsen wie Efeu mit der Zeit, sie bedeuteten nicht, dass der Gegenstand besonders geeignet war. So war auch ohne Zweifel die Freundschaft zu erklären, die ihn mit einem entfernten Verwandten, dem allgemein bekannten Lebemann Richard Enfield, verband. Es war für viele Leute eine harte Nuss zu knacken, was diese beiden miteinander verbinden könnte oder welche Interessen sie gemeinsam haben könnten. Von Leuten, die ihnen auf ihren Sonntagsspaziergängen begegnet waren, wurde berichtet, dass sie nicht sprächen, außerordentlich gelangweilt aussähen und mit sichtlicher Erleichterung das Erscheinen eines Freundes begrüßten. Trotz alledem legten die beiden Herren den größten Wert auf diese Spaziergänge, schätzten sie als das größte Kleinod jeder Woche und lehnten ihretwegen nicht nur gesellige Vergnügungen ab, sondern setzten sogar geschäftliche Verpflichtungen hintenan, um den ununterbrochenen Genuss eines solchen Beisammenseins zu haben. Bei einer dieser Streifereien geschah es, dass ihr Weg sie durch eine Nebenstraße in einem verkehrsreichen Londoner Viertel führte. Die Straße war klein und, wie man das nennt, ruhig; aber an den Wochentagen herrschte in ihr ein lebhafter Geschäftsverkehr. Die Anwohner waren dem Anschein nach alle wohlhabend und alle von eifriger Hoffnung erfüllt, es zu noch größerem Wohlstand zu bringen, und benutzten den Überschuss ihrer Gewinne zu koketten Ausschmückungen ihrer Geschäfte, sodass die Schaufenster in dieser Straße etwas Einladendes hatten, wie eine Reihe lächelnder Verkäuferinnen. Sogar sonntags, wenn die Straße ihre sonst schmucken blühenden Reize verhüllte und verhältnismäßig menschenleer dalag, stach sie von ihrer schäbigen Nachbarschaft ab wie ein

Feuer in einem Wald; mit ihren frischgemalten Fensterläden, blank geputzten Messingzierraten und mit ihrer allgemeinen Sauberkeit und Heiterkeit war sie sofort dem Auge des Vorübergehenden ein wohlgefälliger Anblick. Zwei Türen nach der Ecke, linker Hand in östlicher Richtung, wurde die Häuserreihe durch den Eingang zu einem Hof unterbrochen; und gerade an dieser Stelle drängte ein finster aussehendes Gebäude seinen Giebel auf die Straße vor. Es war zwei Stockwerke hoch, hatte kein einziges Fenster, sondern weiter nichts als eine Tür im Erdgeschoss und eine blinde Stirn von schmutziger Mauer im oberen Stock, und trug in jedem Zug die Merkmale einer langen, schmutzigen Vernachlässigung. Die Tür, die weder mit einer Glocke noch mit einem Klopfer ausgerüstet war, war rissig und fleckig. Strolche schlotterten in diesen Winkel hinein und strichen an der Tür ihr Zündholz an; Kinder spielten auf den Treppenstufen Kaufladen; der Schuljunge hatte an den Holzpfeilern sein Messer versucht; und beinahe eine Generation hindurch war niemals ein Mensch erschienen, um diese gelegentlichen Besucher fortzujagen oder ihre Verwüstungen auszubessern.

Enfield und der Rechtsanwalt gingen auf der anderen Seite dieser Nebenstraße; als sie aber der Hoftür gegenüber waren, hob Enfield seinen Stock und zeigte über die Straße hinüber und fragte:

»Haben Sie jemals die Tür bemerkt?« Und als sein Begleiter diese Frage bejahte, fuhr er fort: »Sie ist in meiner Erinnerung mit einer sehr sonderbaren Geschichte verknüpft.«

»So?«, sagte Utterson mit einer kleinen Veränderung in der Stimme. »Und wie war das?«

»Tja, das war so: Ich kam von irgendeiner Gesellschaft am anderen Ende der Welt nach Hause; es war ungefähr drei Uhr an einem schwarzen Wintermorgen, und mein Weg führte durch einen Stadtteil von London, wo buchstäblich nichts weiter zu sehen war als Laternen. Straße auf Straße, und alle Leute im Schlaf – Straße auf Straße, alle hell erleuchtet wie für eine Prozession, und alle so leer wie eine Kirche – bis ich zuletzt in jene Geistesverfassung geriet, in der man horcht und horcht und sich nach dem Anblick eines Schutzmanns zu sehnen beginnt. Plötzlich sah ich zwei Gestalten:

die eine war ein kleiner Mann, der in rüstigem Schritt nach Osten stampfte, die andere ein Mädchen von vielleicht acht oder zehn Jahren, das so schnell es nur konnte eine Querstraße herabrannte. Nun, die beiden prallten an der Ecke gegeneinander, das war ja ganz natürlich. Dann aber kam das Schreckliche, Grausige: Der Mann trampelte ganz ruhig dem Kind auf den Leib und ließ es schreiend am Boden liegen. Wenn man es so hört, klingt es nach nichts. Aber anzusehen war es höllisch. Es war, wie wenn nicht ein Mensch das getan hätte, sondern ein teuflischer Götze, ein *Juggernaut*, der mit seinen Wagenrädern über Menschenleiber dahinfährt. Ich schrie unwillkürlich laut auf, rannte hinzu, packte den feinen Herrn am Kragen und schleppte ihn an die Stelle zurück, wo sich bereits eine ganze Gruppe um das schreiende Mädchen gebildet hatte. Er war vollkommen kühl und leistete keinen Widerstand, aber er warf mir einen einzigen Blick zu, einen so grässlichen Blick, dass mir der Schweiß ausbrach und über den Leib lief. Die Leute, die herbeigelaufen waren, waren die eigenen Angehörigen des Mädchens; und sehr bald erschien auch der Doktor, den zu holen das Kind ausgeschickt worden war. Na, dem Kind war nicht viel geschehen. Es war mehr der Schreck, wie der Pflasterkasten sagte. Und somit hätte man annehmen können, die Geschichte wäre zu Ende. Aber es war ein sonderbarer Umstand dabei. Ich hatte auf den ersten Anblick einen Ekel vor diesem Herrn empfunden. Dasselbe war mit den Angehörigen des Kindes der Fall, was auch ganz natürlich war. Aber was mir auffiel, war das Benehmen des Doktors: es war die übliche Sorte von einem trockenen Apotheker, von unbestimmtem Alter und keiner besonderen Farbe, der mit einem starken Edinburgher Akzent sprach und ungefähr so gefühlvoll war wie ein Dudelsack. Na, ich sage Ihnen: der war geradeso wie die anderen alle. Jedes Mal, wenn er meinen Gefangenen ansah, bemerkte ich, dass der Pflasterkasten ganz wild wurde und kreideweiß vor Lust, den Mann totzuschlagen. Ich wusste, was in seinem Sinn vorging, genauso, wie er wusste, was ich fühlte. Und da Totschlagen nicht infrage kam, so taten wir das, was dem am nächsten kam. Wir sagten dem Mann, wir könnten und würden aus dieser Geschichte einen solchen Skandal machen, dass sein Name von einem Ende Londons zum anderen stinken würde. Wenn er überhaupt Freunde und Kredit hätte, so würden wir dafür sorgen, dass er diese und diesen verlieren würde. Und die ganze Zeit über, während wir uns in glühende Entrüstung redeten, mussten wir die Weiber von ihm abhalten so gut wir konnten, denn die waren so wild wie Furien. Niemals habe ich einen Kreis von solchen hasserfüllten Gesichtern gesehen. Und mitten in diesem Kreis stand der Mann mit einer Art von finsterer, höhnisch lächelnder Kühle – auch geängstigt, das konnte ich wohl sehen –, aber seine Haltung bewahrend, wahrhaftig, Utterson, wie Satan. ›Wenn Sie belieben, aus diesem Zufall Kapital schlagen zu wollen‹, sagte er, ›so bin ich natürlich machtlos. Es gibt keinen Gentleman, der nicht vor allen Dingen eine Szene zu vermeiden wünscht. Nennen Sie Ihre Summe.‹ Nun, wir schraubten ihn nach und nach bis zu hundert Pfund hinauf, die er an des Mädchens Familie zahlen sollte. Offenbar hätte er sich am liebsten gesträubt, aber die Aufregung der ganzen Menschenansammlung war so groß, dass er schließlich sah, das Ding würde gefährlich, und so gab er denn zuletzt klein bei. Das nächste war nun, das Geld herbeizuschaffen. Und was meinen Sie, wohin er uns führte? Hier zu dieser Stelle mit der Tür. Holte einen Schlüssel aus der Tasche, ging hinein und kam sofort wieder mit ungefähr zehn Pfund in Gold und für den Rest mit einem Scheck auf Couths, zahlbar an den Vorzeiger und unterzeichnet mit einem Namen, den ich nicht nennen darf – obgleich er allerdings bei meiner Geschichte wichtig ist. Nur so viel: es war ein sehr wohlbekannter Name, den man oft in den Zeitungen gedruckt sieht. Es war ein ordentliches Stück Geld, aber die Unterschrift war auch für mehr gut, wenn sie nur echt war. Ich nahm mir die Freiheit, dem Herrn anzudeuten, dass die ganze Geschichte märchenhaft erscheine, dass im wirklichen Leben ein Mensch nicht um vier Uhr morgens in eine Kellertür hineingehe und mit dem Scheck eines anderen Menschen über einen Betrag von beinah hundert Pfund wieder herauskomme. Aber er war ganz unbefangen und lächelte nur höhnisch. ›Beruhigen Sie sich nur‹, sagte er, ›ich werde bei Ihnen bleiben, bis die Bank geöffnet wird, und werde dann den Scheck selber einkassieren.‹ So gingen wir denn alle miteinander los: der Doktor und der Vater des Mädchens und unser Freund und ich, und brachten den Rest der Nacht in meiner Wohnung zu. Und am anderen Morgen frühstückten wir erst und gingen dann alle miteinander zur Bank. Ich gab den Scheck selber ab und sagte, ich hätte allen Grund anzunehmen, dass er gefälscht wäre. Keine Spur. Der Scheck war echt.«

»Oh, oh!«, sagte Utterson.

»Ich sehe, Sie fühlen ganz wie ich«, sagte Enfield. »Ja, es ist eine böse Geschichte. Denn mein Mann war ein Bursche, mit dem kein anständiger Mensch was zu tun haben könnte, ein richtiger Galgenvogel. Und die Person, die den Scheck ausstellte, ist die Blüte der Wohlanständigkeit, ist sogar ein berühmter Mann und ist – was das Schlimmste dabei ist – einer von euren Leuten, die – wie man das nennt – Gutes tun. Erpressung – vermute ich. Ein anständiger Mensch bezahlt wohl oder übel für irgendwelche Bocksprünge seiner Jugendjahre. ›Das Erpresserhaus‹ nenne ich infolgedessen dieses Gebäude mit der Tür. – Aber freilich – auch das erklärt ja die Geschichte noch nicht annähernd«, setzte er hinzu, und mit diesen Worten versank er in ein nachdenkliches Schweigen. Aus diesem rief Utterson ihn wieder zu sich, indem er ziemlich plötzlich fragte:

»Und Sie wissen nicht, ob der Aussteller des Schecks in dem Haus hier wohnt?«

»Es sieht nicht so recht danach aus, was?«, antwortete Enfield. »Aber ich habe mir zufällig seine Adresse gemerkt; er wohnt an irgendeinem Platz.«

»Und Sie erkundigten sich niemals nach … dem Gebäude mit der Tür?«

»Nein, Utterson. Mein Zartgefühl hielt mich davon ab. Ich habe überhaupt eine starke Abneigung gegen Fragerei. Sie erinnert zu sehr an den Tag des Jüngsten Gerichts. Man rührt an eine Frage, und es ist, als wenn man im Gebirge an einen Stein stößt. Man sitzt ruhig oben auf einem Berg, und da saust der Stein los und reißt andere mit; und plötzlich kriegt ein gutmütiges altes Männchen – an das man gewiss niemals gedacht hätte – in seinem eigenen Hausgärtchen einen von den Steinen auf den Kopf, und der schmeißt ihn um, und es kommt eine böse alte Geschichte heraus, und seine Angehörigen müssen ihren Namen ändern. Nein, Utterson – ich mach' es mir zur Regel: je mehr etwas nach Spitzbubenkram aussieht, desto weniger frage ich.«

»Eine sehr gute Regel«, sagte der Rechtsanwalt.

»Aber ich habe selber um das Gebäude herumgespürt«, fuhr Enfield fort. »Es scheint kaum ein Haus zu sein. Eine andere Tür ist nicht vorhanden, und kein anderer Mensch geht ein oder aus als – in großen Zwischenräumen einmal – der Gentleman, mit dem ich das Abenteuer hatte. Im ersten Stock sind drei Fenster zum Hof hinaus, unten ist keins, die Fenster sind stets geschlossen, aber sauber. Und dann ist ein Schornstein da, der gewöhnlich raucht. Es muss also jemand dort wohnen. Und doch ist das nicht so sicher, denn die Gebäude um jenen Hof herum sind so ineinandergeschoben, dass es schwer zu sagen ist, wo das eine aufhört und das andere anfängt.«

Die beiden gingen eine Weile schweigend weiter. Dann sagte Utterson:

»Enfield, Sie haben da eine gute Regel.«

»Ja, ich glaube auch.«

»Aber bei alledem«, fuhr der Anwalt fort, »ist da noch ein Punkt, nach dem ich fragen möchte: Ich möchte wissen, wie der Mann hieß, der auf dem Kind herumtrampelte.«

»Nun, ich sehe nicht, was das schaden könnte. Es war ein Mann namens Hyde.«

»Hm«, sagte Utterson, »wie sieht der wohl aus?«

»Er ist nicht leicht zu beschreiben. In seinem Äußeren stimmt irgendetwas nicht. Ich sah niemals einen Menschen, der mir so zuwider war – und doch weiß ich kaum, warum. Er muss irgendwo an seinem Körper verkrüppelt sein. Er macht sofort den Eindruck, verwachsen zu sein, obgleich ich eine bestimmte Stelle nicht bezeichnen könnte. Er ist ein ganz auffallend aussehender Mann, und doch kann ich tatsächlich nichts Außergewöhnliches an ihm bezeichnen. Nein, Utterson, ich kann's nicht ausdrücken, ich kann ihn nicht beschreiben. Nicht etwa, weil ich mich nicht deutlich erinnere – denn ich versichere Ihnen, ich sehe ihn in diesem Augenblick vor mir.«

Utterson ging wieder ein Stück schweigend weiter. Offenbar drückte ihn ein Gedanke.

»Sie sind sicher, dass er einen Schlüssel benutzte?«, fragte er schließlich.

»Mein lieber Utterson …«, rief Enfield, ganz über die Maßen erstaunt.

»Ja, ich weiß«, sagte Utterson, »es muss sonderbar erscheinen. Es ist Tatsache: Wenn ich Sie nicht nach dem Namen des anderen frage, so ist das, weil ich den schon kenne. Sie sehen, Richard, Ihre Geschichte ist unter die Leute gekommen. Wenn Sie in irgendeinem Punkt ungenau gewesen sind, ist es gut, wenn Sie ihn richtigstellen.«

»Ich meine, Sie hätten mich warnen sollen«, versetzte der andere mit einem Anflug von Verdrießlichkeit. »Aber ich bin pedantisch genau gewesen, wie Sie das nennen. Der Kerl hatte einen Schlüssel. Und noch mehr: er hat ihn noch jetzt. Ich sah ihn Gebrauch davon machen, es ist noch keine Woche her.«

Utterson seufzte tief, sagte aber kein einziges Wort, und der junge Mann fuhr fort:

»Da habe ich wieder einmal eine Lehre bekommen, nichts zu sagen! Ich schäme mich meiner langen Zunge. Wir wollen ein Abkommen treffen, dass wir niemals wieder über dieses Thema sprechen.«

»Von ganzem Herzen!«, rief der Anwalt. »Darauf gebe ich Ihnen die Hand, Richard.«

Auf der Suche nach Mr Hyde

An jenem Abend kam Utterson in düsterer Stimmung in seine Junggesellenwohnung und setzte sich ohne Appetit zum Essen nieder. Es war seine Gewohnheit, sich sonntags nach der Mahlzeit dicht an das

Kaminfeuer zu setzen und irgendein langweilig frommes Buch auf seinem Lesepult liegen zu haben, bis es auf dem nahen Kirchturm zwölf Uhr schlug, worauf er nüchtern und dankbar zu Bett ging. An diesem Abend aber nahm er, sobald das Tischtuch abgehoben war, eine Kerze und ging in sein Arbeitszimmer. Dort öffnete er seinen Geldschrank, nahm aus dem Geheimfach desselben ein Dokument hervor, das auf dem Umschlag als Dr. Jekylls Testament bezeichnet war, und setzte sich mit gerunzelter Stirne nieder, um den Inhalt desselben zu studieren. Dieser Letzte Wille war vom Doktor mit eigener Hand geschrieben, denn Utterson hatte ihn zwar in seinen Gewahrsam genommen, nachdem er einmal geschrieben war, hatte sich aber geweigert, bei der Abfassung auch nur die geringste Hilfe zu leisten. Das Testament bestimmte nicht nur, dass im Fall des Ablebens von Henry Jekyll, M. D., D. C. L., L. L. D., F. R. S. etc. alle seine Besitztümer in die Hände seines »Freundes und Wohltäters Edward Hyde« übergehen sollten, sondern auch, dass im Fall von Dr. Jekylls »Verschwinden oder unerklärter Abwesenheit für einen Zeitraum, der drei Kalendermonate überschreitet«, besagter Edward Hyde sofort ohne jeden weiteren Aufschub in besagten Dr. Henry Jekylls Schuhe treten sollte, und zwar frei von jeder Last oder Verpflichtung, abgesehen von der Auszahlung einiger kleiner Beträge an die Angehörigen aus des Doktors Haushalt.

Dieses Dokument war lange Zeit dem Rechtsanwalt ein Dorn im Auge gewesen. Es ärgerte ihn sowohl als Rechtskundigen wie als einen Freund vernünftiger und herkömmlicher Lebensgewohnheiten, dem Fantastik gleichbedeutend war mit Unbescheidenheit. Und bis jetzt hatte der Umstand, dass dieser Hyde ihm unbekannt war, seinen Unwillen vermehrt. Nun aber war es im Gegenteil gerade der Umstand, dass er ihn kannte. Es war bereits schlimm genug, als der Name nur ein Name war, der einem weiter nichts sagen konnte. Schlimmer aber wurde es, als dieser Name mit abscheulichen Attributen ausstaffiert zu werden begann, und als aus den wogenden, ungreifbaren Nebeln, die ihm so lange das Auge getrübt hatten, plötzlich das bestimmte Gefühl heraussprang, es mit einem Teufel zu tun zu haben.

»Ich dachte, es sei Wahnsinn«, sagte er, indem er das unangenehme Dokument in den Geldschrank zurücklegte, »jetzt aber beginne ich zu fürchten, es ist Schande.«

Hierauf blies er seine Kerze aus, zog einen dicken Mantel an und machte sich auf nach Cavendish Square, der Hochburg der Arzneikunst, wo sein Freund, der große Dr. Lanyon, sein Haus hatte und den Andrang seiner Patienten empfing.

Wenn irgendein Mensch was weiß, wird Lanyon es sein, hatte Utterson gedacht.

Der feierliche Kammerdiener kannte und begrüßte ihn. Er brauchte nicht einen Augenblick zu warten, sondern wurde gleich von der Haustür in das Esszimmer geführt, wo Dr. Lanyon allein bei seinem Wein saß. Er war ein herzhafter, gesunder, munterer alter Herr mit rotem Gesicht, mit einem Schopf von Haaren, die vor der Zeit weiß geworden waren, und einem entschiedenen, etwas lauten Auftreten. Bei Uttersons Anblick sprang er von seinem Stuhl auf und begrüßte ihn mit ausgestreckten Händen. Die Herzlichkeit war etwas theatralisch anzusehen, die der Doktor an den Tag legte, aber sie entsprang aufrichtigem Gefühl. Denn die beiden waren alte Freunde, alte Schul- und Universitätskameraden. Beide hatten Achtung vor sich selber und voreinander, und sie waren, was aus dem Vorherigen nicht ohne Weiteres folgt, Männer, die an ihrer Gesellschaft gegenseitig eine wahre Freude hatten. Nach einem kurzen Geplauder über dies und das kam der Anwalt auf den Gegenstand, der ihn in so unangenehmer Weise beschäftigte.

»Ich vermute, Lanyon«, sagte er, »du und ich müssen wohl die beiden ältesten Freunde von Henry Jekyll sein?«

»Ich wollte, die Freunde wären jünger«, kicherte Dr. Lanyon. »Aber ich glaube, wir sind es. Und wozu fragst du? Ich sehe ihn jetzt nur noch selten.«

»So?«, sagte Utterson, »ich dachte, euch verbänden gemeinsame Interessen.«

»Das war einmal. Aber seit mehr als zehn Jahren ist Henry Jekyll für mich zu fantasievoll geworden. Er begann, auf Abwege zu kommen, auf geistige Abwege, meine ich. Und obgleich ich natürlich immer noch an seinem Wirken Anteil nehme, um der alten Freundschaft willen, so sehe ich und sah ich schon seit langer Zeit höllisch wenig von dem Mann. So ein unwissenschaftlicher Quatsch«, rief der Doktor, indem er plötzlich purpurrot wurde, »würde Damon und Phintias auseinandergebracht haben.«

Dieser kleine Gefühlsausbruch war für Utterson eine Art von Erleichterung.

Sie sind nur wegen irgendeiner wissenschaftlichen Frage in Streit geraten, dachte er bei sich selber, und da er ein Mann war, dem wissenschaftliche Leidenschaften ganz fremd waren – abgesehen von Fragen, die notarielle Dinge betrafen – so fügte er sogar hinzu: Wenn es nichts Schlimmeres ist.

Er gönnte seinem Freund ein paar Sekunden, um sich wieder zu sammeln, und kam dann auf die Frage, die ihn eigentlich hergeführt hatte:

»Kamst du jemals mit einem Schützling von ihm zusammen – einem gewissen Hyde?«

»Hyde?«, wiederholte Lanyon. »Nein. Nie von ihm gehört. Muss nach meiner Zeit gewesen sein.«

Das war die ganze Auskunft, die der Anwalt mit sich nach Hause nahm und mit der er sich in das große, dunkle Bett legte, in dem er sich hin und her warf, bis die kleinen Morgenstunden groß zu werden begannen. Es war eine Nacht, die seinem geschäftigen Geist wenig Erquickung brachte, da er völlig im Dunkeln arbeitete und sich von Fragen bestürmt sah.

Sechs Uhr schlug es auf dem Kirchturm, der so angenehm nahe bei Uttersons Haus stand, und immer noch bohrte er an dem Problem herum. Bisher hatte es nur seinen Verstand beschäftigt, jetzt aber war auch seine Einbildungskraft in Anspruch genommen, oder besser gesagt: gefesselt. Und wie er so lag und sich in der dichten schwarzen Finsternis der Nacht in seinem durch Vorhänge gegen jedes Licht geschützten Zimmer hin und her warf, zog Enfields Erzählung wie eine Rolle von hell erleuchteten Bildern an seinem Geist vorüber. Er sah vor sich die endlosen Laternenreihen einer nächtlichen Stadt, dann die Gestalt eines schnell gehenden Mannes, dann ein Kind, das vom Haus des Doktors zu der elterlichen Wohnung lief, dann stießen diese zusammen, und der menschliche *Juggernaut* trat das Kind zu Boden und ging weiter, ohne sich um das Geschrei zu bekümmern. Dann wieder sah er ein Zimmer in einem reichen Haus, worin sein Freund schlafend lag und träumte und über seine Träume lächelte. Und dann öffnete sich die Tür dieses Zimmers, die Bettvorhänge wurden zur Seite gerissen, der Schläfer angerufen, und da, siehe! an seiner Seite stand eine Gestalt, der Macht über ihn gegeben war, und augenblicklich, in dieser Todesstunde, musste er aufstehen und sein Geheiß erfüllen. Die Gestalt in diesen beiden Erscheinungsformen verfolgte den Anwalt die ganze Nacht, und wenn er einmal einschlummerte, so geschah es nur, um sie noch verstohlener durch schlafende Häuser gleiten zu sehen oder sie schneller und immer noch schneller, bis zu schwindelerregender Schnelligkeit durch noch größere Labyrinthe von Gaslaternen beleuchteter Großstadtstraßen sich bewegen zu sehen: an jeder Straßenecke ein Kind zu zertrampeln und es schreiend am Boden liegen zu lassen. Und doch hatte die Gestalt kein Gesicht, woran er sie hätte erkennen können. Sogar in seinen Träumen hatte sie kein Gesicht, oder doch nur eins, das ihn verhöhnte und vor seinen Augen zerfloss. Und so geschah es, dass in des Anwalts Sinn eine eigentümlich starke, beinahe zügellose Neugier erwuchs, die Gesichtszüge des wirklichen Hyde zu erblicken. Er dachte: Wenn er ihn nur ein einziges Mal zu Gesicht bekommen könnte, dann würde das Geheimnis sich aufhellen und vielleicht überhaupt verschwinden, wie es mit geheimnisvollen Dingen zu geschehen pflegt, wenn sie sorgfältig geprüft werden. Vielleicht würde er einen Grund entdecken, weshalb sein Freund diese sonderbare Vorliebe für den Menschen hätte oder unter dessen Bann stände – was von beidem es denn eben sein mochte – und vielleicht entdeckte er sogar einen Grund für die überraschenden Bestimmungen des Letzten Willens. Zum Mindesten würde es ein Gesicht sein, das zu sehen der Mühe wert wäre: das Gesicht eines Menschen, der keinen Funken von Barmherzigkeit in sich hatte, ein Gesicht, das sich nur zu zeigen brauchte, um in dem Gemüt eines sonst keines Eindrucks fähigen Menschen wie Enfield ein Gefühl dauernden Hasses zu erregen.

Von dieser Zeit an begann Utterson, die Tür in der Nebenstraße zu beobachten. Morgens vor seinen Kanzleistunden – mittags, obgleich die Geschäfte drängten und die Zeit knapp war – nachts unter dem Antlitz des nebelumhüllten Londoner Mondes – bei allen Beleuchtungen und in allen Stunden von Einsamkeit oder Menschengedränge war der Anwalt auf dem von ihm erwählten Posten zu finden.

Wenn er Mister Hyde ist, hatte er gedacht, werde ich Mister Seek sein.

Und schließlich wurde seine Geduld belohnt. Es war eine schöne trockene Nacht. Frost in der Luft, die Straßen so sauber wie eine Ballsaaldiele, die Laternen, die von keinem Wind bewegt wurden, woben auf der Erde ein regelmäßiges Muster aus Licht und Schatten. Nach zehn Uhr, nach Schluss der Kaufläden, war die Nebenstraße sehr einsam und sehr still, obgleich ringsherum der Londoner Lärm grollte. Leise Töne waren auf weite Entfernung zu hören, Geräusche im Inneren der Häuser waren auf beiden Seiten der Straße deutlich vernehmbar. Wenn ein Fußgänger kam, hörte man schon lange vorher seine Schritte. Utterson war einige Minuten auf seinem Posten, als er bemerkte, dass ein eigentümlicher, leichter Schritt sich näherte. Im Laufe seiner nächtlichen Patrouillengänge hatte er sich längst an die eigentümliche Wirkung gewöhnt, welche die Schritte eines einzelnen Menschen machen, die noch weit entfernt sind, aber plötzlich ganz deutlich unterscheidbar aus dem ungeheuren Lärm und Tosen der Riesenstadt sich ablösen. Aber nie zuvor war seine Aufmerksamkeit so scharf und entschieden gefesselt worden; und mit einer starken, abergläubischen Vorahnung von Erfolg zog er sich in die Nische der Hoftür zurück.

Die Schritte kamen schnell näher und wurden plötzlich lauter, als sie um die Straßenecke bogen. Der Anwalt spähte aus seiner Türnische heraus und konnte bald sehen, mit was für einer Art von Mann er zu tun hatte. Er war klein und sehr einfach angezogen.

Sein Anblick erregte selbst auf die weite Entfernung in dem Beobachtenden ein starkes Unbehagen.

Der Mann ging gerade auf die Tür zu, quer über den Fahrdamm, um Zeit zu sparen, und während der letzten Schritte zog er einen Schlüssel aus der Tasche, wie es einer tut, der nach Hause kommt.

Utterson trat vor, klopfte ihm auf die Schulter, als er an ihm vorüberkam, und sagte:

»Mr Hyde, denke ich!«

Hyde fuhr zurück, indem er mit einem zischenden Laut den Atem einzog. Aber seine Furcht war nur augenblicklich. Obgleich er dem Anwalt nicht ins Gesicht sah, antwortete er kühl genug:

»Das ist mein Name – was wüschen Sie?«

»Ich sehe, Sie gehen hier hinein«, erwiderte der Anwalt.

»Ich bin ein alter Freund von Dr. Jekyll – Utterson in der Gaunt Street, Sie müssen meinen Namen gehört haben – und da ich Sie so gelegen traf, so dachte ich, Sie könnten mich einlassen.«

»Sie werden Dr. Jekyll nicht zu Hause finden, er ist ausgegangen«, antwortete Hyde und blies in den Schlüssel hinein. Und dann fragte er plötzlich, aber ohne dabei aufzublicken:

»Woher kannten Sie mich?«

»Wollen Sie Ihrerseits«, sagte Utterson, »mir einen Gefallen erweisen?«

»Mit Vergnügen; was wünschen Sie?«

»Wollen Sie mich Ihr Gesicht sehen lassen?«, fragte der Anwalt.

Hyde schien zu zögern. Dann aber, wie wenn er sich's plötzlich überlegt hätte, drehte er sich mit einem trotzigen Ausdruck auf dem Gesicht um, und die beiden starrten einander ein paar Sekunden lang fest an.

»Jetzt werde ich Sie wiedererkennen«, sagte Utterson. »Das wird vielleicht von Nutzen sein.«

»Ja«, antwortete Hyde, »es ist ganz gut, dass wir uns getroffen haben. Und apropos – Sie sollten meine Adresse haben.«

Und er nannte eine Hausnummer in einer Straße in Soho.

Guter Gott!, dachte Utterson, kann auch er an das Testament gedacht haben?

Aber er behielt seine Gefühle für sich und brummte nur etwas, als der andere die Adresse nannte.

»Und nun«, sagte dieser, »woher kannten Sie mich?«

»Nach einer Beschreibung.«

»Von wem?«

»Wir haben gemeinsame Freunde.«

»Gemeinsame Freunde?«, echote Hyde etwas heiser.

»Wer sind die?«

»Jekyll zum Beispiel«, sagte der Anwalt.

»Der hat Ihnen niemals beschrieben, wie ich aussehe«, rief Hyde und wurde vor Ärger rot. »Ich dachte nicht, dass Sie lügen würden.«

»Oho!«, rief Utterson, »das sind unziemliche Ausdrücke.« Der andere brach in ein lautes, höhnisches Lachen aus, hatte im nächsten Augenblick mit außerordentlicher Geschwindigkeit die Tür aufgeschlossen und war im Haus verschwunden.

Der Anwalt stand noch eine Weile, nachdem Hyde ihn verlassen hatte, auf derselben Stelle – ein Bild der Unruhe.

Dann begann er langsam die Straße hinaufzugehen, wobei er alle paar Schritte stehen blieb und sich an die Stirn griff wie ein Mensch, der vollkommen ratlos ist. Das Problem, mit dem er sich im Gehen beschäftigte, gehörte zu jenen, die selten gelöst werden: Hyde war blass und wie ein Zwerg gewachsen; er machte den Eindruck eines Krüppels, obgleich man eine bestimmte Missbildung nicht hätte namhaft machen können; er hatte ein widerwärtiges Lächeln; er hatte sich dem Anwalt gegenüber mit einer Art mörderischer Mischung von Zaghaftigkeit und Frechheit benommen, und er sprach mit heiserer, flüsternder, etwas gebrochener Stimme. Dies alles waren Eigenschaften, die gegen ihn sprachen. Aber selbst alle diese Eigenschaften zusammen konnten das ihm bis dahin unbekannte Gefühl von Ekel, Abscheu und Furcht nicht erklären, womit Utterson ihn betrachtete.

»Es muss noch etwas anderes da sein«, sagte der alte Herr in seiner Ratlosigkeit. »Ja, es ist noch etwas anderes da – wenn ich nur einen Namen dafür finden könnte! Gott behüte mich, der Mann sieht kaum wie ein Mensch aus. Er hat etwas, wie soll ich sagen,

Troglodytisches – oder kann es die alte Geschichte von Dr. Fell sein? Oder ist es die bloße Ausstrahlung einer verfaulten Seele, die durch ihre irdische Hülle hindurchdringt und sie entstellt? Das Letzte wird es wohl sein – denn ach, mein armer alter Mr Jekyll – wenn ich jemals des Satans Stempel auf einem Gesicht gesehen habe, so ist es auf dem deines neuen Freundes.«

Gleich um die Ecke von der schmalen Straße aus lag ein Platz, der von alten hübschen Häusern eingefasst war, die aber jetzt meistens von ihrer Vornehmheit herabgesunken waren und in einzelnen Stockwerken und Zimmern an Leute aller möglichen Stände vermietet wurden: Landkartenstecher, Baumeister, zweifelhafte Rechtsanwälte und Agenten dunkler Unternehmungen. Eines von diesen Häusern indessen, und zwar das zweite nach der Ecke, wurde immer noch nur vom Besitzer allein bewohnt. Und vor der Tür dieses Hauses, das unverkennbar nach Reichtum und Behaglichkeit aussah, obgleich es jetzt, abgesehen von dem Halbbogenfenster über der Haustür, in tiefem Dunkel lag – vor diesem Haus blieb Utterson stehen und klopfte. Ein gut gekleideter, älterer Diener öffnete die Tür.

»Ist Dr. Jekyll zu Hause, Poole?«, fragte der Anwalt.

»Ich will nachsehen, Mr Utterson«, sagte Poole, indem er während des Sprechens den Besucher in eine große, behagliche Halle mit niedriger Decke und mit Fliesenfußboden führte, die (wie in einem Landhaus) von einem hellen, offenen Kaminfeuer erwärmt und mit kostbaren Eichenschränken ausgestattet war.

»Wollen Sie hier am Feuer warten, Herr? Oder soll ich Ihnen im Esszimmer Licht machen?«

»Nein, hier, danke«, sagte der Anwalt, und er trat näher an das Feuer und lehnte sich an das hohe Kamingitter. Diese Halle, in der er jetzt allein war, war der Lieblingsraum seines Freundes, des Doktors, und Utterson selbst pflegte ihn als das behaglichste Zimmer in ganz London zu preisen. Aber in dieser Nacht war ein Schauder in seinem Blut. Hydes Gesicht lastete schwer auf seinem Gedächtnis. Er fühlte – was ihm selten geschah – einen Ekel und Abscheu vor dem Leben, und in seiner trüben Stimmung war es ihm, als wenn er in dem flackernden Feuerschein an den blanken Schränken und in dem unruhigen Spiel des Schattens auf der Zimmerdecke eine Drohung läse. Er schämte sich selbst darüber, dass er sich erleichtert fühlte, als Poole bald zurückkam und ihm meldete, Dr. Jekyll sei ausgegangen.

»Ich sah Mr Hyde in die Tür zum alten Anatomiesaal hineingehen, Poole«, sagte er. »Ist das in Ordnung, wenn Dr. Jekyll nicht zu Hause ist?«

»Vollkommen in Ordnung, Mr Utterson«, antwortete der Diener. »Mr Hyde hat einen Schlüssel.«

»Ihr Herr scheint ein recht großes Vertrauen in diesen jungen Mann zu setzen, Poole«, sagte der Anwalt nachdenklich.

»Jawohl, Herr, das tut er auch. Wir sind alle angewiesen, ihm zu gehorchen.«

»Ich glaube nicht, dass ich Mr Hyde jemals hier getroffen habe?«, fragte Utterson weiter.

»Oh! Gewiss nicht, Herr. Er speist niemals hier«, antwortete der Bediente. »Wir sehen tatsächlich sehr wenig von ihm auf dieser Seite des Hauses. Meistens kommt und geht er durch das Laboratorium.«

»Na, gute Nacht, Poole.«

»Gute Nacht, Mr Utterson.«

Und der Anwalt ging heimwärts, mit einem sehr schweren Herzen.

Armer Henry Jekyll!, dachte er. Mich müsste alles täuschen, wenn er nicht in gefährlichem Fahrwasser wäre. In seiner Jugend war er wild – das ist freilich lange her – aber in Gottes Gesetz gibt es keine Vorschriften für zeitliche Beschränkungen. Ja, das muss es sein: das Gespenst irgendeiner alten Sünde, der fressende Krebs irgendeiner verheimlichten Schande – und jetzt kommt die Strafe, *pede claudo*, nach Jahren – nachdem das Gedächtnis den Fehltritt schon vergessen, die Eigenliebe ihn verziehen hatte.

Und der Anwalt, von diesen Gedanken erschreckt, brütete eine Weile über seine eigene Vergangenheit, in allen Winkeln seines Gedächtnisses herumtastend, ob nicht durch Zufall irgendein

Kastenmännchen von einer alten Verfehlung ans Licht springen würde. Seine Vergangenheit war ziemlich tadellos. Wenige Menschen konnten furchtloser das Buch ihres Lebens lesen, und trotzdem fühlte er sich als Sünder in den Staub gedrückt von den vielen bösen Dingen, die er getan hatte, und fühlte sich dann wieder zu einer nüchternen und furchtsamen Dankbarkeit erhoben durch die Überlegung, wie viele üble Dinge er beinahe getan, aber doch vermieden hatte. Und dann kam er wieder auf den früheren Gegenstand seines Nachdenkens, und da bemerkte er einen Funken von Hoffnung.

Wenn man diesem Meister Hyde genau nachforschte!, dachte er. Er muss selber Geheimnisse haben, schwarze Geheimnisse, nach seinem Aussehen zu urteilen. Geheimnisse, im Vergleich mit denen die schlimmsten Geheimnisse des armen Jekyll wie Sonnenstrahlen leuchten würden. So, wie es ist, kann es nicht weitergehen. Es überläuft mich kalt, wenn ich daran denke, dass dieses Geschöpf sich wie ein Dieb an Henrys Bett schleicht. Armer Henry, welch ein Erwachen! Und dann die Gefahr! Denn wenn dieser Hyde das Vorhandensein des Testamentes ahnt, wird er vielleicht ungeduldig, die Erbschaft anzutreten. Jawohl, ich muss meine Schulter an das Rad stemmen – wenn Jekyll es nur zulässt, dass ich es tue … wenn Jekyll es nur zulässt.«

Wieder sah er vor seinem geistigen Auge, klar und deutlich wie ein Transparentbild, die seltsamen Bestimmungen in Jekylls Letztem Willen.

Dr. Jekylls Gemütsruhe

Es traf sich ausgezeichnet, dass vierzehn Tage später der Doktor eine von seinen angenehmen kleinen Tischgesellschaften gab: fünf oder sechs alte Kumpane waren eingeladen, lauter kluge, angesehene Männer, die einen guten Wein zu schätzen wussten. Utterson wusste es so einzurichten, dass er noch dablieb, als die anderen gingen. Dies war nichts besonders Neues, sondern war schon

Dutzende von Malen vorgekommen. Wo Utterson gefiel, gefiel er wirklich. Gastgeber behielten gern den trockenen Rechtsgelehrten noch bei sich, wenn die Lustigen und Zungenfertigen schon ihre Füße über die Schwelle gesetzt hatten. Sie saßen gern eine Weile in seiner unaufdringlichen Gesellschaft – eine Art Vorübung zur Einsamkeit – und ernüchterten ihren Sinn durch dieses Mannes reiches Schweigen nach der Vergeudung und Anspannung von Fröhlichkeit. Von dieser Regel bildete Dr. Jekyll keine Ausnahme, und als er nun seinen Freund am Kamin gegenüber sah – ein großer, gut gewachsener Fünfziger mit einem glatten Gesicht, worin vielleicht ein Zug von Schlauheit lag, dem aber der Stempel der Tüchtigkeit und Freundlichkeit deutlich aufgedrückt war –, da konnte man wohl an seinen Blicken sehen, dass er für Utterson eine aufrichtige und warme Zuneigung empfand.

»Ich hatte den Wunsch, mit dir zu sprechen, Jekyll«, begann der andere. »Weißt du – über dein Testament.«

Ein scharfer Beobachter hätte bemerken können, dass dieser Gesprächsgegenstand unerwünscht war. Aber der Doktor sagte mit anscheinender Leichtigkeit, äußerlich ganz heiter:

»Armer Utterson, du hast Unglück, dass du so einen Klienten hast! Ich sah niemals einen Menschen so verstört wie dich, als du meinen Letzten Willen beglaubigen musstest – es sei denn, dieser in Pergament eingebundene Pedant Lanyon in seinem Entsetzen über meine wissenschaftlichen Hexereien, wie er es nannte. Oh! Ich weiß, er ist ein guter Kerl – du brauchst nicht die Stirn zu runzeln –, ein ausgezeichneter Bursche, und ich habe schon lange die Absicht, wieder öfter mit ihm zu verkehren, aber ein in Eselshaut eingebundener Pedant ist er bei alledem – ein unwissender, lärmmachender Pedant. Ich bin niemals von einem Menschen so enttäuscht gewesen wie von Lanyon.«

»Du weißt, ich habe es niemals gebilligt«, fuhr Utterson unbarmherzig in seinem Gedankengang fort, ohne sich um das neue Thema zu bekümmern.

»Mein Testament? Ja, gewiss, das weiß ich«, sagte der Doktor, ein kleines bisschen scharf. »Das hast du mir ja gesagt.«

»Nun, ich sage es dir heute noch einmal«, sagte der Anwalt. »Ich habe etwas über den jungen Hyde erfahren.«

Das breite, schöne Gesicht Dr. Jekylls wurde bleich bis in die Lippen, und in seine Augen kam etwas Finsteres.

»Ich möchte hierüber nichts mehr hören«, sagte er, »ich dachte, wir hatten abgemacht, dass wir über diese Sache nicht mehr sprechen wollen.«

»Was ich hörte, war scheußlich«, sagte Utterson.

»Ich kann meinen Letzten Willen nicht ändern. Du verstehst meine Lage nicht«, erwiderte der Doktor, offenbar etwas verlegen. »Ich bin in einer peinlichen Lage, Utterson. Meine Stellung in dieser Sache ist seltsam – sehr seltsam. Es ist eine von jenen Geschichten, die sich durch Reden nicht besser machen lassen.«

»Jekyll – du kennst mich: Ich bin ein Mann, auf den man sich verlassen kann. Vertraue mir, schütte mir dein Herz aus, und ich bezweifle nicht, dass ich dir aus dieser Lage heraushelfen kann.«

»Mein guter Utterson«, sagte der Doktor, »es ist sehr lieb von dir, es ist ungeheuer lieb von dir, und ich finde keine Worte, dir meinen Dank dafür auszusprechen. Ich glaube dir vollkommen. Ich würde dir mehr als irgendeinem anderen lebenden Menschen, ja sogar mehr als mir selber vertrauen, wenn ich die Wahl hätte. Aber es ist wirklich nicht das, was du dir in deiner Fantasie ausmalst. Es ist nicht so schlimm, und nur um dein gutes Herz zu beruhigen, will ich dir eins sagen: Ich kann mir Mr Hyde in jedem Augenblick vom Hals schaffen, sobald ich will. Hierauf gebe ich dir meine Hand und danke dir nochmals dafür, dass du so gut bist. Und nun noch ein Wörtchen, Utterson, das du mir sicherlich nicht übel nehmen wirst: Es ist meine private Angelegenheit, und ich bitte dich, sie ruhen zu lassen.«

Utterson sah in das Kaminfeuer und dachte einen Augenblick nach. Dann sagte er:

»Ich bezweifle nicht, dass du vollkommen recht hast.« Und er stand auf.

»Schön – aber da wir einmal auf diese Geschichte gekommen sind, und hoffentlich zum letzten Mal«, sagte der Doktor noch, »so wäre es mir lieb, wenn du Folgendes begriffest: Ich interessiere mich wirklich sehr für den armen Hyde. Ich weiß, dass du ihn gesehen hast. Er sagte mir das, und ich fürchte, er war unhöflich gegen dich. Aber ich nehme aufrichtig großen, sehr großen Anteil an dem jungen Mann. Und wenn ich aus dieser Welt hinweggenommen werde, Utterson, so bitte ich dich herzlich, dich seiner anzunehmen, damit er zu seinen Rechten kommt. Ich bin überzeugt, du würdest das tun, wenn du alles wüsstest, und es würde mir eine Last von der Seele nehmen, wenn du mir dies versprechen wolltest.«

»Ich kann nicht behaupten, dass er mir jemals gefallen wird«, sagte der andere.

»Das verlange ich auch nicht«, sagte Jekyll in bittendem Ton und legte dabei seine Hand auf des anderen Arm. »Ich verlange nur Gerechtigkeit. Ich bitte dich nur, ihm um meinetwillen zu helfen, wenn ich nicht länger hier bin.«

Utterson stieß einen Seufzer aus, den er nicht unterdrücken konnte, und sagte:

»Nun, ich verspreche es dir.«

Der Mord

Fast ein Jahr später, im Oktober des Jahres 18.., wurde London durch ein Verbrechen von außergewöhnlicher Grausamkeit in Aufregung versetzt, die durch die hohe gesellschaftliche Stellung des Opfers noch vermehrt wurde. Die Einzelheiten waren fürchterlich. Ein Dienstmädchen, das sich in einem Haus nicht weit von der Themse allein befand, war ungefähr um elf Uhr in ihr Schlafzimmer hinaufgegangen. Obwohl einige Stunden später die City in dichten Nebel gehüllt war, war der Himmel in dieser frühen Nachtzeit wolkenlos, und die schmale Gasse, auf die das Fenster des Dienstmädchenzimmers hinausging, war vom Vollmond hell erleuchtet. Sie war, wie es schien, romantisch veranlagt, denn sie setzte sich auf ihren Koffer, der unmittelbar unter dem Fenster stand, und versank in eine Träumerei. Nie – so sagte sie jedes

Mal unter strömenden Tränen, wenn sie ihre Erlebnisse erzählte – hatte sie sich so in Frieden mit allen Menschen gefühlt und freundlicher von der Welt gedacht. Und wie sie so saß, bemerkte sie einen schönen alten Herrn mit weißen Haaren, der sich in der Gasse näherte, und ihm entgegengehend einen anderen, sehr kleinen Herrn, auf den sie weniger achtete. Als die beiden Herren in Sprechnähe kamen – was gerade unmittelbar unter dem Fenster des Mädchens geschah –, machte der ältere eine Verbeugung und sprach den anderen auf sehr liebenswürdige und höfliche Weise an. Es schien sich dabei um nichts besonders Wichtiges zu handeln, aus seinen Handbewegungen ging anscheinend hervor, dass er sich nur nach dem Weg erkundigte. Aber der Mond beschien sein Gesicht, als er sprach, und das Mädchen hatte ihre Freude daran, dieses Gesicht zu beobachten: Es strahlte eine so unschuldige, etwas altfränkische Herzensgüte aus, zugleich aber auch lag etwas gewissermaßen Erhabenes darauf, wie ein Ausdruck von wohlbegründeter Selbstzufriedenheit. Plötzlich fiel ihr Blick auf den anderen, und sie erkannte in ihm zu ihrer Überraschung einen gewissen Mr Hyde, der ihren Herrn einmal besucht und gegen den sie sofort eine Abneigung empfunden hatte. Er hielt in seiner Hand einen schweren Stock, mit dem er Lufthiebe schlug. Aber er antwortete kein einziges Wort und schien mit schlecht verhehlter Ungeduld den alten Herrn anzuhören. Und dann bekam er ganz plötzlich einen furchtbaren Wutanfall, stampfte mit dem Fuß auf, schwang seinen Stock und stürzte – so beschrieb das Mädchen es – wie ein Wahnsinniger vorwärts. Der alte Herr trat mit einem Ausdruck höchster Überraschung, und gleichzeitig offenbar etwas beleidigt, einen Schritt zurück. Da verlor dieser Mr Hyde auf einmal alle Selbstbeherrschung und schlug ihn zu Boden. Und im nächsten Augenblick trat er mit einer affenähnlichen Wut sein Opfer unter die Füße und ließ einen Sturm von Hieben auf ihn herniederhageln, unter denen der Schädel hörbar zerschmettert wurde und der Körper auf dem Straßenpflaster emporsprang. Bei diesem grässlichen Anblick und bei diesen furchtbaren Tönen fiel das Mädchen in Ohnmacht.

Es war zwei Uhr, als sie wieder zu sich kam und nach der Polizei lief. Der Mörder war längst verschwunden, aber sein Opfer lag mitten in der kleinen Gasse, auf eine unglaubliche Weise verstümmelt. Der Stock, mit dem die Untat vollbracht worden war, war von der Gewalt der in sinnloser Wut geführten Hiebe mitten entzweigebrochen, obgleich er von sehr zähem und schwerem Holz war. Die eine zersplitterte Hälfte war in den nahen Rinnstein gerollt – die andere hatte der Mörder ohne Zweifel mitgenommen. Eine Geldbörse und eine goldene Uhr wurden in den Kleidern des Erschlagenen gefunden, aber keine Karten oder Papiere, außer einem versiegelten und mit einer Marke beklebten Brief, den er wahrscheinlich zur Post hatte bringen wollen, und der den Namen und die Wohnung des Mr Utterson aufwies.

Dieser Brief wurde dem Anwalt am nächsten Morgen gebracht, bevor er aufgestanden war. Und kaum hatte er ihn gesehen und die näheren Umstände vernommen, so schob er mit sehr ernster Miene die Oberlippe vor und sagte:

»Ich will nichts sagen, bevor ich die Leiche gesehen habe. Es ist vielleicht eine sehr ernste Sache. Haben Sie die Güte zu warten, während ich mich anziehe.«

Mit demselben ernsten Gesicht frühstückte er hastig und fuhr dann zu der Polizeiwache, wohin die Leiche gebracht worden war. Sobald er die Zelle betrat, nickte er und sagte:

»Ja, ich erkenne ihn. Ich muss mit großem Bedauern sagen, es ist Sir Danvers Carew.«

»Gütiger Gott, Mr Utterson!«, rief der Beamte, »ist es möglich?« Und im nächsten Augenblick funkelte Berufseifer aus seinen Blicken, und er sagte:

»Das wird einen großen Lärm machen! Und vielleicht können Sie uns helfen, den Mann zu fassen.«

Dann erzählte er in aller Kürze, was das Mädchen gesehen hatte, und zeigte den zerbrochenen Stock.

Utterson hatte bereits einen Seufzer ausgestoßen, als er den Namen Hyde gehört hatte. Als ihm aber der Stock vorgelegt wurde, konnte er nicht länger zweifeln: Obwohl er zerbrochen und zersplittert war, erkannte er in ihm sofort einen Stock, den er selber vor vielen Jahren seinem Freund Henry Jekyll geschenkt hatte.

»Ist dieser Mr Hyde ein Mann von kleinem Wuchs?«, fragte er.

»Auffallend klein und mit einem auffallend gemeinen Gesichtsausdruck, so beschreibt ihn das Mädchen«, sagte der Beamte.

Utterson dachte einen Augenblick nach, dann hob er den Kopf und sagte:

»Wenn Sie mich in meinem Wagen begleiten wollen, so kann ich Sie, glaube ich, zu seiner Wohnung bringen.«

Es war inzwischen ungefähr neun Uhr morgens geworden, und auf den Straßen lag der erste Londoner Herbstnebel. Eine dichte schokoladenbraune Dunstmasse hing vom Himmel herab, aber der Wind machte fortwährend Angriffe auf die wogenden Massen, sodass Utterson, während der Wagen langsam von Straße zu Straße fuhr, eine wunderbare Menge aller möglichen Abstufungen von Zwielicht beobachten konnte: an der einen Stelle war es dunkel wie am späten Abend, dann wieder leuchtete ein feuriges Braun, als wenn eine seltsame Feuersbrunst loderte. Dann wieder war für einen kurzen Augenblick der Nebel ganz verjagt, und ein blasses Tageslicht brach durch die wirbelnden Dunstmassen hindurch. Die elenden, schmutzigen Straßen von Soho mit ihren kotigen Fahrdämmen, ihren schlampigen Passanten, ihren Laternen, die gar nicht ausgelöscht oder am Morgen wieder angezündet worden waren, um diesen plötzlichen Überfall trauriger Finsternis zu bekämpfen, erschienen in dieser wechselnden Beleuchtung den Augen des Anwalts wie ein Stadtviertel, wie man es wohl in einem schweren Traum sieht, wenn einen der Alp drückt. Auch seine Gedanken waren von düsterster Farbe, und wenn er einen Blick auf seinen Fahrtgenossen warf, empfand er etwas von jenem Grausen vor dem Gesetz und vor den Vollziehern des Gesetzes, das zuweilen auch wohl den ehrenwertesten Menschen überkommen mag.

Als der Wagen vor dem dem Kutscher bezeichneten Haus anhielt, verzog der Nebel sich ein bisschen und zeigte ihm eine schmutzige Straße, einen Schnapspalast, eine billige französische Speisewirtschaft, einen Laden, worin Penny-Zeitschriften und Zwei-Penny-Salate verkauft wurden, viele zerlumpte Kinder, die sich in den Torwegen balgten, und viele Weiber von allen möglichen Nationalitäten, die mit dem Schlüssel in der Hand ausgingen, um einen Morgenschnaps zu trinken. Und im nächsten Augenblick senkte der Nebel sich wieder bernsteinbraun auf diese Gegend herab und verhüllte ihm die gemeine Umgebung. Hier war das Heim von Henry Jekylls Liebling – einem Mann, der eine viertel Million Pfund Sterling erben sollte.

Eine alte Frau mit elfenbeingelbem Gesicht und silberweißem Haar öffnete die Tür. Ihr Antlitz trug einen Ausdruck von Verworfenheit, der durch Heuchelei gemildert war, aber ihre Manieren waren ausgezeichnet.

Ja, sagte sie, Mr Hyde wohne hier, sei aber nicht zu Hause. Er sei diese Nacht sehr spät nach Hause gekommen, aber schon nach einer knappen Stunde wieder fortgegangen. Dies sei indessen durchaus nicht auffallend, denn er habe sehr unregelmäßige Gewohnheiten und komme oft gar nicht nach Hause. So sei es zum Beispiel gestern fast zwei Monate her gewesen, seitdem sie ihn zum letzten Mal gesehen habe.

»Nun schön – wir wünschen seine Wohnung zu sehen«, sagte der Anwalt, und als die Frau zu erklären begann, dies sei unmöglich, fuhr er fort:

»Ich sage Ihnen am besten gleich, wer der Herr hier ist: es ist Inspektor Newcomen von Scotland Yard.«

Ein widerlicher Freudenstrahl erschien auf dem Gesicht der Frau.

»Ah!«, rief sie, »er ist in Druck! Was hat er getan?« Utterson und der Inspektor tauschten einen Blick aus.

»Der Herr scheint nicht sehr beliebt zu sein«, bemerkte der Letztere. »Und nun, meine gute Frau, lassen Sie mal mich und diesen Herrn die Wohnung hier ansehen.«

Von den sämtlichen Zimmern des Hauses, das, abgesehen von der alten Frau, völlig unbewohnt war, hatte Hyde nur zwei benutzt. Aber diese beiden Zimmer waren mit Luxus und gutem Geschmack eingerichtet.

Ein Wandschrank war mit Weinen gefüllt, das Essgeschirr war von Silber, die Tischwäsche elegant. An der einen Wand hing ein gutes Gemälde, ein Geschenk – wie Utterson vermutete – von Henry Jekyll, der ein ausgezeichneter Kunstkenner war. Die Teppiche waren dick und gefielen durch angenehme Farbenzusammenstellungen.

In diesem Augenblick boten allerdings die beiden Zimmer alle Anzeichen, dass sie kurz vorher in großer Hast durchstöbert worden waren. Auf dem Boden lagen Kleider herum, deren Taschen herausgezogen waren; verschließbare Schubfächer standen offen, und im Kamin lag ein Haufen grauer Asche, als wenn viele Papiere verbrannt worden wären.

Aus dieser Asche zog der Inspektor, nachdem er darin herumgestochert hatte, die Rückenseite eines grünen Scheckbuchs hervor, die der Einwirkung des Feuers widerstanden hatte.

Hinter der Tür wurde die andere Hälfte des Spazierstocks gefunden, und da dieser Fund seinen Verdacht bestätigte, war der Beamte ganz entzückt und sprach das mit vielen Worten aus.

Ein Besuch bei der Bank, wo mehrere tausend Pfund als Guthaben des Mörders festgestellt wurden, vervollständigte die Untersuchung und die Befriedigung des Kriminalinspektors.

»Sie können sich drauf verlassen, Mr Utterson«, sagte er zum Anwalt, »ich habe ihn in meiner Hand! Er muss den Kopf verloren haben – sonst würde er niemals den Stock hiergelassen haben. Vor allem hätte er nicht das Scheckbuch verbrannt. Herrgott noch mal, Geld bedeutet für den Mann einfach das Leben! Wir brauchen weiter nichts zu tun, als im Bankgebäude auf ihn zu warten und ihm die Handschellen anzulegen.«

Dies Letztere war jedoch nicht so leicht ausgeführt, denn Mr Hyde hatte wenige Bekannte gehabt – auch der Herr des Dienstmädchens hatte ihn überhaupt nur zweimal gesehen. Von Angehörigen des Mörders konnte nirgends auch nur eine Spur aufgefunden werden. Fotografieren hatte er sich niemals lassen. Und die wenigen, die ihn beschreiben konnten, wichen in ihren Beschreibungen weit voneinander ab, wie es bei den Aussagen von Durchschnittsbeobachtern der Fall zu sein pflegt.

Nur in einem einzigen Punkt stimmten alle überein: dass der Flüchtling auf jeden, der ihn gesehen hatte, den gespenstigen Eindruck einer unerklärlichen Missgestaltung gemacht hatte.

Der Brief

Es war spät am Nachmittag, als Utterson vor Dr. Jekylls Haus eintraf. Er wurde von Poole sofort eingelassen und durch die Küchenräume und quer über einen Hof, der früher einmal ein Garten gewesen war, zu dem Gebäude geführt, das gemeiniglich als »das Laboratorium« oder »der Seziersaal« bezeichnet wurde. Der Doktor hatte das Haus von den Erben eines berühmten Chirurgen gekauft, und da seine eigenen Neigungen sich mehr der Chemie als der Anatomie zuwandten, so hatte er dem am Ende des Gartens stehenden Gebäude eine andere Bestimmung gegeben.

Es war das erste Mal, dass der Anwalt in diesem Teil der Wohnung seines Freundes Zulass fand. Er betrachtete voll Neugier das verwahrlost aussehende fensterlose Gebäude und sah mit einem eigentümlich unbehaglichen Gefühl um sich, als er durch das Amphitheater schritt, das früher von fleißigen Studenten gewimmelt hatte, während es jetzt trübe und stumm dalag, die Tische mit chemischen Apparaten beladen, der Fußboden mit Kisten, Körben und Packstroh bedeckt, wie der Anwalt in dem Dämmerlicht bemerkte, das an diesem Nebeltag durch die Glaskuppel hereinfiel.

Am jenseitigen Ende des Raumes führte eine Treppe zu einer mit rotem Fries bezogenen Tür hinauf, und durch diese gelangte Utterson endlich in des Doktors Studierzimmer. Es war ein großer Raum, an dessen Wänden ringsherum Glasschränke standen. Ausgestattet war er unter anderem mit einem Drehspiegel und einem großen Schreibtisch. Drei verstaubte Fenster mit eisernen Gittern sahen auf den Hof hinaus. Im Kamin brannte das Feuer, eine angezündete Lampe war auf den Kaminsims gestellt worden, denn selbst in den Häusern begann der hereindringende Nebel sich bemerkbar zu machen. Und dort am Kamin, dicht am wärmenden Feuer, saß Dr. Jekyll und sah todkrank aus. Er stand nicht auf, um seinem Besucher entgegenzugehen, sondern streckte ihm nur eine kalte Hand entgegen und begrüßte ihn mit seltsam veränderter Stimme.

»Nun?«, sagte Utterson, sobald Poole sie allein gelassen hatte, »hast du die Neuigkeit gehört?«

Der Doktor schauderte zusammen und sagte: »Sie schrien sie auf dem Platz aus. Ich hörte sie in meinem Esszimmer.«

»Ein Wort!«, sagte der Anwalt. »Carew war mein Klient, aber das bist du auch, und ich wünsche zu wissen, was ich tue. Du bist doch nicht so wahnsinnig gewesen, um den Kerl bei dir zu verstecken?«

»Utterson, ich schwöre bei Gott«, rief der Doktor, »ich schwöre bei Gott, er wird mir niemals wieder vor die Augen kommen. Ich sage dir bei meiner Ehre: In dieser Welt bin ich mit ihm fertig! Es ist alles aus. Und er braucht auch wirklich meine Hilfe nicht. Du kennst ihn nicht so wie ich; er ist in Sicherheit, vollständig in Sicherheit. Merke dir meine Worte: man wird niemals wieder etwas von ihm hören.«

Der Anwalt hörte ihm verdrießlich zu. Das fieberhafte Wesen seines Freundes gefiel ihm nicht.

»Du scheinst seiner ziemlich sicher zu sein«, sagte er endlich, »und um deinetwillen hoffe ich, dass du recht haben mögest. Wenn es zu einer Gerichtsverhandlung käme, würde wohl dein Name genannt werden.«

»Ich bin in Bezug auf ihn vollkommen sicher. Ich habe bestimmte Gründe dafür, die ich aber keinem Menschen mitteilen kann. Indessen, da ist eins, worüber du mir vielleicht einen Rat geben kannst. Ich habe … einen Brief erhalten, und ich weiß nicht, ob ich diesen der Polizei zeigen sollte. Ich möchte ihn gerne dir übergeben, Utterson. Ich bin sicher, dass du das Rechte triffst; ich habe so großes Vertrauen zu dir.«

»Ich vermute, du befürchtest, dass dieser Brief zu seiner Entdeckung führen könnte?«, fragte der Anwalt.

»Nein. Ich kann nicht sagen, dass ich mir überhaupt etwas daraus mache, was aus Hyde wird. Ich bin vollständig fertig mit ihm.

Ich dachte an meinen eigenen guten Ruf, der durch diese grässliche Geschichte ziemlich bloßgestellt worden ist.«

Utterson dachte eine Weile nach. Er war überrascht von dieser selbstsüchtigen Denkweise seines Freundes und fühlte sich sogleich durch sie erleichtert. Endlich sagte er:

»Gut. Lass mich den Brief sehen.«

Der Brief war in eigentümlichen, steilen Zügen geschrieben und mit dem Namen »Edward Hyde« unterzeichnet. Er besagte, kurz genug, dass des Schreibers Wohltäter, Dr. Jekyll, den er seit langer Zeit für tausend edelmütige Handlungen in so unwürdiger Weise belohnt habe, sich um seine Sicherheit nicht beunruhigen möge, da er über Mittel zur Flucht verfüge, auf die er sich ganz bestimmt verlassen könne.

Dem Anwalt gefiel dieser Brief recht gut. Er ließ die Freundschaft dieser beiden Menschen in einem besseren Licht erscheinen, als er angenommen hatte, und er schalt sich selber wegen seines früheren Verdachtes.

»Hast du den Umschlag?«, fragte er.

»Ich verbrannte ihn, bevor ich daran dachte, was ich tat. Aber es war kein Poststempel darauf. Der Brief war durch einen Boten an der Tür abgegeben worden.«

»Soll ich den Brief behalten und das Weitere einmal überschlafen?«, fragte Utterson.

»Ich wünsche, dass du ganz allein statt meiner entscheidest«, war die Antwort, »ich habe das Vertrauen zu mir selber verloren.«

»Na, ich werd' es mir überlegen. Und jetzt noch ein Wort: es war Hyde, der die Bestimmungen in deinem Testament diktierte, die wegen jenem Verschwinden getroffen waren?«

Der Doktor schien von einer Schwäche befallen zu werden. Er presste seine Lippen fest zusammen und bebte.

»Ich wusste es«, rief Utterson. »Er beabsichtigte, dich zu ermorden. Du bist noch gerade eben gut davongekommen.«

»Dieser Ausdruck passt nicht gut!«, antwortete der Doktor feierlich: »Es ist etwas anderes, ich habe eine Lehre erhalten. O Gott, Utterson, welch eine Lehre habe ich erhalten!«

Und er bedeckte für einen Augenblick sein Antlitz mit beiden Händen.

Als der Anwalt das Haus verließ, verweilte er noch einen Augenblick, um ein Wort mit Poole zu sprechen:

»Hören Sie mal: es wurde heute ein Brief abgegeben – wie sah denn der Bote aus?«

Aber Poole behauptete steif und fest, es sei ganz sicher, dass Briefe nur mit der Post gekommen seien. »Und das waren außerdem nur Drucksachen«, setzte er hinzu.

Diese Auskunft belebte die Befürchtungen des Anwalts aufs Neue. Offenbar war der Brief an der Laboratoriumstür abgegeben worden, möglicherweise war er sogar in des Doktors Studierzimmer geschrieben worden. Und wenn dies der Fall war, dann musste er ganz anders beurteilt werden und man musste umso vorsichtiger vorgehen.

Als er auf den Platz trat, rannten Zeitungsjungen auf den Bürgersteigen entlang und brüllten sich heiser: »Extrablatt! Grässliche Ermordung eines Parlamentsmitglieds!«

Das war die Leichenrede für einen solchen Klienten, und er konnte sich einer gewissen Befürchtung nicht erwehren, dass der gute Name eines anderen in den Wirbel dieses Skandals hineingezogen würde. Jedenfalls hatte er eine heikle Entscheidung zu treffen, und so sehr er sich sonst seiner Gewohnheit nach auf sich selber verließ, begann er sich doch nach Rat zu sehnen. Unmittelbar war dieser nicht zu haben. Aber vielleicht, dachte er, könnte er bei Gelegenheit einen erhaschen.

Gleich darauf saß er an der einen Seite seines eigenen Kaminfeuers; an der anderen saß sein Kanzleivorsteher Guest, und zwischen ihnen, in einer wohlberechneten Entfernung vom Feuer, stand auf einem Tischchen eine Flasche eines ganz besonderen alten Weines, der lange in der Dämmerung seines Kellers gelegen hatte. Der Nebel lag noch auf den Straßen der in ihm ertrunkenen Stadt, die Laternen glühten rot wie Karfunkel aus ihm hervor, und durch die Wolken, die den Schall dämpften, rollte das Getriebe der Weltstadt in den großen Hauptadern mit einem Ton wie mächtiges Sturmesbrausen. Aber das Zimmer war heiter im Schein des Kaminfeuers. In der Flasche hatte alle Säure sich längst gelöst; die Purpurfarbe des Weins war mit der Zeit sanft geworden wie die Farben gemalter Glasfenster; und die Sonnenglut heißer Tage, die auf Rebenhügel geschienen hatte, war bereit, freigelassen zu werden und alle Nebel Londons zu zerstreuen.

Ganz allmählich taute der Anwalt auf. Es gab keinen Menschen, vor dem er weniger Geheimnisse bewahrte als vor Mr Guest. Er war nicht immer sicher, dass dieser so viele bewahrte, wie er wünschte. Guest war oft in Geschäften beim Doktor gewesen; er kannte Poole. Es war kaum anzunehmen, dass er nicht von Hydes vertraulichem Verkehr in dem Haus gehört hätte. Er zog vielleicht seine Schlüsse – wäre es also nicht ebenso gut, wenn er einen Brief sähe, der dieses Geheimnis im richtigen Licht erscheinen ließ? Außerdem war Guest ein großer Sachverständiger in Handschriftendeutung, womit er sich eifrig beschäftigte. Würde er es also nicht für ganz natürlich und für eine Freundlichkeit halten, wenn er ihm den Brief zeigte? Außerdem war sein Kanzleivorsteher ein Mann, der gern einen Rat gab. Er würde ein so merkwürdiges Schriftstück wohl kaum lesen, ohne eine Bemerkung fallen zu lassen; und je nach dieser Bemerkung konnte Utterson vielleicht sein künftiges Verhalten einrichten.

»Das ist ein trauriger Vorfall, dies mit Sir Danvers«, sagte der Anwalt.

»Jawohl, Herr, allerdings. Es hat im Publikum große Teilnahme hervorgerufen«, antwortete Guest. »Der Mann war natürlich wahnsinnig.«

»Ich möchte gerne mal Ihre Ansichten darüber hören«, erwiderte Utterson. »Ich habe hier ein Dokument seiner Handschrift. Es bleibt natürlich unter uns beiden, denn ich weiß kaum, was ich in der Sache tun soll. Auf alle Fälle ist es eine eklige Geschichte. Na, hier ist es – so etwas für Sie: das Autograf eines Mörders.«

Guests Augen funkelten. Er setzte sich sofort hin und studierte den Brief mit Leidenschaft. Dann sagte er:

»Nein, Mr Utterson – kein Wahnsinniger, aber eine sonderbare Handschrift ist dies.«

»Und nach allem, was mir berichtet wurde, ein sehr sonderbarer Schreiber«, setzte der Anwalt hinzu.

Gerade in diesem Augenblick trat der Diener mit einem Brief ein.

»Ist das von Dr. Jekyll, Herr?«, fragte der Kanzleivorsteher. »Ich dachte, ich kennte die Handschrift. Irgendetwas Privates, Mr Utterson?«

»Nur eine Einladung zum Essen. Was? Möchten Sie sie gerne sehen?«

»Nur einen Augenblick. Danke Ihnen, Mr Utterson.« Und der Schreiber legte die beiden Blätter nebeneinander und verglich eifrig ihren Inhalt. Endlich sagte er, indem er beide Briefe zurückgab: »Vielen Dank, Mr Utterson, es ist ein sehr interessantes Autograf.«

Es entstand eine Pause, während der Mr Utterson mit sich selber kämpfte. Plötzlich fragte er:

»Warum verglichen Sie sie, Guest?«

»Hm, Mr Utterson, da ist eine recht merkwürdige Ähnlichkeit vorhanden. Die beiden Handschriften sind in vielen Punkten identisch, nur die Richtung der Buchstaben ist verschieden.«

»Recht sonderbar«, sagte Utterson.

»Wie Sie sagen … recht sonderbar«, antwortete Guest.

»Ich würde von diesem Brief nichts verlauten lassen, wissen Sie«, sagte der Anwalt.

»Nein, Mr Utterson. Ich verstehe.«

Kaum war Utterson allein, so schloss er den Brief in seinen Geldschrank ein, wo er seit jener Stunde liegenblieb. Was!, dachte er bei sich, Henry Jekyll fälscht Briefe zugunsten eines Mörders.

Und das Blut rann ihm kalt durch die Adern.

Eine merkwürdige Mitteilung von Dr. Lanyon

Die Zeit verging. Tausende von Pfund Sterling wurden als Belohnung ausgeschrieben, denn der Mord an Sir Danvers wurde als eine öffentliche Unbill empfunden. Aber Hyde war aus dem Bereich der Polizei verschwunden, als wenn er niemals vorhanden gewesen wäre. Indessen wurde vieles von seiner Vergangenheit entdeckt – lauter unrühmliche Dinge. Es kamen Geschichten zum Vorschein von des Mannes Grausamkeit, einer herausfordernden, kalten und gleichzeitig heftigen Grausamkeit; von seinem schmutzigen Lebenswandel; von seinen merkwürdigen Kumpanen; von dem Hass, den er anscheinend überall erweckt hatte – aber von seinem augenblicklichen Aufenthalt verlautete kein Ton. Von der Zeit an, da er am Morgen des Mordes das Haus in Soho verlassen hatte, war er ganz einfach von der Bildfläche verschwunden. Und allmählich, je mehr Zeit verstrich, begann Utterson sich von seiner heißen Angst zu erholen und sich innerlich zu beruhigen. Der Tod des Sir Danvers war nach seiner Denkweise mehr als ausgeglichen durch das Verschwinden dieses Mr Hyde.

Jetzt, da der böse Einfluss entfernt worden war, begann für Dr. Jekyll ein neues Leben. Er kam aus seiner Abgeschiedenheit hervor, knüpfte die Verbindungen mit seinen Freunden von Neuem an, wurde wieder im vertraulichen Verkehr ihr Gast und Wirt. Und während er längst schon für seine Mildtätigkeit bekannt gewesen war, zeichnete er sich jetzt nicht weniger durch seinen kirchlichen Eifer aus. Er arbeitete fleißig, er war viel in der frischen Luft, er tat Gutes. Sein Antlitz schien offener und heller zu werden, als wenn er inwendig das Bewusstsein hätte, dass er auf der Welt zu etwas nütze wäre. Und länger als zwei Monate hindurch lebte der Doktor in Frieden.

Am 8. Januar hatte Utterson mit einer kleinen Gesellschaft beim Doktor gespeist. Lanyon war auch dabei gewesen, und die Augen des Gastgebers waren von einem zum andern gewandert wie in den alten Tagen, als die drei unzertrennliche Freunde gewesen waren. Am 12. Januar, und auch wieder am 14., war des Doktors Tür dem Anwalt verschlossen geblieben. Der Doktor hüte das Zimmer und empfange keinen Menschen, hatte Poole gesagt.

Am 15. Januar hatte Utterson es wieder versucht und war wieder nicht angenommen worden. Und da er in den letzten beiden Monaten gewöhnt gewesen war, seinen Freund fast täglich zu sehen, empfand er dessen Rückkehr zur Einsamkeit als eine schwere Sorge auf seiner Seele. Am fünften Abend hatte er Guest bei sich zum Essen, und am sechsten begab er sich zu Dr. Lanyon.

Hier wurde ihm wenigstens nicht der Zutritt verwehrt, aber sowie er eintrat, erschrak er über die Veränderung, die sich in des Doktors Aussehen vollzogen hatte. Ihm stand das Todesurteil sichtbar auf dem Gesicht geschrieben. Der sonst so frischrote Mann war bleich geworden; er war abgemagert; er war sichtbar kahler und älter. Und trotz alledem waren es nicht so sehr diese Anzeichen eines schnellen körperlichen Verfalles, die dem Anwalt auffielen, als ein Blick in seinen Augen und ein Gebaren, das auf einen tiefinneren, seelischen Schrecken schließen zu lassen schien. Es war nicht anzunehmen, dass ein alter Arzt sich vor dem Tod fürchtete, und doch war Utterson versucht, dies zu argwöhnen.

Ja, dachte er, er ist Arzt: er muss seinen eigenen Zustand kennen und muss wissen, dass seine Tage gezählt sind. Und dass er dies weiß, ist mehr, als er tragen kann.

Als aber Utterson eine Bemerkung über seines Freundes krankes Aussehen machte, erklärte Lanyon mit vollkommener Ruhe und Festigkeit, er sei ein verlorener Mann.

»Ich habe einen Stoß bekommen«, sagte er, »und werde mich niemals davon erholen. Es ist eine Frage von Wochen. Na, mein Leben ist angenehm gewesen. Ich liebte es, jawohl, Utterson, ich lebte gern. Jetzt denke ich manchmal: Wenn wir alles wüssten, wären wir nur umso froher, uns davonzumachen.«

»Jekyll ist ebenfalls krank«, bemerkte Utterson. »Hast du ihn gesehen?«

Lanyons Gesicht verzerrte sich, und er hielt eine zitternde Hand empor.

»Ich wünsche von Dr. Jekyll nichts mehr zu sehen noch zu hören«, sagte er mit lauter, zitternder Stimme. »Mit dem Menschen bin ich vollkommen fertig, und ich bitte dich, mir jede Anspielung auf einen Mann zu ersparen, den ich als tot betrachte.«

»Na, na«, sagte Utterson, und nach einer ziemlich langen Pause fragte er:

»Kann ich nicht irgendwas tun? Wir sind drei sehr alte Freunde, Lanyon. Wir werden in unserem Leben keine neuen mehr bekommen.«

»Es ist nichts zu machen«, erwiderte Lanyon, »frag ihn selber.«

»Er will mich nicht sehen.«

»Darüber wundere ich mich nicht. Eines Tages, Utterson, wenn ich tot bin, wirst du vielleicht erfahren, ob ich recht oder unrecht habe. Ich kann es dir nicht sagen. Und bis dahin – wenn du bei mir sitzen und mit mir von anderen Dingen plaudern kannst, so bitte ich dich um Gottes willen, bleib und tu es. Aber wenn du dich nicht von diesem verfluchten Thema fernhalten kannst – dann, in Gottes Namen, geh. Denn ich kann es nicht vertragen.«

Sobald er nach Hause kam, setzte Utterson sich hin und schrieb an Jekyll, beschwerte sich über die Ausschließung aus seinem Haus und fragte nach der Ursache des unglückseligen Bruches mit Lanyon. Schon der nächste Tag brachte ihm eine lange Antwort, die stellenweise in sehr pathetischen Worten gehalten war und stellenweise sehr dunkel und geheimnisvoll klang. Der Bruch mit Lanyon sei unheilbar.

»Ich tadle unsern alten Freund nicht«, schrieb Jekyll, »aber ich teile seine Meinung, dass wir uns einander niemals wieder begegnen dürfen. Ich gedenke von jetzt an äußerst eingezogen zu leben. Du musst nicht überrascht sein, darfst auch nicht an meiner Freundschaft zweifeln, wenn meine Tür sogar oft verschlossen sein wird. Du musst mich meinen eigenen dunklen Weg gehen lassen. Ich habe selber eine Strafe und eine Gefahr über mich gebracht, die ich nicht nennen kann. Wenn ich der ärgste aller Sünder bin, so leide ich auch am ärgsten. Ich konnte nicht glauben, dass unsere Erde Leiden und Schrecken enthielte, die einen Menschen so entmutigten. Und du kannst nur eins tun, Utterson, um mir dieses Geschick zu erleichtern: mein Schweigen achten.«

Utterson war verblüfft: Der dunkle Einfluss Hydes war entfernt worden, der Doktor war zu seinen alten Beschäftigungen und zum Verkehr mit seinen Freunden zurückgekehrt. Vor einer Woche noch hatten ihm alle Aussichten auf ein fröhliches und ehrenvolles Alter gelächelt – und jetzt waren in einem Augenblick Freundschaft, Seelenruhe und der ganze Inhalt eines Lebens zerschellt. Ein so großer und plötzlicher Wechsel deutete auf Wahnsinn, aber im Hinblick auf Lanyons Benehmen und Worte musste irgendein tieferer Grund dafür vorhanden sein.

Eine Woche darauf legte Dr. Lanyon sich zu Bett, und in weniger als vierzehn Tagen war er tot. Am Abend nach dem Begräbnis, an dem er in tiefer Trauer teilgenommen hatte, verschloss Utterson die Tür seines Arbeitszimmers, setzte sich bei dem Licht einer melancholischen Kerze an seinen Schreibtisch und holte einen Umschlag hervor, der von der Hand seines toten Freundes überschrieben und mit dessen Petschaft versiegelt war.

Er legte den Brief vor sich hin und las:

»Geheim! Nur zu Händen von J. G. Utterson allein, und im Fall von dessen früherem Hinscheiden ungelesen zu vernichten.«

So lautete die bedeutungsvolle Aufschrift, und der Anwalt fürchtete sich, den Inhalt anzusehen.

Ich habe heute einen Freund begraben, dachte er; wenn nun dieser Brief mich den zweiten kostete?

Dann aber wies er diese Furcht als eine Untreue von sich und erbrach das Siegel. In dem Umschlag lag noch ein ebenfalls versiegelter Umschlag, der folgende Worte trug: »Nicht vor dem Tod oder Verschwinden des Dr. Henry Jekyll zu öffnen.«

Utterson konnte seinen Augen nicht trauen. Ja, hier stand Verschwinden. Auch hier wieder, wie in dem wahnsinnigen Letzten Willen, den er längst seinem Freund zurückgegeben hatte: auch hier wieder waren der Gedanke an ein Verschwinden und der Name Henry Jekyll miteinander verknüpft. Aber in dem Testament war dieser Gedanke der unheimlichen Einwirkung jenes Mr Hyde entsprungen. Damals war er in einer Absicht hineingebracht worden, die nur allzu deutlich und schrecklich war. Was konnte es bedeuten, dass dieses Wort hier von der Hand Lanyons geschrieben stand? Eine starke Neugier versuchte den Treuhänder, des Verbotes nicht zu achten und sofort diesen Geheimnissen auf den Grund zu gehen. Aber Berufsehre und Treue gegen seinen toten Freund waren bindend. Und so wanderte das Paket in den hintersten Winkel seines Privatgeldschranks, um dort zu schlummern.

Ein Mann kann seine Neugier im Zaum halten, etwas anderes ist es, sie zu besiegen. Und man kann daran zweifeln, ob seit jenem Tag Utterson die Gesellschaft seines überlebenden Freundes noch mit demselben Eifer wünschte. Er dachte freundlich an ihn, aber seine Gedanken waren unruhig und voll Angst. Er suchte ihn allerdings auf, aber er war vielleicht erleichtert, wenn er keinen Zutritt erhielt. Vielleicht zog er es im Grunde seines Herzens vor, mit Poole auf der Türschwelle zu sprechen, wo ihn die frische Luft und das Geräusch der Weltstadt umgaben, statt in dieses Haus freiwilliger Gefangenschaft eingelassen zu werden, bei dem undurchdringlich rätselhaften freiwilligen Gefangenen zu sitzen und mit ihm zu sprechen.

Poole hatte ihm in der Tat nicht sehr Angenehmes mitzuteilen. Der Doktor beschränkte sich jetzt allem Anschein nach mehr denn je auf sein Arbeitszimmer über dem Laboratorium, wo er zuweilen sogar schlief. Er war völlig niedergeschlagen, war sehr schweigsam geworden und las nicht einmal mehr. Es hatte den Anschein, als wenn er irgendetwas auf der Seele hätte. Utterson gewöhnte sich an die unveränderte Art dieser Berichte allmählich so sehr, dass er nach und nach seine Besuche weniger häufig werden ließ.

Das Fenster

An einem Sonntag, als Utterson seinen gewohnten Spaziergang mit Enfield machte, traf es sich zufällig, dass ihr Weg sie wieder einmal durch jene Nebenstraße führte, und als sie der Tür gegenüber waren, blieben beide stehen und sahen zu ihr hinüber.

»Na«, sagte Enfield, »die Geschichte ist ja wenigstens zu Ende. Von dem Mr Hyde werden wir nichts mehr sehen.«

»Hoffentlich nicht«, sagte Utterson. »Habe ich Ihnen mal erzählt, dass ich ihn sah und genauso einen Widerwillen wie Sie empfand?«

»Das eine war ohne das andere unmöglich«, antwortete Enfield. »Übrigens – für welch einen Esel müssen Sie mich gehalten haben, dass ich nicht wusste, diese Tür sei der hintere Eingang zu Dr. Jekylls Haus. Dass ich schließlich doch darauf kam, daran waren zum Teil Sie selber schuld.«

»Also haben Sie es herausgefunden? Wirklich?«, sagte Utterson. »Wenn das so ist, so können wir mal in den Hof hineingehen und zu den Fenstern hinaufsehen. Wenn ich Ihnen die Wahrheit sagen soll – ich bin unruhig über den armen Jekyll, und ich habe so ein Gefühl, als wenn die Nähe eines Freundes ihm guttun könnte – selbst wenn dieser nur draußen ist.«

Der Hof war sehr kühl und ein wenig feucht, und voll von einer verfrühten Dämmerung, obgleich am Himmel, hoch über den Dächern, noch hell die Sonne schien. Das mittlere von den drei Fenstern stand halb offen, und dicht am Fenster, mit einer unendlich traurigen Miene, wie ein untröstlicher Gefangener, die frische Luft suchend, sah Utterson Dr. Jekyll sitzen.

»Sieh da, Jekyll!«, rief er, »ich hoffe, es geht dir besser.«

»Mir geht es sehr schlecht, Utterson«, antwortete der Doktor trübsinnig, »sehr schlecht. Gott sei Dank wird es nicht lange dauern.«

»Du hockst viel zu Hause«, sagte der andere. »Du solltest ausgehen, das Blut in Umlauf bringen, wie Mr Enfield, wie ich. (Dies ist mein Vetter – Mr Enfield – Herr Dr. Jekyll.) Komm doch! Nimm deinen Hut und mach schnell mit uns einen Spaziergang.«

»Ihr seid sehr freundlich«, seufzte der andere. »Ich täte es herzlich gern, aber nein, nein, nein, es ist ganz unmöglich. Ich darf nicht. Aber ich freue mich wirklich sehr, Utterson, dich zu sehen. Es ist mir wahrhaftig eine sehr große Freude. Ich würde dich und Mr Enfield heraufbitten – aber mein Zimmer ist tatsächlich nicht aufgeräumt.«

»Na«, sagte der Anwalt mit seinem gutmütigen Lachen, »dann ist es das Beste, was wir tun können, wir bleiben hier unten stehen und unterhalten uns von hier aus mit dir.«

»Das wollte ich auch gerade vorschlagen«, erwiderte der Doktor mit einem Lächeln. Aber kaum waren diese Worte ausgesprochen, da verschwand das Lächeln aus seinem Gesicht, und es folgte ihm ein Ausdruck von so entsetzlicher Angst und Verzweiflung, dass den beiden Männern unten tatsächlich das Blut in den Adern fror. Sie sahen es nur für den Bruchteil einer Sekunde, denn das Fenster wurde sofort heruntergelassen. Aber diese schnellen Blicke hatten genügt, sie drehten sich um und verließen den Hof, ohne ein einziges Wort zu sagen.

Stillschweigend gingen sie auch die Nebenstraße entlang, und erst als sie in die nächste große Straße kamen, in der sogar an einem Sonntag sich etwas Leben rührte, drehte Utterson sich endlich um und sah seinen Begleiter an. Beide waren bleich, und beiden stand Entsetzen in den Augen.

»Gott vergebe uns, Gott vergebe uns«, sagte Utterson. Aber Enfield nickte nur sehr ernst und ging schweigend weiter.

Die letzte Nacht

Utterson saß eines Abends nach dem Essen an seinem Kaminfeuer, da erhielt er zu seiner Überraschung einen Besuch von Poole.

»Herrje, Poole! Was bringt Sie her?«, rief er, und als er einen zweiten Blick auf ihn geworfen hatte, setzte er hinzu:

»Was fehlt Ihnen? Ist der Doktor krank?«

»Mr Utterson«, sagte der Bediente, »da ist irgendwas nicht in Ordnung.«

»Nehmen Sie einen Stuhl, und hier ist ein Glas Wein für Sie«, sagte der Anwalt. »Lassen Sie sich nur Zeit und sagen Sie mir ganz offen, was Sie wünschen.«

»Sie wissen ja, wie Herr Doktor ist, Mr Utterson«, antwortete Poole, »und wie er sich immer einschließt. Nun, er hat sich jetzt wieder in seinem Arbeitszimmer eingeschlossen, und mir gefällt's nicht. Herr – ich will auf der Stelle tot sein, wenn's mir gefällt. Mr Utterson … ich hab Angst!«

»Na, mein guter Mann«, sagte der Anwalt, »erklären Sie sich deutlich. Wovor haben Sie Angst?«

»Ich habe schon seit ungefähr einer Woche Angst«, antwortete Poole, ohne die Aufforderung des Anwalts zu beachten, »und ich kann es nicht länger aushalten.«

Das Aussehen des Mannes bestätigte seine Worte deutlich. Er benahm sich nicht so gemessen und freundlich wie sonst immer und hatte außer im ersten Augenblick, als er von seiner Angst gesprochen hatte, dem Anwalt nicht ein einziges Mal ins Gesicht gesehen. Auch jetzt saß er, sein unberührtes Glas Wein auf dem Knie, und sah in eine Ecke des Zimmers hinein.

»Ich kann's nicht mehr aushalten«, wiederholte er.

»Nu nu«, sagte der Anwalt, »ich sehe, Sie haben irgendeine gute Ursache, Poole, ich sehe, es ist irgendetwas Ernstes vorgefallen. Versuchen Sie, mir zu erzählen, was es ist!«

»Ich denke, da sind faule Sachen los«, sagte Poole heiser.

»Faule Sachen?«, rief der Anwalt, wirklich erschrocken und infolgedessen geneigt, böse zu werden. Was redet er von faulen Sachen? Was meint der Mann damit?, dachte er bei sich selber.

»Ich wage es nicht zu sagen, Herr«, war die Antwort; »aber wollen Sie nicht mitkommen und selber mal nachsehen?«

Uttersons einzige Antwort bestand darin, dass er aufstand und seinen Hut und Mantel nahm. Aber er bemerkte mit Verwunderung, welche große Erleichterung sich auf dem Gesicht des Dieners zeigte, und vielleicht mit nicht geringerer, dass der Wein noch immer unberührt war, als der Mann das Glas hinsetzte, um ihm zu folgen.

Es war eine wilde, kalte Märznacht, ganz der Jahreszeit angemessen. Eine blasse Mondsichel lag auf dem Rücken, als wenn der Sturm sie umgeworfen hätte – ein Mond wie von ganz durchsichtigem, dünnem Gespinst. Der Sturm machte Sprechen schwierig und trieb den beiden das Blut ins Gesicht. Er schien außerdem die Straßen in ungewöhnlicher Weise von Menschen leer gefegt zu haben, denn es kam Utterson vor, als wenn er diesen Teil von London niemals so verlassen gesehen hätte. Ihm wäre lieber gewesen, Menschen zu sehen. Niemals in seinem Leben hatte er sich so sehr gesehnt, seine Mitgeschöpfe zu sehen und zu berühren, denn so sehr er auch dagegen ankämpfte, auf seiner Seele lag eine drückende Vorahnung von Unheil.

Als sie auf den Platz kamen, an dem des Doktors Haus lag, war alles voll von Wind und Staub, und die dünnen Bäume in den Anlagen bogen sich über das Gitter.

Poole, der die ganze Zeit über ein paar Schritte voraus gewesen war, blieb jetzt mitten auf dem Pflaster stehen, nahm trotz der scharfen Kälte seinen Hut ab und wischte sich mit einem roten Taschentuch die Stirn ab. Aber die Schweißtropfen, die er wegwischte, hatte nicht das schnelle Laufen herausgetrieben, sondern irgendeine ihn erstickende Angst, denn sein Gesicht war weiß, und seine Stimme, als er nun sprach, war rau und gebrochen.

»Nun, Mr Utterson«, sagte er, »da sind wir – und Gott gebe, es möge nichts Schlimmes sein.«

»Amen, Poole!«, sagte der andere.

Dann klopfte der Bediente sehr leise und vorsichtig an. Die Tür wurde geöffnet, soweit die Kette reichte, und eine Stimme fragte von drinnen:

»Sind Sie das, Poole?«

»Alles in Ordnung, öffnet die Tür.«

Die Halle, die sie nun betraten, war hell erleuchtet. Im Kamin brannte ein hochaufgestapeltes Feuer, und ringsherum stand die ganze Dienerschaft, Männer und Weiber, aneinandergedrängt wie eine Herde Schafe. Bei Uttersons Anblick brach das Stubenmädchen in ein hysterisches Wimmern aus, und die Köchin schrie auf: »Gott sei Dank – da ist Mr Utterson!«, und lief auf ihn zu, als wenn sie ihn umarmen wollte.

»Nanu? Seid ihr alle hier?«, sagte der Anwalt verdrießlich. »Sehr ungehörig, sehr unpassend. Eurem Herrn würde das durchaus nicht gefallen!«

»Sie haben alle Angst«, sagte Poole.

Totenstille folgte – niemand sagte etwas dagegen. Nur das Stubenmädchen erhob ihre Stimme und weinte jetzt laut.

»Halt deinen Mund!«, sagte Poole zu ihr mit einer Grobheit, die ein Beweis war, wie nervös er selber war. Und in der Tat, als das

Mädchen so plötzlich ihr Jammergeschrei erhoben hatte, waren sie alle aufgefahren und blickten mit Gesichtern voll von erschrockener Erwartung auf die Innentür.

»Und nun«, fuhr Poole fort und wandte sich an den Messerputzer, »gib mir eine Kerze, wir wollen der Sache jetzt sofort auf den Grund gehen.«

Dann bat er Mr Utterson, ihm zu folgen, und ging ihm voran in den Hintergarten. Dort sagte er:

»Nun, Mr Utterson, gehen Sie bitte so leise, wie Sie können. Ich möchte, dass Sie hören, aber nicht gehört werden. Und dann – verzeihen Sie, Herr! – Sollte er Sie zufällig zu sich hereinbitten … dann gehen Sie nicht!«

Diese ganz unerwartete Aufforderung gab Uttersons Nerven einen Stoß, dass er beinahe aus seinem Gleichgewicht gekommen wäre. Aber er nahm seinen Mut zusammen und folgte dem Diener in das Laboratoriumsgebäude und durch das chirurgische Amphitheater mit seinem Plunder von Kistendeckeln und Flaschen bis an den Fuß der Treppe. Hier gab Poole ihm einen Wink, auf die Seite zu treten und zu horchen, während er selber die Kerze auf den Fußboden setzte, mit einem großen Entschluss, den Utterson ihm deutlich ansah, seinen ganzen Mut zusammennahm, die Stufen hinaufstieg und mit einer etwas unsicheren Hand an den roten Fries der Tür zum Arbeitszimmer klopfte.

»Mr Utterson, Herr, wünscht Sie zu sehen«, rief er und machte dabei dem Anwalt noch heftigere Zeichen, ja genau zuzuhören.

Eine Stimme antwortete von drinnen in klagendem Ton:

»Sag ihm, ich könne keinen Menschen sehen.«

»Danke, Herr«, sagte Poole, und in seiner Stimme klang etwas wie Triumph. Dann nahm er seine Kerze auf und führte Utterson über den Hof zurück und in die große Küche, in der das Feuer ausgegangen war und die Schaben über den Fußboden huschten.

»Mr Utterson«, sagte er, dem Anwalt fest in die Augen blickend, »war das meines Herrn Stimme?«

»Sie schien sehr verändert zu sein«, antwortete Utterson, sehr blass, aber den Blick des Haushofmeisters fest erwidernd.

»Verändert? Nu ja, das meine ich auch«, sagte dieser.

»Bin ich zwanzig Jahre im Haus meines Herrn gewesen, dass ich mich in seiner Stimme täuschen könnte? Nein, Herr! Unser Herr ist auf die Seite gebracht worden. Vor acht Tagen wurde er auf die Seite gebracht – da hörten wir ihn laut Gottes Namen anrufen! Und wer an seiner Stelle drinnen ist und warum er drinnen ist – das ist ein Ding, das zum Himmel schreit, Mr Utterson!«

»Was Sie da sagen, Poole, ist sehr sonderbar; das ist eigentlich eine wahnsinnige Geschichte, mein guter Mann«, sagte Utterson und biss sich dabei auf den Finger. »Angenommen, es wäre so, wie Sie annehmen –, angenommen, Dr. Jekyll wäre ... na ja, ermordet – was könnte den Mörder veranlassen, drinnen zu bleiben? Eine solche Annahme ist nicht stichhaltig, lässt sich nicht mit der Vernunft zusammenreimen.«

»Nun, Mr Utterson, Sie sind schwer zu überzeugen, aber ich werde Sie doch überzeugen!«, sagte Poole, »Sie müssen wissen, diese ganze letzte Woche hat er, oder es, oder was auch immer da in dem Arbeitszimmer hausen mag, Tag und Nacht nach irgendeiner Medizin geschrien und kann sie nicht so kriegen, wie er sie haben will. Er hatte es so manchmal an sich – unser Herr nämlich – seine Befehle auf ein Blatt Papier zu schreiben und dieses auf die Treppe zu werfen. Diese ganze letzte Woche haben wir nichts anderes gehabt – nichts als Papiere, und dazu eine verschlossene Tür, und sogar das Essen wurde auf die Treppe gestellt und heimlich hereingeholt, wenn's niemand sah. Nun, Herr, jeden Tag – ja sogar zweimal und dreimal an demselben Tag, hat es Befehle und Beschwerden gegeben, und ich habe bei allen großen Apothekern in der Stadt herumlaufen müssen. Jedes Mal, wenn ich das Zeug brachte, kam ein neues Papier: ich sollte es wieder zurückbringen, denn es wäre nicht rein – und ein neuer Auftrag an eine andere Firma. Diese Droge wird bitter notwendig gebraucht, Herr – mag es sein, wozu es will.«

»Haben Sie eins von diesen Papieren bei sich?«, fragte Utterson.

Poole suchte in seinen Taschen und brachte einen verknitterten Zettel zum Vorschein, den der Anwalt sorgfältig prüfte, indem er ihn nahe an die Kerze hielt. Der Inhalt lautete:

»Dr. Jekyll sendet den Herren Maw seine Empfehlungen. Er versichert ihnen, dass ihre letztgesandte Probe unrein und für seine augenblicklichen Zwecke ganz wertlos ist. Im Jahre 18.. kaufte Dr. J. eine ziemlich große Quantität von den Herren M. Er bittet sie jetzt, mit der größten Sorgfalt nachsuchen zu lassen und, wenn noch etwas von derselben übrig sein sollte, ihm diese sofort zu liefern. Kosten spielen keine Rolle. Die Wichtigkeit der Lieferung für Dr. J. kann kaum genügend bezeichnet werden.«

So weit war der Brief ganz vernünftig abgefasst, aber an dieser Stelle war die Aufregung des Schreibers plötzlich durchgebrochen: die Feder hatte einen großen Klecks gemacht, und eine Nachschrift lautete:

»Um Gottes willen. Finden Sie mir etwas von der alten Sorte!«

»Das ist ein sonderbarer Brief«, sagte Utterson, dann fragte er in scharfem Ton:

»Wie kommen Sie dazu, dass Sie ihn offen bei sich haben?«

»Der Angestellte bei Maws war ganz wütend, Mr Utterson, und warf mir den Zettel zu, wie'n Stück Dreck!«, antwortete Poole.

»Es ist doch unfraglich Herrn Doktors Handschrift, nicht wahr?«, begann der Anwalt nach einer kleinen Weile wieder.

»Es kam mir so vor«, sagte der Diener ziemlich verdrießlich, dann aber flüsterte er mit veränderter Stimme:

»Aber was kommt es auf die Handschrift an. Ich habe ihn gesehen!«

»Ihn gesehen?«, wiederholte Utterson. »Nun?«

»Jawohl, gesehen«, sagte Poole. »Es war so: Ich kam plötzlich vom Garten her ins Amphitheater. Er war, scheint's, rausgeschlüpft, um nach dieser Droge zu sehen oder nach sonst was, denn die Tür zum Studierzimmer stand offen, und er stand am andern Ende des Raumes und kramte unter den Kistendeckeln herum. Er sah auf, als ich hineinkam, stieß eine Art von Schrei aus und witschte die Treppe hinauf in sein Zimmer hinein. Es war bloß die eine einzige Minute, dass ich ihn sah – aber die Haare standen mir auf dem Kopf wie Federposen. Mr Utterson – wenn das mein Herr war, warum hatte er eine Maske vor seinem Gesicht? Wenn das mein

Herr war, warum quiekte er auf wie eine Ratte und lief vor mir weg? Ich habe ihm lange genug gedient, und dann ...« Der Mann stockte und fuhr sich mit der Hand über das Gesicht.

»Das sind lauter sehr sonderbare Umstände«, sagte Utterson, »aber ich denke, ich fange an, Tageslicht zu sehen! Euer Herr, Poole, ist offenbar von einer jener Krankheiten befallen, die große Schmerzen machen und zugleich den Leidenden entstellen. Daher, nach meiner Meinung, die Veränderung der Stimme; daher die Maske und die Sucht, Begegnungen mit seinen Freunden zu vermeiden; daher der Eifer, diese Droge zu erhalten, durch deren Anwendung die arme Seele noch eine kümmerliche Hoffnung zu haben glaubt, schließlich wieder gesund zu werden – gebe Gott, dass er sich nicht täuschen möge! Das ist meine Erklärung – sie ist traurig genug, Poole, gewiss, und geradezu schrecklich, wenn man sie recht überdenkt. Aber sie ist einfach und natürlich, passt in allen Stücken gut zusammen und befreit uns von allen unnatürlichen Beunruhigungen.«

»Mr Utterson«, sagte der Diener, und auf seinem bleichen Gesicht rief die Aufregung rote Flecken hervor: »Das Ding war nicht mein Herr – und das ist die Wahrheit! Mein Herr« – hier sah er sich rundum und senkte seine Stimme zum Flüstern – »ist ein großer, schöngewachsener Mann, und diese Gestalt war beinahe ein Zwerg.«

Utterson machte einen Versuch, ihn von diesem Gedanken abzubringen, aber Poole rief:

»Oh! Herr! Glauben Sie, ich kenne meinen Herrn nicht, jetzt nach zwanzig Jahren? Glauben Sie, ich wisse nicht, wie hoch sein Kopf an dem Türpfosten seines Zimmers hinaufreicht, wo ich ihn jeden Morgen meines Lebens sah? Nein, Herr! Das Ding mit der Maske war nie und nimmer Dr. Jekyll – Gott weiß, was es war, aber Dr. Jekyll war es nie und nimmer. Und ich glaube steif und fest: da ist ein Mord vollbracht worden.«

»Poole«, antwortete der Anwalt, »wenn Sie mir das sagen, wird es meine Pflicht sein, den Tatbestand festzustellen. So sehr ich auch wünsche, Ihres Herrn Gefühle zu schonen – und so rätselhaft mir auch dieser Brief ist, der zu beweisen scheint, dass er noch am Leben ist, so werde ich es doch als meine Pflicht ansehen, mit Gewalt seine Zimmertür aufbrechen zu lassen.«

»Ach, Mr Utterson, das ist einmal vernünftig gesprochen!«, rief der Diener.

»Und jetzt kommt die zweite Frage«, fuhr Utterson fort: »Wer soll das tun?«

»Nun, Herr – Sie und ich!«, antwortete Poole ohne Zögern.

»Das war brav gesprochen«, sagte der Anwalt, »und welche Folgen dann auch noch kommen mögen, ich werde dafür sorgen, dass Sie nicht dabei zu Schaden kommen.«

»Im Theater ist ein Beil«, fuhr Poole fort, »und Sie könnten für sich selber den Küchenschürhaken nehmen.« Der Anwalt nahm das plumpe, aber schwere Werkzeug und wog es in der Hand. Dann sagte er, indem er den Diener ansah:

»Wissen Sie auch, Poole, dass wir beide im Begriff stehen, uns in eine ziemlich gefährliche Lage zu bringen?«

»Das können Sie wohl sagen, Mr Utterson.«

»Nun, dann ist's auch richtig, dass wir offen miteinander sprechen! Wir denken uns beide mehr, als wir gesagt haben, wir wollen doch lieber frei von der Leber weg reden: diese maskierte Gestalt, die Sie sahen – erkannten Sie die?«

»Tja, Herr, – sie lief so geschwind, und das Geschöpf war so zusammengeduckt, dass ich kaum drauf schwören könnte, wen ich sah. Aber wenn Sie fragen wollen: war es der Mr Hyde? – na ja, ich denke, er war es. Sehen Sie: die Größe war so ziemlich dieselbe, und es waren auch seine schnellen, leichten Bewegungen. Und dann – wer anders hätte durch die Laboratoriumstür hineinkommen können? Sie haben wohl nicht vergessen, Mr Utterson, dass er zurzeit, als der Mord geschah, immer den Schlüssel bei sich hatte? Aber das ist noch nicht alles! Ich weiß nicht, Mr Utterson, ob Sie jemals diesem Mr Hyde begegnet sind?«

»Ja«, sagte der Anwalt, »ich sprach einmal mit ihm.«

»Dann wissen Sie so gut wie all wir andern, dass an dem Herrn etwas Sonderbares war – etwas, wovor einem schauderte – ich weiß nicht recht, wie ich es ausdrücken soll, Herr, ich möchte sagen: man fühlte in seinem Mark eine Art Kälte und Schwäche.«

»Ich gestehe, dass ich so etwas fühlte, wie Sie es da beschreiben«, sagte Utterson.

»Ganz recht, Herr! Nun, als dieses maskierte Ding wie ein Affe von den chemischen Apparaten fortsprang und in das Arbeitszimmer witschte, da rann es mir wie Eis am Rückgrat herunter. Oh – ich weiß, das ist kein gültiger Zeugenbeweis, Mr Utterson! Soviel habe ich auch aus Zeitungen und Büchern gelernt – aber ein Mensch hat seine Gefühle, und ich gebe Ihnen mein Bibelwort: es war Mr Hyde!«

»Ja, ja!«, sagte der Anwalt. »Meine Befürchtungen gehen in dieselbe Richtung. Auf Bösem, fürchte ich, war diese Verbindung begründet – und Böses musste die sichere Folge davon sein. Ja, in allem Ernst – ich glaube Ihnen, ich glaube, mein armer Henry ist ermordet worden. Und ich glaube, sein Mörder haust immer noch im Zimmer des Opfers – zu welchem Zweck, das kann Gott allein sagen. Nun, so wollen wir die Rache vollziehen. Rufen Sie Bradshaw.«

Der Lakai kam auf die Aufforderung, aber sehr bleich und ängstlich.

»Rappeln Sie sich zusammen, Bradshaw!«, sagte der Anwalt. »Ich weiß wohl, diese ungewisse Erwartung geht euch allen auf die Nerven, aber wir gedenken jetzt, der Sache ein Ende zu machen. Poole und ich wollen mit Gewalt in das Zimmer eindringen. Wenn alles in Ordnung ist, sind meine Schultern breit genug, um die Verantwortung dafür auf mich zu nehmen. Indessen für den Fall, dass wirklich etwas Böses am Werk ist oder dass ein Verbrecher versuchen sollte, durch die Hintertür zu entkommen, müssen Sie und der Junge mit ein paar guten Stöcken um die Straßenecke herumgehen und sich an der Laboratoriumstür aufstellen. Wir geben euch zehn Minuten Zeit, um auf euren Posten zu kommen.«

Als Bradshaw ging, sah der Anwalt auf seine Uhr, dann sagte er: »Und nun, Poole, wollen wir auf unsere Posten gehen!« – nahm den Schürhaken unter den Arm und ging dem Diener voran in den Hof.

Die Regenwolken hatten sich über den Mond gezogen, und es war jetzt vollständig dunkel. Der Sturm, der nur stoßweise in den Hof eindrang, der zwischen den Gebäuden wie ein tiefer Brunnen lag, ließ das Licht ihrer Kerze hin und her flattern, bis sie in den Windschutz des Amphitheaters kamen, wo sie sich schweigend hinsetzten und warteten. Rings in der Runde brauste der ungeheure Lärm Londons, zu einem feierlichen Klang abgedämpft, aber ganz nahe bei ihnen wurde die Stille nur durch das Geräusch von Schritten unterbrochen, die im Studierzimmer unaufhörlich auf und ab gingen.

»So wandert es den ganzen Tag, Herr!«, flüsterte Poole.

»Ja, und auch den größeren Teil der Nacht. Nur wenn eine neue Probe vom Apotheker kommt, gibt es eine kleine Unterbrechung. Oh! das ist ein böses Gewissen, das solch ein Feind der Ruhe ist! O Herr – in jedem dieser Schritte ist reichlich vergossenes Blut! Aber horchen Sie, kommen Sie doch etwas näher – horchen Sie mit Ihrem ganzen Herzen, Mr Utterson, und sagen Sie mir: ist das des Doktors Schritt?«

Die Schritte waren leicht und unregelmäßig. Es war ein gewisser Schwung in ihnen, obgleich sie langsam waren. Der Schritt war tatsächlich verschieden von dem schweren Auftreten Henry Jekylls. Utterson seufzte und fragte:

»Hörten Sie niemals etwas anderes als diese Schritte?« Poole nickte und sagte:

»Einmal. Einmal hörte ich es weinen!«

»Weinen, wieso?«, rief der Anwalt, und ein kalter Schauder überrann ihn plötzlich.

»Weinen wie ein Weib oder eine verlorene Seele!«, antwortete der Haushofmeister. »Es schnitt mir selber so ins Herz, dass auch ich hätte weinen mögen.«

Aber die zehn Minuten waren jetzt zu Ende. Poole holte das Beil unter einem Haufen Packstroh hervor. Die Kerze wurde auf den nächsten Tisch gesetzt, um ihnen bei dem Sturmangriff zu leuchten. Dann gingen sie mit angehaltenem Atem bis an die Tür heran, hinter der jener unermüdliche Fuß immer noch auf und ab ging – auf und ab, in der Ruhe der Nacht.

»Jekyll!«, rief Utterson mit lauter Stimme, »ich wünsche dich zu sehen.«

Er schwieg einen Augenblick, aber es kam keine Antwort.

»Ich warne dich allen Ernstes: Wir haben Verdacht, und ich muss und werde dich sehen – wenn nicht mit deiner Zustimmung, dann mit Gewalt!«

»Utterson«, sagte die Stimme, »um Gottes willen, habe Erbarmen!«

»Ah! Das ist nicht Jekylls Stimme, das ist Hydes Stimme!«, schrie Utterson. »Nieder mit der Tür!«

Poole schwang das Beil über seiner Schulter. Der Schlag erschütterte das Gebäude, und die rote Friestür krachte gegen Schloss und Angeln an. Ein fürchterliches Kreischen, wie in reiner tierischer Angst, erklang aus dem Studierzimmer. Wieder ging das Beil hoch, und wieder krachten die Bretter und wankten die Pfosten. Viermal fiel der Schlag, aber das Holz war zäh, und die Tür war ausgezeichnet gearbeitet. Erst beim fünften Schlag sprang plötzlich das Schloss auf, und die Trümmer der Tür fielen ins Zimmer hinein auf den Teppich.

Die Belagerer überfiel ein plötzliches Entsetzen in der Stille, die auf den von ihnen gemachten Lärm gefolgt war. Sie traten ein wenig zurück und spähten in das Zimmer hinein. Da lag es vor ihren Augen in dem ruhigen Lampenlicht. Ein gutes Feuer leuchtete und knisterte im Kamin, der Teekessel summte seine feinen Melodien, ein paar Schubladen waren herausgezogen. Auf dem Schreibtisch lagen die Papiere in guter Ordnung, und näher am Feuer war alles sauber zum Teetrinken hergerichtet – man hätte sagen mögen: das friedlichste Zimmer in ganz London in dieser Nacht.

Mitten auf dem Teppich lag der Körper eines Mannes, dessen Glieder grausig verschlungen waren und noch zuckten. Die beiden Männer gingen auf den Fußspitzen heran, legten den Körper auf den Rücken und erblickten das Antlitz von Edward Hyde. Er trug Kleider, die ihm viel zu groß waren – Kleider für einen Mann von der Größe des Doktors. Die Muskeln seines Gesichtes zuckten, als wenn er noch lebte – aber das Leben war bereits ganz entschwunden, und an der zerbrochenen Phiole, die er in der Hand hielt, und an dem scharfen Geruch von bitteren Mandeln, der die Luft erfüllte, erkannte Utterson, dass er den Leichnam eines Selbstmörders vor sich sah.

»Wir sind zu spät gekommen«, sagte er ernst: »zu spät zu Rettung wie zu Bestrafung. Hyde ist gegangen, um seine Rechenschaft abzulegen, und uns bleibt nur noch übrig, die Leiche Ihres Herrn zu finden.«

Bei weitem der größere Teil des Gebäudes wurde von dem Amphitheater eingenommen, das fast den ganzen Raum ausfüllte und von oben her sein Licht empfing, und von dem Arbeitszimmer, das an dem einen Ende ein oberes Stockwerk bildete und auf den Hof hinausging. Ein Korridor verband den Anatomiesaal mit der Hintertür in der Nebenstraße, und mit diesem Korridor stand auch das Arbeitszimmer noch außerdem durch eine zweite Treppe in Verbindung. Sonst waren nur noch ein paar dunkle Kammern und ein geräumiger Keller vorhanden. Alle diese Räume wurden jetzt von ihnen genau durchsucht. Jede Kammer erforderte nur einen Blick, denn sie waren alle leer und waren alle seit langer Zeit nicht geöffnet worden, wie aus dem Staub hervorging, der vor ihren Türen beim Öffnen herabfiel. Der Keller war allerdings mit allerlei Gerümpel angefüllt, das zum größten Teil noch von dem Chirurgen, Jekylls Vorgänger, herstammte. Aber in dem Augenblick, als sie die Tür öffneten, wurde ihnen die Zwecklosigkeit einer weiteren Nachforschung im Keller klar, denn es fiel ein großes Spinngewebe herab, das seit Jahren schon diesen Eingang übersponnen hatte. Nirgends war eine Spur von einem toten oder lebenden Jekyll.

Poole stampfte auf die Fliesen des Korridors, lauschte auf den Klang und sagte:

»Er muss hier vergraben sein.«

»Oder er kann auch geflohen sein«, sagte Utterson und wandte sich zu der Hintertür, um auch diese zu untersuchen. Sie war verschlossen, und dicht neben ihr auf den Fliesen fanden sie den Schlüssel, der bereits verrostet war.

»Der sieht nicht danach aus, als wenn er gebraucht worden wäre.«

»Gebraucht?«, wiederholte Poole. »Sehen Sie nicht, Mr Utterson, dass er zerbrochen ist? Als wenn jemand darauf herumgetrampelt hätte!«

»Jawohl«, bestätigte Utterson, »und die Bruchstellen sind auch schon verrostet.«

Die beiden Männer sahen einander entsetzt an.

»Dies geht über meine Begriffe, Poole!«, sagte der Anwalt, »wir wollen wieder ins Arbeitszimmer gehen.«

Schweigend stiegen sie die Treppe hinauf und gingen daran, mit einem gelegentlichen schaudernden Seitenblick auf den Leichnam, die Gegenstände in dem Zimmer gründlicher zu untersuchen. Auf dem einen Tisch befanden sich Spuren chemischer Arbeiten: verschiedene abgemessene Häufchen eines weißen Salzes waren auf kleine Glasschalen gelegt, wie für ein Experiment, in welchem der unglückliche Mensch unterbrochen worden wäre.

»Das ist dieselbe Droge, die ich ihm fortwährend brachte«, sagte Poole; und er hatte diese Worte noch nicht beendigt, da kochte plötzlich der Teekessel mit starkem Zischen über. Dies veranlasste sie, sich dem Kamin zuzuwenden, an den der Lehnstuhl bequem herangerückt war. Das Teegeschirr stand fertig neben der Armlehne, der Zucker war sogar schon in die Tasse getan. Auf einem kleinen Gestell lagen mehrere Bücher. Ein anderes Buch lag aufgeschlagen neben dem Teegeschirr, und Utterson fand zu seinem Erstaunen, dass es ein Andachtsbuch war, von dem Jekyll zu verschiedenen Malen mit hoher Achtung gesprochen hatte – und dieses Buch war in seiner eigenen Handschrift am Rand mit entsetzlichen Gotteslästerungen versehen!

Ihre Durchsuchung des Zimmers führte sie hierauf zunächst an den Drehspiegel, in dessen Tiefen sie mit unwillkürlichem Schauder blickten. Aber er war so gedreht, dass er ihnen nichts zeigte als den rötlichen Feuerschein, der auf der Zimmerdecke spielte, das lodernde Kaminfeuer, das sich hundertmal auf den Glasscheiben der Schränke ringsum wiederholte, und ihre eigenen bleichen, angstvollen Gesichter, die sich über ihn beugten.

»Dieser Spiegel hat manche seltsamen Dinge gesehen, Herr!«, flüsterte Poole.

»Und gewiss ist nichts seltsamer als dieser Spiegel selbst«, sagte der Anwalt in demselben Flüsterton. »Wozu brauchte Jekyll –« bei diesem Wort fuhr er unwillkürlich zusammen, aber er überwand seine Schwäche und beendigte den Satz: »wozu konnte Jekyll ihn nötig haben?«

»Das mögen Sie wohl sagen!«, sagte Poole.

Sodann wandten sie sich zu dem Arbeitstisch. Auf der Schreibmappe, die zwischen den sorgfältig geordneten Papieren lag, sahen sie obenauf einen großen Briefumschlag liegen, worauf in des Doktors Handschrift Uttersons Name geschrieben stand. Der Anwalt erbrach das Siegel, und verschiedene Einlagen fielen auf den Fußboden. Die erste war ein Testament, in denselben exzentrischen Ausdrücken abgefasst wie jenes, das er vor sechs Monaten zurückgegeben hatte. Dieser Letzte Wille sollte als Testament im Fall des Todes und als Schenkung im Fall des Verschwindens dienen. Aber statt des Namens Edward Hyde las der Anwalt zu seinem unbeschreiblichen Erstaunen den Namen Gabriel John Utterson. Er blickte auf Poole, und dann wieder auf das Papier, und zuletzt auf den toten Verbrecher, der auf dem Teppich ausgestreckt lag.

»Mir wirbelt der Kopf!«, sagte er. »Er ist alle diese Tage über im Besitz dieses Testaments gewesen. Er hatte keine Ursache, mich zu lieben, er muss innerlich gewütet haben, sich selber als Erben verdrängt zu sehen – und trotzdem hat er dieses Schriftstück nicht vernichtet!«

Er nahm das nächste Papier auf. Es war ein kurzer Brief in des Doktors Handschrift und am oberen Rand mit dem Datum versehen.

»Oh! Poole!«, rief der Anwalt; »er war heute noch am Leben und hier in diesem Zimmer, er kann in einem so kurzen Zeitraum nicht beiseite geschafft worden sein – er muss noch am Leben, muss geflohen sein. Aber freilich – warum kann er geflohen sein? und wie? Und können wir es in diesem Fall wagen, diesen Selbstmord anzuzeigen? Oh, wir müssen vorsichtig sein. Ich sehe voraus, dass wir vielleicht Ihren Herrn in irgendeine schreckliche Katastrophe hineinverwickeln.«

»Warum lesen Sie den Brief nicht, Mr Utterson?«, fragte Poole.

»Weil ich Furcht habe«, antwortete der Anwalt feierlich.

»Gebe Gott, ich möge keine Ursache dazu haben!«

Und er hielt das Blatt dicht an seine Augen und las Folgendes:

»Mein lieber Utterson – wenn dies in Deine Hände gerät, werde ich verschwunden sein. Unter was für Umständen, das vorauszusehen ist mein Scharfsinn nicht imstande. Aber mein Instinkt und alle Umstände meiner unbeschreiblichen Lage sagen mir, dass das Ende gewiss ist und bald kommen muss. So lies denn zuerst den Bericht, den Lanyon, wie er mir mitteilte, Deinen Händen anzuvertrauen gedachte. Und wenn Du dann noch mehr hören magst, lies auch die Beichte Deines unwürdigen und unglücklichen Freundes

Henry Jekyll.«

»Es war noch eine dritte Einlage da?«, fragte Utterson.

»Hier, Herr!«

Und Poole reichte ihm ein ziemlich dickes Paket, das an verschiedenen Stellen versiegelt war.

Der Anwalt steckte es in seine Tasche und sagte zu dem Haushofmeister:

»Ich will von diesem Papier nichts sagen. Wenn Ihr Herr entflohen oder tot ist, wollen wir doch wenigstens seinen guten Namen retten. Es ist jetzt zehn Uhr. Ich muss nach Hause gehen und diese Schriftstücke in Ruhe lesen, aber ich werde vor Mitternacht wieder hier sein, und dann wollen wir nach der Polizei schicken.«

Sie gingen hinaus und verschlossen die Tür des Amphitheaters hinter sich. Die Dienerschaft blieb am Kamin in der Halle, in Grauen und Angst sich zusammendrängend. Utterson aber eilte in seine Wohnung zurück, um die beiden Berichte zu lesen, durch die dieses Geheimnis jetzt seine Aufklärung finden sollte.

Dr. Lanyons Bericht

Am 9. Januar, heute vor vierzehn Tagen, erhielt ich mit der Abendpost einen eingeschriebenen Brief, der von der Hand meines Kollegen und alten Schulkameraden Henry Jekyll überschrieben war. Ich war sehr überrascht, denn wir pflegten nicht schriftlich miteinander zu verkehren. Ich hatte ihn erst am Abend vorher gesehen und mit ihm zusammen gespeist, und ich konnte mir nicht denken, dass etwas in unserem Verkehr die Förmlichkeit eines eingeschriebenen Briefes notwendig machen könnte. Der Inhalt des Briefes vermehrte meine Verwunderung, denn er lautete folgendermaßen:

»Lieber Lanyon – Du bist einer meiner ältesten Freunde, und obwohl wir vielleicht zeitweise in wissenschaftlichen Fragen verschiedener Meinung gewesen sind, kann ich mich doch nicht erinnern, dass unsere freundschaftliche Zuneigung jemals einen Bruch erlitten hat – wenigstens ist das auf meiner Seite nicht der Fall gewesen. Niemals hat es einen Tag gegeben, an dem ich nicht, wenn Du zu mir gesagt hättest: ›Jekyll, mein Leben, meine Ehre, meine Vernunft hängen von Dir ab‹ – ohne Bedenken sofort mein Vermögen oder meine linke Hand geopfert haben würde, um Dir zu helfen. Lanyon! Mein Leben, meine Ehre, meine Vernunft stehen ganz und gar in Deiner Hand. Wenn Du mich heute Abend im Stich lässt, bin ich verloren.

Du könntest, nach dieser Vorrede, vielleicht annehmen, dass ich vielleicht etwas Unehrenhaftes von Dir verlangen wollte. Urteile selber:

Ich bitte Dich, für heute Abend alle anderen Verpflichtungen hintenanzusetzen – ja, selbst wenn Du an das Krankenbett eines Kaisers gerufen würdest! Ich bitte Dich, eine Droschke zu nehmen, wenn nicht etwa Dein eigener Wagen gerade in dieser Minute vor Deiner Tür steht, und mit diesem Brief in der Hand auf dem nächsten Weg zu meinem Haus zu fahren. Mein Haushofmeister Poole hat seine Befehle. Du wirst ihn mit einem Schlosser auf Deine Ankunft wartend finden. Hierauf ist die Tür meines Arbeitszimmers aufzubrechen. Dann musst Du allein hineingehen, den mit dem Buchstaben E bezeichneten Glasschrank zur linken Hand öffnen, sollte er verschlossen sein, das Schloss aufbrechen, und mit dem gesamten Inhalt, wie er steht und geht, die vierte Schublade von oben herausziehen – oder, was dasselbe ist, die dritte von unten. In meiner ungeheuren Aufregung habe ich eine Todesangst, Dir eine falsche Bezeichnung zu geben. Aber selbst wenn ich mich irren sollte, kannst Du die richtige Schublade an ihrem Inhalt erkennen: dieser besteht aus mehreren Pulvern, einer Phiole und einem Notizbuch. Diese Schublade bitte ich Dich mit Dir zu Deiner Wohnung am Cavendish Square zu nehmen, und zwar genau so, wie Du sie vorfindest.

Dies ist der erste Teil des Dienstes, den ich von Dir erbitte, jetzt zum zweiten! Wenn Du Dich sofort nach Empfang dieses Briefes aufmachst, solltest Du lange vor Mitternacht wieder zu Hause sein. Aber ich will die Frist bis dahin ausdehnen – nicht nur in der Befürchtung, dass eines von jenen Hindernissen eintritt, die sich weder verhindern noch voraussehen lassen, sondern auch, weil eine Stunde, zu der Deine Diener im Bett liegen, für das, was dann noch zu tun bleiben wird, vorzuziehen ist. Ich bitte Dich also, Punkt zwölf Uhr nachts allein in Deinem Konsultationszimmer zu sein, eigenhändig einen Mann, der sich in meinem Namen vorstellen wird, in Dein Haus einzulassen und ihm die Schublade zu übergeben, die Du aus meinem Arbeitszimmer mitgebracht haben wirst. Damit wirst Du Deine Aufgabe erfüllt und Dir meine vollständigste Dankbarkeit erworben haben. Fünf Minuten später wirst Du, wenn Du auf einer Erklärung bestehst, begriffen haben, dass diese Anordnungen von einer Wichtigkeit auf Leben und Tod sind und dass die Vernachlässigung einer einzigen von ihnen, so fantastisch sie Dir auch erscheinen müssen, Dein Gewissen vielleicht mit meinem Tod oder mit dem Zusammenbruch meiner Vernunft hätte belasten können.

Obgleich ich die Zuversicht hege, dass Du diese Anrufung Deiner Freundschaft nicht als etwas Gleichgültiges behandeln willst, stockt mir der Herzschlag und zittert mir die Hand bei dem bloßen

Gedanken an eine solche Möglichkeit. Stelle Dir vor, dass ich in dieser Stunde, an einem unheimlichen Ort, unter einer schwarzen Verzweiflung leide, die keine Fantasie übertreiben kann, und dass ich trotzdem gewiss weiß, dass meine Not vorüber sein wird wie eine Geschichte, wenn sie erzählt ist, sobald Du nur meine Bitte pünktlich erfüllen willst. Hilf mir, mein lieber Lanyon, und rette

Deinen Freund

H. J.

Nachschrift: Ich hatte diesen Brief bereits versiegelt, als ein neuer Schrecken meine Seele ergriff. Es ist möglich, dass der Postdienst versagt und dass dieser Brief erst morgen früh in Deine Hände kommt. In diesem Fall, lieber Lanyon, erfülle meine Bitte im Laufe des Tages zu einer Stunde, die Dir am besten passt, und erwarte meinen Boten ebenfalls um Mitternacht. Vielleicht ist es dann schon zu spät, und wenn diese zweite Nacht ohne die Ankunft des Boten vorübergeht, wirst Du wissen, dass Du von Henry Jekyll das Letzte gesehen hast.«

Als ich diesen Brief gelesen hatte, war ich überzeugt, dass mein Kollege wahnsinnig sei, aber solange mir dies nicht mit Ausschluss jeder Möglichkeit eines Zweifels bewiesen war, fühlte ich mich verpflichtet, sein Begehren zu erfüllen. Je weniger ich von diesem Unsinn verstand, desto weniger befand ich mich auch in der Lage, die Wichtigkeit des Geschreibsels zu beurteilen, und ein Aufruf, der in solchen Worten an mich erging, konnte von mir nicht unberücksichtigt gelassen werden, ohne mich einer schweren Verantwortlichkeit auszusetzen. Ich stand daher von meinem Abendessen auf, setzte mich in einen Hansom und fuhr stracks zu Jekylls Haus. Der Haushofmeister wartete bereits auf meine Ankunft. Er hatte mit der gleichen Abendpostbestellung wie ich einen eingeschriebenen Brief mit den entsprechenden Vorschriften erhalten und sofort nach einem Schlosser und nach einem Tischler geschickt. Die Handwerker kamen, während wir noch miteinander sprachen, und wir gingen alle zusammen in das anatomische Amphitheater des alten Dr. Denman, durch das man – wie Dir zweifelsohne bekannt ist – am bequemsten in Jekylls Arbeitszimmer gelangt. Die Tür war sehr stark, das Schloss ausgezeichnet. Der Tischler erklärte, er würde große Mühe haben und viel Schaden anrichten müssen, wenn die Tür mit Gewalt aufgebrochen werden müsste, und der Schlosser war beinahe in Verzweiflung. Aber dieser Letztere war ein geschickter Arbeiter, und nach zweistündiger Anstrengung war die Tür offen. Der Glasschrank mit dem Buchstaben E wurde aufgeschlossen, ich zog die Schublade heraus, ließ sie mit Stroh ausfüllen und in ein Leintuch einwickeln und fuhr damit zum Cavendish Square zurück.

Hier machte ich mich daran, den Inhalt der Schublade zu untersuchen. Die Pulver waren sauber genug verpackt, aber doch nicht so exakt, wie ein Apotheker von Beruf es macht. Sie waren also offenbar von Jekyll selber angefertigt, und als ich eins von den Päckchen öffnete, fand ich ein Pulver, das mir ein einfaches, kristallisches Salz von weißer Farbe zu sein schien. Die Phiole, auf die ich sodann meine Aufmerksamkeit richtete, mag etwa halb voll von einer blutroten Flüssigkeit gewesen sein, die sehr scharf und stechend roch und mir Phosphor und irgendeinen flüchtigen Äther zu enthalten schien. Welche Bestandteile sie sonst noch enthalten mochte, konnte ich nicht vermuten. Das Buch war ein gewöhnliches Schulheft und enthielt wenig mehr als eine Reihe von Datumseintragungen. Diese erstreckten sich über einen Zeitraum von sieben Jahren, aber ich bemerkte, dass die Eintragungen vor etwa einem Jahr ganz plötzlich aufgehört hatten. Hier und da war einem Datum eine kurze Bemerkung beigefügt, gewöhnlich nicht mehr als ein einziges Wort: »doppelt«. Dies kam vielleicht sechsmal unter mehreren hundert Eintragungen vor. Einmal, und zwar ziemlich zu Anfang der Liste und mit mehreren Ausrufungszeichen versehen, hieß es »vollkommen missglückt!!!«.

Dies alles stachelte zwar meine Neugier an, aber es sagte mir wenig Bestimmtes. Hier war eine Phiole mit irgendeiner Flüssigkeit, ein Papier mit irgendeinem Salz und die Aufzählung einer Reihe von Experimenten, die – wie nur zu viele von Jekylls Forschungen – zu einem tatsächlichen, brauchbaren Ergebnis nicht geführt hatten. Wie konnte die Anwesenheit dieser Gegenstände in meinem Haus die Ehre, die geistige Gesundheit oder das Leben meines fantasievollen Kollegen im Geringsten berühren? Wenn sein Bote in mein Haus gehen konnte, warum konnte er nicht auch in ein anderes gehen? Und selbst wenn ich zugeben wollte, dass irgendein Hindernis dagegen sprechen könnte – warum musste dieser Herr von mir im Geheimen empfangen werden?

Je mehr ich darüber nachdachte, desto mehr wuchs meine Überzeugung, dass ich es mit einem Fall von Gehirnkrankheit zu tun hätte. Und obgleich ich meine Dienerschaft zu Bett schickte, lud ich einen alten Revolver, um mich im Notfall einigermaßen verteidigen zu können. Kaum hatte es auf den Londoner Kirchtürmen zwölf Uhr geschlagen, da schlug der Klopfer sehr leise an meine Haustür. Ich ging selber hin und fand einen kleinen Mann, der sich gegen die Säulen des Portals drückte.

»Kommen Sie von Dr. Jekyll?«, fragte ich ihn.

Er antwortete mir »ja«, wobei er sich sichtlich Zwang antat, und als ich ihn einzutreten bat, folgte er mir, nicht ohne einen forschenden Blick hinter sich in die Dunkelheit des Squares zu werfen. In kurzer Entfernung näherte sich ein Schutzmann mit geöffneter Gürtellaterne, und es kam mir vor, als wenn bei dessen Anblick mein Besucher zusammenführe und hastiger in mein Haus hineinschlüpfte.

Ich gestehe, dass diese Wahrnehmungen mich unangenehm berührten, und als ich hinter ihm her in mein hell erleuchtetes Konsultationszimmer ging, hielt ich meine Hand an meiner Waffe. Hier konnte ich ihn endlich deutlich sehen. Er war mir nie zuvor zu Gesicht gekommen – so viel war gewiss. Er war klein, wie ich bereits gesagt habe. Außerdem fiel mir sein abstoßender Gesichtsausdruck auf, mehr noch eine anscheinend große Muskelstärke, die mit einer sichtlich schwachen Gesundheit verbunden war. Am allermeisten aber – obgleich ich dies zuletzt erwähne – die seltsame Störung, die seine Nähe in meinen eigenen Nerven hervorrief. Es war, als wenn eine Art Starrkrampf mich erfassen wollte, der sich durch ein auffallendes Sinken des Pulsschlages ankündigte. In jenem Augenblick erklärte ich mir diese Erscheinung durch eine Art von ideosynkratischem persönlichem Ekel und wunderte mich nur darüber, dass die Symptome sich so scharf kundgaben. Seitdem aber erhielt ich Grund zu glauben, dass die Ursache viel tiefer in der Natur des Menschen lag und von edlerer Art war als ein bloß persönlicher Hass.

Der Mann – der gleich beim ersten Anblick in mir ein Gefühl erweckt hatte, das ich nur als eine von Ekel begleitete Neugier beschreiben kann – war in einer Weise gekleidet, die einen Menschen gewöhnlicher Art lächerlich gemacht haben würde: seine Kleider waren nämlich, obgleich sie aus sehr gutem und unauffälligem Stoff bestanden, ungeheuer viel zu groß für ihn – der Hosenboden hing tief auf seine Schenkel herunter, und die Beinlinge waren aufgekrempelt, um sie von der Berührung des Bodens abzuhalten. Die Weste ging bis über die Hüften herab, und der Hemdkragen saß ihm mitten auf den Schultern. Merkwürdig zu berichten: Ich konnte über diesen lächerlichen Anzug durchaus nicht lachen, im Gegenteil – wie schon etwas Unnormales, Missgeschaffenes im Wesen selbst dieser mir gegenüberstehenden Gestalt lag – etwas Packendes, Überraschendes und Empörendes – so schien dieser unpassende Anzug nur dazu zu passen. Und so kam zu meinem Interesse für die Natur und den Charakter dieses Menschen noch ein neugieriger Wunsch hinzu, etwas über seine Herkunft, sein Leben und seine Stellung in der Welt zu erfahren.

Diese Beobachtungen, deren Niederschrift hier einen so großen Raum eingenommen hat, wurden indessen in wenigen Sekunden von mir gemacht. Schon deshalb, weil mein Besucher vor Aufregung glühte und mit dem Ausruf auf mich losfuhr: »Haben Sie es? Haben Sie es?«

Und seine Ungeduld war so lebhaft, dass er sogar seine Hand auf meinen Arm legte und mich zu schütteln versuchte.

Ich fühlte bei dieser Berührung einen eiskalten Schlag in meinem Blut, schob ihn von mir hinweg und sagte:

»Bitte, mein Herr, Sie vergessen, dass ich noch nicht das Vergnügen Ihrer Bekanntschaft habe. Nehmen Sie bitte Platz.«

Und ging ihm mit dem Beispiel voran und setzte mich selber auf den Stuhl, auf dem ich bei Konsultationen zu sitzen pflege. Ich versuchte dies mit derselben Miene zu tun, mit der ich meine Patienten empfange, wenn sie mich um Rat fragen. Es mag mir allerdings in dieser vorgerückten Stunde und infolge meiner Zweifel sowie des Abscheus, den ich gegen meinen Besucher empfand, nicht ganz gelungen sein.

»Ich bitte Sie um Verzeihung, Dr. Lanyon«, antwortete er mir ganz höflich. »Was Sie da sagen, ist vollkommen berechtigt – meine Ungeduld hat meiner Höflichkeit einen Streich gespielt. Ich komme zu Ihnen auf Veranlassung Ihres Kollegen, Dr. Henry Jekyll, in einer Angelegenheit von recht großer Bedeutung, und ich war der Meinung …«, er stockte und fuhr mit der Hand an seinen Hals, und ich konnte, obwohl er sich zusammennahm, deutlich sehen, dass er gegen einen beginnenden hysterischen Anfall zu kämpfen hatte, »ich war der Meinung, eine Schublade …«

Die Aufregung meines Besuchers tat mir leid. Vielleicht veranlasste mich auch meine immer mehr sich steigernde Neugier, ihm zu sagen:

»Da ist sie!«

Und damit deutete ich auf die Schublade, die hinter einem Tisch auf dem Fußboden lag und wieder in das Tuch eingewickelt war.

Er sprang auf sie zu, blieb vor ihr stehen und presste seine Hand auf das Herz. Ich konnte seine Zähne wie bei einem Kinnbackenkrampf knirschen hören, und sein Gesicht war so entsetzlich anzusehen, dass ich für sein Leben und seinen Verstand zu fürchten begann.

»Fassen Sie sich«, sagte ich.

Er wandte sich mit einem fürchterlichen Lächeln zu mir um und riss dann, als wenn ihn die Verzweiflung zu einem Entschluss triebe, das Tuch von der Schublade hinweg. Beim Anblick des Inhalts stieß er einen lauten Seufzer so ungeheurer Erleichterung aus, dass ich wie versteinert dasaß. Und im nächsten Augenblick fragte er mich mit einer Stimme, die er schon wieder so ziemlich in seiner Gewalt hatte: »Haben Sie ein gradiertes Glas?«

Ich stand mit einer ziemlichen Anstrengung von meinem Stuhl auf und gab ihm das Gewünschte.

Er dankte mir lächelnd mit einem Nicken, maß eine winzige Menge von der roten Tinktur ab und schüttete eines von den Pulvern dazu. Die Mischung, die anfangs eine rötliche Farbe gehabt hatte, begann, je mehr die Kristalle schmolzen, dunkler zu werden, hörbar zu brausen und kleine Rauchwolken auszustoßen. Plötzlich, und zwar gleichzeitig, hörte das Brausen auf, und die Farbe wurde dunkelpurpurrot, um sich dann, aber langsamer, in ein wässeriges Grün zu verwandeln. Mein Besucher, der diese Wandlungen mit scharfem Blick beobachtet hatte, lächelte, setzte das Glas auf den Tisch, drehte sich dann um und sah mich mit forschender Miene an.

»Und jetzt«, sagte er, »müssen wir uns noch wegen des Übrigen verständigen. Wollen Sie weise sein? Wollen Sie einem guten Rat folgen? Wollen Sie mich dies Glas in meine Hand nehmen und mich aus Ihrem Haus entfernen lassen, ohne dass wir weiter über diese Sache reden? Oder ist Ihre Neugier zu stark? Überlegen Sie, bevor Sie antworten – denn es soll so geschehen, wie Sie sich entscheiden. Je nach Ihrer Entscheidung soll alles sein wie zuvor, und Sie werden weder reicher noch klüger sein, abgesehen davon, dass das Gefühl, einem Menschen in Todesnot geholfen zu haben, zu den Reichtümern der Seele gezählt werden kann. Oder, wenn Sie dies vorziehen, es wird ein neuer Bereich des Wissens, es werden neue Wege zu Ruhm und Macht Ihnen eröffnet werden – hier, in diesem Zimmer, in diesem Augenblick. Und Ihre Augen sollen begnadet werden mit dem Anblick eines Wunders, das den Unglauben Satans erschüttern würde!«

»Mein Herr«, sagte ich mit einer angenommenen Kühle, die ich in Wirklichkeit keineswegs fühlte, »Sie sprechen in Rätseln und werden sich vielleicht nicht darüber wundern, dass Ihre Worte keinen sehr starken Eindruck von Glaubwürdigkeit auf mich machen. Aber ich bin mit meinen mir selber rätselhaften Diensten zu weit gegangen, als dass ich aufhören möchte, bevor ich auch das Ende gesehen habe.«

»Gut!«, erwiderte mein Besucher. »Lanyon, Sie erinnern sich Ihrer Gelübde: was jetzt folgt, ist dem Siegel unserer Amtsverschwiegenheit anvertraut. Und jetzt – Sie, der Sie so lange in den engsten, materiellsten Ansichten befangen waren, Sie, der Sie die Bedeutung der transzendentalen Medizin geleugnet haben, Sie, der Sie Männer, die über Ihnen stehen, verlacht haben – sehen Sie!«

Er setzte das Glas an seine Lippen und trank es mit einem Schluck aus. Dann folgte ein Schrei. Er schwankte, taumelte, griff nach dem Tisch und hielt sich an diesem fest, mit verdrehten Augen vor sich hinstarrend, mit offenem Mund keuchend – und als ich auf ihn hinsah, da kam, so schien es mir, eine Veränderung: er schien anzuschwellen, sein Antlitz wurde plötzlich schwarz, seine Gesichtszüge schienen zu schmelzen und sich zu ändern – und im nächsten Augenblick war ich auf meine Füße gesprungen und gegen die Wand zurückgetaumelt und erhob meinen Arm, um mich gegen das Ungeheuerliche zu wehren. Meine Seele ganz von Entsetzen erfüllt, schrie ich: »O Gott!«, und immer wieder und wieder: »O Gott!« Denn dort vor meinen Augen, bleich und zitternd und halb ohnmächtig und mit den Händen vor sich hin tastend, wie ein Mensch, der von dem Tode auferstanden ist – stand Henry Jekyll!

Was er mir in der nächsten Stunde erzählte, kann ich mich nicht entschließen, zu Papier zu bringen. Ich sah, was ich sah – ich hörte, was ich hörte – und meine Seele wurde krank davon. Und doch: Jetzt, da der Anblick aus meinen Augen entschwunden ist, frage ich mich selber, ob ich es glaube – und kann darauf nicht antworten.

Mein Leben ist bis in seine Wurzeln erschüttert. Kein Schlaf kommt mehr zu mir, tödlichste Angst sitzt bei mir in jeder Stunde des Tages und der Nacht. Ich fühle, dass meine Tage gezählt sind und dass ich sterben muss. Und doch werde ich ungläubig sterben.

An die moralische Schändlichkeit, die jener Mensch mir, wenn auch unter Tränen der Reue, enthüllte, kann ich selbst in der Erinnerung nicht denken, ohne vor Entsetzen aufzufahren. Ich will nur eins sagen, Utterson, und dies – wenn Du Dich entschließen kannst, es zu glauben – wird mehr als genug sein: das Geschöpf, das in jener Nacht in mein Haus kroch, war nach Jekylls eigenem Geständnis bekannt unter dem Namen Hyde und wurde in jedem Winkel des Landes verfolgt als der Mörder Carews.

Hastie Lanyon.

Henry Jekylls vollständiger Bericht über den Fall

Ich wurde geboren im Jahre 18.. als Erbe eines großen Vermögens. Ich besaß außerdem vortreffliche Anlagen, war von Natur fleißig, begierig nach der Achtung der Weisen und Guten unter meinen Mitmenschen, und so war mir, hätte man annehmen sollen, jede Gewähr einer ehrenvollen, ausgezeichneten Laufbahn gegeben. In der Tat war der schlimmste meiner Fehler nur eine gewisse ungeduldige Lebenslust, wie sie manchen Menschen glücklich gemacht hat, die ich aber schwer mit meinem gebieterischen Wunsch zu vereinbaren fand, meinen Kopf hoch zu tragen und vor der Welt als ein ungewöhnlich ernster Mann zu erscheinen. So kam es, dass ich meine Vergnügungen verheimlichte, und als ich in die Jahre des Nachdenkens kam, um mich zu blicken begann und mir über meine Fortschritte und meine Stellung in der Welt Rechenschaft ablegte, da fand ich, dass ich bereits tief in ein Doppelleben verstrickt war. Mancher Mensch würde mit solchen Ausschweifungen, wie ich sie mir habe zuschulden kommen lassen, sogar sich gebrüstet haben, aber in Anbetracht der hohen Ziele, die ich mir gesteckt hatte, verbarg ich sie mit einem fast krankhaften Schamgefühl.

So war es wohl mehr die hochfliegende Art meines Strebens als eine besondere Niedrigkeit meiner Fehler, die mich zu dem machten, was ich war, und durch eine tiefere Kluft als bei der Mehrheit der Menschen in mir die Bereiche des Guten und des Bösen schied, die die zwiefache Natur des Menschen teilen und verbinden. In dieser meiner Lage wurde ich dazu getrieben, tief und anhaltend über jenes harte Gesetz des Lebens nachzudenken, das eine der Wurzeln der Religion bildet und eine der reichlichst fließenden Quellen von

Angst und Pein ist. Ich war eine ausgesprochene Doppelnatur, aber durchaus kein Heuchler. Beide Seiten meines Wesens waren vollkommen ernst gemeint und aufrichtig: ich war genauso ich selber, wenn ich alle Zurückhaltung fahren ließ und mich in Sünden wälzte, als wenn ich vor den Augen der Welt an der Förderung des Wissens arbeitete oder Sorgen und Leiden milderte. Und es fügte sich so, dass die Richtung meiner wissenschaftlichen Studien, die ganz und gar auf das Mystische und Transzendentale hinarbeiteten, rückwirkte und mein Bewusstsein des ewigen Kampfes innerhalb meiner körperlichen Gestaltung in ein helles Licht setzte. Mit jedem Tag und von beiden Seiten meiner Geistigkeit, der moralischen und der verstandesmäßigen, näherte ich mich unentwegt jener Wahrheit, deren leider nur unvollständige Entdeckung mich zu einem so furchtbaren Zusammenbruch verurteilte: der Wahrheit, dass der Mensch nicht ein Mensch ist, sondern in Wirklichkeit aus zwei Menschen besteht. Ich sage: zwei, weil der Stand meines eigenen Wissens nicht hierüber hinausreicht. Andere Forscher werden mir folgen, andere werden auf demselben Weg weiterkommen als ich, und ich wage zu vermuten, dass man schließlich wissen wird: der einzelne Mensch ist weiter nichts als eine Gemeinde von mannigfaltigen, ungleichartigen und unabhängigen Bürgern.

Ich selber, so lag es in der Natur meines Lebens, machte unwandelbare Fortschritte in einer Richtung, und nur in dieser einen. Auf der moralischen Seite und an meiner eigenen Person lernte ich die gründliche und ureigene Dualität des Menschen erkennen. Ich sah, dass, wenn man mit Recht von mir sagen konnte, ich sei eine von den beiden Naturen, die auf dem Feld meines Bewusstseins sich bekämpften, dies nur deshalb war, weil beide Naturen die Wurzel meines Lebens bildeten. Und schon früh, lange bevor der Verlauf meiner wissenschaftlichen Entdeckungen mich die nackte Wirklichkeit eines solchen Wunders ahnen zu lassen begann, hatte ich oft mit Vergnügen bei dem Gedanken einer Scheidung dieser Elemente verweilt, wie bei einem lieben Traum im Wachen. Wenn nur, so sagte ich mir selber, jede von diesen Naturen in getrennten körperlichen Einheiten untergebracht werden könnte, würde das

Leben von allem Unerträglichen erleichtert sein: der Ungerechte könnte seiner Wege gehen, befreit von Bestrebungen der Gewissensbisse, seines ehrlicheren Zwillingsbruders – und der Gerechte könnte standhaft und sicher seinen Pfad zum Himmel emporgehen, das Gute tun, woran er seine Freude fände, und würde nicht länger von Schande und Reue durch das außerhalb seines Ichs liegende Böse bedroht sein. Es war der Fluch der Menschheit, dass diese nicht zueinanderpassenden Bestandteile auf solche Weise zusammengeschnürt waren – dass in dem von Schmerzen gepeinigten Mutterleib des Bewusstseins diese Gegenpol-Zwillinge unaufhörlich miteinander kämpfen mussten. Wie sollten sie denn nun voneinander getrennt werden?

So weit war ich in meinen Gedankengängen gekommen, als vom Experimentiertisch, wie ich bereits sagte, ein Seitenlicht auf diesen Gegenstand zu strahlen begann. Ich begann tiefer in diese Frage einzudringen als alle Forscher, die bis jetzt darüber etwas veröffentlicht haben, und bemerkte die zitternde Unkörperlichkeit, den nebelgleichen Übergangszustand dieses scheinbar so gediegenen Körpers, in welchem eingehüllt wir durch die Welt gehen. Ich fand, dass gewisse Triebkräfte die Macht haben, dieses fleischliche Kleid zu erschüttern und abzustreifen, wie etwa ein Windstoß die Leinwandbahnen eines Zeltes hin und her wirft.

Aus zwei guten Gründen will ich nicht tiefer auf diese wissenschaftliche Seite meiner Beichte eingehen:

Erstens, weil ich habe erfahren müssen, dass der Fluch und die Bürde des Lebens dem Menschen für ewig auf die Schultern gelegt ist und dass der Versuch, diese abzuschütteln, vergeblich ist, da sie sich immer wieder auf uns legt, nur unbequemer und drückender.

Zweitens, weil aus meiner Erzählung leider nur zu deutlich hervorgehen wird, dass meine Entdeckungen unvollständig waren.

Genug also: Ich erkannte nicht nur, dass mein natürlicher Leib weiter nichts als ein Dunstkreis und eine Ausstrahlung einiger von den Kräften ist, aus denen mein Geist zusammengesetzt ist, sondern es gelang mir auch, einen Trank zu mischen, durch den diese Kräfte, die bisher die Oberherrschaft gehabt hatten, entthront werden konnten, sodass an ihre Stelle eine zweite Form und äußere Gestalt traten, die nicht weniger meine eigene Natur waren, denn sie waren der Ausdruck und trugen den Stempel niedrigerer Elemente in meiner Seele.

Ich zögerte lange, bis ich diese Theorie auf die Probe eines praktischen Versuches stellte. Ich wusste wohl, dass ich mein Leben wagte, denn ein Trank, der die eigentliche Zitadelle meiner Wesenheit so machtvoll beherrschte und erschütterte, konnte durch ein allergeringstes Zuviel eines seiner Bestandteile oder durch das geringste Versehen im Augenblick der Anwendung das unkörperliche Sakramentshaus, dessen Veränderung ich von ihm erwartete, gänzlich zerstören. Aber die Versuchung, eine so eigenartige und tiefwirkende Entdeckung zu machen, war schließlich stärker als die Einreden meiner Furcht. Ich hatte meine Tinktur längst zusammengestellt, ich kaufte von einer Großhandlung für Apothekerwaren eine bedeutende Menge eines gewissen Salzes, das, wie ich von meinen Versuchen wusste, der letzte erforderliche Bestandteil war. Und in später Stunde einer verfluchten Nacht mischte ich die Elemente, sah sie im Glas sprudeln und rauchen, und als das Sprudeln aufgehört hatte, erblühte ich von einem starken Mut, und ich trank.

Es folgten entsetzlich folternde Schmerzen: ein Schroten in den Knochen, eine tödliche Übelkeit und ein Grausen des Geistes, wie es in der Stunde der Geburt oder des Todes nicht ärger sein kann. Aber schnell ließen die Schmerzen nach, und ich kam wieder zu mir selber, als wenn ich von einer schweren Krankheit genesen wäre. Es war etwas Seltsames in meinem Empfinden, etwas unbeschreiblich Neues und eben wegen seiner Neuheit unglaublich Süßes. Ich fühlte mich körperlich jünger, leichter, glücklicher. In meinem Inneren war ich mir einer stürmischen Sorglosigkeit bewusst. Eine Flucht ungeordneter wollüstiger Bilder rann wie ein Mühlbach durch meine Fantasie, ich fühlte mich von den Banden der Pflicht befreit, ich empfand eine unbekannte, aber nicht unschuldige Freiheit der Seele. Mit dem ersten Atemzug, den ich in diesem neuen Leben tat, wusste ich, dass ich sündhafter, zehnfach sündhafter sei: ein Sklave des Urbösen in mir, und dieser Gedanke erfrischte und entzückte mich in diesem Augenblick wie Wein. Frohlockend über die Frische dieser Empfindungen, streckte ich meine Hände aus, und als ich dies tat, bemerkte ich plötzlich, dass ich an Körpergröße verloren hatte.

In meinem Zimmer war damals kein Spiegel. Der Spiegel, der in diesem Augenblick, da ich schreibe, neben mir steht, wurde erst später aufgestellt, und zwar gerade zu dem Zweck dieser Verwandlung. Die Nacht war fast schon Morgen geworden – der Morgen, schwarz und finster noch, war fast reif schon für die Geburt des Tages – die Insassen meines Hauses lagen zu dieser Stunde im festesten Schlaf, und in meiner überschwellenden Hoffnung und Siegesfreudigkeit beschloss ich das Wagnis, in meiner neuen Gestalt in mein Schlafzimmer zu gehen. Ich ging über den Hof, wo die Sternbilder, ich hätte sagen mögen, um meine Gedanken auszusprechen: mit Verwunderung auf mich herniederblickten, das erste Geschöpf dieser Art, das ihre niemals schlafende Wachsamkeit ihnen gezeigt hatte. Ich schlich durch die Korridore, ein Fremdling in meinem eigenen Haus, und als ich in mein Zimmer trat, sah ich zum ersten Mal die Gestalt von Edward Hyde.

Was ich jetzt sage, ist nur Theorie. Ich sage nicht etwas, das ich weiß, sondern was nach meiner Annahme höchst wahrscheinlich ist. Der böse Teil meiner Natur, den ich jetzt verkörpert hatte, war weniger kräftig und weniger entwickelt als der gute Teil, den ich soeben abgelegt hatte. Im Laufe meines Lebens, von dem doch neun Zehntel ein Leben voll Arbeit, Tugend und Selbstbeherrschung gewesen waren, war das Böse viel weniger geübt, aber auch viel weniger ermüdet worden. Und daher kam es, wie ich glaube, dass Edward Hyde so viel kleiner, leichter und jünger als Henry Jekyll war. Ebenso wie aus dem Antlitz des einen das Gute strahlte, stand auf dem Antlitz des anderen klar und deutlich das Böse geschrieben. Außerdem hatte das Böse – das ich immer noch für den sterblichen Teil des Menschen halten muss – diesem Körper einen Stempel von Missgestalt und Verfall aufgedrückt. Und doch, als ich dieses hässliche Götzenbild im Spiegel sah, empfand ich keinen Widerwillen, sondern eher ein Gefühl freudiger Begrüßung. Auch diese Gestalt war ich. Sie erschien mir natürlich und menschlich. In meinen Augen war sie ein lebendigeres Abbild des Geistes. Sie schien ausdrucksvoller und eigenartiger zu sein als die unvollkommene, zwiespältige Menschengestalt, die ich bis dahin gewöhnt gewesen war, die meinige zu nennen. Und insofern hatte ich zweifellos recht. Ich habe bemerkt, dass niemand, wenn ich die Gestalt von Edward Hyde trug, anfangs sich mir nähern konnte ohne eine sichtbare böse Ahnung des Fleisches. Dies geschah nach meiner Auffassung deshalb, weil alle menschlichen Wesen, wie wir sie treffen, aus Gutem und Bösem gemischt sind, und Edward Hyde allein in den Reihen der Menschheit war unvermischt Böses.

Ich verweilte nur einen Augenblick vor dem Spiegel: das zweite und entscheidende Experiment musste noch unternommen werden, es war noch festzustellen, ob ich meine Identität unwiderruflich verloren hätte und vor Tagesanbruch aus dem Haus fliehen müsste, das nicht länger das meinige wäre. Ich eilte in mein Arbeitszimmer zurück, mischte wieder den Trank und schlürfte ihn ein, erlitt wieder die Schmerzen der Auflösung und kam wieder zu mir selber mit dem Charakter, der Gestalt und dem Antlitz Henry Jekylls.

In jener Nacht war ich an den verhängnisvollen Kreuzweg gekommen. Wäre ich an meine Entdeckung in einem edleren Geist herangetreten, hätte ich den Versuch unter der Herrschaft großherziger oder frommer Bestrebungen gewagt, so hätte alles anders kommen müssen, und ich wäre aus diesen Wehen von Tod und Geburt nicht als ein Teufel, sondern als ein Engel hervorgegangen.

Die Wirkung des Tranks war wahllos: er selber war weder teuflisch noch göttlich, er sprengte nur die Türen des Gefängnisses meiner Gesinnung, und wie die Gefangenen von Philippi lief ins Freie, was drinnen war. In jenem Augenblick schlummerte meine Tugend. Mein Böses, das vom Ehrgeiz wachgehalten wurde, war munter und ergriff schnell die Gelegenheit. Und das Ding, das Gestalt annahm, war Edward Hyde. So war denn, obgleich ich jetzt sowohl zwei Charaktere wie auch zwei äußere Gestalten hatte, der eine Charakter gänzlich böse, und der andere war immer noch der des alten Henry Jekyll, jene ungleiche Mischung, an deren Änderung und Besserung ich schon längst verzweifelt war. Die Bewegung war also gänzlich in der Richtung zum Schlimmeren erfolgt.

Zu jener Zeit hatte ich meine Abneigung gegen die Trockenheit eines Lebens gelehrter Forschung noch nicht überwunden. Noch immer war ich zu Zeiten lustig aufgelegt, und da meine Vergnügungen – um mich milde auszudrücken – nicht würdevoll waren, da ferner ich selber nicht nur wohlbekannt und hochgeachtet war, sondern auch allmählich ein ältlicher Mann wurde, so wurde mir dieser Zwiespalt in meinem Leben von Tag zu Tag lästiger. Hier führte nun meine neue Kraft mich in Versuchung, bis ich in ihre Knechtschaft geriet. Ich brauchte nur den Trank zu schlürfen, um sofort den Leib des bekannten Professors abzuwerfen und wie in einen dicken Mantel in den Leib Edward Hydes hineinzuschlüpfen. Ich lächelte über diesen Einfall. Er erschien mir in jenem Augenblick humoristisch, und ich traf meine Vorbereitungen mit der allergrößten Sorgfalt. Ich mietete ein Haus in Soho und richtete es ein; jenes Haus, das die Polizei durchsuchte, als sie Hyde auf der Spur war. Ich stellte als Haushälterin eine Person an, von der ich bestimmt wusste, dass sie verschwiegen war und keine Gewissensbedenken hatte. Gleichzeitig sagte ich meiner Dienerschaft, dass ein gewisser Mr Hyde – den ich ihnen genau beschrieb – in meinem Haus am Square nach seinem Belieben aus und ein gehen, schalten und walten solle. Und um Missverständnisse auszuschließen, machte ich sogar in meiner zweiten Gestalt einen Besuch in meinem eigenen Haus, sodass meine Leute mich kannten. Sodann setzte ich jenen Letzten Willen auf, gegen den Du so viel einzuwenden hattest. Ich konnte also, wenn mir in der Gestalt des Dr. Jekyll etwas zustieß, ohne Vermögensverlust in die Gestalt Edward Hydes eintreten. Nachdem ich auf diese Weise nach allen Seiten hin, wie ich annahm, mich gesichert hatte, begann ich mir die seltsame Gefahrlosigkeit meiner Lage zunutze zu machen.

Es ist doch früher schon vorgekommen, dass Menschen Verbrecher dangen, um ihre Untaten auszuführen, während ihre eigene

Person und ihr guter Ruf in Deckung blieben. Ich war der erste Mensch, der dies tat, um seinen Lüsten nachzugehen. Ich war der erste, der dank diesem Mittel vor der Welt als ein liebenswürdiger, achtungswerter Mann sich darstellen konnte und im Nu, wie ein Schulknabe, diese erborgte Achtbarkeit abzustreifen und köpflings in das Meer der Freiheit zu springen imstande war. Aber für mich, in meinem undurchdringlichen Mantel, war die Sicherheit vollständig. Bedenke – ich war ja nicht einmal vorhanden – ich brauchte nur durch meine Laboratoriumstür zu entschlüpfen, zwei Sekunden Zeit zu haben, um den Trank zu mischen und zu verschlucken, dessen Zutaten stets bereitstanden – und Edward Hyde, was auch immer er getan haben mochte, verschwand, wie ein Hauch des Atems von einem Spiegel verschwindet, und an seiner Stelle war es ruhig in seinem Heim bei der mitternächtlichen Studierlampe ein Mann, der jeden Argwohn verlachen konnte – der sogenannte Henry Jekyll. Die Lüste, die ich in gieriger Eile in meiner Verkleidung aufsuchte, waren, wie schon gesagt, unwürdig. Einen härteren Ausdruck brauche ich nicht anzuwenden. Aber Edward Hyde machte aus ihnen bald Scheußlichkeiten. Wenn ich von meinen Ausflügen heimkam, ergriff mich oft eine Art von Staunen über die Verderbtheit meines zweiten Ichs. Dieser Mensch, den ich aus meiner eigenen Seele ins Leben rief und ausziehen ließ, um auf eigene Hand nach seiner Laune zu handeln, war seiner Natur nach ein boshaftes Wesen und ein Schurke. Jede Handlung, jeder Gedanke dieses Menschen war Selbstsucht. Mit tierischer Gier schlürfte er Wollust aus jeder Art von Qualen, die er anderen bereitete. Er war erbarmungslos wie ein Steinbild. Henry Jekyll stand manchmal entsetzt vor den Handlungen Edward Hydes, aber seine Lage hatte mit gewöhnlichen Gesetzen nichts zu tun – und mit diesem verfänglichen Gedanken erleichterte er sein Gewissen. Schließlich war Hyde der Schuldige, und nur Hyde allein. Jekyll war nicht böser, als er immer gewesen war.

Wenn er wieder seine Gestalt annahm, waren seine guten Eigenschaften allem Anschein nach unverändert. Er beeilte sich sogar, wo dies möglich war, das von Hyde angerichtete Unheil wieder auszugleichen. Und so schlummerte sein Gewissen. Ich beabsichtige nicht, auf die Einzelheiten der Ruchlosigkeiten einzugehen, die ich auf diese Weise geschehen ließ – denn selbst jetzt kann ich kaum zugeben, dass ich sie beging. Ich will nur über die Warnungen berichten, die ich empfing, und will schildern, wie allmählich, schrittweise, meine Bestrafung herannahte. Ich hatte ein Erlebnis, das ich hier einfach nur erwähnen will, da es keine weiteren Folgen nach sich zog. Eine Grausamkeit, die ich an einem Kind beging, erweckte gegen mich den Zorn eines zufällig Vorübergehenden, den ich neulich in der Person deines Verwandten wiedererkannte. Der Arzt und die Angehörigen des Kindes schlossen sich ihm an, einige Augenblicke fürchtete ich um mein Leben, und schließlich musste, um ihre nur zu berechtigte Empörung zu beschwichtigen, Edward Hyde sie an meine Tür führen und sie mit einem Scheck bezahlen, der von Henry Jekyll ausgestellt war. Aber eine solche Gefahr ließ sich für die Zukunft leicht ausschließen, indem ich bei einer anderen Bank ein Guthaben auf den Namen Edward Hyde einrichtete. Und als ich durch eine Veränderung meiner eigenen Handschrift meinen Doppelgänger mit einer ihm eigentümlichen Unterschrift ausgestattet hatte, glaubte ich, mich außer Reichweite des Schicksals zu befinden.

Etwa zwei Monate vor der Ermordung Sir Danvers Carews war ich wieder einmal auf Abenteuer ausgegangen, in später Stunde heimgekommen und erwachte am nächsten Morgen in meinem Bett mit etwas sonderbaren Empfindungen. Vergeblich blickte ich um mich. Vergeblich sah ich die vornehme Einrichtung meines geräumigen Schlafzimmers am Square. Vergeblich erkannte ich das Muster meiner Bettgardinen und die Form der Mahagonibettstelle – trotz alledem wollte das Gefühl nicht weichen, dass ich nicht dort wäre, wo ich in Wirklichkeit mich befände, dass ich nicht in meinem eigenen Schlafzimmer erwacht wäre, sondern in der kleinen Kammer in Soho, wo ich in der leiblichen Gestalt Edward Hydes zu schlafen pflegte. Ich lächelte über mich selber und begann nach meiner psychologischen Art, gemächlich über die einzelnen Bestandteile dieser Einbildung nachzudenken, und während ich dies noch tat, versank ich wieder in einen behaglichen Morgenschlummer, in dem ich weiterträumte und nachdachte. Als ich wieder etwas heller wach wurde, fiel mein Blick auf meine Hand. Nur war die Hand Henry Jekylls – wie Du oft bemerkt hast – an Form und Größe die richtige Hand eines Arztes: groß, fest, weiß und hübsch geformt. Aber die Hand, die ich jetzt deutlich genug in dem gelben Licht eines Morgens der Londoner City sah, wie sie halbgeschlossen lag, war dürr, knochig, dick geädert, von schwärzlich blasser Farbe und dicht mit schwarzen Haaren bewachsen. Es war die Hand Edward Hydes.

Ich muss fast eine halbe Minute lang diese Hand angestarrt haben, ohne ein anderes Gefühl als eine stumpfsinnige Verwunderung. Dann bekam ich einen Schreck wie bei einem plötzlichen Lärm von Pauken und Trompeten, sprang aus dem Bett und rannte vor meinen Spiegel. Bei dem Anblick, der meine Augen traf, wurde mein Blut kalt wie Eis. Ja, ich war als Henry Jekyll zu Bett gegangen und als Edward Hyde aufgewacht. Aber wie war dies zu erklären? So fragte ich mich, und dann mit einem neuen Anfall von Entsetzen, wie sollte ich mir helfen?

Es war schon ziemlich spät am Morgen. Die Dienerschaft war aufgestanden, alle Bestandteile meines Tranks waren in meinem Arbeitszimmer – es war ein weiter Weg von der Stelle, auf der ich in diesem Augenblick wie vom Blitz getroffen stand, bis zu meinem Arbeitszimmer. Zwei Treppen hinunter, durch den hinteren Korridor, über den offenen Hof und durch das anatomische Theater. Allerdings war es mir wohl möglich, mein Gesicht zu bedecken, aber was nützte mir dies, da ich ja nicht imstande war, die Veränderung meiner Gestalt zu verbergen? Aber da überkam mich eine wonnige Erleichterung. Mir fiel ein, dass die Bedienten ja bereits an das Kommen und Gehen meines zweiten Ichs gewöhnt waren. Schnell hatte ich mir, so gut es ging, meine eigenen Kleider angezogen, schnell war ich durch das Haus gegangen, wo Bradshaw mit einem erstaunten Blick zurückfuhr, als er Mr Hyde zu solcher Stunde und in einem so merkwürdigen Aufzug sah, und zehn Minuten später war Dr. Jekyll wieder in seine eigene Gestalt zurückgekehrt und hatte sich mit düsterer Stirn hingesetzt, um zum Schein etwas zu frühstücken.

Mein Appetit war in der Tat nur gering. Dieses unerklärliche Ereignis, eine Umkehrung des zuletzt von mir vorgenommenen Experimentes, schien mir, wie jener Finger bei dem Gastmahl in Babylon, die Worte meines Urteils an die Wand zu schreiben, und ich begann ernster denn je, über die Möglichkeiten und das künftige Ende meines Doppellebens nachzudenken. Dieser Teil meines Ichs, dem ich eine Gestalt zu geben die Macht besaß, hatte in der letzten Zeit viel Bewegung und Nahrung empfangen, es war mir schon seit kurzem vorgekommen, als wenn der Körper Edward Hydes größer geworden wäre, als wenn ich mir in dieser Gestalt eines lebhafteren Umlaufs meines Blutes bewusst gewesen wäre. Und ich begann eine Gefahr zu wittern, dass bei längerer Fortdauer dieses Zustandes vielleicht das Gleichgewicht meiner Natur für immer umgeworfen werden könnte, sodass ich nicht mehr die Macht freiwilliger Veränderung besäße und der Charakter Edward Hydes unwiderruflich der meinige würde.

Die Kraft meines Tranks hatte sich nicht immer gleichmäßig bewährt. Einmal – ziemlich zu Anfang meiner neuen Laufbahn – war mir der Versuch gänzlich misslungen. Seitdem war ich bei mehr als einer Gelegenheit genötigt gewesen, den Trank zweimal zu mir zu nehmen. In einem Fall hatte ich ihn mit ungeheurer Lebensgefahr verdreifachen müssen; und diese, wenn auch selten eintretenden, Unsicherheiten hatten bisher den einzigen Schatten auf meine Zufriedenheit geworfen. Jetzt aber, im Licht dieses Morgenerlebnisses musste ich bemerken, dass nicht mehr wie am Anfang die Schwierigkeit darin bestand, den Körper Jekylls abzustreifen, sondern dass in der letzten Zeit ganz allmählich, aber deutlich die Schwierigkeit auf dem umgekehrten Weg sich gezeigt hatte. Mir schien daher aus allem dies hervorzugehen: ich verlor langsam die Herrschaft über mein ursprüngliches und besseres Ich und verkörperte mich langsam in mein zweites und schlechteres Ich.

Ich fühlte jetzt, dass ich zwischen diesen beiden zu wählen hatte. Meine beiden Naturen hatten das Gedächtnis gemeinsam, aber alle anderen Fähigkeiten waren sehr ungleich unter ihnen verteilt. Jekyll, der ein zusammengesetztes Wesen war, plante und teilte die Freuden und Abenteuer Hydes – bald in einer höchst unbehaglichen Angst, bald mit einem gierigen Behagen. Aber Hyde war völlig gleichgültig Jekyll gegenüber oder erinnerte sich seiner nur, wie ein Räuber in den Bergen sich der Höhle erinnert, in der er sich vor Verfolgern verbirgt. Jekyll empfand für Hyde eine mehr als väterliche Liebe, Hyde für Jekyll die Gleichgültigkeit eines Sohnes.

Wählte ich Jekyll, so war ich tot für die Begierden, denen ich lange Zeit nur im Geheimen nachgegeben, in denen ich aber in der letzten Zeit geschwelgt hatte. Wählte ich Hyde, so war ich tot für tausend Interessen und Bestrebungen und wurde mit einem Schlag und für ewig ein verachteter, freudloser Mensch. Der Handel konnte ungleich erscheinen, aber es fiel noch eine andere Betrachtung in die Waagschale: während Jekyll die Flanken der Entsagung schmerzlich verspüren musste, würde Hyde sich alles dessen, was er verloren hatte, nicht einmal bewusst sein.

So seltsam meine eigenen Umstände waren – dieser Widerstreit ist so alt und alltäglich, wie es Menschen gibt; ziemlich dieselben Verlockungen und Befürchtungen würfeln miteinander in jedem zitternden Sünder, der in Versuchung gerät. Und es ging mir, wie es der ungeheuren Mehrheit meiner Mitmenschen ergeht: ich erwählte den besseren Teil, und es zeigte sich, dass mir die Kraft fehlte, dabei zu verharren.

Ja, ich zog den ältlichen, innerlich unzufriedenen Doktor vor, der von Freunden umgeben war und sich ehrenhaften Hoffnungen hingab, und verzichtete entschlossen auf die Freiheit, die verhältnismäßige Jugend, den leichten Schritt, den stürmischen Pulsschlag und die geheimen Wonnen, die ich in der Verkleidung als Hyde genossen hatte. Ich traf diese Wahl vielleicht mit einem unbewussten Vorbehalt, denn ich gab weder das Haus in Soho auf, noch vernichtete ich die Kleider Edward Hydes, die stets in meinem Arbeitszimmer bereitlagen. Zwei Monate blieb ich jedoch meinem Entschluss treu. Zwei Monate lang führte ich ein so streng ehrbares Leben, wie ich es früher niemals versucht hatte, und erfreute mich dafür des Lohnes eines zufriedenen Gewissens. Aber die Zeit begann schließlich, mich den ausgestandenen Schreck vergessen zu lassen. Die Lobsprüche meines Gewissens wurden etwas Selbstverständliches. Ich wurde von drängenden Sehnsüchten gequält, als wenn in mir Hyde nach Freiheit ränge. Und endlich, in einer Stunde moralischer Schwachheit, braute und trank ich wieder das Verwandlungsmittel. Wenn ein Trunkenbold bei sich selber über sein Laster nachdenkt, so denkt er wahrscheinlich nicht einmal unter fünfhundert Malen dabei an die Gefahren, die ihm aus seiner tierischen Gleichgültigkeit den körperlichen Folgen gegenüber entstehen können. So hatte auch ich, solange ich auch über meine Lage nachgedacht hatte, dabei nicht genügend in Betracht gezogen, dass die Hauptcharakterzüge Edward Hydes seine vollständige moralische Gleichgültigkeit und seine sinnlose Bereitschaft zum Bösen waren. Durch diese wurde ich bestraft. Mein Teufel war lange im Käfig gewesen und sprang nun mit Gebrüll hervor. Schon als ich den Trank schlürfte, fühlte ich eine zügellosere, wütendere Lust, Böses zu tun. Dies muss wohl in meiner Seele jenen Sturm von Ungeduld aufgerührt haben, mit der ich die höflichen Worte meines unglücklichen Opfers anhörte. Jedenfalls erkläre ich hiermit vor Gott: Kein geistig gesunder Mensch hätte dieses Verbrechen aus so jämmerlichem Anlass begehen können – ich hatte in jenem Augenblick nicht mehr Vernunft als ein krankes Kind, das sein Spielzeug zerbricht. Aber ich hatte freiwillig alle jene ausgleichenden Instinkte von mir abgestreift, dank denen selbst der böseste von uns Menschen immer noch mit einer gewissen Festigkeit durch seine Versuchungen hindurchgeht. In meinem Fall aber bedeutete eine Versuchung, war sie auch noch so gering, unvermeidliches Straucheln.

Im Nu erwachte in mir der Geist der Hölle und raste. In einem Überschwang von Entzücken zerschmetterte ich den wehrlosen Leib. Köstliche Wonne bereitete mir jeder Schlag, und erst als ich müde wurde, fuhr mir plötzlich, auf dem Höhepunkt meiner Raserei, ein kalter Schreckensschauder durch das Herz. Ein Nebel zerteilte sich: ich sah, dass mein Leben verwirkt war, und floh von dem Schauplatz meiner Ausschreitung, frohlockend und zugleich zitternd – meine Lust am Bösen war befriedigt und noch gesteigert, meine Liebe zum Leben aufs Äußerste angespannt. Ich rannte zu dem Haus in Soho und vernichtete – um meine Sicherheit doppelt sicher zu machen – alle Papiere, die ich dort hatte. Dann lief ich durch die hellbeleuchteten Straßen in derselben zwiespältigen Aufregung meiner Seele, meines Verbrechens mich rühmend, leichtfertig Pläne für die Zukunft machend, und trotz alledem fliehend und fortwährend nach hinten auf die Schritte des Rächers lauschend. Hyde hatte ein Lied auf seinen Lippen, als er den Trank mischte, und er stürzte ihn auf das Wohl des Ermordeten hinunter. Die Schmerzen der Verwandlung hatten noch nicht aufgehört, ihn zu zerreißen, als Henry Jekyll unter strömenden Tränen der Dankbarkeit und der Reue auf seine Knie fiel und seine gefalteten Hände zu Gott emporhob.

Der Schleier der Nachsicht mit mir selber war vom Kopf bis zu den Füßen zerrissen: ich sah mein Leben als ein Ganzes, ich verfolgte es von den Tagen der Kindheit an, als mein Vater mich an der Hand geführt hatte, durch die entsagungsvollen Mühen meiner Berufsarbeit hindurch, um immer und immer wieder mit dem gleichen Gefühl, dass es keine Wirklichkeit sei, zu den höllischen Schrecknissen des Abends zu gelangen. Ich hätte laut schreien mögen. Mit Tränen und Gebeten suchte ich den Haufen hässlicher Bilder und Klänge niederzuhalten, die aus meiner Erinnerung auf mich losstürmten. Aber immer wieder, zwischen meinen Gebeten, starrte mir das grässliche Antlitz meiner Missetat in die Seele. Als diese Gewissensbisse an Schärfe zu verlieren begannen, folgte ihnen ein Gefühl der Freude. Das Problem meiner Lebensführung war gelöst: Hyde war fortan unmöglich. Ob ich wollte oder nicht, ich war jetzt auf den besseren Teil meines Daseins beschränkt – und oh! welche Wonne war dieser Gedanke. Mit welcher willfährigen Demut fügte ich mich von Neuem in die Grenzen und Schranken des natürlichen Lebens. Mit welchem aufrichtigen Verzicht verschloss ich die Tür, durch die ich so oft gegangen und gekommen war, und zertrat den Schlüssel mit meinen Füßen!

Am nächsten Tag kam die Nachricht, dass der Mord eine Zuschauerin gehabt hatte, dass Hydes Schuld der Welt bekannt war und dass das Opfer ein Mann war, der hoch im öffentlichen Ansehen stand. Es war nicht allein ein Verbrechen – es war ein tragischer Wahnsinn gewesen.

Ich glaube, ich war froh, dies zu wissen: Ich glaube, ich war froh darüber, dass meine besseren Antriebe jetzt hinter den Schrecknissen des Schafotts wie hinter Befestigungswerken lagen. Jekyll war jetzt meine Zitadelle, mein sicherer Zufluchtsort. Sobald Hyde einen Augenblick hervorlugte, würden die Hände aller Menschen sich erheben und ihn töten.

Ich beschloss, durch meine künftige Lebensführung die Vergangenheit wiedergutzumachen, und ich darf ehrlich sagen, dass mein Entschluss einige gute Früchte gezeitigt hat. Du weißt selber, wie ernst ich in den letzten Monaten vorigen Jahres mich bemühte, Leiden zu lindern. Du weißt, dass viel für andere getan wurde und dass mir die Tage ruhig, beinahe glücklich dahingingen. Ich kann auch nicht behaupten, dass ich dieses wohltätigen, unschuldigen Lebens überdrüssig wurde. Ich glaube im Gegenteil, dass ich es von Tag zu Tag freudiger empfand. Aber auf mir lag immer noch der Fluch der Zwiespältigkeit meines Wollens, und als die erste Schärfe meiner Reue abgestumpft war, begann meine niedrigere Natur, der ich so lange nachgegeben und die ich erst seit so kurzer Zeit in Fesseln gelegt hatte, murrend nach Freiheit zu verlangen. Nicht, dass ich davon geträumt hätte, Hyde wieder auferstehen zu lassen – der bloße Gedanke daran brachte mich zum Wahnsinn. Nein, in meiner eigenen Persönlichkeit fühlte ich wieder die Versuchung, mit meinem Gewissen zu markten, und wie ein gewöhnlicher geheimer Sünder fiel ich zuletzt vor dem Eingreifen der Versuchung.

Jedes Ding nimmt einmal ein Ende. Das geräumigste Maß wird schließlich voll, und dieser kurze Augenblick einer Nachgiebigkeit für das Böse vernichtete endgültig das Gleichgewicht meiner Seele. Trotzdem war ich darüber nicht unruhig in mir. Dass ich gefallen war, schien natürlich zu sein, gewissermaßen eine Rückkehr zu den alten Tagen, bevor ich meine Entdeckung gemacht hatte. Es war ein schöner, klarer Januartag, der aufgetaute, bisher gefroren gewesene Boden war feucht, aber der Himmel droben war wolkenlos. Regent's Park war voll von würzigem Frühlingsduft. Ich saß in der Sonne auf einer Bank; das Tier in mir leckte die abgenagten Knochen der Erinnerung, das Geistige in mir schlummerte ein wenig, künftige Reue versprechend, aber noch nicht geneigt, diese zu beginnen. Im Grunde, so dachte ich bei mir, war ich doch nur wie alle meine Nachbarn. Und dann lächelte ich, indem ich mich selber mit anderen Menschen verglich: meinen tätigen Willen zum Guten mit der trägen Grausamkeit ihrer Nachlässigkeit. Und gerade in dem Augenblick dieses selbstgefälligen Denkens befiel mich ein Schwindel, eine fürchterliche Übelkeit und ein tödliches Schaudern. Dies ging vorüber, und es blieb nur eine Schwäche. Und als dann auch dieses Gefühl der Schwäche aufhörte, begann ich zu merken, dass mein Denken sich geändert hatte: ich empfand eine größere Kühnheit, eine Verachtung jeder Gefahr, eine Befreiung aus den Banden der Pflicht. Ich sah an mir hinab: Meine Kleider hingen unförmig um meine zusammengeschrumpften Glieder; die Hand, die auf meinem Knie lag, war dickaderig und haarig. Ich war wieder Edward Hyde.

Einen Augenblick zuvor war ich der Achtung aller Menschen sicher gewesen, ein reicher, geliebter Mann – in meinem Esszimmer zu Hause stand der Tisch für mich gedeckt. Und jetzt war ich ein Wild, das alle Menschen verfolgten – gehetzt, heimatlos, ein bekannter Mörder, der dem Galgen gehörte.

Meine Vernunft wankte, aber sie ließ mich nicht gänzlich im Stich. Ich habe mehr als einmal bemerkt, dass in meinem zweiten Ich meine Fähigkeiten haarscharf zugespitzt zu sein schienen, dass mein Geist elastischer gespannt war. So kam es, dass in einem Augenblick, wo Jekyll vielleicht unterlegen sein würde, Hyde sich auf die Höhe des Ereignisses erhob.

Meine Drogen befanden sich in einem der Glasschränke meines Arbeitszimmers. Wie konnte ich sie bekommen? Dies war das Problem, das ich zu lösen mich entschloss, indem ich meine Hände an die Schläfen presste. Die Laboratoriumstür hatte ich verschlossen.

Wenn ich durch mein eigenes Haus in das Arbeitszimmer zu kommen versuchte, würden meine Dienstboten mich an den Galgen liefern. Ich sah, dass ich mich eines Vermittlers bedienen müsste, und dachte an Lanyon. Wie konnte ich diesen erreichen? Wie ihn überreden? Angenommen, dass ich der Verhaftung auf der Straße entging, wie konnte ich zu ihm persönlich kommen? Und wie sollte ich, ein unbekannter, abstoßend aussehender Besucher, den berühmten Arzt dahin bringen, in das Studierzimmer seines Kollegen Dr. Jekyll einzubrechen? Dann erinnerte ich mich, dass mir von meinem ursprünglichen Ich stets ein Teil geblieben war: Ich konnte in meiner eigenen Hand schreiben, und sobald ich diesen Funken hatte aufzucken sehen, lag der Weg, den ich zu gehen hatte, vom Anfang bis zum Ende hell erleuchtet vor mir.

Demgemäß machte ich meine Kleider zurecht, so gut ich konnte, rief einen Vorüberfahrenden Hansom an und fuhr zu einem Gasthof in der Portland Street, dessen Name mir zufällig einfiel. Der Kutscher konnte seine Heiterkeit nicht zurückhalten, als er mich ansah – und mein Aussehen war in der Tat komisch genug, so tragisch auch das Schicksal war, das diese Kleider verhüllten. Ich fletschte in einem Anfall teuflischer Wut meine Zähne gegen ihn, und das Lächeln erstarb auf seinem Gesicht – zum Glück für ihn, aber zu noch größerem Glück für mich selbst, denn im nächsten Augenblick hätte ich ihn sicherlich von seinem Bock heruntergerissen.

Als ich in den Gasthof eintrat, blickte ich mit einem so finsteren Gesicht um mich, dass die Kellner zitterten. Keinen Blick wechselten sie in meiner Gegenwart, sondern empfingen dienstbereit meine Befehle, führten mich in ein Zimmer und brachten mir Schreibzeug.

Hyde in Lebensgefahr war ein neues Geschöpf für mich: von unbändigem Zorn geschüttelt, bis zur Mordlust aufgeregt und danach lechzend, Schmerzen zu bereiten. Aber das Geschöpf war auch schlau: es meisterte seine Wut mit einer großen Willensanstrengung, verfasste die beiden wichtigen Briefe, einen an Lanyon und einen an Poole. Und um einen schriftlichen Beweis zu erhalten, dass sie der Post übergeben wären, gab er Auftrag, sie einschreiben zu lassen.

Sodann saß er den ganzen Tag am Kaminfeuer in seinem Zimmer und kaute an seinen Nägeln. Auf seinem Zimmer speiste er auch, allein mit seinen Ängsten, während der Kellner sichtbar vor seinen Augen zitterte. Und dann, als die Nacht vollkommen angebrochen war, setzte er sich in die Ecke einer geschlossenen Droschke und ließ sich kreuz und quer in den Straßen der City herumfahren. Er, sage ich – ich kann nicht sagen: ich. Dieses Kind der Hölle hatte nichts Menschliches. In ihm lebte nichts als Furcht und Hass. Und als er zuletzt, weil er glaubte, der Kutscher finge an, argwöhnisch zu werden, die Droschke bezahlte und sich zu Fuß weiterwagte, in seinen schlecht sitzenden Kleidern eine auffällige Erscheinung inmitten der nächtlichen Passanten, da rasten diese beiden niedrigen Leidenschaften in ihm wie ein Sturm. Er ging schnell, von seinen Ängsten gehetzt, mit sich selber sprechend, durch die weniger belebten Nebenstraßen sich drückend und die Minuten zählend, die ihn noch von der Mitternachtsstunde trennten. Einmal sprach ein Weib ihn an – ich glaube, sie wollte ihm Streichhölzer verkaufen. Er schlug ihr ins Gesicht, und sie rannte davon.

Als ich bei Lanyon wieder zu mir kam, ging das Entsetzen meines alten Freundes mir vielleicht zu Herzen – ich weiß es nicht – es war höchstens nur wie ein Tropfen im Meer, im Vergleich mit dem Grausen, mit dem ich auf diese Stunden zurückblickte. Eine Veränderung war über mich gekommen, mich quälte nicht länger die Furcht vor dem Galgen, sondern der entsetzliche Gedanke, dass ich Hyde sei. Ich hörte Lanyons Worte, die mich verdammten, wie in einem halben Traum. Wie in einem halben Traum betrat ich mein eigenes Haus und legte mich zu Bett. Nach der Anstrengung des Tages schlief ich so fest und tief, dass nicht einmal die Schreckgespenster, die mich verfolgten, mich aufwecken konnten. Am Morgen erwachte ich erschüttert, geschwächt, aber doch erfrischt. Ich hasste und fürchtete immer noch jeden Gedanken an das Tier, das in mir schlief, und ich hatte natürlich nicht die entsetzlichen Gefahren des vorigen Tages vergessen. Aber ich war doch wieder zu Hause, in meinem eigenen Heim und ganz in der Nähe meiner Drogen – und Dankbarkeit für meine Rettung leuchtete so stark in meiner Seele, dass sie beinahe wie helle Hoffnung glänzte.

Nach dem Frühstück schritt ich gemächlich über den Hof, mit Vergnügen die kalte Winterluft einschlürfend – da packten mich wieder jene unbeschreiblichen Empfindungen, die die Vorboten der Veränderung waren, und ich hatte gerade nur die Zeit, das Obdach meines Arbeitszimmers zu erreichen, da rasten und wüteten wieder die Leidenschaften Hydes in mir. Und ich war wieder Hyde.

Ich nahm bei dieser Gelegenheit eine doppelte Dosis, um mich wieder zu mir selber zu bringen, und ach! Sechs Stunden später, als ich am Kamin saß und traurig in das Feuer sah, kamen die Schmerzen wieder, und ich musste abermals den Trank anwenden.

Kurz, von jenem Tag an war ich anscheinend nur durch eine große Anstrengung und unter der unmittelbaren Wirkung des Trankes imstande, die körperliche Gestalt Jekylls festzuhalten. Zu allen möglichen Stunden des Tages oder der Nacht ergriff mich das bedeutsame Schütteln. Vor allem wenn ich schlief oder auch nur für einen Augenblick in meinem Lehnstuhl döste, wachte ich stets als Hyde auf. Dieses beständig drohende Elend und die Schlaflosigkeit, zu der ich mich selber verurteilte und die weit über die Grenzen hinausging, die ich für menschenmöglich gehalten hatte, machten aus mir ein von Fieber völlig ausgezehrtes Geschöpf, schwach an Leib und Verstand und nur mit dem einzigen Gedanken beschäftigt: dem Grausen vor meinem anderen Ich. Aber wenn ich schlief, oder wenn die Wirksamkeit der Arznei nachließ, sprang ich fast ohne Übergang – denn die Schmerzen bei der Verwandlung wurden von Tag zu Tag geringer – in den Bereich meiner Fantasie, die von Schreckensbildern wimmelte – meine Seele kochte von grundlosem Hassgefühl, und mein Körper schien nicht stark genug zu sein, die rasenden Lebenskräfte zu bändigen. Hydes Kräfte schienen mit Jekylls kränklicher Schwäche gewachsen zu sein. Und sicherlich war der Hass, der sie jetzt schied, auf beiden Seiten gleich. Bei Jekyll war dies ein Ding triebmäßiger Lebensbetätigung. Er hatte jetzt die ganze Missgestaltung jenes Geschöpfes gesehen, das mit ihm einige von den Erscheinungsformen des Bewusstseins gemeinsam hatte und wie er Erbe des Todes war – und über diese gemeinsamen Bande hinaus, die eben als solche gerade der bitterste Teil meines Elends waren, erschien ihm Hyde, trotz aller seiner Lebenskraft, als etwas nicht nur Höllisches, sondern Unorganisches.

Dies war das Schreckliche: dass aus dem Schlamm der Hölle nicht nur Schreie und Stimmen zu kommen schienen; dass der gestaltlose Staub Glieder bewegte und sündigte; dass das, was tot war und keine Gestalt hatte, sich die Äußerungen des Lebens anmaßte. Und dann auch dies: dass jenes rebellische Entsetzen ihn enger umklammerte als ein Weib, dass es wie ein Auge in ihm lag; dass es in sein Fleisch wie in einen Käfig eingesperrt war, wo er es murren hörte, es um sich schlagen fühlte, als wenn es geboren werden wollte; und dass es in jeder Stunde der Schwachheit, in jedem Augenblick, sobald er sich vertrauensvoll dem Schlummer überließ, sich gegen ihn auflehnte und ihn vom Thron des Lebens hinabstieß.

Hydes Hass gegen Jekyll war von einer anderen Art: Seine Angst vor dem Galgen trieb ihn beständig dazu, zeitweiligen Selbstmord zu begehen und in seinen untergeordneten Zustand zurückzukehren, worin er ein Teil eines ganzen Menschen war. Aber er fluchte dieser Notwendigkeit, er fluchte der Schwäche, in die Jekyll jetzt versunken war, und er empfand als eine Beschimpfung den Abscheu, mit dem Jekyll ihn selber ansah. Daher die äffischen Streiche, die er mir fortwährend spielte, indem er mit meiner eigenen Handschrift Gotteslästerungen auf die Seiten meiner Bücher kritzelte, die Briefe meines Vaters verbrannte und dessen Bild zerriss. Und in der Tat: wäre nicht seine Furcht vor dem Tod gewesen, er hätte sich schon längst selber vernichtet, um mich in die Vernichtung hineinzuziehen. Aber seine Liebe zum Leben ist wunderbar. Ich gehe noch weiter: Ich, der ich von dem bloßen Gedanken an ihn Übelkeit verspüre und schaudere, wenn ich an die leidenschaftliche verächtliche Anklammerung ans Leben denke, die ihm eigen ist – ich entdecke in meinem Herzen Mitleid für ihn, da ich weiß, wie er sich vor meiner Macht fürchtet, durch Selbstmord auch ihn ums Leben zu bringen.

Es hat keinen Zweck, und schrecklicherweise fehlt mir auch die Zeit, diese Schilderung noch zu verlängern. Es genüge, wenn ich sage, kein Mensch hat jemals solche Qualen gelitten. Und doch, die Gewohnheit – ich will nicht sagen, dass sie erleichterte, aber sie führte eine gewisse Unempfindlichkeit der Seele herbei, eine Art von Abfindung mit meiner Verzweiflung. Und meine Strafe hätte noch jahrelang andauern können, wenn nicht jetzt das letzte Unglück eingetroffen wäre, das mich endgültig von meinem eigenen Antlitz und von meiner eigenen Natur getrennt hat.

Mein Vorrat jenes Salzes, den ich seit meinem ersten Versuch niemals ergänzt hatte, begann knapp zu werden. Ich ließ einen neuen Vorrat holen und mischte den Trank; es folgte das Aufbrausen, sodann der erste Wechsel der Farbe, aber nicht der zweite. Ich trank das Gemisch, und es war unwirksam.

Du wirst von Poole erfahren, wie ich ganz London durchstöbert habe. Es war vergeblich, und ich bin jetzt überzeugt, dass jenes erste Salz unrein war, und dass gerade jene unbekannte Unreinheit den Trank wirksam machte. Ungefähr eine Woche ist vergangen, und ich beendige jetzt diesen Bericht unter dem Einfluss des letzten von den alten Pulvern. Dies also ist das letzte Mal – fast ein Wunder! – dass Henry Jekyll seine eigenen Gedanken denken oder sein eigenes (jetzt wie traurig verändertes!) Antlitz im Spiegel sehen kann. Ich darf auch nicht zu lange zögern, mein Schreiben zum Ende zu bringen, denn wenn mein Bericht bis jetzt der Vernichtung entgangen ist, so geschah dies nur durch ein Zusammentreffen großer Vorsicht und sehr glücklichen Zufalls. Sollten die Wehen der Verwandlung mich packen, während ich schreibe, so würde Hyde diesen Bericht in Stücke reißen. Wenn aber einige Zeit vergangen ist, nachdem ich ihn auf die Seite gelegt habe, wird wahrscheinlich seine erstaunliche Selbstsucht und seine Beschränkung auf den Augenblick diese Schrift wieder einmal vor der Betätigung seiner äffischen Wut retten.

In der Tat: Das Verhängnis, das sich immer tiefer auf uns beide herabsenkt, hat ihn bereits verändert und geduckt. Wenn ich in einer halben Stunde wiederum und für immer seine verhasste

Gestalt annehme, dann werde ich, das weiß ich, schaudernd und weinend in meinem Stuhl sitzen oder mit gespanntem, ängstlichem Horchen in diesem Zimmer auf und ab laufen, das meine letzte irdische Zuflucht ist, ich werde auf jedes drohende Geräusch lauschen.

Wird Hyde am Galgen sterben? Oder wird er den Mut finden, sich im letzten Augenblick selber zu befreien? Das weiß Gott. Mir ist es gleichgültig.

Dies ist meine wahre Todesstunde, und was noch folgen wird, das geht einen anderen an als mich. Und so lege ich denn jetzt die Feder nieder, versiegele meine Beichte und bringe damit das Leben des unglücklichen Henry Jekyll zum Ende.

John Nicholson, der Pechvogel

Erstes Kapitel

in welchem John den Wind sät

John Varey Nicholson war dumm; indessen spreizen Dümmere als er sich jetzt im Parlament und preisen sich selber als die Urheber ihrer Auszeichnung. Er hatte schon als Knabe eine Anlage gehabt, fett zu werden, und neigte dazu, die Oberfläche des Lebens lustig und leicht zu nehmen; und vielleicht war diese Geistesanlage die erste Ursache seiner Missgeschicke. Abgesehen von dieser Andeutung, schweigt die Philosophie über seinen Lebenslauf, und der Aberglaube tritt auf mit der bequemeren Erklärung, dass die Götter ihn nicht lieb hatten.

Sein Vater – dieser eisenfeste alte Herr – hatte sich schon vor langer Zeit auf den hohen Thron der »Disruption Principles« gesetzt. Was das für Prinzipien sind – und trotz ihrem grimmigen Namen sind es ganz unschuldige Prinzipien –, das würde keine noch so wortreiche Erklärung dem gewöhnlichen englischen Durchschnittsverstand begreiflich machen; aber für einen Schotten erweisen sie sich oft als salbungsvoll nahrhaft, und Mr Nicholson fand in ihnen die Milch der Löwen. Um die Zeit, wenn die Kirchenvorsteher in Edinburgh zu ihren Jahresversammlungen sich treffen, sah man ihn in Gesellschaft verschiedener Geistlicher mit roten Köpfen den »Hügel« herabsteigen: Sie sehr wortreich, er nur orakelhafte Kopfbewegungen, kurze Verneigungen und das strenge Schauspiel seiner vorgestreckten Oberlippe zu der Unterhaltung beitragend. Die Namen Candlish und Begg kamen oft bei diesen Gesprächen vor, gelegentlich beschäftigten sich die Reden mit dem Residuary Establishment und den Taten eines gewissen Lee. Ein Fremdling in dem abgeschlossenen kleinen theologischen Königreich Schottland hätte zuhören können und würde buchstäblich kein Wort verstanden haben. Und Mr Nicholson – der kein Dummkopf war – wusste dies und war darüber wütend. Er wusste, dass es draußen eine große Welt gab, für die die Disruption Principles wie das Geschnatter von Baumaffen waren; die Zeitung brachte ihm erkältende Ahnungen davon; er hatte Engländer getroffen, die ihn leichthin gefragt hatten, ob er nicht zur Schottischen Kirche gehöre, und die sich dann für seine Beleuchtung dieser interessanten Frage nicht sehr interessiert hatten. Es war eine böse, wilde, aufrührerische Welt, die in Gleichgültigkeit versunken war. Und wenn er in sein eigenes Haus am Randolph Crescent (Südseite) eintrat und die Tür hinter sich schloss, dann schwoll sein Herz von einem Gefühl der Sicherheit. Hier wenigstens war eine Zitadelle, die für Abtrünnige zur Rechten oder Radikale zur Linken uneinnehmbar war. Hier war eine Familie, in der die Gebete täglich zur selben Stunde stattfanden, in der die Bücher, die zum Lesen am Sabbat ausgewählt wurden, makellos waren; in der ein Gast, der zu irgendeiner falschen Meinung hingeneigt hätte, sofort wäre zurechtgewiesen worden; und über welcher die ganze Woche und besonders dicht an Sonntagen ein Schweigen herrschte, das seinem Ohr angenehm war, und ein Trübsinn, den er behaglich fand.

Mrs Nicholson war mit etwa dreißig Jahren gestorben und hatte ihm drei Kinder hinterlassen: eine Tochter, die zwei Jahre, und einen Sohn, der ungefähr acht Jahre jünger war als John; dazu John selber, den unglücklichen Träger eines Namens, der in der englischen Geschichte verrufen ist. Die Tochter, Maria, war ein gutes Mädchen – pflichteifrig, fromm, schwerfällig, aber so leicht zu erschrecken, dass es ganz gefährlich war, sie anzureden.

»Ich glaube, darüber möchte ich lieber nicht sprechen, bitte«, pflegte sie zu sagen, sodass auch der Kühnste schweigen musste, weil er sah, dass es ihr unverkennbar peinlich war. Dies galt von jedem Thema – Anzug, Vergnügungen, Moral, auch Politik, bei welcher aber die Formel etwas anders lautete, nämlich: »Mein Papa denkt anders darüber!« – und sogar Religion, außer wenn dieses Thema mit einem besonders winselnden Tonfall berührt wurde.

Der jüngere Bruder, Alexander, war kränklich, klug, ein Freund von Lesen und Zeichnen und voll von satirischen Bemerkungen.

In ihrer Mitte stelle man sich nun das natürliche, unbeholfene, unintelligente und lustige Tier John vor. Ungeheuer artig im Vergleich mit anderen Jungen, obgleich nicht annähernd den Ansprüchen des Hauses am Randolph Crescent entsprechend; voll von einer tölpelhaften Zärtlichkeit, voll von Liebkosungen, die niemals sehr warm aufgenommen wurden; voll von plötzlichem und lautem Gelächter, das in diesem stillen Haus wie etwas Verfluchtes klang.

Mr Nicholson selber besaß eine große Anlage zum Humor – Humor von der schottischen Art: verstandesmäßig, sich mit der Beobachtung der Menschen beschäftigend. Sein eigener Charakter zum Beispiel – wenn er ihn hätte an einem andern beobachten können – wäre für ihn ein seltener Leckerbissen gewesen; aber seines Sohnes albernes Gewieher wegen eines zerbrochenen Tellers und dessen alberne, beinahe leichtsinnige Bemerkungen waren ihm peinlich als Anzeichen eines schwachen Geistes.

Außerhalb der Familie hatte John sich schon in frühen Jahren – ungefähr so wie ein Hund hinter einem Marquis herlaufen mag – an die Schritte Alan Houstons geheftet. Das war ein Bursche, ungefähr ein Jahr älter als er, faul, ein bisschen wild. Erbe eines guten Vermögens, das sich noch in den Händen eines strengen Vormunds befand, und so königsmäßig mit sich selbst zufrieden, dass er Johns Ergebenheit als etwas Selbstverständliches hinnahm. Diese Freundschaft war für Mr Nicholson bittere Galle; sie führte seinen Sohn aus dem Haus, und er war ein eifersüchtiger Vater; sie hielt ihn von der Kanzlei fern, und er war ein gestrenger Lehrherr; und endlich war Mr Nicholson ehrgeizig in Bezug auf seine Familie – für welche und die Disruption Principles er ausschließlich lebte –, und es war ihm ein verhasster Anblick, seinen Sohn neben einem faulen Bummler die zweite Geige spielen zu sehen. Nach einigem Zögern befahl er, die Freundschaft solle aufhören – ein unvornehmer Befehl, obgleich er anscheinend durch prophetischen Geist eingegeben war. John sagte nichts und setzte sich heimlich über den Befehl hinweg.

John war beinahe neunzehn, da wurde er eines Tages früher als gewöhnlich aus seines Vaters Kanzlei freigelassen, wo er die praktische Handhabung des Gesetzes studierte. Es war Sonnabend, und abgesehen davon, dass er ungefähr vierhundert Pfund Sterling in seiner Tasche hatte, die er bei der Bank der Britischen Linnengesellschaft einzahlen sollte, hatte er den ganzen Nachmittag zu seiner freien Verfügung. Er ging durch die Princes Street und freute sich des milden Sonnenscheins und der kleinen Brise Ostwindes, die die Flaggen auf jener Terrasse von Palästen flattern und die grünen Bäume im Park sich biegen ließ. Die Regimentskapelle spielte drunten im Tal unter dem Schloss; und als die Pfeifer einsetzten, hörte er ihre wilden Klänge mit stürmischer fließendem Blut. Irgendetwas entfernt Kriegerisches erwachte in ihm, und er dachte an Miss Mackenzie, die er am Abend beim Essen treffen sollte.

Nun ist nicht zu leugnen, dass er auf dem nächsten Weg hätte nach der Bank gehen sollen; aber gerade auf diesem Weg war das Billardzimmer des Gasthofs, wo Alan beinah sicher zu finden war, und die Versuchung war zu stark. Er ging in das Billardzimmer und wurde gleich bei seinem Eintritt von dem Freund begrüßt, der das Queue in der Hand hielt.

»Nicholson«, sagte er, »du musst mir bis Montag ein Pfund oder zwei pumpen.«

»Da bist du gerade an den Rechten gekommen!«, antwortete John. »Ich habe zwei Pence in der Tasche.«

»Unsinn, du kannst ja was beschaffen. Geh zu deinem Schneider und pump ihn an; alle Schneider tun das. Oder ich will dir was sagen: Versetze deine Uhr.«

»O ja – das wäre gerade so was!«, rief John. »Und mein Vater?«

»Was wird der davon wissen? Er zieht dir doch nicht nachts die Uhr auf – oder?«

Worauf John in das seinem Vater so unangenehme Gelächter ausbrach.

»Nein, im Ernst: Ich bin in der Patsche«, fuhr der Versucher fort. »Ich habe etwas Geld an einen Herrn hier verloren. Ich gebe es dir heute Abend wieder, und du kannst das Pfand am Montag wieder auslösen. Komm! Es ist doch schließlich nur eine kleine Gefälligkeit. Ich würde ganz gewiss viel mehr für dich tun.«

Worauf John sich aufmachte und seine goldene Uhr unter dem falschen Namen John Froggs, Pleasance 85, versetzte. Aber die Ängstlichkeit, die ihn vor der Tür einer so zweideutigen Höhle – einer Pfandleihe – überkam, und die erforderliche Anstrengung, das Pseudonym zu erfinden (das ihm aber aus irgendeinem Grund durchaus zu dieser Sache zu gehören schien), hatten mehr Zeit in Anspruch genommen, als er geglaubt hatte – und als er mit der Beute nach dem Billardsaal zurückkam, hatte die Bank schon ihre Tore geschlossen.

Dies gab ihm einen bösen Stoß. »Eine geschäftliche Angelegenheit vernachlässigt!« Er hörte im Geist diese Worte von der schneidenden Stimme seines Vaters gesprochen und zitterte – und dann schlug er sich den Gedanken aus dem Kopf. Denn schließlich – wer brauchte es zu erfahren? Er musste eben die vierhundert Pfund bis zum Montag bei sich tragen, dann konnte er seine Versäumnis heimlich wiedergutmachen; und mittlerweile hatte er seinen freien Nachmittag, konnte auf dem Wandsofa des Billardsaals sitzen, seine Pfeife rauchen, ein Pint Ale schlürfen und die bescheidenen Wonnen der Bewunderung so recht nach Herzenslust auskosten.

Kein Mensch kann so bewundern wie ein Jüngling. Von allen Leidenschaften und Freuden der Jugend ist Bewunderung die am weitesten verbreitete und am wenigsten verfälschte; und jeder Blitz aus Alans schwarzen Augen; jeder Blick auf seinen Lockenkopf; jede anmutige Handbewegung, jede ungezwungene Haltung, die er in der Ruhe einnahm, wenn er darauf wartete, wieder an den Stoß zu kommen – ja sogar seine Hemdsärmel und Manschettenknöpfe wurden von John in einer strahlenden Glorie gesehen. Er fühlte sich selber wertvoll durch den Besitz dieses königlichen Freundes, streichelte in sich diesen Gedanken und schwamm in lauen, himmelblauen Lüften; seine eigenen Mängel waren überwundene Schwierigkeiten – Dinge, mit denen er sich sogar brüsten konnte. Nur wenn er an Miss Mackenzie dachte, fiel auf seine Seele ein Schatten von Bedauern; diese junge Dame verdiente etwas Besseres als den hässlichen John Nicholson, den seine alten Schulkameraden noch immer bei seinem Spitznamen »Dickchen« riefen. Und er hatte das Gefühl: Wenn er mit einer solchen sorglosen Anmut mit Alan ein Queue einkreiden oder auf den nächsten Stoß warten könnte – dann könnte er sich dem Gegenstand seiner Schwärmerei mit einem weniger niederdrückenden Gefühl von Minderwertigkeit nähern.

Bevor sie sich trennten, machte ihm Alan einen höchst aufregenden Vorschlag: Er würde diese Nacht gegen zwölf Uhr bei Colette sein, sagte er.

Warum sollte John nicht dort hinkommen und sich sein Geld holen?

Zu Colette zu gehen – das hieß allerdings Leben sehen! Es war unrecht; es verstieß gegen die Gesetze; es war ein, wenn auch etwas schmutziges, Abenteuer! Wenn es bekannt wurde, war es gerade so eine Heldentat, die einen jungen Mann bei den ernsthafteren Menschen endgültig um alle Achtung brachte, ihn aber in den Augen der stürmischen Jugend mächtig hob. Übrigens war »Colette« keineswegs eine Lasterhöhle; eine solche Bezeichnung anzuwenden, wäre eine ungeheuerliche Übertreibung gewesen; und wenn es eine Sünde war, dort hinzugehen, so war es eine Sünde, die sich nur auf den Stadtbezirk erstreckte und gegen die Gemeindeordnung verstieß. Colette – ich weiß nicht genau, ob ich den Namen richtig schreibe, denn ich stand niemals in brieflichem Verkehr mit diesem gastlichen Ausländer – Colette war ganz einfach ein Speisewirt, der keine polizeiliche Erlaubnis hatte, aber Soupers nach elf Uhr abends gab, um welche Zeit alle Edinburgher Gaststätten geschlossen werden. Wenn man zu einem Klub gehörte, konnte man um dieselbe Stunde ein viel besseres Abendessen bekommen, ohne auch nur um ein Jota an öffentlicher Achtung zu verlieren. Aber wenn man kein Klubmitglied war und Hunger hatte oder wenn man eine Neigung zu Geselligkeit nach Eintritt der Polizeistunde hatte, dann war Colette der

Rettungshafen. Man wurde sehr schlecht verpflegt. Die Gesellschaft bestand nicht aus Angehörigen des Senats oder der Kirche; indessen war jenes einzige Mal, als ich den Gesetzen meines Landes ins Gesicht schlug, meinen guten Ruf in meine beiden Hände nahm und mich in dieses gefährliche Speisehaus wagte, der jüngere Nachwuchs der Rechtsanwaltschaft sehr zahlreich vertreten. Und Colettes Gäste, von einem aufregenden Bewusstsein erfüllt, dass sie unrecht taten und dass »die zweihändige Maschine«, nämlich der Schutzmann vor der Tür stand, waren vielleicht zu etwas fieberhaften Ausschreitungen aufgelegt. Aber das Lokal war in keiner Weise sehr schlimm, und es erscheint mir jetzt, über den Zwischenraum der Jahre hinüber, etwas sonderbar, wie es zu einem gefährlichen Ruf gekommen sein mag.

Genau in demselben Geist, wie jemand über einen Plan debattiert, das Matterhorn zu besteigen oder Afrika zu durchqueren, erwog John Alans Vorschlag und nahm ihn mit ungeheurer Kühnheit an. Als er heimging, wogten die Gedanken an diesen Ausflug von den sicheren Stätten des Lebens in eine wilde, gefährliche Gegend in seinem Innern und kämpften in seiner Fantasie mit dem Bild der Miss Mackenzie – unangebrachte und doch freundliche Gedanken; denn bedeutete jeder von ihnen, dass er seine Vorsätze ganz ungewöhnlicherweise um einen Pflock zurückzustecken hatte? Lockte ihn nicht jeder und warnte ihn zugleich, zu seinem besseren Selbst zurückzukehren?

Der Widerstreit dieser beiden Erwägungen regte ihn jedenfalls mehr als gewöhnlich auf; und als er nach Hause kam, vergaß er ganz und gar die vierhundert Pfund in der Innentasche seines Überziehers und hängte diesen samt seinem reichen Inhalt an den für ihn bestimmten Haken des Kleiderständers; und hiermit besiegelte er sein Schicksal.

Zweites Kapitel

in welchem John den Sturm erntet

Ungefähr um halb elf Uhr hatte John das große Glück, Miss Mackenzie seinen Arm zu bieten und sie nach Hause zu bringen. Die Nacht war kühl und sternenhell; auf dem ganzen Weg nach Osten zu raschelten die Bäume der verschiedenen Gärten und sahen schwarz aus. Als sie über die Steinrinne von Leith Walk schritten, versetzte ein Windstoß die Flammen der Straßenlaternen in eine zitternde Bewegung; und als sie schließlich oben bei der Royal Terrace ankamen, wo Kapitän Mackenzie wohnte, wehte ihnen eine starke salzige Seebrise in die Gesichter. Diese Einzelheiten jenes Gangs blieben in Johns Gedächtnis eingeschrieben, denn er hatte sie besonders stark unter dem Berühren ihrer leichten Hand, die auf seinem Arm lag, empfunden; und über die nächtliche Stadt hinweg sah sein geistiges Auge ein Bild des hell erleuchteten Wohnzimmers daheim, wo er mit Flora geplaudert hatte, und seines Vaters, der vom anderen Ende des Zimmers mit einem freundlichen und ironischen Lächeln auf sie gesehen hatte. John hatte die Bedeutung dieses Lächelns verstanden, das einem Fremden vielleicht entgangen wäre: Mr Nicholson hatte die Verliebtheit seines Sohnes mit einer Befriedigung bemerkt, die eine kleine Beimischung von Humor hatte; und wenn auch sein Lächeln ein bisschen geringschätzig war, so lag doch auch Zustimmung darin.

Vor der Haustür des Kapitäns streckte das Mädchen mit einem gewissen Nachdruck die Hand aus, und John nahm sie und behielt sie ein bisschen länger, als üblich ist, und sagte: »Gute Nacht, Flora, Liebling!«, und bekam sofort eine große Angst ob seiner Dreistigkeit; aber sie lachte nur, lief die Stufen hinauf und zog die Hausglocke; und während sie darauf wartete, dass die Tür geöffnet würde, drückte sie sich in das Portal hinein und sprach von dort aus mit ihm, wie von einem befestigten Stützpunkt aus. Sie hatte einen gestrickten Schal über den Haaren; ihre blauen Hochlandaugen fingen das Licht der nahen Straßenlaterne und funkelten; und als die Tür geöffnet wurde und sich hinter ihr schloss, fühlte John sich entsetzlich einsam.

Von Zärtlichkeit durchglüht, ging er die Terrace entlang zurück, und als er an die Greenside-Kirche kam, blieb er voll Ungewissheit stehen. Über den Kamm des Calton-Hügels zu seiner Linken führte der Weg zu Colette, wo Alan bald auf seine Ankunft warten würde, wohin er aber jetzt ebenso wenig hätte gehen mögen, wie er freiwillig in einen Sumpf gegangen wäre: Der leise Druck dieser Mädchenhand, die auf seinem Ärmel geruht hatte, und das freundliche Licht in seines Vaters Augen verboten ihm dies laut. Aber gerade vor ihm lag der Weg nach Hause, und der führte nur in sein Bett – einen wenig behaglichen Platz für einen, dessen Fantasie zu lyrischer Begeisterung gesteigert war und dessen sonst nicht sehr heißes Herz sich jetzt in einem tumultuarischen Aufruhr befand. Die Höhe des Hügels, die kühle Nachtluft, die großen Denkmäler rings um ihn herum, der Anblick der Stadt zu seinen Füßen mit ihren Hügeln und Tälern und kreuz und quer laufenden Laternenreihen zogen ihn bei allem Poetischen, das in ihm war, und er wandte sich in diese Richtung; und durch diese ganz harmlose Abweichung von seinem Weg reifte das Kornfeld seiner menschlichen Schwachheit für die Sense des Schicksals.

Auf einer Bank auf dem Hügel über Greenside saß er vielleicht eine halbe Stunde lang und sah auf die Lichter von Edinburgh herab und zu den Lichtern am Himmel empor. Wundervoll waren die Entschlüsse, die er fasste, schön und freundlich waren die Bilder künftigen Lebens, die an ihm vorüberzogen. Er sprach den Namen Flora in so vielfältigen rührenden und dramatischen Betonungen vor sich hin, dass er schließlich ganz und gar in Zärtlichkeit zerfloss und laut hätte singen mögen. Gerade in diesem Augenblick traf ein gewisses Knistern in seinem Überzieher sein Ohr. Er fuhr mit der Hand in die Tasche, zog den Umschlag mit den Banknoten hervor und saß ganz verblüfft da. Der Calton-Hügel war zu jener Zeit nächtlicher Weile übel berüchtigt; und mit vierhundert Pfund, die ihm nicht gehörten, dort auf einer Bank zu sitzen, war nicht eben weise. Er sah sich um. Ein Stückchen seitwärts von ihm saß ein Mann mit einem sehr schäbigen Hut und betrachtete ihn offenbar; von der anderen Seite her kam ein zweiter Nachtschwärmer ganz gemächlich näher heran. Auf sprang John. Der Umschlag fiel aus seiner Hand; er bückte sich, ihn aufzuheben, und in demselben Augenblick rannten die beiden Kerle heran und warfen sich auf ihn.

Kurz darauf stand er wieder auf seinen Füßen, sehr zerprügelt und gerüttelt – ohne ein Geldtäschchen, das genau eine Pennyfreimarke enthielt, ein leinenes Taschentuch und die Hauptsache: den Umschlag mit den vierhundert Pfund. Hier stand nun ein Jüngling, den auf dem Höhepunkt verliebter Begeisterung ein Schlag getroffen hatte, der zu scharf war, um ihn allein zu ertragen; und wenige Hundert Meter davon entfernt saß sein bester Freund beim Nachtessen – ja, und erwartete ihn sogar. Lag es nicht in der menschlichen Natur, dass er dorthin ging? Er ging, um Mitgefühl zu suchen – um jenes schnurrige Ding zu suchen, das wir alle nötig zu haben glauben, wenn wir in einer Klemme sind, und das wir übereingekommen sind, »Rat« zu nennen. Außerdem ging er mit unbestimmten, aber ziemlich glänzenden Erwartungen, Hilfe zu finden. Alan war reich oder würde es doch sein, sobald er mündig wurde. Mit einem Federstrich konnte er vielleicht sein Missgeschick wiedergutmachen und so das gefürchtete Gespräch mit dem alten Mr Nicholson abwenden – das Gespräch, vor dem John bei dem Gedanken daran zurückschauderte, wie die Hand vor dem Feuer zurückzuckt.

Dicht unter dem Calton-Hügel läuft eine schmale Gasse entlang, halb Straße, halb Landweg. Der Kopf dieser Straße liegt dem Tor des Gefängnisses gegenüber; ihr Schwanz reicht in die sonnenlosen Spelunkengassen von Low Calton herab. Auf der einen Seite wird sie von den Klippen des Hügels überragt, auf der anderen von einem alten Friedhof. Zwischen diesen beiden läuft die Straße in einer Schlucht entlang, bei Nacht spärlich erleuchtet, bei Tage spärlich begangen und jenseits der Gräberstätte von schmutzigen, zweideutigen Häusern eingefasst. Eines von diesen war das Haus Colettes, und an dessen Tür klopfte jetzt unser unglückseliger John, um Einlass zu finden. Es war für ihn eine böse Stunde, als er die misstrauischen Fragen des unvorschriftsmäßigen Gastgebers zu dessen Zufriedenheit beantwortete; es war eine böse Stunde, als er in das etwas unappetitliche Innere eintrat. Alan war freilich da; er saß in einem von zischenden Gasflammen beleuchteten Raum, vor einem schmutzigen Tischtuch, auf welchem ein gemeines Garküchenessen stand, und in der Gesellschaft mehrerer bezechter jüngerer Rechtsbeflissener. Aber Alan war ebenfalls nicht nüchtern; er hatte bei einem Pferderennen tausend Pfund verloren, hatte die Nachricht davon beim Dinner erhalten, und war jetzt dabei, in Ermangelung jeglicher Mittel, aus dieser Klemme herauszukommen, die Erinnerung an seine Not zu ertränken. Er sollte John helfen! Das war ja ganz unmöglich; er konnte sich selber nicht helfen.

»Wenn du ein Biest von einem Vater hast«, sagte er, »so kann ich dir sagen: Ich habe ein Vieh von einem Vormund.«

»Ich lasse nicht meinen Vater ein Biest nennen!«, rief John mit klopfendem Herzen – denn er fühlte, dass er das letzte heile Glied der Kette, die ihn ans Leben band, aufs Spiel setzte.

Aber Alan war ganz gemütlich und sagte:

»Schön, schön, alter Junge! Höchst respektabler Mann, dein Vater.«

Und er stellte seinen Kumpanen seinen Freund als »des alten Dingerich Nicholsons Sohn« vor.

John saß da in stummer Verzweiflung. Colettes moderige Tapeten und befleckte Tischtücher und hässliche Essgeschirre sah er wie in einem schweren Traum. Und dann auf einmal kam ein Klopfen und ein eiliges Getrampel: Die Polizei, die auf dem Calton-Hügel in so bedauerlicher Weise abwesend gewesen war, erschien auf der Bildfläche; und die ganze Gesellschaft, die mit dem Weinglas in der Hand »flagrante delicto« ertappt worden war, wurde verhaftet und nach der Polizeiwache geschleppt, wo sie sämtlich in gebührender Form aufgefordert wurden, in der bevorstehenden Gerichtsverhandlung gegen den Schwerverbrecher Colette wegen verbotenen Ausschanks geistiger Getränke zu erscheinen.

Eine sehr bekümmerte und sehr nüchtern gewordene Gesellschaft verließ die Polizeiwache.

Die unbestimmte Furcht vor der öffentlichen Meinung beherrschte sie alle; aber Einzelne von ihnen hatten noch ihre eigenen, ganz besonderen Ängste auf dem Herzen: Alan hatte Furcht vor seinem Vormund, den er ohnehin schon genug gereizt hatte. Einer von den jungen Leuten war der Sohn eines Landgeistlichen, ein anderer der eines Richters; John, der Unglücklichste von allen, hatte David Nicholson zum Vater, und der bloße Gedanke, diesem aus einem so skandalösen Anlass gegenüberzutreten, machte ihn körperlich krank.

Sie standen eine Weile unter den Strebepfeilern von Saint Giles und hielten Rat; von dort begaben sie sich in die Wohnung eines von ihnen in North Castle Street, wo sie übrigens – nebenbei bemerkt – ebenso gut hätten essen und viel besser hätten trinken können als in dem gefährlichen Paradies, aus welchem sie vertrieben worden waren. Dort besprachen sie bei einem Glas, in das sozusagen ihre Tränen hineinliefen, was sie in ihrer Lage zu tun hätten. Jeder Einzelne setzte auseinander, dass für ihn seine ganze Existenz vernichtet wäre, wenn die Sache ihren Fortgang nähme und er als Zeuge erschiene. Es war bemerkenswert, was für glänzende Aussichten gerade in diesem Augenblick jedem Einzelnen von der kleinen Gesellschaft von Jünglingen sich eröffneten und welch eine fromme Rücksichtnahme auf die Gefühle ihrer Angehörigen in ihnen allen aufwallte. Außerdem befand sich jeder Einzelne in einer merkwürdigen Geldlosigkeit. Nicht einer konnte seinen Anteil an der Geldbuße aufbringen; jeder Einzelne sprach die wundergläubige Hoffnung aus, dass jeder von den anderen – der Reihe nach – gerade der rechte Mann wäre, die Sache zu übernehmen und das Fehlende beizutragen. Der eine sprach vom hohen Ross herab: Seinen Anteil könnte er nicht zahlen; wenn es zu einer Gerichtsverhandlung käme, würde er durchbrennen; er hätte stets gefühlt, dass der Englische Gerichtshof der richtige Wirkungskreis für ihn wäre. Ein anderer ergoss sich in rührenden Einzelheiten bezüglich seiner Familie, und kein Mensch hörte auf ihn. Inmitten dieses stürmischen Wettstreits von Armut und Knauserei saß John wie betäubt und dachte über den berghohen Haufen seiner Missgeschicke nach.

Schließlich gab jeder sein Wort, dass er ebenso offen wie seine Kameraden die Hilfe seiner Familie anrufen wolle, und dann brach die ganze Gesellschaft unglücklicher junger Esel auf und ging die Haustreppe hinunter. Die Straßen lagen wie ausgestorben rings um sie herum, die Laternen brannten mit verblasstem Schein in dem Tageslicht, die Vögel stimmten ihre Kehlen im Laub der Stadtgärten, und in dem Grau des Frühlingsmorgens ging ein jeder seines Wegs mit gesenktem Haupt und hallenden Schritten.

Am Randolph Crescent waren die Krähen schon wach; aber die Fenster des Hauses sahen, diskret verhängt, auf die Rückkehr des verlorenen Sohnes hernieder. John hatte einen Hausschlüssel – ein Vorrecht, das ihm erst ganz neuerdings verliehen worden war. Heute war es das erste Mal, dass er ihn benutzte – und ach, mit was für einem beschämenden Gefühl seiner Unwürdigkeit steckte er ihn jetzt in das wohl geölte Schloss und trat in diese Hochburg der Wohlanständigkeit ein!

Alles schlief; das Gas in der Halle hatte man, heruntergedreht, schwach brennen lassen, um ihm beim Nachhausekommen zu leuchten; eine Totenstille herrschte, eine entsetzliche Stille, die nur von dem tiefen Ticken der großen Standuhr unterbrochen wurde. Er drehte das Gas aus und setzte sich auf einen Stuhl in der Halle, wartete und zählte die Minuten und sehnte sich nach einem Menschenantlitz – nach irgendeinem!

Aber als er endlich die Weckuhr im Kellergeschoss rasseln hörte und als die Dienerschaft sich unten rührte, verlor er sofort jeden Mut und floh in sein Schlafzimmer, wo er sich auf das Bett warf.

Drittes Kapitel

in welchem John das Erntefest feiert

Kurz nach dem Frühstück, zu welchem er mit einem hochtragischen Gesichtsausdruck erschien, suchte John seinen Vater auf, der wie immer am Sabbatmorgen in seinem Zimmer saß, wahrscheinlich religiösen Betrachtungen hingegeben. Der alte Herr sah mit jenem säuerlichen, fragenden Ausdruck auf, der beinahe wie ein Lächeln aussah und in der Wirkung so verschieden davon war.

»Dies ist eine Stunde, in der ich nicht gestört zu werden liebe«, sagte er.

»Ich weiß es«, antwortete John; »aber ich habe – ich möchte – ich habe etwas Fürchterliches angerichtet«, brach er schließlich los und wandte sich dem Fenster zu.

Mr Nicholson saß eine ziemliche Zeit schweigend da, während sein unglücklicher Sohn die Pfähle in dem hinteren Rasenplatz ansah und eine gewisse gelbe Katze beobachtete, die auf der Gartenmauer hockte. Verzweiflung saß John im Nacken, wie er so hinausstarrte, und er wütete innerlich bei dem Gedanken an die grässliche Reihe seiner Missetaten und an die schneeweiße Unschuld, die hinter ihm lag.

»Hm«, sagte der Vater endlich, mit sichtlicher Anstrengung, aber in sehr ruhigem Ton, »was ist es?«

»Maclean gab mir vierhundert Pfund, um sie auf die Bank zu bringen, Vater«, begann John; »und es tut mir furchtbar leid, dir sagen zu müssen, dass sie mir geraubt worden sind!«

»Geraubt?«, rief der alte Nicholson mit einem merklichen Anschwellen der Stimme. »Geraubt? Bedenke wohl, was du sagst, John!«

»Ich kann nichts anderes sagen, Vater; sie wurden mir ganz einfach geraubt«, sagte John in seiner Verzweiflung weinerlich.

»Und wo und wann trug dieses außerordentliche Ereignis sich zu?«, forschte der Vater.

»Auf dem Calton-Hügel, diese Nacht ungefähr um zwölf Uhr.«

»Auf dem Calton-Hügel?«, wiederholte der alte Herr. »Und was machtest du da zu solcher Nachtzeit?«

»Nichts, Vater.«

Der alte Herr zog den Atem ein und fragte scharf:

»Und wie kam das Geld in deine Hand um zwölf Uhr nachts?«

»Ich hatte den Auftrag nicht ausgeführt«, sagte John schnell, um einer weiteren Frage zuvorzukommen; und dann: »Ich hatte ihn reinweg vergessen.«

»Na, das ist eine höchst eigentümliche Geschichte. Hast du dich mit der Polizei in Verbindung gesetzt?«

»Das hab ich«, antwortete der arme John, und das Blut schoss ihm ins Gesicht. »Sie denken, sie kennen die Kerls, die es taten. Das Geld wird jedenfalls wieder herbeigeschafft werden – wenn es weiter nichts ist«, sagte er mit einer verzweifelten Gleichgültigkeit, die sein Vater als Leichtsinn auslegte, die aber nur dem Bewusstsein entsprang, dass viel Schlimmeres noch kommen musste.

»Wurde dir auch deiner Mutter goldene Uhr abgenommen?«, fragte der alte Mr Nicholson weiter.

»Oh, die Uhr – mit der ist alles in Ordnung!«, rief John. »Wenigstens – ich wollte auf die Uhr gerade zu sprechen kommen – die Sache ist die, ich schäme mich, es sagen zu müssen: Ich … ich hatte die Uhr vorher versetzt. Hier ist der Pfandschein; den fanden die Strolche nicht; die Uhr kann wieder ausgelöst werden; Pfänder werden nicht verkauft.«

Diese Sätze stieß der Junge keuchend hervor, einen nach dem anderen – wie Notschüsse einer Schiffskanone. Aber bei dem letzten Wort, das in diesem würdevollen Zimmer wie ein Fluch klang, fiel das Herz ihm in die Hose. Er sagte nichts mehr, und ein fürchterliches Schweigen herrschte zwischen Vater und Sohn.

Der alte Herr brach es, indem er den Pfandschein aufnahm und las:

»John Froggs, Pleasance fünfundachtzig.«

Dann wandte er sich zu John und schrie mit einem kurzen Aufflackern von Ärger und Ekel:

»Wer ist John Froggs?«

»Niemand. Es war bloß so ein Name.«

»Ein falscher Name!«, sagte sein Vater bedeutungsvoll.

»Oh! Ich denke, so schlimm ist es wohl nicht«, sagte der Schuldige; »es ist eine bloße Form; sie tun es ja alle; der Mann schien es auch zu verstehen – wir lachten noch recht sehr über den Namen –«

Er stockte plötzlich, denn er sah, wie sein Vater bei der Vorstellung dieser Szene zusammenzuckte, wie einer, der einen körperlichen Schmerz verspürt. Und wieder herrschte Schweigen.

»Ich glaube nicht«, sagte der alte Nicholson endlich, »dass ich ein knauseriger Vater bin. Ich habe dir niemals ohne Grund Geld verweigert, das du zu einem vernünftigen Zweck brauchtest; du konntest jederzeit zu mir kommen und deine Wünsche äußern. Und jetzt finde ich, dass du jeden Anstand und alles natürliche Gefühl vergessen hast; du verpfändetest – verpfändetest! – die Uhr deiner Mutter. Du musst eine Versuchung gehabt haben; ich will dir zu Ehren annehmen, dass es eine starke Versuchung war. Wozu brauchtest du dieses Geld?«

»Das möchte ich dir lieber nicht sagen, Vater«, sagte John. »Du würdest dich nur ärgern.«

»Ich will dieses Gefasel nicht!«, rief sein Vater. »Diese unaufrichtigen Antworten müssen jetzt ein Ende haben. Wozu brauchtest du dieses Geld?«

»Um es Houston zu leihen, Vater«, sagte John.

»Ich meinte, ich hätte dir verboten, mit dem jungen Mann zu sprechen?«

»Jawohl, Vater; aber ich traf ihn zufällig.«

»Wo?«, lautete die fürchterliche Frage.

Und: »In einem Billardsaal«, lautete die Antwort, die das Urteil besiegelte.

So hatte Johns erstes Abweichen von der Wahrheit sofortige Strafe herbeigeführt! Niemals würde er einen Billardsaal aus einem anderen Grund betreten haben, als um Alan zu sehen; aber er hatte seinen Ungehorsam bemänteln wollen, und jetzt war es offenbar, dass er aus eigenem, freiem Antrieb in solchen unreputierlichen Lokalen verkehrte.

Wieder verdaute Mr Nicholson schweigend die üble Kunde; und als John einen verstohlenen Blick auf seines Vaters Gesicht warf, sah er mit Betrübnis die Anzeichen eines tiefen Schmerzes.

»Nun«, sagte der alte Herr endlich, »ich kann es nicht leugnen, ich bin tief gebeugt. Heute Morgen stand ich als ein glücklicher Mensch auf, wie die Welt das nennt – glücklich wenigstens über einen Sohn, auf den ich leidlich stolz sein zu können glaubte …«

Es ging über Menschennatur, dies noch länger auszuhalten, und John unterbrach ihn beinahe kreischend:

»Oh! Oh! Das ist noch nicht alles, es ist noch nicht das Schlimmste – es ist gar nichts! Wie konnte ich denken, dass du stolz auf mich wärest? Oh! Ich wollte, ja, ich wollte, ich hätte das gewusst! Aber du sagtest immer, ich sei eine Schande für die Familie! Das Fürchterliche kommt erst: Wir wurden diese Nacht alle arretiert und wir müssen Colettes Geldstrafe bezahlen – jeder von uns sechs seinen Anteil –, oder wir müssen alle als Zeugen auftreten – es handelt sich um verbotenen Ausschank geistiger Getränke. Ich musste ihnen schwören, es dir zu sagen – aber ich«, schrie er und brach in Tränen aus, »ich wollte bloß, ich wäre tot!«

Und er fiel vor einem Stuhl auf seine Knie und verbarg sein Antlitz.

Ob sein Vater noch etwas sagte, ob er noch lange im Zimmer blieb oder sofort hinausging – davon weiß die Weltgeschichte nichts zu melden.

Eine grässliche Unruhe in Leib und Seele; laute Seufzer; abgerissene, zerflatternde Gedanken, bald des Unwillens, bald der Reue; unwillkürliche sinnliche Wahrnehmungen: von dem Geruch der Pferdehaare in dem Stuhlpolster, vom Geläute der Kirchenglocken, die über die ganze Stadt hin tönten, von dem harten Fußboden, der seine Knie schmerzen machte, von dem salzigen Geschmack der Tränen, die ihm in den Mund liefen – wie lange dies dauerte, weiß ich nicht; ich will von den schmerzerfüllten Augenblicken nichts weiter sagen; mehr als ich hier gesagt habe, wusste John Nicholson selber von der ganzen Gotteswelt nicht.

Als er endlich, wie von einer Springfeder aufgeschnellt, plötzlich wieder zu klarem Bewusstsein kam und sich sogar ziemlich gefasst fühlte, da hatten gerade die Glocken ausgeläutet, und die Sabbatstille wurde nur noch durch eilige Schritte verspäteter Kirchgänger gestört. Nach der Uhr über dem Kamin wie auch nach diesen noch deutlicher sprechenden Anzeichen hatte der Gottesdienst noch nicht lange begonnen; und wenn Vater Nicholson wirklich in die Kirche gegangen war, konnte der unglückselige Sünder annehmen, dass fast zwei Stunden eines verhältnismäßig weniger entsetzlichen Unglücks vor ihm lagen. Aber wenn sein Vater zurückkam, war unfehlbar der höchste Grad wieder da. Das wusste er – das sagten ihm jede zusammenzuckende Fiber in seinem Körper und das plötzliche Schwindelgefühl in seinem Hirn, das ihn bei dem bloßen Gedanken an dieses Unglück erfasste.

Anderthalb Stunden, vielleicht eindreiviertel Stunden, wenn der Pastor langatmig war – dann würde wieder die Folter beginnen, vor der er sogar in dem dumpfen Weh des Augenblicks zurückschrak wie vor Feuer.

Er sah wie in einer Vision den Familienkirchenstuhl, die Sitzpolster, die Bibeln, die Gesangbücher – Maria mit ihrem Riechfläschchen, seinen Vater mit der Brille auf der Nase, mit kritisch aufmerksamem Gesicht. Und plötzlich packte ihn eine Entrüstung, die nicht unberechtigt war. Es war unmenschlich, zur Kirche zu gehen und einen Sünder in schwebender Pein zu lassen – ohne Bestrafung, ohne Vergebung! Und in dem Augenblick, da die Urteilskraft in ihm erwachte, wurde die fromme Verehrung seines Vaters gemindert, aber die Angst vor dem Vater wuchs nur; und diese beiden Strähne des Fühlens zogen ihn in dieselbe Richtung.

Und plötzlich kam über ihn eine wahnsinnige Angst, sein Vater hätte ihn eingesperrt. Dies Gefühl hatte keinen vernünftigen Grund; es war wahrscheinlich nicht mehr als eine Erinnerung an ähnliche unglückliche Augenblicke während seiner Kinderzeit, denn des Vaters Zimmer war stets der Ort gewesen, wo Gericht gehalten und Strafe vollstreckt wurde; aber dieser Gedanke traf seine Seele so scharf, dass er sofort nach der Tür gehen musste, um festzustellen, dass er unbegründet war.

Im Gehen stieß er an eine Schublade des Schreibtischs, die offen gelassen war. Es war die Geldschublade – ein Zeichen, wie verstört sein Vater gewesen war. Die Geldschublade – vielleicht ein Fingerzeig der Vorsehung! Wer will das entscheiden, da sogar Gottesgelehrte über Vorsehung und Versuchung verschiedener Meinung sind? Oder wer, der ruhig in seiner eigenen Gartenlaube sitzt, will Gericht halten über das Tun eines armen gehetzten Hundes, der eine Angst hat wie ein Sklave, sich empört wie ein Sklave, genau wie John Nicholson an eben diesem Sonntag sich ängstigte und sich empörte?

Seine Hand war in der Schublade, beinahe bevor sein Geist die Hoffnung begriff, die er daraus entnehmen konnte. Er hob sich auf die Höhe seiner neuen Situation, setzte sich auf seines Vaters Stuhl und schrieb auf seines Vaters Löschblattunterlage den folgenden kläglichen Verteidigungs- und Abschiedsbrief:

»Mein lieber Vater – ich habe das Geld genommen, aber ich will es zurückzahlen, sobald ich dazu imstande bin. Du wirst niemals wieder etwas von mir hören. Ich habe es in keiner Weise böse gemeint; darum hoffe ich, Du wirst versuchen, mir zu verzeihen. Ich wünschte, Du möchtest Alexander und Maria von mir Lebewohl sagen – aber nicht, wenn es Dir nicht recht ist. Ich konnte nicht warten, bis Du wiederkamst – wirklich nicht. Bitte versuche, mir zu vergeben. Dein Dich liebender Sohn
John Nicholson«

Nachdem er die Münzen eingesteckt und den Brief geschrieben hatte, konnte er nicht zu früh vom Schauplatz dieser Missetaten verschwinden. Er erinnerte sich, dass sein Vater einmal wegen eines leichten Unwohlseins mitten im zweiten Choral aus der Kirche fortgegangen und heimgekommen war. Darum durfte John nicht einmal einen zweiten Anzug zusammenpacken. So wie er war, schlüpfte er aus der Tür des Vaterhauses heraus, und da stand er in dem kühlen Frühlingssonnenschein, in der kühlen Frühlingsluft und in der tiefen Sonntagsstille der Stadt, die das Krächzen der Krähen ihn umso deutlicher empfinden ließ. Keine Menschenseele war am Randolph Crescent, keine Menschenseele in der Queensferry Street. Diese Einsamkeit im Freien und das Gefühl, dass er entronnen war, gaben John wieder Mut; und in einem leidenschaftlichen Gefühl von Abschiednehmen wagte er sogar die Gasse hinaufzugehen und stand eine Weile, ein seltsamer Peri an den Toren eines seltsamen Paradieses, am westlichen Ende der St. George's Church. Drinnen sangen sie; und ein eigentümlicher Zufall fügte es, dass es die Melodie von »Saint George, Edinburgh« war, wonach die Kirche den Namen trägt – der erste Choral, der in dem Chor dieser Kirche gesungen worden war. »Wer ist dieser König der Ehren?«, sangen die Stimmen drinnen; und John hatte dabei ein Gefühl, wie wenn hiermit für ihn alle christlichen Gebräuche aufhörten, denn von nun an sollte er ein Wilder sein wie Ismael, sollte sein Leben in der Fremde, heimatlos und unter gottlosen Menschen verbringen.

So wandte er seiner Heimatstadt den Rücken – nicht weil ihn Abenteuerlust trieb, sondern aus reiner Untröstlichkeit und Verzweiflung – und machte sich zu Fuß auf den Weg nach Kalifornien, zunächst aber nach Glasgow.

Viertes Kapitel

Die zweite Aussaat

Es ist nicht meine Aufgabe, John Nicholsons Abenteuer, deren viele waren, zu erzählen, sondern einfach seine augenblicklicheren Missgeschicke, deren mehr waren, als er wünschte, und vom menschlichen Standpunkt aus mehr, als er verdiente. Wie er nach Kalifornien kam; wie er beschwindelt, bestohlen, geprügelt wurde und hungern musste; wie er zuletzt von mitleidigen Menschen aufgenommen wurde, durch sie wieder etwas von seinem Selbstgefühl zurückerhielt und wie er als Buchhalter bei einer Bank in San Francisco ankam – das würde zu langwierig zu erzählen sein. Auch trugen diese Erlebnisse nicht die Marke des besonderen Nicholson'schen Schicksals; denn sie waren nicht anders, als viele Tausende anderer junger Abenteurer an denselben Tagen und Orten sie erlebten. Nachdem er aber einmal den Posten bei der Bank erhalten hatte, gelangte er für eine gewisse Zeit in äußerst glückliche Umstände. Dies muss ich näher erklären, da diese glücklichen Umstände nur einen Umweg zu neuem Missgeschick bildeten.

Er hatte das Glück, in einem »Billigen Keller«, wie der technische Ausdruck lautet, einen jungen Mann kennenzulernen und mithilfe seines Monatsgehalts, das er bei sich hatte, den neuen Bekannten aus einer Lage zu erretten, die für den Augenblick Schande und für die Zukunft eine mögliche Gefahr bedeutete. Dieser junge Mann war der Neffe eines der Magnaten von Nob Hill, die die Börse von San Francisco befingern – nicht viel anders, als bescheidene Abenteurer bei uns zu Hause in einem Parkwinkel zu sehen sind, wie sie den einfachen Kunstgriff mit »Erbse und Fingerhut« zu handhaben wissen: nämlich zu ihrem eigenen Vorteil und zur Entmutigung der Spielwut des Publikums.

So stand es in seiner Macht – und da er von dankbarem Gemüt war, so lag es auch in seinem Wunsch –, John auf den Weg zum Reichtum zu bringen. Und ohne Denken oder Mühen, ohne auch nur etwas von dem Spiel zu verstehen, das er spielte, sondern durch einfaches Kaufen und Verkaufen dessen, wovon man ihm sagte, er solle es kaufen oder verkaufen, sah John, ein Spielzeug des Glücks, sich plötzlich im Besitz von elf- bis zwölftausend Pfund Sterling oder, wie er es rechnete, von mehr als sechzigtausend Dollar.

Warum er diesen Reichtum zu erlangen verdient hatte, das war ein Problem, das seine Philosophie ihm ebenso wenig lösen konnte wie das Problem, warum er früher zu Hause Schande geerntet hatte. Gewiss war er in seiner Stellung bei der Bank fleißig gewesen, aber nicht fleißiger als der Kassierer, der sieben kleine Kinder hatte und mit dem es sichtlich bergab ging. Auch war der Schritt, der zu diesem Glück geführt hatte – ein Besuch in einem »Billigen Keller« mit einem Monatsgehalt in der Tasche –, keine Handlung von so überirdischer Tugendhaftigkeit oder auch nur Weisheit, dass sie die Gunst der Götter zu verdienen schien. Vielleicht fühlte er dies, oder vielleicht verspürte er einen Schwindel wie Menschen auf einer

Wellenschaukel – jetzt himmelhoch, jetzt höllentief – trotz ängstlichen Anklammerns; oder vielleicht fürchtete er, heimtückische Menschen möchten den Ursprung seines Vermögens in der Führung seines Kassenbuchs bei der Bank argwöhnen – genug, er blieb auf seinem Posten als Buchhalter, sagte von seinen neuen Verhältnissen kein Wort und trug sein Geld zu einer anderen Bank in einer anderen Stadtgegend. Diese Heimlichkeit, so unschuldig sie zu sein scheint, war der erste Schritt zu der zweiten Tragikomödie in Johns Dasein.

Während der ganzen Zeit hatte er niemals nach Hause geschrieben. War es Misstrauen oder Scham oder auch ein bisschen Ärger oder reine Saumseligkeit, oder weil er (wie wir gesehen haben) kein Geschick zum Briefschreiben hatte oder weil es (wie ich manchmal anzunehmen versucht bin) in der Menschennatur ein Gesetz gibt, das junge Leute, welche sonst durchaus keine Biester sind, davon abhält, diese einfache Handlung der Pietät zu erfüllen – kurz und gut, Monate und Jahre waren verflossen, und John hatte niemals geschrieben. Die Gewohnheit des Nichtschreibens war eigentlich schon in ihm eingewurzelt, bevor er sein Vermögen gewann, und nur die Schwierigkeit, dieses lange Schweigen zu brechen, hielt ihn davon zurück, sofort das Geld zurückzuzahlen, das er gestohlen oder – wie er es zu nennen vorzog – geborgt hatte. Vergeblich saß er vor einem Briefbogen und wartete auf eine Eingebung der Muse; diese himmlische Nymphe flüsterte ihm nur die Worte »Mein lieber Vater« zu und blieb dann hartnäckig stumm. Und dann knitterte John plötzlich den Briefbogen zusammen und beschloss, das Geld persönlich nach Hause zu bringen, sobald er »eine gute Gelegenheit« hätte. Und dieses nicht zu verteidigende Zögern war der zweite Schritt, der ihn in die Schlingen des Schicksals hineinführte.

Zehn Jahre waren vergangen, und John war bald dreißig. Er hatte die Versprechungen seiner Knabenjahre gehalten und war jetzt von einer behaglichen Körperfülle, die sich der Korpulenz näherte; er hatte angenehme Züge, gutmütige Augen, ein liebenswürdiges Benehmen, ein stets bereites Lachen, einen langen, sandgelben Backenbart, einen Anflug von amerikanischem Akzent, großes Verständnis für die amerikanische Art von Spaßhaftigkeit und eine gewisse Ähnlichkeit mit einer allerhöchsten Persönlichkeit, deren Namen ich nicht nennen will. So sah äußerlich der Mann aus, wie man ihn in der Gesellschaft sehen konnte. Inwendig war er trotz seines stattlichen Leibs und seines höchst männlichen Backenbarts mehr eine alte Jungfer als ein Mann von neunundzwanzig Jahren.

Als er eines Tages, und zwar war es der Tag vor dem Beginn seines vierzehntägigen Urlaubs, die Market Street hinunterbummelte, fiel sein Blick zufällig auf einige Eisenbahnplakate, und rein zum Zeitvertreib rechnete er sich aus, dass er zum Weihnachtsfest zu Hause sein könnte, wenn er am nächsten Morgen abreiste. Eine drängende Fantasie erfüllte ihn mit Wünschen, und in einem Augenblick entschloss er sich zu reisen.

Er hatte noch viel zu tun: seinen Koffer zu packen; einen Kreditbrief bei der Bank zu nehmen, deren reicher Kunde er war; gewisse Geschäfte für die andere Bank durchzuführen, bei der er ein bescheidener Angestellter war. Und wie nun einmal die menschliche Natur ist, so kam es, dass von allen diesen Geschäften gerade das letzte vernachlässigt wurde. Die Nacht fand ihn nicht nur mit eigenem Geld ausgerüstet, sondern wieder einmal (wie bei jener früheren Gelegenheit) mit einer beträchtlichen Summe fremden Geldes beladen.

Nun wohnte zufällig in demselben Kosthaus wie John ein Mitangestellter von ihm, ein ehrlicher Mann, aber mit einer sogenannten Schwäche für geistige Getränke, die übrigens in diesem Fall eine »Stärke« hätte genannt werden können, denn das Opfer war schon seit Wochen ohne die geringste Unterbrechung ständig betrunken gewesen. Diesem Kollegen vertraute der unglückselige John einen Brief mit Wertpapieren an, den er an den Geschäftsführer der Bank überschrieben hatte. Freilich kam es ihm dabei vor, wie wenn er an seinem Treuhänder eine gewisse Verschwommenheit der Augen und Schwerfälligkeit der Zunge bemerkte – aber er war zu voll von Hoffnungen, um sich aufhalten zu lassen, brachte die warnende

Stimme in seiner Brust zum Schweigen und übergab mit einer und derselben Handbewegung das Geld dem Buchhalter und sich selber den Händen des Schicksals.

Ich verweile, selbst auf die Gefahr hin, langweilig zu werden, bei Johns winzigsten Irrtümern, da sein Fall dem Moralisten so große Rätsel aufgibt; aber wir sind jetzt mit diesen fertig, das Verzeichnis ist geschlossen; der Leser hat das Schlimmste von unserem armen Helden gehört, und ich überlasse es ihm, selber darüber zu urteilen, ob jener Trunkenbold oder ob John am meisten Schuld hatte.

Wir haben jetzt das Schauspiel eines Menschen zu verfolgen, der weiter nichts als ein Spielball des Unglücks war, dessen unverdiente Missgeschicke selbst ein Humorist nicht ohne Mitleid und ein Philosoph nicht ohne Unruhe ansehen kann.

In derselben Nacht betrank der Buchhalter sich so sackstrippenmäßig, dass selbst seine besten Freunde darüber erstaunt waren. Er wurde schleunigst aus dem Kosthaus an die Luft befördert; gab seinen Koffer bei einer ihm völlig unbekannten Frau ab, die nicht einmal seinen Namen deutlich verstand; irrte umher, er wusste selber nicht, wo, und wurde schließlich in ein Krankenhaus in Sacramento eingeliefert. Hier lag der verbummelte Kerl, unter der undurchdringlichen Anonymität seiner Bettnummer verborgen, noch einige weitere Tage, ohne von irgendetwas eine Ahnung zu haben, besonders aber nicht davon, dass die Polizei ihn suchte. Zwei Monate waren gekommen und gegangen, bevor der in der Genesung befindliche Kranke des Hospitals in Sacramento als Kirkman, der aus San Francisco verschwundene Buchhalter, festgestellt wurde; und dann vergingen auch noch weitere zwei Wochen, bis die ihm vollständig unbekannte Frau aufgestöbert und sein Koffer zur Stelle geschafft werden konnte, worauf Johns Brief endlich mit unerbrochenem Siegel und unverletztem Inhalt zu seiner Bestimmung gelangte.

Unterdessen war John in seinen Urlaub gefahren, ohne der Bankleitung ein Wort zu sagen – das war nicht in der Ordnung; und mit ihm war eine gewisse Summe Geldes verschwunden – und das war zu arg, um bemäntelt zu werden. Aber man wusste, dass er bummelig war, und glaubte, dass er ehrlich sei; außerdem hatte der Geschäftsführer ihn gern; und so wurde wenig gesagt, wenn auch gewiss mancherlei gedacht, bis die vierzehn Tage zu Ende waren und der Augenblick da war, wo John hätte wieder erscheinen sollen. Dann begann allerdings die Sache finster auszusehen; und als nun Nachforschungen angestellt wurden und man entdeckte, dass der vermögenslose Buchhalter viele Tausend Dollar angesammelt und dieses Geld heimlich bei einer Konkurrenzbank niedergelegt hatte, da verließen ihn auch die standhaftesten von seinen Freunden, die Bücher wurden nach früheren, kunstvollen Fälschungen durchsucht, und obgleich keine entdeckt wurden, so war man doch allgemein überzeugt, dass die Bank einen Verlust erlitten haben müsse. Der Telegraf wurde in Bewegung gesetzt, und der Geschäftsfreund der Bank in Edinburgh, wohin John, wie man wusste, sich beträchtliche Summen hatte überweisen lassen, erhielt den Auftrag, sich mit der Polizei in Verbindung zu setzen.

Nun war dieser Geschäftsfreund der kalifornischen Bank zugleich ein Freund des alten Mr Nicholson; die Geschichte von Johns bösem Verschwinden aus Edinburgh war ihm wohl bekannt; er reimte sich eins mit dem anderen zusammen und eilte, die erste Nachricht von diesem Skandal nicht der Polizei, sondern seinem Freund zu überbringen. Der alte Herr hatte seinen Sohn längst als einen Toten angesehen; Johns Platz hatte ein anderer eingenommen; die Erinnerung an seine Verfehlungen war zu einem jener alten Schmerzen geworden, die allerdings gelegentlich wieder aufwachen, die wir aber stets durch eine Willensanstrengung verscheuchen können. Dass nun der längst Verlorene zu neuer Schande wiederauferstand, war doppelt-bitter.

»Macewen«, sagte der alte Mann, »die Sache muss, wenn möglich, vertuscht werden. Wenn ich Ihnen einen Scheck über diese Summe gebe, deren Fehlen die Bank bestimmt festgestellt hat, könnten Sie es dann auf sich nehmen, die Geschichte ruhen zu lassen?«

»Das will ich tun«, sagte Macewen. »Ich will die Verantwortung dafür auf mich nehmen.«

»Sie verstehen«, fuhr der alte Mr Nicholson fort, mit fester Betonung, aber mit aschgrauen Lippen, »ich tue das um meiner Familie willen, nicht für den unglücklichen jungen Mann. Sollte es sich herausstellen, dass der andere Verdacht richtig ist und dass er große Summen unterschlagen hat, dann muss er auf seinem Bett so liegen, wie er es sich gemacht hat.«

Dann sah er mit einem Kopfnicken und eigentümlichem Lächeln zu Macewen auf und sagte: »Leben Sie wohl« – und Macewen bemerkte, dass der Fall zu schwer war, um den alten Mann trösten zu können; er empfahl sich und dankte auf seinem Heimweg Gott, dass er keine Kinder hatte.

Fünftes Kapitel

Die Heimkehr des Verlorenen Sohns

Kurz nach zwölf Uhr mittags am Weihnachtsabend hatte John seinen Koffer bei der Gepäckaufbewahrungsstelle aufgegeben und betrat nun die Princes Street mit einer wundervoll geschwellten Seele, wie ein Mensch, der sich der Erfüllung lang gehegter Sehnsüchte freut. Er war wieder daheim – inkognito und reich. Nach wenigen Augenblicken konnte er dank seinem Hausschlüssel, den er auf allen seinen Irrfahrten pietätvoll aufbewahrt hatte, sein Vaterhaus betreten; er würde das geborgte Geld auf den Tisch werfen; es würde eine Aussöhnung geben, deren Einzelheiten er sich bereits häufig zurechtgelegt hatte; und er sah sich im Lauf des nächsten Monats freudig willkommen geheißen in vielen stattlichen Häusern, bei vielen langweiligen Essgesellschaften; sah sich an der Unterhaltung teilnehmen mit der Freiheit des weit gereisten Mannes; hörte sich über die Gesetze der Finanzkunst mit der Autorität des erfolgreichen Besitzers von Wertpapieren reden. Aber dieses Programm durfte nicht vor dem Abend ausgeführt werden – nicht früher als unmittelbar vor dem Essen; aber zu dieser Mahlzeit würde die versammelte Familie sich in rosiger Stimmung niedersetzen, und der beste Wein – der neuzeitliche Ersatz für das gemästete Kalb – würde zu Ehren der Heimkehr des Verlorenen Sohnes fließen.

Mittlerweile ging er durch bekannte Straßen; lustige Erinnerungen drangen auf ihn ein, auch traurige, aber beide mit der gleichen überraschenden Stärke. Die scharfe Frostluft; die niedrig am Himmel stehende rosenrote Wintersonne, das Schloss, das ihn wie einen alten Bekannten begrüßte; die Namen von Freunden auf Türschildern; der Anblick von Freunden, die er auf den Straßen zu erkennen glaubte, denen er aber sorgfältig auswich; der angenehme, singende Tonfall der nordbritischen Mundart; die Kuppel von St. George, die ihn an seine letzten zerknirschten Augenblicke in dem Gässchen und an jenen »König der Ehren« erinnerte, dessen Name seither stets in dem traurigsten Winkel seines Gedächtnisses widergeklungen hatte; und die Rinnsteine, in denen er Eislaufen gelernt hatte; und der Laden, wo er seine Schlittschuhe gekauft hatte; und die Steine, auf die er getreten war; und die eisernen Geländer, an denen entlangrasselnd er auf seinem Schulweg das kleine Viertel aufgeschreckt hatte – und alle diese tausendundeine namenlosen Einzelheiten, die das Auge sieht, ohne sie zu bemerken, die das Gedächtnis aufbewahrt, ohne davon etwas zu wissen, und die, alle zusammengenommen, für uns das Aussehen des Ortes ausmachen, den wir »Heimat« nennen: Alle diese Einzelheiten bestürmten ihn, wie er so dahinschritt, mit Entzücken und Trauer.

Sein erster Besuch galt Houston, der ein Haus an der Regent Terrace hatte, worin früher seine Tante gewohnt hatte. Die Tür wurde – zu seiner Überraschung – nur so weit geöffnet, wie die Sperrkette es zuließ, und eine Stimme fragte ihn von drinnen, was er wünsche.

»Ich möchte Mr Houston sprechen – Mr Alan Houston«, sagte er.

»Und wer sind Sie?«

Das ist ja sehr merkwürdig, dachte John, dann aber nannte er laut seinen Namen.

»Doch nicht der junge Mr John?«, rief die Stimme, unverkennbar mit freundlicherer Betonung.

»Genau derselbe!«, sagte John.

Hierauf entfernte der alte Haushofmeister seine Schutzvorrichtungen, wobei er nur bemerkte: »Ich dachte, es wäre der Mann.«

Aber sein Herr war nicht da; er hielt sich, wie es schien, in seinem Haus in Murrayfield auf; und obwohl der alte Diener sich sehr gefreut haben würde, wenn er Platz genommen und alles Neue erzählt hätte, suchte John eilig wieder fortzukommen, da die Nachricht ihn eigentümlich kühl berührte. Aber als sich die Tür wieder hinter ihm geschlossen hatte, bedauerte er sehr, dass er sich nicht nach »dem Mann« erkundigt hatte.

Mehr Besuche hatte er ja nicht zu machen, bevor er seinen Vater gesehen und zu Hause alles in Ordnung gebracht hatte. Alan war die einzige überhaupt mögliche Ausnahme gewesen, und John hatte keine Zeit, den weiten Weg nach Murrayfield hinaus zu machen. Aber hier war er nun einmal bei Regent Terrace; nichts konnte ihn hindern, um den Hügel herumzugehen und sich von außen Mackenzies Haus anzusehen. Unterwegs rechnete er sich aus, dass Flora jetzt ungefähr ebenso alt wie er sein müsste; es läge also durchaus innerhalb des Bereichs der Möglichkeit, dass sie verheiratet wäre; aber diesen schimpflichen Gedanken verdammte er sofort.

Ja, da war allerdings das Haus; aber die Tür war von anderer Farbe; und was war das? Zwei Türschilder? Er trat näher heran; das obere Schild trug mit würdevoller Einfachheit nur das Wort »Proudfoot«; das untere Schild war wortreicher und belehrte den Vorübergehenden, dass hier zugleich die Behausung von »Mr J. A. Dunlop Proudfoot, Advokat« sei. Die Proudfoots mussten reich sein; denn kein Advokat konnte erwarten, in einer so entlegenen Stadtgegend viel zu tun zu bekommen; und John hasste sie wegen ihres Reichtums und wegen ihres Namens und weil sie dieses Haus durch ihre Gegenwart entweihten. Er erinnerte sich eines Proudfoot, den er in seiner Schulzeit gesehen, nicht gekannt hatte: einen kleinen, käseweißen Bengel, den verächtlichen Angehörigen einer niedrigeren Schulklasse. Konnte diese Missgeburt so hoch gestiegen sein, dass er jetzt ein Advokat war und in dem Geburtshaus Floras, an der Stätte von Johns zärtlichsten Erinnerungen wohnte? Das Gefühl von Kälte, das ihn zum ersten Mal gepackt hatte, als er Houstons Abwesenheit erfuhr, wurde stärker und schmerzte ihn innerlich. Wie er so vor der Tür dieses ihm fremd gewordenen Hauses stand und nach Osten und Westen über das menschenleere Pflaster der Royal Terrace hinsah, wo sich keine Katze rührte, da packte ihn für einen Augenblick ein Gefühl der Einsamkeit und Trostlosigkeit an der Kehle, und er wünschte, er wäre in San Francisco.

Und dann kam ihm in den Sinn, dass die Figur, die er jetzt machte, mit seiner vornehmen Stattlichkeit, dem gelben Backenbart, dem Geld in seiner Börse, der ausgezeichneten Zigarre, die er in diesem Augenblick anzündete, doch in einem sehr tröstlichen Gegensatz stände zu einem gewissen zu wahnsinniger Verzweiflung getriebenen Jungen, der an einem gewissen Frühlingssonntag vor zehn Jahren, in der stillen Stunde der Kirchzeit, sich aus dieser Stadt geschlichen hatte und auf der Straße nach Glasgow davongelaufen war. Angesichts solcher Veränderungen war es ruchlos, an der Freundlichkeit der Glücksgöttin zu zweifeln. Alles würde noch gut werden: Die Mackenzies würden aufgefunden werden; Flora würde jünger und lieblicher und freundlicher sein denn je; Alan würde aufgefunden werden und würde solche Fortschritte im guten Betragen gemacht haben, dass er einerseits ein geschätzter Freund des alten Mr Nicholson geworden wäre, andererseits genauso ein gemütlicher Mensch geblieben wäre, wie Johns Kameraden sein mussten, wenn sie ihm gefallen sollten. Und so machte sich denn John wieder einmal daran, die entzückende Zukunft im Voraus zu genießen: sein erstes Erscheinen im Familienkirchenstuhl; seinen ersten Besuch bei Onkel Greig, der sich für ein so großes Finanzgenie hielt und dessen blöde Edinburgher Augen John durch die strahlende Helligkeit des Westens zu blenden gedachte; und noch eine Menge Einzelheiten einer beispiellosen Verwandlungsszene, in denen er allen Edinburghern einen stattlichen, erfolgreichen Geschäftsherrn in den Schuhen des ausgelachten Flüchtlings zeigen würde.

Die Stunde rückte heran, zu der sein Vater von der Kanzlei nach Hause gekommen sein musste und daher der Verlorene Sohn aufzutreten hatte. Er schlenderte nach Westen zu durch die Albany Street, der roten Glut des Sonnenuntergangs entgegen, mit einem ihm selber nicht ganz deutlichen Gefühl von Vergnügen darüber, dass er in dieser kalten Luft und in dem dunkelblauen Dämmerlicht dahinging, aus welchem die Straßenlaternen wie Sterne strahlten. Aber unterwegs sollte ihm noch eine dritte Enttäuschung beschieden sein.

An der Ecke der Pitt Street stand er still, um eine frische Zigarre anzuzünden; als er dies tat, warf das Zündholz ein helles Licht auf sein Gesicht, und ein Herr, etwa von dem gleichen Alter mit ihm, blieb bei seinem Anblick stehen.

»Ich denke, Ihr Name muss Nicholson sein«, sagte der Fremde.

Es war zu spät, eine Erkennungsszene zu vermeiden; außerdem kam kaum noch etwas darauf an, da John jetzt unmittelbar auf dem Weg nach seinem Vaterhaus war, und er ließ daher seinen Gefühlen freien Lauf und rief: »Herrje! Beatson!«, und schüttelte dem alten Kumpan herzlich die Hand; sein Händedruck schien ihm kaum auf die gleiche Weise erwidert zu werden, und Beatson sagte:

»So? Bist du wieder da? Wo bist du denn die ganze Zeit über gewesen?«

»In den Staaten – Kalifornien. Na, ich hab mir ein hübsches bisschen verdient, und plötzlich fiel mir ein, es wäre ein großartiger Gedanke, zu Weihnachten nach Hause zu kommen.«

»Aha! Na, ich hoffe, wir werden dich mal sehen, da du jetzt wieder hier bist.«

»Oh, das denke ich«, sagte John, etwas abgekühlt.

»Na, bis dann«, sagte Beatson zum Schluss, schüttelte ihm wieder die Hand und ging.

Es war eine schmerzhafte erste Erfahrung. Es hatte keinen Zweck, sich gegen Tatsachen zu verschließen: Hier war John wieder zu Hause, und Beatson, sein alter Beatson – machte sich nicht einen Pfifferling daraus. Er rief sich seinen alten Beatson aus der Vergangenheit zurück – diesen lustigen, freundschaftlichen Jungen – und ihre gemeinsamen Abenteuer und Missetaten: die Fensterscheibe in dem Haus am India Place, die sie mit dem Katapult zerschossen hatten, die Erkletterung des Schlossfelsens und so manches andere unschätzbare Band der Freundschaft – und sein Schmerz wegen dieses überraschenden Benehmens wurde noch tiefer.

Na, schließlich konnte ein Mensch sich ja bloß auf seine eigene Familie verlassen; er dachte an das Sprichwort, dass Blut dicker als Wasser ist; und das schließliche Ergebnis dieses Zusammentreffens war, dass er mit zärtlicheren und weicheren Gefühlen vor der Schwelle seines Vaterhauses ankam.

Es war Nacht geworden; das Fenster über der Haustür leuchtete hell; die beiden Fenster des Esszimmers, wo jetzt der Tisch gedeckt wurde, und die drei Fenster des Wohnzimmers, wo Maria jetzt sitzen und auf das Essen warten würde, schimmerten in sanftem Schein mit ihren gelben Vorhängen. Es war wie eine Vision aus der Vergangenheit. Während dieser ganzen Zeit seiner Abwesenheit war das Leben Schritt für Schritt weitergegangen: Zu den gewohnten Stunden waren Feuer und Gas angezündet, waren die Mahlzeiten angerichtet worden. Zur gewohnten Stunde auch war die Glocke dreimal ertönt, die Familie zum Gebet zu rufen. Und bei diesem Gedanken durchzuckte ihn ein Bedauern wegen seiner Unwürdigkeit: Er dachte an die Dinge, die gut waren und die er vernachlässigt hatte, und an die Dinge, die böse waren und die er geliebt hatte; und mit einem Gebet auf den Lippen ging er die Stufen hinan und steckte den Schlüssel in das Schlüsselloch.

Er trat in die erleuchtete Halle, schloss leise die Tür hinter sich und stand in Verwunderung festgebannt. Keine Überraschung wegen seltsamer Veränderungen hätte so stark sein können wie die Überraschung, dass alles ihm vollkommen vertraut war. Da war Chalmers Büste dicht am Treppengeländer; da lag die Kleiderbürste an ihrem gewöhnlichen Ort; und dort, am Kleiderständer, hingen Hüte und Röcke, die sicherlich dieselben sein mussten, deren er sich noch erinnerte. Zehn Jahre entschwanden aus seinem Leben, wie einem eine Nadel aus den Fingern gleiten mag; und das Weltmeer und die Berge und die Minen, das Menschengedränge in den Straßen von San Francisco mit den Rassen der ganzen Welt und sein eigenes Glück und seine eigene Schande wurden für diesen einen Augenblick Gestaltung eines Traums, der vorüber war.

Er nahm seinen Hut ab und ging mechanisch an den Kleiderständer und fand da eine kleine Veränderung, die für ihn eine große war. Der Nagel, der von seiner Kindheit an sein Nagel gewesen war, auf den er seine Mütze geworfen hatte, wenn er von der Schule nach Hause gekommen war, und seinen ersten Hut, wenn er mit schnellen Schritten aus dem Kolleg oder der Kanzlei heimkam – sein Nagel war besetzt.

Meinen Nagel hätten sie wohl auch respektieren können!, dachte er, und er empfand etwas wie eine Kränkung, und dann auf einmal fiel ihm ein, dass er hier ein Eindringling war, dass er sich in einem fremden Haus befand, in das er sich beinahe wie ein Einbrecher eingeschlichen hatte und wo man ihn jeden Augenblick wie einen solchen behandeln konnte.

Er schritt sofort, den Hut noch in der Hand, zu der Tür seines Vaters, öffnete sie und trat ein.

Mr Nicholson saß an derselben Stelle, in derselben Haltung wie an jenem letzten Sonntagmorgen; nur war er älter und grauer und ernster; und als er jetzt aufblickte und in das Auge seines Sohnes sah, da kam plötzlich eine seltsame Erregung in sein Antlitz, das sich mit einer dunklen Röte überzog.

»Vater«, sagte John herzhaft, ja sogar lustig, denn dies war ein Augenblick, auf den er sich seit langer Zeit vorbereitet hatte, »Vater, hier bin ich, und hier ist das Geld, das ich dir wegnahm. Ich bin zurückgekommen, um dich um deine Vergebung zu bitten und über Weihnachten bei dir und den Kindern zu bleiben.«

»Behalte dein Geld«, sagte der Vater, »und geh!«

»Vater!«, schrie John. »Um Gottes willen, empfange mich nicht auf solche Weise! Ich kam, um –«

»Versteh mich!«, unterbrach Mr Nicholson ihn. »Du bist nicht mein Sohn, und vor Gottes Angesicht wasche ich meine Hände! Ein Letztes will ich dir sagen; eine Warnung will ich dir geben:

Es ist alles entdeckt und du wirst wegen deiner Verbrechen verfolgt; wenn du noch in Freiheit bist, verdankst du das nur mir; aber ich habe alles getan, was ich zu tun gedenke; und von diesem Augenblick an würde ich nicht einen Finger rühren – nicht einen Finger –, um dich vor dem Galgen zu retten! Und nun«, sagte er mit leiser Stimme, aber mit absoluter Autorität und mit einer einzigen, aber bedeutsamen Bewegung seines Zeigefingers, »und nun – geh!«

Sechstes Kapitel

Das Haus in Murrayfield

Wie John den Abend verbrachte, in welcher stürmischen Geistesverwirrung, unter welchen Ausbrüchen von Zorn und unter welchen Zusammenbrüchen in kränklicher Schwäche, wie er durch die Straßen rannte und in Wirtshäuser einkehrte – das zu berichten, hätte wenig Zweck.

Seine elende Stimmung wurde zwar nicht noch elender, aber auch in keiner Weise besser; denn je mehr Kummer und Unwillen abnahmen, desto mehr bemächtigte sich an deren Stelle eine große Furcht aller seiner Gedanken. Anfangs lagen seines Vaters drohende Worte gleichsam in einem sicheren Schubfach seines Gedächtnisses und harrten ihrer Stunde. Anfangs war John ganz und gar verschmähte Liebe und geknickte Hoffnung; dann aber reckte die misshandelte Eitelkeit wieder ihr Haupt empor, trotz zwanzig klaffenden Wunden: Und er verstieß seinen Vater, wie dieser seinen Sohn verstoßen hatte, und sagte sich von seinem Vater los, wie dieser sich von seinem Sohn losgesagt hatte.

Was war denn dieser regelmäßige Lebenswandel, dass John ihn hätte bewundern sollen? Was waren diese nach dem Pendelschlag der Uhr abgemessenen Tugenden, denen die Liebe fehlte? Güte war der Prüfstein, Güte war das Ziel und die Seele von allem, und mit einem solchen Maßstab gemessen, war der verstoßene reuige Sünder – der jetzt sehr geschwind seine Sorgen und seinen Verstand in einem Glas nach dem anderen ertränkte – ein Geschöpf von liebenswürdigerer Sittlichkeit als sein selbstgerechter Vater.

Ja, er war der bessere Mensch! Das fühlte er, von diesem Bewusstsein war er durchglüht, und in einen Ausschank an der Ecke von Howard Place eintretend – wohin ihn seine Wanderung auf irgendeine Weise geführt hatte –, trank er auf seine eigene Tugend ein Glas, vielleicht das vierte, seitdem er verstoßen worden war. Er wusste es nicht genau, denn was kümmerte es ihn, was er tat oder wohin er ging? Und in dem allgemeinen Zusammenbruch seiner Nerven merkte er nichts davon, dass er anfing, schwer betrunken zu werden. Es ist sogar die Frage, ob er von dem Whisky wirklich betrunken wurde oder ob nicht anfangs der Whisky sogar ihn ernüchterte. Denn gerade in dem Augenblick, als er dieses Glas hinunterstürzte, tauchten seines Vaters rätselhafte und drohende Worte aus ihrem Versteck in seinem Gedächtnis auf, und er bekam einen Schreck, wie wenn ihm plötzlich jemand eine Hand auf die Schulter gelegt hätte. »Verbrechen – verfolgt – der Galgen!« Das waren üble Worte, die einem Unschuldigen vielleicht noch übler in den Ohren klangen; wenn er infolge irgendeines gerichtlichen Irrtums in Verdacht stand – welchen Umfang konnte der noch annehmen? Wer sollte da Grenzen setzen? John ganz gewiss nicht; er glaubte nicht an die Macht der Unschuld; seine eigenen traurigen Erfahrungen wiesen in ganz andere Richtungen. Sobald seine Furcht einmal erweckt war, wuchs sie mit jeder Stunde und jagte ihn durch die Straßen der Stadt.

Es war vielleicht nahe an neun Uhr abends; er hatte seit dem Frühstück nichts gegessen, hatte eine ganze Menge getrunken und war von der Gemütsbewegung erschöpft. Da fiel ihm plötzlich Houston ein. Der Mann war nicht nur sein Freund, sondern sein Haus war auch eine Zufluchtsstätte. Die Gefahr, die ihn bedrohte, war so unbestimmt, dass er weder wusste, was er fürchten sollte, noch, von welcher Seite her er sie erwarten sollte; aber so viel schien ihm wenigstens unleugbar zu sein, dass ein Privathaus sicherer für ihn sei als ein öffentliches Wirtshaus. Infolge dieser Überlegungen begab er sich sofort nach dem Bahnhof, nicht ohne innere Angst, als er in das helle Licht der elektrischen Bogenlampen trat; dann ließ er sich von der Gepäckaufbewahrungsstelle seinen Handkoffer herausgeben, und es dauerte nicht lange, so fuhr er in einer Droschke die Glasgow Road entlang. Der Übergang aus der Bewegung in die Ruhe, vom Laufen zum Sitzen, der Anblick der Laternen, deren flimmerndes Licht hinter ihm verschwand, der Geruch von nassem, faulendem Stroh, der dem Wagen anhaftete, dies alles erweckte in ihm abwechselnde Empfindungen: Bald kam ihm ein klares Bewusstsein seiner Lage, bald dagegen war ihm sterbensübel.

Ich habe zu viel getrunken, sagte er bei sich selber; ich muss sofort zu Bett gehen und schlafen.

Und er dankte dem Himmel für die Schläfrigkeit, die in Wellen über sein Bewusstsein strömte.

Aus einem dieser Augenblicke von Halbschlaf wurde er aufgeweckt, indem die Droschke hielt; er stieg aus und sah sich an einem richtigen Landweg: Die letzte Laterne der Vorstadt leuchtete in einiger Entfernung unter ihm, und die hohen Mauern eines Gartens stiegen in der Dunkelheit vor ihm auf. Die »Lodge« – wie der Landsitz genannt wurde – lag sehr einsam. Nach Süden zu befand sich allerdings noch ein anderes Haus, das aber von einem so großen Garten umgeben war, dass es sich außer Rufweite befand; auf den drei anderen Seiten erstreckte freies Feld sich bis zu den Wäldern von Corstorphine Hill oder bis zu den Höhlen von Ravelston oder nach dem Tal des Leith hinunter. Der Eindruck der Abgeschlossenheit wurde noch durch die große Höhe der Gartenmauern verstärkt, die an ein Kloster erinnerten und, wie John in früheren Tagen ausprobiert hatte, für die Kletterkünste eines Schuljungen unersteigbar waren. Die Laterne der Droschke warf einen schwachen Schein auf die Pforte und auf den nicht sehr glänzenden Handgriff der Klingel.

»Soll ich für Sie klingeln?«, sagte der Kutscher, der von seinem Bock heruntergeklettert war und seine Arme kreuzweise über der Brust zusammenschlug, um sich in der bitterkalten Nacht zu erwärmen.

»Ja, bitte, tun Sie das«, sagte John und strich sich mit der Hand über die Stirn, denn er hatte wieder einen Anfall von Übelkeit.

Der Mann zog am Griff, und das Läuten der Glocke antwortete aus der Tiefe des Gartens; er wiederholte dies zwei- oder dreimal in entsprechenden Zwischenräumen; in das tiefe, kalte Schweigen der Winternacht fielen die Klänge scharf und dünn.

»Erwartet er Sie?«, fragte der Kutscher mit einem Ausdruck vertraulicher Teilnahme, wie man sie von seinem roten Portweingesicht wohl erwarten konnte; und als John diese Frage verneint hatte, fuhr der Mann fort:

»Na, wenn ich Ihnen einen Rat geben soll, dann wollen wir man gleich wieder umkehren. Und das ist ein uneigennütziger Rat, verstehen Sie, denn mein Stall ist an der Glasgow Road, ganz hier in der Nähe.«

»Die Dienstboten müssen doch das Klingeln hören!«, sagte John.

»Keine Spur! Er hat gar keine Dienstboten hier draußen, Herr! Die sind alle im Stadthaus. Ich fahre ihn oft; es ist 'ne richtige Einsiedelei hier draußen.«

»Lassen Sie mich mal klingeln!«, rief John; und er zog wie ein Wahnsinniger an der Glocke.

Das Läuten war noch nicht verhallt, da hörten sie Schritte auf dem Kiesweg, und eine eigentümlich ärgerliche Stimme schrie ihnen durch die Pforte zu:

»Wer sind Sie? Und was wollen Sie?«

»Alan!«, rief John. »Ich bin's! ›Dickchen‹ – John, weißt du wohl? Ich bin gerade zurückgekommen und will bei dir wohnen.«

Eine Zeit lang schwieg er nun; dann wurde die Pforte geöffnet.

»Heben Sie den Koffer herunter«, sagte John zum Kutscher.

»Lassen Sie das man bleiben!«, rief Alan; und dann sagte er zu John: »Komm einen Augenblick hier herein; ich muss dir was sagen.«

John trat in den Garten ein, die Pforte wurde hinter ihm geschlossen. Eine Kerze stand auf dem Kiesweg und flatterte im Wind. Sie warf ein unsicheres Licht auf die Gebüsche und auf Alans Gesicht, und der Schatten seiner Gestalt bewegte sich hinter ihm hin und her. Alles Übrige lag in undurchdringlicher Finsternis, und die Gedanken in Johns wirrem Kopf schwankten wie der Schatten seines Freundes. Aber selbst in diesem Zustand fiel es ihm auf, dass Alan bleich war und dass seine Stimme, als er jetzt sprach, unnatürlich klang.

»Was bringt dich heute Nacht hier zu mir hinaus?«, begann er. »Ich möchte, weiß Gott, nicht, dass du mich für unfreundlich hältst; aber ich kann dich nicht aufnehmen, Nicholson, ich kann es nicht!«

»Alan – du musst es einfach! Du weißt nicht, in welcher Klemme ich bin: Mein Alter Herr hat mir die Tür gezeigt, und in einem Gasthof darf ich mich nicht sehen lassen, weil sie hinter mir her sind – wegen Mordes oder sonst was!«

»Wegen was?«, schrie Alan, zusammenfahrend.

»Wegen Mordes, glaube ich.«

»Wegen Mordes!«, wiederholte Alan und strich sich mit der Hand über die Augen. »Was sagtest du vorhin?«

»Ich sagte dir, sie seien hinter mir her«, sagte John. »Ich bin eines Mordes angeklagt, soviel ich mir zusammenreimen kann; ich habe wirklich einen schrecklichen Tag gehabt, Alan, und ich kann doch nicht in einer solchen Nacht auf der Straße schlafen – zumal ich einen Koffer bei mir habe!«

»Pst!«, sagte Alan, den Kopf zur Seite neigend; und dann fragte er: »Hörtest du nichts?«

»Nein«, sagte John, dem sich seines Freundes Angst mitteilte, er wusste selber nicht, warum. »Nein, ich hörte nichts. Warum fragst du?« Und dann, als er keine Antwort erhielt, fing er wieder zu bitten an:

»Aber höre, Alan! Du musst mich einfach bei dir aufnehmen; ich will sofort zu Bett gehen, wenn du irgendwas zu tun hast. Ich habe, scheint's, zu viel getrunken; es hatte mir so einen Stoß gegeben; ich würde dich nicht abweisen, Alan, wenn du in solchem Unglück wärst.«

»Nein?«, erwiderte Alan. »Dann will ich es auch nicht tun. Komm mit, wir wollen deinen Koffer holen.«

Der Kutscher wurde bezahlt und fuhr davon, den langen, laternenbeleuchteten Berg hinab, und die beiden Freunde standen auf dem Fußgängerweg neben dem Koffer, bis das letzte Rumpeln der Räder von der Stille verschlungen war. Es kam John vor, wie wenn Alan sich erleichtert fühlte, als der Wagen fortgefahren war; und ihm selber, der nicht zu kritischen Beobachtungen aufgelegt war, war ebenso zumute.

Als es wieder ganz still war, lud Alan sich den Koffer auf die Schultern, trug ihn in den Garten und verschloss und verriegelte die Pforte; dann schien er wieder ganz in seine Gedanken versunken zu sein, denn er stand da, die Hand immer noch am Schlüssel, bis Johns Finger in der Kälte zu frieren begannen.

»Warum stehen wir hier?«, fragte John.

»Hä?«, fragte Alan geistesabwesend.

»Aber, Mensch! Du bist ja, scheint's, gar nicht mehr derselbe!«

»Nein, ich bin nicht mehr derselbe«, sagte Alan, und er setzte sich auf den Koffer und vergrub sein Gesicht in den Händen.

John stand neben ihm; er schwankte leise und sah um sich her auf die schwankenden Schatten, das flimmernde Licht der Kerze und die ruhig funkelnden Sterne über ihm, bis die Kälte der windstillen Nacht ihm durch die Kleider an die Haut drang. Obwohl sein Verstand umnebelt war, begann er, sich zu wundern.

»Höre! Lass uns doch ins Haus gehen«, sagte er endlich.

»Ja; lass uns ins Haus gehen«, wiederholte Alan.

Und er stand sofort auf, nahm den Koffer wieder auf die Achsel, die Kerze in die andere Hand, und ging auf die Lodge zu. Diese war ein langes, niedriges Gebäude, ganz von Schlingpflanzen umrankt; abgesehen von ein paar Lichtstreifen, die aus den Läden des Esszimmers hervordrangen, lag es in tiefer Dunkelheit und in Schweigen.

In der Halle zündete Alan eine zweite Kerze an, gab sie John, öffnete die Tür zu einem Schlafzimmer und sagte:

»Hier! Geh zu Bett. Kümmere dich nicht um mich, John. Es wird dir leid um mich tun, wenn du alles weißt.«

»Halt! Noch einen Augenblick! Ich bin von all dem Herumstehen so kalt geworden. Lass uns für eine Minute ins Esszimmer gehen. Bloß ein einziges Glas, um mich zu erwärmen, Alan!«

Auf dem Tisch in der Halle standen auf einem Teller ein Glas und eine Flasche Whisky. Offenbar war die Flasche eben erst geöffnet werden; denn Pfropfen und Pfropfenzieher lagen daneben.

»Nimm das!«, rief Alan, gab John Glas und Flasche und schob dann beinahe unhöflich seinen Freund in das Schlafzimmer, dessen Tür er hinter ihm zumachte.

John stand ganz verblüfft da; dann nahm er die Flasche und bemerkte zu seiner weiteren Verwunderung, dass sie beinahe halb leer war. Drei oder vier große Gläser fehlten darin. Alan musste eine Flasche Whisky entkorkt und drei oder vier Gläser hintereinander hinuntergestürzt haben, ohne sich dabei hinzusetzen, denn in der Halle war kein Stuhl. Diese Menge Whisky hatte er in seinem eigenen Haus in dieser bitterkalten Winternacht in dem kahlen Flur getrunken! Dies erklärte vollständig sein sonderbares Benehmen, dachte John bei sich selber, als er sich einen Grog mischte. Der arme Alan! Er war betrunken; und wie schrecklich war das Trinken! Alan musste ein Sklave seiner Trunksucht sein, dass er den Whisky so ganz einsam, in einem so unbehaglichen Raum trank! Ein Mensch, der Whisky trank, wenn er allein war – ausgenommen aus Gesundheitsrücksichten, wie John es jetzt tat –, ein solcher Mensch war vollkommen verloren.

Er trank das Glas aus und fühlte sich noch etwas mehr benebelt, aber auch wärmer. Es war eine harte Arbeit für ihn, seinen Koffer aufzumachen und seine Nachtsachen herauszuholen, und bevor er völlig ausgezogen war, fing ihn wieder an zu frieren.

»Na, bloß noch einen Tropfen! Es hat ja keinen Zweck, krank zu werden, wenn man außerdem noch all die anderen Sorgen hat.«

Und dann versank er sofort in einen traumlosen Schlaf.

Als John erwachte, war es heller Tag. Die blasse Wintersonne stand schon am Himmel; aber seine Uhr war stehen geblieben, er wusste also nicht, wie spät es geworden war. Es muss zehn Uhr sein, dachte er bei sich, sprang aus dem Bett und zog sich schnell an, wobei unangenehme Gedanken ihn bestürmten. Aber er litt jetzt weniger an Furcht als an Kummer, und in seinen Kummer mischten sich scharfe Gewissensbisse. Ihn hatte allerdings ein grausamer Schlag getroffen, es war aber nur die Strafe für alte Missetaten. Er jedoch hatte sich aufgelehnt und neue Sünde auf sich geladen! Die Rute war geschwungen worden, ihn zu züchtigen, und er hatte in die strafenden Finger gebissen! Sein Vater hatte recht: John war das geworden, was sein Vater vorausgesagt hatte; John war kein Gast für ein Haus anständiger Menschen, war kein passender Gesellschafter für die Kinder anständiger Leute. Und wäre ein noch deutlicheres Zeichen nötig gewesen, so hatte er hier den Fall mit seinem alten Freund. John war kein Trinker, obgleich er ab und zu einmal das rechte Maß überschritt; und die Vorstellung, wie Houston unvermischten Branntwein am Tisch in seiner Halle trank, erfüllte John mit einem Gefühl, das an Ekel grenzte. Es war ihm unangenehm, dass er seinen alten Freund gleich wiedersehen musste. Er hätte wünschen mögen, dass er nicht zu ihm gegangen wäre. Und doch – wohin hätte er sich denn in diesem Augenblick sonst wenden können?

Diese Gedanken beschäftigten ihn, während er sich anzog, und begleiteten ihn in den Flur des Hauses. Die Tür nach dem Garten stand auf; zweifellos war Alan in den Garten gegangen, und John tat dasselbe, was sein Freund, wie er annahm, getan hatte. Der Boden war so hart wie Eisen, der Frost immer noch streng; als er an einen Stechpalmenbusch streifte, fielen glitzernde Eiszapfen klirrend zu Boden, und wohin er ging, folgte ihm ein Schwarm munterer Spatzen. Es war ein richtiges Weihnachtswetter, woran Kinder ihre Lust gehabt hätten. Dies war der Tag, an dem die Familie beisammensitzt – der Tag, auf den er sich so lange gefreut hatte – er hatte gedacht, an diesem Morgen werde er in seinem alten Bett am Randolph Crescent aufwachen, ausgesöhnt mit allen Menschen, um den Fußstapfen seiner Jugend nachzugehen. Und hier lief er nun einsam durch die Baumgänge eines winterkahlen Gartens, von Gedanken der Reue erfüllt!

Und dies brachte ihn auf einen Gedanken: Warum war er allein? Und wo war Alan? Der Gedanke an den Feiertag, an die Glückwünsche, die man an solchen Tagen darzubringen pflegt, erweckten in ihm aufs Neue die Sehnsucht nach seinem Freund, und er begann, nach ihm zu rufen. Als seine Stimme wieder verklungen war, merkte er erst, wie tief das Schweigen war, das ihn umgab. Das Zwitschern der Spatzen und das Knirschen seiner Schritte auf dem gefrorenen Schnee waren die einzigen Laute. In der völlig windstillen Luft fühlte er sich wie verzaubert, und die Stille drückte ihn wie eine schwere Last und erfüllte seine Seele mit einem schaudernden Gefühl der Einsamkeit.

Mit schnellen Schritten durcheilte er den ganzen Garten, in Zwischenräumen nach seinem Freund rufend, aber nicht mehr mit überlauter Stimme. Als er ihn in den immergrünen Buchsbaumgängen nicht fand, ging er schließlich in das Haus zurück. Die Stille, die dieses umgab, schien ihm noch tiefer geworden zu sein. Die Tür stand immer noch offen; die Fensterläden waren noch geschlossen; aus den Schornsteinen stieg kein Rauchwölkchen in die klare Luft empor; nirgends das leiseste Geräusch von jener Bewegung, die vielleicht mehr dem geistigen Ohr als dem körperlichen wahrnehmbar ist und durch die ein Haus die Anwesenheit menschlicher Wesen verrät. Aber Alan musste doch da sein – wahrscheinlich im Schlaf des Trinkers befangen, der nichts von der Wiederkehr des Tages gemerkt hatte, der nicht wusste, dass das heilige Weihnachtsfest da war, und nicht an den Freund dachte, den er so kalt empfangen hatte und jetzt in so schnöder Weise vernachlässigte. Johns Abscheu verdoppelte sich bei dem Gedanken hieran; aber sein Hunger begann, stärker zu werden als seine Abneigung; und wollte er Frühstück haben, so musste er den Schläfer finden und wecken.

Er machte die Runde durch alle Schlafzimmer. Sie waren sämtlich von außen verschlossen und trugen alle Merkmale, dass sie seit langer Zeit nicht benutzt worden waren. Endlich kam er in Alans Schlafzimmer; dieses war offenbar benutzt: Es war voll von Kleidern, allerlei Nippsachen, Briefen, Büchern und Gegenständen, wie ein einsam lebender Mann sie zu seiner Bequemlichkeit braucht. Im Kamin war ein Feuer angezündet gewesen, aber es war längst ausgebrannt, und die Asche war schon kalt. Das Bett war gemacht, aber Alan hatte nicht darin geschlafen.

Umso schlimmer also! Alan musste unter den Tisch gefallen sein und lag jetzt ohne Zweifel wie ein Tier auf dem Fußboden des Esszimmers! Das Esszimmer war ein sehr langer Raum, zu welchem ein Korridor führte. John fand ihn daher, als er eintrat, fast finster und musste sich mit vorgestreckten Händen zum Fenster tasten, wobei er mehrere Male gegen Möbel stieß. Plötzlich strauchelte er und fiel der Länge nach über einen auf dem Fußboden liegenden Körper. Er hatte dies erwartet, und trotzdem bekam er einen Schreck; unwillkürlich aber wunderte er sich darüber, dass der Betrunkene bei dieser unsanften Berührung nicht einmal ein Stöhnen von sich gab. Es war schon früher vorgekommen, dass Menschen sich zu Tode getrunken hatten – ein scheußliches, gemeines Ende, das John bei dem bloßen Gedanken mit Schauder erfüllte. Wie? Wenn nun Alan tot wäre, das wäre ein Weihnachtstag!

Inzwischen war John wieder aufgestanden, hatte den Fensterladen erreicht, stieß diesen auf und erblickte wieder das gesegnete Licht des Tages.

Selbst in diesem Licht sah das Zimmer unbehaglich aus. Die Stühle standen überall herum, einer war umgefallen; das Tischtuch, das zum Essen ausgebreitet gewesen zu sein schien, war auf der einen Seite heruntergezerrt und einige von den Schüsseln waren auf den Fußboden gefallen. Hinter dem Tisch lag der Trunkenbold, immer noch unbeweglich; nur der eine Fuß von ihm war für John sichtbar.

Aber jetzt, da das Zimmer im Licht lag, schien das Ärgste vorüber zu sein. Es war eine widerwärtige Sache, aber doch nicht mehr als eben widerwärtig, und so begann John ohne besonders ängstliche Gedanken, um den Tisch herumzugehen. Es war sein letzter verhältnismäßig ruhiger Augenblick an diesem Tag! Kaum war er um die Tischecke gebogen, kaum war sein Blick auf den Körper gefallen, so stieß er einen halb erstickten, atemlosen Schrei aus und stürzte aus dem Zimmer und aus dem Haus hinaus.

Der Mensch, der auf dem Boden lag, war nicht Alan, sondern ein ziemlich hochbejahrter Mann mit ernstem Gesicht und eisengrauen Locken; und es war kein Betrunkener, denn der Körper lag in einer schwarzen Blutlache und die offenen Augen starrten nach der Zimmerdecke hinauf.

Auf und ab lief John vor der Tür. Die außerordentliche Schärfe der Winterluft wirkte belebend auf seine Nerven und kräftigte sie schnell. Während er immer noch rastlos hin und her lief, begannen die Bilder klarer zu werden und länger in seiner Fantasie zu haften. Und dann war er wieder imstande zu denken, und die entsetzliche Gefahr seiner Lage wurde ihm klar und er blieb wie festgewurzelt stehen.

Er griff sich an die Stirn, starrte auf den Kies des Gartenwegs und stückte zusammen, was er wusste und was er argwöhnte. Alan hatte irgendjemanden ermordet: möglicherweise »den Mann«, gegen welchen der alte Bediente die Tür des Hauses an der Regent Terrace mit der Kette versichert hatte; möglicherweise einen anderen – jedenfalls hatte er irgendeinen ermordet: eine menschliche Seele, deren vergossenes Blut auf dem Fußboden lag und deren Tötung den Mörder mit dem Tode bedrohte. Dies war der Grund, weshalb er den Whisky auf dem Flur getrunken hatte; weshalb er John nicht hatte aufnehmen wollen; weshalb er sich so seltsam benommen und so wirr geredet hatte. Deshalb war er aufgefahren, als John das Wort »Mord« gesprochen hatte. Deshalb stand er und horchte, saß er auf dem Koffer und bedeckte seine Augen, gestern in der schwarzen Nacht. Und jetzt war er auf und davon – war feige geflohen. Und der Erbe aller seiner Ängste und Gefahren – war John.

Lass mich denken, lass mich denken!, sagte er laut, ungeduldig, ja beinahe flehend, wie wenn irgendein Mensch ihn unbarmherzig unterbrochen hätte. Seine Gedanken waren in solcher Unordnung – tausend Winke und Hoffnungen und Drohungen und Schrecken summten ihm in den Ohren; ihm war zumute, wie wenn er in einem furchtbaren Menschengedränge eingekeilt wäre – ratlos, wie er herauskommen sollte. Wie sollte er daran denken – er, der keinen Gedanken überflüssig hatte! –, dass er selber der Urheber und zugleich der Schauplatz aller dieser Verwirrung war? In Stunden der Prüfung lösen sich die Fugen der menschlichen Natur, und es tritt Anarchie ein.

Es war klar, er durfte nicht länger bleiben, wo er war; denn hier war ein neuer Justizirrtum in der Bildung begriffen. Aber nicht so klar war, wohin er gehen sollte; denn der alte Justizirrtum, unbestimmt wie eine Wolke, füllte allem Anschein nach die ganze bewohnbare Welt. Welcher Art der Verdacht auch sein mochte, er erwartete ihn in seiner ganzen Größe in Edinburgh; entstanden musste er in San Francisco sein; ohne Zweifel stand er wie ein Drache auf der Wacht vor der Bank, wo er seinen Kreditbrief einkassieren sollte. Sicherlich erwartete er ihn auch noch an vielen anderen Orten – und wer konnte sagen, an welchem Ort er nicht im Hinterhalt lag?

Nein, er konnte nicht sagen, wohin er gehen sollte; mit diesen nicht zu beantwortenden Fragen durfte er keine Zeit verlieren. Er musste auf den Anfang zurückgehen. Es war klar, er durfte nicht bleiben, wo er war. Ferner war klar, dass er nicht fliehen durfte, wie er jetzt war; denn er konnte seinen Koffer nicht tragen, und wenn er mit Zurücklassung des Koffers floh, geriet er immer tiefer in den Sumpf. Er musste das Haus, wie es lag und stand, verlassen, musste einen Wagen suchen und dann zurückkehren – zurückkehren, nachdem er fort gewesen war? Wieder das Haus betreten? Hatte er dazu den Mut?

Und gerade wie er darüber nachdachte, bemerkte er einen Fleck an seiner Hose, ungefähr eine Handbreit vom Stiefel entfernt; er bückte sich und berührte den Fleck mit seinem Finger. Der Finger wurde rot gefärbt: Es war Blut. Mit Ekel und Grausen und Furcht starrte er auf seinen Finger, und die neue Empfindung war so stark, dass er sofort zu handeln begann.

Er reinigte seinen Finger im Schnee, ging in das Haus zurück, schlich sich leise an die Tür des Esszimmers, machte sie zu und drehte den Schlüssel herum. Da atmete er ein wenig freier; denn hier war wenigstens eine eichene Schranke zwischen ihm und dem, wovor er Angst hatte.

Dann eilte er in sein Zimmer, streifte die blutbefleckten Hosen ab, die seinen Augen wie ein Verbindungsglied mit dem Galgen erschienen, schleuderte sie in eine Ecke, zog ein anderes Paar

Hosen an, stopfte in atemloser Eile seine Nachtsachen in den Koffer, schloss diesen zu, schwang ihn mit einer Kraftanstrengung auf die Schulter und trat dann mit einer aufatmenden Erleichterung wieder in die freie Luft hinaus.

Der Koffer war von solider kalifornischer Arbeit und keineswegs federleicht; er hatte dem athletischen Alan Mühe gemacht – John wurde von dem Gewicht beinahe erdrückt, und dichter Schweiß brach ihm aus. Zweimal musste er ihn auf den Boden setzen, bevor er die Pforte erreichte; und als er so weit gekommen war, musste er sich auf eine Ecke des Koffers setzen, wie Alan es in der vorigen Nacht getan hatte.

Hier saß er nun eine Weile und keuchte; aber sein Denkvermögen war jetzt bedeutend klarer: Da der Koffer unmittelbar bei der Pforte stand, war Johns Verbindung mit der Mordstätte wenigstens zum Teil unterbrochen, und der Kutscher brauchte nicht über die Gartenmauer hinaus vorzudringen. Es war wunderbar, wie dieser Gedanke ihn erleichterte; denn in seinen Augen war das Haus ein Ort, der beim flüchtigsten Anblick Verdacht erregen musste, wie wenn schon die Fenster »Mord« geschrien hätten.

Aber die Streiche des Schicksals wollten ihm keine Atempause gönnen. Wie er so dasaß, im Schatten der Gartenmauer nach Luft rang und auf die Spatzen sah, die um ihn herumhüpften, fiel sein Auge zufällig auf den Verschluss der Pforte; und bei dem Anblick sprang er auf die Füße: Es war ein Federschnappschloss; sowie die Pforte geschlossen wurde, schnappte der Riegel ein, und ohne Schlüssel konnte man von außen nicht in den Garten gelangen!

Er sah, dass er zwischen zwei unangenehmen und gefährlichen Möglichkeiten zu wählen hatte: Entweder musste er die Pforte schließen und seinen Koffer draußen auf die Straße setzen, wo er jedem Vorüberkommenden auffallen musste. Oder er musste die Tür offen stehen lassen, sodass jeder spitzbübische Strolch oder irgendein an dem Feiertag herumlungernder Schuljunge eindringen und über das grausige Geheimnis stolpern konnte. Er war schließlich geneigt, die zweite Möglichkeit als die weniger verzweifelte zu wählen; aber zuerst musste er sich versichern, dass er unbeobachtet war. Er spähte hinaus und sah die lange Straße hinunter; sie lag wie ausgestorben da. Er ging bis an die Ecke des Nebenweges, der von Dean her einmündete; auch von dorther rührte sich kein Mensch. Offenbar war jetzt oder nie der Augenblick für ihn da, und er schloss die Tür so weit, wie er's tun durfte, legte ein Steinchen in den Spalt und lief bergab, um eine Droschke zu suchen.

Halbwegs nach der Stadt zu öffnete sich ein Torweg, und ein Trupp von Kindern, in fröhlichster Weihnachtslust, strömte jubelnd heraus; hinter ihnen ging die lächelnde Mutter.

Und heute ist Weihnachtstag!, dachte John, und in tragischer Bitterkeit des Herzens hätte er laut lachen mögen.

Siebtes Kapitel

Eine Tragikomödie in einer Droschke

Donaldsons Hospital gegenüber bemerkte John zu seiner Freude eine Droschke, wenn auch in weiter Entfernung; und er hatte das Glück, durch vieles Rufen und Armschwenken sich dem Kutscher bemerkbar zu machen. Er hielt es tatsächlich für ein Glück; denn er konnte es kaum erwarten, für immer mit der Lodge fertig zu sein, und je weiter er gehen musste, um eine Droschke zu finden, desto größer wurde die Aussicht der an und für sich unvermeidlichen Entdeckung innerhalb dieser Frist, sodass er bei seiner Rückkehr vielleicht den Garten voll von empörten Nachbarn finden würde. Als nun aber der Wagen heranfuhr, erkannte er zu seinem Kummer den Portweingesicht-Kutscher vom Abend vorher. Unwillkürlich musste er denken: Wieder ein neues Glied im Justizirrtum.

Der Kutscher dagegen war sehr erfreut, wieder einen so freigebigen Fahrgast erwischt zu haben; und da er – wie der Leser bereits bemerkt haben wird – ein Mann von gemütlichem, um nicht zu sagen, vertraulichem Wesen war, so begann er sofort ein freundschaftliches Gespräch über allerlei Gegenstände: das Wetter; den hohen Feiertag – der ihm besonders in dem Licht eines Tages reichlicher Trinkgelder erschien; den angenehmen Zufall, der ihm wieder einen so angenehmen Kunden zugeführt hätte; sowie darüber, dass John offenbar die vorige Nacht »auf dem Bummel« gewesen sei, wie er das zu nennen beliebte.

»Und grässlich schlecht sehen Sie heute aus, Sir, das muss ich sagen!«, fuhr er fort. »Sie sollten einen nehmen, wenn ich Ihnen raten darf – Besseres könnten Sie gar nicht tun; und da ja heut Weihnacht ist, so will ich nicht sagen«, setzte er mit einem väterlichen Lächeln hinzu, »dass ich nicht ganz gerne selber einen mit nehmen möchte.«

John wurde übel zumute, als er diese Worte hörte; indessen sagte er in leichtem Ton, der nur etwas kümmerlich herauskam:

»Ich will Ihnen ein Glas bezahlen, wenn wir fertig sind, und bis dahin kriegen Sie keinen Tropfen. Erst das Geschäft und dann das Vergnügen.«

Dieses Versprechen bewog den Rosselenker, auf seinen Bock zu klettern und mit einer unangenehmen Gemächlichkeit bis zur Gartenpforte der Lodge zu fahren. Bis jetzt waren noch keine Anzeichen irgendwelcher öffentlichen Erregung zu spüren oder zu bemerken; nur zwei Männer standen nicht weit davon ab in einem Gespräch begriffen; als John sie von ferne erblickte, schlug das Herz ihm laut. Er hätte sich seine Angst sparen können, denn die beiden waren mit einem Streit über theologische Fragen beschäftigt: Mit verlängerten Oberlippen und aufzählenden Fingern behandelten sie den Gegenstand ihrer Meinungsverschiedenheit und achteten nicht im Geringsten auf John.

Aber der Kutscher erwies sich als ein Dorn in seinem Fleisch: Alle Bemühungen Johns, ihn auf seinem Bock ruhig zu halten, waren vergeblich; er musste durchaus herunterklettern, seine Bemerkungen über das Steinchen in der Türspalte machen, dessen Anbringung nach seiner Meinung ein sinnreich erdachtes, aber unsicheres Aushilfsmittel war, John beim Tragen des Koffers helfen und diese Beschäftigung mit einem Schwall von Worten, besonders aber von Fragen beleben, deren Inhalt ich in Folgendem zusammenfasse:

»Er ist wohl nicht selber hier, nein? Na, er ist ein sonderbarer Herr – was man so sagt: meschugge, vielleicht kennen Sie den Ausdruck. Hat viel Verdruss mit seinen Pächtern, sagt man. Habe die Familie seit Jahren gefahren. War mit meiner Droschke bei seines Vaters Hochzeit. Na, wie heißen Sie denn wohl? Ich sollte Ihr Gesicht kennen! Baigrey, sagen Sie? Da waren Baigreys in der Gegend von Gilmerton; sind Sie wohl einer von der Familie? Dann gehört der Koffer wohl einem Freund von Ihnen, denke ich mir. Warum? Weil der Name, der darauf steht, Nucholson heißt! Oh, wenn Sie's eilig haben, das ist eine andere Sache. Waverley Bridge? Wollen Sie verreisen?«

So schwatzte und fragte der gute alte Kerl und ängstigte unseren armen John. Aber auch dies hatte ein Ende, wie alles Unangenehme unter der Sonne; und schließlich begann das Opfer der Umstände, in der Richtung auf den Bahnhof Waverley Bridge zu rumpeln. Während der Fahrt saß er mit hochgezogenen Wagenfenstern in der Kälte und dem muffigen Geruch seiner Droschke und warf Seitenblicke auf die sonntäglich stille Stadt, die geschlossenen Kaufläden, die Menschen auf den Bürgersteigen – ungefähr so, wie einer, der zum Galgen nach Tyburn fährt, die Menge betrachtet, die zusammenströmt, um ihn hängen zu sehen.

Als sie am Bahnhof ankamen, fasste er wieder etwas Mut: Er war glücklich bei einem neuen Abschnitt seiner Flucht angelangt – er begann, das offene blaue Meer zu erblicken. Er rief einen Packträger heran und hieß ihn den Koffer nach der Aufbewahrungsstelle bringen – nicht dass er die Absicht gehabt hätte, sich noch länger auf dem Bahnhof aufzuhalten; im Gegenteil, Flucht, augenblickliche Flucht war sein einziger Gedanke, ganz einerlei wohin! Aber er hatte beschlossen, den Kutscher abzufertigen, bevor er ein Reiseziel nannte oder überhaupt wählte; auf diese Weise konnte er vielleicht die Hinzufügung eines neuen Gliedes zu der Kette des Justizirrtums verhindern. So hatte er sich es schlau ausgedacht, und als er jetzt mit dem einen Fuß auf dem Pflaster und mit dem anderen noch auf dem Trittbrett der Droschke stand, beeilte er sich, seinen Plan auszuführen, und fuhr schleunigst mit der Hand in seine Hosentasche.

Es war nichts darin!

O ja; diesmal war er zu tadeln. Er hätte nicht gedankenlos sein sollen, und als er seine befleckten Hosen wegwarf, hätte er nicht mit ihnen zugleich auch seine Börse wegwerfen sollen. Aber war sein Fehler auch noch so schwer, was war er im Vergleich mit der Strafe! Der Leser mache sich eine Vorstellung von seiner neuen Lage, denn mir fehlen die Worte, sie auszumalen; er stelle sich vor, dass John dazu verdammt war, in jenes Haus zurückzukehren, an das nur zu denken seine Seele schauderte, und sich noch einmal der Gefahr der Verhaftung an der Mordstätte selbst auszusetzen; er stelle sich vor, wie er nicht von der muffigen Droschke und dem gemütlichen Kutscher loskommen konnte. John fluchte innerlich auf den Kutscher, und dann fiel ihm ein, dass er seinen Koffer nicht aus den Augen lassen dürfte; denn wenn er in Aufbewahrung genommen war, konnte er ihn vorläufig nicht wieder erreichen; er drehte sich daher um, um den Gepäckträger zurückzurufen. Aber seine Überlegungen, so kurz sie ihm erschienen waren, mussten ihn doch länger in Anspruch genommen haben, als er geglaubt hatte, und gerade in diesem Augenblick kam der Mann schon wieder mit der Quittung in der Hand.

Na, das war also entschieden; er hatte seinen Koffer ebenfalls verloren; denn das Sixpencestück, mit welchem er das Chausseegeld nach Murrayfield bezahlt hatte, hatte er aus seiner Westentasche genommen; und wenn er nicht noch einmal auf der Fahrt nach dem Mordhaus Glück hatte, lag sein Koffer im Gepäckraum auf ewige Zeit verpfändet, weil er den Penny für die Auslösung nicht aufzubringen vermochte. Und dann fiel ihm ein, dass er auch dem Packträger etwas geben musste, der erwartungsvoll vor ihm stand und auf dessen Lippen bereits Worte der Dankbarkeit schwebten.

John stöberte in seinen Taschen nach rechts und nach links; er fand eine Münze – betete zu Gott, es möchte ein Sovereign sein –

zog sie heraus, erblickte einen halben Penny und reichte diesen dem Träger. Der Mann machte ein langes Gesicht. »Das ist ja nur ein halber Penny.« Offenbar stimmte eine solche Münze nicht zu den Anstandsbegriffen eines Bahnhofpackträgers.

»Ich weiß es«, sagte John kläglich.

Aber nun fand der Packträger seine Menschenwürde wieder!

»Danke, Sir«, sagte er und machte Miene, ihm das schäbige Trinkgeld zurückzugeben. Aber John seinerseits wollte das Geldstück nicht nehmen, und während sie noch darum stritten, wer musste sich einmischen? Der Kutscher!

»Nanu, Mr Baigrey!«, rief er. »Sie haben gewiss vergessen, was für ein Tag heute ist!«

»Ich sage Ihnen, ich habe kein Kleingeld!«, rief John.

»Na«, sagte der Kutscher, »und wenn auch nicht. Ich gäbe an einem solchen Tag einem Mann lieber einen Schilling, als dass ich ihn mit einem lächerlichen Kupferling abspeiste. Das hätte ich nicht von Ihnen gedacht, Mr Baigrey!«

»Ich heiße nicht Baigrey!«, brach John in einem kindischen Ärger und Zorn los.

»Sie haben mir selber gesagt, Sie hießen so«, sagte der Kutscher.

»Das weiß ich; aber was zum Teufel noch mal ging Sie das an? Welches Recht hatten Sie, mich danach zu fragen?«, rief der Unglückselige.

»Na, denn schön!«, sagte der Kutscher. »Ich kenne meinen Platz; wenn Sie man Ihren kennen – wenn Sie man Ihren kennen!«, wiederholte er wie ein Mensch, der sich zu schweren Zweifeln berechtigt fühlt; und dann brummte er eine Reihe von Donnerwettern vor sich hin.

Oh! Hätte John doch dieses Ungeheuer ablohnen können, das, wie er jetzt deutlich, aber leider zu spät bemerkte, seine Weihnachtsfeier sehr früh am Morgen begonnen hatte! Aber kein Hoffnungsstrahl leuchtete dem Unglücklichen; da stand er ohne Hilfe und Helfer: sein Koffer an dem einen Ort unter Verschluss, sein Geld an einem anderen Ort in einen Winkel geworfen und von einem Leichnam bewacht! Er selber, dem alles darauf ankam, sich zu verbergen, der Zielpunkt aller Augen beim Bahnhof! Und wie wenn dies noch nicht genug Missgeschick gewesen wäre, hatte er es jetzt auch noch mit dem Vieh von einem Kutscher verdorben, an den seine Armut ihn wie mit einer Kette fesselte. Ja, wie er sich trübselig vorhielt: Er hatte es mit dem Zeugen verdorben, der ihn vielleicht an den Galgen bringen oder auch retten konnte!

Es war keine Zeit mehr zu verlieren; er durfte nicht länger mehr an diesem öffentlichen Ort die Zeit vertrödeln; er musste das Versehen sofort wiedergutmachen – entweder durch würdevolle Haltung oder durch einige versöhnende Worte. Eine Spur von Mannhaftigkeit, die zum Glück noch in ihm übrig geblieben war, veranlasste ihn, sich für die Erstere zu entscheiden. Er setzte seinen Fuß wieder auf das Trittbrett und sagte:

»Nichts mehr davon! Fahren Sie wieder dahin, von wo wir kamen!«

Er hatte es absichtlich vermieden, das Ziel der Fahrt zu nennen, denn es hatte sich inzwischen schon ein ganzer Trupp von Bahnhofsleuten um die Droschke versammelt; er dachte immer daran, dass er vielleicht vor Gericht erscheinen müsste, und war daher bemüht, alles zu vermeiden, was übereinstimmende Zeugenaussagen herbeiführen könnte. Aber wieder einmal machte der verhängnisvolle Wagenlenker ihm seinen Plan zuschanden.

»Wieder nach der Lodge hinaus?«, rief er in schrillen Tönen des Protestes.

»Fahren Sie sofort los!«, brüllte John und schlug die Wagentür wieder zu, sodass der alte Klapperkasten schwankte und klirrte.

Und so zuckelte die Droschke durch die weihnachtlichen Straßen hindurch; der Fahrgast drinnen in einer schwarzen Verzweiflung, die an Bewusstlosigkeit grenzte, der Kutscher auf dem Bock an der erlittenen Zurückweisung und an der Zweifelhaftigkeit seines Kunden herumkauend. Ich möchte indessen nicht, dass hierdurch ein Vergleich der beiden miteinander angedeutet werden sollte: Johns Lage ließ sich überhaupt nicht mit einer anderen vergleichen. Indessen verdient auch der Kutscher das Mitgefühl aller berechtigt; denn er war ein Mann von natürlicher Freundlichkeit des Herzens und mit einem hohen Gefühl persönlicher Würde, und dieses war durch reichlich genossene Getränke in diesem Augenblick besonders hoch gesteigert; und seine Freundlichkeiten waren in grober Weise und noch dazu vor anderen Leuten zurückgewiesen worden! Darum rechnete er im Fahren alles erlittene Unrecht zusammen und dürstete nach Mitgefühl und Getränk. Nun traf es sich, dass er einen Freund hatte, einen Schenkwirt in Queensferry Street; und er dachte, von diesem könnte er vielleicht in Anbetracht des hohen Feiertags einen Gratisschluck bekommen. Queensferry Street liegt zwar nicht an dem geraden Weg nach Murrayfield; aber dorthin führt auch der Seitenweg über die Berge durch das Leithtal und am Kirchhof von Dean vorbei; und Queensferry Street liegt am Weg nach diesem Seitenweg. Da nun sein Gaul stumm war – was hinderte den Kutscher, den Seitenweg zu wählen und unterwegs bei seinem Freund vorzusprechen? Hiermit war die Frage entschieden, und der bereits etwas besänftigte Kutscher lenkte sein Rösslein nach rechts ab.

Unterdessen saß John zusammengesunken in der Droschke, das Kinn auf der Brust, im Herzen bange Erwartung. Der muffige Geruch des Wagens und eine gewisse bleischwere Kälte an seinen Füßen waren die einzigen schwachen Wahrnehmungen, die seine Sinne halb unbewusst machten; alles andere war in einem ungeheuren drückenden Gefühl von Unglück und körperlicher Schwäche verschwunden. Es war bald Mittag – seit zweiundzwanzig Stunden hatte er keinen Bissen gegessen; in der Zwischenzeit hatte er Folterqualen von Sorge und Unruhe erlitten und war halb betrunken gewesen. Man konnte zwar nicht sagen, dass er schlief; aber als die Droschke hielt und der Kutscher seinen Kopf zum Fenster hereinstreckte, mussten seine Gedanken aus einer bodenlos tiefen Leere wach gerufen werden.

»Wenn Sie denn keinen Schluck ausgeben wollen«, sagte der alte Kutscher mit wahlberechtigter Strenge in Ton und Benehmen, »so werden Sie doch nichts dagegen haben, dass ich mir auf meine eigene Rechnung einen leiste?«

»Ja – nein – tun Sie, was Sie wollen«, antwortete John; und dann, als er seinen Quälgeist die Treppe hinaufsteigen und in den Whiskyausschank eintreten sah, hatte er ein Gefühl, wie wenn diese Umgebung ihm schon seit langer Zeit vertraut sein müsste. Plötzlich wurde er ganz wach, fuhr empor und starrte die Fenster der Schnapsbude an. Ja, er kannte sie; aber wann hatte er sie gesehen und unter welchen Umständen? Es war wohl schon lange her; und dann, als er einen Blick durch die vordere Glasscheibe der Droschke warf, die bis dahin der Kutscher verdeckt hatte, sah er die Baumwipfel des Krähengenistes am Randolph Crescent. Er war dicht bei seinem Vaterhaus – bei dem Haus, wo er um diese Stunde in dem altvertrauten Wohnzimmer in behaglichem Geplauder sitzen zu dürfen geglaubt hatte; und stattdessen –!

Sein erster Gedanke war, sich zurückzuwerfen – sein zweiter, das Gesicht in den Händen zu verbergen. So saß er, während der Kutscher dem Wirt und der Wirt dem Kutscher zutrank und beide die Angelegenheiten der Nation einer kritischen Betrachtung unterzogen; so saß er immer noch, als sein Herr und Meister endlich geruhte, zu seinem Wagen zurückzukehren und bergab, dem Lynedoch Place zu, weiterzufahren. Und als er am Ende von seines Vaters Straße vorüberfuhr, warf er einen Blick durch seine Finger hindurch und sah einen Doktorwagen vor der Tür halten.

Na ja, ganz recht!, dachte er; wahrscheinlich habe ich meinen Vater getötet! Und heute ist Weihnachtstag!

Wenn der alte Mr Nicholson starb, musste er dieselbe Straße entlang die letzte Fahrt zum Grab machen; und diese Straße entlang war sein Weib vor Jahren ihm vorausgefahren; und desgleichen so mancher andere hoch angesehene Bürger, mit dem geziemenden Leichengepränge und mit stattlichem Gefolge von Trauerkutschen. Und wohin anders fuhr denn jetzt John selber in dieser eiskalten, muffig riechenden Droschke mit der Strohmatte und den geflickten Polstern, mit den Fensterscheiben, an denen sein Atem zu Eisblumen gefror?

Dieser Gedanke regte seine Einbildungskraft an, und sie begann, viele tausend Bilder zu schaffen – bunte, wechselnde Bilder wie in einem Kaleidoskop. Er sah sich als rotbäckigen Knaben mit einem dicken Schal um den Hals auf dem gefrorenen Rinnstein schlittern; dann wieder als weinenden, von tiefer Trauer erfüllten kleinen Jungen in schwarzem Anzug und mit schwarzem Flor an Arm und Hut in der Trauerkutsche diesen selben Berg herunterfahren, hinter dem Sarg seiner Mutter; dann wieder machte seine Fantasie einen großen Sprung in die Zukunft hinein: Da stand er ganz allein in dem trüben Tageslicht, um ihn herum hüpften die Sperlinge auf der Schwelle, und drinnen starrte der Tote zur Zimmerdecke empor; plötzlich wechselte das Bild: Um ihn herum drängten sich Nachbarn mit weißen Gesichtern und aufgeregt gestikulierenden Händen, und der Arzt schob sie zur Seite und schraubte im Laufen sein Stethoskop zusammen, und der Schutzmann stand neben der Leiche und schüttelte sein weises Haupt. Und dann sah er sich selber in seiner Droschke bei diesen Menschen eintreffen, hörte sich schwächliche Erklärungen stottern und fühlte die Hand des Schutzmanns auf seiner Schulter. O Himmel! Wie wünschte er jetzt, er hätte mehr Mut gehabt! Wie verachtete er sich selbst, weil er von dieser schrecklichen Stätte entflohen war, als alles ruhig und still war, und jetzt kläglich dorthin zurückkehrte, wo sie von Rächern wimmelte! Eine starke Aufregung vermag selbst dem Stumpfsinnigsten die Einbildungskraft zu schärfen. Und als er jetzt daran dachte, was wahrscheinlich am Ende dieser elenden Fahrt seiner harrte, da sah John – John, der sonst fast nichts sah, noch weniger etwas im Gedächtnis behielt und überhaupt nichts zu beschreiben imstande war – da sah John mit seinem geistigen Auge den Garten der Lodge vor sich wie auf einem Plan: Er lief in diesem Garten hin und her und fütterte seine Ängste; er sah die Stechpalmenbüsche, die Schneestreifen, die Wege, auf denen er Alan gesucht hatte, die hohen klostermäßigen Mauern, die geschlossene Pforte – was? War die Pforte geschlossen? Ha, richtig! Er hatte sie ja geschlossen! Und hatte damit sein Geld, die Möglichkeit der Flucht, sein zukünftiges Leben eingeschlossen – hatte sie eingeschlossen mit diesen seinen eigenen Händen, und kein Mensch konnte jetzt die Pforte öffnen! Er hörte das Schloss einschnappen mit einem Krach, wie wenn etwas in seinem Gehirn zerspränge, und saß wie erstarrt und staunte.

Und dann wachte er wieder auf, und Angst zog ihm das Herz zusammen. Jetzt hatte er keine Zeit, müßig zu sein, er musste sich aufraffen und handeln, er musste denken! Wenn diese lächerliche Fahrt zu Ende war, wenn sie wieder vor der Pforte der Lodge hielten, dann würde nichts anderes übrig bleiben, als die Droschke umkehren zu lassen und wieder in die Stadt zurückzurumpeln. Wozu also überhaupt so weit fahren; warum noch einen weiteren Verdachtsgrund in diese ohnehin schon so verdächtige Sache hineinbringen? Warum nicht sofort umkehren? Umkehren – das war leicht gesagt. Aber wohin? Er hatte nirgends eine Stätte, wohin er jetzt gehen konnte; niemals konnte er – er sah es in blutroten Buchstaben vor seinem Auge geschrieben – niemals konnte er die Droschke bezahlen; diese Droschke behielt er für immer auf dem Hals. Oh, diese Droschke! Seine Seele brannte vor Sehnsucht und sein Herz schmerzte von dem Wunsch, diese Droschke los zu sein. Er vergaß alle anderen Sorgen. Erst musste er diesen übel duftenden Kasten loswerden und das Vieh von einem Kutscher, der ihn lenkte; dies war das Allererste! Wenigstens das musste er fertigbringen, und zwar sofort! Und gerade in diesem Augenblick hielt der Wagen ganz plötzlich und sein Verfolger klopfte an die vordere Fensterscheibe. John ließ sie herab und sah auf dem Portweingesicht ein Leuchten des Triumphs.

»Nu weiß ich, wer Sie sind!«, schrie die heisere Stimme. »Nu erinnere ich Sie: Sie sind ein Nucholson. Ich fuhr Sie nach Hermiston zu einer Weihnachtsgesellschaft, und bei der Rückfahrt saßen Sie auf dem Bock, und ich ließ Sie fahren.«

Es war Tatsache. John kannte den Mann; sie hatten sich sogar befreundet. Jetzt erinnerte er sich: Sein Feind war ein sehr gutmütiger Kerl – ja sogar unendlich gutmütig gegen einen Jungen gewesen; warum sollte er nicht auch dem Mann gegenüber gutmütig sein? Warum sollte er sich nicht an die bessere Natur in dem Mann wenden? Er griff nach der neuen Hoffnung und rief, wie wenn er ganz entzückt wäre, und seine Stimme klang ihm falsch in die eigenen Ohren:

»Herrje noch mal! Das taten Sie ja! Na, wenn das so ist, dann habe ich Ihnen was zu sagen. Ich denke, ich will mal aussteigen. Wo sind wir denn überhaupt?«

Der Kutscher hatte seine Chausseegeldquittung geschwenkt, als sie bei dem Einnehmer an der Nebenstelle vorbeifuhren, und sie befanden sich in diesem Augenblick auf der höchsten und einsamsten Stelle der Seitenstraße. Zur Linken stand eine Reihe von Bäumen; zur Rechten erstreckten sich kahle Sturzäcker in Wellen nach der Queensferry Road hinunter; gerade vor ihnen streckte Corstorphine Hill seine beschneiten dunklen Wälder zum Himmel empor. John sah rund um sich herum und schlürfte die reine Luft wie Wein ein; dann kehrten seine Augen zu dem Kutschergesicht zurück. Der Mann saß ganz lustig auf seinem Bock und erwartete Johns Mitteilung mit einer pfiffigen Miene, wie wenn er auf ein gutes Trinkgeld hoffte.

Die Züge dieses Gesichtes waren schwer zu lesen: Trinken hatte sie so aufgedunsen gemacht, Trinken hatte sie mit Farben bemalt, die von ziegelrot zu maulbeerblau gingen. Die kleinen grauen Äuglein zwinkerten, die Lippen bewegten sich in gieriger Erwartung; Gier war seine beherrschende Leidenschaft, und wenn auch einige Gutmütigkeit, eine gewisse echte Freundlichkeit, etwas wirklich Menschliches in dem alten Trunkenbold war, so war jetzt seine Geldgier so von Hoffnung entflammt, dass alle anderen Züge seines Charakters übertäubt waren. Wie er so dasaß, war er die Verkörperung gieriger Erwartung.

John verlor wieder den Mut. Er hatte schon den Mund geöffnet, aber er stand da und sagte nichts. Er untersuchte den Wasserstand seines Muts, und der Boden war trocken. Er tastete in seinem Wortschatz, und er war leer. Ein Teufel der Stummheit hielt ihn an der Gurgel gepackt, und ein Teufel der Angst plapperte ihm in die Ohren. Und plötzlich, ohne ein Wort zu sagen, und auch ohne ein klares Bewusstsein von dem, was er tat, und ohne einen bestimmten Willen, drehte John sich auf dem Absatz herum, sprang über den Wall am Weg und rannte aus Leibeskräften über den Sturzacker davon.

Er war noch nicht weit gekommen, er war noch nicht über die Mitte des ersten Ackers hinaus, da donnerte es ihm durch das Hirn: Dummkopf! Du hast ja deine Uhr!

Es gab ihm einen Stoß; er blieb stehen, kehrte um und ging ein paar Schritte auf die Droschke zu. Der Kutscher stand am Wall, schwang seine Peitsche mit purpurrotem Gesicht und brüllte wie ein Stier. Und John sah (oder dachte), dass er die letzte Möglichkeit verpasst hatte. Keine Uhr würde jetzt den Ärger des Mannes besänftigen; jetzt würde er auch seine Rache haben wollen! John wird mit ihm zur Polizei müssen; er müsste seine Geschichte erzählen, sein Geheimnis enthüllen – die Wogen seines Schicksals würden über ihm zusammenschlagen, und es wäre aus für immer.

Er stieß einen tiefen Seufzer aus, und als der Kutscher endlich zu einem Entschluss kam und über den Wall zu klettern begann, machte sein durchgebrannter Kunde sich wieder auf die Beine und verschwand über die nächsten Äcker.

Achtes Kapitel

Ein merkwürdiges Beispiel von der Nützlichkeit eines Hausschlüssels

Wohin er zuerst rannte, hat John niemals gewusst; auch nicht, wie lange Zeit vergangen war, als er sich auf dem Feldweg in der Nähe des Pförtnerhauses von Ravelston fand. Da stand er an der Gartenmauer; seine Lunge arbeitete wie ein Blasebalg; die Beine waren ihm schwer wie Blei; in seinen Gedanken hatte er nur einen einzigen Wunsch – sich hinzulegen und von keinem Menschen gesehen zu werden. Er erinnerte sich der dichten Gebüsche an dem Fischteich, der früher ein Steinbruch gewesen war; dies war ein einsamer Winkel der Welt, wo er sicherlich ein Versteck finden konnte, bis es dunkel würde. Dorthin ging er den Feldweg hinunter; und als er ankam, o weh! Er hatte den Frost vergessen, und die Eisdecke des Teichs wimmelte von Schlittschuh laufenden jungen Leuten, und die Gebüsche ringsum wimmelten von Zuschauern. Er sah ebenfalls eine Weile zu. Da war ein großes anmutiges Mädchen, das Hand in Hand mit einem jungen Mann lief, den sie vielleicht etwas unvorsichtig mit ihren hellen Augen ansah; und es war sonderbar, mit welchem Ärger John sie betrachtete. Er hätte laut fluchen mögen; er hätte wie ein abgewiesener Landstreicher seine Fäuste schütteln und seine Galle in stundenlanges Schimpfen ergießen mögen – so dachte er wenigstens; und im nächsten Augenblick blutete ihm das Herz um dies Mädchen.

»Das arme Geschöpf – wie wenig weiß sie von der Welt!«, seufzte er. »Lass sie lustig sein, solange sie's kann!«

Aber war es möglich, dass in früheren Zeiten Flora, wenn sie ihn auf dem Braid-Teich angelächelt hatte, auf einen Zuschauer mit traurigem Herzen einen so unangenehmen, unzüchtigen Eindruck gemacht? –

Obgleich seine Denkkraft wie erstarrt war, erinnerte der Anblick des früheren Steinbruchs ihn an einen anderen Steinbruch, und er trottete nach Craigleith weiter. Im Nordwesten hatte sich ein Wind aufgemacht; die Kälte war schneidend scharf, sie trocknete ihn wie ein Feuer und seine Fingergelenke taten ihm weh. Der Wind brachte auch Wolken mit; graue, schnell segelnde Wolken, die den Himmel überzogen und die Erde in eine trübe Dämmerung hüllten. Er kletterte unter den mit Haselsträuchern bestandenen Schutthaufen herum, die den Kessel des Steinbruchs umgeben, und legte sich platt auf die Steine. Der Wind blies dicht über die Erde hin, die Steine waren scharf und eiskalt, die kahlen Haselsträucher winselten, wenn der Wind durch sie hindurchfuhr; und bald war die Nachmittagsluft voll von jenen seltsamen, pfeifenden Tönen, die die Vorboten von Schneefall sind. Schmerzen und Elendsgefühle machten John ungeduldig, dass er keinen anderen Gedanken hatte als den Wunsch, es möchte anders sein. Bald wälzte er sich auf seinem harten Lager, und wenn die scharfen Kiesel sich in sein Fleisch eindrückten, machte ihm dies beinahe Vergnügen; bald kroch er bis an den Rand der tiefen Grube und blickte hinunter, und ihm wurde schwindlig vor den Augen. Er sah die Krümmungen der in die Tiefe führenden Fahrstraße, die steilen Felswände, die Büsche in den Spalten des Gesteins, die Schneetupfen hier und dort, und ganz unten in der Tiefe den großen Kran, der in der Entfernung ganz klein aussah. Hier war ohne Frage eine Möglichkeit, eine Ende zu machen. Aber ein solches Ende war doch nicht recht nach seinem Geschmack.

Und plötzlich kam es ihm zum Bewusstsein, dass er hungrig war. Ja, stärker als die Martern der Kälte, stärker als die Qualen der Verzweiflung erwachte in ihm eine ungeheure Sehnsucht, irgendetwas zu essen – einerlei was, einerlei wie! Dieser Gedanke rüttelte ihn auf. Wie wäre es, wenn er seine Uhr versetzte? Aber nein, am Weihnachtstag – heute war ja Weihnachtstag! – waren natürlich alle Pfandleihen geschlossen. Wenn er nun in das Wirtshaus ginge, ganz dicht in der Nähe bei Blackhall, und seine Uhr, die zehn Pfund wert war, als Bezahlung für etwas Brot und Käse anböte? Es wäre zu auffallend gewesen – die guten Leute hätten ihn entweder hinausgeworfen oder ihn nur eingelassen, um die Polizei zu holen. Er drehte seine Taschen um, eine nach der anderen: ein paar Trambahnfahrkarten von San Francisco, eine Zigarre, eine leere Zündholzschachtel, der Schlüssel zu seinem Vaterhaus, ein Taschentuch mit einem ganz schwachen Parfümgeruch, nein, Geld konnte er auf keinen von diesen Gegenständen bekommen. Es war nichts anderes zu machen, als zu hungern; und wenn er sogar verhungerte – was kam schließlich darauf an? Auch dies war eine Ausgangstür.

Er kroch unter den Büschen herum; der Wind traf ihn wie mit Peitschenhieben; seine Kleider schienen so dünn wie Papier zu sein, seine Glieder schmerzten ihn, die Haut auf den Knochen schnurrte zusammen, er hatte eine Vision von einem Rindviehtrieb, den er einmal in Kalifornien mitgemacht hatte: Er sah das ausgetrocknete Flussbett mit der einzigen Schlammpfütze, an deren Rand die Vaqueros das Lager aufgeschlagen hatten. Strahlende Sonne über dem Ganzen, das große Holzfeuer loderte, am hölzernen Bratspieß bräunten sich die Rindfleischstücke und dampften. Wie warm war es, wie köstlich duftete der Braten! Und dann fielen ihm wieder seine mannigfaltigen Unglücksfälle ein, und er presste sein Gesicht in den Grund und wälzte sich auf der Erde im Gefühl seiner Schande und Scham. Dann wieder trat er in Franks Speisewirtschaft in Montgomery Street in San Francisco, er hatte ein Pfannengemüse mit Rehrippchen bestellt, ein Gericht, das er unvernünftig gern aß, und wie er nun dasaß und wartete, brachte Munroe, der gute Kellner, ihm einen Whiskypunsch; er sah die Erdbeeren auf dem köstlichen Getränk schwimmen, er hörte die Eisstückchen um die Strohhalme herum gegeneinanderstoßen. Und dann erwachte er wieder zum Bewusstsein seines grässlichen Geschicks: fand sich zusammengekauert in einem zugigen Loch unter Steinbruchmüllhaufen hocken, dicke Finsternis rund um ihn herum, und feine Schneeflocken wirbelten rings wie Papierschnipsel, und in dem Schütteln seines von der Kälte gepackten Leibs klapperten die Zähne.

Wir haben John bisher nur stets in sehr stürmischen Lagen gesehen; wir sahen ihn indolent, dann wieder verzweifelt, weit über seine mittelmäßigen Anlagen hinaus auf die Prüfung gestellt – von dem Alltags-John, einem lustigen, regelrechten, keineswegs verschwenderischen Menschen haben wir nichts gesehen; es mag daher vielleicht den Leser überraschen, jetzt zu erfahren, dass John ängstlich auf die Erhaltung seiner Gesundheit bedacht war. Dieser Lieblingsgedanke erwachte jetzt in ihm: Wenn er hier sitzen bliebe und an der Kälte stürbe, davon hätte er auch verdammt wenig; dann noch lieber in der Zelle einer Polizeiwache sitzen und es auf eine Gerichtsverhandlung ankommen lassen – immer noch besser als die erbärmliche Gewissheit, dass er noch vor dem nächsten Tauwetter an einem Grabenrand oder ein bisschen später im gasbeleuchteten Saal eines Krankenhauses sterben würde.

Mit schmerzenden Beinen stand er auf und stolperte zwischen den Müllhaufen herum – bald nach dieser, bald nach jener Richtung, aber immer wieder kam er an den gähnenden Kraterschlund des Steinbruchs; oder vielleicht bildete er sich das nur ein, denn die Finsternis verdichtete sich immer mehr, die Schneeflocken wurden immer dicker, und er bewegte sich wie ein Blinder und mit der Angst eines Blinden. Schließlich kletterte er über einen Zaun, in der Meinung, auf die Landstraße zu kommen, und sah sich stattdessen zwischen den eisenharten Furchen eines gefrorenen Sturzackers, der dem Anschein nach sich endlos, so weit wie eine ganze Grafschaft erstreckte. Dann wieder war er in einem Wald und stieß auf junges Stangenholz; und dann wieder sah er ein Haus mit vielen hell erleuchteten Fenstern, Weihnachtskutschen warteten vor der Tür, und Weihnachtskutscher – denn Weihnachten ist zweischneidig – bekamen schnell eine Kapuze von Schnee. Vor diesem Lichtblick menschlicher Fröhlichkeit entfloh er wie Kain: Steuerlos wanderte er in der Nacht – achtlos, wohin er käme; fiel und lag und stand wieder auf und wanderte weiter; und zuletzt, wie in einem Märchenspiel, stand er wieder in dem hell erleuchteten Schlund der Stadt und starrte eine Laterne an, welcher der Schnee bereits eine spitze Nachtmütze aufgesetzt hatte. Es kam jetzt dick vom Himmel herunter, ein wahrer Schneesturm; und während er noch dastand und die Laterne anblinzelte, waren seine Füße schon in Schnee vergraben. Eine unbestimmte Erinnerung stieg aus der Vergangenheit vor ihm auf: eine Straßenlaterne mit einer Schneekrone und einer dicken Schneelage auf der Wetterseite, vom Sturm mit Klagetönen umheult, und er selber vor dieser Laterne stehend und sie anblickend, gerade wie in diesem Augenblick; aber die Kälte hatte seine Denkkraft zu hart mitgenommen, und sein Gedächtnis konnte ihm nicht sagen, wann das gewesen und wie es weitergegangen war.

Der nächste Augenblick, den er im Bewusstsein hatte, war der Anblick der Dean Bridge; aber ob er John Nicholson, der Angestellte eines Bankhauses in Kalifornien war oder irgendein früherer John, Schreiber in seines Vaters Kanzlei, das hatte er jetzt reinweg vergessen. Wieder ein erinnerungsleerer Zeitraum – und dann steckte er seinen Schlüssel in das Schlüsselloch von seines Vaters Haustür.

Stunden mussten vergangen sein. Ob mit dem Hocken auf den kalten Steinen oder mit dem Umherirren über die Felder und durch den Schnee – das war mehr, als er sagen konnte; aber Stunden waren verstrichen. Der kleine Zeiger der Standuhr in der Halle war dicht bei der zwölf; eine niedrig gedrehte Gasflamme warf Schatten an die Wände; und die Tür zum Hinterzimmer – seines Vaters Zimmer – stand offen und entsandte ein warmes Licht. Dies alles war seltsam zu so später Stunde: Die Lichter hätten ausgelöscht, die Türen verschlossen sein, die braven Bürgersleute hätten ruhig in ihren Betten liegen sollen. Er lehnte sich gegen den Tisch in der Halle und wunderte sich über die Unregelmäßigkeit; und er wunderte sich darüber, dass er selber da war; und in der wärmeren Luft des Hauses taute er auf und verspürte wieder Hunger.

Die Uhr ließ das Schnarren hören, das dem Stundenschlag vorangeht; in fünf Minuten würde der Weihnachtstag zu den Tagen der Vergangenheit zählen. Weihnacht! Was für ein Weihnachtsfest! Na ja, warten hatte keinen Zweck: Wenn sie ihn wieder hinauswerfen wollten, geschah das am besten sofort. Und er ging nach der Tür des Hinterzimmers und trat ein.

Aha – er war also wirklich verrückt, wie er schon längst geglaubt hatte.

Hier, in seines Vaters Zimmer, um Mitternacht, prasselte ein Feuer im Kamin, brannte das Gas! Die Papiere, die geheiligten Papiere – die anzurühren ein Verbrechen war! – waren vom Arbeitstisch heruntergenommen und auf dem Fußboden aufgestapelt; über den Arbeitstisch war ein Leintuch gebreitet und ein Abendessen stand darauf angerichtet; und auf seines Vaters Stuhl saß eine weibliche Person, wie eine Nonne gekleidet, und aß. Als er in der Türöffnung erschien, stand die Nonne auf, stieß einen leisen Schrei aus und starrte ihn an. Sie war eine große Frau, stark, ruhig, etwas männlich; aus ihren Gesichtszügen sprachen Mut und gesunde Vernunft; und als John sie wieder anstarrte, tauchte in seinem Gedächtnis eine schwache Ähnlichkeit auf – wie wenn uns eine Melodie verfolgt und doch nicht deutlich werden will.

»Oh! Es ist John!«, rief die Nonne.

»Ich muss verrückt sein«, sagte John, ohne es zu wissen, König Lear zitierend; »aber, auf mein Wort, ich glaube, Sie sind Flora!«

»Natürlich bin ich das«, antwortete sie.

Und doch ist es ganz und gar nicht Flora, dachte John; Flora war schlank und schüchtern und wurde leicht rot und hatte feucht glänzende Augen; und hatte Flora solch eine Edinburgher Aussprache? Aber von allen diesen Dingen sagte er nichts, und das war vielleicht auch ebenso gut. Er sagte bloß:

»Aber warum sind Sie denn eine Nonne?«

»Was für ein Unsinn!«, rief Flora. »Ich bin Krankenpflegerin und bin hier, um Ihre Schwester zu pflegen, der übrigens, unter uns gesagt, herzlich wenig fehlt. Aber hierum handelt es sich nicht. Die Frage ist: Wie kommen Sie hierher? Und schämen Sie sich nicht, sich hier zu zeigen?«

»Flora«, sagte John in einem Grabeston, »ich habe seit drei Tagen überhaupt nichts gegessen oder wenigstens – ich weiß überhaupt nicht, was für ein Tag es ist; aber jedenfalls hab ich einen rasenden Hunger!«

»Sie unglücklicher Mensch!«, rief sie. »Hier, setzen Sie sich und essen Sie mein Abendbrot; und ich will schnell nach oben laufen und nach meiner Kranken sehen, die übrigens zweifellos in festem Schlaf liegt – denn Maria ist eine malade imaginaire.«

Mit dieser Probe ihres Französisch, das sie nicht in Stratford-atte-Bowe, sondern in einer höheren Töchterschule am Moray Place in Edinburgh gelernt hatte, ließ sie John allein in seines Vaters Allerheiligstem. Er fiel sofort über das Essen her; und es ist anzunehmen, dass Flora ihre Patientin wach gefunden hatte und von allerlei Pflegegeschäften aufgehalten worden war, denn er hatte Zeit genug, alles vorhandene Essbare vollständig zu vertilgen und nicht nur die Teekanne zu leeren, sondern sich auch noch einmal aus einem Teekessel aufzufüllen, der behaglich über seines Vaters Kaminfeuer summte. Dann saß er satt, schläfrig, behaglich und verwirrt da; seine Missgeschicke hatte er halb und halb vergessen und dachte jetzt, nicht ohne Bedauern, über diese unsentimentale Rückkehr zu seiner alten Liebe nach.

Hiermit war er noch beschäftigt, als die Krankenschwester geräuschlos wieder eintrat.

»Haben Sie gegessen?«, rief sie. »Dann erzählen Sie mir jetzt alles.«

Es war eine lange und – wie der Leser weiß – eine klägliche Geschichte; aber Flora hörte sie mit zusammengepressten Lippen an. Sie hielt sich bei keiner jener Betrachtungen über Menschenschicksal auf, die von Zeit zu Zeit meine eilende Feder stocken ließen. Denn Frauen wie Flora sind keine Philosophen und fassen nur das Konkrete ins Auge. Die Frauen wie Flora urteilen sehr hart über den unvollkommenen Mann.

»Sehr schön!«, sagte sie, als er fertig war. »Dann jetzt sofort auf Ihre Knie und Gott um Verzeihung gebeten!«

Und das große Kind plumpste auf die Knie und tat, wie ihm befohlen war – und das schadete ihm auch gar nichts! Aber während er mit aufrichtigem Herzen um Vergebung im Allgemeinen flehte, beschäftigte sein Verstand sich, vielleicht etwas verwundert, mit der Frage: ob die Bitte um Verzeihung nicht eigentlich von der anderen Seite ausgesprochen werden müsste. Und als er wieder aufstand, sah er erst seiner alten Liebe zweifelnd ins Gesicht; dann aber fasste er sich ein Herz, rückte mit seinem Protest heraus und sagte:

»Ich muss sagen, Flora, bei dieser ganzen Geschichte kann ich eigentlich nicht finden, dass ich sehr viel Schuld habe.«

»Wenn Sie nach Hause geschrieben hätten«, erwiderte die Dame, »so hätte es überhaupt gar keine Geschichte gegeben! Wären Sie auch nur nüchtern, wie ein vernünftiger Mensch sein muss, nach Murrayfield gekommen, so wäre das Schlimmste nicht eingetreten. Übrigens begann diese Geschichte schon vor Jahren. Sie brachten sich in Ungelegenheiten, als Ihr Vater, der ehrenwerte Mann, darüber betrübt war und sich enttäuscht fühlte, da nahmen Sie ihm das übel oder kriegten Angst und rissen vor der Strafe aus. Na, Sie haben Ihren Willen gehabt, John, und ich glaube nicht, dass Ihnen das jetzt Vergnügen macht.«

»Ich denke manchmal, dass ich ein rechter Esel bin«, seufzte John.

»Mein lieber John, das sind Sie wohl!«

Er sah sie an und sein Auge trübte sich. Ein gewisses Gefühl des Ärgers stieg in ihm auf: Dies war eine Flora, die er ablehnte; sie war hart; sie war fest in ihren Vorsätzen; ein gesetztes, reifes, unauffälliges Mädchen; einfach in ihrer Sprache, einfach im Benehmen – er hätte beinahe gesagt, von gewöhnlichem Gesicht. Und dieser Wechselbalg nannte sich mit demselben Namen wie die weiße und rote, anschmiegsame Maid von einst – die so gern gelacht, die so gern geseufzt, die die freundlichen verstohlenen Blicke geworfen hatte! Und was das Schlimmste war: Sie hatte die Oberhand über ihn, und das war – wie John wohl wusste – nicht das richtige Verhältnis der beiden Geschlechter. Darum stählte er sein Herz gegen diese Krankenpflegerin und fragte:

»Und wie kommt es, dass Sie hier sind?«

Sie erzählte ihm, sie hätte ihren Vater während seiner langen Krankheit gepflegt, und als er nun gestorben wäre und sie allein gelassen hätte, da hätte sie angefangen, andere Kranke zu pflegen, teils aus Gewohnheit, teils um auf der Welt doch zu etwas nütze zu sein, teils vielleicht auch um eine Unterhaltung zu haben.

»Über den Geschmack lässt sich nicht streiten«, sagte sie. Und sie erzählte ihm, wie sie häufig in die Häuser alter Freunde ginge, wenn das nötig wäre, und wie sie da doppelt willkommen wäre, erstens als eine alte Freundin und zweitens als eine erfahrene Krankenwärterin, der die Doktoren gern die schwersten Fälle anvertrauten.

»Dass ich jetzt wegen der armen Maria hier bin, ist allerdings die reine Komödie«, fuhr sie fort; »aber Ihr Vater nimmt sich das ewige Wehklagen zu Herzen, und ich kann ihm nicht immer seine Bitten abschlagen. Ihr Vater und ich, wir sind große Freunde; er war sehr gut zu mir, vor langer Zeit – vor zehn Jahren.«

Ein seltsamer Aufruhr erhob sich in Johns Herzen. Diese ganze Zeit hatte er nur an sich selber gedacht? Warum hatte er in all der Zeit nicht an Flora geschrieben? In reumütiger Zärtlichkeit ergriff er ihre Hand, und diese Hand blieb ruhig in der seinen liegen, dass er beinahe unruhig wurde und sich fürchtete. Eine innere Stimme sagte ihm, es sei schließlich doch seine Flora – sagte ihm das ganz ruhig, und doch durchzuckte ihn dabei ein eigentümliches Gefühl.

»Und Sie haben nicht geheiratet?«, fragte er.

»Nein, John, ich habe nicht geheiratet.«

Die Uhr in der Halle schlug zwei und erinnerte sie an die Flüchtigkeit der Zeit.

»Und jetzt«, sagte Flora, »haben Sie gegessen und sich gewärmt, und ich habe Ihre Geschichte gehört; und jetzt ist es hohe Zeit, Ihren Bruder zu rufen.«

»Oh!«, rief John, ganz niedergeschlagen. »Halten Sie das für unbedingt notwendig?«

»Ich kann Sie nicht hier im Haus behalten; ich bin ja eine Fremde. Möchten Sie wieder davonlaufen? Ich dachte, davon hätten Sie genug gehabt!«

Er beugte sein Haupt unter diesem Tadel.

Sie verachtet mich, dachte er bei sich selber, als er wieder allein saß; eigentlich war es doch ungeheuerlich, dass eine Frau einen Mann verachtete, aber das Merkwürdigste dabei war: Sie schien ihn lieb zu haben. Würde sein Bruder ihn auch verachten? Und würde sein Bruder ihn lieb haben?

Und auf einmal erschien dieser Bruder, von Flora geleitet; er blieb in der Türöffnung stehen und sah sich von Weitem den Helden dieser Geschichte an.

»Also das bist du?«, fragte er endlich.

»Ja, Alick, ich bin es – John«, erwiderte der ältere Bruder kümmerlich.

»Und wie kamst du hier herein?«, forschte der jüngere Bruder.

»Oh, ich hatte meinen Hausschlüssel.«

»Den Deubel hattest du!«, rief Alexander. »Ah, du lebtest in einer besseren Welt. Hausschlüssel gibt es jetzt nicht mehr.«

»Na ja, Vater hatte immer eine Abneigung dagegen«, seufzte John, und damit brach das Gespräch ab und die beiden Brüder musterten einander schweigend.

»Na, und was zum Henker sollen wir nun machen?«, sagte Alexander schließlich. »Ich vermute, du würdest festgesetzt werden, wenn die Behörden Wind von dir bekämen?«

»Das hängt davon ab, ob sie die Leiche gefunden haben oder nicht. Und dann ist allerdings ja auch noch der Droschkenkutscher da!«

»Bah, hol der Kuckuck die Leiche! Ich meine die andere Geschichte. Die ist ernst.«

»Meinst du das, wovon mein Vater sprach?«, fragte John. »Ich habe nicht einmal eine Ahnung, worum es sich handelt.«

»Natürlich darum, dass du deine Bank in Kalifornien bestohlen hast!«

An Floras Gesicht konnte man deutlich sehen, dass sie das erste Wort davon hörte; an Johns Gesicht aber noch deutlicher, dass er unschuldig war.

»Ich!«, rief er. »Ich hätte meine Bank bestohlen! Mein Gott! Flora, das ist zu viel; das müssen sogar Sie zugeben!«

»Soll das heißen, dass du es nicht getan hast?«, fragte Alexander.

»Ich habe mein Lebtag noch keine Menschen Seele bestohlen!«, schrie John. »Ausgenommen meinen Vater, wenn ihr das Stehlen nennen wollt; und ich brachte ihm dieses Geld zurück, hier in dieses Zimmer! Und er wollte es nicht einmal anrühren!«

»Höre mal, John! Hierüber darf es keine Missverständnisse geben! Macewen kam zum Vater und sagte ihm, eine Bank in San Francisco, bei der du angestellt gewesen seist, telegrafiere über die ganze bewohnte Erde, dass man dich am Schlafittchen packen solle – man nehme an, du habest Tausende geklemmt; absolut sicher aber sei, dass du dreihundert geklaut habest. So sagte Macewen, und ich möchte dich bitten, dir deine Antwort wohl zu überlegen. Es ist auch wohl gut, wenn ich dir sage, dass Vater die dreihundert auf der Stelle bezahlte.«

»Dreihundert?«, wiederholte John. »Dreihundert Pfund, meinst du? Das sind fünfzehnhundert Dollar. Na, dann ist es Kirkman!«, schrie er. »Gott sei Dank! Dann kann ich alles aufklären! Ich gab sie am Abend vor meiner Abreise Kirkman, um sie für mich zu bezahlen – fünfzehnhundert Dollar, mit einem Brief an den Geschäftsführer. Bilden sie sich ein, ich würde fünfzehnhundert Dollars stehlen? Wozu denn? Ich bin reich; ich kam auf eine gute Sache bei der Börse. Das ist ja der größte Blödsinn, den ich je gehört habe! Man braucht weiter nichts zu tun, als an den Geschäftsführer zu kabeln: ›Kirkman hat die fünfzehnhundert – sucht Kirkman!‹ Er war ein Kollege von mir bei der Bank und ein Hartsäufer; aber allerdings, um gerecht gegen ihn zu sein: Für so hart hätte ich ihn nicht gehalten!«

»Und was sagen Sie dazu, Alick?«, fragte Flora.

»Ich sage: Das Kabelgramm soll noch heute Nacht abgehen!«, rief Alexander energisch. »Und zwar mit bezahlter Antwort! Wenn diese Geschichte aufgeklärt werden kann – und auf mein Wort, ich glaube, das kann sie –, dann werden wir alle wieder den Kopf hochhalten können. Hier, John: Schreibe du mal die Adresse deines Bankdirektors auf, und Sie, Flora, Sie können John in mein Bett packen, für das ich diese Nacht keine Verwendung mehr habe. Ich selber sause jetzt nach dem Hauptpostamt, und von da gleich nach High Street wegen der Leiche. Die Polizei muss es ja doch erfahren, nicht wahr? Und eigentlich musste John es ihnen melden; aber ich erzähle ihnen einfach irgendeine Räubergeschichte: dass mein Bruder sehr nervös veranlagt sei und so weiter. Und dann, höre mal, John – merktest du dir den Namen des Kutschers der Droschke?«

John nannte ihm den Namen des Kutschers, den ich hier unterdrücke, da ich selber keine Gelegenheit gehabt habe, mit ihm zu fahren.

»Also«, begann Alexander, »ich spreche auf dem Rückweg bei dem Fuhrgeschäft vor und bezahle die Fahrt für dich. Auf diese Art wirst du noch vor dem Frühstück sozusagen ein nagelneuer Mensch sein.«

John brummte einen unzusammenhängenden Dank, dass sein Bruder sich so tatkräftig für ihn rührte; das machte auf ihn einen unaussprechlichen Eindruck; wenn er seine Gefühle aber nicht ausdrücken konnte, so waren sie deutlich auf seinem Gesicht zu lesen; und Alexander las sie, und diese stumme Sprache gefiel ihm besser, wie wenn sie in Worte gefasst worden wäre.

»Es ist bloß noch eins!«, rief er plötzlich. »Kabelgramme sind teuer; und du wirst unseren alten Herrn wohl noch gut genug im Gedächtnis haben, um den Stand meiner Finanzen erraten zu können.«

»Das Schlimme ist nur«, sagte John, »dass alle meine Stempel in dem verflixten Haus sind.«

»Alle deine – was?«, fragte Alexander.

»Stempel – Münzen, Geld«, erklärte John; »'s ist ein amerikanischer Ausdruck; ich fürchte, ich habe mir einen oder zwei angewöhnt.«

»Ich habe welches«, sagte Flora; »ich habe eine Pfundnote oben.«

»Meine liebe Flora«, erwiderte Alexander, »mit einer Pfundnote kommen wir nicht sehr weit; außerdem ist dies meines Vaters Sache, und ich würde mich sehr wundern, wenn Vater nicht dafür bezahlte.«

»Ich würde mich damit noch nicht an ihn wenden; ich glaube nicht, dass dies klug wäre«, warf Flora ein.

»Sie haben einen sehr unvollkommenen Begriff von meinen Hilfsquellen und überhaupt keinen Begriff von meiner Frechheit«, versetzte Alexander. »Bitte, passen Sie mal auf.«

Er schob John zur Seite, wählte unter dem Essgeschirr ein starkes Messer aus und erbrach mit überraschender Schnelligkeit seines Vaters Schublade.

»Es gibt gar nichts Leichteres, wenn man's mal versucht«, bemerkte er, als er das Geld einsackte.

»Ich wollte, Sie hätten das nicht getan!«, sagte Flora. »Sie werden das jeden Tag zu hören kriegen!«

»Oh, und ich weiß nicht«, antwortete der junge Mann; »der alte Herr ist im Grunde ein guter Mensch. Und nun, John, zeig mir mal deinen famosen Hausschlüssel! Geh zu Bett und lass dich von keinem Menschen sehen, bis ich wieder da bin. Es wird ihnen nicht auffallen, wenn du auf ihr Klopfen nicht antwortest, denn ich tue das gewöhnlich auch nicht.«

Neuntes Kapitel

in dem Mr Nicholson sich bereit erklärt, ein festes Taschengeld auszusetzen

Trotz des Grollens des Tages und des Teetrinkens in der Nacht schlief John wie früher als Kind. Er wurde davon wach, dass das Mädchen, wie wenn es vor zehn Jahren gewesen wäre, an die Tür klopfte. Die aufgehende Wintersonne malte den Osten mit roten Farben; und da das Fenster nach hinten hinaus ging, schien sie mit vielen seltsamen Farben gebrochenen Lichts in das Zimmer herein. Draußen waren die Häuser alle sauber mit Schnee gedeckt; die Gartenmauern trugen einen fußhohen Aufsatz; die Rasenflächen lagen glitzernd im Sonnenschein. Aber so seltsam der Anblick von Schnee für John nach dem jahrelangen Aufenthalt an der Bucht von San Francisco war, einen viel tieferen Eindruck machte auf ihn, was er drinnen sah. Denn Alexander hatte Johns eigenes Zimmer geerbt; es war noch die alte Tapete mit dem Blumenmuster, worin eine muntere Fantasie das Gesicht von Skinny Jim, Johns früherem Religionslehrer auf dem Gymnasium, entdecken konnte; da war die alte Kommode; da waren die Stühle – eins, zwei, drei – drei, genau wie früher. Nur der Teppich war neu, und dazu der Kram von Alexanders Kleidern und Büchern und Zeichensachen, und eine Bleistiftzeichnung an der Wand, die Johns Augen als ein Wunderwerk von künstlerischer Vollendung erschien.

So lag er und guckte und träumte – zwischen zwei Epochen seines Lebens schwebend; da kam Alexander an die Tür und gab seine Anwesenheit durch ein lautes Räuspern kund. John ließ ihn ein und sprang gleich wieder in das warme Bett zurück.

»Also, John«, sagte Alexander, »das Kabelgramm ist in deinem Namen abgeschickt, mit zwanzig bezahlten Worten für die Antwort. Ich war bei dem Fuhrgeschäft und bezahlte deine Droschke, sah sogar den alten Herrn selber und entschuldigte dich in geziemenden Worten. Er war riesig friedfertig und deutete seine Meinung an, du hättest wohl etwas getrunken gehabt. Dann klopfte ich den Macewen aus dem Schlaf, holte ihn aus dem Bett und erklärte ihm die Geschichte, während er frostklappernd in seinem Schlafrock vor mir saß. Vorher war ich schon in der High Street gewesen, wo sie von deinem Leichnam nichts gehört hatten, sodass ich zu der Meinung neige, du hast diese ganze Geschichte bloß geträumt.«

»Hol mich –«, rief John.

»Na, die Polizei weiß ja überhaupt niemals was«, stimmte Alexander ihm bei; »auf alle Fälle haben sie einen Mann hinausgeschickt, um nachzusehen und deine Hose und dein Geld in die Stadt zu bringen; dein Sündenregister ist jetzt also so ziemlich bereinigt, und ich sehe bloß noch einen einzigen Löwen auf deinem Pfad – unseren alten Herrn.«

»Du wirst sehen, er schmeißt mich wieder hinaus!«, sagte John kläglich.

»Das glaube ich nicht; jedenfalls nicht, wenn du es so machst, wie Flora und ich es verabredet haben; deine Sache ist es jetzt, dich anzuziehen, und zwar ohne dabei zu trödeln. Geht deine Uhr richtig? Schön, du hast eine Viertelstunde Zeit. Fünf Minuten vor halb musst du am Tisch sitzen, auf deinem alten Stuhl, unter Onkel Duthies Bild. Flora wird da sein, um dir zu helfen; und wir werden dann sehen, wie es kommt.«

»Wäre es nicht gescheiter, wenn ich im Bett liegen bliebe?«, sagte John.

»Wenn du deine Angelegenheiten selber besorgen willst, dann kannst du natürlich ganz einfach tun, wozu du Lust hast; aber wenn du nicht fünf Minuten vor halb auf deinem Stuhl sitzt, dann lehne ich jedenfalls die Verantwortung ab.«

Damit ging er. Er hatte etwas ärgerlich gesprochen; aber um die Wahrheit zu sagen: Er war in seinem Herzen etwas besorgt. Und wie er so über das Treppengeländer hinunterspähte, ob sein Vater käme, musste er sich Mühe geben, für das bevorstehende Zusammentreffen seine Ruhe zu bewahren.

Wenn er es gut aufnimmt, dann soll es mich freuen; aber wenn er es krummnimmt – na, dann wird es jedenfalls eine Ablenkung von der anderen Geschichte geben, und vielleicht kommt dadurch erst recht alles in Ordnung. Er ist ein verdammter Döskopf, mein Herr Bruder, aber er scheint ein anständiger Kerl zu sein.

In diesem Augenblick öffnete sich im unteren Stockwerk eine Tür mit einem gewissen Nachdruck, und Alexander sah den alten Mr Nicholson feierlich die Treppe hinuntergehen und in sein Arbeitszimmer eintreten. Alexander folgte ihm, inwendig zitternd, aber mit ruhigem Gesicht. Er klopfte an. »Herein!«, und er sah seinen Vater vor der erbrochenen Schublade stehen, auf die er mit dem Zeigefinger deutete.

»Das ist eine höchst merkwürdige Sache!«, sagte er. »Ich bin bestohlen worden!«

»Ich fürchtete schon, du würdest es merken, Vater«, sagte der Sohn; »ich habe den Tisch böse zugerichtet.«

»Du fürchtetest, ich würde es merken?«, wiederholte der alte Herr. »Was soll denn das bedeuten, bitte?«

»Dass ich ein Dieb war, Vater«, antwortete Alexander. »Ich nahm gleich das ganze Geld, damit die Dienstboten nichts in die Hände bekommen könnten; und hier ist der Rest, nebst einer Aufstellung meiner Ausgaben. Du warst ja auch schon zu Bett, und ich dachte, ich dürfte mir nicht erlauben, dich zu wecken; aber ich denke, du wirst mein Vorgehen für richtig halten, wenn du die Umstände vernommen hast. Die Sache ist nämlich so: Ich habe Grund anzunehmen, dass in Bezug auf meinen Bruder John ein grässliches Missverständnis obwaltet hat; je schneller dieses aufgeklärt werden kann, desto besser ist es für alle Beteiligten; es war eine geschäftliche Angelegenheit, Vater – und so entschloss ich mich, auf meine eigene Verantwortung ein Telegramm nach San Francisco abzuschicken. Dank meiner Fixigkeit können wir vielleicht schon heute Abend Bescheid haben. Es scheint kein Zweifel daran zu sein, Vater, dass man John fürchterlich unrecht getan hat.«

»Wann hat dies alles stattgefunden?«, fragte der Vater.

»Diese Nacht, Vater, nachdem du zu Bett gegangen warst.«

»Das ist ja höchst sonderbar; willst du allen Ernstes sagen, dass du die ganze Nacht aus gewesen bist?«

»Ganz recht, die ganze Nacht, wie du sagst, Vater. Ich war auf dem Telegrafenamt und bei der Polizei und bei Mr Macewen. Oh, ich hatte alle Hände voll zu tun!«

»Ganz gegen alle Regeln! Du denkst an keinen anderen Menschen als an dich selbst!«

»Ich sehe nicht ein, dass ich viel dazu zu gewinnen habe, indem ich meinen älteren Bruder wieder ins Haus bringe«, antwortete Alexander verschmitzt.

Die Antwort gefiel dem alten Mann; er lächelte und sagte:

»Nun schön, wir wollen nach dem Frühstück weiter darüber sprechen.«

»Es tut mir leid um den Tisch«, sagte der Sohn.

»Der Schaden am Tisch ist eine Kleinigkeit; ich mache mir nichts daraus.«

»Es ist ein neues Beispiel«, fuhr der Sohn fort, »in welche Verlegenheit ein Mensch kommen kann, wenn er kein eigenes Geld zu seiner Verfügung hat. Wenn ich ein angemessenes Taschengeld hätte wie andere junge Leute meines Alters, wäre das Aufbrechen der Schublade vollkommen unnötig gewesen.«

»Ein angemessenes Taschengeld?«, wiederholte sein Vater, und in seinem Ton lag ein Spott, der dem jungen Mann nicht viel Hoffnung ließ; denn das Thema wurde nicht zum ersten Mal behandelt. »Ich habe dir niemals Geld verweigert, das du zu einem anständigen Zweck wünschtest.«

»Gewiss, gewiss nicht!«, sagte Alexander. »Aber sieh mal: Du bist nicht immer gerade da, dass man dir etwas erklären kann. Diese Nacht –?«

»Diese Nacht hättest du mich wecken können!«, unterbrach sein Vater ihn.

»War es nicht eine ähnliche Geschichte, die damals zuerst John in die Patsche brachte?«, fragte der Sohn, indem er es geschickt vermied, näher auf die Sache einzugehen.

Aber der Vater war nicht weniger geschickt; er fragte:

»Und bitte, mein junger Herr, wie kamst du denn aus dem Haus hinaus und wieder herein?«

»Ich hatte, scheint's, vergessen, die Tür zu verschließen.«

»Hierüber habe ich nur zu oft Ursache gehabt, mich zu beklagen. Aber ich verstehe immer noch nicht ganz: Waren denn die Dienstboten deshalb aufgestanden?«

»Ich schlage vor, das alles besprechen wir ausführlich nach dem Frühstück«, antwortete Alexander. »Da schlägt es halb; wir dürfen Miss Mackenzie nicht warten lassen.«

Und mit außerordentlicher Kühnheit öffnete er die Tür.

Sogar Alexander, der – wie der Leser bemerkt haben wird – verhältnismäßig recht frei mit seinem Vater sprach, sogar Alexander hatte bisher niemals in seinem Leben gewagt, ein Gespräch nonchalant abzubrechen. Aber um die Wahrheit zu sagen: Gerade die ungeheure Masse der Frevel seines Sohnes überwältigte den alten Herrn. Er war wie der Mann mit der Apfelkarre – dies war zu viel für ihn! Dass Alexander seinen Schreibtisch verdorben, sein Geld genommen hatte, die ganze Nacht außer Haus gewesen war und dann ganz kühl dies alles zugab – das war etwas, wovon Nicholson'sche Philosophie sich nichts träumen ließ, und ging über jeden Kommentar hinaus. Die Rückgabe des übrig gebliebenen Geldes, das der alte Herr immer noch in der Hand hielt, war an sich schon eine unerhörte Unverschämtheit gewesen, die ihn wie ein Faustschlag getroffen hatte. Dann die Bemerkung über Johns erste Flucht – ein Gegenstand, den er selber absichtlich in seiner Erinnerung verhüllt ließ – denn er war ein Mann, der Wert darauf legte, niemals einen Fehler gemacht zu haben, und der, wenn er fürchtete, er hätte doch vielleicht einen gemacht, die Papiere unter Siegel legte. Angesichts aller dieser Überraschungen und unangenehmen Erinnerungen sowie ferner des ruhigen, überlegenen Benehmens seines Sohnes begann den alten Herrn Nicholson ein unbehagliches Gefühl zu beschleichen. Es kam ihm vor, wie wenn er zu tief ins Wasser gegangen wäre: Wenn er irgendetwas täte oder sagte, könnte er das vielleicht bedauern müssen. Außerdem benahm der junge Mann, worauf er selber hingedeutet hatte, sich sehr großmütig und uneigennützig. Und wenn jemandem Unrecht geschehen war – und zwar einem, der schließlich und trotz alledem doch ein Nicholson war –, so sollte das sicherlich wieder in die Richte gebracht werden.

So ungeheuerlich es nun war, dass ihm das Verhör kurz abgeschnitten wurde, so fügte der alte Herr sich doch, in Anbetracht aller Umstände; er steckte das Geld ein und folgte seinem Sohn ins Esszimmer. Während dieser paar Schritte empörte er sich noch einmal inwendig, aber wiederum, und diesmal endgültig, streckte er seine Waffen: Eine ganz leise Stimme in seiner Brust verkündigte ihm eine unumstößliche neue Gewissheit: dass er sich vor Alexander fürchtete. Das Merkwürdige dabei war, dass diese Furcht ihm angenehm war. Er war stolz auf seinen Sohn, und er durfte stolz auf ihn sein: Der Junge hatte Charakter und Verstand und wusste, was er tat.

Mit diesen Gedanken beschäftigt, betrat er das Esszimmer. Miss Mackenzie saß auf dem Ehrenplatz und machte feierliche Bewegungen mit einer Teekanne und einem Wärmer, und siehe da, es war noch eine andere Person anwesend: ein breiter, stattlicher, backenbärtiger Mann, von sehr behaglichem und anständigem Aussehen, der jetzt von seinem Stuhl aufstand, mit ausgestreckter Hand auf ihn zukam und sagte:

»Guten Morgen, Vater.«

Von dem Gefühl der Befriedigung, die unter Mr Nicholsons gestärkter Hemdbrust hohe Wellen schlug, wurde kein äußerliches Zeichen sichtbar; er wusste sofort, was er zu tun hatte. Aber in dem nächsten kurzen Augenblick übersah er im Nu ein weites Feld von Möglichkeiten in Vergangenheit und Zukunft: ob es möglich wäre, dass er in der Behandlung seines Sohnes John doch nicht ganz weise gewesen wäre; ob es möglich wäre, dass John unschuldig war; ob es möglich wäre, ein öffentliches Ärgernis zu vermeiden, wenn er John zum zweiten Mal aus dem Haus wiese, wie seine beleidigte Autorität ihm zuflüsterte; und ob es möglich wäre, dass Alexander sich offen auflehnte, wenn es zu diesem Äußersten käme.

»Hm!«, sagte der alte Mr Nicholson und legte seine Hand, schlaff und tot, in Johns Hand.

Und dann nahmen in verlegenem Schweigen alle ihre Plätze ein; und sogar die Zeitung – von der der alte Herr täglich seine Portion

Ärger zu beziehen pflegte, da aus ihr die Abwärtsbewegung unserer Staatseinrichtungen hervorging – sogar die Zeitung blieb unentfaltet neben seinem Teller liegen.

Aber auf einmal kam Flora ihnen allen zu Hilfe. Sie unterbrach das Schweigen mit einer technischen Frage, indem sie sich bei John erkundigte, ob er noch ebenso wie früher so eine unvernünftige Menge Zucker nehme? Von hier war es nur noch ein kleiner Schritt zu der brennenden Frage des Tages; und in etwas zitterigen Tönen sprach sie von dem langen Zeitraum, der vergangen sei, seitdem sie zum letzten Mal dem verlorenen Sohn den Tee bereitet habe, und sprach ihm ihren Glückwunsch zu seiner Heimkehr aus. Und dann wandte sie sich zu Mr Nicholson und sprach auch ihm ihren Glückwunsch auf eine Weise aus, die seiner schlechten Laune Trotz bot; von da kam sie in eine Erzählung von Johns Missgeschicken, die sie nicht ohne ratsame Auslassungen vorbrachte. Nach und nach mischte Alexander sich ein; auch aus John brachten die beiden ab und zu ein Wort oder zwei heraus, er mochte wollen oder nicht; und diese Worte kamen so zitterig aus seinem Mund und zeugten so beredt für eine angsterfüllte Seele, dass Mr Nicholson das Herz weich wurde. Schließlich trug sogar er durch eine Frage zu dem Gespräch bei, und bevor das Frühstück zu Ende war, plauderten alle vier ganz munter.

Dann kam das Gebet, wobei die Dienstboten den Neuankömmling anstarrten, dem niemand die Tür geöffnet hatte; und nach dem Gebet kam der Augenblick, da der Zeiger der Uhr das Signal zu Mr Nicholsons Ausgehen gab. Da sagte er:

»John, natürlich wirst du hierbleiben. Sei recht behutsam, dass du Maria nicht aufregst, wenn Miss Mackenzie es für wünschenswert halten sollte, dass du sie siehst. Alexander, ich wünsche mit dir allein zu sprechen.«

Und als die beiden wieder in dem Hinterzimmer waren, sagte er:

»Du brauchst heute nicht in die Kanzlei zu kommen; du kannst zu Hause bleiben und deinen Bruder unterhalten, und ich denke, der Respekt würde erfordern, dass du einen Besuch bei Onkel Greig machst. Und dann noch, hm« – dies wurde mit einer gewissen –

dürfen wir uns so ausdrücken? – Verschämtheit gesprochen – »ich bin bereit, ein festes Taschengeld zu genehmigen; und ich will Dr. Durie um Rat fragen, welcher Betrag angemessen wäre; das ist ein Mann, der in der Welt Bescheid weiß und selber Söhne hat. Und, mein schöner junger Herr, du kannst dich glücklich schätzen!«, setzte er mit einem Lächeln hinzu.

»Danke, Vater!«, sagte Alexander.

Bevor es Mittag wurde, hatte ein Geheimpolizist John sein Geld zurückgebracht; er brachte auch Neuigkeiten, die allerdings traurig genug waren, aber immerhin doch nicht so traurig, wie sie hätten sein können. Alan war in seinem Haus an der Regent Terrace gefunden worden, wo sein erschrockener alter Diener ihn bewachte. Er war vollständig wahnsinnig und war nicht ins Gefängnis, sondern in die Irrenanstalt Morningside gebracht worden. Der Ermordete war, so schien es, ein durch Gerichtsbeschluss von Haus und Hof vertriebener Pächter, der seit fast einem Jahr seinen früheren Gutsherrn mit Drohungen und Beschimpfungen verfolgt hatte; weiter war über Ursache und Einzelheiten der Tragödie nichts bekannt.

Als Mr Nicholson vom Essen in seinem Klub zurückkam, konnten sie ihm eine Depesche übergeben:

»John V. Nicholson, Randolph Crescent, Edinburgh. Kirkman ist verschwunden; Polizei sucht ihn. Alles aufgeklärt. Könnt ganz beruhigt sein. – Austin.«

Nachdem dies Telegramm ihm erklärt worden war, holte der alte Herr den Kellerschlüssel hervor und machte sich selber auf, um zwei Flaschen von dem 1820er Portwein zu holen. Onkel Greig speiste an diesem Tag bei ihnen, nebst seiner Tochter Robina, ferner, durch einen merkwürdigen Zufall, auch Mr Macewen; und die Anwesenheit dieser Fremden löste die Spannung, die sonst vielleicht noch vorhanden gewesen wäre. Bevor die Gäste sich entfernten, befand die Familie sich wieder in schöner, wenigstens äußerlicher Eintracht.

In den letzten Tagen des Aprils führte John Flora – oder richtiger gesagt: führte Flora John – zum Altar, wenn man einen Altar nennen kann, was in Wirklichkeit der Kaminsims in Mr Nicholsons Salon war, und der Reverend Dr. Durie stand auf dem Kaminteppich als Hymens Priester.

Zum letzten Mal sah ich sie, als ich kürzlich einen Besuch im Norden machte, bei einem Essen im Haus meines alten Freundes Gellatly Macbride; und nachdem wir, nach dem klassischen Ausdruck, »uns wieder zu den Damen begeben hatten«, hatte ich Gelegenheit, ein Gespräch anzuhören, das Flora mit einer anderen verheirateten Dame über ein oft behandeltes Thema, nämlich das Tabakrauchen eines Ehemanns führte.

»O ja!«, sagte sie. »Ich erlaube meinem Mann nur vier Zigarren täglich. Drei raucht er zu festgesetzten Zeiten – nämlich nach jeder Mahlzeit, wissen Sie, meine Liebe; und die vierte kann er mit irgendeinem Freund rauchen, wann er Lust hat.«

Bravo!, dachte ich bei mir selber; das ist die richtige Frau für meinen Freund John!

Das Flaschenteufelchen

Es war ein Mann von der Insel Hawaii, den ich Keawe nennen will; er lebt nämlich noch, und sein Name muss verschwiegen bleiben; aber sein Geburtsort war nicht weit von Honaunau, wo die Gebeine Keawes des Großen in einer Höhle begraben liegen. Dieser Mann war arm, ehrlich und fleißig; er konnte lesen und schreiben wie ein Schulmeister; außerdem war er ein ausgezeichneter Matrose, fuhr eine Zeit lang auf den Inseldampfern und steuerte einen Kutter an der Küste von Hamakua. Schließlich kam es Keawe in den Sinn, sich mal die große Welt und ausländische Städte anzusehen, und er heuerte auf einem Schiff an, das nach San Francisco fuhr.

Das ist eine schöne Stadt, mit einem schönen Hafen und so vielen reichen Leuten, dass man sie nicht zählen kann; und im Besonderen ist da ein Hügel, der ganz mit Palästen bedeckt ist. Nach diesem Hügel machte nun Keawe eines Tages einen Spaziergang, seine ganze Tasche voll von Geld, und besah sich mit Vergnügen die großen Häuser auf beiden Seiten,

»Was für schöne Häuser sind das!«, dachte er bei sich selber. »Und wie glücklich müssen die Leute sein, die darin wohnen und sich nicht um den morgigen Tag zu kümmern brauchen!«

Wie er so darüber nachdachte, kam er vor ein Haus, das war kleiner als die anderen, aber wunderschön und sauber wie ein Spielzeug; die Treppen vor dem Haus glänzten wie Silber, die Beete in dem Garten waren voll Blumen wie Girlanden, und die Fensterscheiben funkelten wie Diamanten. Und Keawe blieb stehen und verwunderte sich über die Herrlichkeit all dessen, was er sah.

Wie er nun so dastand, bemerkte er einen Mann, der durch ein Fenster nach ihm sah, und das Fenster war so klar, dass Keawe ihn beobachten konnte, wie man einen Fisch in einer Wasserlache auf dem Riff beobachten kann. Der Mann war schon ältlich, mit einem kahlen Kopf und einem schwarzen Bart; auf seinem Gesicht lag schwere Sorge, und er seufzte bitterlich. Und die Wahrheit ist die: Als Keawe auf den Mann drinnen und der Mann auf Keawe draußen sah, beneidete jeder von ihnen den anderen.

Auf einmal lächelte der Mann und nickte und winkte Keawe zu, er solle hereinkommen, und ging ihm an die Haustür entgegen. Und da sagte der Mann und seufzte dabei bitterlich:

»Das ist ein schönes Haus, mein Haus. Hätten Sie nicht Lust, sich mal die Zimmer anzusehen?«

So führte er denn Keawe durch das ganze Haus, vom Keller bis auf den Dachboden hinauf, und in dem Haus war nichts, das nicht in seiner Art vollendet war, und Keawe war erstaunt.

»Gewiss«, sagte Keawe, »dies ist ein schönes Haus; wenn ich in einem solchen Haus wohnte, würde ich den ganzen Tag lachen. Wie kommt es denn nun, dass Sie immer so seufzen?«

»Es ist kein Grund vorhanden«, sagte der Mann, »warum Sie nicht ein Haus haben sollten, das in allen Dingen diesem hier ähnlich ist, und sogar noch schöner, wenn Sie wünschen. Sie haben doch wohl etwas Geld bei sich, denke ich?«

»Ich habe fünfzig Dollar«, sagte Keawe, »aber ein Haus wie dies wird mehr als fünfzig Dollar kosten.«

Der Mann dachte einen Augenblick nach, wie wenn er rechnete; dann sagte er:

»Es tut mir leid, dass Sie nicht mehr haben, denn das kann Ihnen vielleicht in der Zukunft Sorgen bereiten; aber für fünfzig Dollar sollen Sie es haben.«

»Das Haus?«, fragte Keawe.

»Nein, nicht das Haus«, antwortete der Mann, »aber die Flasche; denn ich muss Ihnen sagen: Obwohl ich Ihnen so reich und glücklich erscheine, so kam all mein Glück und dieses Haus mitsamt dem Garten von ihr her, die nicht viel größer ist als eine Faust. Da ist sie.«

Und er öffnete einen Wandschrank und nahm eine rundbauchige Flasche mit einem langen Hals heraus; das Glas der Flasche war weiß wie Milch, mit schillernden Regenbogenfarben. Drinnen in der Flasche bewegte sich etwas Unbestimmtes, wie ein Schatten und ein Feuer.

»Dies ist die Flasche«, sagte der Mann; und als Keawe lachte, fuhr er fort: »Sie glauben mir nicht? Nun, dann versuchen Sie es selber mal. Sehen Sie zu, ob Sie sie zerbrechen können.«

So nahm denn Keawe die Flasche in die Hand und schmiss sie auf den Fußboden und schmiss sie immer wieder, bis er müde war; aber sie prallte von dem Fußboden ab wie ein Kinderball und blieb heil und ganz.

»Das ist ein merkwürdiges Ding«, sagte Keawe, »denn wie sie sich anfühlt und aussieht, sollte sie aus Glas sein.«

»Aus Glas ist sie«, versetzte der Mann und seufzte dabei schwerer denn je, »aber das Glas dieser Flasche wurde in den Flammen der Hölle geblasen. Ein Teufelchen wohnt darin, und das ist der Schatten, den wir da sich bewegen sehen; wenigstens denke ich mir das. Wenn irgendein Mensch diese Flasche kauft, steht ihm das Teufelchen zu Befehl; alles, was er begehrt – Liebe, Ruhm, Geld, Häuser wie dieses Haus, ja sogar eine Stadt wie diese Stadt – alles ist sein, sobald er das Wort ausspricht. Napoleon hatte diese Flasche und wurde durch sie der König der Welt; aber schließlich verkaufte er sie und stürzte. Kapitän Cook hatte diese Flasche und fand dank ihr den Weg zu so vielen Inseln; aber auch er verkaufte sie und wurde auf Hawaii erschlagen. Denn sobald sie verkauft ist, entschwindet die Macht des früheren Besitzers und der Beistand des Teufels: Und wenn einer nicht mit dem zufrieden ist, was er hat, wird es ihm übel ergehen.«

»Und doch reden Sie selber davon, dass Sie sie verkaufen wollen?«, sagte Keawe.

»Ich habe alles, was ich wünsche, und ich werde allmählich alt«, antwortete der Mann. »Ein einziges vermag das Teufelchen nicht – es kann nicht das Leben verlängern; und es wäre nicht ehrlich, es Ihnen zu verhehlen: Mit der Flasche ist ein Übelstand verbunden; denn wenn ein Mensch stirbt, bevor er sie verkauft, muss er ewiglich in der Hölle brennen.«

»Ganz gewiss ist das ein Übelstand!«, rief Keawe. »Mit dem Ding möchte ich nichts zu tun haben. Ich kann, Gott sei Dank, auch ohne ein Haus fertig werden; aber eines gibt es, womit ich ganz und gar nicht fertig werden könnte, nämlich dass ich verdammt wäre!«

»Herrje! Sie müssen nicht gleich so hastig sein!«, antwortete der Mann. »Sie haben weiter nichts zu tun, als dass Sie sich der Macht des Teufelchens mit Mäßigung bedienen und die Flasche dann an irgendeinen andern verkaufen, wie ich sie jetzt Ihnen verkaufe, und dann bis an das Ende Ihrer Tage in Behaglichkeit leben.«

»Hm, ich bemerke zweierlei«, sagte Keawe. »Die ganze Zeit seufzen Sie wie eine Jungfer, die verliebt ist – das ist das eine; und das andere ist: Sie verkaufen diese Flasche sehr billig.«

»Ich habe Ihnen schon gesagt, warum ich seufze: nämlich weil ich befürchte, dass meine Gesundheit schwach wird; und wie Sie selber sagten, zu sterben, um zum Teufel zu gehen, das ist für jeden Menschen was Schreckliches. Was nun das anbetrifft, dass ich die Flasche so billig verkaufe, so muss ich Ihnen erklären, dass mit der Flasche eine besondere Bedingung verknüpft ist. Vor langer Zeit, als der Teufel sie zuerst auf die Erde brachte, da war sie ungeheuer teuer. Zuallererst wurde sie an den Priester Johannes verkauft für viele Millionen Dollar; sie kann aber nur mit Verlust verkauft werden. Wenn Sie sie um denselben Preis verkaufen, den Sie dafür bezahlt haben, so kommt sie zu Ihnen zurück wie eine Taube in den Schlag. Infolgedessen ist der Preis in allen diesen Jahrhunderten fortwährend gesunken, und die Flasche ist jetzt merkwürdig billig. Ich selber kaufte sie von einem meiner großmächtigsten Nachbarn hier auf dem Hügel, der Preis, den ich dafür bezahlte, betrug nur neunzig Dollar. Ich könnte sie für neunundachtzig Dollar und neunundneunzig Cent verkaufen, aber nicht um einen Cent teurer, sonst würde das Ding zu mir zurückkommen. Nun sind zwei Missstände dabei. Erstens: Wenn man eine so eigenartige Flasche für achtzig und soundso viele Dollar anbietet, denken die Leute, man mache einen Scherz. Und zweitens – aber damit eilt es nicht, und ich brauche nicht näher darauf einzugehen.

Nur müssen Sie dran denken, dass Sie die Flasche für gemünztes Geld verkaufen müssen.«

»Woher soll ich aber wissen, dass dies alles wahr ist?«, fragte Keawe.

»Einen kleinen Versuch können Sie sofort machen«, versetzte der Mann. »Geben Sie mir Ihre fünfzig Dollar, nehmen Sie die Flasche und wünschen Sie sich Ihre fünfzig Dollar in Ihre Tasche zurück. Wenn das nicht eintrifft, so versichere ich Ihnen mit meinem Ehrenwort, dass ich den Handel rückgängig mache und Ihnen Ihr Geld zurückzahle.«

»Sie belügen mich doch nicht?«, fragte Keawe.

Und der Mann band sich mit einem großen Eid.

»Schön, so viel will ich riskieren«, sagte Keawe, »denn das kann ja weiter nichts schaden.«

Und er bezahlte dem Mann sein Geld, und der Mann übergab ihm die Flasche.

»Flaschenteufelchen!«, sagte Keawe. »Ich wünsche meine fünfzig Dollar zurück!« Und richtig – kaum hatte er das Wort gesprochen, so war seine Tasche so schwer wie zuvor.

»Wahrhaftig! Das ist eine wundervolle Flasche!«, rief Keawe.

»Und nun guten Morgen, mein schöner Junge, und hole Sie der Teufel statt meiner!«, sagte der Mann.

»Halt!«, rief Keawe. »Ich will von diesem Unsinn nichts mehr wissen. Hier – nehmen Sie Ihre Flasche zurück!«

»Sie haben sie für weniger gekauft, als ich dafür bezahlt hatte«, antwortete der Mann und rieb sich die Hände. »Jetzt gehört sie Ihnen, und ich für meinen Teil wünsche weiter nichts, als Ihren Rücken zu sehen.«

Und damit klingelte er nach seinem chinesischen Diener und ließ Keawe die Haustür zeigen.

Als nun Keawe auf der Straße stand, seine Flasche unter dem Arm, da begann er nachzudenken.

»Wenn dies von der Flasche alles wahr ist, habe ich vielleicht ein böses Geschäft gemacht«, dachte er, »aber vielleicht hat der Mann nur einen Spaß mit mir getrieben.«

Das Erste, was er tat, war, dass er sein Geld zählte. Die Summe stimmte genau – neunundvierzig Dollar amerikanisches Geld und ein chilenischer Peso.

»Das sieht nach Wahrheit aus«, sagte Keawe zu sich selber, »nun will ich es mal an einer anderen Stelle versuchen.«

Die Straßen in jenem Stadtteil waren so rein wie ein Schiffsdeck, und obgleich es Mittag war, gingen keine Leute auf der Straße. Keawe setzte die Flasche in den Rinnstein und ging weg. Zweimal sah er sich um, und da stand jedes Mal die milchweiße, rundbauchige Flasche auf der Stelle, wo er sie hingestellt hatte. Zum dritten Mal sah er sich um, und dann bog er um eine Ecke; aber kaum hatte er das getan, da stieß etwas an seinen Ellbogen – und siehe da! Es war der lange Flaschenhals, der steil emporstand, und der runde Bauch der Flasche, der fest in der Tasche seiner Matrosenjacke steckte.

»Und das sieht auch nach Wahrheit aus!«, sagte Keawe.

Das Nächste, was er nun tat, war Folgendes: Er kaufte in einem Laden einen Pfropfenzieher und ging an einen einsamen Ort auf freiem Feld, draußen vor der Stadt. Und dort versuchte er, den Pfropfen herauszuziehen; aber sooft er die Schraube hineindrehte, kam sie wieder heraus, und der Kork war heil und ganz wie zuvor.

»Das ist ein neumodischer Pfropfen«, sagte Keawe; und auf einmal begann er zu zittern und zu schwitzen, denn er hatte Angst vor der Flasche.

Auf seinem Rückweg nach dem Hafen sah er einen Laden, worin ein Mann Muscheln und Keulen von den Südseeinseln verkaufte, dazu alte Götzenbilder, alte Münzen, chinesische und japanische Bilder und all solches Zeug, wie Seeleute es in ihren Matrosenkisten mitbringen. Und da hatte er einen Einfall. So ging er denn hinein und bot die Flasche für einhundert Dollar zum Verkauf an. Der Ladenbesitzer lachte ihn zuerst aus und bot ihm fünf. Aber allerdings – hm, es sei eine merkwürdige Flasche, solches Glas sei niemals in einer menschlichen Glashütte geblasen worden, so hübsch spielten die Farben unter dem Milchweiß und so seltsam tanzte der Schatten in der Mitte. Nachdem er also eine Weile mit ihm gefeilscht hatte, wie diese Leute zu tun pflegen, gab der Trödler dem Keawe sechzig Silberdollar für das Ding und setzte es auf ein Bord mitten in seinem Schaufenster.

»Nun«, sagte Keawe, »ich habe also für sechzig verkauft, was ich für fünfzig kaufte – oder eigentlich noch etwas billiger, weil einer von meinen Dollars ein chilenischer war. Nun werde ich also die Wahrheit auch über einen anderen Punkt erfahren.«

So ging er denn an Bord seines Schiffes zurück, und als er seine Kiste aufmachte, da lag die Flasche – sie war also schneller gekommen als er selber.

Nun hatte Keawe an Bord einen Maat, der hieß Lopaka.

»Was fehlt dir denn«, sagte Lopaka, »dass du so in deine Kiste starrst?« Sie waren allein vorne im Schiffsraum, und Keawe ließ ihn Verschwiegenheit schwören und erzählte ihm alles.

»Das ist eine sehr sonderbare Geschichte«, sagte Lopaka, »und ich fürchte, du wirst wegen dieser Flasche in Sorgen kommen. Aber eines ist dabei sehr klar: Die Sorgen sind dir sicher, und darum solltest du auch den Profit von diesem Geschäft mitnehmen. Überlege dir, was du dir wünschen willst; gib den Befehl, und wenn der ausgeführt wird, wie du es willst, dann will ich selber die Flasche kaufen; denn ich habe den Wunsch, einen Schoner zu besitzen und zwischen den Inseln Handel zu treiben.«

»Danach steht mein Sinn nicht«, sagte Keawe, »sondern ich möchte ein schönes Haus mit Garten an der Küste von Kona haben, wo ich geboren wurde: wo die Sonne zur Tür hereinscheint, mit Blumen im Garten, Glasscheiben in den Fenstern, Bildern an der Wand, Nippsachen und schönen Decken auf den Tischen – ganz und gar so ein Haus wie das, worin ich heute war – bloß ein Stockwerk höher und mit Balkonen rund herum wie des Königs Palast; und darin möchte ich wohnen ohne Sorge und mit meinen Freunden und Verwandten lustig sein.«

»Schön«, sagte Lopaka, »lass uns die Flasche mit nach Hawaii nehmen; und wenn alles richtig ausfällt, wie du denkst, will ich die Flasche, wie ich dir sagte, kaufen und will für mich einen Schoner verlangen.«

So machten sie es denn miteinander ab, und es dauerte nicht lange, da fuhr das Schiff nach Honolulu zurück, mit Keawe und Lopaka und der Flasche an Bord. Kaum waren sie an Land gekommen, so begegneten sie am Strand einem Freund, der sofort Keawe sein Beileid auszusprechen begann.

»Ich weiß nicht, wozu man mir Beileid aussprechen muss«, sagte Keawe.

»Ist es möglich, dass du es noch nicht gehört hast?«, rief der Freund. »Dein Oheim, der gute alte Mann, ist tot, und dein Vetter, der schöne Junge, ertrank in der See.«

Keawe war sehr bekümmert, begann zu weinen und zu klagen und vergaß so ganz und gar seine Flasche. Aber Lopaka war nachdenklich, und als Keawes Schmerz sich ein bisschen gelegt hatte, sagte er auf einmal:

»Ich habe eben darüber nachgedacht – hatte nicht dein Oheim Landbesitz in Hawaii im Bezirk Kau?«

»Nein«, sagte Keawe, »nicht in Kau; die Ländereien liegen an der Bergseite – ein bisschen südlich von Hookena.«

»Diese Ländereien werden ja jetzt dein sein?«, fragte Lopaka.

»Ganz gewiss werden sie das!«, sagte Keawe und begann wieder, um seine Verwandten zu jammern.

»Nein!«, rief Lopaka. »Lass jetzt das Jammern sein! Ich habe einen Gedanken in meinem Sinn. Was meinst du, wenn dies die Flasche verursacht hätte? Denn hier ist ja der Platz fertig für dein Haus.«

»Wenn das so ist«, rief Keawe, »dann ist das eine sehr schlimme Art, mir zu dienen, indem man meine Verwandten tötet. Aber, allerdings, es mag wohl sein; denn gerade in so einer Lage sah ich das Haus mit meines Geistes Augen.«

»Das Haus ist aber noch nicht gebaut«, sagte Lopaka.

»Nein – und wird wohl auch niemals gebaut werden!«, sagte Keawe. »Denn mein Onkel hatte zwar ein bisschen Kaffee und Ava und Bananen, aber das wird nicht mehr sein, als dass ich bequem leben kann; und der Rest der Ländereien ist schwarze Lava.«

»Lass uns zum Rechtsanwalt gehen«, sagte Lopaka, »ich habe meinen Gedanken immer noch im Kopf.«

Als sie nun zu dem Rechtsanwalt kamen, da stellte es sich heraus, dass Keawes Oheim in den letzten Tagen ungeheuerlich reich geworden war, und es war ein Vermögen an barem Geld vorhanden. Da rief Lopaka:

»Und hier ist das Geld für das Haus!«

»Wenn Sie an ein neues Haus denken, das Sie bauen wollen«, sagte da der Rechtsanwalt, »hier ist die Karte eines neuen Baumeisters, von dem man große Dinge erzählt.«

»Besser und besser!«, rief Lopaka. »Hier ist ja alles klipp und klar. Lass uns fortfahren, den Befehlen zu gehorchen!«

So gingen sie denn zu dem Baumeister, und der hatte Baupläne von Häusern auf seinem Tisch liegen.

»Sie wünschen etwas, das nicht so alltäglich ist«, sagte der Baumeister. »Wie gefällt Ihnen dies hier?« Und er reichte Keawe eine Zeichnung.

Als nun Keawe einen Blick auf diese Zeichnung warf, da schrie er laut auf; denn es war ganz genau das Bild von dem Haus, das er sich gedacht hatte.

»Dies Haus muss ich kriegen«, dachte er bei sich. »Sowenig mir die Art und Weise gefällt, wie ich dazu komme, so muss ich es doch jetzt kriegen; es ist wohl auch ebenso gut, wenn ich mit dem Bösen auch das Gute nehme.«

So sagte er denn dem Baumeister alle seine Wünsche und wie er das Haus eingerichtet haben wolle, und von den Bildern an der Wand und den Nippsachen auf den Tischen; und er fragte den Mann, für wie viel Geld er es übernehmen wollte, den ganzen Auftrag auszuführen.

Der Baumeister stellte viele Fragen, und dann nahm er eine Feder und machte eine Berechnung; und als er fertig war, nannte er genau die Summe, die Keawe geerbt hatte.

Lopaka und Keawe sahen einander an und nickten.

»Es ist ganz klar«, sagte Keawe, »dass ich dieses Haus kriegen muss, ob ich will oder nicht. Es kommt vom Teufel, und ich fürchte, ich werde wenig Gutes davon haben; und eines ist ganz gewiss: Ich werde keine Wünsche mehr äußern, solange ich noch diese Flasche habe. Aber das Haus habe ich nun einmal auf dem Buckel, und darum kann ich ebenso gut mit dem Bösen auch das Gute nehmen.«

So machte er seinen Vertrag mit dem Baumeister, und sie unterzeichneten ein Papier; und Keawe und Lopaka gingen wieder zu Schiff und segelten nach Australien; denn sie hatten untereinander abgemacht, dass sie sich um den Bau gar nicht bekümmern, sondern es dem Baumeister und dem Flaschenteufel überlassen wollten, nach ihrem eigenen Gefallen dieses Haus zu bauen und auszuschmücken.

Sie hatten eine gute Reise; nur wagte die ganze Zeit über Keawe kaum ein Wort zu sagen, denn er hatte geschworen, dass er keine Wünsche mehr aussprechen und keine Dienste mehr von dem Teufelchen annehmen wollte. Als sie zurückkamen, war die Zeit herum. Der Baumeister sagte ihnen, das Haus sei fertig, und Keawe und Lopaka fuhren als Passagiere auf der ›Hall‹ nach Kona hinunter, um das Haus zu besichtigen und nachzusehen, ob alles richtig gemacht sei, wie Keawe es sich in seinem Sinn gedacht hatte.

Nun, das Haus stand am Bergabhang, sodass es vom Schiff aus gesehen werden konnte. Über ihm lief der Wald hinauf bis in die Regenwolken; unter ihm fiel die schwarze Lava in Klippen ab, in denen die Könige der alten Zeiten begraben liegen. Ein Garten blühte rund um das Haus herum mit Blumen von allen Farben; und auf der einen Seite war ein Garten mit Papayabäumen und auf der anderen ein Garten mit Brotbäumen, und auf der Vorderseite, nach der See zu, da war ein Schiffsmast aufgetakelt und trug eine Flagge. Das Haus war aber drei Stockwerke hoch mit großen Zimmern und breiten Balkonen vor jedem. Die Fenster waren aus Glas, und das war so ausgezeichnet, dass es so klar wie Wasser und so hell wie der Tag war. Alles mögliche Hausgerät schmückte die Zimmer. Gemälde hingen an den Wänden in goldenen Rahmen: Bilder von Schiffen und von Schlachten, von den allerschönsten Weibern und von merkwürdigen Orten; nirgendwo auf der Welt gibt es Gemälde von so hell leuchtenden Farben wie die, die Keawe in seinem Haus an der Wand hängen fand. Die Nippsachen aber waren außerordentlich schön: Uhren, die die Stunden schlugen, und Spieldosen; kleine Männchen mit nickenden Köpfen; Bücher voll von Bildern; kostbare Waffen aus allen Teilen der Welt; die elegantesten Rätselspiele, mit denen ein Mann, wenn er allein ist, sich die Zeit vertreiben kann. Und da kein Mensch in solchen Zimmern leben möchte, bloß um durch sie hindurchzugehen und sie anzugucken, so waren die Balkone so breit gemacht, dass eine ganze Stadt voller Wonne hätte darauf hausen können; und Keawe wusste nicht, welcher Balkon ihm lieber war: der auf der Rückseite, wo man die Landbrise bekam und auf die Baumgärten und die Blumenbeete sah, oder der Vorderbalkon, auf dem man den Seewind trinken und über den steilen Bergwall hinabblicken und die ›Hall‹ sehen konnte, wie sie alle Wochen einmal zwischen Hookena und den Bergen von Pili hin- und herfuhr, oder die Schoner, die die Küste hinaufkreuzten, um Holz und Kava und Bananen zu holen.

Als sie nun alles besichtigt hatten, da setzten Keawe und Lopaka sich auf die Türschwelle, und Lopaka fragte:

»Nun, ist alles so, wie du es dir ausgedacht hattest?«

»Worte können es nicht aussprechen«, sagte Keawe. »Es ist besser, als ich geträumt hatte, und ich bin ganz krank vor Zufriedenheit.«

»Es ist bloß ein Ding dabei zu bedenken«, sagte Lopaka, »dies alles kann auf ganz natürliche Weise hergegangen sein, und das Flaschenteufelchen hat vielleicht gar nichts damit zu tun. Wenn ich nun die Flasche kaufte und schließlich keinen Schoner bekäme, dann hätte ich für nichts und wieder nichts meine Hand ins Feuer gesteckt. Ich gab dir allerdings mein Wort; trotzdem denke ich, du möchtest mir eine weitere Probe nicht abschlagen.«

»Ich habe geschworen, ich würde keine Gunst mehr annehmen«, sagte Keawe. »Ich sitze schon tief genug drin.«

»Es ist keine Gunst, woran ich denke«, versetzte Lopaka. »Ich möchte bloß das Teufelchen selber sehen. Dabei ist nichts zu gewinnen, und so braucht man sich auch eines solchen Wunsches nicht zu schämen; aber wenn ich ihn einmal sähe, so würde ich der ganzen Sache gewiss sein. Also tu mir doch den Gefallen und lass mich das Teufelchen sehen; sobald du es getan hast, will ich die Flasche kaufen.«

»Dabei ist bloß eins, wovor ich Furcht habe«, sagte Keawe. »Das Teufelchen mag vielleicht sehr hässlich anzusehen sein; und wenn du es einmal gesehen hättest, so könnte es dir dann sehr unerwünscht sein, die Flasche zu haben.«

»Ich bin ein Mann von Wort«, sagte Lopaka. »Und hier zwischen uns liegt das Geld.«

»Nun schön«, antwortete Keawe. »Ich bin selber neugierig. Also los: Lasst Euch mal anschauen, Herr Teufel!«

Sobald nun das gesagt war, schaute das Teufelchen aus der Flasche heraus und war gleich wieder drinnen, flink wie eine Eidechse; Keawe und Lopaka aber saßen da zu Stein erstarrt. Es war schon finstere Nacht, bevor einer von den beiden einen Gedanken fassen oder die Stimme finden konnte, ein Wort zu sprechen; und dann schob Lopaka seinem Freund das Geld zu, nahm die Flasche und sagte:

»Ich bin ein Mann von Wort, und wenn ich das nicht wäre, dann würde ich diese Flasche nicht mit meinem Fuß anrühren. Na, ich werde meinen Schoner kriegen und dazu einen Dollar oder zwei für meine Flasche; und dann will ich diesen Teufel wieder loswerden, so schnell ich kann. Denn um dir die reine Wahrheit zu sagen: Sein Anblick hat mich ganz umgeschmissen.«

»Lopaka«, sagte Keawe, »denke nicht schlechter von mir, als du nötig hast! Ich weiß, es ist Nacht, die Wege sind schlecht und die Stelle bei den Gräbern ist ein schlimmer Ort, um in so später Stunde dran vorbeizugehen – aber ich erkläre dir: Seitdem ich das Gesichtchen gesehen habe, kann ich nicht essen oder schlafen oder beten, bis es aus meiner Nähe ist. Ich will dir eine Laterne geben und einen Korb, in den du die Flasche legen kannst – und jedes Bild oder jedes schöne Ding in meinem Haus, wonach dir der Sinn stehen mag, kannst du haben –, aber geh sofort und schlafe in Hookena bei Nahinu.«

»Keawe«, sagte Lopaka, »mancher Mann würde dies übel nehmen – zumal ich dir einen so großen Gefallen tue, mein Wort zu halten und die Flasche zu kaufen, und besonders da die Nacht und die Dunkelheit und der Weg an den Gräbern vorbei zehnmal so gefährlich sein müssen für einen Menschen, der solch eine Sünde auf seinem Gewissen und solch eine Flasche unter seinem Arm hat. Aber ich bin selber so fürchterlich erschrocken, ich habe nicht das Herz, dich zu tadeln. So gehe ich denn also; und ich bitte Gott, du mögest in deinem Haus glücklich sein und ich möge mit meinem Schoner Glück haben und wir mögen beide schließlich in den Himmel kommen, trotz des Teufels in seiner Flasche.«

So ging Lopaka den Berg hinunter; und Keawe stand auf seinem Vorderbalkon und horchte auf das Klappern der Hufe und spähte nach dem Laternenschein, wie er den Bergpfad beleuchtete und das Höhlenriff, wo die Toten der alten Zeit begraben liegen; und die ganze Zeit über zitterte er und faltete die Hände und betete für seinen Freund und gab Gott Ruhm und Preis dafür, dass er selber aus dieser Not entronnen war.

Aber der nächste Tag kam herrlich leuchtend, und sein neues Haus war so köstlich anzuschauen, dass er seine Schrecken vergaß. Ein Tag folgte dem anderen, und Keawe hauste dort in beständiger Freude. Er hatte seinen Platz auf dem hinteren Balkon; dort aß und wohnte er und las die Geschichten in den Zeitungen von Honolulu; jeder aber, der vorüberging, kam herein und besah die Zimmer und die Bilder. Und der Ruhm des Hauses erscholl weit und breit: In ganz Kona nannte man es Ka-Hale Nui, das Große Haus; zuweilen auch das Blanke Haus, denn Keawe hielt sich einen Chinesen, der den ganzen Tag Staub wischte und putzte; und das Glas und die Vergoldungen und die schönen Stoffe und die Gemälde leuchteten so hell wie der Morgen. Keawe selber aber konnte nicht in seine Zimmer gehen, ohne zu singen – so weit war ihm das Herz! Und wenn auf der See Schiffe vorbeisegelten, ließ er seine Flagge vom Mast wehen.

So ging die Zeit dahin, bis eines Tages Keawe auf einen Besuch nach Kailua kam, um nach seinen Freunden zu sehen. Dort wurde er wohl bewirtet; am nächsten Morgen aber verabschiedete er sich, sobald er konnte, und ritt schnell wieder heim, denn er war ungeduldig, sein schönes Haus zu sehen, und außerdem war die nächste Nacht gerade die Nacht, in der bei Kona die Toten der alten Tage umgehen; und da er bereits mit dem Teufel zu tun gehabt hatte, lag ihm umso weniger etwas daran, es mit den Toten zu tun zu kriegen. Ein bisschen über Honaunau hinaus sah er in die Ferne und bemerkte ein Weib, das am Strand badete; und sie schien ein wohlgewachsenes Mädchen zu sein, aber er dachte nicht weiter daran. Dann sah er ihr weißes Hemd flattern, als sie es anzog, und dann ihr rotes Holoku; und als er bei ihr angekommen war, da war sie mit dem Anziehen fertig geworden und war von der See heraufgekommen und stand neben der Straße in ihrem roten Holoku; sie war ganz frisch von dem Bad, und ihre Augen glänzten und waren freundlich. Kaum sah nun Keawe sie, so zog er die Zügel an und sagte zu ihr:

»Ich dachte, ich kenne jedermann in dieser Gegend; wie kommt es denn, dass ich dich nicht kenne?«

»Ich bin Kokua, Kianos Tochter«, sagte das Mädchen, »und bin gerade von Oahu zurückgekehrt. Wer bist du?«

»Wer ich bin, das werde ich dir in einer kleinen Weile sagen«, sagte Keawe und stieg von seinem Pferd herunter, »aber nicht jetzt. Denn ich habe einen Gedanken in meinem Sinn, und wenn du wüsstest, wer ich bin, so könntest du schon von mir gehört haben und würdest mir keine wahre Antwort geben. Aber sage mir vor allen Dingen eins: Bist du verheiratet?«

Da lachte Kokua laut und sagte:

»Du fragst aber auch! Bist du selber verheiratet?«

»Wahrhaftig, Kokua, ich bin nicht verheiratet«, antwortete Keawe, »und dachte bis zu dieser Stunde niemals daran, mich zu verheiraten. Aber hier ist die reine Wahrheit: Ich habe dich hier am Wegrand getroffen, und ich sah deine Augen, die wie die Sterne sind, und mein Herz flog dir zu, so schnell wie ein Vogel. Nun also, wenn du nichts von mir wissen willst, dann sag es, und ich will weiterreiten nach meinem Haus; aber wenn du mich nicht für schlechter hältst als irgendeinen anderen jungen Mann, dann sag auch das! Und ich will für die Nacht bei deinem Vater einkehren und will morgen mit dem guten Mann reden.«

Kokua sprach kein einziges Wort, aber sie sah über das Meer hin und lachte.

»Kokua«, sagte Keawe, »wenn du nichts sagst, will ich das als gute Antwort nehmen; so lass uns zu deines Vaters Tür gehen!«

Sie ging vor ihm her, immer noch ohne zu sprechen; nur zuweilen sah sie sich um und blickte dann wieder weg, und sie hielt die Bänder ihres Hutes zwischen ihren Zähnen.

Als sie nun vor die Tür gekommen waren, da trat Kiano auf seine Veranda hinaus, rief laut und hieß Keawe mit seinem Namen willkommen. Da sah das Mädchen ihn an, denn der Ruf von dem Großen Haus war auch ihr zu Ohren gekommen; und sicherlich war es eine große Versuchung. Diesen ganzen Abend waren sie sehr lustig beisammen, und das Mädchen war unter den Augen der Eltern dreist wie ein Spatz und neckte Keawe, denn sie hatte einen flinken Witz. Den nächsten Tag sprach er mit Kiano, und dann suchte er das Mädchen auf, das allein war, und sagte:

»Kokua, den ganzen Abend hast du mich geneckt, und es ist noch Zeit, mir zu sagen, ich könne gehen. Ich wollte dir nicht sagen, wer ich bin, weil ich ein so schönes Haus habe und fürchtete, du würdest zu viel an das Haus denken und zu wenig an den Mann, der dich liebt. Jetzt weißt du alles, und wenn du mich nie wiederzusehen wünschst, dann sag es nur gleich.«

»Nein«, sagte Kokua; aber diesmal lachte sie nicht, Keawe fragte aber auch nicht weiter.

So freite Keawe. Es war schnell gegangen; aber auch ein Pfeil fliegt schnell und eine Büchsenkugel noch schneller, und doch können beide das Ziel treffen. Es war schnell gegangen, aber es war auch tief gegangen, der Gedanke an Keawe erfüllte des Mädchens ganzen Sinn; sie hörte seine Stimme in der Brandung am Lavastrand; um dieses Jünglings willen, den sie nur zweimal gesehen hatte, würde sie Vater und Mutter und ihre heimatlichen Inseln verlassen. Keawe aber flog auf seinem Ross den Bergweg entlang unter der Gräberklippe, und der Klang der Hufe und Keawes Stimme, der vor Freude sang, hallten aus den Höhlen der Toten wider. Er kam zu dem Blanken Haus und sang immer noch. Er saß und aß auf dem breiten Balkon, und der Chinese wunderte sich über seinen Herrn, wie er zwischen zwei Bissen sang. Die Sonne sank in die See und die Nacht kam; und Keawe ging auf seinen Balkon bei Lampenlicht, das hoch auf den Berg hinaufschien, und der Klang seines Singens verwunderte die Menschen auf den Schiffen.

»Hier bin ich nun in meinem Haus auf der Höhe«, sagte er zu sich selber. »Besser wird wohl mein Leben nicht werden; dies ist die Höhe des Berges, und rund um mich herum neigt es sich abwärts zum Schlimmeren. Zum ersten Mal will ich die Zimmer benutzen und will in meiner schönen Wanne baden mit dem heißen Wasser und dem kalten und will allein in dem Bett meines Brautgemachs schlafen.«

So bekam denn der Chinese einen Befehl und musste aus seinem Schlaf aufstehen und den Herd heizen; und als er unten an seinem Kessel arbeitete, hörte er über sich in den erleuchteten Zimmern seinen Herrn singen und frohlocken. Als das Wasser zu kochen begann, rief der Chinese seinen Herrn; und Keawe ging in das Badezimmer; und der Chinese hörte ihn singen, als er die Marmorwanne füllte; und hörte ihn singen und wieder singen, als er sich auszog – bis plötzlich der Gesang aufhörte. Der Chinese lauschte und lauschte; er ging ins Haus hinauf, um Keawe zu fragen, ob alles recht sei, und Keawe antwortete ihm: »Ja« und hieß ihn zu Bett gehen; aber es war kein Gesang mehr in dem Blanken Haus, und die ganze Nacht hindurch hörte der Chinese seines Herrn Schritte, wie er ruhelos auf den Balkon um das Haus herumging.

Nun, die Sache war die: Als Keawe sich auszog, um sein Bad zu nehmen, da bemerkte er auf seiner Haut einen Flecken, wie einen Moosfleck an einem Felsen, und da hörte er auf zu singen. Denn er kannte solche Flecken und wusste, dass er von der Chinesischen Krankheit befallen war.

Nun ist es sehr traurig für jeden Menschen, diese Krankheit zu haben. Und sehr traurig wäre es für jeden Menschen, ein so schönes und behagliches Haus zu verlassen, von allen seinen Freunden zu scheiden und nach der Nordküste von Molokai gehen zu müssen, zwischen den gewaltigen Felsen und der Brandung des Meeres. Aber was wollte das heißen im Vergleich zu Keawe, der seine Liebste erst gestern gesehen und sie erst an diesem Morgen gewonnen hatte und jetzt alle seine Hoffnungen in einem Augenblick zerbrechen sah wie ein Stück Glas?

Eine Weile saß er auf dem Rand der Badewanne; dann sprang er mit einem Schrei auf und rannte hinaus, und lief auf und ab, auf und ab, immer den Balkon entlang, wie ein Verzweifelter.

»Herzlich gern könnte ich Hawaii verlassen, die Heimat meiner Vorväter«, dachte Keawe bei sich selber; »leichten Herzens könnte ich mein Haus verlassen, das hoch gelegene, das vielfenstrige, hier oben auf den Bergen, mit tapferem Herzen könnte ich nach Molokai gehen, nach Kalaupapa an den Klippen, um mit den Aussätzigen zu leben und dort zu schlafen, fern von meinen Vorvätern. Aber welches Unrecht habe ich getan, welches Unglück liegt auf meiner Seele, dass ich Kokua begegnen musste, wie sie kühl vom Seewasser in den Abend ging? Kokua, die die Seelen bezaubert! Kokua, das Licht meines Lebens! Sie darf ich niemals freien; sie darf ich nicht länger ansehen; sie darf ich nicht mehr streicheln mit meiner liebenden Hand. Und darum, um deinetwillen, o Kokua, schreie ich meine Klagen!«

Nun war Keawe ein bemerkenswerter Mann; er hätte dort oben in dem Blanken Haus jahrelang wohnen können, und kein Mensch hätte etwas davon gemerkt, dass er von der Lepra befallen war. Aber darauf gab er nichts, wenn er Kokua verlieren musste. Und ferner – er hätte Kokua heiraten können, krank, wie er war, und so manche würden das getan haben, weil sie Schweineseelen haben; aber Keawe liebte das Mädchen mannhaft, und er wollte ihr keinen Schaden tun und sie nicht in Gefahr bringen.

Ein Weilchen später, als Mitternacht vorbei war, kam ihm wieder die Flasche in den Sinn. Er ging nach der Schwelle seiner Hintertür, wo er mit Lopaka gesessen hatte und rief in sein Gedächtnis den Tag zurück, an dem der Teufel herausgeschaut hatte; und bei dem Gedanken erstarrte das Blut in seinen Adern zu Eis.

»Ein furchtbares Ding ist die Flasche«, dachte Keawe, »schrecklich ist das Teufelchen, und schrecklich ist es, Höllenflammen zu riskieren. Aber welche andere Hoffnung hab ich, meine Krankheit zu heilen oder Kokua zu heiraten? Was? Habe ich dem Teufel einmal getrotzt, nur um ein Haus zu bekommen, und ich sollte ihm nicht abermals trotzen, um Kokua zu gewinnen?«

Und da erinnerte er sich, dass am nächsten Tag die ›Hall‹ auf ihrer Rückfahrt nach Honolulu vorbeikäme.

»Dahin muss ich zuerst gehen«, dachte er, »und Lopaka aufsuchen. Denn meine beste Hoffnung ist jetzt, dieselbe Flasche wiederzubekommen, die ich mit solcher Freude loswurde.«

Keinen Augenblick konnte er schlafen; der Bissen blieb ihm in der Kehle stecken beim Essen; aber er schickte einen Brief an Kiano, und um die Zeit, als der Dampfer kommen musste, ritt er über die Gräberklippen an den Strand. Es regnete; sein Pferd ging mühsam; er blickte nach den schwarzen Öffnungen der Höhlen hinauf und beneidete die Toten, die dort schliefen und keine Sorgen mehr hatten, und er dachte daran, wie er am Tag vorher vorübergaloppiert war, und war erstaunt. So kam er denn nach Hookena hinunter, und da waren wie gewöhnlich die Bewohner der ganzen Gegend versammelt wegen des Dampfers. Unter dem Wellblechdach vor dem Kaufladen saßen sie, scherzten und erzählten die Neuigkeiten; in Keawes Brust aber war keine Lust zum Sprechen, und er saß in ihrer Mitte und sah hinaus auf den Regen, der auf die Häuser niederfiel und auf die Brandung, die gegen die Felsen schlug, und Seufzer stiegen in seiner Kehle hoch.

»Keawe vom Blanken Haus ist trübselig«, sagte einer zum andern. Jawohl, das war er, und das ist kein Wunder.

Dann kam die ›Hall‹, und das Strandboot brachte ihn an Bord. Das Achterdeck des Schiffes war voll von Weißen, die den Vulkan besucht hatten, wie es ihre Gewohnheit ist; und das Mittelschiff war voll bepackt mit Kanakas und das Vorderschiff mit wilden Ochsen von Hilo und Pferden von Kau; aber Keawe saß abgesondert von allen andern in seinem Kummer und spähte nach Kianos Haus aus. Da lag es, tief am Strand in den schwarzen Felsen und überschattet von den Kokospalmen, und dort neben der Tür war ein rotes Holoku, nicht größer als eine Fliege, und bewegte sich, geschäftig wie eine Fliege, hin und her.

»Oh! Königin meines Herzens«, rief er, »ich will meine liebe Seele wagen, dich zu gewinnen!«

Bald nachher sank die Dunkelheit hernieder, die Kajüten wurden beleuchtet, und die Weißen saßen und spielten Karten und tranken Whisky, wie es ihre Gewohnheit ist; Keawe aber ging die ganze Nacht hindurch auf dem Deck auf und ab; und den ganzen nächsten Tag, als sie im Lee von Maui oder von Molokai vorüberdampften, lief er immer noch auf und ab wie ein wildes Tier in einem Käfig.

Gegen Abend fuhren sie an Diamond Head vorüber und kamen an die Kais von Honolulu. Keawe ging vom Schiff unter die Menge und begann, nach Lopaka zu fragen. Er war anscheinend Besitzer eines Schoners geworden – keinen besseren gab es auf den Inseln! – und war auf eine Kreuzfahrt ausgesegelt, weit weg – bis Pola-Pola oder Kahiki; so konnte er also von Lopaka keine Hilfe erwarten. Da fiel Keawe ein, dass ein Freund von ihm Rechtsanwalt in der Stadt war – seinen Namen darf ich nicht nennen –, und er erkundigte sich nach ihm. Sie sagten, er sei plötzlich reich geworden und habe ein schönes neues Haus am Strand bei Waikiki; und da kam Keawe ein Gedanke, er rief einen Wagen an und fuhr nach des Anwalts Haus.

Das Haus war funkelnagelneu, die Bäume im Garten waren nicht größer als Spazierstöcke, und der Rechtsanwalt, als er kam, sah aus wie ein Mensch, der zufrieden ist.

»Womit kann ich dir dienen?«, sagte der Rechtsanwalt.

»Du bist ein Freund von Lopaka«, antwortete Keawe. »Lopaka kaufte von mir ein Stück Ware, und ich dachte, du wärest vielleicht imstande, mir auf seine Spur zu helfen.«

Des Anwalts Gesicht wurde sehr finster, und er sagte:

»Ich will nicht behaupten, dass ich dich nicht verstehe, Keawe; aber dies ist eine üble Geschichte, die man lieber nicht aufrühren sollte. Ich versichere dir: Ich weiß nichts Bestimmtes, indessen habe ich eine Ahnung, und wenn du in einer gewissen Gegend anfragen würdest, so denke ich, du könntest was Neues hören.«

Und er nannte den Namen eines Mannes, den ich auch wieder besser verschweige. So ging es tagelang, und Keawe lief von einem zum anderen, fand überall neue Kleider, Pferde und Wagen, schöne neue Häuser und überall sehr zufriedene Leute, obgleich allerdings, sobald er sein Anliegen andeutete, ihre Gesichter sich verfinsterten.

»Ohne Zweifel bin ich auf der Spur«, dachte Keawe. »Diese neuen Kleider und Fuhrwerke sind lauter Gaben des Teufelchens, und diese frohen Gesichter sind die Gesichter von Menschen, die ihren Profit gehabt und sich selber vor dem verfluchten Ding in Sicherheit gebracht haben. Wenn ich bleiche Wangen sehe und Seufzen höre, dann werde ich wissen, dass ich dicht bei der Flasche bin.«

So geschah es zuletzt, dass er mit einer Empfehlung an einen Weißen in die Beritania Street gewiesen wurde. Als er vor die Tür kam, ungefähr um die Zeit des Abendessens, waren da die üblichen Anzeichen von einem neuen Haus und neuen Garten und elektrischem Licht, das durch die Fenster strahlte; als aber der Besitzer kam, da fuhr Keawe ein Stoß von Hoffnung und Furcht durch den Leib; denn hier war ein junger Mann, weiß wie ein Leichnam und schwarz um die Augen, das Haar wüst um den Kopf, und in seinem Gesicht ein Ausdruck, wie ein Mensch ihn haben mag, der den Galgen erwartet.

»Hier ist es ganz gewiss!«, dachte Keawe; und so gab er denn diesem Mann ganz unverhüllt sein Anliegen kund und sagte:

»Ich bin gekommen, um die Flasche zu kaufen.«

Bei diesem Wort taumelte der junge Weiße gegen die Wand.

»Die Flasche!«, ächzte er. »Die Flasche zu kaufen!«

Dann war es, wie wenn er erstickte, er ergriff Keawe an einem Arm, zog ihn in ein Zimmer und schenkte zwei Gläser Wein ein.

»Auf Ihr wertes Wohlsein!«, sagte Keawe, der zu seiner Zeit viel mit Weißen verkehrt hatte. »Ja«, fuhr er dann fort, »ich will die Flasche kaufen. Wie hoch ist jetzt der Preis?«

Auf dieses Wort hin ließ der junge Mann sein Glas aus der Hand fallen, sah Keawe an wie ein Gespenst und rief:

»Der Preis! Der Preis! Sie wissen den Preis nicht?«

»Deshalb frage ich Sie ja«, antwortete Keawe. »Aber weshalb sind Sie so bestürzt? Ist etwas nicht in Ordnung mit dem Preis?«

»Die Flasche ist seit Ihrer Zeit ein Gutteil im Wert gesunken, Mr Keawe«, sagte der junge Mann stammelnd.

»Nun schön, da werde ich umso weniger dafür zu bezahlen haben«, sagte Keawe. »Wie viel zahlten Sie dafür?«

Der junge Mann war so weiß wie ein Betttuch, als er sagte:

»Zwei Cent.«

»Was?«, rief Keawe. »Zwei Cent? Dann können Sie sie ja nur für einen Cent verkaufen. Und wer sie kauft –«

Die Worte erstarben auf Keawes Zunge: Wer sie kaufte, der konnte sie niemals wieder verkaufen; die Flasche und der Flaschenteufel mussten bei ihm verbleiben, bis er starb; und wenn er starb, musste er in die rote Höllentiefe fahren.

Der junge Mann in der Britanniastraße fiel auf seine Knie und schrie:

»Um Gottes willen, kaufen Sie sie! Sie können mein ganzes Vermögen obendrein bekommen. Ich war wahnsinnig, als ich sie zu dem Preis kaufte. Ich hatte all mein Geld in meinem Geschäft aufs Spiel gesetzt und hatte fremdes Geld unterschlagen; ich wäre sonst verloren gewesen und hätte ins Gefängnis gehen müssen.«

»Armes Geschöpf!«, sagte Keawe. »Sie wagten Ihre Seele an ein so verzweifeltes Abenteuer, um der gerechten Strafe für Ihre Missetat zu entgehen; und Sie denken, ich könnte zögern, da ich es aus Liebe tue? Geben Sie mir die Flasche und Kleingeld heraus, das Sie, davon bin ich überzeugt, schon zur Hand haben. Hier ist ein Fünfcentstück.«

Es war so, wie Keawe vermutet hatte: Der junge Mann hatte das Kleingeld in einer Schublade bereitliegen; die Flasche wechselte den Besitzer, und kaum hatten Keawes Finger den Flaschenhals umspannt, so hatte er den Wunsch ausgesprochen, wieder eine reine Haut zu haben. Und richtig – als er in sein Zimmer kam und sich vor einem Spiegel nackt auszog, da war sein Leib blank und rein wie der eines neugeborenen Kindes. Und nun kam das Sonderbare. Kaum hatte er dieses Wunder gesehen, da änderte sich sein Sinn, und er machte sich gar nichts mehr aus der üblen Krankheit und wenig genug aus Kokua und hatte nur den einzigen Gedanken, dass er jetzt für Zeit und Ewigkeit dem Flaschenteufel verfallen sei und keine bessere Hoffnung habe, als ewiglich in den Flammen der Hölle zu brennen.

In weiter Ferne sah er vor seines Geistes Augen die Flammen lodern, und seine Seele schauderte zurück, und Finsternis fiel auf das Licht.

Als Keawe ein wenig zu sich kam, bemerkte er, dass es ein Abend war, an dem die Musikbande im Gasthaus spielte. Dorthin ging er, weil er Angst hatte, allein zu sein; und dort lief er unter glücklichen Gesichtern hin und her und hörte die Melodien auf und ab schweben und sah Berger den Takt schlagen, und die ganze Zeit hörte er die Flammen prasseln und sah das rote Feuer in der bodenlosen Höllentiefe brennen. Plötzlich spielte die Musik ›Hiki-ao-ao‹; das war ein Lied, das er mit Kokua gesungen hatte, und bei diesen Klängen kam ihm der Mut wieder, und er dachte:

»Es ist nun mal geschehen, und so will ich noch einmal mit dem Bösen auch das Gute hinnehmen.«

Und so geschah es, dass er mit dem ersten Dampfer nach Hawaii zurückfuhr, und sobald es geschehen konnte, wurde er mit Kokua vermählt und brachte sie nach dem Blanken Haus am Berghang.

Nun war es so mit diesen beiden: Wenn sie beisammen waren, dann war Keawes Herz beruhigt; aber sobald er allein war, befiel ihn ein brütendes Grauen, und er hörte die Flammen prasseln und sah das rote Feuer in dem bodenlosen Höllenabgrund brennen. Das Mädchen hatte sich ihm ganz und gar zu eigen gegeben; das Herz hüpfte ihr in der Brust bei seinem Anblick, ihre Hand schlug sich in die seinige; und sie war so schön gestaltet von den Haaren auf ihrem Kopf bis herab zu den Nägeln ihrer Zehen, dass kein Mensch sie ohne Freude ansehen konnte. Sie war liebreich in ihrem Wesen. Stets wusste sie ein gutes Wort zu sagen. Voll von Gesang war sie und ging hin und her in dem Blanken Haus, das Schönste in seinen drei Stockwerken, und schmetterte ihre Lieder wie die Vögel. Keawe sah und hörte sie mit Entzücken, und dann musste er sich beiseiteschleichen und weinen und stöhnen, wenn er an den Preis dachte, den er für sie bezahlt hatte; und dann musste er seine Augen trocknen und sein Gesicht waschen und zu ihr gehen und mit ihr auf den breiten Balkonen sitzen, in ihre Lieder einstimmen und, mit einem kranken Gemüt, auf ihre lächelnden Blicke antworten.

Es kam ein Tag, da begannen ihre Füße schwer und ihre Lieder seltener zu werden; und nun war es nicht Keawe allein, der abseits weinte, sondern jedes von ihnen beiden sonderte sich von dem anderen ab, und sie saßen auf gegenüberliegenden Balkonen, die die ganze Breite des Blanken Hauses trennte. Keawe war so in seine Verzweiflung versunken, dass er die Veränderung kaum bemerkte und nur froh darüber war, dass er mehr Stunden für sich hatte, um allein zu sitzen und über seinem Schicksal zu brüten, und dass er nicht so oft dazu verdammt war, mit einem kranken Herzen ein lächelndes Gesicht zu zeigen. Aber eines Tages, als er leise durch das Haus ging, da hörte er einen Ton wie von einem schluchzenden Kind, und da lag Kokua mit dem Gesicht auf den Brettern des Balkons und weinte wie eine verlorene Seele.

»Du hast recht, dass du in diesem Haus weinst, Kokua«, sagte er. »Und doch wollte ich den Kopf von meinem Leib hergeben, damit du wenigstens hättest glücklich sein können.«

»Glücklich!«, rief sie. »Keawe, als du allein in deinem Blanken Haus wohntest, da war dein Name sprichwörtlich auf der Insel für einen glücklichen Mann; Lachen und Singen waren in deinem Mund, und dein Antlitz war glänzend wie der Sonnenaufgang. Dann heiratetest du die arme Kokua; und der liebe Gott weiß, was an ihr nicht recht ist – aber von dem Tag an hast du nicht mehr gelächelt. Oh, was fehlt mir? Ich dachte, ich sei hübsch, und ich wusste, dass ich ihn liebte. Was fehlt mir, dass ich diese Wolke über meinen Gatten bringe?«

»Arme Kokua«, sagte Keawe. Er setzte sich auf den Boden neben sie und suchte ihre Hand zu fassen; aber sie riss sie weg.

»Arme Kokua!«, sagte er wieder. »Mein armes Kind – mein hübsches! Und ich hatte alle diese Zeit gedacht, ich wollte dich schonen! Nun, so sollst du alles wissen; dann wirst du wenigstens Mitleid haben mit dem armen Keawe; dann wirst du begreifen, wie sehr er dich liebte in den vergangenen Tagen – dass er der Hölle trotzte, um dich zu besitzen – und wie sehr er dich immer noch liebt, der arme Verdammte, dass er noch ein Lächeln auf sein Gesicht zwingen kann, wenn er dich erblickt.« Und so erzählte er alles, vom allerersten Anfang an.

»Dies hast du um meinetwillen getan?«, rief sie. »Oh – dann habe ich auch keinen Kummer mehr!«

Und sie umschlang ihn und weinte an seiner Brust.

»Ach, Kind!«, sagte Keawe. »Ich aber, wenn ich an das Höllenfeuer denke, ich habe recht viel Kummer!«

»Sprechen wir nicht davon!«, sagte sie. »Kein Mensch kann verloren sein, weil er Kokua liebte und sonst keinen anderen Fehler begangen hat. Ich sage dir, Keawe, ich werde dich retten, mit diesen meinen Händen, oder mit dir vereint untergehen. Was! Du liebtest mich und gabst deine Seele hin, und du denkst, ich will nicht sterben, um dafür dich zu retten?«

»Ach, Geliebte! Du möchtest hundertmal sterben – welchen Unterschied würde das machen?«, rief er. »Weiter nichts, als dass ich dann einsam wäre, bis die Zeit meiner Verdammnis käme!«

»Du weißt nichts!«, sagte sie. »Ich wurde in einer Schule in Honolulu erzogen; ich bin kein gewöhnliches Mädchen. Und ich sage dir: Ich werde meinen Geliebten retten. Was sagtest du da von einem Cent? Die ganze Welt ist doch nicht amerikanisch? In England haben sie ja ein Geldstück, das sie einen Farthing nennen – das ist ungefähr ein halber Cent. Aber o weh!«, rief sie. »Damit wird es ja kaum besser – denn der Käufer muss verloren und verdammt sein, und wir werden keinen Menschen finden, der so tapfer ist wie mein Keawe! Aber höre – da ist Frankreich! Da haben sie eine kleine Münze, die sie einen Centime nennen, und von denen gehen fünf auf einen Cent, oder so ungefähr. Besser könnte es uns nicht passen. Komm, Keawe – lass uns nach den französischen Inseln gehen;

lass uns nach Tahiti gehen, so schnell uns Schiffe befördern können. Dort haben wir vier Centimes, drei Centimes, einen Centime; viermal also ist ein Verkauf und Kauf möglich; und wir sind zwei, um den Handel zu betreiben. Komm, mein Keawe! Küsse mich und jage die Sorgen weg! Kokua wird dich beschützen.«

»Gottesgabe!«, rief er. »Ich kann nicht glauben, dass Gott mich dafür bestrafen will, dass ich etwas so Gutes begehrt habe! Sei es also, wie du willst; bringe mich, wohin es dir beliebt: Ich lege mein Leben und Seelenheil in deine Hände.«

In aller Frühe am nächsten Morgen war Kokua schon beim Packen. Sie nahm Keawes Kiste, die er als Matrose benutzt hatte; und zuerst legte sie die Flasche in eine Ecke; und dann packte sie ihre reichsten Kleider ein und die besten Schmucksachen, die sie im Haus hatten. »Denn«, sagte sie, »wir müssen wie reiche Leute aussehen – wer würde sonst an die Flasche glauben?«

Und während der ganzen Zeit, da sie packte, war sie so lustig wie ein Vogel; nur wenn sie Keawe ansah, dann stürzten ihr die Tränen in die Augen und sie musste hinlaufen und ihn küssen. Keawe aber war eine Last von seiner Seele los; jetzt, da er sein Geheimnis mit einem anderen Menschen teilte und Hoffnung vor sich sah, da schien er ein neuer Mensch geworden zu sein; seine Füße traten leicht auf die Erde, und das Atmen war ihm wieder eine Wonne. Aber immer noch lauerte Grauen an seinen Ellbogen; immer und immer wieder, wie der Wind eine Kerze ausbläst, starb in ihm die Hoffnung, und er sah die Flammen züngeln und die rote Glut in der Hölle brennen.

Sie verbreiteten in der Gegend das Gerücht, dass sie eine Vergnügungsreise nach den Staaten machten; das kam den Leuten sonderbar vor und war doch nicht so sonderbar wie die Wahrheit, wenn einer hätte die erraten können! So fuhren sie denn nach Honolulu mit der ›Hall‹ und von da auf der ›Umatilla‹ nach San Francisco mit einem Haufen weißer Leute, und in San Francisco machten sie die Überfahrt auf der Postbrigantine ›Tropic Bird‹ nach Papeete, dem Hauptort der Franzosen auf den Südseeinseln. Dort kamen sie nach einer angenehmen Reise an einem schönen Tag an und sahen das Riff mit der schäumenden Brandung und Motuiti mit seinen Palmen und den Schoner, der auf der Reede lag, und die weißen Häuser der Stadt unten am Strand entlang unter grünen Bäumen und in der Höhe die Berge und die Wolken von Tahiti, der Insel der Weißen.

Und die Leute sagten ihnen, das weiseste sei, ein Haus zu mieten. Das taten sie auch und nahmen eins gegenüber dem britischen Konsulat, gaben auf protzige Weise viel Geld aus und taten sich hervor mit schönen Wagen und Pferden. Dies konnten sie sich leisten, solange sie die Flasche in ihrem Besitz hatten. Denn Kokua war kühner als Keawe und verlangte, sooft sie Lust hatte, von dem Teufelchen zwanzig oder auch hundert Dollar. So wurden sie denn bald in der Stadt viel bemerkt; und die Fremden von Hawaii, ihr Reiten und ihr Fahren, Kokuas schöne Holokus und kostbare Spitzen wurden das Stadtgespräch.

Mit der Sprache von Tahiti wurden sie nach dem allerersten Anfang ganz gut fertig; sie ähnelt in der Tat dem Hawaiischen, nur dass gewisse Buchstaben anders sind; und sobald sie sich einigermaßen gewandt ausdrücken konnten, begannen sie, sich um den Verkauf der Flasche zu bemühen. Nun muss man bedenken, dass das nicht so leicht zu machen war; es war nicht so einfach, Leute dahin zu bringen, dass sie es für ernst hielten, wenn man sich erbot, für vier Centimes ihnen die Quelle von Wohlergehen und unerschöpflichem Reichtum zu verkaufen. Außerdem war es notwendig, die Gefahren der Flasche deutlich zu nennen. So kam es denn, dass einige überhaupt nicht an die ganze Geschichte glaubten und sie auslachten, andere aber umso mehr an die dunklere Seite dachten, ernste Gesichter machten und sich von Keawe und Kokua zurückzogen als von Menschen, die mit dem Teufel zu tun hätten. Anstatt Boden zu gewinnen, begannen die beiden zu bemerken, dass man in der Stadt ihnen auswich; die Kinder liefen schreiend vor ihnen davon – für Kokua etwas Unerträgliches –, Katholiken bekreuzigten sich, wenn sie vorübergingen; und alle Menschen wichen wie auf Verabredung ihren Freundlichkeiten aus.

Da kam Niedergeschlagenheit über sie. Nach der Mühsal eines Tages saßen sie abends in ihrem neuen Haus und sprachen kein Wort miteinander, aber das Schweigen wurde dadurch gebrochen, dass Kokua plötzlich laut aufschluchzte; manchmal beteten sie miteinander; manchmal holten sie ihre Flasche hervor, stellten sie auf den Boden und saßen den ganzen Abend und sahen zu, wie der Schatten in der Mitte tanzte. Dann hatten sie Angst, zu Bett zu gehen. Es dauerte lange, bis Schlaf zu ihnen kam, und wenn eines von ihnen eingeschlummert war und dann aufwachte, fand es das andere, wie es stumm im Finstern weinte; oder auch, das andere war aus dem Haus geflohen und aus der Nachbarschaft der Flasche, um unter den Bananen im Gärtchen auf und ab zu gehen oder im Mondschein am Strand zu wandern.

So war es eines Nachts, als Kokua erwachte. Keawe war fort. Sie fühlte im Bett nach ihm, und sein Platz war kalt. Da befiel sie Furcht, und sie richtete sich im Bett auf. Ein bisschen Mondschein drang durch die Ritzen der Läden ein, das Zimmer war hell, und sie konnte die Flasche auf dem Fußboden sehen. Draußen wehte ein starker Wind, die großen Bäume in der Allee rauschten und ächzten laut, und die abgefallenen Blätter raschelten auf der Veranda. In all diesen Geräuschen hörte Kokua einen anderen Ton; ob er von einem Tier oder von einem Menschen ausging, konnte sie kaum sagen, aber der Ton war todestraurig und schnitt ihr in die Seele. Leise stand sie auf, öffnete die Tür ein wenig und sah hinaus auf den mondhellen Garten. Da lag Keawe unter den Bananen, den Mund in den Staub gedrückt, und wie er so lag, stöhnte er.

Kokuas erster Gedanke war, hinauszulaufen und ihn zu trösten; aber ihr zweiter Gedanke hielt sie mit Macht zurück. Keawe hatte sich vor seiner Frau wie ein tapferer Mann gehalten; es geziemte ihr nicht, in der Stunde seiner Schwachheit ihn zu beschämen. Mit diesem Gedanken ging sie in das Haus zurück.

»Himmel!«, sagte sie bei sich selber. »Wie gedankenlos bin ich gewesen – wie schwach! Nicht ich, sondern er schwebt in dieser ewigen Gefahr; er, nicht ich, nahm den Fluch auf seine Seele. Um meinetwillen, aus Liebe zu einem Geschöpf, das so wenig wert ist und so wenig helfen kann, sieht er jetzt die Flammen der Hölle vor sich – ja, riecht schon ihren Qualm, wie er da draußen liegt in Sturm und Mondschein. Bin ich so stumpfsinnig, dass ich bis jetzt niemals meine Pflicht geahnt habe, oder sah ich sie schon vorher und schob sie beiseite? Aber nun will ich wenigstens meine Seele in beide Hände meiner Liebe nehmen; jetzt nehme ich Abschied von den weißen Stufen zum Himmel und den wartenden Gesichtern meiner Freunde. Liebe um Liebe – und möge meine Liebe Keawes Liebe gleich sein! Seele um Seele – lass es die meinige sein, die zugrunde geht!«

Sie war ein flinkes, behändes Weib und schnell mit ihrem Anzug fertig. Sie nahm in ihre Hand das Wechselgeld – die kostbaren Centimestücke, die sie immer bereithielten; denn diese Münze ist wenig im Gebrauch, und sie hatten sich bei einer amtlichen Stelle damit versehen. Als sie draußen in der Allee war, trieb der Wind Wolken heran, und der Mond verdunkelte sich; die Stadt lag im Schlaf, und sie wusste nicht, wohin sie gehen sollte, bis sie im Schatten der Bäume einen Menschen husten hörte.

»Alter Mann«, sagte Kokua, »was suchst du hier draußen in der kalten Nacht?«

Der alte Mann konnte vor Husten kaum sprechen, aber sie verstand schließlich so viel, dass er alt und arm war und fremd auf der Insel.

»Willst du mir einen Dienst erweisen?«, sagte Kokua. »Als ein Fremdling dem anderen und als ein alter Mann einem jungen Weib – willst du einer Tochter Hawaiis helfen?«

»Oho!«, sagte der alte Mann. »So bist du die Hexe von den acht Inseln und suchst sogar meine arme Seele zu umstricken? Aber ich habe von dir gehört und spotte deiner sündhaften Lockung!«

»Setz dich hierher«, sagte Kokua, »und lass mich dir eine Geschichte erzählen.«

Und sie erzählte ihm die Geschichte von Keawe, vom Anfang bis zum Ende, und so schloss sie:

»Nun, ich bin seine Frau, die er mit dem Heil seiner Seele erkauft hat. Was könnte ich tun? Wenn ich selber zu ihm ginge und ihm anböte, die Flasche zu kaufen, würde er Nein sagen. Aber wenn du gehst – dann wird er sie bereitwillig verkaufen. Ich will hier auf dich warten; du kaufst sie für vier Centimes, und ich kaufe sie dir für drei wieder ab. Und der Herrgott gebe einem armen Mädchen Kraft!«

»Wenn du mit falschem Herzen redest«, sagte der alte Mann, »so glaube ich, Gott würde dich auf der Stelle sterben lassen.«

»Das würde er! Verlass dich drauf, das würde er! Ich könnte nicht verräterisch sein – Gott würde es nicht dulden.«

»Gib mir die vier Centimes und warte hier auf mich«, sagte der alte Mann.

Als nun Kokua allein auf der Straße stand, erstarrte ihre Seele. Der Wind heulte in den Bäumen, und ihr kam es vor, wie wenn es das Rauschen der Höllenflammen wäre; die Schatten schwankten im Licht der Straßenlaterne, und sie kamen ihr vor wie Hände böser Geister, die nach ihr griffen. Hätte sie die Kraft gehabt, so hätte sie weglaufen müssen, und hätte sie den Atem gehabt, so hätte sie laut schreien müssen; aber wirklich, sie konnte weder das eine noch das andere und stand und zitterte da in der Allee wie ein geängstigtes Kind.

Dann sah sie den alten Mann zurückkommen, und er hielt die Flasche in seiner Hand.

»Ich habe nach deinem Wunsch getan«, sagte er. »Als ich deinen Mann verließ, weinte er wie ein Kind; heute Nacht wird er ruhig schlafen.«

Er hielt ihr die Flasche hin.

»Bevor du sie mir gibst«, sagte Kokua keuchend, »nimm das Gute mit dem Bösen – verlange, von deinem Husten befreit zu werden.«

»Ich bin ein alter Mann«, erwiderte er, »und zu nahe am Tor des Grabes, um vom Teufel eine Gunst anzunehmen. Aber was ist dies? Warum nimmst du nicht die Flasche? Zögerst du?«

»Nichts von Zögern!«, rief Kokua. »Ich bin nur schwach. Gönne mir einen Augenblick noch. Es ist nur meine Hand, die widerstrebt; mein Fleisch schreckt zurück vor dem verfluchten Ding. Einen Augenblick nur!«

Der alte Mann sah Kokua freundlich an; dann sagte er: »Armes Kind! Du hast Angst; deine Seele täuscht dich. Wohlan, lass mich die Flasche behalten. Ich bin alt und kann in dieser Welt nicht mehr glücklich sein, und was in der nächsten –«

»Gib sie mir!«, keuchte Kokua. »Hier ist dein Geld. Denkst du, ich bin so gemein? Gib mir die Flasche.«

»Gott segne dich, Kind!«, sagte der Alte.

Kokua verbarg die Flasche unter dem Holoku, sagte dem alten Mann Lebewohl und ging die Allee entlang, es war ihr gleichgültig, wohin. Denn alle Wege waren für sie jetzt gleich – sie führten alle in die Hölle. Manchmal ging sie, manchmal lief sie, manchmal schrie sie laut in die Nacht hinaus, manchmal lag sie im Straßenstaub und weinte. Alles, was sie von der Hölle gehört hatte, fiel ihr ein; sie sah die Flammen lodern und roch den Qualm, und ihr Fleisch verfiel auf den glühenden Kohlen.

Als es fast Morgen war, kam sie wieder zur Besinnung und ging zu ihrem Haus zurück. Es war genau so, wie der alte Mann gesagt hatte: Keawe schlummerte wie ein Kind. Kokua stand da, starrte auf sein Antlitz und sagte:

»Jetzt, mein Gatte, kannst du schlafen. Wenn du erwachst, kannst du singen und lachen. Aber die arme Kokua, die nichts Böses dachte – ach! Für die arme Kokua gibt es keinen Schlaf mehr, kein Singen mehr, keine Freude mehr – weder auf Erden noch im Himmel.«

Und sie legte sich in das Bett an seine Seite, und ihr Elend war so groß, dass sie augenblicklich in einen tiefen Schlaf verfiel.

Spät am Morgen weckte ihr Gatte sie auf und erzählte ihr die gute Nachricht. Er war anscheinend ganz wahnsinnig vor Entzücken, denn er achtete gar nicht auf ihren Kummer, obgleich sie diesen nur schlecht verhehlen konnte. Die Worte blieben ihr in der Kehle stecken; Keawe sprach genug für beide. Sie aß keinen Bissen, aber wer hätte das bemerken sollen? Keawe leerte die ganze Schüssel. Kokua sah und hörte ihn wie etwas Sonderbares in einem Traum; zeitweise vergaß sie ihr Unglück oder zweifelte daran und legte ihre Hände auf die Stirn; dass sie selber sich verdammt wusste und dabei ihren Gatten schwatzen hörte, erschien so ungeheuerlich.

Die ganze Weile aß Keawe, plauderte, machte Pläne für ihre Rückfahrt und dankte ihr dafür, dass sie ihn gerettet habe, schmeichelte ihr und nannte sie die treue Helferin, die schließlich doch Rat gewusst habe. Er lachte über den alten Mann, der so dumm gewesen wäre, die Flasche zu kaufen.

»Er sah aus wie ein würdiger alter Mann«, sagte Keawe, »aber kein Mensch kann nach dem äußeren Schein urteilen; denn wozu wollte der alte Schuft die Flasche haben?«

»Lieber Mann«, sagte Kokua bescheiden, »seine Absicht ist vielleicht gut gewesen.«

Keawe lachte ärgerlich und rief:

»Papperlapapp! Ein alter Schuft war er, sage ich dir; und ein alter Esel dazu! Denn es war schwer genug, die Flasche für vier Centimes zu verkaufen; und für drei, das wird ganz unmöglich sein. Es ist nicht mehr Spielraum genug, das Ding beginnt schon sengerig zu riechen – brrr!«, sagte er und schauderte. »Allerdings kaufte ich selber sie für einen Cent, als ich nicht wusste, dass es kleinere Münzen gebe. Ich lief wie ein Narr herum und fand keinen Käufer – du hattest mehr Glück; aber niemals wird noch einer gefunden werden – und wer die Flasche jetzt hat, der wird mit ihr zur Hölle fahren!«

»O mein Gatte!«, sagte Kokua. »Ist es nicht schrecklich, sich selber durch das ewige Verderben eines anderen zu retten? Mir scheint, ich könnte darüber nicht lachen. Ich würde mich demütig fühlen. Ich würde voll Trauer sein. Ich würde für den armen Menschen beten, der die Flasche hat.«

Da wurde Keawe noch ärgerlicher, weil er die Wahrheit ihrer Worte fühlte, und er rief:

»Firlefanz! Du magst voll Trauer sein, wenn du Lust hast. Aber ein gutes Weib denkt nicht so! Wenn du überhaupt an mich dächtest, würdest du dich jetzt schämen!«

Hierauf ging er aus, und Kokua war allein.

Welche Aussicht hatte sie, die Flasche für drei Centimes zu verkaufen? Keine – das sah sie klar und deutlich. Und wenn sie auch eine Aussicht hätte – ihr Mann nahm sie ja in aller Eile mit nach einem Land, wo es keine kleinere Münze gab als einen Cent. Und hier – an dem Morgen ihrer Selbstopferung – lief ihr Gatte von ihr weg und schalt sie aus!

Sie wollte nicht einmal versuchen, die Zeit auszunutzen, die sie noch hatte, sondern saß zu Hause. Bald holte sie die Flasche hervor und sah sie in unaussprechlicher Angst an. Bald verbarg sie sie voll Ekel an irgendeinem Ort, wo sie sie nicht sah.

Nach einer Zeit kam Keawe heim und sagte ihr, sie solle mit ihm spazieren fahren.

»Mein Gatte«, antwortete sie, »ich bin krank, mir ist nicht gut zumute. Entschuldige mich – ich kann an keine Vergnügungen denken.«

Da wurde Keawe noch zorniger. Auf sie, weil er glaubte, sie denke nur noch über das Geschick des alten Mannes nach. Auf sich selber, weil er ihr eigentlich recht gab und weil er sich schämte, so glücklich zu sein.

»Das ist deine Treue!«, rief er. »Das ist deine Liebe! Dein Gatte ist gerade eben von ewigem Verderben errettet, das er nur deinetwillen auf sich nahm – und du kannst nicht an Vergnügen denken! Kokua, du hast kein aufrichtiges Herz!«

Wütend lief er wieder weg und zog den ganzen Tag in der Stadt herum. Er traf Freunde und zechte mit ihnen; sie nahmen einen Wagen und fuhren aufs Land und zechten dort auch wieder. Die ganze Zeit über war's Keawe unbehaglich zumute, weil er sich vergnügte, während seine Frau traurig war und er in seinem Herzen wusste, dass sie mehr im Recht war als er; und weil er das wusste, trank er umso mehr.

Nun war unter den Zechern, die mit ihm tranken, auch ein roher Mensch, ein Weißer, der früher Bootsmann auf einem Walfischfänger gewesen war, ein Landstreicher, Goldgräber, Galgenvogel, ein gemein denkender, dreckschnauziger Kerl. Er soff und freute sich, wenn er andere betrunken sah, und er drängte

Keawe zum Trinken. Bald hatte die ganze Gesellschaft kein Geld mehr.

Da rief der Bootsmann: »Hör mal, du! Du bist ja reich – hast es wenigstens fortwährend gesagt. Du hast 'ne Flasche oder so 'nen Affenkram.«

»Ja«, sagte Keawe, »ich bin reich; ich will in die Stadt gehen und etwas Geld von meiner Frau holen; sie hat es in Verwahrung.«

»Das ist Unsinn, Maat«, sagte der Bootsmann, »traue niemals einem Unterrock mit den Dollars! Sie sind alle so falsch wie Wasser; halte lieber ein Auge auf sie!«

Nun, dieses Wort machte Eindruck auf Keawe; denn er war von all dem Trinken nicht mehr ganz klar im Kopf; und er dachte:

»Ich sollte mich allerdings nicht wundern, wenn sie falsch wäre! Warum wäre sie sonst so niedergeschlagen, da ich doch erlöst bin? Aber ich will ihr zeigen, dass ich nicht der Mann bin, mit mir spaßen zu lassen! Ich will sie auf frischer Tat ertappen!«

Sie gingen demgemäß nach der Stadt zurück. Keawe sagte dem Bootsmann, er solle an der Ecke, beim alten Gefängnis, auf ihn warten, und ging allein die Allee hinauf bis an die Tür seines Hauses. Es war wieder Abend geworden; drinnen war Licht, aber kein Laut war zu hören, und Keawe schlich um die Ecke, öffnete sachte die Hintertür und sah hinein.

Da saß Kokua auf dem Fußboden, die Lampe neben ihr, vor ihr stand eine milchweiße Flasche mit einem runden Bauch und einem langen Hals; und Kokua sah die Flasche an und rang die Hände.

Lange Zeit stand Keawe da in der Tür und schaute. Erst war er so verblüfft, dass er nicht denken konnte; dann kam Angst über ihn, der Handel sei nicht richtig gewesen und die Flasche wieder zu ihm zurückgekommen wie damals in San Francisco. Und da zitterten ihm die Knie, und die Dünste des Weins verflogen aus seinem Kopf wie Nebel von einem Fluss am Morgen. Und dann hatte er einen anderen Gedanken, und das war ein seltsamer, der die Wangen erglühen machte. Und er sagte zu sich selber:

»Hierüber muss ich Gewissheit haben!«

So schloss er die Tür, ging leise wieder um die Hausecke und trat dann geräuschvoll in den Garten, wie wenn er gerade eben nach Hause gekommen wäre! Und siehe da! Als er die Haustür öffnete, war keine Flasche zu sehen, Kokua saß auf einem Stuhl und fuhr empor wie ein Mensch, der aus dem Schlaf geweckt wird.

»Ich habe den ganzen Tag gezecht und bin lustig gewesen«, sagte Keawe. »Ich war mit guten Gesellen zusammen und bin bloß gekommen, mir Geld zu holen; dann geh ich wieder mit ihnen zechen und jubeln.«

Dabei waren sein Gesicht und seine Stimme so erregt wie das Jüngste Gericht; aber Kokua war zu verstört, um das zu bemerken.

»Du hast recht, lieber Mann; es ist ja dein eigenes Geld«, sagte sie, und dabei zitterte ihre Stimme.

»Oh, ich tue immer recht, in allen Dingen!«, sagte Keawe, und er ging stracks auf die Kiste los und nahm Geld heraus. Aber außerdem sah er in die Ecke, wo sie die Flasche aufbewahrt hatten, und da stand die Flasche.

Da schwankte vor ihm die Kiste auf dem Fußboden wie eine Meereswoge, und das Haus drehte sich um ihn wie ein Kranz von Rauch, denn er sah, dass er jetzt verloren war und dass es kein Entrinnen gab. Es ist, wie ich befürchtete, dachte er, sie hat die Flasche gekauft.

Und dann kam er wieder zu sich und stand auf, aber der Schweiß strömte über sein Gesicht, so dick wie Regen und so kalt wie Brunnenwasser. Und er sagte:

»Kokua, was ich dir heute sagte, passt sich nicht für mich. Jetzt gehe ich wieder zu meinen lustigen Gesellen, um mit ihnen lustig zu sein«, und dabei lachte er gemütlich. »Das Weinglas wird mir mehr Vergnügen machen, wenn du mir verzeihst.«

Im Nu umschlang sie seine Knie, sie küsste seine Knie mit strömenden Tränen und rief:

»Oh! Ich verlangte bloß ein freundliches Wort!«

»Lass uns niemals wieder hart voneinander denken!«, sagte Keawe, und schon war er zum Haus hinaus.

Nun war das Geld, das Keawe genommen hatte, nur etwas von dem Vorrat an Centimestücken, die sie gleich nach ihrer Ankunft sich besorgt hatten. Ganz gewiss hatte er keine Lust, noch zu trinken! Sein Weib hatte ihre Seele für ihn hingegeben – jetzt musste er seine Seele für sie hingeben. Kein anderer Gedanke war auf der ganzen Welt für ihn da.

An der Ecke, beim alten Stockhaus, stand der Bootsmann und wartete auf ihn.

»Meine Frau hat die Flasche«, sagte Keawe, »und wenn du mir nicht hilfst, sie von ihr herauszukriegen, gibt's heute Abend kein Geld mehr und kein Getränk mehr.«

»Du willst doch nicht sagen, dass das mit der Flasche ernst ist?«, rief der Bootsmann.

»Da ist die Laterne!«, sagte Keawe. »Sehe ich aus, wie wenn ich Spaß machte?«

»Das stimmt. Du siehst so ernsthaft aus wie ein Gespenst.«

»Na also!«, sagte Keawe. »Hier sind zwei Centimes; du musst zu meiner Frau ins Haus gehen und ihr diese für die Flasche anbieten, die sie dir – wenn ich mich nicht sehr irre – augenblicklich geben wird. Bringe sie mir hierher, und ich werde sie für einen Centime wieder von dir zurückkaufen; denn das ist bei der Flasche Gesetz: dass sie stets für eine geringere Summe verkauft werden muss, als sie gekostet hat. Aber was du auch tust – sag ihr auf keinen Fall ein Wort davon, dass du von mir kommst!«

»Maat! Hast du mich auch nicht zum Besten?«, sagte der Bootsmann.

»Wenn ich's täte, könnte es dir ja nichts schaden«, antwortete Keawe.

»Da hast du recht, Maat«, sagte der Bootsmann.

»Und wenn du an meinen Worten zweifelst«, fuhr Keawe fort, »so kannst du einen Versuch machen. Sobald du aus dem Haus heraus bist, wünsche dir deine Tasche voll Geld oder eine Flasche vom besten Rum oder was du magst, und du wirst sehen, was das Ding leistet.«

»Schön, Kanaka!«, sagte der Bootsmann. »Ich will's versuchen; aber wenn du deinen Spaß mit mir treibst, dann treib ich meinen auf deinem Buckel mit 'nem Tauende!«

So ging denn der Bootsmann die Allee hinauf, und Keawe stand und wartete. Es war beinahe dieselbe Stelle, wo Kokua die Nacht zuvor gewartet hatte; aber Keawe war fester entschlossen und schwankte nicht einen Augenblick in seinem Vorhaben; nur war seine Seele bitter vor Verzweiflung.

Es kam ihm vor, wie wenn er lange Zeit gewartet hätte, als er endlich eine Stimme in der dunklen Allee singen hörte. Er erkannte die Stimme als die des Bootsmanns, aber es war sonderbar, wie betrunken sie plötzlich klang.

Dann kam der Mann selbst in den Lichtkreis der Laterne getaumelt. Er hatte des Teufels Flasche in seinen Rock gesteckt und diesen zugeknöpft. Eine andere Flasche hielt er in der Hand, und in dem Augenblick, als er in Sicht kam, hob er sie an seinen Mund und trank.

»Du hast sie, wie ich sehe«, sagte Keawe.

»Hände weg!«, rief der Bootsmann und sprang zurück. »Komm mir bloß einen Schritt zu nahe und ich hau dir in die Fresse! Du dachtest wohl, du könntest mich als deinen Dummen schicken, was?«

»Was meinst du!«, rief Keawe.

»Was ich meine?«, brüllte der Bootsmann. »Das ist 'ne verdammt gute Flasche, jawoll! Das mein ich! Wie ich sie für zwei Centimes bekam, kann ich nicht begreifen. Aber ganz gewiss sollst du sie nicht für einen kriegen!«

»Du meinst, du willst sie nicht verkaufen?«

»Nee, Sir!«, rief der Bootsmann. »Aber ich will dir einen Schluck von dem Rum geben, wenn du Lust hast.«

»Ich sage dir, der Mann, der die Flasche hat, fährt zur Hölle!«

»Ich denke, dahin fahre ich sowieso!«, antwortete der Matrose. »Und diese Flasche ist das Beste, was ich bis jetzt auf der Welt traf, um damit zur Hölle zu fahren. Nee, Sir!«, rief er noch einmal. »Das ist jetzt meine Flasche, und du kannst sehen, wo du 'ne andere herkriegst!«

»Kann dies wahr sein?«, rief Keawe. »Um deinetwillen bitte ich dich dringend: Verkaufe sie mir.«

»Ach, Quatsch!«, antwortete der Bootsmann. »Du dachtest, ich wäre ein Schafskopf, jetzt siehst du, dass ich keiner bin, und damit basta! Wenn du keinen Schluck von dem Rum haben willst, will ich selber einen nehmen. Hier, prost! Und gute Nacht!«

So ging er denn die Allee hinunter nach der Stadt zu, und damit verschwindet die Flasche aus dieser Geschichte.

Keawe aber rannte zu Kokua, so leicht wie der Wind; und groß war ihre Freude in dieser Nacht; und groß war seitdem der Friede aller ihrer Tage im Blanken Haus.

Die Stimmeninsel

Keola war verheiratet mit Lehua, der Tochter Kalamakes, des weisen Mannes von Molokai, und er wohnte bei dem Vater seiner Frau. Kein Mensch war schlauer als dieser Prophet: Er las in den Sternen; er wahrsagte aus Leichen und mithilfe böser Kreaturen; er konnte in die höchste Gegend des Gebirges gehen, in die Zone der Kobolde, und da pflegte er Schlingen zu legen, um Geister der Vorfahren einzufangen.

Darum wurde kein Mensch so oft um Rat gefragt im ganzen Königreich Hawaii. Vorsichtige Leute richteten ihr Leben nach seinen Ratschlägen ein, kauften und verkauften und heirateten. Und der König ließ ihn zweimal nach Kona kommen, die Schätze Kamehamehas zu suchen. Kein Mensch wurde aber auch mehr gefürchtet: Von seinen Freunden waren einige infolge seiner Zaubersprüche dahingesiecht, andere waren mit Haut und Haaren in Geister verwandelt worden und waren verschwunden, sodass ihre Leute vergeblich auch nur nach einem Knöchelchen von ihren Leibern suchten. Es ging das Gerücht, er besitze die Kunst oder Gabe der alten Helden. Leute hatten ihn nachts auf den Bergen gesehen, wie er von einem Felsen zum anderen hinübertrat; sie hatten ihn im Hochwald gehen sehen, und sein Kopf und seine Schultern ragten über die Baumwipfel empor.

Dieser Kalamake war seltsam anzusehen. Er stammte aus bestem Blut in Molokai und Maui, war von reiner Abkunft; und doch war er weißer anzusehen als jeder Fremde. Sein Haar hatte die Farbe trockenen Grases, seine Augen waren rot und sehr blind, sodass ein Sprichwort auf den Inseln lautete: ›Blind wie Kalamake, der über morgen hinaussehen kann.‹

Von all diesem Tun und Treiben seines Schwiegervaters wusste Keola ein wenig aus dem allgemeinen Gerede, ein bisschen mehr argwöhnte er, und um den Rest kümmerte er sich nicht. Aber da war etwas, das beunruhigte ihn. Kalamake war ein Mann, der sich nichts abgehen ließ, weder an Essen noch an Trinken, noch an Kleidung; und für alles bezahlte er in blanken neuen Dollars. ›Blank wie Kalamakes Dollars‹ war eine andere Redensart auf den acht Inseln. Dabei verkaufte er nichts, pflanzte nichts, nahm keine Pacht ein – nur für seine Zauberkünste bekam er von Zeit zu Zeit was; und so war keine sichtbare Quelle da für so viel Silbergeld.

Eines Tages traf es sich, dass Keolas Weib auf einen Besuch nach Kaunakakai, auf der Leeseite der Insel, gegangen war, und die Männer waren fort, zum Fischen auf der See. Aber Keola war ein fauler Hund, er lag auf der Veranda und sah die Brandung an den Strand schlagen und die Vögel um die Klippen fliegen. Einen Hauptgedanken hatte er immer in seinem Sinn – den Gedanken an die blanken Dollars. Wenn er sich zu Bett legte, wunderte er sich in seinen Gedanken, warum es so viele waren, und wenn er morgens aufwachte, wunderte er sich, warum es lauter neue waren; und das kam ihm nie aus dem Sinn. Aber gerade an diesem Tag von allen Tagen beschloss er in seinem Herzen, er wolle es herausbringen; denn er hatte, scheint's, den Ort bemerkt, wo Kalamake seinen Schatz verwahrte, und das war ein verschlossenes Schreibpult an der Wohnzimmerwand unter der Lithografie Kamehamehas des Fünften und einer Fotografie der Königin Viktoria mit ihrer Krone auf dem Kopf. Ferner hatte er, scheint's, und gerade erst in der vorigen Nacht, Gelegenheit gefunden hineinzugucken, und siehe da! Der Geldsack war leer! Dies war der Tag, an dem der Dampfer kam, er konnte den Rauch schon auf der Höhe von Kalaupapa sehen, und er müsste bald ankommen mit Ware für einen Monat, Büchsenlachs und Gin und allen möglichen seltenen Leckerbissen für Kalamake.

»Nun, wenn er seine Waren heute bezahlen kann«, dachte Keola, »dann werde ich bestimmt wissen, dass der Mann ein Hexerich ist und dass die Dollars aus des Teufels Tasche kommen.«

Wie er so dachte, da stand sein Schwiegervater hinter ihm, sah ärgerlich aus und sagte:

»Ist das der Dampfer?«

»Ja. Er hat bloß noch in Pelekunu anzulegen, und dann wird er hier sein.«

»Dann hilft es nichts«, versetzte Kalamake; »dann muss ich dich ins Vertrauen ziehen, Keola, in Ermangelung eines Besseren. Komm mit mir ins Haus!«

So traten sie denn zusammen ins Wohnzimmer; das war ein sehr schönes Zimmer, mit Papiertapeten und Bildern an den Wänden und auf europäische Weise mit einem Schaukelstuhl, einem Tisch und einem Sofa ausgestattet. Außerdem war darin ein Büchergestell, eine Familienbibel lag mitten auf dem Tisch, und das verschließbare Schreibpult stand an der Wand, sodass ein jeder sehen konnte, es war das Haus eines wohlhabenden Mannes.

Kalamake ließ Keola die Fensterläden schließen, während er selbst alle Türen verschloss und dann den Deckel des Pults aufklappte. Aus diesem nahm er ein paar Halsbänder mit Amuletten und Muscheln, ein Bündel getrockneter Kräuter und einen grünen Palmenzweig.

»Was ich vorhabe«, sagte er, »ist etwas überaus Wunderbares. Die Menschen in alter Zeit waren weise; sie wirkten Wunder, und dieses ist eins davon; aber das geschah nachts, im Dunkeln, unter den richtigen Sternen und in der Wüste. Dasselbe will ich hier in meinem eigenen Haus und im hellen Tageslicht vollbringen.«

Mit diesen Worten legte er die Bibel unter das Sofakissen, sodass sie ganz verdeckt war; dann nahm er aus dem Pult eine Mappe von wunderbar feinem Gewebe und machte aus den Kräutern und Blättern ein Häufchen, das er auf Sand in eine Blechpfanne legte. Dann hängten er und Keola die Halsbänder um und stellten sich auf entgegengesetzte Zipfel der Matte einander gegenüber.

»Die Zeit ist da«, sagte der Zauberer, »habe keine Furcht!«

Damit zündete er die Kräuter an und begann, Worte zu murmeln und mit dem Palmzweig zu wedeln. Zuerst war das Licht dämmrig wegen der geschlossenen Fensterläden; aber die Kräuter gerieten stark in Brand, die Flammen schlugen auf Keola, und das Zimmer glühte von dem Feuer. Dann erhob sich der Rauch und machte ihm den Kopf schwindlig, es wurde ihm dunkel vor den Augen, und der Klang von Kalamakes Murmeln strömte in seine Ohren. Und plötzlich war es, wie wenn es der Matte, auf der sie standen, einen Ruck gäbe, der schneller als ein Blitz zu sein schien. In demselben Nu waren Zimmer und Haus verschwunden, und in Keolas Leib war keine Spur von Atem mehr. Unzählige Lichter funkelten ihm um Augen und Kopf, und er fand sich auf einem Strand an der See, unter einer heißen Sonne, vor einer starken, donnernden Brandung: Er und der Zauberer standen dort auf derselben Matte, sprachlos, keuchend und sich aneinander festhaltend.

»Was war dies?«, schrie Keola, der zuerst wieder zu sich kam, weil er der Jüngere war. »Der Stoß, den es mir gab, war wie der Tod.«

»Es tut nichts«, keuchte Kalamake. »Es ist jetzt vorüber.«

»Und im Namen Gottes, wo sind wir?«, rief Keola.

»Danach musst du nicht fragen«, antwortete der Hexenmeister. »Da wir nun hier sind, so haben wir etwas zu tun, und daran müssen wir uns jetzt machen. Ich muss erst wieder zu Atem kommen; aber geh du derweil nach dem Waldsaum hinauf und bringe mir die Blätter von dem und dem Kraut und dem und dem Baum; du wirst sie dort reichlich wachsen finden – bringe drei Handvoll von jedem. Und sei flink! Wir müssen wieder zu Hause sein, bevor der Dampfer kommt; es würde auffallen, wenn wir verschwunden wären.«

Und er setzte sich auf den Sand und keuchte.

Keola ging den Strand hinauf, der aus schimmerndem Sand und Korallen bestand und mit seltsamen Muscheln bestreut war; und er dachte in seinem Herzen:

»Wie kommt es, dass ich diesen Strand nicht kenne? Ich will wieder hierhergehen und Muscheln sammeln.«

Vor ihm hob sich eine Reihe von Palmen gegen den Himmel ab – nicht wie die Palmen auf den acht Inseln, deren verdorrte Fächer wie Gold in dem Grün hingen, sondern alle groß und frisch und schön; und er dachte in seinem Herzen:

»Es ist sonderbar, dass ich dieses Wäldchen noch nie gefunden habe. Hierher will ich wieder gehen, wenn es warm ist, und will hier schlafen.« Und ferner dachte er: »Wie heiß es plötzlich geworden ist!« Denn auf Hawaii war es Winter, und der Tag war kühl gewesen. Und er dachte weiter: »Wo sind die grauen Berge? Und wo ist das hohe Kliff mit dem überhängenden Wald und den trillernden Vögeln?«

Und je mehr er darüber nachdachte, desto weniger konnte er ausmachen, in welchen Bezirk der Insel er geraten wäre.

Am Saum des Waldes, wo dieser an den Strand stieß, wuchsen die Kräuter; der Baum aber wuchs weiter rückwärts. Als nun Keola auf den Baum zuging, bemerkte er ein junges Weib; die hatte nichts auf ihrem Leib als einen Blätterschurz.

»Na«, dachte Keola, »sie halten in diesem Teil des Landes nicht viel auf ihre Kleidung.«

Und er stand still, weil er dachte, sie würde ihn sonst bemerken und davonlaufen; und als er sah, dass sie immer noch vor sich hin blickte, summte er laut. Beim Klang sprang sie auf, ihr Gesicht war aschfahl, sie sah nach rechts und nach links, und ihre Lippen öffneten sich in dem Entsetzen ihrer Seele. Aber seltsam war es, dass ihre Augen nicht auf Keola ruhten.

»Guten Tag«, sagte dieser. »Du brauchst nicht so erschrocken zu sein; ich werde dich nicht aufessen.«

Aber kaum hatte er den Mund aufgetan, so floh das junge Weib in den Busch.

»Das sind sonderbare Manieren«, dachte Keola. Und ohne weiter zu überlegen, was er tat, rannte er ihr nach.

Im Laufen schrie das Mädchen fortwährend in einer Sprache, die auf Hawaii nicht gesprochen wurde; indessen waren einige von den Worten die gleichen, und er verstand so viel, dass sie andere Menschen rief und warnte. Und plötzlich sah er noch mehr Menschen laufen – Männer, Weiber und Kinder, alle in einem Haufen, rennend und schreiend wie Leute, wenn ein Feuer ausgebrochen ist. Da begann er selber Angst zu bekommen und kehrte zu Kalamake zurück und brachte ihm die Blätter. Ihm erzählte er, was er gesehen hätte.

»Du musst darauf nicht achten«, sagte Kalamake. »All dies ist wie Traum und Schatten. Alles wird verschwinden und vergessen sein.«

»Es schien, als ob mich niemand sähe«, sagte Keola.

»Es sah dich auch keiner«, antwortete der Zauberer. »Wir gehen hier in der hellen Sonne unsichtbar, dank diesen Zaubermitteln. Aber sie hören uns; und deshalb ist es geraten, leise zu sprechen, wie ich es tue.«

Unterdessen machte er aus Steinen einen Kreis, und in die Mitte legte er die Blätter. Dann sagte er:

»Es wird deine Aufgabe sein, die Blätter in Brand zu halten und das Feuer langsam zu nähren. Während die Flamme brennt – was nur einen kleinen Augenblick dauert –, muss ich meine Sache tun; und bevor die Asche schwarz wird, bringt dieselbe Macht, die uns hierherführte, uns wieder heim. Halte dich bereit mit dem Streichholz; und rufe mich zur rechten Zeit, damit nicht das Feuer ausbrennt und ich hier zurückbleibe.«

Sobald die Blätter Feuer fingen, sprang der Hexerich wie ein Hirsch aus dem Kreis heraus und begann, den Strand entlangzurennen wie ein Hund, der sich gebadet hat. Beim Laufen bückte er sich fortwährend, um Muscheln aufzuheben; und es kam Keola so vor, wie wenn sie glänzten, als er sie anfasste. Die Blätter brannten mit einer lichten Flamme, die sie schnell verzehrte; plötzlich hatte Keola nur noch eine Handvoll übrig, und der Zauberer war weit weg, rannte und bückte sich.

»Zurück!«, schrie Keola. »Zurück! Die Blätter sind beinahe alle!«

Daraufhin kehrte Kalamake um, und war er vorher gerannt, so flog er jetzt. Aber so schnell er auch lief, die Blätter verbrannten schneller. Die Flamme wollte gerade erlöschen, als er mit einem letzten großen Satz auf die Matte sprang. Der Luftzug bei seinem Sprung blies das Feuer aus, und in demselben Augenblick waren Strand, Sonne und See verschwunden, und sie standen wieder in der Dämmerung des Wohnzimmers mit den geschlossenen Läden, wieder rüttelte es ihren Leib, und ihre Augen waren wie geblendet; auf der Matte zwischen ihnen lag ein Haufen blanker Dollars. Keola rannte an ein Fenster und riss die Läden auf: Da fuhr der Dampfer mit der Dünung in die Bucht herein.

An demselben Abend nahm Kalamake seinen Schwiegersohn beiseite, drückte ihm fünf Dollar in die Hand und sagte:

»Keola, wenn du klug bist – woran ich allerdings zweifle –, wirst du denken, du habest heute Nachmittag auf der Veranda geschlafen und im Schlaf einen Traum gehabt. Ich bin ein Mann von wenig Worten und habe zu Helfern Leute, die ein kurzes Gedächtnis haben.«

Kein Wort mehr sagte Kalamake; niemals sprach er wieder von der Geschichte. Aber Keola ging sie fortwährend durch den Kopf. War er früher faul gewesen, so tat er jetzt überhaupt nichts mehr.

»Warum sollte ich arbeiten«, dachte er, »wenn ich einen Schwiegervater habe, der Dollars aus Seemuscheln macht?«

Im Nu war sein Anteil ausgegeben. Er gab alles für schöne Kleider aus. Und dann reute es ihn, und er dachte:

»Ich hätte besser getan, mir ein Hackbrett zu kaufen, darauf hätte ich den ganzen Tag Musik machen und mich so unterhalten können.«

Und dann begann er, ärgerlich auf Kalamake zu werden.

»Der Mann hat eine Hundeseele«, dachte er, »der kann, sooft er Lust hat, Dollars am Strand sammeln, und mich lässt er nach einem Hackbrett schmachten! Er soll sich in Acht nehmen! Ich bin kein kleines Kind, ich bin so schlau wie er und ich weiß sein Geheimnis!«

Und er sprach mit seinem Weib Lehua und beklagte sich über ihres Vaters Betragen.

»Ich würde meinen Vater zufriedenlassen«, sagte Lehua, »es ist gefährlich, ihm in den Weg zu kommen.«

»So viel mache ich mir aus ihm!«, rief Keola und schnippte mit den Fingern. »Ich halte ihn an der Nase. Er muss tun, was mir gefällt.«

Und er erzählte Lehua die Geschichte. Aber sie schüttelte den Kopf und sagte:

»Du kannst tun, was du magst; aber verlass dich drauf, wenn du dich meinem Vater in den Weg stellst, wird man kein Wort mehr von dir hören. Denke an diesen, an jenen, denke an Hua; der war ein Edelmann und Mitglied des Hauses der Abgeordneten und ging jedes Jahr nach Honolulu; und kein Knöchelchen, kein Härchen von ihm wurde je gefunden. Erinnere dich an Kamau, wie er allmählich so dünn wurde wie ein Zwirnsfaden, sodass seine Frau ihn mit einer Hand hochheben konnte. Keola, du bist ein Säugling in meines Vaters Händen; er wird dich zwischen Daumen und Zeigefinger nehmen und dich aufessen wie eine Garnele.«

Nun war Keola allerdings wirklich vor Kalamake bange, aber er war auch eitel; und diese Worte seiner Frau machten ihn ärgerlich, und er sagte:

»Nun schön! Wenn du so über mich denkst, dann will ich dir zeigen, wie sehr du dich irrst!«

Und er ging stracks zu seinem Schwiegervater, der in dem Wohnzimmer saß, und sagte zu ihm:

»Kalamake, ich möchte ein Hackbrett.«

»So? Möchtest du?«, sagte Kalamake.

»Ja; und es ist wohl am besten, ich sage es dir klipp und klar: Ich will es unbedingt haben! Ein Mann, der Dollars am Strand aufpickt, kann gewiss ein Hackbrett kaufen.«

»Ich hatte keine Ahnung, dass du so klug bist«, antwortete der Hexerich. »Ich dachte, du wärst ein blöder, zu nichts zu gebrauchender Junge, und ich kann dir gar nicht beschreiben, wie es mich freut, jetzt zu sehen, dass ich mich irrte. Jetzt möchte ich ja beinahe glauben, ich hätte bei meinem schwierigen Geschäft einen Helfer und einen Nachfolger dafür gefunden. Ein Hackbrett? Du sollst das beste haben, das es in Honolulu zu kaufen gibt. Und heute Abend, sobald es dunkel ist, wollen wir beide, du und ich, losgehen und das Geld holen.«

»Sollen wir wieder nach dem Strand gehen?«, fragte Keola.

»Nein, nein!«, versetzte Kalamake. »Du musst gleich anfangen, mehr von meinen Geheimnissen zu lernen. Das letzte Mal lehrte ich dich, Muscheln aufzusammeln; diesmal werde ich dich lehren, Fische zu fangen. Bist du stark genug, Pilis Boot ins Wasser zu bringen?«

»Ich denke wohl«, antwortete Keola. »Aber warum nehmen wir denn nicht unser eigenes, das schon flott ist?«

»Dafür habe ich einen Grund, den du vollkommen begreifen wirst, bevor es Morgen wird«, sagte Kalamake. »Pilis Boot eignet sich besser zu meinem Vorhaben. Also, wenn es dir recht ist, wollen wir uns dort treffen, sobald es dunkel ist; unterdessen behalten wir die Sache für uns, denn es ist kein Grund vorhanden, die Familie in unser Geschäft hineingucken zu lassen.«

Honig ist nicht süßer, als Kalamakes Stimme war, und Keola konnte kaum seine Befriedigung verhehlen.

»Ich hätte mein Hackbrett schon vor Wochen haben können«, dachte er, »in dieser Welt ist doch weiter nichts nötig als ein bisschen Mut.«

Gleich darauf sah er Lehua, die weinte, und er dachte halb und halb daran, ihr zu sagen, dass alles in Ordnung sei.

»Aber nein«, sagte er, »ich will lieber warten, bis ich ihr das Hackbrett zeigen kann; dann wollen wir einmal sehen, was das Mädchen dann sagt! Vielleicht wird sie in Zukunft begreifen, dass ihr Mann ein kluger Kopf ist!«

Sobald es dunkel war, schoben Vater und Schwiegersohn Pilis Boot ins Wasser und setzten das Segel. Die See ging hoch, und es blies ein starker Wind aus Lee; aber das Boot war schnell und leicht und trocken und flog über die Wogen. Der Hexerich hatte eine Laterne bei sich; die zündete er an und hielt sie an einem Finger, den er durch den Ring gesteckt hatte; die beiden saßen im Heck und rauchten Zigarren, von denen Kalamake immer einen Vorrat hatte, und sprachen wie gute Freunde von Zauberei und von den großen Geldsummen, die sie durch deren Ausübung bekommen könnten, und was sie zuerst kaufen sollten und was dann zunächst; und Kalamake redete wie ein Vater.

Auf einmal sah er rundum, nach oben auf die Sterne und zurück auf die Insel, die bereits zu drei Vierteln in der See versunken war; und es schien, wie wenn er reiflich überlegte, wo sie in dem Augenblick wären.

»Sieh!«, sagte er. »Da liegt Molokai schon weit hinter uns, und Maui ist wie eine Wolke; und an der Stellung dieser drei Sterne da oben erkenne ich, dass ich an dem gewünschten Ort angelangt bin. Dieser Teil der See wird die Totensee genannt. Das Meer ist an dieser Stelle außerordentlich tief, der ganze Grund ist mit menschlichen Gebeinen bedeckt, und in den Höhlen am Grund haben Götter und Spukgeister ihre Wohnungen. Die Meeresströmung geht nördlich – stärker, als ein Haifisch schwimmen kann, und jeden Menschen, der hier über Bord fällt, reißt sie weg wie ein wildes Pferd und treibt ihn weit, weit in den Ozean hinaus. Auf einmal ist er erschöpft und geht unter, und seine Gebeine werden zu den übrigen verstreut, und seine Seele fressen die Götter.«

Furcht kam über Keola bei diesen Worten, und er sah um sich, und im Licht der Sterne und der Laterne schien der Hexerich sich zu verändern.

»Was fehlt dir?«, schrie Keola, schnell und scharf.

»Mir fehlt nichts«, sagte der Zauberer, »aber hier ist einer, der ist sehr krank.«

Mit diesen Worten ließ er seine Laterne los, und siehe da! Als er seinen Finger aus dem Ring ziehen wollte, da blieb der Finger stecken, aber der Ring barst auseinander, und seine Hand war so groß geworden wie drei Hände.

Bei diesem Anblick kreischte Keola auf und bedeckte sein Gesicht.

Kalamake aber hielt die Laterne hoch und sagte:

»Sieh lieber mein Gesicht an!«

Und sein Kopf war so groß wie ein Fass; und immer noch wuchs er und wuchs, wie eine Wolke wächst an einem Berg, und Keola saß vor ihm und kreischte, und das Boot flog durch die hohen Wogen.

»Und nun«, sagte der Zauberer, »wie denkst du über das Hackbrett? Bist du auch sicher, dass du nicht lieber eine Flöte haben möchtest? Nein? Na, das ist gut; denn ich mag es nicht, wenn meine Verwandten wankelmütig in ihren Vorsätzen sind. Aber ich beginne zu denken, dass es wohl besser ist, ich verlasse diesen zerbrechlichen Kahn, denn mein Körper schwillt ganz ungewöhnlich groß an, und wenn wir nicht besser aufpassen, wird das Boot gleich sinken.«

Damit schwang er seine Beine über Bord. Und in dem Augenblick, wie er das tat, wurde seine Größe dreißigfach oder vierzigfach, und zwar so schnell, wie ein Mensch sehen oder denken kann. So stand er bis zu den Achselhöhlen in der tiefen See, und sein

Haupt und seine Schultern ragten wie eine hohe Insel empor; die Wogen schlugen gegen seine Brust und brachen sich daran wie Brandung an einem Kliff. Das Boot lief immer noch gen Norden; er aber streckte seine Hand aus, nahm das Dollbord zwischen Daumen und Zeigefinger und brach die Planke entzwei wie einen Zwieback, und Keola wurde in die See gekippt. Und die Stücke des Bootes zerdrückte der Zauberer in der hohlen Hand und schleuderte sie meilenweit in die Nacht hinein. Und dann sagte er:

»Entschuldige mich, dass ich die Laterne mitnehme; denn ich habe noch weit zu waten, das Land ist fern und der Boden der See uneben, und ich fühle die Knochen unter meinen Zehen.«

Und er wandte sich und ging davon, mit großen Schritten stapfend; und sooft Keola in eine Wellentiefe sank, konnte er ihn nicht mehr sehen; aber sooft er auf einen Wogenkamm gehoben wurde, war Kalamake da, weit ausschreitend und allmählich verschwindend; er hielt die Laterne hoch über seinen Kopf, und die Wellen brachen sich mit weißem Schaum an ihm, wie er so dahinschritt.

Seitdem die Inseln zuerst aus dem Meer aufgetaucht waren, hatte niemals ein Mensch solche Angst gehabt wie Keola. Er schwamm allerdings, aber er schwamm, wie junge Hunde paddeln, wenn man sie ins Wasser wirft, um sie zu ertränken, und er wusste nicht, wohin er schwimmen sollte. Er konnte nur immer daran denken, wie gewaltig groß der Hexerich angeschwollen war: an dies Gesicht, das so groß war wie ein Berg, an diese Schultern, die breit waren wie eine Insel, an die Wogen, die vergeblich gegen sie anprallten. Er dachte auch an das Hackbrett und schämte sich; und er dachte an die Totengerippe, und Angst packte ihn.

Plötzlich bemerkte er im Sternenlicht etwas Dunkles, das sich hin und her bewegte, und darunter ein Licht und einen hellen Schein auf den Wellen des Meeres, und er hörte Menschen sprechen. Da rief er laut, und eine Stimme antwortete; und in einem Nu schwebte der Bug eines Schiffes über ihm auf einer Welle und fuhr dann in die Tiefe. Er griff mit beiden Händen in die Ketten des Schiffes, und im nächsten Augenblick wurde er in die rauschende See gerissen und im übernächsten von Matrosen an Bord gehievt.

Sie gaben ihm Gin und Zwieback und trockene Kleider und fragten ihn, wie er so weit in die See hinausgekommen wäre und ob das Licht, das sie gesehen hätten, der Leuchtturm Lae o Ka Laau wäre. Aber Keola wusste, dass die Weißen wie Kinder sind und nur an ihre eigenen Geschichten glauben; so erzählte er ihnen denn über sich selber, was ihm gerade einfiel, und in Bezug auf das Licht – das natürlich Kalamakes Laterne gewesen war – erklärte er mit einem Schwur, er hätte keines gesehen.

Dieses Schiff war ein Schoner, der nach Honolulu segeln und dann eine Handelsfahrt nach den Niedrigen Inseln machen sollte; und ein großes Glück für Keola hatte es so gefügt, dass der Schoner einen Mann verloren hatte, der in einer Bö vom Bugspriet gefallen war. Es hatte keinen Zweck, etwas dagegen zu sagen: Auf den acht Inseln durfte Keola sich nicht aufhalten. Worte laufen so schnell, und alle Leute haben so große Lust daran, zu schwatzen und Neuigkeiten zu erzählen, dass es ganz einerlei war, ob er sich am Nordende von Kauai oder am Südende von Kau aufgehalten hätte: Der Hexerich würde Wind davon bekommen, bevor ein Monat um wäre, und dann müsste er sterben. So tat er denn, was ihm das Klügste zu sein schien, und wurde Matrose anstelle des Ertrunkenen.

In manchen Beziehungen war das Schiff eine gute Stelle; das Essen war außerordentlich gut und reichlich: Zwieback und Pökelfleisch gab es jeden Tag, und Erbsensuppe und Pudding von Mehl und Nierenfett zweimal in der Woche, sodass Keola fett wurde. Auch war der Kapitän ein guter Mann, und die Mannschaft war nicht schlimmer, als andere Weiße sind. Das Unangenehme war der Steuermann – einen Menschen, der so schwer zufriedenzustellen war, hatte Keola in seinem Leben noch nicht getroffen: Tagtäglich schlug er ihn und schalt ihn, sowohl für das, was er tat, wie für das, was er nicht tat. Die Püffe, die er austeilte, taten sehr weh; denn er war stark. Und die Worte, die er gebrauchte, waren sehr unschmackhaft für Keola; denn der stammte aus einer guten Familie und war an Respekt gewöhnt. Das Schlimmste von allem aber war dies: Sooft Keola einmal ein bisschen Gelegenheit zum Schlafen fand, war der Steuermann wach und munterte ihn mit einem Tauende auf. Keola sah, das würde nie und nimmer gut gehen, und so beschloss er davonzulaufen.

Sie waren ungefähr einen Monat von Honolulu weg, als sie Land sahen. Es war eine schöne Sternennacht; die See war glatt und der Himmel hell; es blies ein beständiger Passatwind, und die Insel lag ihnen im Luv wie ein Band von Palmbäumen, platt auf der See. Der Kapitän und der Steuermann sahen mit dem Nachtglas nach der Insel hinüber und nannten ihren Namen und redeten von ihr, und das geschah neben dem Steuerrad, an welchem Keola steuerte. Wie es schien, war es eine Insel, wohin keine Händler kamen. Nach des Kapitäns Meinung war es sogar eine Insel, worauf keine Menschen wohnten; aber der Steuermann war anderer Meinung und sagte:

»Was im ›Directory‹ steht, da geb ich keinen Cent drauf! Ich bin einmal nachts auf dem Schoner ›Eugenie‹ vorbeigefahren; es war gerade so eine Nacht wie heute; sie fischten mit Fackeln, und der Strand war dick besetzt mit Lichtern wie eine Stadt.«

»Na schön«, sagte der Kapitän, »der Strand fällt steil ab, das ist für uns die Hauptsache, und nach der Karte sind keine gefährlichen Klippen unter Wasser; so wollen wir dicht heran unter Lee gehen. Lege voll herum, hörst du nicht!«, rief er Keola zu, der so aufmerksam zuhörte, dass er das Steuern vergaß.

Und der Steuermann fluchte und schwor, dieser Kanaka sei auf der ganzen Welt zu nichts nutze, und wenn er einmal mit einem Belegnagel über ihn käme, das würde für Keola ein kalter Tag sein.

Und dann legten Kapitän und Steuermann sich auf dem Kajütendach zum Schlafen nieder, und Keola war sich allein überlassen.

»Diese Insel wird mir sehr gut gefallen«, dachte er bei sich, »wenn keine Händler hierherkommen, wird auch der Steuermann niemals kommen. Und Kalamake kann unmöglich mich hier auf dieser Insel finden; dazu ist sie zu weit entfernt.«

Somit brachte er den Schoner immer näher an den Strand heran. Er musste dies ganz sachte tun, denn mit diesen Weißen und vor allem mit dem Steuermann war das Unangenehme dies, dass man niemals wusste, wie man mit ihnen dran war; sie schliefen alle ganz fest oder taten wenigstens so, und wenn ein Segel flappte, sprangen sie plötzlich auf die Füße und fielen mit einem Tauende über einen her. So brachte denn Keola den Schoner ganz allmählich, ganz sachte ans Land heran. Und auf einmal war das Land dicht neben dem Schiff, und die Wellen schlugen laut an die Schiffswände.

Da richtete plötzlich der Steuermann sich auf und brüllte: »Was machst du da! Du bringst ja das Schiff auf den Strand!«

Und er machte einen Satz auf Keola zu, und Keola machte auch einen Satz, glatt über die Brustwehr weg und plumps in die funkelnde See hinein. Als er wieder auftauchte, war der Schoner wieder im rechten Kurs und war schon weit; der Steuermann stand selber am Rad, und Keola hörte ihn fluchen. Die See war glatt unter dem Lee der Insel; außerdem war es warm, und Keola hatte sein Matrosenmesser, hatte also keine Furcht vor Haifischen. Ein Stückchen vor ihm hörten die Bäume auf; da war eine Lücke in dem Landstrich wie eine Hafenmündung; und die Flut, die gerade einsetzte, nahm ihn mit und brachte ihn durch diese Lücke. Noch war er draußen, und in der nächsten Minute war er drinnen: war vom Strom in ein weites, seichtes Wasser gerissen worden, worin zehntausend Sterne sich spiegelten, und rund um ihn herum war der Ring des Landes mit seiner Schnur von Kokospalmen. Und er war verblüfft, denn von einer solchen Sorte von Inseln hatte er niemals etwas gehört.

Die Zeit, die Keola an diesem Ort verbrachte, zerfiel in zwei Perioden – die Periode, als er allein war, und die Periode, als er mit dem Stamm zusammenhauste. Zuerst suchte er überall und fand keinen Menschen, sondern nur einige Häuser, die wie ein Dörfchen zusammenstanden, und in ihnen Feuerspuren. Aber die Asche auf den Feuerstätten war kalt, oder der Regen hatte sie hinweggespült; und die Stürme hatten geblasen, und einige von den Hütten waren über den Haufen geworfen. Hier schlug er seinen Wohnsitz auf; er machte sich einen Feuerbohrer und einen Angelhaken aus einer Muschel und fischte und kochte seinen Fisch, er kletterte in die Palmen und pflückte grüne Kokosnüsse, deren Milch er trank – denn auf der ganzen Insel war kein Wasser. Die Tage wurden ihm lang, und die Nächte waren voller Schrecknisse. Er machte sich eine Lampe aus einer Kokosnussschale, presste Öl aus den reifen Nüssen und machte einen Docht aus Bast; und wenn der Abend kam, schloss er seine Hütte und zündete seine Lampe an, und dann lag er da und zitterte, bis der Morgen kam. Manches Mal dachte er in seinem Herzen, ihm wäre besser gewesen, wenn er auf dem Grund der See läge und seine Knochen unter den anderen rollten.

Die ganze Zeit über hielt er sich auf der Binnenseite der Insel auf; denn die Hütten standen am Strand der Lagune, und die Palmen wuchsen dort am besten, und die Lagune selbst wimmelte von guten Fischen. Und nach der Außenseite ging er nur ein einziges Mal, und nur dieses eine Mal sah er zitternd den Strand des Ozeans und kam zitternd nach Hause. Denn der Anblick dieses Strandes mit seinem hellen Sand und den herumliegenden Muscheln, mit der heißen Sonne und der starken Brandung machte ihm sterbensübel.

»Es kann nicht sein«, dachte er bei sich selber, »und doch sieht es ganz ähnlich aus. Und wie soll ich wissen, ob es nicht wirklich so ist? Diese Weißen behaupten zwar immer, sie wüssten, wo sie segeln, aber trotzdem müssen sie auf gut Glück fahren wie andere Leute. Und so kann es schließlich doch wohl sein, dass wir in einem Kreis gesegelt sind, und ich bin vielleicht ganz nahe bei Molokai; vielleicht ist dies derselbe Strand, wo mein Schwiegervater seine Dollars sammelt.«

So war er denn von jetzt an vorsichtig und hielt sich an der Landseite.

Es war vielleicht einen Monat später, da kamen die Leute an, denen der Platz gehörte – sechs große Boote voll. Sie waren schöne Menschen und sprachen in einer Sprache, die ganz anders klang als die von Hawaii, aber so viele der Worte waren die gleichen, dass sie nicht schwer zu verstehen war. Außerdem waren die Männer sehr höflich und die Weiber sehr zutunlich; sie hießen Keola willkommen, bauten ihm ein Haus und gaben ihm ein Weib; und am meisten überraschte ihn, dass er niemals mit den jungen Leuten zur Arbeit geschickt wurde.

Und nun hatte Keola drei Perioden: zuerst eine, da er sehr traurig war; dann eine, da er recht lustig war; zuletzt aber kam die dritte, da war er der erschrockenste Mensch der vier Ozeane.

Die Ursache der ersten Periode war das Mädchen, das er zur Frau hatte. Er war in Zweifeln wegen der Insel, und er hätte auch in Zweifeln sein können wegen der Sprache, von der er nur so wenig gehört hatte, als er mit dem Hexerich auf der Matte an den Strand gekommen war. Aber bezüglich seines Weibes war kein Irrtum möglich; denn sie war dasselbe Mädchen, das schreiend vor ihm in den Wald geflüchtet war. So war er denn so weit gesegelt und hätte ebenso gut in Molokai bleiben können! Und hatte Heimat und Weib und alle seine Freunde verlassen, einzig und allein um seinem Feind zu entrinnen, und nun war der Ort, wohin er gekommen war, dieses Zauberers Jagdgrund, war der Strand, auf dem er unsichtbar ging! Während dieser Periode hielt er sich möglichst nahe an der Lagune und blieb nach Möglichkeit in seiner Hütte in Deckung.

Der Grund seiner Freude in der zweiten Periode waren Gespräche, die er mit seiner Frau und den Vornehmsten unter den Insulanern hatte. Keola selber sagte wenig. Er traute seinen neuen Freunden niemals so recht; nach seiner Meinung waren sie zu höflich, um aufrichtig zu sein; denn seitdem Keola seinen Schwiegervater besser kennengelernt hatte, war er vorsichtiger geworden. Darum sagte er ihnen über sich selber weiter nichts als seinen Namen und seine Abstammung und erzählte, dass er von den acht Inseln komme und was für schöne Inseln das seien, und von des Königs Palast in Honolulu und wie er selber ein Hauptfreund des Königs und der Missionare sei. Aber er stellte viele Fragen und erfuhr viel. Die Insel, auf der er sich befand, wurde die Stimmeninsel genannt; sie gehörte dem Stamm, aber ihre Heimat hatten sie auf einer anderen Insel, zu der man drei Stunden nach Süden zu segeln hatte. Dort wohnten sie und hatten ihre ständigen Häuser; es war eine reiche Insel, wo es Eier und Hühner und Schweine gab, und Schiffe kamen zum Handeln und brachten Rum und Tabak. Nach dieser Insel war der Schoner gefahren, nachdem Keola weggelaufen war. Dort war auch der Steuermann gestorben, ein rechter Narr von einem Weißen! Wie es schien, war der Schoner gerade zu Beginn der Jahreszeit gekommen, in der die Fische der Lagune giftig sind und jeder, der von ihnen isst, aufschwillt und stirbt. Der Steuermann hörte davon; er sah die Boote zur Abfahrt rüsten, weil in jener Jahreszeit die Leute die Insel verlassen und nach der Stimmeninsel hinübersegeln; aber er war ein weißer Narr, der keine Geschichten glauben wollte als seine eigenen, und er fing einen von diesen Fischen, kochte ihn, aß ihn, schwoll auf und starb – was für Keola angenehm zu hören war.

Die Stimmeninsel aber lag den größten Teil des Jahres einsam und verlassen; nur ab und zu kam eine Bootsmannschaft herüber, um Kopra zu holen, und in der schlechten Jahreszeit, wenn die Fische der Hauptinsel giftig waren, wohnte der ganze Stamm dort. Ihren Namen hatte sie von einem Wunder; denn wie es schien, war die Ozeanseite ganz und gar von unsichtbaren Teufeln eingenommen. Tag und Nacht hörte man sie miteinander in fremden Zungen reden; Tag und Nacht flammten auf dem Strand Feuerchen auf und erloschen; und die Ursache dieser Vorgänge konnte kein Mensch begreifen.

Keola fragte sie, ob es ebenso auf ihrer eigenen Insel sei oder wo sie sonst wohnten; und sie sagten ihm: nein, dort nicht; ebenso wenig auf irgendeiner anderen von mehreren Hundert Inseln, die rund herum in diesem Teil der See lägen; sondern es sei eine besondere Eigentümlichkeit der Stimmeninsel. Sie sagten ihm ferner, diese Feuer und Stimmen seien immer nur an der Ozeanseite und in den Waldsäumen am Ozean zu bemerken, und ein Mensch könnte zweitausend Jahre lang an der Lagune leben – wenn er überhaupt so lange leben könnte – und würde niemals auch nur das Geringste merken; doch auch an der Ozeanseite täten die Teufel einem nichts zuleide, wenn man sie in Ruhe ließe. Bloß einmal, da hätte ein Häuptling seinen Speer nach einer der Stimmen geworfen, und am selben Abend sei er von einer Kokospalme herabgestürzt und sei tot gewesen.

Keola dachte viel nach. Er sah, dass er nichts zu befürchten hätte, wenn der Stamm nach der Hauptinsel zurückkehrte und er einfach bliebe, wo er jetzt wäre; er brauchte bloß bei der Lagune wohnen zu bleiben. Indessen dachte er, es wäre doch gut, wenn er seine Lage noch sicherer machen könnte. So erzählte er denn dem Oberhäuptling, er sei einmal auf einer Insel gewesen, die auf die gleiche Weise heimgesucht worden wäre, und die Leute dort hätten ein Mittel gefunden, sich die Störung vom Hals zu schaffen.

»In dem Busch da wuchs nämlich ein gewisser Baum, und es scheint, dass diese Teufel kamen, um sich die Blätter davon zu holen. So schlugen denn die Leute auf der Insel diesen Baum nieder, wo sie ihn fanden, und die Teufel kamen nicht mehr.«

Sie fragten, was für eine Art von Baum das gewesen sei, und er zeigte ihnen den Baum, von dem Kalamake die Blätter verbrannt hatte. Sie fanden es kaum glaublich; trotzdem beschäftigte der Gedanke sie. Nacht für Nacht disputierten die alten Männer darüber bei ihren Ratsversammlungen; aber der Oberhäuptling – obgleich er ein tapferer Mann war – hatte Angst vor der Sache und erinnerte sie täglich an den Häuptling, der einen Speer in Richtung der Stimmen geschleudert hätte und getötet worden wäre; und der Gedanke an dieses Ereignis brachte alles wieder zum Stillstand.

Obgleich es ihm nun nicht gelang, das Niederhauen der Bäume zu veranlassen, fühlte Keola sich doch recht wohl und begann, sich umzuschauen und sich seiner Tage zu freuen; er war auch umso freundlicher zu seiner Frau, sodass diese ihn sehr zu lieben begann. Eines Tages kam er in die Hütte, da lag sie jammernd auf dem Fußboden.

»Nun?«, fragte Keola. »Was fehlt dir denn jetzt?«

Sie erklärte, es sei nichts.

In derselben Nacht weckte sie ihn auf. Die Lampe brannte sehr trübe, aber er sah an ihrem Gesicht, dass sie bekümmert war.

»Keola«, sagte sie, »lege dein Ohr an meinen Mund, damit ich flüstern kann; denn kein Mensch darf uns hören! Zwei Tage bevor die Boote wieder segelfertig gemacht werden, musst du nach der Ozeanseite der Insel gehen und dich in einem Dickicht verbergen.

Wir beide, du und ich, wollen den Platz vorher aussuchen und Nahrung dort verbergen; und jede Nacht werde ich singend in der Nähe vorübergehen. Wenn also eine Nacht kommt und du mich nicht hörst, so wirst du wissen, dass wir von der Insel abgefahren sind und dass du ohne Gefahr wieder herauskommen kannst.«

Keolas Seele starb in ihm, und er rief:

»Was heißt dies? Ich kann nicht unter Teufeln leben. Ich will nicht auf dieser Insel zurückgelassen werden. Ich sehne mich, sie zu verlassen.«

»Du wirst sie niemals lebend verlassen, mein armer Keola«, sagte das Mädchen, »denn um dir die Wahrheit zu sagen, meine Leute sind Menschenfresser; aber sie halten dies geheim. Und aus folgendem Grund werden sie dich töten, bevor sie abreisen: Zu unserer Insel kommen Schiffe, und Donat-Kimaran kommt und predigt für die Franzosen, und es ist ein weißer Händler dort in einem Haus mit einer Veranda und auch ein Katechist. Oh, das ist wirklich ein schöner Ort! Der Händler hat Fässer voll Mehl, und ein französisches Kriegsschiff kam einmal in die Lagune und gab einem jeden Wein und Zwieback. Ach, mein armer Keola, ich wollte, ich könnte dich dorthin mitnehmen, denn groß ist meine Liebe zu dir, und es ist der schönste Ort in der ganzen Südsee mit Ausnahme von Papeete.«

So war nun Keola der erschrockenste Mann der vier Ozeane. Er hatte von Menschenfressern erzählen hören, die auf den südlichen Inseln lebten, und hatte immer Angst davor gehabt; und hier klopfte nun die Gefahr an seine Tür. Außerdem hatte er durch Reisende von den Gebräuchen dieser Menschenfresser gehört: wie sie einen, den sie zu essen gedenken, verzärteln und verwöhnen wie eine Mutter ihr Lieblingskind. Und er sah, dass es auch in seinem Fall so gewesen wäre: dass sie ihm darum Haus und Nahrung und Weib gegeben und ihn von aller Arbeit befreit hatten und dass darum die alten Männer und die Häuptlinge mit ihm diskutiert hatten wie mit einer bedeutenden Person. Und so lag er auf seinem Bett und verfluchte sein Geschick; und sein Fleisch zog sich ihm über den Knochen zusammen.

Am nächsten Tag waren die Leute des Stammes sehr höflich, wie es ihre Art war. Sie waren elegante Sprecher, machten schöne Gedichte und bei den Mahlzeiten Witze, sodass ein Missionar sich hätte totlachen mögen. Wenig genug machte sich Keola aus ihrem feinen Benehmen; er sah weiter nichts als die glänzenden weißen Zähne in ihrem Mund, und das Herz drehte sich ihm dabei um; und als sie gegessen hatten, ging er in den Busch und lag dort wie ein Toter.

Am nächsten Tag war es ebenso; aber da ging seine Frau ihm nach und sagte zu ihm:

»Keola! Wenn du mehr isst, so sage ich dir allen Ernstes: Dann wirst du morgen geschlachtet und gebraten werden. Einige von den alten Häuptlingen murren bereits. Sie denken, du seist krank geworden und müssest Fleisch verlieren.«

Da sprang Keola auf seine Füße, Ärger brannte in ihm, und er sagte:

»Ich mache mir wenig daraus, ob ich auf die eine Weise umkomme oder auf die andere! Ich bin zwischen dem Teufel und der tiefen See. Da ich doch einmal sterben muss, so lass mich so schnell wie möglich sterben, und da ich im besten Fall gefressen werden muss, so lass ich mich lieber von Gespenstern fressen als von Menschen. Leb wohl!«, sagte er, ließ sie stehen und ging nach der Ozeanseite der Insel hinüber.

Der Strand lag ganz nackt in der heißen Sonne; kein Mensch war zu sehen, aber auf dem Strand bewegte es sich; und rund um ihn herum, wie er so ging, redeten die Stimmen und flüsterten, und die Feuerchen flackerten auf und brannten nieder. Alle Sprachen der Erde wurden dort gesprochen: Französisch, Holländisch, Russisch, Tamilisch, Chinesisch. Aus jedem Land, wo Zauberei bekannt ist, waren einige Menschen da und flüsterten in Keolas Ohr. Der Strand wimmelte von Menschen wie ein Jahrmarkt, aber kein einziger war zu sehen; und wie er so dahinschritt, sah er die Muscheln vor ihm verschwinden, aber keinen Menschen, der sie auflas. Ich glaube, der Teufel selber hätte Angst gehabt, in solch einer Gesellschaft allein zu sein; aber Keola war über alle Furcht hinaus und freite um den Tod. Wenn die Feuer aufflackerten, rannte er auf sie los wie ein Stier. Körperlose Stimmen riefen einander zu; unsichtbare Hände warfen Sand auf die Flammen; und sie waren vom Strand verschwunden, bevor er sie erreichte.

»Es ist klar, Kalamake ist nicht hier«, dachte er, »sonst wäre ich schon längst getötet worden.«

Damit setzte er sich am Waldsaum nieder – denn er war müde – und stützte das Kinn auf seine Hände. Das Treiben vor seinen Augen dauerte an: Der Strand schwirrte von schwatzenden Stimmen, die Feuer flammten auf und sanken zusammen, und die Muscheln verschwanden und wurden wieder erneuert, während er noch hinsah.

»Als ich das vorige Mal hier war, war es ein stiller Tag«, dachte er; »denn es war gar nichts im Vergleich zu heute.«

Und sein Kopf schwindelte ihm bei dem Gedanken an die Millionen und Abermillionen von Dollars und an alle diese Hunderte und Aberhunderte von Menschen, die sie am Strand auflasen und die durch die Lüfte flogen, höher und schneller als Adler.

»Wenn ich dran denke, wie sie mich mit ihrem Gerede von Münzen genarrt haben«, sagte er vor sich hin, »dass in diesen Münzen Geld geschlagen würde, während es doch klar ist, dass alle neuen Geldstücke in der ganzen Welt auf diesem Sand gesammelt werden. Aber das nächste Mal werde ich besser Bescheid wissen! Dann lasse ich mir nicht wieder etwas vorlügen!«

Und zuletzt – er wusste nicht recht, wie es kam oder wann es war – fiel Schlaf auf Keola, und er vergaß die Insel und alle seine Sorgen.

In der Frühe des nächsten Tages, bevor noch die Sonne aufgegangen war, weckte ihn ein Geräusch. Ängstlich fuhr er auf, denn er dachte, der Stamm hätte ihn im Schlaf überrascht; aber es war nicht so. Nur auf dem Strand gerade vor ihm riefen die körperlosen Stimmen einander zu, und es schien, wie wenn sie alle die Küste hinauf an ihm vorbeiliefen und -schwebten.

»Was ist denn nun los?«, dachte Keola. Und es war ihm klar, dass es sich um etwas Außergewöhnliches handelte, denn es wurden keine Feuer angezündet und keine Muscheln genommen, aber die körperlosen Stimmen riefen fortwährend auf dem Strand, bis sie in der Ferne erstarben; dann folgten andere, und mit diesen war es ebenso; nach dem Klang der Stimmen mussten diese Zauberer zornig sein.

»Jedenfalls sind sie nicht auf mich zornig«, dachte Keola, »denn sie laufen dicht an mir vorbei.«

Wie wenn Hunde auf der Straße laufen oder Pferde bei einem Wettrennen oder in einer Stadt die Menschen, wenn ein Feuer ausgebrochen ist und alle nach der Brandstätte rennen – so war es jetzt mit Keola; und er wusste nicht, was er tat noch warum er es tat – aber siehe da! Auf einmal rannte er mit den Stimmen.

So kam er um eine Spitze der Insel und sah eine zweite Landspitze vor sich; und er erinnerte sich, dass dort die Zauberbäume dutzendweise in einem Wald beisammengestanden hatten. Von dieser Stelle aus erscholl ein Getöse von Menschen, die auf eine ganz unbeschreibliche Art schrien; und von diesen Tönen geleitet, rannten die Stimmen, mit denen Keola zusammenlief, nach derselben Stelle. Als er ein bisschen näher kam, begann sich in das Geschrei das Krachen vieler Äxte zu mischen. Und da kam ihm plötzlich der Gedanke, der Oberhäuptling hätte seine Einwilligung gegeben, und die Männer des Stammes hätten begonnen, diese Bäume zu fällen. Das hätte auf der ganzen Insel ein Zauberer dem anderen zugerufen, und nun versammelten diese Zauberer sich alle, um ihre Bäume zu verteidigen. Eine Begier, Seltsames zu erleben, kam über ihn. Er lief mit den Stimmen weiter, überquerte den Strand, kam an den Waldrand – und dort stand er erstaunt still. Ein Baum war bereits gefällt, andere waren zum Teil umgehackt. Dort drängte sich der ganze Stamm der Wilden zusammen. Sie standen Rücken gegen Rücken, und Leichen lagen am Boden, und Blut floss zwischen ihren Füßen.

Die Farbe der Angst war auf all ihren Gesichtern; ihre Stimmen erhoben sich gegen den Himmel, schrien wie Wieselgeschrei.

Hast du ein Kind gesehen, wenn es ganz allein ist, ein hölzernes Schwert hat und damit ficht, herumspringt und in die leere Luft schlägt? Ebenso standen dort die Menschenfresser, Rücken an Rücken gedrängt, schwangen ihre Äxte und schlugen zu und schrien, während sie schlugen – und ach, da war kein Mensch, der mit ihnen kämpfte! Nur ab und zu sah Keola, wie eine Axt ohne Hände über ihnen geschwungen wurde; und von Zeit zu Zeit fiel ein Mann des Stammes unter einer Axt, mit gespaltenem Schädel oder zerhauenem Leib, und seine Seele entfloh mit Geheul.

Eine Weile blickte Keola auf dieses Wunder wie ein Mensch, der träumt, und dann packte ihn Angst am Herzen so scharf wie Tod – Angst darüber, dass er solches geschehen sah. Gerade in demselben Augenblick sah der Oberhäuptling des Stammes ihn dastehen, zeigte mit dem Finger auf ihn und rief laut seinen Namen. Da sah der ganze Stamm ihn ebenfalls, und die Augen der Wilden funkelten und ihre Zähne knirschten.

»Ich bin zu lange hier«, dachte Keola; und er rannte aus dem Wald heraus und den Strand hinunter, ohne sich darum zu kümmern, wohin er lief.

»Keola!«, sagte da eine Stimme dicht bei ihm auf dem leeren Sand.

»Lehua! Bist du das?«, rief er keuchend und sah sich vergeblich nach ihr um. Allem Anschein nach war er ganz allein.

»Ich sah dich vorbeilaufen«, antwortete die Stimme; »ich rief dich, aber du hörtest nicht auf mich. Schnell! Hole die Blätter und die Kräuter, damit wir frei werden!«

»Bist du hier mit der Matte?«, fragte er.

»Hier neben dir«, sagte sie. Und er fühlte ihre Arme, die ihn umschlangen. »Schnell! Die Blätter und die Kräuter, bevor mein Vater zurückkommen kann!«

So rannte denn Keola, wie wenn es sein Leben gelte, und holte die Zauberfeuerung; und Lehua führte ihn zurück und stellte seine Füße auf die Matte und zündete das Feuer an. Während der ganzen Zeit, da es brannte, tobte der Lärm der Schlacht vom Wald her; die Hexenmeister und die Menschenfresser fochten gewaltig; die Hexenmeister, die unsichtbaren, brüllten dabei wie Stiere auf einem Berg, und die Männer des Stammes antworteten schrill und wild in dem Entsetzen ihrer Seelen. Und die ganze Zeit, da das

Feuer brannte, stand Keola da, horchte und zitterte und sah zu, wie Lehuas unsichtbare Hände die Blätter ins Feuer streuten. Sie streute schnell, und die Flamme loderte hoch und verbrannte Keolas Hände; und sie beschleunigte das Brennen und blies mit ihrem Atem in die Flamme. Das letzte Blatt war verzehrt, die Flamme sank zusammen, es folgte der Ruck, und da standen Keola und Lehua im Wohnzimmer zu Hause.

Als nun Keola seine Frau sehen konnte, da freute er sich mächtig, und mächtig freute er sich darüber, dass er wieder in Molokai war und sich zu einer Schüssel Poi niedersetzen konnte – denn auf Schiffen machen sie keinen Poi, und auf der Stimmeninsel gab es keinen –, und er war ganz außer sich vor Freude darüber, dass er den Händen der Menschenfresser glatt entronnen war. Aber etwas anderes war nicht so klar, und Lehua und Keola sprachen die ganze Nacht darüber und waren in Sorgen darum; Kalamake war auf der Insel geblieben. Wenn er mit Gottes Hilfe nur dort bleiben könnte, dann wäre alles gut; aber sollte er entrinnen und nach Molokai zurückkommen, dann würden seine Tochter und ihr Gatte einen schlimmen Tag haben. Sie sprachen von seiner Gabe, aufschwellen zu können, und ob er wohl eine solche Strecke durch das Meer waten könnte. Aber Keola wusste jetzt, wo jene Insel lag – nämlich in dem Niedrigen oder Gefährlichen Archipel. So holten sie denn den Atlas herbei und stellten auf der Karte die Entfernung fest, und soweit sie dies beurteilen konnten, schien es für den alten Herrn ein weiter Weg zu sein. Immerhin konnte man einem Hexerich wie Kalamake doch nicht so recht trauen, und sie beschlossen zuletzt, sich bei einem weißen Missionar Rat zu holen.

So ging denn Keola zu dem ersten, der auf die Insel kam, und erzählte ihm alles bis ins Einzelne. Und der Missionar nahm ihn sehr scharf ins Gebet, weil er auf den Niedrigen Inseln die zweite Frau genommen hätte; aber in Bezug auf alles Übrige erklärte er, er könne sich das nicht zusammenreimen; das sei lauter Unsinn.

»Solltest du indessen denken«, sagte der Missionar, »das Geld deines Vaters sei unrecht erworben, so will ich dir raten: Gib etwas davon an die Aussätzigen und etwas an die Missionskasse. Und diesen sonderbaren Märchenkram, den behalte nur für dich selber – Besseres kannst du gar nicht tun.«

Aber außerdem erstattete er eine Anzeige bei der Polizei in Honolulu, dass nach allem, was er von der Geschichte verstanden hätte, Kalamake und Keola falsches Geld gemacht hätten und dass es wohl nicht unangebracht sein möchte, sie zu überwachen.

Keola und Lehua befolgten seinen Rat und gaben viele Dollars an die Aussätzigen und die Missionskasse. Und ohne Zweifel muss der Rat gut gewesen sein, denn bis zum heutigen Tag hat man von Kalamake niemals wieder etwas gehört. Aber ob er in der Schlacht bei den Bäumen erschlagen wurde oder ob er noch auf der Stimmeninsel herumläuft – wer könnte das sagen?

Quellenverzeichnis

»Eines Dichters Nachtquartier« (engl. »A Lodging for the Night – a Story of Francis Villon«, zuerst im Literaturmagazin *Temple Bar* 1877, dann in R. L. Stevenson: *New Arabian Nights*, Bd 2. London: Chatto & Windus 1882). Dt. von Heinrich Conrad, aus: *Der Diamant des Radschah.* München: Georg Müller 1926.

»Der Selbstmordclub« (engl. »The Suicide Club«, zuerst in der Zeitschrift *London Magazine* 1878, dann in R. L. Stevenson: *New Arabian Nights*, Bd 1. London: Chatto & Windus 1882). Dt. von Max Pannwitz, aus: *Des Rajahs Diamant. Der Selbstmordklub. Erzählungen.* Leipzig: Hesse & Becker [1927].

»Die krumme Janet« (engl. »Thrawn Janet«, zuerst 1881, dann in R. L. Stevenson: *The Merry Men and Other Tales and Fables.* London: Chatto & Windus 1887). Dt. von Marguerite Thesing, aus: *Die tollen Männer und andere Erzählungen.* München: Buchenau & Reichert 1924.

»Die Schatzinsel« (engl. »Treasure Island«, erstmals 1883 bei Cassells in London). Die deutsche Übersetzung von Heinrich Conrad folgt der Ausgabe München: Goldmann 1963.

»Der Leichenräuber« (engl. »The Body Snatcher«, zuerst im ›Christmas Extra‹ der *Pall Mall Gazette* Dez. 1884, dann in R. L. Stevenson: *Tales and Fantasies.* London: Chatto & Windus 1905). Dt. von Curt Thesing, aus: *Der weite Horizont. Meistererzählungen.* Leipzig: Dieterich 1949.

»Markheim« (engl. »Markheim«, zuerst in der Zeitschrift *Broken Shaft. Unwin's Annual* 1885, dann in R. L. Stevenson: *The Merry Men and Other Tales and Fables.* London: Chatto & Windus 1887). Dt. von Marguerite Thesing, aus: *Die tollen Männer und andere Erzählungen.* München: Buchenau & Reichert 1924.

»Der seltsame Fall des Dr. Jekyll und Mr. Hyde« (engl. »Strange Case of Dr. Jekyll and Mr. Hyde« zuerst im Januar 1886 bei Longmans, Green and Co. in London). Die Übersetzung erschien 1925 anonym.

»John Nicholson, der Pechvogel« (engl. »The Misadventures of John Nicholson. A Christmas Story«, zuerst in der Zeitschrift *Yule Tide. Cassell's Christmas Annual* Dez. 1887, dann in R. L. Stevenson: *Tales and Fantasies.* London: Chatto & Windus 1905). Dt. von Heinrich Conrad, aus: *John Nicholson, der Pechvogel.* München: Georg Müller 1926.

»Das Flaschenteufelchen« (engl. »The Bottle Imp«, zuerst in den Zeitschriften *New York Herald* und *Black and White* 1891, dann in R. L. Stevenson: *Island Night's Entertainments.* Leipzig: Bernhard Tauchnitz 1893). Dt. von Heinrich Conrad, aus: *Südsee-Nachtgeschichten.* München: Goldmann 1961.

»Die Stimmeninsel« (engl. »The Isle of Voices«, zuerst in R. L. Stevenson: *Island Night's Entertainments.* London: Cassell & Company 1893). Dt. von Heinrich Conrad, aus: *Südsee-Nachtgeschichten.* München: Goldmann 1961.

Alle Texte wurden sorgfältig überarbeitet und auf neue Rechtschreibung umgestellt.